Susanna Ernst
Blessed
Für dich will ich leben

Susanna Ernst wurde 1980 als Nesthäkchen einer großen Familie in Bonn geboren. Sie wuchs in Frohnhardt bei Oberpleis auf, wo sie mit ihrer Familie auch heute wieder lebt. Seit ihrer Grundschulzeit schreibt Susanna Geschichten. Von ihrem sechzehnten Lebensjahr an leitete sie bis 2012 eine eigene Musicalgruppe, schrieb die Skripte für die Bühnenaufführungen, führte bei den Stücken Regie und gab Schauspielunterricht. Außerdem zeichnet die gelernte Bankkauffrau und zweifache Mutter gerne Portraits, malt und gestaltet Bühnenbilder für Theaterveranstaltungen. Das Schreiben ist jedoch ihre Lieblingsbeschäftigung für stille Stunden, wenn sie ihren Gedanken und Ideen freien Lauf lassen will. Ihr Credo: Schreiben befreit!

SUSANNA ERNST

Blessed

FÜR DICH WILL ICH LEBEN

Deutsche Erstveröffentlichung
Ausgabe September 2013
verlegt durch Oldigor Verlag, Rhede
Copyright © 2013 Susanna Ernst
Alle Rechte vorbehalten
Nachdruck, auch auszugsweise, nicht gestattet
1. Auflage
Covergestaltung: Lucky Adventure Design
Foto: © Crossvalley Studio of Digital Art,
© Patrizia Tilly - Fotolia
ISBN 978-3-943697-75-9
www.oldigor-verlag.de

Als das Klackern ihrer Schritte auf der Treppe immer leiser wurde und schließlich verhallte, schloss ich die Zimmertür hinter mir und ging zum Fenster.

Verzweifelt versuchte ich nicht zu denken und setzte mich auf das tiefe Fenstersims. Ich lehnte meine Stirn gegen die kühle Scheibe, erhoffte mir Erleichterung. Frustriert pochte ich immer wieder mit dem Kopf gegen das Glas. Es dauerte etwa eine Minute, dann erschien sie auf dem Parkplatz vor unserem Haus, lief zu den beiden anderen Mädchen – meiner Schwester und einer gemeinsamen Freundin – und verabschiedete sich.

Mein Herz schlug ruhig, doch es schmerzte bei ihrem Anblick so sehr, dass sich meine rechte Hand wie von selbst zur Faust ballte und gegen meinen Brustkorb presste. Es gab keinen Zweifel, dass sie es war, auf die ich so lange gewartet hatte. Wut kroch in mir empor.

Warum ausgerechnet sie?

„Michael!", rief ich ungeduldig und viel zu laut. Mir blieb nicht viel Zeit.

„Ist sie es, Michael?" Ich wusste, dass er da war – er war immer da.

Ein Klatschen ertönte. Er stand hinter mir, lässig gegen mein Bücherregal gelehnt, und lächelte selbstgefällig. Sein Gesichtsausdruck ließ keinen Platz für weitere Spekulationen. Ich lag also richtig, sie war es.

„Oh nein!"

Bevor ich mehr sagen konnte, tat er es. „Glückwunsch, Noah. Du hast deinen Schützling erkannt."

„Verdammt, sei still!", rief ich und hielt mir wie ein Vierjähriger die Ohren zu. Vergeblich.

„Ah, ah, vergiss nicht, mit wem du redest, mein Junge", sprach er in meinem Kopf unbeirrt weiter.

Mit einem schweren Seufzer gab ich meine Ohren wieder frei und blickte zu ihm auf. Sein Gesichtsausdruck wirkte streng, doch das Funkeln seiner gütigen Augen entlarvte ihn. Er war mir nicht böse. Er konnte mich verstehen. Natürlich.

Michael wirkte seltsam fehlplatziert in meinem Zimmer. Er gehörte nicht in einen Raum mit Bett, Schrank und Schreibtisch. Er gehörte an jenen magischen Ort, an dem man all das weder benötigte noch besaß.

„Warum Emily?", fragte ich bebend vor Wut.

Mein Herz hätte vor Zorn rasen müssen, doch es schlug weiter in seinem monotonen, ruhigen Rhythmus. Das Schlagen meines Herzens verwirrte mich immer wieder. Es war so falsch – in vielerlei Hinsicht.

„Sie ist so ... zerbrechlich. Ich will nicht, dass ihr Leben von mir abhängt. Das kannst auch du nicht wollen."

„Was? Du traust es dir nicht zu?", fragte er mit hochgezogenen Augenbrauen.

Obwohl ich tief in meinem Inneren wusste, dass seine Verwunderung geheuchelt war, wirkte die Mimik so echt, so menschlich, dass er es für einen Moment schaffte, mich zu täuschen. Sein unbeirrbares Lächeln kehrte jedoch zurück und zerstörte die Illusion binnen eines Wimpernschlages.

Ich biss die Zähne aufeinander, senkte meinen Blick und schwieg trotzig. Aber wer war Michael, dass er meine Worte benötigte? Er las in meinen Gedanken, wie in einem offenen Buch.

„Hab Vertrauen, Noah. Du wirst alles richtig machen."

„Und wenn ich es richtig gemacht habe und es schaffe sie vor ... was auch immer zu bewahren, dann ... "

„... wird deine Mission hier beendet sein, ja." Seine Stimme war so weich wie nie zuvor. Und in Michaels Fall sollte das etwas heißen, denn er hatte die sanfteste Stimme, die ich je gehört hatte. Verglichen damit, klang jedes noch so liebliche Glockenspiel wie ein blechernes Monstrum. Nein, könnte der Wind sprechen – nicht der raue, der peitschend ein Unwetter ankündigt, sondern der laue, warme, der einem Sommerschauer folgt oder am frühen Morgen über die Küste streift und das Versprechen eines herrliches Sonnentages mit sich trägt –, dann würde er mit Michaels Stimme sprechen, dessen war ich mir sicher.

In diesem Moment jedoch ließ mich der zarte Klang völlig unbeeindruckt, denn mit seinen sorgsam gewählten Worten hatte er nichts weiter getan, als mein Todesurteil zu verkünden.

Dummerweise sehnte ich jedoch ausgerechnet an diesem Morgen zum ersten Mal seit langer, langer Zeit mein Ableben nicht *herbei. Und das lag nur an ihr, an Emily.*

„Verdammter Mist!", rief ich und schlug mit der Faust gegen mein CD-Regal. Es schwankte so stark, dass einige herausfielen.

Michael reagierte auf mein Fluchen lediglich mit einem leichten Schulterzucken.

„Ich bitte dich, ausgerechnet Emily?" Es war ein Flehen, auch wenn es wie ein Vorwurf klang. Im Grunde meines stoischen Herzens bat ich Michael um jemand anderen. Ihr so nah zu sein, jeden Tag, mit dem Wissen, dass wir keine Zukunft hatten – nie haben konnten – wie sollte ich das ertragen?

„Niemand hat behauptet, dass es leicht werden würde", sagte Michael. „Du begleitest ihre Wege, du beschützt sie. Das ist deine Aufgabe und der einzige Grund, warum du noch hier bist. Willst du das denn nicht, Noah?"

„Nein, das will ich nicht!", behauptete ich starrsinnig, als würde ich zu irgendjemandem sprechen und nicht zu dem mächtigsten aller Erzengel.

„So, du willst ihr also nicht nahe sein?"

Doch, natürlich, aber nicht so. *Der Gedanke war da, bevor ich ihn unterdrücken konnte.*

„Emily ist der letzte Mensch der Welt, dem ich nah sein will", beharrte ich, auch wenn ich wusste, wie kindisch das klang.

Wieder sah er mich mit hochgezogenen Augenbrauen an. Nicht erstaunt dieses Mal, sondern tadelnd.

Ich zuckte unter seinem Blick zusammen. Lügen war ein absolutes No-Go, das wusste ich. „Nicht, wenn es so endet", fügte ich mit einem Flüstern hinzu.

In diesem Moment knallte die Tür zum Zimmer meiner Schwester Lucy zu. Emily. Sie war zurückgekommen. Ich wusste, dass sie es war, ich spürte ihre Anwesenheit. Verwirrt sah ich ihn an.

„Michael, wie lange war sie da? Hat sie ..."

Er hielt meinen Blick und zuckte wieder mit den Schultern.

Oh, dieses ewige Lächeln! „Sie hat mich gehört und du wusstest ...? Aber warum?" Wie konnte er dulden, dass sie mich be-

lauschte, während ich mit ihm sprach? Ich warf ihm einen finsteren Blick zu, eilte zu meiner Zimmertür und riss sie auf.

Emily stürmte bereits die Treppe hinab. Erneut. Sorge durchzuckte mich, als ich an ihren verletzten Knöchel dachte.

„Verdammt! Emily?", rief ich ihr nach, doch schon im nächsten Augenblick knallte die Haustür ins Schloss … und sie war weg.

I.

Ringgggg...

Beim ersten Klingeln meines Weckers saß ich im Bett. Sonnenstrahlen durchbohrten die Vorhänge meines Zimmers. Mittlerweile hatte ich mich an den frühen Sonnenaufgang gewöhnt. Das grelle Licht und die Wärme selbst der frühesten Morgenstunden störten mich kaum noch; ich fühlte mich ausgeschlafen und fit.

Mit einer viel zu ruckartigen Bewegung schwang ich die Beine über die Bettkante und sprang auf. Dumme Idee, natürlich wurde mir sofort schwindlig. Schwärze breitete sich vor mir aus und umhüllte mich wie seidener Stoff.

Schnell tastete ich nach meiner Kommode, hangelte mich daran herab, setzte mich auf den Fußboden und klemmte den Kopf zwischen meine angewinkelten Knie. Das half meistens ... und auch dieses Mal. Sobald sich die wirbelnden Farben aufgelöst hatten und mein Bewusstsein zu mir aufschloss, drang ein einziger Gedanke an die Oberfläche und setzte sich gegen alle anderen durch:

Der Tag meiner Erlösung ist da.

Ich erhob mich vorsichtig, wischte mir die zerzausten Haare aus der Stirn und warf einen prüfenden Blick in den großen Standspiegel neben meinem Bett. Das übliche Chaos blickte mir entgegen: Ich trug ein ausgeleiertes, löchriges Tanktop, das vermutlich irgendwann einmal rot gewesen sein musste. Dazu eine blau-weiß karierte Boxershorts meines Bruders, die er sich mal wieder zu klein gekauft hatte. In dieser Klimahölle, in die unser Vater uns verschleppt hatte, leisteten mir Jasons Fehlkäufe in manch einer Nacht gute Dienste. Am schlimmsten aber waren – wie immer – meine Haare.

Keine Ahnung, wie ich schlief – was um alles in der Welt ich nachts anstellte. Doch die regelrecht verfilzten, rostroten Strähnen, die sich wirr um meinen Kopf schlängelten, teils schlaff herabhingen und teils *abstanden*, ließen auf wilde Szenen schließen.

Das Laken, in dem ich mich in diesem Moment mit dem Fuß verfing und stolperte, weil es mal wieder hauptsächlich den Boden und nicht etwa meine Matratze bedeckte, erzählte dieselbe Geschichte. Obwohl ich mir mein Knie schmerzhaft an der Kommode stieß, tat ich den Beinahesturz mit einem Lachen ab, wickelte das Laken um meinen Arm und warf es zurück auf das Bett.

Sollte jemals ein Mann den Mut aufbringen, neben mir zu schlafen, würde ich mich in peinlicher Erklärungsnot befinden, so viel stand fest. Vorausgesetzt, der arme Kerl überlebte die Nacht an meiner Seite überhaupt. Wie gut, dass ich bisher niemandem Rechenschaft schuldig war.

Wieder fiel mein Blick in den Spiegel. An anderen Tagen hätte mich der Anblick meiner Haare wohl an den Rand der Verzweiflung getrieben. Doch an diesem Morgen ignorierte ich die Missstände meines Äußeren, wischte mir eine verfilzte Haarsträhne aus der Stirn und gönnte meinem Spiegelbild sogar ein ermutigendes Grinsen. Heute war alles anders. Der erste Tag meines neuen, unbehelligten Lebens brach an.

Gut, das war vielleicht ein etwas theatralischer Blick auf den Stand der Dinge, aber Fakt war, dass ich mich zum ersten Mal seit unserer Ankunft hier auf die Schule freute.

Ich freute mich auf meine bisher einzige Freundin Kathy, die erst am Vortag aus ihrem Feriencamp heimgekehrt war, auf einige andere Schüler meiner Stufe und kurioserweise sogar auf manch einen Lehrer. Am meisten jedoch – und das war der eigentliche Grund für meine gute Laune – freute ich mich auf neue Schüler.

Ich erwartete niemanden Bestimmtes, im Gegenteil. *Wer* kommen würde, war mir völlig egal. Ich freute mich auf die Ankunft neuer, fremder Schüler, die mich nach den nervenzehrenden Monaten vor den Sommerferien endlich von meinem unfreiwilligen Sonderposten ablösen würden. Ab heute war *ich* nicht mehr die Neue.

Soweit ging zumindest meine Hoffnung, auf die ich mich innerhalb der letzten Wochen dermaßen versteift hatte, dass sie mittlerweile einer Gewissheit glich. Ich war mehr als zuversichtlich, heute mal ausnahmsweise nicht wie ein Affe im Käfig angegafft zu werden.

Zwei Monate vor den großen Ferien waren wir nach *Little Rose* gezogen. Wir, das waren mein Vater David, mein Bruder Jason und ich. Dad war als einer der besten Filmregisseure Englands bekannt. Nach dem Erfolg seines letzten Films bekam er gleich mehrere Angebote großer amerikanischer Filmstudios, die er selbst als *unablehnbar* bezeichnete. Eine Zeit lang hatte er mit dem Gedanken gespielt, zwischen Manchester und L.A. hin und her zu pendeln. Doch als ihm klar wurde, dass die Dreharbeiten mindestens anderthalb Jahre beanspruchen würden, diskutierte er den Umzug mit uns.

Ich schlug vor, er sollte doch alleine gehen, doch mein Dad wäre nicht mein Dad gewesen, hätte er das tatsächlich getan. Niemals hätte er uns allein in England zurückgelassen. Mit viel Geschick hatte er unsere kleine Familie nach dem frühen Tod meiner Mutter schon durch einige Krisen und weitaus weniger glamouröse Zeiten manövriert, und so schuldete ich ihm einfach den Gefallen, tapfer mit seinem Entschluss umzugehen. Leicht fiel mir das nicht. Ich liebte England nämlich und ganz besonders mein Manchester.

Mit der prallen Sonne, die hier an durchschnittlich 325 Tagen im Jahr schien, konnte ich überhaupt nichts anfangen. Andauernd wurde mir schwindlig vor Hitze und meine anfänglichen Hautprobleme entpuppten sich schnell als eine Allergie gegen Sonnenschutzmittel. Gegen alle. Mir blieb also die Wahl zwischen ungeschützt und verbrannt oder eingecremt und hoffnungslos verpickelt, Juckreiz inklusive – und so lief ich ständig mit hochrotem Kopf durch die Gegend. Meine von Natur aus blasse britische Haut wehrte sich schlichtweg gegen die Sonne, was sollte ich tun?

Mein älterer Bruder Jason hatte mit der Umstellung keinerlei Probleme. Gesegnet mit den Genen unserer Mum – unempfindliche Haut und dunkelbraunes Haar – fieberte er dem Umzug nach Kalifornien förmlich entgegen.

So sehr ich mich auch bemühte, ich empfand nicht einmal den Hauch von Jasons Begeisterung, als wir in den Vereinigten Staaten von Amerika ankamen. Ich vermisste alles, was mein ehemaliges Zuhause ausgemacht hatte: Meine Freunde, meine Schule, das Wetter und vor allem Jane, unsere liebe Haushälterin, die sich so lange um uns Kinder gekümmert hatte. Sie wollte England nicht verlassen, nicht einmal für uns. Dad hätte das ganze Unterfangen daraufhin beinahe wieder abgeblasen, aber mit Jason im Nacken und den verlockenden Verträgen am Haken entschloss er sich schließlich doch zu gehen.

Mein erster Tag in den USA verlief niederschmetternd.

In einer Limousine, angemietet durch die neue Produktionsfirma meines Vaters, chauffierte uns ein älterer Mann namens Sam vom Flughafen zu unserem neuen Haus. L.A. selbst war ... nun ja, in meinen Augen charmelos und unspektakulär. Protzig anmutende Palmenalleen und Parks, die mich an die Grünanlagen von Disneyland erinnerten, wechselten sich in anderen Stadtteilen ab mit breiten, teils stark beschädigten Straßen und Gebäuden mit flachen Dächern und abblätterndem Putz.

Am Rande der kalifornischen Stadt säumten ordentlich gepflasterte Gehwege die Straßen. Die Häuser dieser Gegend schienen aus ihren akkurat angelegten Vorgärten zu wachsen und erinnerten mich an das nostalgische Puppenhaus meiner Oma, mit dem ich als Kind nie hatte spielen dürfen.

„Nur ansehen, nicht anfassen!", hörte ich ihre lange schon verstummte Stimme noch einmal, während Sam die Limousine über hellgraue Straßen lenkte. Ja, genauso wirkten diese Häuser auf mich. *Bloß nicht anfassen!*

Und so ging es weiter: die riesigen HOLLYWOOD-Buchstaben, die Palmen in der Mitte der Straße, die getrimmten Laubbäume auf den Gehwegen, die Brücken, die in der Realität noch viel gewaltiger wirkten als auf dem Fernsehbildschirm. Hier war rein gar nichts vertraut. Bestimmt lebten zu 99,9 Prozent Snobs in diesen protzigen Häusern, und ich würde mich mit Händen und Füßen dagegen wehren, eines Tages zu ihnen zu gehören, so viel stand fest.

Ich musste einfach nur die Highschool hinter mich bringen, dann konnte ich fürs Studium zurück nach England gehen.

Jason dagegen flippte neben mir vollkommen aus. Mein Bruder – laut Ausweis zwei volle Jahre älter als ich – klebte förmlich an dem getönten Seitenfenster der Limousine und wusste vor lauter Begeisterung gar nicht mehr wohin mit sich.

Nach einer knappen Stunde Fahrtzeit fuhr Sam durch ein schmiedeeisernes Tor, dessen Flügel er per Knopfdruck öffnete.

Weiße Steinchen der gigantischen Auffahrt knirschten unter den Reifen, bevor der Wagen endlich hielt und Jay beim Anblick unseres neuen Hauses aufjubelte. Genervt hievte ich mich aus dem Ledersitz und warf die Tür hinter mir zu. Keine Sekunde länger hätte ich es neben diesem Spinner ausgehalten.

Das Haus war genial, zugegeben, aber weder der riesige Garten mit Pool, noch mein 25 qm großes Zimmer mit eigenem Bad konnten mich lange trösten. Wie gerne hätte ich diesen Raum mit all seinen hellen Möbeln gegen mein deutlich kleineres, schlichtes Zimmer in Manchester zurückgetauscht. Dad gegenüber tat ich so, als wäre alles wunderbar. Ich versuchte wirklich jedes Detail zu würdigen: die cremefarbenen Vorhänge, die dezente Bettwäsche und die weißgebeizten Holzmöbel. Groß, hell, freundlich, einladend. Es war wirklich perfekt und absolut nach meinem Geschmack. Eigentlich.

Langsam legte sich ein Lächeln über das Gesicht meines Vaters, doch es war eines der traurigen Art. „Emily, es ist nicht für immer, versprochen."

Seine Worte klangen so entschuldigend, dass ich nicht wagte ihn anzusehen, aus Angst sofort loszuheulen. Also starrte ich auf meinen wohlbestückten Schreibtisch und wartete darauf, dass das Brennen hinter meinen Lidern nachließ.

„Ich hab doch gar nichts gesagt", antwortete ich leise, sobald ich meiner Stimme wieder traute.

„Ich weiß." Er nickte und presste die Lippen zusammen. „Das brauchst du auch nicht. Ich sehe dir doch an, wie schwer es dir fällt. Und wie sehr du dich bemühst, es mich nicht spüren zu lassen."

„Dad, es…"

Er winkte ab. „Nein, du musst dich nicht entschuldigen, Emmy. Ich kann dich ja verstehen." Mit einem Seufzer ließ er sich auf meine Bettkante fallen. Er sah abgespannt aus, als er mit den Handballen über seine geschlossenen Augen rieb und mich dann wieder ansah.

„Mir wird Manchester auch fehlen", gestand er. „Vielleicht verstehst du das nicht. Vielleicht denkst du, dass ich doch sowieso andauernd unterwegs bin, aber Manchester war immer mein Anker, weißt du? Meine Heimat eben. Unser Haus wartet auf uns, wir gehen wieder zurück, versprochen. Aber ... für die kommende Zeit ... lass uns zumindest versuchen hier zurechtzukommen, okay?"

„Ja, sicher", erwiderte ich schnell. Es tat mir weh, ihn so zu sehen, und ich verfluchte mein nicht vorhandenes Schauspieltalent.

In diesem Moment stürmte Jason in mein Zimmer. Ohne anzuklopfen, natürlich. Doch dieses Mal ärgerte ich mich nicht über ihn; sein polterndes Erscheinen löste sogar eine kleine Erleichterung aus. Manche Dinge würden sich wohl nie ändern, ganz egal, wo wir gerade lebten.

„Das Haus ist der Hammer, Dad!", schrie Jay in seiner Aufregung. „Riesig und cool. Voll Hollywood. Der Billardtisch ist der Wahnsinn, wirklich. Und..."

Moment mal, bitte was?

„Wir haben einen Billardtisch?", entfuhr es mir voller Entsetzen.

Verdammt, wir *waren* bereits Snobs.

Am nächsten Morgen – ohne jede Schonfrist und mitten im laufenden Schuljahr – begann mein neuer Alltag.

Die Schule war mittelgroß, es gab zirka fünfhundert Schüler. Endlich mal etwas, das nicht größer und formidabler war, als ich es von zu Hause aus kannte. Wäre die Schule jedoch ein wenig größer gewesen, dann hätte ich vielleicht nicht solch ein Aufsehen erregt. Aber so – in der überschaubaren Menge meiner Mitschüler – sah jeder auf den ersten Blick, dass ich hier neu war. Zum wohl tausendsten Mal in meinem Leben verfluchte ich meine rötlich wallende Mähne, die an Auffälligkeit kaum zu überbieten war.

Die zwanzig Meter über den breiten Korridor bis zur rettenden Tür des Sekretariats kamen mir wie ein Spießrutenlauf vor. Dort begrüßte mich eine nette Dame, hakte meinen Namen in einer Liste ab und fragte, ob sie mich zu meinem ersten Klassenraum begleiten solle. Ich lehnte ab, noch ehe sie ihr Angebot überhaupt ausformulieren konnte. Die gute Frau reichte mir einige Formulare, die ich noch ausfüllen musste, und ein paar andere, die ich ihr von den Lehrern unterschrieben zurückbringen sollte. Dann entließ sie mich auch schon wieder mit einem freundlichen Lächeln. „Ich wünsche dir einen wunderschönen ersten Tag, Liebes."

Hmpf. Ja, klar! Ich schluckte schwer, rang mir ein Gegenlächeln ab, das mit Sicherheit den Anschein erweckte, ich würde an Blähungen leiden, und wandte mich ab.

Das erste Fach auf meinem Plan war Geschichte. Als ich den Raum betrat, herrschte völliges Chaos. Während die Jungs sich wie Zweitklässler gegenseitig mit Kreidestücken, Papierfliegern und dem wassergetränkten Tafelschwamm bewarfen, standen die Mädchen in mehreren kleinen Gruppen zusammen, kicherten albern und lästerten provokativ über die Mädchen der jeweils anderen Gruppen.

Zunächst nahm niemand Notiz von mir, doch es kam, wie es kommen musste: Ein ziemlich breit gebauter Junge lief rückwärts, um einen der Flieger aufzufangen. Natürlich rempelte er ausgerechnet mich dabei so stark an, dass mir die Bücher aus dem Arm fielen und lautstark auf den Laminatboden klatschten. Er wirbelte zu mir herum und sah mich sekundenlang wie eingefroren an. „Wow! Du hast die grünsten Augen, die ich je gesehen habe, Kleines", ließ er mich endlich wissen. Und mit diesem Spruch richteten sich schlagartig siebzehn Augenpaare auf mich. Plötzlich war es so ruhig im Raum, dass man die berühmte Stecknadel hätte fallen hören können. Doch die Stille währte nur kurz, bevor Pfiffe und schallendes Gelächter einsetzten. *Na super!*

„Du bist die Neue. Emily, richtig?" Das Mädchen, das mich mit diesen Worten so gnädig erlöste, saß allein an dem Tisch, vor dem ich stand, und beteiligte sich nicht an den Lästereien unserer Mitschülerinnen.

Sehr sympathisch!

„Ja genau. Hallo!", erwiderte ich und erschrak vor meiner eigenen Stimme, die vor Nervosität deutlich bebte. Schnell räusperte ich mich.

„Ich bin Kathy", stellte sich das Mädchen vor.

Kathy trug eine schmale Brille, war dunkelblond, blauäugig und ziemlich unauffällig – weit entfernt von hässlich, aber auch

15

nicht übermäßig hübsch. *Durchschnittlich*, stellte ich erleichtert fest, und beschloss, dass sie ein erstes aufrichtiges Lächeln wert war. Durchschnittlich war gut. Kein Snob. Nein, so sah sie in ihrem simplen T-Shirt und den modischen Bluejeans irgendeiner No-Name-Marke wirklich nicht aus.

Sehr sympathisch. Dass die Chemie zwischen uns beiden von der ersten Sekunde an stimmte, blieb das einzig Positive dieses Tages.

Offensichtlich hatte es sich im Vorfeld bereits herumgesprochen, dass die Neue die Tochter eines Produzenten und Regisseurs war. Sobald wir die Klassenräume wechselten, bildeten sich Trauben neugieriger Mitschüler um mich herum, die mich mit unzähligen Fragen bombardierten.

Zu Hause in Manchester hatte ich nie im Mittelpunkt gestanden. Ich war weder besonders beliebt, noch verhasst. Nur, na ja ... schwer wahrnehmbar. Wie ein Schluck Wasser: Ich schmeckte nicht besonders, schadete aber auch niemandem und konnte bisweilen sogar nützlich sein, ohne danach zu lange im Gedächtnis zu bleiben. Das Modell *Graue Maus* stand mir gut und hatte, bis zu diesem Tag, immer prächtig funktioniert. Doch hier, in diesem fremden Land, an diesem neuen Ort, scheiterte meine Strategie. Am liebsten hätte ich mich irgendwo verkrochen. Tief, tief unter der Erdoberfläche.

Kathy schien sich als Einzige nicht im Geringsten dafür zu interessieren, was mein Dad machte, wie groß unser Haus war und ob ich schon zum Shoppen in die Stadt gefahren war. Ein tipptopp gestyltes, hellblondes Mädchen namens Holly, fragte schließlich das, was wohl einigen anderen ebenso auf den Zungen brannte: „Du hast deinen Dad doch sicher schon zu den großen Preis-Verleihungen begleitet, nicht wahr? Kennst du viele Stars? Zac Efron vielleicht oder ... Johnny Depp? Was ist mit ...?" Als ich mit einem Kopfschütteln antwortete, das sich mit jedem folgenden Namen wiederholte, kassierte ich zunächst enttäuschte, später sogar ungläubige Blicke. Als würde ich mich weigern, mein *exklusives* Leben mit ihnen zu teilen. Ich war mir ziemlich sicher, jetzt schon als *Emily, die arrogante Tochter dieses britischen Regisseurs* einen zweifelhaften Bekanntheitsgrad erlangt zu haben.

Nur zwei der Hartnäckigsten hielten mir auch nach den ersten

Wochen noch die Treue. Das war zum einen Tom, mit dem ich an meinem ersten Tag so unsanft zusammengestoßen war und der mich oft an einen gigantischen Teddybären erinnerte. Er war groß und stämmig und litt offenbar unter Alzheimer im fortgeschrittenen Stadium. Er konnte sich mein *Nein* bezüglich eines Dates keine zwei Stunden merken. Ungefähr fünfmal täglich holte er sich seine Abfuhr ab, was weder seiner blendenden Laune, noch unserer lockeren Freundschaft einen Abbruch tat. Tom mochte nicht der Hellste sein – wahrscheinlich würde er das College nur aufgrund eines Baseballstipendiums besuchen dürfen –, aber er war durchaus amüsant.

Und dann war da natürlich Kathy, die schnell zu einer echten Freundin wurde. Meiner einzigen echten Freundin.

Alles in allem entspannte sich die Lage jedenfalls deutlich.

Ich fing gerade an, mich einigermaßen wohl zu fühlen, da kam er: Jason. Ungebeten, unerwartet und ganz gewiss *nicht* uneigennützig, tauchte mein gutaussehender Bruder drei Wochen nach meinem ersten Tag vor der Schule auf und zerstörte meine mühevoll erarbeitete Ruhe damit schlagartig. Lässig stand er in der Eingangstür, seinen Motorradhelm in der einen, einen weiteren in der anderen Hand, und grinste mich breit an. Ich wusste genau warum er hier war. *Dieser erbärmliche ...*

„Jay, mach, dass du hier wegkommst!", zischte ich zwischen zusammengepressten Zähnen hindurch, während ich mich an ihm vorbeiquetschte.

„Warum? Du hast es in drei Wochen nicht geschafft, auch nur *eine* gutaussehende Freundin mit nach Hause zu bringen. Also musste ich jetzt langsam mal zur Tat schreiten, meinst du nicht?"

„Gott, Jason, musst du denn nicht studieren?", maulte ich genervt.

Er zuckte nur mit den Achseln. „Nö, erst im Oktober, weißt du doch. Bis dahin bin ich frei wie ein Vogel."

Super! Schon spähten die ersten Mädels zu uns herüber.

Jason sah wirklich gut aus, das musste sogar ich als seine Schwester zugeben. Mit seinen dunklen Wuschelhaaren und den jeansblauen Augen, in denen immer etwas Kindliches, Unbe-

17

schwertes funkelte, stahl er sich mühelos in die Herzen der Mädchen ... und brach eines nach dem anderen.

Natürlich verfehlte sein Auftritt nicht seine Wirkung.

Nur einen Tag später – nachdem ich hundertmal klargestellt hatte, dass Jason nicht mein Freund, sondern mein großer Bruder war – scharten sich die Mädels unserer Stufe wieder nur so um mich, getrieben von der Hoffnung auf ein Wiedersehen mit Jason.

Erschöpft zählte ich den Countdown bis zu den Sommerferien.

Aber ab heute – so versicherte ich meinem Spiegelbild an diesem entscheidenden Morgen und zwang mich damit zurück in die Gegenwart –, ab heute würde alles vollkommen anders werden.

Dieser Tag würde neue Schüler mit sich bringen, denn die gab es schließlich in jedem beginnenden Schuljahr. Egal ob sie frisch hinzugezogen waren oder einfach die Schule gewechselt hatten, sie würden die Aufmerksamkeit der hungrigen Meute für einige Tage oder sogar Wochen auf sich lenken. Wenn es schlecht lief, würden wir vielleicht nur ein paar ältere Schüler bekommen, die eine Ehrenrunde drehen mussten, aber selbst das würde vermutlich funktionieren. So oder so: *Ich* war nicht mehr die Neue.

Zufrieden begab ich mich unter die Dusche.

Als ich die Knoten meiner Haare mithilfe einer Unmenge Shampoo und Pflegespülung entwirrt und die Locken über meiner Rundbürste glattgeföhnt hatte, entschied ich mich für eine schlichte graue Bluse und meine verwaschene Lieblingsjeans. Pfeifend und für meine Verhältnisse nahezu leichtfüßig lief ich die Treppe hinab, schnappte mir im Rausgehen einen Apfel und verließ das Haus.

II.

Wie immer, wenn ich das winzige Fahrzeug auf dem viel zu großen Stellplatz erblickte, legte sich ein Grinsen über mein Gesicht. *Mein Mini!*

Schwarz-weiß glänzte der Lack in der warmen Morgensonne. Ich liebte dieses Auto, es war mein ganzer Stolz. Mein Dad hatte es mir zum Geburtstag geschenkt. Oder zum bestandenen Führerschein, wie auch immer. Denn den hatte ich in Rekordzeit gemacht und die Prüfung direkt an meinem siebzehnten Geburtstag absolviert. Überglücklich hatte ich die kleine Karte entgegengenommen. Der große Schriftzug in der Kopfzeile, *CALIFORNIA*, störte mich ein wenig, aber Himmel, es war ein Führerschein. Nein, nicht irgendeiner. *Mein* Führerschein.

Summend fuhr ich die breite, palmengesäumte Straße entlang. Unser Leben hier kam mir immer noch wie ein zu lang geratener Urlaub vor, und meine Sehnsucht nach England war mitunter unerträglich groß. Doch an diesem Morgen hatte ich keine Muße für Heimweh. Dafür war ich viel zu gut gelaunt.

Kathy wartete schon vor der Schule auf mich. Die Arme um ihre Bücher geschlungen, hüpfte sie freudig auf und ab, als ich um die Ecke bog.

„Emily, hallo!", rief sie und lief mir entgegen. Mitten auf dem Parkplatz fielen wir uns in die Arme.

„Mann, es war 'ne verdammt lange Zeit ohne dich", gestand ich und drückte sie an mich.

„Ja, zu lang", erwiderte Kathy mit einem Nicken. „Aber es ist auch viel passiert. Ich war doch in diesem Camp, und anfangs dachte ich, es würde furchtbar langweilig werden, aber dann ..." Und schon hatte sie sich bei mir untergehakt und versank mit jedem Schritt tiefer in ihrem ausgiebigen Ferienreport.

Seite an Seite überquerten wir den Pausenhof. Ich liebte Kathys unbeschwerte Art. Sie war eigentlich immer gut gelaunt und der Gesprächsstoff ging ihr niemals aus; dennoch verfügte sie über ausreichend Einfühlungsvermögen, um nicht nervig zu werden.

Und sie war eine geduldige Zuhörerin. Nur ihr hatte ich erzählt, wie sehr ich England wirklich vermisste und nur sie hatte mich schon in unserem neuen Haus besucht. Jason schenkte ihr nicht mal die leiseste Beachtung und Kathy ließ das völlig kalt. Wie bereits erwähnt: seeehr sympathisch, das Mädel.

Als ich nun ihren fröhlichen Schilderungen lauschte, bemerkte ich, wie sehr ich sie wirklich vermisst hatte und war dankbar dafür, in meiner kurzen Zeit hier schon eine so gute Freundin gefunden zu haben. Wir besuchten fast alle Kurse zusammen und auch unsere Spinde standen nahe beieinander.

Ins Gespräch vertieft, schlossen wir unsere Taschen mit den nicht benötigten Büchern ein und machten uns anschließend auf den Weg zu unserer Geschichtsklasse, als Tom plötzlich laut rufend auf uns zustürmte. Während er mich anhob und sich mit mir im Arm um seine eigene Achse drehte, überkam mich – nebst Schwindelanfall – eine Erkenntnis, die mich unerwartet tief traf: *Sie haben mich tatsächlich vermisst.*

Im Klassenraum herrschte ein noch heftigeres Chaos als sonst. Ausgelassene Wiedersehensfreude und der eindeutig zu hohe Testosteronspiegel der Jungs prallten aufeinander und sorgten für ohrenbetäubenden Lärm, bis Mr Sheppard die Klasse betrat und lautstark um Ruhe bat. Gewohnt nüchtern begann er das neue Schuljahr, indem er noch einmal seinen Namen an die Tafel schrieb und direkt darunter das Thema, das wir in den kommenden Wochen behandeln würden. Französische Revolution. *Na super, schon wieder.*

Geräuschvoll pustete ich mir die Haare aus der Stirn. Das fing ja echt gut an. Dieses Thema war in England schon grottenlangweilig gewesen. Die Vorstellung, dass Mr Sheppard – mit seiner ohnehin schon einschläfernden Art – ausgerechnet diesen zermürbenden Stoff behandeln würde, war schlichtweg grausam. Ich seufzte schwer und ließ meinen Blick durch den Klassenraum wandern. Enttäuscht fiel mir auf, dass kein einziges neues Gesicht zu sehen war. *Mist!* Doch gerade als meine positive Laune wie ein Kartenhaus zusammenzufallen drohte, klopfte es an der Tür. Im nächsten Moment wurde sie geöffnet und ein Mädchen trat ein. Na ja, *trat ein* traf es nicht so ganz. Eigentlich sprang sie eher herein, mit weit ausgebreiteten Armen, in einer sich selbst präsentierenden Geste.

Sie war klein und zierlich, hatte riesige dunkle Augen und ebenso dunkle, schulterlange Korkenzieherlocken, die ihre fein geschnittenen Gesichtszüge umrahmten.

Ihre Bewegungen waren grazil und anmutig ... und wirkten völlig fehlplatziert, als sie mit einem eleganten Satz über die Schwelle des Klassenraums sprang und mit hochgerissenen Armen direkt vor Mr Sheppards Pult zum Stehen kam. Ihr Auftritt wirkte wie der einer Ballerina, die soeben ihr Solo beendet hatte und nun auf ihren Applaus wartete. Das Mädchen war bildhübsch ... und definitiv neu, dessen war ich mir sicher.

Noch ehe ich realisierte, dass ich mit offenem Mund dasaß, ging ein Raunen durch die Klasse, unmittelbar gefolgt von den spitzen Schreien einiger Mitschülerinnen, die im selben Moment aufsprangen und sich ungläubig Luft zufächelten. Auch Kathy gehörte dieser offenbar fassungslosen Gruppe an.

„Lucy!", riefen andere, die sich ebenfalls ruckartig erhoben und ihre Stühle dabei lautstark über den Boden zurückschoben. Und dann setzte der Herdentrieb ein. Sämtliche Schüler stürmten auf das winzige Mädchen namens Lucy zu; nur ich blieb verdutzt zurück. Die anderen umarmten die offenbar doch nicht ganz so Neue der Reihe nach und überhäuften sie mit tausend Fragen.

Sie lachte. Fröhlich, hell und glockenklar. Der Klang ihrer Stimme passte perfekt zu ihrem Äußeren. „Mann, ich wusste gar nicht, dass ihr wieder da seid", oder „Wir haben dich so sehr vermisst", oder „Seid ihr nur zu Besuch hier oder bleibt ihr?", waren Sätze, die ich aufschnappte. Nur Lucys Reaktionen konnte ich bei diesem Geräuschpegel nicht hören. Entweder war ihre Stimme zu sanft, was mich nach dem Klang ihres Lachens nicht verwundert hätte, oder sie war zu überwältigt von diesem herzlichen Empfang, um überhaupt antworten zu können. Allerdings schloss ich aus dem unmittelbar einsetzenden Gekreische der Mädels und dem Grölen der Jungs, dass Lucy die bange Frage nach ihrer Aufenthaltsdauer zur allgemeinen Zufriedenheit beantwortet hatte. Für kurze Zeit wurde es ein wenig ruhiger und ich lauschte gespannt, um irgendetwas von der Unterhaltung mit dem neuen Mädchen mitzubekommen, als plötzlich ein erneutes Raunen durch die Traube meiner Mitschüler ging. Ich konnte nicht erkennen, was der Auslöser dafür war, so dicht standen alle um Lucy herum.

„Adrian!", rief Tom. Als wäre sein Ausruf ein Signal gewesen, steigerte sich der allgemeine Geräuschpegel schlagartig wieder zu dem aufgeregten Begrüßungsgejohle von zuvor. Ich versuchte, einen Blick auf diesen Adrian zu erhaschen, doch es war unmöglich.

Wahrscheinlich ist er nicht viel größer als Lucy, schoss es mir plötzlich durch den Kopf.

Erst als sich Mr Sheppard Minuten später endlich durchsetzen konnte und unter der Androhung von Klassenbucheinträgen zur Ruhe rief, lichtete sich die Horde der Schüler langsam. Die ersten setzten sich zurück auf ihre Plätze ... und dann sah ich ihn.

Seine Gesichtszüge waren geradlinig und schön. Sie wirkten so eben, als wären sie gemeißelt – das Meisterstück eines großen Bildhauers. Der Junge hatte warme braune Augen, die längst nicht so dunkel wie Lucys waren, und um seinen Kopf wellte sich hellbraunes Haar. Im Licht der Sonne, welches das Klassenzimmer gewohnt grell durchflutete, glänzte es beinahe golden.

Ebenso wie Lucy, grinste auch Adrian über das ganze Gesicht. Nicht verlegen oder peinlich berührt, sondern offen und glücklich. Absolut sympathisch. Mit nur einem Blick erkannte ich, dass die beiden Geschwister sein mussten; sie ähnelten einander sehr. Kathy setzte sich zurück neben mich und wirbelte dabei die Luft ein wenig auf. Ich spürte den sanften Zug an meinem Zäpfchen und realisierte, dass ich schon wieder mit offenem Mund dasaß. Weitere peinliche Sekunden verstrichen, bis mir endlich wieder einfiel, wie man die Kinnlade schloss.

Adrian ließ seinen Blick durch das Klassenzimmer gleiten und blieb dabei an mir hängen. Er lächelte und nickte mir kurz zu. Was für eine Geste. So erwachsen und ... *höflich*. Ich nickte hastig zurück und senkte dabei schon verlegen meinen Blick.

„Mr Franklin, nehmen Sie doch dort drüben am Fenster ... ähm ... Platz", sagte Mr Sheppard in diesem Moment. Sein leicht verunsicherter Ton blieb mir nicht verborgen, aber ich konnte seine offensichtliche Verklemmung noch nicht einordnen. Der Typ war ohnehin eigenartig.

„Sehr gerne, ich rolle", erwiderte Adrian fröhlich und setzte sich in Bewegung. Jetzt erst bemerkte ich es: Er saß in einem Rollstuhl. Sein schönes Gesicht hatte mich so sehr vereinnahmt, dass mir nichts anderes an ihm aufgefallen war. Nun jedoch sah ich, wie stark sein Oberkörper gebaut war und wie schmächtig seine Beine dagegen wirkten.

Mühelos manövrierte er sich durch den schmalen Gang.

Die anderen Schüler erwiesen sich als eingespieltes Team, was den Umgang mit Adrians besonderer Situation anging. Sofort rückten sie auf der einen Seite des Klassenzimmers etwas enger zusammen, um den Gang zwischen der Fensterreihe und den Tischen in der Mitte des Raums zu verbreitern. Wie selbstverständlich entfernte jemand den nun überflüssigen Stuhl neben Tom. Adrian rollte ungehindert an den Tisch. Er und Tom begrüßten sich mit einem freundschaftlichen Klaps auf die Schulter und einem komplizierten Abschlagritual, das zwar ein wenig eingerostet wirkte, aber den beiden dennoch ein Grinsen entlockte.

Lucy nahm derweil direkt an dem Tisch vor mir Platz, neben dem schüchternen Lee, der so sehr strahlte, dass seine sonst so blassen Wangen glühten. Lucy erwiderte seine Freude ohne Zurückhaltung und drückte unbefangen seinen Oberarm. Das war auffällig, zumal keines der anderen Mädchen Lee je berührt hatte. Schlaksig, mit Hornbrille und seiner Leidenschaft für PC-Spiele und Mathematik, galt er als Freak, wenn auch als harmloser. Zu intelligent, um massentauglich unterhaltsam zu sein. Toms Gegenstück, wenn man so wollte. Lucy schien es jedoch nichts auszumachen, dass Mr Sheppard ihr den Platz neben einem der unpopulärsten Schüler der Stufe zugewiesen hatte.

„Wo ist ... ähm ... Noah?", flüsterte Kathy.

Lucy wandte sich noch einmal kurz zu uns um. „Er ist im selben Kurs wie wir. Kommt bestimmt gleich nach", erklärte sie mit einem Schulterzucken. Dann fiel ihr Blick auf mich. „Hallo, ich bin Lucy", sagte sie freundlich.

„Emily", grüßte ich stocksteif zurück und fragte mich im selben Moment, warum ich mir so mickrig vorkam. Hitze durchflutete meinen Körper und zog sich fast schon schmerzhaft intensiv durch meine Wangen. Ohne jeden Zweifel war mein Gesicht mal wieder feuerrot. Dabei schien Lucys Lächeln aufrichtig zu sein – ohne versteckte Rivalität oder sonstige Hintergedanken. Selten unter Mädels unseres Alters. Dennoch hatten mich kein argwöhnischer Blick und kein unterkühltes Lächeln je so verunsichert wie Lucys offener, herzlicher Gruß.

Sie drehte sich erst wieder um, als Mr Sheppard mit strenger Miene Aufmerksamkeit forderte. „Leute, aufgepasst! Sicher ist es schön, dass ihr euch wiederseht, aber ihr habt schließlich die Pause und jede Menge Freizeit, um euch auszutauschen. Also, wenden wir uns wieder der Französischen Revolution zu. Eure Bücher bitte, Seite 234."

Lucy grinste Lee noch einmal an, drückte dabei wieder seine Hand und schlug dann ihr Buch auf.

Fragend sah ich Kathy an, die meinen Blick sofort richtig verstand. Sie kritzelte auf den Rand ihres Schreibblocks. Neugierig wie ich war, las ich bereits, während sie noch schrieb.

Adrian und Lucy Franklin. Sie haben früher hier gelebt, waren aber die letzten 2 1/2 Jahre irgendwo in Frankreich (Mutter ist Französin). Zu den beiden gehört noch ein Ado...

In diesem Moment schreckte ich hoch, denn die Tür wurde erneut aufgerissen. Bedeutend brüsker dieses Mal, ohne ein ankündigendes Klopfen. Mit weiten, festen Schritten betrat ein Junge den Klassenraum.

Ein kurzer Blick auf ihn wäre mit Sicherheit ausreichend gewesen, um Adrian vom Thron meiner mentalen Rangliste der bestaussehenden Typen auf seinen ewigen zweiten Platz zu verdrängen. Ja, ein einziges Blinzeln hätte vermutlich genügt ... hätte ich meinen Blick nur wieder von ihm lösen können.

Denn dieser Junge, der lediglich mit einem zweifelhaften Brummen begrüßt wurde, auf das er in keiner Weise reagierte, war wirklich unfassbar schön. Auch er hatte ebene, symmetrische Gesichtszüge. Seine Nase war schmal und gerade, die Augen auffallend hell – ohne dass ich in diesem ersten Moment ihre Farbe hätte bestimmen können –, die Lippen voll und perfekt geschwungen. Hohe Wangenknochen und ein ausgeprägtes Kinn definierten die markanten Züge seines Gesichts. Die dunkelblonden Haare waren weder kurz, noch lang, weder glatt, noch lockig ... und fielen ihm anbetungswürdig chaotisch in die Stirn. Kurzum: Er war wunderschön.

Doch obwohl mich sein Äußeres binnen eines Herzschlages fesselte und faszinierte, fielen mir am Rande meines Bewusstseins mehrere Dinge gleichzeitig auf, die mich in ihrer Gesamtheit stutzen ließen:

1. Er sah weder Lucy noch Adrian ähnlich.
2. Er bekam von unseren Mitschülern nicht mal annähernd dieselbe Aufmerksamkeit wie die beiden Rückkehrer vor ihm.
3. Die anderen Mädchen, denen sein Aussehen anscheinend auch aufgefallen war und die ihn für einige Sekunden ebenso ungeniert angegafft hatten wie ich, schüttelten der Reihe nach ihre Köpfe, als wollten sie sein Bild vertreiben und sich zur Besinnung rufen. Eines nach dem anderen verschanzten sie sich hinter ihren Geschichtsbüchern.
4. Überhaupt sah niemand (außer mir selbst) ihn länger an.

Und ...

5. Er selbst sah auch niemanden an.

Dann bemerkte ich, was ihn am deutlichsten von Lucy und Adrian unterschied: Der Ausdruck seiner Augen war nicht so offen und schon gar nicht fröhlich; er wirkte distanziert. Eventuell deutete ich das sogar zu wohlwollend, denn mit weniger Begeisterung hätte man auch leicht Arroganz in seinen Blick interpretieren können.

Kathys Bewegungen rissen mich aus meiner Verzückung. Eilig krakelte sie auf ihren Zettel:

Voilá! Noah Franklin, Lucys und Adrians Adoptivbruder

Adoptivbruder. Meine Augen glitten mehrfach über das Wort. Nun, das erklärte zumindest schon mal die fehlende Ähnlichkeit.

Ich versuchte, mein Nicken so belanglos wie möglich wirken zu lassen. Niemand sollte bemerken, wie sehr mich Noahs Ankunft aus der Bahn geworfen hatte. Ich konnte es ja selbst kaum begreifen.

Äußerlichkeiten … als ob ich jemals zuvor Wert auf *Äußerlichkeiten* gelegt hatte.

Noah war inzwischen mit nur drei gleichermaßen entschlossen wie elegant wirkenden Schritten zum Lehrerpult gegangen, hatte einige Formulare vor Mr Sheppard abgelegt und wartete nun reglos auf dessen Unterschrift. Kein einziges Wort der Begrüßung kam über seine schönen Lippen.

Überhaupt war es plötzlich sehr ruhig im Klassenraum.

Nicht einmal Mr Sheppard sagte etwas. Kein *Hallo*, keine Platzzuweisung, kein Tadel wegen der deutlichen Verspätung oder der erneuten Störung seines Unterrichts. Nichts dergleichen.

Stumm nahm Noah die unterschriebenen Formulare wieder an sich und schritt mit starrem, nahezu ausdruckslosem Blick über den breiten Gang am Fenster.

Hinter mir quietschten Stuhlbeine über den Fußboden. Das Geräusch wirkte so mächtig in der angespannten Stille, die Noah mit sich in den Raum gebracht hatte, dass sich sofort alle siebzehn Augenpaare auf den Lärmstifter richteten. Der ewig coole Roger, der allein an einem Tisch in der letzten Reihe gesessen hatte, räumte freiwillig seinen Platz und setzte sich zu Rebecca, der unbeliebtesten Streberin unserer Stufe.

Irgendetwas stimmte hier nicht. Ganz und gar nicht.

Als wäre es das Selbstverständlichste der Welt, schritt Noah an sämtlichen Tischreihen vorbei und setzte sich auf den nun freien Stuhl. Niemand außer mir beobachtete, wie er Platz nahm. Alle anderen hatten ihre Köpfe bereits wieder abgewandt und die Nasen zurück in ihre Bücher gesteckt.

Geräuschvoll zog Noah den Stuhl heran. Er war der Einzige, der allein saß. *Was zum Teufel ... ???*

„Ähm, ja", räusperte sich Mr Sheppard endlich. „Also, wie gesagt: die Revolutionäre der Bewegung ..."

Die totlangweilige Art unseres Geschichtslehrers machte die Doppelstunde zu einer Qual. Eine Weile beschäftigte mich der Gedanke an den eigenartigen Jungen noch, aber dann beobachtete ich Lucy und vergaß ihren Bruder darüber. Sie sah sehr nett aus. Allerdings schien sie das Unterrichtsthema ebenso wenig zu interessieren wie mich. Wann immer uns Mr Sheppard seinen Rücken zukehrte, malte sie auf den Rand ihres Schreibblocks. Ich konnte nicht genau erkennen, was sie zeichnete, doch ihre Handbewegungen wirkten wie ihre Schritte und ihr Lachen: Klar, fließend, federleicht. Ja, Lucy ergab ein stimmiges Bild für mich. Eines, das mich faszinierte.

Unser Geschichtslehrer kannte keine Schonfristen. Schon in dieser ersten Stunde rief er Lucy und Adrian einige Male auf. Jedes Mal kannten sie die korrekten Antworten auf seine Fragen. Nur Noah wurde nicht abgefragt. Die Minuten verstrichen, langsam und zäh, ohne dass ich seine Stimme hörte.

Mit einem Mal, ich kaute gerade gelangweilt auf meinem Kugelschreiber herum, bemerkte ich, dass mich jemand beobachtete. Ein kurzer Seitenblick auf Adrian bestätigte meinen Verdacht. Freundlich sah er mich an. Ich errötete so schnell, dass ich es nicht mal mehr schaffte, rechtzeitig meinen Kopf zu senken. Ebenso schlagartig wurde mir klar, dass sich meine Hoffnungen für den heutigen Tag erfüllt hatten: Die Neuen waren da und mit Sicherheit Gesprächsthema Nummer eins für die kommenden Wochen. Dumm nur, dass nun *ich* diejenige war, die mit Abstand am neugierigsten auf die drei war. Alle anderen kannten sie ja schon.

Ich konnte das Ende des Unterrichts kaum erwarten. Tausend Fragen lagen mir auf der Zunge und ich brannte förmlich darauf, sie Kathy zu stellen. Als es endlich soweit war und der erlösende Klang der Schulklingel ertönte, passierte das Erwartete: Meine Mitschüler stürmten direkt auf Lucy und Adrian zu und umzingelten sie erneut.

Breit grinsend atmete ich durch. Niemand schien noch Notiz von mir zu nehmen. Nicht einmal Tom, der Lucy fröhlich in den Schwitzkasten nahm und dann Adrians Bücher trug. Für Noah hingegen interessierte sich offenbar niemand. Wo war er überhaupt? Ich wandte mich um, doch sein Platz war leer. Die Klassentür stand offen, er war schon gegangen. Die anderen hatten sein Verschwinden nicht einmal bemerkt.

Erst als wir über den Korridor liefen und unserem Biologiekurs entgegensteuerten, besaß Kathy die Güte, zumindest meine allerdringlichsten Fragen zu beantworten, indem sie zusammenfasste: „Also, Adrian und Lucy sind Zwillinge. Ihre Mutter ist gebürtige Französin. Sie wollte die französischen Wurzeln ihrer Kinder nicht verkommen lassen und hat sie uns deshalb vor zweieinhalb Jahren entführt. Die Zwillinge sind total lieb. Viele von uns sind schon zusammen zur Grundschule gegangen."

„Und Noah?", fragte ich neugierig. „Was ist mit ihm? Du hast geschrieben, er sei ihr Adoptivbruder?"

Sie nickte, sagte aber nichts weiter. Die Sekunden verstrichen still, wir hatten die Tür des Biologieraums schon beinahe erreicht. „Er kam mit zwölf Jahren zu den Franklins", sagte Kathy endlich.

„Mit zwölf?", fragte ich verwundert. „So spät? Ist seinen Eltern etwas zugestoßen oder warum haben sie ihn adoptiert?"

Kathy zuckte mit den Schultern und sah mich ernst an. „Keine Ahnung, Emily! Über seine Vergangenheit spricht keiner. Noah lässt niemanden an sich heran. Er ist ... ziemlich fies, ehrlich gesagt, und bestimmt eine große Bürde für die Familie. Ich habe keinen Schimmer, wie Lucy und besonders Adrian so geduldig mit ihm sein können. Er ist ... wirklich ein Freak." Ihre Worte erschreckten mich. So kannte ich meine sonst so sanftmütige Freundin nicht. Kathys Stirn legte sich in Falten. An dem Wandel ihres Blickes, der mit einem Mal ins Leere zu gehen schien, erkannte ich, dass sie sich an etwas Unerfreuliches erinnerte.

„Du wirst ihn wohl noch kennenlernen", murmelte sie bitter. „Noahs Ausbrüchen kann man kaum ausweichen. Und jetzt komm, wir sind spät dran."

Die Franklin-Zwillinge besuchten den Biologiekurs, genau wie wir. Lucy und Adrian saßen nebeneinander an dem Tisch vor uns. Ich ertappte mich dabei, auf Noahs Erscheinen zu warten. Immer wieder spähte ich zu der offenstehenden Tür. Vergeblich. Auch dem darauf folgenden Chemiekurs blieb er fern.

In der Mittagspause saßen Kathy und ich mit Lucy, Lee und Tom an einem großen Tisch. Adrian kam als einer der Letzten dazu. Lee machte ihm sofort Platz, doch Adrian klopfte ihm gutmütig auf die Schulter und rollte weiter ... bis zu mir. Sein Tablett balancierte er dabei auf den Armlehnen seines Rollstuhls.

Er legte sein fröhliches, fast schon vertraut wirkendes Grinsen auf und zog eine Augenbraue etwas höher als die andere. „Ist neben dir noch frei? Ich hab meinen Stuhl auch schon mitgebracht", sagte er und zwinkerte mir zu.

„Sicher", erwiderte ich schnell und rückte etwas zur Seite, um ihm besseren Zugang zum Tisch zu gewähren.

Aus der Nähe betrachtet wirkte sein Gesicht noch schöner als von weitem. Seine Haut war auffallend makellos. Nicht, dass ich diesbezüglich Probleme gehabt hätte – wirklich, seitdem ich die Sonnenschutzmittel wegließ und öfter eine von Jasons Baseballkappen trug, war meine Haut das Letzte, was mir an meinem Körper Sorgen bereitete. Aber Adrians Haut war so rein und eben, dass ich den Drang verspürte, meine Finger auszustrecken und seine Wange zu berühren. Er stellte sein Tablett auf dem Tisch ab und streckte mir seine rechte Hand entgegen.

„Emily Rossberg, richtig? Bist noch nicht lange hier, hm? Und jetzt kommen wir und stehlen dir einfach die Show." Sein breites Grinsen brachte die Grübchen in seinen Wangen zutage; in seinen Augen lauerte der Schelm. Sie waren so ungewöhnlich hellbraun, dass sie mich im Neonlicht der Kantine beinahe bernsteinfarben anstrahlten. Ich brauchte ein paar Sekunden, um diesen Anblick zu verdauen. Dann schüttelte sich mein Kopf so hektisch, dass mir ein wenig schwindlig wurde. „Nein, das ist schon okay. Ich hasse es, im Mittelpunkt zu stehen."

„Wirklich?", fragte er mit hochgezogenen Augenbrauen. „Dann hast du etwas mit meinem Bruder gemeinsam." Die Worte kamen als ein Brummeln über seine Lippen. Schnell schob er sich eine Gabel Pommes in den Mund, doch meine Neugier war geweckt.

„So?", hakte ich nach und blickte mich suchend um – als würde mir jetzt erst auffallen, dass Noah nicht mit in die Kantine gekommen war. „Wo ist er eigentlich?"

Adrian blickte zu mir auf und stellte für einen Moment das Kauen ein. Er sah mir tief in die Augen, ähnlich bedeutungsvoll wie zuvor schon Kathy. Zum ersten Mal erkannte ich den Ansatz von Unbehagen in seinem Blick. Es wirkte fast so, als würde er abwägen, was er auf meine Frage antworten sollte. Ich hoffte auf die Wahrheit.

„Noah geht nicht in die Kantine", antwortete er endlich. So bestimmt, als wäre das eine unumstößliche Tatsache. Wie etwas, das man schon vor langem in Stein gemeißelt und für alle Zeiten festgelegt hatte.

„So?", erwiderte ich und biss in meinen Apfel. Da nähere Erklärungen ausblieben, verbrachte ich die folgenden Minuten damit, nach möglichen Gründen zu suchen. Warum mied Noah die Schulkantine? Gut, das Essen war vielleicht nicht berauschend, aber fern ab von scheußlich. Es gab eine passable Auswahl an warmen und kalten Gerichten und man konnte sich auch allein an einen Tisch setzen, wollte man seine Ruhe haben. Genügend freie Plätze gab es hier immer.

So, wie ich im Geschichtsunterricht die Reaktionen unserer Mitschüler beobachtet hatte, wäre Noah ohnehin unbehelligt geblieben. Niemand schien sich ernsthaft für ihn zu interessieren – was mir nach wie vor ein Rätsel war.

Kathy, die unser Gespräch mitbekommen hatte, zuckte mit den Schultern. „Ich hoffe, er lässt uns einfach in Ruhe. Von mir aus kann er tun und lassen, was er will. Hauptsache, er rastet nicht wieder aus."

Sie sah Adrian an – wieder mit diesem bedeutungsschweren Blick, dem ich zum ersten Mal an diesem Morgen begegnet war.

Adrian senkte seinen Kopf und wirkte mit einem Mal fast ein wenig traurig, was jedoch nicht lange währte. Kurz darauf kamen Roger und Tom an unseren Tisch und alberten mit ihm herum. Sofort tauchten die Grübchen in seinen Wangen wieder auf und seine hellbraunen Augen strahlten.

Kathy hatte sich Lucy zugewandt, die in einem französischen Magazin blätterte und einigen Mädchen die neuesten europäischen Modetrends präsentierte. Das Thema *Noah* schien vergessen, doch nicht für mich. Irgendetwas wussten sie alle. Es gab etwas Unausgesprochenes, das Noah betraf. Ein Geheimnis, in das ich noch nicht eingeweiht war. Mit zusammengezogenen Augenbrauen beobachtete ich Kathy, bis sie mich ansah. Ich war mir ziemlich sicher, dass sie die Frage in meinem Blick erkannte und auch verstand. Dennoch wandte sie sich wieder Lucy und den anderen zu, ohne mir zu antworten.

Als die Pause vorbei war, setzte sich die Herde meiner Mitschüler in Bewegung. Man spürte, dass die meisten schon ihr halbes Leben miteinander verbracht hatten. Jetzt, da allgemeine Freude über die Wiederkehr der Franklin-Zwillinge herrschte (über Noahs Rückkehr schien sich niemand zu freuen), bewegte sich die Gruppe in völliger Harmonie. Man lachte und scherzte, erzählte sich gegenseitig Anekdoten aus der gemeinsam verbrachten Kindheit ... und beachtete mich nicht. Mir war das recht, gab es mir doch mein lange ersehntes *Graue-Maus-Dasein* zurück.

Gedankenverloren schlappte ich hinter meinen Mitschülern her und bummelte eindeutig zu lange an meinem Spind. Als ich den Klassenraum betrat, stand unsere neue Mathematiklehrerin bereits vor der Tafel und warf mir einen strengen Blick über ihre schmale Brille hinweg zu. „Miss Rossberg, richtig? Lassen Sie Verspätungen nicht zur Gewohnheit werden! Nicht in meinem Unterricht. Die Pause ist wirklich lang genug."

Ich nickte beschämt und suchte den Raum nach Kathy ab, um neben ihr Platz zu nehmen. Sie saß im hinteren Drittel, direkt neben Lucy, und warf mir einen entschuldigenden Blick zu. Ein beklemmendes Gefühl machte sich in meinem Magen breit. Trotzdem lächelte ich tapfer und nickte ihr kurz zu.

In der äußersten Ecke des Klassenraums gab es noch einen unbesetzten Tisch. Kaum hatte ich Platz genommen, meine Schreibutensilien abgelegt und die entsprechende Seite meines verhassten Mathebuches aufgeschlagen, flog die Tür polternd auf. Vielleicht war es dieses Geräusch oder die Reaktion meiner Mitschüler –

keine Ahnung! Doch im selben Moment, als mich der sanfte Luftzug streifte und sich sämtliche Köpfe wie auf Kommando senkten, wusste ich, dass nur *er* das sein konnte.

Mit starrem Blick stolzierte Noah durch den Gang bis zu meinem Tisch. Oder besser: *unserem* Tisch, denn ihm blieb nichts anderes übrig, als hier Platz zu nehmen. Alle anderen Stühle waren bereits besetzt. Und plötzlich ergab es einen Sinn, dass niemand alleine saß. Dass sich Roger dieses Mal sogar neben Lee gesetzt hatte.

Warum mieden sie Noah so? Was war nur los mit ihm?

Mit einem eigenartigen Geräusch, das weder ein Seufzen noch ein Räuspern war, plumpste er in den Stuhl neben mir. Mit offenem Mund gaffte ich ihn an. Noah tat so, als würde er es nicht bemerken ... was zugegebenermaßen unmöglich war. Nur am Rande bemerkte ich, dass sich seine Hände verkrampften. Mrs Rodgins – bekannt als eine der strengsten Lehrkräfte unserer Schule – verhielt sich still. Sie tadelte Noah nicht, wie mich zuvor.

Als er die Tür geöffnet hatte, war ihr Blick von dem Buch in ihren Händen zu dem Störenfried geschweift. Doch sobald sie Noah erkannte, wandte sie sich ab und tat so, als hätte es nie eine Unterbrechung gegeben.

Warum ignorierten sie ihn alle? Ich fand ihn eindeutig zu schön, um ihm keine Beachtung zu schenken. Besonders aus dieser neuen, unmittelbaren Nähe betrachtet, sah er aus wie ein Model. Seine Haut war ebenso rein und makellos wie die seines Bruders. Was diese auffällige Besonderheit anging, hätten Adrian und er wirklich leibliche Geschwister sein können. Doch Noahs Ausdruck war sehr angespannt und irgendwie wirkte er ... müde?

Offensichtlich presste er die Zähne aufeinander, denn seine Kieferknochen traten immer wieder hervor und ließen sein Kinn mitsamt der vollen Unterlippe zucken. Ich spürte, dass seine Anspannung eine Reaktion auf meinen Blick war, den ich – Erkenntnis hin oder her – dennoch nicht abwenden konnte. Als er seinen Kugelschreiber zückte, fiel mein Blick auf seine Hände und ließ mich verkrustete Abschürfungen an einigen seiner Fingerknöchel wahrnehmen. Hatte er sich geprügelt?

Seiner verspannten Körpersprache zum Trotz, bewahrten Noahs Augen den Ausdruck völliger Gelassenheit. Scheinbar unbeteiligt schlug er sein Buch auf und lehnte sich dann weit in seinem Stuhl zurück. Durch die Bewegung schnappte ich endlich aus meiner Starre und wandte mich Mrs Rodgins zu. Die stand wieder an der Tafel und schrieb endlose Formeln auf, deren logische Zusammenhänge sich mir erwartungsgemäß nicht erschlossen.

Als wir nach einigen Proberechnungen selbstständig eine dieser Aufgaben lösen sollten, saß ich aufgeschmissen vor meinem Buch.

Noah hingegen hatte definitiv keine Probleme damit. Innerhalb weniger Minuten war er fertig und ließ sich demonstrativ gelassen gegen die Lehne seines Stuhles fallen. Den Kugelschreiber pfefferte er dabei auf seine niedergeschriebene Aufgabe.

Diese Geste ärgerte mich, strotzte sie doch nur so von Überheblichkeit, von einer Art Arroganz, die mich in meiner verzweifelten Situation (neues Schuljahr, erste Stunde – und schon gescheitert) unsagbar störte. Außerdem ließ mich Noahs Schönheit nicht los, und, was fast noch schlimmer war, erst recht nicht sein Duft. Noah roch so unglaublich gut. Nein, *gut* war untertrieben. Für mich roch er berauschend. Frisch und männlich und ... ach, ich wusste nicht wonach. Aber dieser Duft, *sein* Duft, raubte mir offenbar das letzte Fünkchen Verstand. Und zwar völlig gegen meinen Willen.

Ich wurde wütend, als mir meine Verwirrung in vollem Ausmaß bewusst wurde, und spürte förmlich, wie der Zorn in mir hochkochte. Abgesehen davon, dass Mrs Rodgins genauso gut auch ägyptische Hieroglyphen an die Tafel hätte schreiben können – von denen hätte ich vermutlich mehr verstanden als von diesen dämlichen Algebra-Formeln –, hatte mich Noahs Anwesenheit so sehr abgelenkt, dass ich mittlerweile nicht mal mehr wusste, *welche* der drei Aufgaben wir lösen sollten.

Anstatt mich mit der verfluchten Formel zu beschäftigen, hatte ich immer wieder kurze Blicke auf Noahs wuschelige Haare und die fein gezeichneten Muskelstränge seiner Unterarme geworfen, während er fleißig schrieb. Oder auf seine unverschämt langen Wimpern, die jedes Mädchen vor Neid hätten erblassen lassen.

Oder auf die Schatten, die diese Wimpern auf seine Wangen warfen – und auf seine perfekt geschwungenen Lippen, die er zu allem Überfluss beim Schreiben leicht schürzte. Und ganz besonders – immer und immer wieder – auf seine langen, filigranen Finger, die den Kugelschreiber hielten und ihn so leicht über das Papier führten, als würde er es kaum berühren.

Ahhh! Gott, Emily, was ist bloß los mit dir?, dachte ich irritiert.

Als Noah sich nun neben mir streckte und hinter vorgehaltenem Handrücken gähnte, schwappte die Wut in mir über. Ich sah Rot – buchstäblich –, so zornig war ich. Wie eine giftige Schlange wandte ich mich ihm zu. „Ist ja schön, dass du fertig bist, aber würde es dir etwas ausmachen, mich in Ruhe weiterarbeiten zu lassen?"

Die Worte zischten viel härter zwischen meinen zusammengepressten Zähnen hindurch, als ich es beabsichtigt hatte. Erst als ich sie hörte, spürte ich, wie irrational mein Ausbruch war. Was hatte Noah denn schon gemacht?

Im selben Augenblick geschah etwas Eigenartiges. Ich hätte schwören können, dass alle unsere Mitschüler sowie Mrs Rodgins im selben Moment nach Luft schnappten. Sämtliche Augenpaare richteten sich prompt auf uns. Und irgendwo – weit weg – realisierte ich sogar den Schock, der in den Blicken der anderen lag. *Oh, oh!*

Noah sah mich für die Dauer eines Herzschlages etwas verdutzt – ja, fast ein wenig eingeschüchtert – an. Dann begann etwas in seinen grün-blauen Augen zu flackern, das ich sofort als aufflammenden Zorn erkannte. Seine Finger verkrampften sich zusehends, ballten sich schließlich zu Fäusten. Seine Mundwinkel zuckten, die Nasenflügel blähten sich auf. Er bebte förmlich ... und ich bekam schreckliche Angst.

Urplötzlich schob er seinen Stuhl zurück, erhob sich mit einer ruckartigen Bewegung, baute sich vor mir auf und beugte sich so bedrohlich vor, als wollte er mich senkrecht in den Boden rammen. Für den Bruchteil einer Sekunde hegte ich tatsächlich die Befürchtung, er könnte mich schlagen.

Doch dann versetzte er lediglich seinem Stuhl einen kräftigen

Stoß. Reflexartig duckte ich mich und kniff die Augen zusammen. Ein erschrecktes Raunen ging durch die Klasse.

„Noah!", rief Lucy. Ihre schöne Stimme überschlug sich beinahe.

Nur einen bangen Herzschlag später stürmte Noah aus dem Klassenraum und schmiss mit voller Wucht die Tür hinter sich zu.

III.

Ein weiterer Wimpernschlag verstrich in absoluter Stille, dann brach das Chaos um mich herum los. Alle sprachen durcheinander, ihre Stimmen überschlugen sich ... und dann war mit einem Mal Lucy neben mir.

„Alles klar? Hat er dich erschreckt?"

Ich antwortete nicht, doch ihre Frage brachte mich ins Grübeln. Hatte er? Zweifellos, mein Herz schlug mir bis zum Hals, aber war ich ernsthaft schockiert? Nein, das heftige Pochen fühlte sich irgendwie ... ja, *gut* an.

Adrenalin, durchzuckte es mich. Adrenalinstöße fühlten sich gut an, obwohl man eigentlich unter Schock stand. Hastig schüttelte ich den Kopf, um zur Besinnung zu kommen. *Seine Stimme ... ich hab sie noch immer nicht gehört.* Im Moment der Erkenntnis verwunderte mich meine Enttäuschung.

Inzwischen war auch Adrian an meiner Seite. „Tut mir leid, Emily. Bist du okay? Was ist denn passiert? Hast du ihn angefasst? Was hat Noah gemacht?"

Wow, zu viele Fragen!

Noch immer geschockt, beantwortete ich vorerst keine einzige, auch wenn mir die letzte immer wieder durch den Kopf schoss. Denn ja, was hatte Noah eigentlich gemacht?

„Nichts", gestand ich endlich verdutzt, als mir erneut bewusst wurde, wie irrational meine Wut gewesen war. „Er hat gar nichts gemacht. Ich habe überreagiert, weil ich mich nicht konzentrieren konnte."

Erneut entstand betretene Stille, die Mrs Rodgins nur wenig später mit ihrer schrillen Stimme durchbrach. Doch auch jetzt äußerte sie sich nicht zum dem Vorfall zwischen Noah und mir oder zu seinem fluchtartigen Verlassen ihres Unterrichts.

„Geht zurück an eure Plätze und bearbeitet die Aufgabe! Ihr habt noch zwei Minuten." Das war alles, Thema durch.

Um mir nicht die Blöße zu geben, mit einem leeren Blatt dazusitzen, schrieb ich einen jämmerlichen Lösungsversuch auf, der ohne Zweifel jeglicher mathematischen Logik entbehrte.

Lucy meldete sich als Einzige, um ihr Ergebnis zu präsentieren; ihr Zwillingsbruder schien schlichtweg keine Lust zu haben. Adrian blickte gedankenverloren aus dem Fenster, während Lucy ihre korrekte Lösung an die Tafel schrieb – die übrigens an keiner einzigen Stelle mit meiner eigenen übereinstimmte.

Verdammt noch mal, bin ich wirklich so blöd?

Als Lucy die Kreide niederlegte und die Hände aneinander rieb, um sie zu säubern, kritzelte ich ihr Ergebnis so unauffällig wie möglich ab.

Tom klatschte Beifall. Lucy knickste elegant vor ihm und erntete dafür schallendes Gelächter der gesamten Klasse. Selbst die sonst so steife Mrs Rodgins konnte sich das Lächeln nicht verkneifen. Ich beobachtete, dass Adrian zwar die Augen verdrehte, doch als seine Schwester an ihm vorbei zu ihrem Platz ging und er kurz zu ihr aufsah, war sein Blick sanft. Nahezu liebevoll. Obwohl er in seinem Rollstuhl saß und Lucy aufrecht lief, überragte sie ihn nur um etwa anderthalb Köpfe.

Trotz ihrer Ähnlichkeit wirkten die Geschwister in diesem Moment sehr gegensätzlich. Adrian war nicht nur groß, sondern auch muskulös. Lucy sah regelrecht winzig gegen ihn aus. Ihre großen Augen glänzten nahezu schwarz, was mir schon in der Kantine aufgefallen war. Die Pupillen unterschieden sich farblich kaum von der Iris. Die Farbe ihrer Haare glich der von gerösteten Maronen. Tiefbraun und warm.

Als Lucy im Vorbeigehen über die Schulter ihres Bruders strich, legte Adrian seine große Hand auf ihre zierliche und drückte kurz zu. Ich bemerkte die liebevolle Szene zwischen den Zwillingen und fragte mich, welche Rolle Noah in der Familie Franklin spielte. Berührte Lucy ihn auch so wohlwollend? Grinste Adrian ihn auch ab und zu so gutmütig an? Die Gedanken um den eigenartigen Jungen ließen mich nicht mehr los. Nicht einmal, als schließlich die Schulklingel erklang. *Frei!*

Ich verschloss die Bücher, die ich nicht für meine Hausaufgaben benötigte, noch in meinem Spind, verabschiedete mich von Kathy, die sich wie immer beeilen musste, um zu ihrer wartenden Mutter zu gelangen, und lief dann auf direktem Wege zu meinem Mini, der mich auf dem riesigen Parkplatz erwartete.

Neben meinem Winzling stand ein brandneuer, silberner VW Amarok, ein wahrhaftiges Monster von einem Auto. Ich kannte das Modell nur, weil es das neueste war – einer der zahllosen materiellen Wünsche meines Bruders. Der Wagen stach mir sofort ins Auge. Ich hatte ihn hier noch nie gesehen, da war ich mir sicher.

„Hey, Emily!", rief jemand.

„Hallo Lucy!", antwortete ich, noch bevor ich mich ihr zuwandte. Die Korkenzieherlocken hüpften lustig um ihr hübsches Gesicht, während sie leichtfüßig auf mich zulief.

„Noah ist kein schlechter Kerl", sagte sie bestimmt, als sie mich erreichte. „Es ist mir egal, was die anderen über ihn sagen. Ich weiß, er hat ein gutes Herz."

Okay?! ... Mit offenem Mund starrte ich sie an. Wie sollte ich darauf reagieren? Sekundenlang fiel mir nichts ein, bis ich mich schließlich für ein simples Nicken entschied. Dann senkte ich den Blick auf ihre winzigen Füße, die sich auf die Zehenspitzen reckten und herabließen – immer wieder, immer schneller – und mit dieser hibbeligen Geste keine Zweifel zuließen: Lucy war noch nicht fertig.

Erneut sah ich in ihr Gesicht und begegnete einem breiten Lächeln.

„Wir geben Samstagabend eine kleine *Back in Town*-Party. Es wird nichts Großes, aber ich würde mich sehr freuen, dich dabei zu haben, Emily. Dann könnten wir uns in Ruhe und ohne die strafenden Blicke der Lehrer näher kennenlernen. Die Mittagspausen sind dafür doch viel zu kurz. Also, was meinst du?"

Ihre dunklen Augen glänzten erwartungsvoll; sie erinnerten mich an die eines aufgeregten Kindes vor dem geschmückten Weihnachtsbaum.

„Ich ... ähm ..." *Na super!* War ich zuvor schon verwirrt gewesen, wusste ich jetzt überhaupt nicht mehr, wie ich reagieren sollte. Tausend Gedanken tobten durch meinen Kopf. Ich versuchte möglichst unauffällig und schnell das Für und Wider meiner gesammelten Eindrücke gegeneinander abzuwägen, als weit hinter Lucy plötzlich Adrian erschien. Mit seinen kräftigen Armen stieß er die Räder seines Rollstuhls nur dreimal an, überquerte so den kompletten Parkplatz und gesellte sich zu uns, ehe ich meine Entscheidung getroffen hatte. Lucy stellte sich hinter ihren Zwillingsbruder und legte ihm die Hände auf die Schultern.

„Ich habe Emily gerade zu unserer Party eingeladen", erklärte sie ihm. „Aber irgendetwas scheint nicht mit ihr zu stimmen. Sie spricht nicht mit mir." Unter hochgezogenen Augenbrauen sah sie mich an. Frech, herausfordernd ... und sehr liebenswert.

„Oh, ich weiß, warum sie nicht spricht", behauptete Adrian. Sein Blick war wesentlich ernster als der seiner Schwester. „Von Noahs Stimmungsschwankungen darfst du dich nicht beeindrucken lassen, Emily. Für die ist er echt berühmt."

„Wohl eher berüchtigt", murmelte ich finster und erntete damit ein verlegenes Lachen der Zwillinge.

„Also, kommst du?"

Es war unmöglich, sich Adrians freundlicher Art zu entziehen.

Lucys Füße waren inzwischen entfesselt; nun hüpfte sie tatsächlich auf und ab. „Bitte, bitte, bitte!", rief sie mit jedem Sprung. Das Bild des aufgedrehten kleinen Mädchens festigte sich in meinem Kopf. Es war wirklich nicht schwer sich vorzustellen, wie Lucy als Kind gewesen sein musste.

„Kommt Kathy auch?", fragte ich endlich.

„Aber natürlich", versicherte mir Adrian.

„Alle kommen", bestätigte Lucy gleichzeitig.

„Okay, dann komme ich auch. Danke!", presste ich schnell noch hervor.

Lucy strahlte. „Gerne. Ich freue mich."

„Super!", rief auch Adrian.

In diesem Moment ertönte ein kurzes, leises Hupen neben uns; die Scheinwerfer des protzigen Amaroks blinkten auf.

Oh nein! Ich zuckte zusammen. Im selben Augenblick bröckelte das Grinsen aus den Gesichtern der Zwillinge. Lucys Augen büßten einen Teil ihres Glanzes ein, als sie an mir vorbeispähte. Bevor ich meinen Kopf drehen konnte, hörte ich feste Schritte hinter mir. Schon lief Noah mit einem Smart Key in der Hand an mir vorbei. Ohne mich oder seine Geschwister eines Blickes zu würdigen, öffnete er den Kofferraum des Amaroks.

Super! Die Franklins waren mit an Sicherheit grenzender Wahrscheinlichkeit genau die Art von Snobs, die ich hatte meiden wollen. Welche Eltern hätten ihren Kindern sonst einen solchen Wagen zur Verfügung gestellt? *Oder gekauft?* Ich lugte zu meinem Mini, der neben dem Monsterauto wie ein Modell im Maßstab 1:2 wirkte.

Lucy lächelte mir noch einmal zu, bevor sie für Adrian die Beifahrertür öffnete und seinen Rollstuhl festhielt, während er sich selbst auf den Sitz hievte. Dann verschwand sie auf der Rückbank.

Ich wandte mich ab, um mein Auto aufzuschließen ... und stieß direkt mit Noah zusammen.

Mit einem lauten Knall fielen meine Bücher zwischen uns zu Boden. Unsere Blicke trafen sich. Nein, eigentlich prallten sie aufeinander. Plötzlich schien die Zeit stillzustehen. Er kam einen Schritt näher, und für eine Sekunde blitzte die verrückte Idee in mir auf, er wolle mich küssen. Ganz ehrlich, in diesem Moment wäre ich unfähig gewesen, ihn zu stoppen. Er war so unglaublich schön. Gegen das helle Blau des Himmels wirkte seine Silhouette beinahe ... ja, engelsgleich.

Doch dann kam er näher und ich bemerkte, wie bedrohlich sich sein Blick verdüsterte. Er zog die Augenbrauen tief zusammen und ließ mich endlich seine Stimme hören: „Pass gefälligst auf, wo du hinläufst, Bitch!"

Ich öffnete meinen Mund ... und schloss ihn wieder, ohne einen Laut von mir gegeben zu haben.

Hatte er mich gerade eine *Bitch* genannt???

In Rekordzeit errötend, schüttelte ich meinen Kopf und rief mich zur Besinnung. Ich musste jetzt klar denken können.

„Wa– was?", stotterte ich benommen. Ganz offensichtlich war mein Gehirn noch nicht bereit. Andernfalls wäre mir nun eine rettende, absolut bissige Antwort eingefallen. Eine, die sich gewaschen und ihm gezeigt hätte, dass ich nicht auf den Mund gefallen war. Dumm nur, dass ich immer noch knallrot vor ihm stand und kein gescheites Wort hervorbrachte.

Sicher, *ich* war in *ihn* gerannt. Trotzdem hatte er nicht das Recht, mich so anzugehen. *Vollidiot!*

„Geh mir verdammt noch mal einfach aus dem Weg!", brummte er düster, ehe ich ihm das lahme Schimpfwort entgegenschleudern konnte. Dann drückte er mich – allein durch einen angsteinflößenden Blick aus seinen türkisfarbenen Augen – gegen meinen Mini und bahnte sich seinen Weg an mir vorbei.

Mit einer geschickten Handbewegung klappte er Adrians Rollstuhl zusammen und schmiss ihn in den riesigen Kofferraum. Er stieg ein, schlug die Fahrertür laut hinter sich zu und trat nur wenige Sekunden später schon das Gaspedal durch. Mit quietschenden Reifen fuhr der Wagen über den Parkplatz, preschte die Straße entlang und verschwand hinter der nächsten Kurve.

Ich blieb zurück, starr vor Schock. Die Schulbücher zu meinen Füßen, starrte ich hinter ihm her und spürte machtlos, wie die Tränen hinter meinen Augen aufstiegen.

Okay, was ist da gerade passiert? Atme, Emily! Atme!

Dieser unverschämte, ungehobelte Typ, der zufälligerweise wie ein gottverdammtes Unterwäschemodel aussah, hatte mich blöd angemacht und beleidigt – *zweimal* – und war dann auf und davon gebraust, ohne mir auch nur den Hauch einer Chance zu geben, mich bei ihm zu entschuldigen. Oder nach seiner Telefonnummer zu fragen.

Moment mal. Was???

Gott, was war heute eigentlich los mit mir?

Noah hatte sich grob und gemein verhalten und verdiente ganz sicher keine Entschuldigung von *mir*. Ich blickte in den makellos blauen Himmel und blinzelte die Tränen zurück. Mit tiefen Atemzügen bezwang ich meinen rasenden Puls. Auch das Dröhnen in meinen Ohren, verursacht durch den Fluss meines eigenen Blutes, ließ schließlich ein wenig nach. Nichts desto trotz stand ich, wie festgefroren, immer noch auf demselben Fleck; nur der Asphalt unter mir schien zu schwanken. Als ich wieder klar denken konnte, blickte ich mich um und war erleichtert, dass es offenbar keine Zeugen unseres peinlichen Intermezzos gegeben hatte. Niemanden außer Lucy und Adrian.

Hastig sammelte ich meine Bücher ein und schloss nun endlich meinem Mini auf. Neue Tränen stiegen empor, also versank ich tief in meinem Sitz, um im Schutze des Armaturenbretts in Ruhe heulen zu können. Ein Zittern packte mich und breitete sich über meinen gesamten Körper aus. Warum war ich denn bloß so fertig?

Komm schon, reiß dich zusammen, Emily!

Bis zum heutigen Morgen hatte ich nicht andauernd wie eine Vollidiotin in der Gegend herumgestanden und fremde, höchst unsympathische Typen angestarrt. Bis zum heutigen Morgen war es mir auch noch egal gewesen, was andere von mir hielten oder wie sie über mich dachten.

Auch wenn mich zuvor noch nie jemand so beleidigt hatte wie dieser, dieser ... na, wie *er* eben, war ich mir dennoch sicher, dass mir bis zum heutigen Morgen eine schlagfertige Antwort auf eine Unverschämtheit dieser Art eingefallen wäre. Außerdem hätte ich einen solch unangenehmen Zwischenfall bestimmt lockerer weggesteckt. Schließlich hatte ich einen älteren Bruder. Und zwar einen, der es in sich hatte.

Also, in welchem Moment dieses Tages war bitte schön meine Würde abhandengekommen? Ich kannte die Antwort erschreckend genau, auch wenn sie mir überhaupt nicht gefiel: Eindeutig in dem Augenblick, als Noah Franklin den Geschichtsraum betreten und mit seiner Ankunft meine Kinnlade außer Gefecht gesetzt hatte. *Verflixt!*

Ein Klopfen am Beifahrerfenster ließ mich aufschrecken. In meinem verschwommenen Sichtfeld erkannte ich lediglich einen tellergroßen hautfarbigen Fleck mit dunkelblonder Umrahmung und hellblauem Brillengestell. Kathy.

Ich winkte ihr zu, versuchte vergeblich, die Schluchzer zu unterdrücken und öffnete umständlich die Beifahrertür.

„Ich wusste nicht, dass du noch da bist", begrüßte ich sie schniefend, als sie neben mir Platz nahm.

Kathy sah mich besorgt an. „Was hat er gemacht?", fragte sie schlicht.

„Hm?"

„Na, Noah. ... Meine Mom hat angerufen und gesagt, dass sie es heute nicht pünktlich schafft mich abzuholen. Dummerweise war der Bus auch schon weg. Also wollte ich sehen, ob ich dich vielleicht noch erwische. Da kamen mir die Franklins entgegen. Noah saß am Steuer und sah aus, als würde er nur allzu gerne jemanden umbringen. Gut, das mag ja nichts Neues sein. Aber Adrian wirkte ebenfalls aufgebracht. Er fuchtelte wild mit den Armen, was echt untypisch für ihn ist." Kathy schüttelte den Kopf. „Na, und jetzt finde ich dich hier, aufgelöst und weinend. Und das, nachdem du Noah vorhin so zurechtgewiesen hast. Also, was hat er gemacht, Emily?"

Ich konnte mich wirklich glücklich schätzen, eine Freundin wie Kathy gefunden zu haben.

Wir saßen bestimmt eine halbe Stunde nebeneinander in meinem winzigen Auto und redeten. Nachdem ich kurz von dem unangenehmen Zusammenstoß mit Noah berichtet hatte, empörte sich Kathy energisch: „Wie hat er dich genannt? *Bitch?* So ein aufgeblasener, arroganter ... Ehrlich, Emily, mach dir nichts draus! Ich habe dir gesagt, dass er gemein ist. Am besten, du machst es wie wir anderen und ignorierst ihn einfach. Selbst die Lehrer handhaben das so. Glaub mir, er ist die Aufregung nicht wert."

Für den Moment ergaben Kathys Worte Sinn. Sie passten zu meinem letzten, frischesten Eindruck von Noah. Außerdem tat mir ihre aufrichtige Wut gut, bewies sie doch Kathys Loyalität. Also wischte ich mir die letzten Tränen aus den Augenwinkeln und rang mir ein tapferes Lächeln ab.

„Du kommst doch trotzdem mit zu der Party am Samstag, oder?", fragte Kathy hoffnungsvoll.

Oh Mann, die Party! Die Vorstellung bedeutete plötzlich nichts anderes, als einen kompletten Abend im Hause dieses Idioten verbringen zu müssen. Nein danke, ich konnte mir einen schöneren Zeitvertreib ausmalen. Andererseits waren Lucy und Adrian wirklich sehr nett, und ich hatte ihnen schließlich schon zugesagt.

Als Kathy meine Unsicherheit bemerkte, griff sie nach meiner Hand und drückte sie. „Komm schon, Emily! Lucy würde sich bestimmt sehr freuen. Und Adrian ist der liebste Kerl, den du dir nur vorstellen kannst." Sie lächelte und ... errötete dabei.

„Ja, aber ..."

„Noah wird sich höchstwahrscheinlich nicht mal blicken lassen", versicherte sie mir schnell.

„Ja, aber ..."

„Bitte Emily!"

„Aber ..."

„Emily!"

„Was?"

„*Bitte!*" Kathys Tonfall hatte sich vollständig gewandelt; mit gerunzelter Stirn sah sie mich nun an. Wesentlich bestimmter als jemals zuvor.

„Ja, aber ...", startete ich erneut – und dieses Mal durfte ich ausreden: „Ich weiß doch überhaupt nicht, was ich zu so einer Party anziehen soll."

Kathy neigte den Kopf zur Seite und sah mich verdutzt an. Zwei Sekunden später brachen wir in gemeinsames Lachen aus.

Noah Franklin war vergessen. Zumindest für diesen Augenblick.

Ich setzte Kathy ab und fuhr danach auf direktem Wege zu dem Haus, das ich nach wie vor nicht als *mein Zuhause* bezeichnen wollte. Ich drehte das Radio bis zum Anschlag auf, und als Miley Cyrus' *The Climb* lief, sang ich so laut mit, wie ich nur konnte.

Mein Bruder erwartete mich schon sehnsüchtig. Die Haustür flog auf, bevor ich den Schlüssel überhaupt ins Schloss stecken konnte. Das hieß, nein, eigentlich erwartete Jason nicht *mich*, sondern vielmehr meine Kochkünste. Zumindest hatte er es schon geschafft, die Steaks aufzutauen. Ich wechselte mein Schuloutfit schnell gegen mein löchriges Lieblings-Shirt und die roten Shorts, die Jane mir schon vor Jahren mal zum Geburtstag geschenkt hatte. Dann begab ich mich ans Kochen.

Jay und ich aßen gemeinsam. Während ich eher appetitlos auf meinem Teller herumstocherte, erzählte er aufgeregt von seinem College, das er sich an diesem Vormittag endlich angeschaut hatte. Als sein Handy klingelte, erkannte ich sofort, dass es sich bei dem Anrufer um ein Mädchen handeln musste. Die Augen meines Bruders weiteten sich, die Mundwinkel zuckten. Im Aufspringen stopfte er sich schnell den Rest seines Steaks in den Mund (ja, komplett!), und polterte die Treppe hoch. Nur eine Sekunde später fiel seine Zimmertür lautstark ins Schloss.

Seufzend starrte ich auf den gedeckten Tisch und die schmutzige Pfanne vor mir. Ich konnte mich oft nicht so recht entscheiden, ob ich Jay nun furchtbar oder doch ganz süß finden sollte. Vermutlich war das mit Brüdern einfach so.

Gemütlich räumte ich die Spülmaschine ein, fegte die Küche und wischte den Fliesenboden. Zweimal.

Da Jason nach seiner Stippvisite am College wohl recht schnell wieder zurückgekehrt war und den restlichen Tag allein im Haus verbracht hatte, empfing mich auch das Wohnzimmer entsprechend verwüstet. Ich holte den Staubsauger und befreite die Couch von den Krümeln, die in ihrer Vielzahl und Art Aufschluss über das unmögliche Essverhalten meines Bruders gaben. Chips, Popcorn, Müsli, Erdnüsse, Haselnussschnitte. All das konnte ich identifizieren. Den Rest wollte ich lieber gar nicht wissen.

Als ich mich endlich die Treppe hinauf in mein Zimmer schleppte und völlig fertig auf mein Bett schmiss, wurde mir klar, was ich unterbewusst mit meiner Putzaktion versucht hatte. Denn nun, in der Ruhe meines Zimmers, ließ die ablenkende Wirkung schlagartig nach. Meine Bemühungen, nicht zurück in meine Grübeleien zu verfallen, scheiterten in dem Moment, als ich meine Augen schloss und ohne es zu wollen für einen Moment einschlummerte.

Tausende Bilder – Bruchstücke meiner heutigen Erlebnisse – prasselten scheinbar ungefiltert auf mich ein: Das Wiedersehen mit Kathy, die Französische Revolution, unsere strenge Mathelehrerin, mein peinlicher Tadel, ewig lange Algebra-Formeln, die einfach keinen Sinn ergeben wollten. Eine hüpfende Lucy, französische Modemagazine, Adrians muskelbepackte Oberarme, seine dünnen bewegungslosen Beine und natürlich Noah. Noah, Noah, Noah ... *Ahhhh!*

Plötzlich war ich wieder hellwach. Resignierend widmete ich mich seinem Bild in meinem Kopf. Seine Augen beschäftigten mich am meisten. Sie waren weder blau noch grün und sein Blick ging mir einfach nicht aus dem Sinn.

Plötzlich wurde mir auch klar, warum. Bei allen Rätseln, die dieser Typ mir – und offenbar nicht *nur* mir – aufgab, war die für mich größte Ungereimtheit für den Bruchteil einer Sekunde in seinen Augen aufgeblitzt. Und zwar in dem Moment, als ich ihn im Matheunterricht so angefahren hatte.

Für einen winzigen Moment war Noah nämlich zurückgeschreckt. Seine Augenlider flatterten unsicher, bevor sich sein Blick senkte – nur für einen Wimpernschlag. Sein Adamsapfel bewegte sich auffällig stark, bei dem Versuch zu schlucken.

Die Szene spielte sich immer und immer wieder vor meinem inneren Auge ab – wie in Zeitlupe. Verzweifelt suchte ich nach der richtigen Beschreibung für seinen Gesichtsausdruck und fragte mich, warum mich seine Mimik so tief bewegte. Denn das tat sie. Sein Blick hatte etwas in mir berührt.

Dann, nach etlichen Minuten, wurde mir endlich klar, was es war: Noah hatte in diesem kleinen Augenblick *schuldbewusst* gewirkt und dabei unglaublich *verletzlich* ausgesehen.

Doch dann hatten sich seine Augen verengt. Sein Blick wurde bedrohlich und jagte mir eine eisige Kälte über den Rücken. Genau dasselbe geschah noch einmal, als ich mich nun an diesen plötzlichen Wandel erinnerte. Dennoch, ich konnte es nicht leugnen: So fies er auch gewesen sein mochte, so sehr hatte er mich in seinen Bann gezogen. Trotz seiner unmöglichen Art. *Oder vielleicht gerade deshalb?*

Ich ließ meinen Gedanken freien Lauf und folgte ihnen. Sammelte die Fakten und suchte nach Hinweisen für sein Verhalten.

Noah war Lucys und Adrians Adoptivbruder. Vielleicht waren seine Eltern ums Leben gekommen und er hatte den Schock nie verwunden. Das konnte erklären, warum er sich so abschottete. Nicht aber, warum er so ein Ekel war. Schließlich schienen ihn alle anderen, unsere Mitschüler *und* die Lehrer, bereits aufgegeben zu haben.

Himmel, er war nach einem mehrjährigen Auslandsaufenthalt nach Hause zurückgekehrt und niemand hatte ihn auch nur mit einem freundlichen *Hallo* begrüßt. *Warum nur?*

Ich beschloss, dem Ganzen auf den Grund zu gehen. Meine Neugier war entfacht; nun brannte ich förmlich darauf, mehr über diesen eigenartigen Jungen und sein Geheimnis zu erfahren.

Mein Vorsatz verschaffte mir endlich den klaren Kopf, den ich brauchte, um mich meinen Hausaufgaben zu widmen. Als mein

Dad abends nach Hause kam, wärmte ich ihm sein Essen auf und lauschte seinen Erzählungen vom Set.

„Und bei dir? Wie war dein Tag, Kleines?", fragte er schließlich in seinem sanftesten Tonfall.

„Hmmm, *interessant*, würde ich sagen."

„Interessant, hm?" Er hob die Augenbrauen, lehnte sich in seinem Stuhl zurück und sah mich neugierig an. „Nun, jetzt bin ich gespannt."

Da ich nicht die leiseste Lust verspürte, die Ereignisse des Tages wieder aufzurollen, beschloss ich, mich auf das Wesentliche zu beschränken. „Ähm, also, wir haben drei neue Mitschüler. Das heißt, sie sind eigentlich nicht neu, sondern waren für ein paar Jahre in Frankreich und sind jetzt wieder da."

„Alle drei waren weg?", fragte mein Dad erstaunt. „Geschwister?"

„Ja, zwei Jungs und ein Mädchen. Das Mädchen und einer der Jungs sind Zwillinge. Der andere Junge ist wohl adoptiert. Jedenfalls sind sie sehr nett." *Zumindest die Zwillinge.*

Mit einem tiefen Atemzug setzte ich zu dem entscheidenden Satz an: „Sie geben am Samstag eine Party und haben mich eingeladen."

Um ein Haar rutschte meinem Dad das Glas aus der Hand. Mit weit aufgerissenen Augen sah er mich an. Dann, nach zwei, drei Sekunden, besann er sich und schüttelte kurz den Kopf. „Emily, das ist doch super! Ich freue mich, dass du neue Freunde gefunden hast."

„Also, darf ich gehen?"

„Sicher gehst du! Kommt Kathy denn auch mit?" Mein Vater erwiderte mein Nicken mit einem breiten Grinsen. Offenbar hatte er sich mehr um mich gesorgt, als es mir bewusst geworden war. „Das wird bestimmt toll", sagte er zufrieden und erhob sich.

Stumm spülte er seinen Teller, das Besteck und sein Glas ab, dann wandte er sich mir wieder zu. „So, Kleines, ich muss noch ein wenig arbeiten. Das Skript muss an einigen Stellen abgeändert werden. Es gibt meiner Meinung nach wichtige Stellen in dem Buch, die sie überhaupt nicht berücksichtigt haben. Wir müssen versuchen, das Ganze umzuschreiben, ohne die Gesamtlänge zu verändern. Gar nicht so leicht."

„Denke ich mir."

Im Vorbeigehen strich er mir eine Locke aus dem Gesicht. „Emily?", rief er plötzlich, bereits auf halber Treppe, und stieg noch einmal einige Stufen herab. „Ich weiß, du zählst die Tage, bis wir wieder zurück in England sind", sagte er mit einem milden Lächeln. „Aber ich fände es klasse, wenn du dich in der Zwischenzeit hier wohlfühlen würdest."

Da er sich nicht rührte und auf irgendetwas zu warten schien, biss ich mir auf die Unterlippe und überlegte. Warum auch immer, aber in diesen Sekunden, die still zwischen uns verstrichen, mogelte sich das Bild von Noahs Gesicht zurück in meinen Sinn.

„Ich denke, ich kann es zumindest versuchen", erwiderte ich – wie immer, wenn mein Dad das Thema auf den Tisch brachte. Nur diesmal fühlten sich meine Worte zum ersten Mal ... ja, *aufrichtig* an.

IV.

Jeder Tag der folgenden Schulwoche brachte ein einschneidendes Erlebnis mit Noah Franklin mit sich. Und mit jedem dieser Ereignisse nahm meine Verwirrung zu.

Dienstag war ich gerade in der Schule angekommen, holte die Bücher aus meinem Spind und checkte noch einmal meinen Stundenplan. Doppelstunde Mathematik. *Natürlich!*

Ich atmete tief durch und wischte mir eine besonders widerspenstige Haarsträhne aus der Stirn. Dann klappte ich die Tür meines Schrankes zu ... und blickte direkt in sein Gesicht.

Herrgott noch mal, das konnte doch wirklich nicht wahr sein, oder?

Gut, es gab – wie bereits erwähnt – nicht übermäßig viele Schüler an dieser Schule. Aber Himmel, musste sein Spind denn ausgerechnet direkt neben meinem liegen? Noah sah mich für die Dauer meines Schnappatemzuges an, wandte sich aber sofort wieder ab und hantierte mit eingefrorener Miene und in aller Seelenruhe mit seinen Büchern herum.

Ich weiß nicht, was mich ritt, doch plötzlich öffnete sich mein Mund wie von selbst und ich sprach. Na ja, *sprach* ...

„Ähm,...", lautete der eindrucksvolle Beweis meiner Wortgewandtheit. Im plötzlichen Verlangen, seine Stimme wieder zu hören, durchforstete ich mein Gehirn nach etwas Brauchbarem. Vergeblich, wer hätte das gedacht.

Okay, was zur Hölle ist los mit dir, Emily Rossberg?

Plötzlich jedoch schlüpften Worte über meine Lippen, ehe ich überhaupt realisierte, dass ich im Begriff war sie auszusprechen: „Es tut mir leid wegen gestern. Dass ich dich so angemotzt habe, meine ich. Mathe ist nicht gerade mein stärkstes Fach und wahrscheinlich war ich einfach wütend, in der ersten Stunde des neuen Schuljahres schon zu scheitern. Und auf dem Parkplatz ... Ich wollte dich nicht anrempeln. Ich habe dich wirklich nicht gesehen."

Der Wortschwall endete, doch mein Mund blieb offen stehen.

Einen kleinen Augenblick mal. Du hast dich nicht wirklich gerade bei ihm entschuldigt, oder?

Nun, egal wie mein Plan für *Komme hinter das Geheimnis des türkisäugigen Vollidioten* auch ausgesehen hatte – dieses entwürdigende Szenario war niemals ein Teil davon gewesen.

Er blinzelte mich einige Male in offensichtlicher Verwirrung an. Dann sah ich wieder, was sich schon am Tag zuvor ereignet hatte: Diese schlagartige Verdunklung seines Blickes.

„Was auch immer. Mach's wie die anderen und lass mich einfach in Ruhe, kapiert? Und vor allem: Fass mich nie wieder an!"

Wie bitte? Ihn anfassen? Was ...?

Mit einem Schlag wandelte sich meine gutwillige Bereitschaft ihn näher kennenzulernen (*obwohl* er ein Vollidiot war) in puren Zorn. Ich funkelte ihn böse an und stemmte die Hände in die Hüften. „Es war ein Versehen, okay? Und ich sagte, dass es mir leidtut. Du warst auch nicht unbedingt nett zu mir, wenn ich mich recht erinnere." Oh, und ob ich mich erinnerte. Aber warum nur schmerzte dieser Gedanke so sehr?

Noah starrte mich weiterhin finster an. Dann zischte ein bitteres, humorloses Lachen zwischen seinen Zähnen hindurch und blies mir direkt ins Gesicht. „Ja, weißt du, Emily, das kommt daher, weil ich nun mal kein netter Mensch *bin*. Und du tätest gut daran, dir das zu merken." Damit schmiss er die Tür seines Spinds zu, wandte sich ab und schritt mit seinen großen, festen Schritten den Korridor entlang.

Wenig später saßen wir nebeneinander im Matheunterricht und wechselten erwartungsgemäß kein einziges Wort miteinander. Noah kritzelte fast die gesamte Zeit über wie wild in seinem Notizblock herum, doch wann immer ihn Mrs Rodgins (die sein Verhalten offensichtlich nicht guthieß, aber dennoch niemals beanstandete) aufrief, kannte er die korrekte Antwort auf ihre Frage. Es war fast unheimlich.

Als die Schulklingel erklang, hatte Noah seinen Stuhl bereits verlassen und befand sich auf halbem Weg zur Tür.

In der Mittagspause ertappte ich mich dabei, nach ihm Ausschau zu halten. Natürlich erfolglos. *„Noah geht nicht in die Kantine"*, schallten Adrians Worte in meinem Kopf wider.

Dienstagabend ging ich mit dem festen Vorsatz zu Bett, Noah nicht weiter zu beachten und ihn einfach links liegen zu lassen – wie es auch alle anderen taten. Wenn selbst *er* das so wollte, dann bitte!

Unsere Mittwochs-Begegnung schrieb ich eher dem Zufall zu.

Mein Schultag begann an diesem Morgen erst zur zweiten Stunde und zwar mit Geschichte. Der Korridor war leer; die Eingangshalle der Schule wirkte wie ausgestorben. Unmittelbar bevor ich um die Ecke zu meinem Spind bog, hörte ich seine Stimme und blieb wie angewurzelt stehen. Zum Henker, er hatte wirklich eine tolle Stimme. Selbst die Tatsache, dass er so gut wie immer in diesem tiefen, verbissenen Ton sprach – wie auch in diesem Moment – tat ihr keinen Abbruch.

„Wenn du willst, dass ich mich verpisse, dann sag es doch einfach, Lucy!", grummelte er böse.

„Aber das will ich doch gar nicht. Es war nur ein Gedanke, Noah. Auch für dich, weil du es doch nicht magst, wenn so viele ..." Lucy beendete ihren Satz nicht. Resignierend stieß sie etwas Luft aus. Ich wusste, ohne sie zu sehen, dass sich ihre hübschen dunklen Augen verdrehten. Die folgenden Worte klangen erschöpft und ein wenig hilflos: „Ich habe an *dich* gedacht, Noah. Wirklich! Natürlich kannst du bleiben, wenn du willst. Ich würde mich freuen. Sehr sogar."

Noah schien ihre letzten Worte überhaupt nicht zu hören. Barsch fuhr er seiner Schwester über den Mund: „Verdammt richtig, ich kann bleiben. Und das habe ich auch vor. Also lass mich in Ruhe, Lucy, hörst du?"

Das klang eher wie eine Drohung, als nach einer Aufforderung, und machte den Moment aus, in dem ich beschloss mich zu zeigen. Also bog ich um die Ecke und war mit nur zwei Schritten bei ihnen. „Hallo Lucy!", grüßte ich freundlich.

„Hallo Emily!" Sie erwiderte mein Lächeln, doch ihre Augen blieben matt.

„Na, hast du auch alles mitbekommen?", fragte Noah hämisch. Aus zusammengekniffenen Augen funkelte er mich an.

„Bitte? Ich ... ähm ... nein, ich habe euch nicht belauscht", log ich, versuchte dabei, stärker zu sein als ich mich fühlte, und hielt seinem Blick mit angehaltenem Atem stand.

Wieder dieses bittere Lachen. „Sicher hast du", presste er abfällig hervor. Scheppernd flog die Tür seines Spinds ins Schloss. Mit großen Schritten marschierte Noah davon.

Lucy schüttelte den Kopf und hakte sich dann bei mir unter. „Ich hab ihn nur gefragt, ob er am Samstag auch da ist oder ob er etwas anderes vorhat." Schulterzuckend sah sie zu mir auf; ihre sonst so unbeschwerten Augen wirkten traurig und erschöpft. „Bestimmt hab ich es falsch rübergebracht. Natürlich hätte ich ihn gerne dabei, aber normalerweise mag er es nicht, wenn wir Besuch bekommen."

„Du hast gar nichts falsch gemacht", stellte eine tiefe Stimme unmittelbar hinter uns klar. Adrian.

Wie aus dem Nichts war er plötzlich da und lächelte ermutigend zu uns empor. Dann plauderte er drauflos und vertrieb mit seiner fröhlichen Art binnen Sekunden jeglichen Anflug von Melancholie aus Lucys Gesicht. Die beiden schienen den Kummer mit ihrem Adoptivbruder gewohnt zu sein; ihre Geduld war ziemlich beeindruckend.

Noah saß in den Kursen, die wir gemeinsam besuchten, immer in der letzten Reihe. Außer in Mathe, wo ich auch an diesem Mittwoch wieder neben ihm saß, spürte ich seinen Blick immer in meinem Nacken. Jedenfalls empfand ich es so. Ich kam mir beobachtet vor, obwohl ich wusste, dass das nicht stimmen konnte. Er kritzelte in seinem Notizblock herum oder spielte unter dem Tisch mit seinem iPod – beides hatte ich beobachtet –, aber er beachtete keinen unserer Mitschüler und beteiligte sich nur am Unterricht, wenn er dazu aufgefordert wurde. Und selbst dann nur so knapp wie irgend möglich. Aufgaben bearbeitete er in Rekordzeit und seine Lösungen waren ausnahmslos korrekt, soweit ich das beurteilen konnte. Ganz sicher sah er mich zu keiner Sekunde an. Dennoch wurde ich das Gefühl nicht los, seinen Blick zu spüren.

Auf der Heimfahrt nahm ich Kathy mit. Nach wie vor empört,

erzählte ich ihr von dem Gespräch zwischen Noah und Lucy. Doch sie zuckte nur mit den Schultern. „Ich sag's dir ja, er spinnt! Noah mag es nicht, wenn viele Leute auf einem Haufen sind. Wenn Lucy sich aber um ihn sorgt, reagiert er eingeschnappt und fährt sie an. Das ist so typisch für ihn. Manchmal habe ich das Gefühl, er kann nicht aus seiner eigenen Haut." Eine Weile ließ sie ihre Worte in der Stille wirken, dann wechselte Kathy das Thema.

Bevor ich sie absetzte, fiel mir noch etwas ein, das meine Neugier geweckt hatte, das ich aber – Noah sei Dank – bisher immer wieder vergessen hatte: „Sag mal, was ist eigentlich mit Adrians Beinen los?"

Sofort wurde Kathys Blick ernst. Ich spürte deutlich, wie sehr sie Adrian mochte. Wann immer das Thema auf ihn kam, verspannte sie sich sichtlich. „Das war ein schlimmer Unfall, als wir etwa elf Jahre alt waren. Adrian war der sportlichste Junge in unserer Klasse. Es gab eigentlich keine Sportart, an der er sich nicht versuchte. Surfen, Skaten, Baseball, Basketball – er machte alles. Eines Tages fuhr er mit seinem Dad zum Wellenreiten. Doch die Wellen und der Wind waren zu stark. Er verlor die Kontrolle über sein Board und schlug gegen die Felsen. Immer wieder. Nur mit viel Glück gelang es seinem Dad, ihn zurück an Land zu schaffen. Zuerst dachten die Ärzte, er wäre vom Hals an abwärts gelähmt, aber ... Adrian hatte Glück im Unglück."

Ich wusste nicht, was ich erwidern sollte. Keine Ahnung, welche Antwort ich erwartet hatte, doch diese ging mir sehr nahe. Die Tatsache, dass Adrian nicht von Geburt an gelähmt gewesen war, sondern seine Beine aufgrund eines solch tragischen Unfalls nicht mehr bewegen konnte, versetzte mir einen Schock. Dass er dennoch so lebensfroh und positiv auftrat, erschien mir plötzlich wie ein Wunder.

Kathy verfolgte offenbar den gleichen Gedanken; ihre Augen verengten sich. „Ich begreife bis jetzt nicht, wie gut er diesen Unfall verkraftet hat. Als er nach etlichen Monaten wieder in die Schule kam, hatte sich sein Wesen sehr gewandelt. Vor dem Unfall war er ziemlich eigenbrötlerisch und zurückhaltend, ehrlich gesagt. Danach überhaupt nicht mehr. Er hat mal gesagt, er hätte an diesem Tag ein zweites Leben geschenkt bekommen, und ich denke, er will diese Chance ganz bewusst nutzen." Wir schwiegen voller Bewunderung, bis wir Kathys Elternhaus erreichten und sie ausstieg.

An diesem Abend ging ich unentschlossen zu Bett.

Noah war ein Ekelpaket, zweifellos. Dennoch hatte Kathy recht: Er konnte irgendwie nicht aus seiner Haut. Was auch immer mit ihm geschehen war, niemand *war* von Natur aus einfach so wie er. Niemand wurde so verstockt geboren.

Unmittelbar bevor mir die Augen zufielen, beschloss ich, sein Geheimnis kennen und ihn besser verstehen zu wollen. Aber war er die Mühe wert?

Unsere Begegnung am Donnerstag warf mich endgültig aus der Bahn. Und das kam so: Bill Jankins, der Herzensbrecher unserer Stufe, hatte es aus unerfindlichen Gründen auf mich abgesehen. Ich nahm an, dass er dem Reiz des Unnahbaren erlag, denn ich war – im Gegensatz zu vielen anderen Mädchen – weder an seinem Geld (er kam aus einer der reichsten Familien der Gegend), noch an seinem vermeintlichen Luxuskörper interessiert. Bill hatte mich bereits öfter um ein Date gebeten. Längst nicht so oft wie Tom, aber den zu toppen war schlichtweg unmöglich. Jedenfalls erteilte ich auch Bill immer wieder eine möglichst freundliche Abfuhr. An diesem Donnerstag beschloss er jedoch, dass ich seine Geduld überstrapaziert hatte.

Nach Unterrichtsschluss stand ich mal wieder an meinem Spind und sortierte meine Bücher für die anstehenden Hausaufgaben.

„Hallo Süße!", sagte eine rauchige Stimme direkt an meinem Ohr. Es gab nur einen, der sich hier nicht mit meinem Namen anfreunden konnte, und so atmete ich tief durch und schloss die Augen, ehe ich mich ihm zuwandte. „Bill."

„Erraten", sagte er grinsend. „Du und ich, morgen Abend, beim besten Italiener der Stadt. Was meinst du?"

Was ich meinte? *NEIN!!! Weder heute, noch morgen, noch sonst irgendwann in diesem Leben.*

Was ich sagte? „Ähm, das ist lieb gemeint, Bill. Aber leider habe ich zu tun. Und außerdem ... mag ich kein italienisches Essen."

Er lachte mir offen ins Gesicht. Nicht gerade angenehm, zumal er sich beim Mittagessen scheinbar für den Hackbraten mit Zwiebeln entschieden hatte. „Jetzt bin ich verletzt", ließ er mich wissen. „Den ersten Teil hätte ich dir vielleicht noch abgekauft, aber dann ... Ehrlich, Kleines, *jeder* mag italienisches Essen."

„So?", fragte ich knapp. Es wurde schwierig, meine freundliche Fassade nicht bröckeln zu lassen. Vielleicht war es einfach an der Zeit, deutlicher zu werden. „Gut, vielleicht mag ich italienisches Essen, Bill, aber ... Sieh mal, ich versuche nur freundlich zu bleiben. Wenn du allerdings darauf bestehst, dass ich es ausspreche, dann ..." Erwartungsvoll sah er mich an; sein Grinsen blieb unangetastet. Oh Mann, war es echt so schwer, jemandem einen verständlichen Korb zu erteilen? Oder war er zu blöd, den Wink zu erkennen? Von dem berühmten Zaunpfahl konnte doch mittlerweile schon gar keine Rede mehr sein. In meiner Vorstellung (die zugegebenermaßen öfter mal comicmäßig ausfiel) schwang ich bereits einen zentnerschweren Brückenpfeiler über seinem Kopf.

„Bill, ich will kein Date mit dir", stellte ich schließlich klar, als die erhoffte Erleuchtung weiterhin ausblieb. „Ich meine es nicht böse, aber ... das mit uns passt einfach nicht."

Er grinste immer noch, doch nun wirkte sein Gesicht wie eine aufgesetzte Maske. Erstarrt. Nur seine Augen wurden zunehmend schmaler. Endlich zuckte er aus seiner Starre und sah sich hastig um. Als er niemanden auf dem Korridor entdeckte, lehnte er sich mir entgegen und drückte sich – mit seinem vollen Gewicht, wie es schien – gegen mich. Es reichte jedenfalls, um mir die Luft zum Atmen abzuschnüren. Seine Finger umfassten meine Handgelenke und pressten sie gegen die metallenen Türen der Schränke in meinem Rücken. „Woher weißt du das, wenn du uns keine Chance gibst?", fragte er, nun wieder dicht an meinem Ohr. Dann presste er sich noch näher an mich. So, dass ich ihn – *alles* von ihm – an mir spürte. „Vielleicht passe ich sehr gut", flüsterte er weiter.

Die Zweideutigkeit seiner Worte bewirkte, dass sich mein Magen schmerzhaft zusammenzog. Heftige Übelkeit packte mich binnen eines Herzschlages. „Bill, nicht!", japste ich erschrocken, doch er beugte sich vor und drückte mir seine harten Lippen auf den Mund, bevor ich noch mehr sagen konnte. Ich versuchte mich loszumachen und ihn von mir wegzuschieben, sobald er meine Handgelenke freigab. Aber ich war viel zu schwach. Ich konnte nicht einmal schreien, so sehr schockte mich sein plötzlicher Übergriff.

Sandra Bullock, schoss es mir urplötzlich durch den Kopf.

Ja, ich befand mich in einer misslichen Lage. Und ja, Sandra Bullock sollte meine Retterin werden. Genau genommen Sandra Bullock in einem bayrischen Dirndl mit langen roten Schleifenbändern in den Haaren, die sie zu lustigen Zöpfen hochgebunden trug.

Man sollte in einer solch bedrohlichen Situation stets einen guten *SONG* parat haben, hatte sie auf der Bühne zur Präsentation der Schönheitsköniginnen-Kandidatinnen in *Miss Undercover* erklärt. Ich erinnerte mich genau:

S   wie Solar Plexus. Und schon schoss meine geballte Faust in Bills Magengrube. Kräftig genug, um für einen verdutzten Moment zu sorgen. Bill wich zurück und sah mich fassungslos an.

O   wie dicker Onkel. Mit der Hacke meines (leider viel zu flachen) Schuhs trat ich kräftig auf die Spitze seiner Sneakers. Mit einem Stöhnen klappte er vornüber.

N   wie Nase, der ich direkt danach einen kräftigen Haken verpasste. Bills Kopf schoss nach oben. Ein weiteres Stöhnen.

Jason wäre so stolz, blitzte es in mir auf, bevor ich zu meinem finalen Schlag ausholte.

G   wie Glocken. Wie von selbst rammte sich mein Knie zwischen Bills Oberschenkel. Mit schmerzverzerrter Miene klappte er wie ein Schweizer Taschenmesser zusammen ... und ging zu Boden.

Reflexartig wich ich zurück. Nun schloss der Schock zu mir auf und ließ mich erstarren. Fassungslos blickte ich auf Bill, der sich wenige Meter vor meinen Füßen krümmte.

Als er es schaffte, seine Augen zu öffnen, stand ich noch immer an Ort und Stelle. Er sah zunächst zu mir auf – halb wütend, halb erstaunt –, doch dann wich sein Blick ein wenig ab und ging an mir vorbei. *Was ...?*

Ein, zwei holprige Herzschläge später begriff ich endlich, dass jemand hinter mir stehen musste und wirbelte herum. *Noah!*

Er stand nur etwa eine Armlänge von mir entfernt und sah direkt auf mich herab. *War er schon immer so groß?*

Sein Gesichtsausdruck wirkte so verblüfft, dass kein Raum für Zweifel blieb: Noah war Zeuge meiner eigenwilligen Selbstverteidigung geworden. Aber hatte er auch gesehen, was Bill zuvor getan hatte? Mit einem plötzlichen Schwindelgefühl, das sich wie Lava durch meine Adern fraß, wandte ich mich erneut Bill zu, der sich nach wie vor in Schmerzen krümmte. Er wischte sich mit dem Handrücken über die Nase. Ich war beinahe entsetzt, als ich die rote Spur sah. Er blutete – und zwar ziemlich stark.

Mit hilfesuchendem Blick drehte ich mich wieder zu Noah um. Was hatte ich getan? Einen Moment lang starrten wir einander an. Er schien ebenso perplex zu sein wie ich. Dann, ich traute meinen Augen und Ohren kaum, begann er zu lachen. Lauthals.

Er lachte mich aus. Noah Franklin lachte mich tatsächlich aus.

Scham quoll in mir empor und ließ meine Wangen erglühen. Nicht länger imstande die Tränen zurückzuhalten, floh ich – so schnell mich meine zittrigen Beine trugen – aus dem Schulgebäude. Gott, ich fühlte mich erbärmlich. Den kompletten Nachmittag verbrachte ich allein in meinem Zimmer, erzählte niemandem von dem Zwischenfall mit Bill und schon gar nicht von Noah und seiner demütigenden Reaktion.

Jason fütterte ich mit einem einfachen Doseneintopf ab. Gott sei Dank aß der Typ echt alles, was man ihm vorsetzte. Langsam, aber sicher wuchs die Neugier in mir, ob das auch mit einer Dose Hundefutter so problemlos funktionieren würde.

Später verleugnete er mich freundlicherweise, als Kathy anrief. Er hinterfragte meine Gründe nicht, er tat es einfach. Manchmal war es durchaus angenehm, dass mein Bruderherz so einfach gestrickt war. Und so verwarf ich die Idee mit dem Hundefutter wieder – zumindest vorerst.

Mein Dad hingegen spürte bestimmt, dass etwas nicht stimmte. Er jedoch verfügte wiederum über genügend Einfühlungsvermögen, um mein Bedürfnis nach Ruhe zu respektieren. An diesem Abend verzichtete er auf jegliche Art der Konversation und überließ mich meiner trübseligen Stimmung, ohne mir dabei in die Quere zu kommen. Ich erledigte meine Hausaufgaben und schmiss mich anschließend auf mein Bett. Dort blieb ich liegen, bis der volle Mond sein silbriges Licht durch meine Vorhänge schickte. *Er hat dich tatsächlich ausgelacht.*

Ich überlegte ernsthaft, ob ich mich am nächsten Tag nicht krank stellen und die Schule schwänzen sollte – nur um Noah nicht unter die Augen treten zu müssen.

An Bill hingegen verschwendete ich keine weiteren Gedanken. Warum nicht? Keine Ahnung! Vielleicht, weil ich die Sache zwischen uns als endgültig geklärt betrachtete. Vielleicht, weil ich nun wusste, dass ich mich gegen ihn zur Wehr setzen konnte. Vielleicht aber auch, weil sich *all meine Gedanken* seit dem vergangenen Montag *ausschließlich* um Noah Franklin zu drehen schienen.

Ich griff nach dem dicksten der Kissen, die über mein Bett verstreut lagen, presste es mit aller Kraft vor meinen Mund und schrie, so laut ich nur konnte. Erschöpft, ohne mir zuvor die Haare zu flechten oder mir meine Schlafsachen anzuziehen, gab ich der plötzlichen Schwere nach und fiel in einen unruhigen Schlaf.

Am nächsten Morgen kämpfte ich gegen die Zeit. Natürlich hatte mich mein Pflichtbewusstsein zum pünktlichen Aufstehen gedrängt. Natürlich nicht nur mein Pflichtbewusstsein, sondern auch eine gewisse Sehnsucht, die ich mir jedoch nicht eingestehen wollte. Aber meine Haare ... Nach dieser schrecklichen Nacht beanspruchten sie über eine Stunde meiner Zeit und waren auch danach nur halbwegs entwirrt. Trotz zweimaligen Waschens und der Verwendung meiner besten Pflegespülung, glich mein rötlicher Schopf dem von Tina Turner zu ihren besten Zeiten. Also band ich die wirren Strähnen notdürftig zu einem Pferdeschwanz zusammen, anstatt sie, wie sonst, über einer Rundbürste zu glätten. Und trotzdem: beim Parken meines Minis erklang die Schulklingel gerade zum dritten Mal. Ich war viel zu spät dran – und wieder war es der Matheunterricht. Als ich den Klassenraum betrat, saß Noah schon an unserem Tisch. Bei seinem Anblick verkrampfte sich mein Magen. Zumindest war Mrs Rodgins noch nicht da.

Ich atmete tief durch und schritt mit all der Würde, die ich aus den Ecken meines zerbröselnden Selbstbewusstseins zusammenkratzen konnte, durch den Raum. Nun, sehr weit kam ich nicht. Lee, der mir den Rücken zugewandt hatte und sich sichtlich nervös mit Lucy unterhielt, rückte seinen Stuhl im denkbar ungünstigsten Moment zurück und brachte mich damit zum Stolpern. So viel zum Thema Würde.

In letzter Sekunde fing ich den drohenden Sturz ab und balancierte mich durch den Gang zu meinem Platz. Nur am äußersten Rande meines Sichtfeldes bemerkte ich, dass Noah aufgesprungen war. Er setzte sich jedoch schnell wieder hin und kritzelte weiter in seinen Notizblock. Was schrieb er da eigentlich immer auf? Sein Leben? Oder meine Peinlichkeiten? Nun, die würden ihn zumindest ausreichend beschäftigen.

Mit einem Blick zu seinem leeren Stuhl stellte ich fest, dass Bill Jankins nicht da war. *Gut so!*

Kaum hatte ich Platz genommen, spürte ich Noahs Blick auf mir. Intensiv. Unangenehm intensiv. Ich widerstand dem Drang, mich unter seinen Augen zu ducken und tat sehr geschäftig, indem ich meine Schreibsachen ordnete.

Noah sagte nichts. Er starrte einfach weiter und ließ meine Anspannung unter der Hitze seines Blickes aufbrodeln. Alles um mich herum verschwamm. Der Raum, die Gespräche meiner Mitschüler und damit auch ihr Lachen, ihre Scherze und ihre Unbeschwertheit. Ich hörte nur noch meinen eigenen Atem, stockend und flach. Fühlte mein rasendes Herz, während Noahs Blick auf meiner Haut brannte. Wie machte er das?

Ein Seufzer der Erleichterung entwich meiner trockenen Kehle, als Mrs Rodgins endlich den Klassenraum betrat und sich für ihre Verspätung entschuldigte. Nie hätte ich gedacht, dass ich mich jemals freuen würde, ausgerechnet meine Mathelehrerin zu sehen. Doch Noah sah nicht zur Tür, als sie hereinkam. Er sah weiterhin auf mich. Völlig unbeirrt starrte er mich an. Unter seinem Blick löste sich der klägliche Rest meines Selbstbewusstseins auf, wie Zucker im Tee. Ein recht britischer Vergleich, zugegeben, aber genauso fühlte es sich an.

Ich verfluchte die Tatsache, dass ich meine Haare ausgerechnet heute zu einem Zopf zusammengebunden hatte und sie nun nicht, wie sonst, als schützenden Vorhang über meine Schulter fallen lassen konnte. Was hätte ich dafür gegeben, durchsichtig zu sein. Denn so sehr ich auch versuchte mir nicht anmerken zu lassen, wie stark mich sein Blick verunsicherte und ... ja, aufwühlte, ich wusste, es stand mir dennoch ins Gesicht geschrieben.

Meine trotzig zusammengepressten Lippen und die verräterische Sehnsucht, die sich zweifellos in meinen Augen widerspiegelte, sobald ich es wagte auch nur kurz in Noahs Richtung aufzuschauen, sprachen Bände, dessen war ich mir sicher. Denn die Wahrheit war: Ich wollte nicht, dass Noah mich hasste. So egal es mir sonst war, was andere von mir hielten – allein der Gedanke *er* könnte mich hassen, nagte beinahe schmerzhaft an mir.

Noah sprach kein einziges Wort mit mir. Als mich die Schulklingel endlich erlöste, war er so schnell draußen wie an den Tagen zuvor, und ich atmete tief durch. Halb erleichtert, halb enttäuscht, wie jedes Mal.

Langsam und ein wenig zittrig von der plötzlich nachlassenden Anspannung, packte ich meine Sachen zusammen und entdeckte dabei einen winzigen zusammengefalteten Zettel, der nicht ganz in der Mitte des Tisches lag, sondern so gerade eben auf meiner Hälfte. Ich zögerte einen Augenblick, dann nahm ich ihn an mich und entfaltete das Papier. Die Nachricht war kurz; nur drei Worte, aber die ganz klar:

Tut mir leid!

Ungläubig starrte ich auf die Buchstaben. Noahs Handschrift war längst nicht so krakelig, wie ich sie mir ausgemalt hatte. Am meisten jedoch überraschte mich die Tatsache, dass er mir überhaupt geschrieben hatte – und vor allem *was*.

Noah Franklin hat sich bei dir entschuldigt, durchfuhr es mich immer wieder. Endlich löste ich meinen Blick von dem kleinen Stück Papier, faltete es sorgfältig, steckte es in die Gesäßtasche meiner Jeans und verließ den Klassenraum mit einem dämlichen Grinsen im Gesicht.

An diesem Tag sah ich Noah nicht mehr.

Lucy war, wie immer seit ihrer Rückkehr, der Mittelpunkt unseres Mittagstisches. Begeistert erzählte sie von ihren Plänen zu der bevorstehenden Party. Ihren Berichten zufolge, hatten ihre Eltern weder Kosten noch Mühen gespart.

„Wenn ihr noch Hilfe braucht, dann sagt Bescheid", bot Kathy gewohnt gutmütig an, was Adrian allerdings ein lautes Lachen entlockte.

„Ha! Als ob sich unsere Mom helfen lassen würde. Du hast ja keine Ahnung, was es für einen Mann bedeutet, in einem Haushalt mit Frauen wie Lucy und meiner Mom leben zu müssen. Mein Dad und ich könnten Storys erzählen ..."

„Untersteh dich!", rief Lucy, stieß ihrem Bruder in die Seite, warf sich auf seinen Schoß, hielt ihm mit beiden Händen den Mund zu und grinste dann breit in die Runde. Alle stimmten in ihr Lachen ein. Alle, außer mir.

Niemand schien es bemerkt zu haben, aber Noah war wieder einmal komplett übergangen worden. Ich wusste, dass Lucy und Adrian sich sehr um ihren Bruder bemühten. Ihre Geduld beeindruckte mich tief. Aber teilweise behandelten sie ihn so wie alle anderen auch. Sie blendeten ihn aus, als wäre er überhaupt nicht existent.

Während meine Mitschüler fröhlich lachten und miteinander scherzten, durchfuhr mich ein Stechen, tief in meinem Brustkorb. Es war ein unbekannter Schmerz, und ich brauchte einen Moment, um ihn zu entschlüsseln. Dabei war es so simpel: Noah hatte sich in mein Herz gebohrt.

V.

Der Samstagabend kam, und ich stand frisch geduscht vor meinem Kleiderschrank. Das weiße Frotteetuch, das ich mir um den Körper gewickelt hatte, wirkte nach wie vor zu neu und zu fremd, um wirklich mir zu gehören. Doch ich wischte den Gedanken fort, bevor er zu laut gegen meine Schläfen pochen konnte. *Keine Zeit für Wehmut.*

In weniger als einer Stunde würde Kathy hier sein, und ich hatte nach wie vor nicht einmal die leiseste Ahnung, was ich anziehen sollte. Das passierte mir wirklich selten – und zwar nicht etwa, weil ich ein besonders geschicktes Händchen in Stilfragen gehabt hätte. Das Gegenteil war eher der Fall: *Nichts* interessierte mich weniger als Mode. Darum bestand meine gesamte Kollektion auch aus bequemen T-Shirts, unifarbenen Blusen und einigen dünnen Pullovern, die ich allesamt gut mit meinen heißgeliebten Jeans und den wenigen Röcken kombinieren konnte, ohne dabei Gefahr zu laufen mir einen wirklich unverzeihlichen Fauxpas zu leisten.

Idiotensicher und unspektakulär, so würde ich meinen *Stil* wohl beschreiben. Etwas Schickes für diesen Abend zu finden war also wirklich nicht so leicht. Angesichts der schwülen Temperaturen entschied ich mich schließlich für eine ärmellose, schwarze Bluse, einen lilafarbenen Seidenschal und einen schwarzen, knielangen Rock. Schwarz ging schließlich immer.

Warum willst du eigentlich überhaupt gut aussehen?, fragte ich mich, während ich mit dem widerspenstigen Reißverschluss des Rocks kämpfte. Zunächst redete ich mir erfolgreich ein, neben Lucy nicht wie ein welkes Blatt aussehen zu wollen und mich daher ins Zeug legen zu müssen. Doch der Versuch meines Selbstbetrugs funktionierte nicht lange.

Tief in meinem Inneren wusste ich genau, für wen ich Minuten später meine gut vergrabene Kosmetiktasche mit den Schminkutensilien hervorkramte. Es gab nur einen, der mich derartig nervös machte, dass ich den rechten Lidstrich viermal neu ziehen musste, bis beide Augen endlich einigermaßen gleich aussahen.

Die Türschelle ertönte viel zu früh. Ich rief meinem Dad zu, er sollte sich doch bitte kurz mit Kathy unterhalten. Derweil durchwühlte ich meinen Schuhschrank und wählte schwarze High Heels, die meine Beine optisch um einen halben Meter verlängerten. Diese Schuhe würden meinen Tod bedeuten. Wenn ich mir in den Teilen nicht die Knöchel brach, wollte ich einen Besen fressen. Ansonsten würde ich auf jeden Fall vor Schmerzen sterben, denn diese engen Dinger waren mit einer jetzt schon spürbaren Blutblasengarantie ausgestattet. Und ich trug sie erst seit einer halben Minute.

Da meine Beine in den dämlichen Schuhen aber wirklich gut aussahen, biss ich die Zähne zusammen und stöckelte vorsichtig – und mit Sicherheit alles andere als elegant – die Stufen unserer breiten Marmortreppe hinab. Kathys Lachen und die tiefe Stimme meines Vaters drangen gedämpft aus der Küche.

Jay, der sich wieder einmal auf der Couch lümmelte, drehte mir beim Klackern meiner Schritte den Kopf zu, musterte mich erstaunt und prustete nach einem kurzen Schockmoment lauthals los. „Absätze, Emmy, wirklich? Wie ein Mädchen? Du kannst doch kaum in deinen Chucks laufen." Für seine doofen Sprüche hätte ich ihm nur allzu gerne eine Kopfnuss verpasst.

„Jason!", rief unser Vater aus der Küche – wie so oft mein Retter, „Könntest du entweder nett zu deiner Schwester sein oder dich möglichst unauffällig verziehen?"

Ich streckte dem Kindskopf die Zunge heraus und fühlte mich dabei selbst wie eine Fünfjährige.

„Bin schon weg", rief mein Bruder, pfefferte mir ein Sofakissen entgegen und stürmte die Treppe empor. Gleichzeitig öffnete sich die Tür zur Küche und Kathy erschien neben meinem Dad. Beide musterten mich mit großen Augen.

„Wow, du siehst super aus!", lobte meine Freundin, während mein Vater nur anerkennend nickte.

„Dito", erwiderte ich erleichtert. Kathy trug einen dunkelblauen Rock und eine weiße Bluse. Ich schien mit der Wahl meiner Garderobe also nicht komplett daneben zu liegen. Ihre Brille mit der breiten hellblauen Fassung hatte sie zur Feier des Abends gegen Kontaktlinsen ausgetauscht. Allerdings blinzelte sie auffällig oft und schien sich mit dieser Entscheidung ähnlich schwer zu tun wie ich mich mit meinen Schuhen. Ihre Augen, meine Füße – hach, ich mochte Kathy wirklich.

„Ihr seht beide sehr hübsch aus!", ließ mein Dad verlauten. „Vielleicht sollte ich es mir noch mal überlegen und dich doch nicht gehen lassen, Emily."

„Daddy", maulte ich und warf ihm einen scharfen Blick zu, der ihn auflachen ließ.

„War doch nur Spaß. Macht, dass ihr wegkommt! Na los, raus mit euch! Habt Spaß!"

Nur eine Viertelstunde später fuhren wir bereits die lange Auffahrt zur Franklin-Villa empor. Jawohl, *Villa!*

Natürlich sind sie Snobs, durchfuhr es mich, doch ein gewisses Maß an Bewunderung konnte ich nicht verhehlen. Das Anwesen der Franklins lag sehr hoch an einem Berg, mit einem fantastischen Panoramablick über die Stadt.

„Jetzt verstehe ich auch, dass niemand etwas von ihrer Rückkehr mitgekriegt hat", murmelte ich. Schließlich gab es nur eine weitere Villa hier oben, und die lag etwa hundert Meter entfernt und wirkte ziemlich verwaist. „Ich hatte mich schon gefragt, wie sie das vor ihrem ersten Schultag geheim halten konnten."

Kathy nickte. „Ja, sie wohnen etwas abgelegen, das ist wahr. Dafür aber traumhaft schön."

Mein Mund stand immer noch offen, als man uns in eine Parklücke winkte. Ja, wir wurden eingewiesen.

Und so wie der freundliche Mann aussah – ganz in weiß, mit Handschuhen und einem professionellen Lächeln –, konnte ich mir kaum vorstellen, dass es sich um Papa Franklin handelte. Sie hatten also Personal, zumindest für diesen Abend. Mehr als holprig fädelte ich meinen Mini zwischen einen Mercedes und einen brandneuen Audi A ... 6, 8, 10? Keine Ahnung! Irgendetwas Beeindruckendes auf jeden Fall. Dabei vollbrachte ich doch tatsächlich das Kunststück, den Motor meines Autos abzuwürgen. Zweimal.

Dämliche Schuhe, dumme Idee! Verflixt, verflixt, verflixt!!!

Meinen linken kleinen Zeh spürte ich mittlerweile kaum noch.

Als wir endlich korrekt standen, blieben mir ein paar Sekunden Zeit, mich genauer umzusehen. Was hatte Lucy gesagt? Nichts Großes? Eine gemütliche Feier unter Freunden? Alles klar! Ein enormer Pool, Lampions und Lichterketten an den Bäumen, die Wegränder von Feuerschalen gesäumt, gute Musik und ein großzügiges Buffet, das keine Wünsche mehr offen ließ ... Das waren für mich ziemlich genau die Zutaten, die man zur Ausrichtung einer wirklich, wirklich gigantischen Gartenparty benötigte. Und all das gab es hier. Aber gut, *nichts Großes.*

„Typisch Marie und Lucy", lachte auch Kathy neben mir. „Perfektion bis ins letzte Detail."

Marie? Das musste dann wohl Mama Franklin sein.

Die Wahl meiner Schuhe erwies sich erneut als verheerend, denn als ich den ersten Fuß auf das grobe Kopfsteinpflaster setzte, knickte ich sofort weg.

„Hey, hey, immer langsam!" Die Stimme war direkt hinter mir – und zwar so dicht, dass ich erschrak.

„Emily, Kathy ...", sagte Adrian und nickte uns höflich zu. „Wie schön, dass ihr da seid. Ihr seht wirklich toll aus."

Wow! Das war ja mal eine charmante Art, begrüßt zu werden. Zu Adrian passte diese Höflichkeit in ganz besonderer Weise. Sie wirkte keineswegs kitschig und nicht mal aufgesetzt, sondern völlig natürlich. Selbst seine angedeutete Verbeugung brachte nichts Lächerliches mit sich. Adrian lieferte – ebenso wie Lucy und im Gegensatz zu seinem Bruder – ein absolut schlüssiges Bild.

Leider änderte das jedoch nichts an meiner Unfähigkeit, vernünftig mit Komplimenten umgehen zu können. Mit einem unsicheren Seitenblick auf Kathy stellte ich fest, dass es ihr nicht besser ging. Beschämt senkte sie den Kopf, und auch wenn die Dämmerung es gnädig vertuschte, wusste ich genau, dass ihr die Röte ebenso in die Wangen geschossen war wie mir.

„Danke", sagte sie gerade so leise, dass Adrian es noch hörte.

„*Du* siehst toll aus", stellte ich endlich fest, als ich ihn genauer betrachtete. Er trug graue Hosen und ein schwarzes Hemd. Die Knöpfe seines Kragens standen offen und gewährten uns die

Sicht auf den Ansatz seiner muskulösen Brust, wann immer er sich bewegte.

„Vielen Dank! Man tut, was man kann." Er winkte uns zu. „Kommt, ich zeige euch alles", rief er und rollte neben uns in Richtung des Gartens.

Wie ein Storch stakste ich über das Pflaster. Während ich meine komplette Aufmerksamkeit auf meine Schritte ausrichtete, um zumindest den Weg bis zum Garten unverletzt hinter mich zu bringen, lachte Kathy unbeschwert mit Adrian. Jepp, sie hatte Schuhe mit flachen Absätzen gewählt. Ich hingegen hörte nicht einmal wovon die beiden sprachen, so konzentriert war ich. Adrian sah immer wieder nach hinten – vermutlich bemüht, sich zu beherrschen und mich nicht auszulachen. Ich hätte es ihm kaum verübeln können, gab ich doch mit Sicherheit eine lächerliche Figur ab.

Über einen ebenen, gepflasterten Weg gelangten wir an dem Pool vorbei, bis zu der großen Terrasse hinter dem Haus. Oh, das Haus – die *Villa*, besser gesagt – war fantastisch. Von oben betrachtet musste es die Form eines halbierten Achtecks haben. Wie ein Stoppschild, das man in der Mitte gefaltet hatte.

Die Seite mit den abgeschrägten Ecken stellte die Frontansicht des Hauses dar, und die breite, gerade Fläche richtete sich nach hinten, zum Garten hin aus.

Im Untergeschoss war diese komplette Hausseite verglast. Davor erstreckte sich die Terrasse über die gesamte Länge. Obwohl ich mir geschworen hatte, dem Protz und Luxus der Reichen mit Beharrlichkeit zu trotzen, wurde ich schwach, während ich das Haus der Franklins bestaunte. Als ich meinen Blick endlich von der taubenblauen Fassade lösen konnte, sah ich mich genauer auf der Terrasse um und traute meinen Augen kaum.

„Noch ein Buffet?", fragte ich etwas heiser und deutete auf die lange Tafel, auf der sich die leckersten Gerichte türmten. Hier gab es wirklich alles: Obst, Fleisch, verschiedene Fischgerichte, jede Menge Beilagen und diverse Salate, zahlreiche Desserts, Kuchen, Torte ...

„Hm?" Adrian brauchte ein paar Sekunden, um meinem Gedankengang zu folgen. „Oh ja, vorne waren doch nur die Häppchen und der Sekt für den Empfang", erklärte er dann.

Das klang so selbstverständlich, dass ich versuchte, seine Lässigkeit zu kopieren und in mein Nicken zu stecken.

„Es ist ja nicht nur unsere Party für Mitschüler und Freunde", erklärte er, als mir das nicht gelang. „Meine Eltern empfangen auch die alten und neuen Nachbarn und all ihre Kollegen und Freunde. Und mein Vater ist ziemlich kontaktfreudig." Er grinste breit.

Nachbarn, wiederholte ich in Gedanken. Es war eigenartig, hier oben – am Hang dieses Berges – überhaupt von Nachbarn zu sprechen, denn die gab es hier de facto nicht. Die Stadt lag der Villa der Franklins zu Füßen. Das verlassene, verwahrlost wirkende Haus auf dem angrenzenden Grundstück war weit und breit das einzige andere Gebäude.

Mein Blick glitt über die Gäste. Viele unserer Mitschüler trudelten nun ein. Sie begrüßten uns und verteilten sich um die zahlreichen weiß verhüllten Stehtische, die den Pool umrahmten. Nur wenige waren vor uns eingetroffen. Darunter Tom, der mir zwar sofort zuwinkte, Lucy dabei jedoch nicht von der Seite wich. Die steckte im Gespräch mit Lee und einigen Mädchen der Stufe und hatte uns noch nicht bemerkt.

Adrian und Kathy setzten sich in Bewegung, um sich zu den anderen zu gesellen. Ich folgte ihnen, jedoch nur bis zum Rand der Terrasse. Dort blieb ich wie angewurzelt stehen. Mit meinen Pfennigabsätzen konnte ich unmöglich weiterlaufen. Die Sprinkleranlage war offenbar erst vor kurzer Zeit abgestellt worden; auf dem Rasen schimmerten noch Tropfen. Der Boden musste feucht sein, die Oberfläche vom Wasser durchweicht. Ich würde bei jedem Schritt jämmerlich versinken.

„Adrian, kannst du mir sagen, wo die Toilette ist?", fragte ich schnell. Mein Plan war simpel: In ein paar Minuten stünden die ersten unserer Mitschüler sicher schon am Buffet. Ich würde mich von einem kleinen Gespräch zum nächsten hangeln – immer sorgsam darauf bedacht, die Terrasse bloß nicht zu verlassen – und je nach Stärke meiner Schmerzen früher oder später barfuß nach Hause fahren. Auf Kathy brauchte ich dabei keine Rücksicht zu nehmen; Lucy hatte sie bereits im Vorfeld eingeladen, die Nacht bei ihr zu verbringen.

„Sicher, komm mit!" Adrian lächelte höflich und lotste mich wieder zurück über die Terrasse. Durch weit geöffnete Glas-Schiebetüren gelangten wir in den großen, hohen Wohnraum. Alles war sehr geschmackvoll und edel eingerichtet, wenn auch ein wenig spießig, wie ich fand. Der Marmorboden, die Wände und die lederne Couch-garnitur waren sehr hell, im Kontrast zu den dunklen Mahagoni-Möbeln. Der Raum war nicht gerade üppig bestückt, sondern gerade ausreichend, um noch als gemütlich durchzugehen. Er wirkte schlicht und elegant, so wie die Franklin-Zwillinge. Das Haus passte zu ihnen.

Nur Noah konnte ich mir in diesen vier Wänden äußerst schwer vorstellen. Ob er sich hier wohlfühlte? Andererseits, wie konnte man sich hier nicht wohlfühlen?

„Es riecht noch etwas nach Farbe", bemerkte Adrian und rümpfte die Nase. „Meine Mutter hat vor unserer Rückkehr neu streichen lassen."

„Wann seid ihr eigentlich zurückgekommen?"

„In die Staaten schon vor zwei Wochen, aber wir waren vorher noch bei unserer Granny in *Santa Barbara*. Hier sind wir erst am letzten Freitag angekommen. Dad und ich sind fast wahnsinnig geworden, weil Lucy sich in den Kopf gesetzt hatte, unsere Freunde am ersten Schultag zu überraschen und vorher niemandem etwas von unserer Rückkehr zu erzählen. Bei unserer Anmeldung hat sie sogar die Direktorin geimpft und uns verboten, das Haus vor Montag zu verlassen."

Adrian prustete los, als er meinen ungläubigen Blick einfing. „Doch, doch, glaub es ruhig! Ich lasse mich von meiner kleinen Schwester drangsalieren. Du musst sie erst einmal richtig kennen-lernen, dann wirst auch du feststellen, dass Lucy ihre kleinen fiesen Methoden hat, um ihren Dickkopf durchzusetzen. Und zwar immer." Er lachte. Sämtliche seiner Anschuldigungen klangen ausschließlich liebevoll.

„Deine *kleine* Schwester?", fragte ich mit schief geneigtem Kopf.

„Hm? Oh, das meinte ich auf die Größe bezogen. Aber sie ist auch wirklich die Jüngere. Neun Minuten nach mir geboren, wenn du es genau wissen willst." Adrian zeigte seine Grübchen, bevor sein Grinsen zu einem Lächeln schrumpfte und sich seine Stirn in Falten legte. „Sogar Noah hat mitgespielt", murmelte er. Das klang fast ein wenig verwundert. So, als wäre ihm das erst in diesem Moment aufgefallen.

Allein Noahs Erwähnung löste eine Gänsehaut auf meinen Unterarmen aus – der herrschenden Hitze zum Trotz. Ich hätte mich selbst belogen, hätte ich mir weiterhin eingeredet, ihn nicht attraktiv und absolut faszinierend zu finden. Ich wusste, ich würde mich unweigerlich in seinen türkisfarbenen Augen verlieren, sollte ich es jemals wagen, seinen Blick länger als den Bruchteil einer Sekunde festzuhalten.

Adrians Augen waren auch sehr schön, doch in diesem Moment war ich wirklich dankbar dafür, dass sie nicht denselben Effekt auf mich hatten wie Noahs. Meine Beine wackelten ohnehin schon bei jedem Schritt und ich verfluchte meine Schuhe wohl zum hundertsten Mal an diesem noch so jungen Abend.

„Hier ist das Gäste-WC", erklärte Adrian und riss mich damit aus meinen Gedanken. Er deutete auf eine Tür neben einem breit gerahmten, goldenen Wandspiegel.

Wir standen in einem hellen Flur, der mit seiner enormen Größe eigentlich eher den Charakter einer Empfangshalle hatte. Ein riesiger Kristallkronleuchter hing von der hohen Decke herab und es gab sogar eine vollständige Leder-Sitzgarnitur mit Tisch. Im *Flur!* „Danke", sagte ich und wandte mich ab.

„Sehr gerne. Dann bis gleich", erwiderte er höflich und machte wieder dieses angedeutete Verbeugungs-Ding mit seinem Kopf. Es war mir wirklich ein Rätsel, wie aufrichtig derartige Floskeln aus Adrians Mund klangen, wie natürlich die höflichsten Gesten bei ihm wirkten.

Nachdem ich die Tür hinter mir verriegelt hatte, schlüpfte ich aus meinen Schuhen und ließ mir – in Ermangelung sonstiger Beschäftigung, denn schließlich war mein Toilettengang ja nur eine Ausrede gewesen – kühles Wasser über die Handgelenke laufen. Ich hegte wohl die Hoffnung, dadurch vor allem meinen Kopf etwas abzukühlen, denn in mir tobten die gigantischen

Eindrücke der vergangenen Minuten. Vorherrschend pochte jedoch *ein* Gedanke durch meinem Kopf: *Wo ist Noah?*

Kathy hatte vorhergesagt, dass ich ihn wahrscheinlich nicht zu Gesicht bekommen würde. Natürlich hoffte ich inständig, sie würde sich irren und stützte mich dabei auf den Trotz, den ich während seines Gesprächs mit Lucy in seiner Stimme vernommen hatte.

„Verdammt richtig, ich kann bleiben. Und das habe ich auch vor", hörte ich ihn in meiner Erinnerung noch einmal sagen. Dabei blitzten seine zusammengekniffenen Augen durch meinen Kopf, genauso wie sein schöner, wenn auch sehr verbissener Mund. Und plötzlich erfasste mich das irrationale Gefühl, mir würde die Zeit davonlaufen. Es war albern, aber ich wollte ihn wiedersehen. So schnell es ging.

Ehe ich zu tief ins Grübeln geraten konnte, drehte ich das Wasser ab und kroch unter Schmerzen zurück in meine Folterzangen. Seufzend richtete ich mich auf und verließ den Raum. Erst als mein Blick im Flur in den großen goldenen Wandspiegel fiel, bemerkte ich, dass ich meine Optik gar nicht überprüft hatte. Das riesige Entree wirkte so leer, dass ich mich kaum zu rühren wagte – aus Angst vor meinem eigenen Echo. Hastig kontrollierte ich die üblichen Baustellen mit kritischem Blick.

Haare – natürlich widerspenstig, wie befürchtet. Mit leicht gespreizten Fingern kämmte ich so lange durch die rostroten Strähnen, bis sie wieder einigermaßen passabel fielen. Dann trat ich näher an mein Spiegelbild heran und lehnte mich ihm prüfend entgegen.

Augen – Oh, die Mascara war überhaupt nicht verwischt (*Memo an mich: Marke merken!*). Und auch sonst sah ich eigentlich …

„Du siehst gut aus."

Mit einem erstickten Schrei fuhr ich herum und presste mich im Schock gegen die Tür der Gästetoilette.

Noah stand auf dem untersten Absatz der breiten Treppe, starr wie eine Statue. Wie war er bloß dort hingekommen? Ich hatte rein gar nichts gehört. Seine Augen weiteten sich leicht. Er wirkte ... schockiert?

Ja, genau, schockiert.

Im Moment meiner Erkenntnis verriet mir meine Intuition, was ihn so erschreckt hatte: *Seine eigenen Worte. Er kann nicht fassen, dass er das gesagt hat.*

„Was? Wie lange ... stehst du da schon?", stammelte ich atemlos.

„Lange genug, um das beurteilen zu können", sagte er nüchtern und senkte dabei seinen Blick.

Ich wusste nicht, was ich erwidern sollte. Ich wusste ja nicht einmal, ob das gerade wirklich passierte oder ob ich nur vor mich hinträumte. Doch dann hätte Noah sich an dieser Stelle des Traums ganz sicher nicht auf dem Absatz umgedreht und wäre die Treppe hochgestiegen. „Warte!", hörte ich mich rufen.

Ahhh, Emily, was machst du denn?

Sofort blieb er stehen, drehte sich jedoch nicht um, sondern wandte mir weiterhin seinen Rücken zu und ballte die Hände zu Fäusten.

„Ich ... ähm", stotterte ich und ergänzte in Gedanken: ... *habe keine Ahnung, warum ich dir hinterhergerufen habe.* Vermutlich aus purer Angst, er könnte irgendwo in diesem riesigen Haus verschwinden und für den Rest des Abends nicht mehr auftauchen. Weil ich absolut nicht wusste, was ich nun sagen sollte, plapperte ich einfach drauflos. Und wie immer in solchen Momenten, floss die Wahrheit schneller über meine Lippen, als es mir eigentlich lieb war. Unüberlegt und spontan.

„Ich weiß wirklich nicht, was mich geritten hat diese Schuhe anzuziehen. Ich meine, hätte ich mir nicht denken können, dass es eine Gartenparty wird? Warum ich mich also ausgerechnet für die Schuhe mit den höchsten und spitzesten Absätzen entschieden habe? Ich weiß es nicht. Und ehrlich gesagt habe ich auch keinen Schimmer, wie ich mich zu den anderen gesellen soll. Sie stehen mitten auf der Rasenfläche und ich werde den Abend wohl oder übel auf der Veranda verbringen müssen."

Gut, wenn er mich bis jetzt noch nicht für völlig beschränkt gehalten hatte, so sollten nun keine Zweifel mehr bestehen.

Warum, um alles in der Welt, erzählte ich ihm das alles? Er würde mich wieder auslachen. Oder einfach weggehen.

Ich wusste nicht, was schlimmer wäre. Aber Noah überraschte mich, indem er nichts von beidem tat.

Ganz langsam drehte er sich um und sah – noch viel langsamer –

an mir herab, bis auf meine Füße, die verkrampft und ein wenig verdreht in den besagten Mörderschuhen feststeckten. Sein stummer Blick gab mir ein paar Sekunden Zeit, ihn genauer zu betrachten. Noah sah einfach umwerfend aus, obwohl er längst nicht so schick gekleidet war wie seine Geschwister.

Er trug ein weißes Hemd mit dünnen farbigen Streifen und dazu eine ziemlich lässige Jeans. Bei seinem Anblick – wie er so ruhig dastand und mich musterte – verschlug es mir erneut den Atem. Ich spürte jeden Millimeter des Weges, den sich mein brodelndes Blut in meine Wangen bahnte, überdeutlich.

„Frag Lucy!", kommandierte er schließlich.

„Hm?"

Noah zuckte mit den Schultern. „Ich bin mir ziemlich sicher, dass sie eine ähnliche Schuhgröße hat wie du." Und damit drehte er sich wieder um.

Noch lange nicht bereit, ihn gehen zu lassen, ging ich einen Schritt auf ihn zu. „Noah?"

Wieder blieb er stehen, den einen Fuß schon auf der nächsten Stufe.

„Komm doch mit raus!" *Emily Sophie Rossberg, du dämliche Göre. So etwas kannst du doch nicht einfach ...*

Erneut wandte er sich mir zu und sah mich an. Zunächst wirkte sein Blick ungläubig, dann verengten sich seine Augen und ließen mich erstarren. Bis ich erkannte, dass es dieses Mal keine Wut war, sondern ... *Skepsis.* „Warum?", fragte er.

„Warum nicht? Wir könnten ... du weißt schon, ... *reden.*" Ich schluckte hart. Der Grat, auf dem ich mich hier bewegte, war schmal und sehr wackelig.

Noah schwieg. Dann schüttelte er den Kopf.

Die Enttäuschung versetzte mir einen schmerzhaften Stich in die Magengrube. Ich spürte, dass ein erneutes Abwenden endgültig wäre.

„Ich gehe nicht zu den anderen", sagte er leise, aber bestimmt.

Ich nickte stumm, doch gerade als er sich wieder umdrehen wollte, öffnete sich mein dummer Mund erneut. „Dann gehen wir eben woanders hin."

Sein Blick schoss hoch; ungläubig starrte er mich an. Sekunden-lang. Sekunden, in denen ich unter seinen Augen zu rösten schien, so heiß wurde mir. Dann schob Noah die Hände in die Fronttaschen seiner Jeans, senkte seinen Kopf und stieg langsam die unteren drei Stufen der Treppe hinab. Sofort entspannte ich mich spürbar; diese Richtung war die richtige.

„Wohin?", fragte er leise.

„Ähm, ... keine Ahnung! *Du* wohnst hier. Zeig mir, wo du gerne bist."

Für einen Moment blinzelte Noah die Treppe empor – in Richtung seines Zimmers, nahm ich an –, doch dann kratzte er sich im Nacken und nickte mir zu. „Komm mit!", befahl er barsch und setzte sich in Bewegung. Als sein Blick auf meine Füße fiel, blieb er jedoch sofort wieder stehen. „Deine Schuhe ...", murmelte er.

Ohne nachzudenken hob ich erst das rechte, dann das linke Bein an und streifte sie mir von den Füßen. Diese dämlichen Dinger würden mir nicht länger im Weg stehen.

Noah beobachtete mich schweigend, mit ausdrucksloser Miene. Übertriebene Emotionalität – wenn es nicht gerade um seinen tief verankerten Zorn ging – war jedenfalls nichts, was man ihm vorwerfen konnte.

Als ich soweit war, schritt er zur Haustür und öffnete sie. Erst nach einigen Sekunden, in denen er stumm mit dem Griff in der Hand dastand, begriff ich, dass er mir den Vortritt gewährte. Mit rasendem Herzen schob ich mich an ihm vorbei ins Freie.

Mittlerweile war der Parkplatz vor der Villa voll besetzt. Bestimmt zwanzig Fahrzeuge standen dicht an dicht. Noah hob seinen Blick nicht an. Er zwängte sich mit in die Hosentaschen gepferchten Händen an mir vorbei und stapfte mit festen, großen Schritten voran.

Ich folgte ihm über die Frontveranda. Stieg, wie er, über das Geländer und biss tapfer die Zähne zusammen, während ich barfuß über den schmalen Kieselweg lief, der an der Hauswand entlang in den Garten führte. Ich wusste nicht wohin wir gingen, wagte jedoch auch nicht zu fragen. Wir liefen geradewegs auf die feiernden Gäste zu. Und die wollte Noah doch eigentlich meiden, oder nicht?

Unmittelbar bevor wir den Büffettisch erreichten, bog er plötzlich scharf ab und verschwand hinter einem dichten Rosenbusch. In diesem Teil des überaus gepflegten Gartens überrankte ein Strauch den nächsten, sodass wir völlig unbemerkt zu dem hintersten Abschnitt des Grundstücks gelangten, in dem ein mächtiger, offenbar sehr alter Laubbaum stand. Bis hierhin hatte sich noch kein Partygast vorgewagt; die ersten standen etwa zwanzig Meter von uns entfernt.

„Kannst du klettern?", fragte Noah leise.

Ich nickte. Wenn ich etwas beherrschte, dann war es das Klettern. Ohne ein weiteres Wort umfasste Noah einen dickeren Ast über seinem Kopf, zog sich an ihm empor und trat mit seiner Schuhspitze in ein Loch im Stamm. Von dort aus hangelte er sich immer höher. Nach wenigen Sekunden saß er in der dichten Laubkrone und blickte auf mich herab.

Ich hatte gut aufgepasst und mir seinen Weg gemerkt. Doch wohin sollte ich mit meinen Schuhen? Kurzentschlossen legte ich die Fersen-Riemchen übereinander und steckte sie mir in den Mund, um sie zwischen meinen Zähnen zu tragen. Schließlich brauchte ich meine Hände. Erleichtert atmete ich auf, als ich Noah ohne peinliche Darbietungen erreichte.

Er sah mich an ... und für die Dauer eines Herzschlages glaubte ich den Anflug eines Lächelns um seine Lippen zucken zu sehen – viel zu schnell verschwunden, als dass ich mir hätte sicher sein können.

Der Ast auf dem er saß, war kräftig genug uns beide zu tragen, also zog ich mich hoch und nahm kurzerhand neben Noah Platz. Sofort rückte er ein wenig von mir ab. Ich ignorierte den Stich, den diese Geste in mir bewirkte, und sah mich schweigend um.

Von hier aus konnte man den gesamten Garten überblicken, war jedoch selbst durch die dichten Blätter des Baumes gut getarnt. Ich hatte Noah aufgefordert, mich zu einem Platz zu bringen den er mochte. Offensichtlich war er meiner Bitte nachgekommen.

„Schön hier", befand ich leise.

„Hm", brummte er undefinierbar.

Mit einem Mal, inmitten der neu entstandenen Stille, loderte eine Frage in mir auf und schlüpfte ungefiltert über meine Lippen.

„Was tut dir leid?"

Fragend sah er mich an.

„Dein Zettel. Ich habe ihn gefunden", erklärte ich zögerlich.

Schnell senkte er seinen Blick wieder und deutete ein kurzes Nicken an.

„Aber ... ich habe mich gefragt, wofür du dich entschuldigst", fuhr ich fort, als seine Antwort ausblieb. „Für die Beschimpfungen am ersten Tag oder dafür, dass du mich ausgelacht hast?"

Nun schnellte sein Kopf hoch. Sein Blick war so düster, dass er mir damit einen Schauder über den Rücken jagte. Sein Tonfall hingegen war samtweich. „Ich habe dich nicht ausgelacht", sagte er und der sanfte Nachdruck in seiner Stimme ließ mich ihm glauben, auch wenn ich seine Aussage nicht verstand. Ich spürte nur, dass es nicht der Zeitpunkt war weiter nachzuhaken.

Noah hatte sich unter meiner letzten Frage spürbar verkrampft. Das war also der falsche Weg. Ich musste einen anderen suchen, denn so würden wir nicht weiterkommen. „Warum willst du nicht zu den anderen?", hörte ich mich fragen, ahnte jedoch im selben Moment, dass auch diese Frage nicht die richtige war. Gab es überhaupt *richtige* Fragen, die man Noah Franklin gefahrlos stellen konnte?

Auf diese jedenfalls zuckte er nur mit den Schultern und starrte dabei auf seine baumelnden Beine herab. Dann zupfte er einige Blätter von einem Zweig und begann, sie in kleine Stücke zu reißen.

Verzweifelt durchwühlte ich mein Gehirn nach unverfänglichen Gesprächsthemen, doch mir wollte einfach nichts einfallen. Als Noah seine Blätter atomarisiert hatte, rupfte er ein weiteres von dem Zweig vor seinem Gesicht. Das Schweigen wurde langsam unangenehm. Ich verspannte mich mit jeder verronnenen Sekunde ein wenig mehr und war mir sicher, dass es ihm genauso ging.

„Hat dir das Arschloch wehgetan?", fragte er mit einem Mal. So leise, dass ich es vermutlich verpasst hätte, wären nicht all meine Sinne derartig auf ihn fokussiert gewesen.

„Hm?", entgegnete ich dennoch, weil ich im ersten Moment nicht verstand wovon er sprach.

„Bill Jankins. Hat er dich verletzt?", verdeutlichte Noah knapp und kniff dann die Lippen so fest zusammen, dass sein Kinn zuckte.

„Oh! ... Nein. Ich glaube, ich habe ihn verletzt."

„Gut."

„Gut?"

„Du hattest *Nein* gesagt."

Richtig, das hatte ich. Womit auch die Frage geklärt war, wie viel Noah von der gesamten Situation mitbekommen hatte. *VIEL!* Wieder verstrichen etliche stille Minuten zwischen uns, die sich dieses Mal jedoch nicht ganz so erzwungen anfühlten. Langsam, aber sicher relaxte ich ein wenig neben Noah. Schließlich wagte ich es sogar, ihn anzusehen. Mit leicht geschürzten Lippen saß er da, nur einen halben Meter von mir entfernt, und zerriss weiterhin seine Blätter. Ich bemerkte, wie kahl der Zweig vor ihm bereits war, und als ich mich umsah, erblickte ich schnell weitere, ebenso kahle. Wie oft er wohl hier oben saß und sich den Frust von der Seele rupfte?

Plötzlich bekam ich eine leise Ahnung davon, wie einsam Noah wirklich war. Hier, in seinem Baum – weit weg und unbemerkt von allen anderen –, versteckte er sich und verlebte einsame Stunden in seiner eigenen Welt. Was hätte ich in diesem Moment nicht dafür gegeben, seine Gedanken zu kennen? Denn nichts an ihm war transparent, nichts leicht zu ergründen. Nur seine tiefe Einsamkeit war so präsent, dass mir das Atmen mit einem Mal schwer fiel. Das Gefühl, ihm zeigen zu wollen, dass er nicht so allein war wie er sich offensichtlich fühlte, wuchs von Sekunde zu Sekunde und zwängte mein Herz ein.

„Weißt du, es ist mir egal, wofür du dich entschuldigen wolltest. Ich habe mich sehr über deine Nachricht gefreut", ließ ich ihn endlich wissen und erntete dafür die vage Andeutung eines Lächelns. *Gut! Weiter!*

„Ich hätte mir wirklich nicht vorstellen können, dass du so ... fies bist, wie du scheinbar wirken willst."

Noahs Miene erstarrte in Fassungslosigkeit; sein Blick traf mich hart. *Verdammt!*

„Glaub es lieber!" Seine Stimme war rau und viel tiefer, als ich sie je zuvor gehört hatte.

Ich schüttelte trotzig den Kopf und streckte, in einer Art Reflex, meine Hand nach seiner aus. Im Bruchteil einer Sekunde erfasste er meine Geste und zuckte zurück – als hielte ich ihm eine brennende Fackel anstelle meiner Finger entgegen. Einen Herzschlag später war er von seinem Ast gesprungen und stiefelte nun mit starrem Blick direkt auf die feiernde Menschenmenge zu.

Ich brauchte einen Moment, bis ich mich von meinem Schock erholt hatte. Gerade noch waren wir auf dem besten Weg gewesen, ein halbwegs normales Gespräch zu führen und schon war er mir wieder entglitten. *Ahhhh!!!!*

Absolut unwillig, es so enden zu lassen, warf ich meine Schuhe vom Baum, kletterte so schnell es ging hinab, ergriff meine Mörderhacken wieder und folgte dem bildschönen Sturkopf vor mir durch das nachtfeuchte Gras.

„Noah, warte!", rief ich, doch er lief nur noch schneller. Schon erreichten wir die ersten Gäste.

„Bitte!", hörte ich mich rufen.

Abrupt wandte er sich um und funkelte mich böse an. „Nein, Emily!" Sein harter Tonfall konnte die Faszination, meinen Namen aus seinem Mund zu hören, nicht mindern. Noahs Blick wurde etwas sanfter, als ich vor ihm erstarrte. „Geh zu den anderen und mach, was immer sie tun! Lass mich allein!"

„Willst du das denn wirklich?", fragte ich leise, nicht länger imstande, den dumpfen Schmerz seiner Zurückweisung zu verdrängen.

Er starrte mich an. Außer seinem spürte ich auch die ungläubigen Blicke der umstehenden Partygäste auf mir. Doch das war mir egal. Nur Noahs Augen zählten und in ihnen flackerte Unentschlossenheit.

Sein Mund öffnete sich und schloss sich wieder, dann schüttelte er den Kopf, drehte sich erneut um und steuerte weiter auf den dichten Pulk unserer Mitschüler zu – die Hände zu Fäusten geballt, sein Körper bis zur letzten Muskelfaser angespannt.

„Bleib stehen, verdammt!", rief ich ihm nach und rannte über die Platten, die den Pool umsäumten. Mir blieben nur noch wenige Sekunden, Noah hatte die Terrassentür schon beinahe erreicht. Dummerweise berücksichtigte ich in meiner Hast den nassen Untergrund nicht. Ein falscher Schritt ... und schon glitten meine Füße darauf aus. Mit dem linken knickte ich um und kippte zur Seite weg. Und *natürlich* musste ich ausgerechnet so fallen, dass ich geradewegs im Pool landete.

Gott, bitte lass den Abend nicht so enden!, flehte ich in Gedanken.

Vergeblich – und nur unmittelbar bevor ich die Wasseroberfläche mit der Eleganz eines Elefantenbabys durchbrach.

Das Wasser war zwar kühl, aber bei weitem nicht kühl genug, um die Hitze meiner Schmach zu löschen. Ertrinken erschien mir für einige Sekunden eine erwägenswerte Alternative zum peinlichen Auftauchen zu sein, also blieb ich länger unter Wasser als eigentlich nötig.

Doch dann, urplötzlich und gegen meinen Willen, legte sich ein starker Arm um meine Taille und zog mich zurück an die schwüle Abendluft.

VI.

„Scheiße noch mal, Emily!", schimpfte Noah aufgebracht, als er mich vor sich gegen den Rand des Pools presste. Sein irritierend schönes Gesicht war nur wenige Zentimeter entfernt, die Wassertropfen perlten von ihm ab, wie von einem Lotusblatt. Das weiße Hemd klebte beinahe durchsichtig an seiner Haut und ließ die Konturen eines extrem athletischen Oberkörpers erkennen. Noahs Augen tauchten die Reflektion meiner Verwirrung in ein helles Türkis.

Er war mir wirklich nachgesprungen? Warum tat er so etwas?

Keiner der anderen Jungs hatte sich seit meinem Sturz auch nur einen halben Meter weit bewegt. Nein, unsere Mitschüler standen reglos um uns herum und gafften. Die Fassungslosigkeit stand ihnen in die Gesichter geschrieben. Am auffälligsten jedoch war die Stille. Niemand lachte, keiner redete oder ... *flüsterte* auch nur. Nichts.

Die fröhlichen Gespräche waren innerhalb von Sekunden verebbt und nun komplett verstummt.

Noah schien all das nicht zu bemerkten. Mit seinen großen Händen umfasste er meine Taille wie die eines Kindes, hob mich an und setzte mich auf dem Rand des Pools ab. Seine Berührungen waren sanft, fast schon behutsam, doch seine Miene blieb finster.

Aus zusammengekniffenen Augen funkelte er mich wütend an. „Du ... schaffst mich, Emily. Kannst du nicht aufpassen was du tust, verflucht noch mal?" Er schrie mich an, bebend vor Zorn.

Und ich ... ich war einfach nur froh, dass er hier war, bei mir ... so nah. Gott, was war bloß los mit mir? Das war erbärmlich.

Ich spürte, wie mein Kinn anfing zu beben – und die Kühle des Wassers trug nur zu einem kleinen Teil dazu bei. In einem verzweifelten Versuch die Tränen doch noch aufzuhalten, lenkte ich meinen Blick von Noahs feuchten Lippen in den Sternenhimmel. Zu spät; ich scheiterte kläglich.

Hatte ich ihn etwa gebeten, mir nachzuspringen? War es vielleicht meine Absicht, in diesem verdammten Pool zu landen?

Plötzlich verspürte ich Lust Noah anzubrüllen, aber was hätte das gebracht? Eine weitere Szene zu machen schien mir nicht gerade die beste Idee zu sein – also schwieg ich, während Noah mich weiter grimmig musterte.

Warum musste er mich vor versammelter Mannschaft so anfahren? Warum küsste er mich nicht einfach? ... *W A S ? ? ?*

Mit einem Mal wich Noah zurück und verstummte abrupt. Als er sah, dass ich weinte, stieß er ein wenig Luft aus und sackte sichtbar in sich zusammen.

„Entschuldige", flüsterte er so leise, dass nur ich es hören konnte. Unwirsch strich er sich die Haare aus der Stirn; dann erst blickte er sich um. Nach wie vor waren sämtliche Augenpaare der umstehenden Partygäste auf uns gerichtet, was Noah nun auch endlich bemerkte. Ich sah den Schock, der seine Augen eroberte, doch Zeit für Reaktionen blieb mir keine. Schon hatte sich Noah in einer unsagbar schnellen Bewegung aus dem Pool gehievt und war im Haus verschwunden.

21, 22, 23 ... Ich spürte das Herz in meiner Brust überdeutlich stark und schnell schlagen; die Demütigung ließ das Blut in meinen Ohren rauschen. Und dann brach das Gemurmel los. Bruchstücke ungläubiger Sätze, wie „... hinter ihr hergesprungen?" oder „... hätte nie gedacht, dass Noah ...", oder „... was da gerade passiert ist ..." drangen verschwommen zu mir durch.

Was ich aber am häufigsten – von allen Seiten und immer wieder – hörte, war „Er hat sie *berührt*."

Die Fassungslosigkeit, die diesem Geflüster anhaftete, stieß – einem kippenden Dominostein gleich – weitere Erinnerungen in mir an: Lucys Reaktion im Matheunterricht schoss mir durch den Kopf. *„Hast du ihn angefasst?"*, hatte sie gefragt.

Dann sah ich noch einmal Noahs Augen vor mir, seinen eindringlichen, unausweichlichen Blick. *„Fass mich nie wieder an."* *Was ...?*

Mir blieb nicht viel Zeit zum Überlegen. Schon waren Lucy und Kathy neben mir und reichten mir ihre Hände. „Oh Gott, Emily, was ist passiert? Hast du dich verletzt?", erkundigte sich Lucy besorgt.

„Nein, es geht schon", antwortete ich schniefend und ließ mir von den beiden aufhelfen. Ein spitzer Schmerz durchzuckte meinen linken Fuß, sobald ich ihn belastete. Scharf sog ich die Luft zwischen meinen zusammengepressten Zähnen ein.

„Du hast dir bestimmt den Knöchel verstaucht", mutmaßte Kathy mit besorgter Miene. „Setz dich lieber wieder."

Ich gehorchte und ließ meine Beine zurück ins Wasser gleiten. Meine Hoffnung erfüllte sich: Die Kühle nahm dem Schmerz die Spitze.

„Bleib du bei ihr, ich hole Tom und meine Mom", wies Lucy Kathy an und eilte davon.

„Ihre Mom?", fragte ich knapp und versuchte dann wieder angestrengt, meine Schluchzer unter Kontrolle zu kriegen.

„Keine Bange, Marie ist sehr nett", tröstete Kathy.

„Und warum Tom?", hakte ich nach. Sie lächelte. „Na, du weißt doch, dass er in den Sommerferien als Rettungsschwimmer gearbeitet hat."

Oh, richtig! Außer meiner hypersensiblen Haut hatte es noch einen Grund für mich gegeben, den Strand zu meiden. Die Aussichten, von einem Mitschüler wie ein Stück Auslegeware begafft zu werden, waren mir nicht gerade verlockend erschienen.

„Und darum holt ihr ihn? Nur weil ich in den Pool gefallen bin?", empörte ich mich. „Sehe ich aus, als würde ich jetzt noch einen Rettungsschwimmer brauchen?"

Nun lachte Kathy und wischte mir eine triefende Haarsträhne aus dem Gesicht. „Nein, Emily, aber Tom musste sich für den Job auch mit Verletzungen dieser Art auskennen." Sie deutete auf meinen schmerzenden Fuß, den ich im Wasser baumeln ließ. „Zumindest kann er einschätzen, ob wir dich ins Krankenhaus fahren müssen."

„Das müsst ihr nicht!", stellte ich klar, stieß jedoch auf taube Ohren.

Kathy hatte wieder ihr stoisches mildes Lächeln aufgesetzt. „Tut es sehr weh? Ist dir kalt?"

Ich zitterte mittlerweile am ganzen Körper. Anspannung, Scham, Kälte, Schock, Schmerz ... irgendwie kam alles zusammen. Also nickte ich.

Nur einen Augenblick später legte mir jemand von hinten eine dicke Decke um die Schultern. „Hier, damit du dich nicht erkältest", sagte Adrian leise und rieb über der Decke meine Oberarme. Am liebsten hätte ich mich in diesem Moment umgedreht und mich in seinem Schoß ausgeheult wie eine Dreijährige. Adrian hatte etwas so Beruhigendes und Liebenswertes an sich, dass ich ihm vom ersten Augenblick an ungewöhnlich stark vertraut hatte.

„Hat er dir weh getan?", fragte er nun leise.

„Wer?", erwiderte ich verdutzt.

„Noah."

„Nein!", rief ich, schlagartig wütend. „Warum denkt ihr alle immer sofort an Noah, sobald etwas schief läuft."

„Weil wir ihn kennen", sagte Kathy bitter, aber Adrian warf ihr einen Blick zu und brachte sie damit zum Schweigen.

„Ich bin ausgerutscht, verdammt!", erklärte ich kopfschüttelnd.

„Wir haben nichts davon mitgekriegt", stellte Kathy klar. „Lucy und ich waren zu weit weg. Aber ich habe gehört, dass Noah ihr nachgesprungen sein soll", berichtete sie dann an Adrian gewandt. Als ich mich umdrehte, sah ich seinen ungläubigen Blick.

Neue Wut kochte in mir empor. „Es stimmt!", bestätigte ich schnell. „Er hat mich aus dem Wasser gezogen. Nicht, dass es nötig gewesen wäre, aber ..."

„Er hat dich ... was?", fragte Adrian in offensichtlicher Fassungslosigkeit. Wieder legte er eine Hand auf meinen Oberarm, doch dieses Mal fiel sein Griff fester aus. „Emily, hat Noah dich berührt?"

Unschlüssig sah ich ihn an. „Wie meinst du das?"

Nun erst wurde er sich der Doppeldeutigkeit seiner Frage bewusst und schüttelte schnell den Kopf. „Um Himmels willen, nein. Nur so, wie ich es gesagt habe: Ob er dich berührt hat. Angefasst. Deine Hand, dein Gesicht ... irgendetwas?"

Was, um alles in der Welt, ist denn nur los? Ich begriff die Aufregung nicht. „Ja, sicher", sagte ich zögerlich. „Er hat meine Taille umfasst und mich aus dem Wasser gezogen. Dann hat er mich auf den Pool-Rand gehoben."

In diesem Moment teilte sich die graue Masse der anderen Partygäste hinter uns und Lucy erschien erneut. Im Schlepptau hatte sie Tom und einen großen schlanken Mann mit mittelblondem

Haar, den ich spontan auf Anfang vierzig schätzte. Sanfte Augen, die in Form und Farbe Adrians glichen, und die markanten Grübchen in den Wangen – mir war sofort klar, wer das sein musste.

„Hab meinen Dad mitgebracht, Mom war unauffindbar. Wer hat dich rausgezogen, Emily?"

Kathy und Adrian kamen mir zuvor. „Noah!", erwiderten sie wie aus einem Mund.

Die Zwillinge wechselten einen kurzen, bedeutungsschweren Blick mit ihrem offensichtlich verdutzten Vater, bevor der sich fasste und zu mir herabbeugte.

„Hallo Emily!", begrüßte er mich freundlich und reichte mir seine Hand. „Ich denke, es wird wohl am besten sein, wenn Tom dich im Haus versorgt. Er ist bestimmt auch stark genug, dich hineinzutragen, nicht wahr?" Tom nickte mit stolzgeschwellter Brust.

Na super! Konnte es vielleicht noch peinlicher werden?

Ich dachte kurz an Protest, dann an den stechenden Schmerz in meinem Fuß. Schließlich seufzte ich und schlang meine Arme widerwillig um Toms Hals. Der entledigte sich zur allgemeinen Freude der umstehenden Mädels zuvor noch seines Shirts, um es vor meinem triefenden Körper zu schützen.

„Bring sie in mein Zimmer!", bestimmte Lucy, als er mich anhob.

Ich hätte schreien können, so wütend, gedemütigt und traurig fühlte ich mich. Warum war ich nicht einfach zu Hause geblieben und hatte gelesen, so wie sonst auch?

„Geht schon vor, ich bin sofort wieder bei euch", sagte Mr Franklin und verschwand hinter einer der zahlreichen Türen im Erdgeschoss des Hauses. Tom trug mich grinsend über den breiten Korridor.

„Schön, dass wenigstens *du* deinen Spaß hast", murmelte ich verbittert.

„Jepp! Klitschnasses, bildhübsches Mädchen in meinen Armen, das ist definitiv etwas, was mir Spaß macht", erwiderte er fröhlich. Lucy verdrehte ihre Augen und streckte ihren Arm lang aus, um Tom einen Klaps auf den Hinterkopf zu verpassen, den der mit einem unbeschwerten Lachen wegsteckte.

Als er mich die Stufen emportrug, fiel mir der Lift auf, der am Geländer angebracht war. Im Obergeschoss stand direkt an der

Treppe ein zweiter Rollstuhl bereit. Adrian hatte also für jede Etage des Hauses einen. So konnte er sich frei bewegen.

Mit dem Ellbogen drückte Tom die erste Tür auf, die von dem langen Korridor abging und offenbar zu Lucys Zimmer gehörte. Wir betraten einen großen Raum, der für meinen Geschmack einen Touch zu viel Rosa aufwies. Ein breites Himmelbett stand im Zentrum, es gab einen riesigen Schminktisch und einen weißen Schaukelstuhl, über dessen Lehne eine pinkfarbene Decke hing. Irgendwie erinnerte mich Lucys Zimmer an mein altes Barbiehaus.

„So, danke. Und jetzt raus!", sagte sie zu Tom, sobald der mich auf ihrem Bett abgesetzt hatte. Ihr Lachen – diese glockenhelle Stimme – entschärfte das harte Statement augenblicklich.

„Aber ..." Tom deutete auf meinen Fuß.

„Ja, ich weiß, du sollst sie versorgen. Aber wie, ohne Verbandszeug? Schau erst mal, wo mein Dad bleibt, ja? Ich kümmere mich in der Zeit um Emily."

Gutmütig ließ sich das große Muskelpaket von der kleinen, puppenhaften Lucy aus der Tür schieben. Ein süßer Anblick. Auf der Schwelle blieb sie kurz stehen, stellte sich auf ihre Zehenspitzen und küsste Tom mitten auf den Mund.

Okay, wann genau hatte ich das verpasst?

„Wie geht es dir?", fragte Lucy besorgt, als sie die Zimmertür vor Toms Nase zugestoßen hatte.

„Es tut ein bisschen weh", gab ich zu. „Ist aber nicht so schlimm. ... Ähm, Tom und du ...?"

Sie setzte sich in den Schaukelstuhl, beugte sich vor und strich mir eine nasse Haarsträhne aus dem Gesicht. „Wir sind Freunde, seitdem wir denken können", sagte sie unter einem Lächeln, das kein bisschen verlegen wirkte. Lucy war wie ein offenes Buch – und sie ließ mich bereitwillig lesen.

„Ach so, ich dachte ..."

„Ja, es könnte durchaus sein, dass gerade etwas mehr daraus wird", räumte sie mit wiegendem Kopf ein und schmunzelte dann verschmitzt. „Das wird sich wohl noch zeigen."

„Wow, das freut mich. Ihr passt toll zusammen." Mein Lächeln fiel mir schwer, aber nur aufgrund der zunehmenden Schmerzen in meinem Fuß. Was Tom und Lucy anging, war ich wirklich begeistert.

„Lucy?"

„Hm?"

„Ich möchte dich etwas fragen ... zu deinem Bruder."

„Welchem?", fragte sie postwendend, und diese Rückfrage wärmte mich mehr als die Decke, die mir Adrian um die Schultern geschlungen hatte. Noah war ein Teil dieser Familie. Er war Lucys Bruder und als solcher fest in ihrem Bewusstsein verankert. Sie *wollten* ihn, wie schlecht sein Benehmen auch sein mochte.

Aber warum sah er das nicht? Warum versteckte er sich in seinem Baum, während alle anderen feierten?

„Ähm ... es geht um Noah."

Ihre Augen blitzen neugierig auf. „So?"

„Ja. Warum wart ihr so erstaunt, dass er mich aus dem Pool gezogen hat? Ich meine, klar war seine Reaktion übertrieben und eigentlich auch unnötig, aber ..."

Lucy erhob sich mit einem Seufzer, um neben mir auf ihrem Bett Platz zu nehmen. Sie griff nach meinen Händen und hielt sie fest. Die Geste wirkte bedeutungsschwer – ebenso wie ihr plötzlich sehr ernster Blick, der sich bis in mein Innerstes zu bohren schien.

„Noah fasst nie jemanden an, Emily", sagte sie endlich. „Niemals. Er hat keinen von uns jemals freiwillig berührt. Weder Adrian, noch mich, noch unsere Eltern."

„Aber ..." Ich konnte nicht fassen, was sie mir da offenbarte. Und ich brauchte eine Antwort. Sofort! „Warum?"

Lucy zuckte mit den Schultern und holte tief Luft. Ein Klopfen an ihrer Zimmertür unterbrach unser Gespräch an der entscheidenden Stelle.

Mr Franklin trat ein. Gefolgt von Tom, kam er lächelnd auf uns zu.

„Lucy, hol Emily doch etwas Trockenes zum Anziehen", forderte er seine Tochter auf, die sofort aufsprang und unter heftigem Gepolter ihren begehbaren Kleiderschrank durchforstete.

Mr Franklin legte einen Erste-Hilfe-Koffer auf dem kleinen Tisch neben dem Schaukelstuhl ab. „Hier, Thomas. Walte deines

Amtes", forderte er und trat zur Seite. Tom setzte sich neben mich und hob meinen verletzten Fuß in seinen Schoß. Der war wirklich kaum größer als seine Hand, es war unfassbar.

„Dein Knöchel ist ziemlich stark angeschwollen", stellte er fest. „Kannst du den Fuß denn bewegen?" Sein Daumen massierte meinen Spann.

„Ja." Ich demonstrierte die uneingeschränkte Bewegungsfähigkeit meines Fußes und biss mir dabei auf die Innenseiten meiner Wangen, weil es höllisch wehtat.

„Hervorragend. Die Zehen?", forderte Mr Franklin, also beugte und streckte ich auch diese.

„Sehr gut!", befand Tom. „Dann ist es wohl nur eine Verstauchung. Ich lege dir einen festen Verband an und du hältst den Fuß ruhig, okay?"

„Okay", seufzte ich erleichtert.

„Es war sehr vernünftig von dir, ihn im Wasser zu lassen, bis wir kamen", lobte Mr Franklin. „Lucy bringt dir gleich noch einen Eisbeutel. Mit dem solltest du noch ein wenig weiterkühlen."

„Danke", sagte ich leise, plötzlich wieder ziemlich verlegen. „Es tut mir leid, dass ich Ihre Feier gestört habe."

Ein sanftes Lächeln entfaltete sich auf dem Gesicht des Mannes, den ich zwar erst wenige Minuten zuvor kennengelernt hatte, der mir aber aufgrund seiner Ähnlichkeit zu Adrian überhaupt nicht fremd erschien.

„Ich bitte dich, Emily, das war doch keine Störung", versicherte er mir höflich, aber keineswegs distanziert. „Schließlich habe ich dich auf diese Art endlich kennengelernt. Ich war ja schon ganz neugierig, so viel, wie ich von dir gehört hatte."

Tom kramte eine Kompresse aus dem üppig bestückten Medizinkoffer und tränkte sie mit einer violetten Flüssigkeit. Behutsam legte er sie über meinen Knöchel und verband ihn anschließend geschickt und schnell. Die überdurchschnittlich gute Ausstattung des großen Erste-Hilfe-Koffers erhaschte meine Aufmerksamkeit.

„Wow! Verletzen sich Ihre Kinder oft? Oder Sie?", fragte ich beeindruckt.

Oh, welch Überraschung! Zur Abwechslung mal eine selten dämliche Frage.

Der gute Mann schaute zunächst ein wenig verdutzt, dann lachte er und schüttelte seinen Kopf. „Nein, das nicht. Aber jemand, der so viel mit Sport zu tun hat wie ich, muss für solche Fälle gewappnet sein. Auch wenn ich mich zugegebenermaßen nicht allzu gut mit Sportverletzungen auskenne. Hatte selbst immer großes Glück."

„Mit Sport?", wiederholte ich verständnislos. Er nickte. „Ich bin Personal Trainer."

Lucys Kopf erschien hinter dem Vorhang zu ihrem Kleiderschrank.

„Oh, Dad, komm schon, erzähl es ihr! Seit wann bist du so schüchtern?"

Mr Franklin schüttelte nur wieder den Kopf und neigte seinen Blick. Tom hingegen sah mich mit großen Augen an, während er meinen Fuß weiter verband. „Joe war früher Profi-Basketballer – und zwar ein verdammt guter. Hat für die L.A. Lakers gespielt."

„Oh!", machte ich beeindruckt. Lucy nickte stolz.

„Ja. Hier kennt man ihn, und die Stars reißen sich darum, von ihm betreut zu werden. In Frankreich war das schwieriger. Auch ein Grund dafür, warum wir nicht länger geblieben sind."

Ihr Dad nickte. „Ja, ein Name ist in dem Geschäft viel wert, das stimmt."

Ich schämte mich ein wenig, ihn nicht zu kennen, aber von Basketball verstand ich wirklich nichts. Ich wusste ja nicht einmal, wer die L.A. Lakers waren. Also schwieg ich, während Tom das Ende des Verbands verklebte und die restlichen Utensilien wieder zusammenpackte. Dann, als alles verstaut war und Tom gerade erneut neben mir Platz nehmen wollte, erhob sich Mr Franklin und legte ihm die Hand auf die Schulter.

„Komm, Junge, lassen wir die Mädels allein. Emily sollte schleunigst aus ihren nassen Klamotten schlüpfen."

„Hmmm", brummte Tom und ließ seinen Blick dabei zuerst an meinem und dann an Lucys Körper herabgleiten, was Mr Franklin Gott sei Dank verborgen blieb.

„Bist du eigentlich mit einem eigenen Auto da oder wurdest du von jemandem mitgenommen?", fragte der mich mit gerunzelter Stirn.

„Nein, ich fahre selbst."

„Das bezweifle ich", erwiderte Tom und deutete mit dem Kinn auf meinen verletzten Fuß.

Oh Mist, richtig!

„Willst du deine Eltern benachrichtigen? Sonst fahre ich dich später auch gerne nach Hause", schlug Mr Franklin vor. Wie auf ein Stichwort hin, hüpfte seine Tochter plötzlich auf und ab. Die Mundwinkel des sympathischen Mannes vor mir zuckten. „Ja, Lu?"

„Kann Emily nicht hier übernachten, Daddy? Vielleicht klappt es mit dem Fahren ja morgen wieder?" Lucy bettelte wie ein kleines Mädchen, und ihr Dad konnte sich ein Lächeln nicht verkneifen.

„Von mir aus gerne. Aber das muss Emily natürlich erst mit ihren Eltern abklären." Vielleicht hatte er ja bemerkt, dass ich mich von Lucys spontanem Vorschlag etwas überrumpelt fühlte. „Und, wenn ich den Blick deiner Freundin richtig deute, Lucy-Schatz, musst du das auch erst einmal mit Emily selbst ausmachen. Also, wie auch immer, du bist herzlich eingeladen unser Gast zu sein, Emily!", stellte er klar und verließ damit Lucys Zimmer, Tom im Schlepptau. Mir blieb kaum Zeit, mich noch einmal bei den beiden zu bedanken.

„Bleibst du? Bitte!", flehte Lucy mit großen Augen.

„Ähm, ich weiß nicht, was mein Dad davon hält", murmelte ich. Das war eine Lüge; ich wusste genau, was er davon hielt. Er würde seinen Ohren kaum trauen und zustimmen, noch bevor ich meine Frage überhaupt ausgesprochen hätte. Nicht einmal in Manchester hatte ich gerne bei Freundinnen übernachtet, was zugegebenermaßen auch an meinen Schlafgewohnheiten lag. Jason behauptete nach wie vor steif und fest, mich einige Male beim Schlafwandeln ertappt zu haben, und obwohl ich nicht ausmachen konnte, wie viel Wahrheit in seinen Behauptungen steckte, wusste ich zumindest, wie mein Bett und ich nach einer ganz gewöhnlichen Nacht aussahen. Na ja, und das wollte ich eigentlich niemandem zumuten.

„Dann frag ihn. Komm, ruf ihn an! Oder soll ich mit ihm reden?" Lucy war bereits völlig aus dem Häuschen. „Das wäre doch super, Emily. Dann könnten wir so eine richtige Mädelsnacht miteinander verbringen. Zu dritt ist das viel lustiger als zu zweit."

Zu dritt? ... Richtig, Kathy.

Na ja, und wenn ich über Nacht bliebe, hätte ich vielleicht doch noch eine Chance, Noah vor Montag wiederzusehen. „Gut, ich rufe meinen Dad an", willigte ich ein.

„Super!" Lucy klatschte in die Hände. „Dann suche ich dir schon mal einen Pyjama von mir heraus." Schon war sie wieder verschwunden.

Ich nahm das kleinere der beiden Handtücher, die sie mir gebracht hatte, und begann meine Haare trocken zu rubbeln.

„Du kannst dich umziehen, ich hab die Tür schon abgeschlossen", rief Lucy mir zu. Also schälte ich mich aus meinen nassen Klamotten, hüllte mich in das größere Handtuch und betrachtete die trockenen Kleidungsstücke, die neben mir auf dem Bett lagen. Lucy hatte tatsächlich ein ähnliches Outfit wie mein eigenes zu Tage gebracht.

Direkt daneben lag frische Unterwäsche ... *wie peinlich!* Leider jedoch absolut nötig.

„Und, was sagst du dazu?", fragte Lucy, die diesen Moment wählte um aus ihrem Schrank aufzutauchen und um die Ecke zu lugen.

„Danke."

„Gerne. Ich habe extra längere Sachen rausgesucht, damit wir wenigstens die Chance haben, dass sie dir passen. Ich bin nun mal eine Zwergin. Die Wurzeln dieses Übels schreibe ich übrigens Adrian zu. Der war bestimmt schon im Mutterleib so futterneidisch wie heute."

Während Lucy weiter vor sich hinplapperte, verriet mir ein kurzer Blick in den großen Wandspiegel, wie schrecklich ich wirklich aussah. Hatte ich sie zuvor noch gelobt, so war meine Mascara nun total verlaufen. In schwarzen Schlieren zog sie sich über meine Wangen. Meine Haare hingen schlaff von meinem Kopf und gaben die Spitzen meiner leicht abstehenden Ohren preis.

So hatte mich Noah gesehen? Er, der sogar nass – oder vielleicht auch *gerade* deshalb – so sexy aussah wie das heißeste Calvin Klein Model? *Na toll!*

Mit einem tiefen Seufzer ließ ich mich auf Lucys Schreibtischstuhl fallen. Mitleidig sah sie mich an. Dann legte sie den Pyjama auf ihrem Schreibtisch ab und blickte mir direkt in die Augen. Ihre Frage kam ohne weitere Umschweife. „Es ist Noah, nicht wahr? Ich hab gesehen, wie du ihn ansiehst."

Als sie mein Entsetzen bemerkte, legte sie eine Hand über meine und drückte sanft zu. „Es muss dir nicht peinlich sein, Emily! Noah ist ein verdammt süßer Kerl, das sehe ich doch auch. Und ... er ist in Ordnung, wirklich. Ganz egal was die anderen über ihn sagen, er hat einen guten Kern. Vielleicht denkst du, ich behaupte das nur, weil ich seine Schwester bin. Na ja … zum Teil stimmt das sicher auch, sonst würde ich ihn ja nicht besser kennen als die anderen, aber …" Lucy ließ den Satz unvollendet und pustete sich eine ihrer Korkenzieherlocken aus der Stirn.

„Was ich meine ist: Mach dir dein eigenes Bild von ihm, Emily. Es ist bestimmt nicht leicht sich ihm zu nähern, aber vielleicht ..." Ihre linke Augenbraue hob sich höher als die rechte. „Ich habe da so ein Gefühl bei dir."

Noch immer sah ich sie fassungslos an, unfähig etwas zu erwidern. Lucy fuhr auch ohne eine Reaktion von mir fort. Inzwischen war der Frohsinn aus ihrem hübschen Gesicht gewichen und hatte tiefer Sorge Platz gemacht. „Er quält sich, weißt du? Scheinbar denkt er, er verdiene kein Glück in diesem Leben. Und wir kommen einfach nicht dahinter, warum." Ihr Blick wirkte unsicher, doch hinter ihren Worten verbarg sich ein leiser Hoffnungsschimmer, das spürte ich deutlich.

„Seine leiblichen Eltern ...?", stammelte ich. Es dauerte ein paar Sekunden, dann nickte sie.

„Haben bestimmt etwas damit zu tun, ja. Mein Dad hat einmal erwähnt, dass Noahs Stiefvater im Knast ist." Sie senkte den Kopf. „Ich weiß nichts Genaues, aber ich denke, er hat Noah misshandelt."

Oh, mein Gott!

Etwas in der Art war mir auch schon durch den Kopf geschossen – eine unter tausend Mutmaßungen –, doch dieselbe Vermutung aus Lucys Mund zu hören, machte sie fast schon zu einer Gewissheit. Mit Noahs perfektem Gesicht vor Augen, brach sie mein Herz. Wie von selbst pressten sich meine Hände gegen meinen Burstkorb.

Lucy zögerte. Stumm sah sie mich an – offensichtlich unschlüssig, ob sie weitersprechen solle.

„Bitte!", hauchte ich. Meine Augen stachen, bevor nur wenige Wimpernschläge später die ersten Tränen überliefen. Lucy sah mich eindringlich an; meine Gefühle schienen sie zu verwirren. Doch dann, endlich, sprach sie weiter.

„Wie gesagt, ich weiß nicht viel. Als Adrian seinen Unfall hatte, lag Noah im Krankenhaus neben ihm. Er hatte schlimme Verletzungen, steckte von Kopf bis Fuß in Verbänden. Und er sprach nicht. Ich meine ... *nie*. Meine Eltern beobachteten, dass er wochenlang keinen Besuch bekam und erkundigten sich bei den Ärzten, die natürlich schweigen mussten. Besonders meine Mom hat sich in dieser Zeit sehr um Noah gekümmert. Sie versuchte sich ihm zu nähern, doch er ließ das nicht zu. Damals ..."

Die Art, wie Lucys Blick mit einem Mal ins Leere ging, ließ mich spüren, dass sie in diesen Sekunden sehr weit weg war. Mir ihr elfjähriges Ich vorzustellen, wie sie im Krankenhauszimmer ihres schwerverletzten Bruders saß und den eigenartigen stummen Jungen im Nachbarbett mit größter Neugier beobachtete, war erschreckend leicht.

„Damals wirkte Noah vollkommen anders als jetzt", sagte sie leise. „Sobald man ihn ansprach, zuckte er zusammen und wandte sich ab. Er weinte viel und schrie in den Nächten immer wieder ganz furchtbar auf. Meine Mom, die ab und zu bei Adrian übernachtete und dadurch all das mitkriegte, machte Noahs Verhalten fast verrückt. Sie fühlte sich von Anfang an eng mit ihm verbunden und wollte ihm helfen. Etliche Monate später, kurz vor Adrians Entlassung, kam der Chefarzt auf meine Eltern zu und erzählte ihnen, sie würden nach Pflegeeltern für Noah suchen. Ich weiß, dass meine Eltern Einsicht in seine Akte erhielten und seitdem wissen, was mit ihm geschah, aber Adrian und mir haben sie es nie erzählt. Sie sind der Meinung, dass es an Noah selbst ist, uns einzuweihen. Oder eben nicht."

Lucy sah traurig aus. Ohne jeden Zweifel liebte sie Noah wie einen echten Bruder, und natürlich sehnte sie sich danach, seine Geschichte zu erfahren, auch wenn die Furcht vor der Wahrheit vermutlich genauso groß war wie das Verlangen danach. Lucy blinzelte einige Male schnell hintereinander, bevor sie fortfuhr.

„Kurz bevor Noah zu uns kam, belauschte ich ein Gespräch zwischen unseren Eltern. Sie saßen über irgendeiner Mappe ... mit Bildern, nehme ich an. Mein Dad sagte, er habe noch nie etwas vergleichbar Schlimmes gesehen. Meine Mom weinte nur. Sie wirkte vollkommen aufgelöst und sagte: *Hol ihn zu uns, Joe. Der Junge braucht endlich ein gutes Zuhause. Und ich möchte ihn hier haben, bei uns.*"

Lucy schnappte aus ihrer Erinnerung und zuckte mit den Schultern. „Nur deswegen weiß ich, dass es um Noah ging. Zwei Wochen später brachte ihn mein Dad zu uns. Am Anfang war Noah einfach nur still und wahnsinnig schüchtern. Mein Vater schärfte uns ein, ihn nicht anzufassen, und wir hielten uns an diese Regel, auch wenn wir sie nicht nachvollziehen konnten. Diese erste Zeit war furchtbar, denn die komplette Familie musste lernen, mit Adrians neuer Situation umzugehen. Und Noah ließ sich nicht integrieren, so sehr wir uns auch bemühten. Wir *wollten* ihn in unserer Familie, aber er blockte alle Annäherungsversuche bereits im Ansatz ab und zog sich immer weiter zurück. In der Schule, auf dem Pausenhof, wurde er oft gehänselt. Es gab einen Jungen, Sam, der ihm das Leben regelrecht zur Hölle machte und gar nicht genug davon kriegte, Noah zu schikanieren. Ständig beschimpfte er ihn als Freak und versuchte alles, um ihn mit seinen Sticheleien, den heimlichen Remplern oder Tritten aus der Reserve zu locken. Doch an Noah schienen all seine Versuche einfach abzuprallen. Er äußerte sich ja nicht einmal, wenn Adrian und ich Zeugen von Sams Attacken wurden und die Lehrer zum Schlichten herbeiholten. Besonders Adrian fühlte sich damals schrecklich, weil er nicht mehr so unmittelbar eingreifen konnte, wie er es am liebsten getan hätte. Noah steckte immer weiter ein, Tag für Tag. Vermutlich hatte es Sam nie mit einem dickhäutigeren Opfer zu tun gehabt, aber irgendwann platzte Noah dann doch der Kragen. Plötzlich wehrte er sich, als Sam zum ersten Mal ernsthaft damit drohte, ihn zu schlagen."

Lucy schluckte schwer. „Nun, ehe er auch nur seine Faust gegen Noah heben konnte, hatte der ihn bereits krankenhausreif geprügelt.

Das kam so ... *plötzlich*, als hätte Sam einen Schalter bei Noah umgelegt, oder so." Sie legte den Kopf schief, ließ ihre Worte einen Moment nachwirken. „Ich will ehrlich sein", sagte sie dann. „Am Anfang habe ich innerlich aufgejubelt, als Noah aus seiner Lethargie schnappte und sich endlich zur Wehr setzte. Sam hatte es so sehr verdient. Aber dann ... Noah kam in eine Art Rausch oder so. Er schlug immer weiter auf ihn ein. Selbst als Sam schon am Boden lag und sich vor Schmerzen krümmte, ließ er nicht von ihm ab. Er hat uns allen eine Höllenangst eingejagt."

Gebannt sah ich sie an. Lucy hatte das geheime Buch von Noahs Leben aufgeschlagen und mich einen Blick auf seine Geschichte werfen lassen. Und bereits nach diesen wenigen Sätzen war ich gefesselt. Ich wollte mehr über ihn erfahren, ihn verstehen lernen ... und ihm helfen. Dieses Bedürfnis verstärkte sich mit jedem von Lucys Worten.

„Und dann?", fragte ich tonlos.

„Irgendwann kam er wieder zu sich. Er hielt ganz abrupt in seinen Schlägen inne, richtete sich auf, starrte auf Sam, betrachtete seine Hände, als könnte er sich nicht erklären, warum die so blutverschmiert waren ... und dann sah er Adrian und mich an." Lucy rieb sich die Unterarme. „Ich bekomme jetzt noch eine Gänsehaut, wenn ich an diesen Blick denke. Ich erkannte die Scham in seinen Augen – vermutlich im selben Moment, als er den Schock in unseren las. Nur ein einziges Mal sah uns Noah wirklich *hilfesuchend* an, und das war ausgerechnet in dieser Situation, als Adrian und ich wie festgefroren dastanden und vermutlich zurückgewichen wären, hätte er einen Schritt in unsere Richtung gewagt." Lucy neigte den Kopf und blickte auf ihre Hände herab. „Natürlich legte sich unser Schreck schnell. Mom und Dad redeten mit uns und machten uns klar, dass wir alle Geduld haben mussten. Sie brachten auch Noah, der sich bei seinem Ausraster selbst zwei Finger gebrochen hatte, nichts als Verständnis entgegen. Niemand machte ihm einen Vorwurf. ... Aber es war zu spät, Noah schämte sich zu sehr."

Lucys letzte Worte waren kaum mehr als ein Flüstern; betrübt schüttelte sie den Kopf, als wollte sie ihn von den schrecklichen Erinnerungen befreien. Stumme Sekunden verstrichen. Als sie endlich, unter flatternden Augenlidern, fortfuhr, wurde ich das Gefühl nicht los, sie habe etwas Entscheidendes übersprungen.

„Von diesem Tag an war er wie ausgetauscht", seufzte sie. „Er verhielt sich extrem aggressiv, bis sich niemand mehr in seine Nähe traute. Ich verstehe, dass die Mauern, die er um sich herum errichtet hat, seinem eigenen Schutz dienen sollen, aber ... er verliert sich immer mehr in diesem selbstgezimmerten Gefängnis, Emily." In offener Verzweiflung sah sie mich an.

„Ich bin nicht voreingenommen", versicherte ich ihr.

„Gut. Aber ... geh es langsam an! Vorsichtig." Ein mildes Lächeln umspielte ihre schönen Lippen und das Hoffnungsflämmchen in den dunkelbraunen Augen.

Der Moment fühlte sich bedeutungsvoll an und mein Nicken wie die Besiegelung eines Paktes.

Lucy erhob sich; im selben Moment klopfte es an ihrer Zimmertür. Schnell schlug ich das große Handtuch enger um meinen nackten Körper.

Kathy erschien im Türrahmen und erkundigte sich, ob es mir besser ginge. Ich bejahte und legte mein überzeugendstes Lächeln auf. „Ich bin hochgekommen, weil dein Dad dich braucht", sagte Kathy an Lucy gewandt. Die sah mich noch einmal tief an, nickte mir fast unmerklich zu und folgte Kathy dann nach unten.

Allein in ihrem Zimmer, föhnte ich meine langen Haare und streifte mir Lucys Sachen über. Ihr Rock war zwar ein wenig kürzer als mein eigener, denn ich war bestimmt einen halben Kopf größer als Lucy, dafür passte mir ihre Bluse wie angegossen. Knappe dreißig Minuten, nachdem sich der mit Sicherheit peinlichste Vorfall dieses Abends ereignet hatte, sah ich so aus, als hätte ich rein gar nichts damit zu tun gehabt.

Innerlich jedoch fühlte ich mich müde und erschöpft. Mein Knöchel schmerzte und ich verspürte nicht die leiseste Lust wieder rauszugehen, um mich den hämischen Kommentaren meiner Mitschüler auszuliefern. Oder mich – was noch schlimmer wäre – heimlich belästern zu lassen.

Viel lieber hätte ich meinen Gedanken um Noah weiter nachgehangen, dessen Verhalten mir durch das Gespräch mit seiner

Schwester nun schon wesentlich einleuchtender erschien. Zugleich warfen die neuen Erkenntnisse jedoch auch weitere Fragen auf. Allen voran: *Wie konnte man ein Kind von nicht einmal zwölf Jahren krankenhausreif schlagen? Was waren das für Monster, bei denen Noah seine Kindheit verbracht hatte?*

Und mit diesen Überlegungen stand mein Entschluss fest: Ich wollte hier übernachten, denn ich wollte mehr Zeit mit *ihm* verbringen. Allein der Gedanke, dass er sich genau in diesem Moment in derselben Etage – nur wenige Meter von mir entfernt – aufhielt, brachte mein Herz schon zum Rasen.

Also griff ich zu dem Telefon auf Lucys Nachttisch und wählte die Mobilfunknummer meines Vaters. Erwartungsgemäß freute der sich wie ein Schneekönig und willigte sofort ein. Überhaupt dauerte unser Gespräch kaum länger als eine Minute, zumal ich ihn in einer Drehpause am Set erwischte.

Eine Weile drückte ich mich noch davor, Lucys Zimmer zu verlassen. Als ich jedoch keine Möglichkeit sah, meinem Schicksal länger zu entgehen, packte ich meine nasse Kleidung in die Tüte, die mir Lucy rausgelegt hatte, verließ auf nackten Füßen ihr Zimmer und humpelte in Richtung Treppe.

„*Nimm Adrians Lift!*", hatte Lucy im Rausgehen gesagt. Sie wollte mich dann unten von Tom abholen lassen. Von wegen!

Nur über meine Leiche trug der mich noch mal.

Die Treppe wollte ich meinem schmerzenden Fuß allerdings wirklich gerne ersparen. Also atmete ich tief durch und unternahm gerade die ersten Anstalten, mich in den Sitz zu manövrieren, als mir das Flackern am gegenüberliegenden Ende des Korridors auffiel.

Ein Fernseher?

So leise wie möglich humpelte ich über den Gang. Die letzte der vielen Türen stand offen; hier fand das Flackern seinen Ursprung. Nun hörte ich auch Stimmen und leise Hintergrundmusik.

Ja, definitiv ein Fernseher.

Vorsichtig lugte ich um die Ecke und blickte in einen Raum, der wie ein weiteres Wohnzimmer eingerichtet war.

Ein Gemälde des Eiffelturms zierte die cremefarbene Wand, es gab eine große beige Sitzgarnitur, die wesentlich moderner wirkte als die im Erdgeschoss und zu einer braungestrichenen Wand ausgerichtet war. Dort hing die Quelle des flackernden Lichts, ein riesiger Flachbild–Fernseher, auf dem irgendein Horrorfilm zu laufen schien. Des Weiteren entdeckte ich ein Klavier, eine große Stereoanlage und eine Computer-Konsole. Offenbar stellte dieser Raum eine Art Rückzugsort für die drei Geschwister dar, den sie gemeinsam nutzen konnten. Und momentan genoss es Noah, ungestört von diesem Bereich Gebrauch machen zu können. *Nun ja, ungestört ...*

Zumindest konnte er mich von seinem Platz aus nicht sehen, und so blieben mir einige Sekunden, ihn in Ruhe zu betrachten.

Er lag auf der Couch, die Beine lang ausgestreckt und die Füße auf dem kleinen Tisch vor ihm abgelegt. So entspannt hatte ich ihn zuvor noch nicht gesehen. Reglos starrte er auf den Bildschirm, in der einen Hand eine Cola-Dose, in der anderen die Fernbedienung.

Sein Haar war noch feucht und stand selbst in diesem Zustand in alle Richtungen ab. Natürlich hatte auch Noah sich nach unserem unfreiwilligen Badeexkurs umgezogen, doch *er* schien nicht die Absicht zu hegen, sich noch einmal unter das feiernde Volk zu mischen. Sein Hemd hatte er gegen ein schlichtes, weißes T-Shirt eingetauscht. Von seinen Beinen sah ich lediglich die nackten Unterschenkel und Füße, also mutmaßte ich, dass er Shorts trug ... und beneidete ihn im selben Moment um sein lässiges Outfit.

So groß die Versuchung auch war, mich zu ihm zu gesellen, er wirkte so entspannt und zufrieden, dass ich es nicht übers Herz brachte ihn zu stören. Also wandte ich mich ab ... und trat zielsicher auf die vermutlich einzige knarrende Holzdiele des Korridors. Erschrocken sah ich mich um.

Sofort flog Noahs Kopf herum. Sein Blick traf auf meinen und seine Augen weiteten sich ein wenig. Die schlagartige Verspannung seines Körpers blieb mir nicht verborgen.

„Hey! Tut mir leid, ich ... wollte dich nicht stören. Ich habe den Fernseher gehört und wollte nur nachsehen, ob ...“

„Dein Fuß“, unterbrach er mich, als er den Verband an meinem Knöchel entdeckte.

„Ich ... ähm ... habe ihn mir verstaucht. Bevor ich in euren Pool gefallen bin und mich als Idiotin des Abend geoutet habe, du erinnerst dich?"

Seine Mundwinkel zuckten. „Hm, ich war dabei, ja."

Fasziniert beobachtete ich, wie sich der Anflug seines Lächelns zu einem zaghaften Grinsen dehnte. „Aber mach dir keine Gedanken. Holly Curtis lässt sich im hinteren Teil des Gartens gerade heimlich von Roger abfüllen. Sie wird im Laufe des Abends noch für weitaus peinlicheren Gesprächsstoff sorgen, glaub mir."

Als Noahs strahlend weiße Zähne zum ersten Mal zum Vorschein kamen, rieselte ein warmer Schauder durch meinen Körper und ließ mich meine Frage, woher er das wusste, glatt vergessen.

Mit einem Mal schien sich der halbdunkle Raum zu erhellen. Unwillkürlich musste ich an Manchester denken. An die spärlich gesäten Tage, an denen die Sonne den Kampf gegen den tagelangen Regen gewann und die dicke Wolkendecke durchbrach. Genauso befreiend wirkte Noahs Lachen.

Ich strahlte ihn an, glücklich und verzückt, bis ich bemerkte, dass ich nach wie vor unaufgefordert im Türrahmen stand.

„Ich wollte dich nicht stören. Wirklich nicht, Noah. Also, schönen Abend noch", sagte ich hastig und winkte ihm kurz zu. Er blinzelte einige Male schnell hintereinander und erhob sich dann in einer impulsiv wirkenden Bewegung. Sofort blieb ich wie angewurzelt stehen.

Noah öffnete den Mund und schloss ihn wieder, ohne etwas gesagt zu haben. Dann senkte er den Blick und raufte sich die Haare am Hinterkopf. Es war eine rührende Geste, aus der Verzweiflung und Hilflosigkeit sprachen.

„Sag es!", forderte ich ihn auf ... und zählte die stillen Sekunden.

Sekunden, in denen ich mich wunderte, dass es tatsächlich still war – so laut wie mir das Herz in der Brust hämmerte und das Blut in meinen Ohren dröhnte.

„Bleib!", bat er endlich flüsternd. Nur dieses kleine Wort – und die Stille war perfekt. Mein Herz zumindest schlug in diesem Augenblick nicht mehr. „Wenn du willst, meine ich", fügte Noah sehr leise hinzu.

„Sehr gern", sagte ich mit viel zu hoher Stimme und humpelte langsam – ohne jede Eleganz – auf ihn zu. Zögerlich glitt ich in den Sitz neben ihm. Noah blieb noch eine Weile stehen und sah auf mich herab. Dann erst nahm auch er wieder Platz, rückte aber erneut in einen gewissen Sicherheitsabstand. Ich wollte ihm versichern, ihn nicht zu berühren, doch ich schluckte die Worte, die schon auf meiner Zungenspitze lagen, und setzte mich stattdessen einfach auf meine Hände.

Noah reagierte augenblicklich; seine Schultern sackten leicht ein, er atmete tief durch. *Erleichterung ...*

„Was schaust du da?", fragte ich beinahe flüsternd. Mir fiel auf, dass ich an diesem Abend fast ausnahmslos leise zu Noah sprach. Das lag an der Atmosphäre, die ihn umgab, und die so angespannt ... ja, beinahe zerbrechlich war, dass laute Töne gefährlich deplatziert wirkten.

„Hm?", brummte Noah und drehte seinen Kopf in Richtung Fernseher. Eine junge blonde Frau huschte gerade voller Panik über den Bildschirm. Sie lief durch einen nächtlichen Park, während ihr ein schwer atmender Psychopath mit einem Messer folgte. Die klassische Szene.

Noah zuckte mit den Schultern. „Nicht den leisesten Schimmer!"

Die Sekunden verstrichen ungenutzt und wurden zu Minuten, bis ... „Hör mal, es tut mir leid wegen vorhin", hörte ich mich irgendwann sagen.

„Hm?", machte Noah erneut.

„Im Garten, auf dem Baum. Es tut mir leid."

„Was tut dir leid, Emily? Für was, um Himmels willen, entschuldigst du dich nur immer?", fragte er kopfschüttelnd. Sein Ton war hart, aber seine Augen ... sein *Blick* war es nicht.

„Ich habe dich bedrängt. Und das wollte ich nicht", erklärte ich.

Er sah mich an, erwiderte jedoch nichts. Minutenlang schwiegen wir wieder und verfolgten den sinnfreien Horrorfilm. Dann – ich merkte gerade, dass ich begann, mich trotz Noahs Nähe zu entspannen – hörte ich sein Gemurmel: „Mir tut es auch leid, dass ich vorhin so ... ungehalten war. Ich ..." Es schien so, als würde er mir noch etwas erklären wollen, doch dann zögerte er, biss sich auf die Unterlippe ... und behielt das Ende seines Satzes für sich.

„Schon gut", sagte ich dennoch. „Ich bin dir nicht böse."

„Nicht?" Erstaunt sah er mich an.

„Nein", versicherte ich ihm. „Im Gegenteil. Ich ... ich fand es ziemlich ... *nett* von dir, dass du mir aus dem Wasser geholfen hast. Du warst immerhin der Einzige, der überhaupt reagiert hat." Eine Weile hielt er meinen Blick, dann senkte er den Kopf und begann am Verschluss seiner Cola-Dose herumzuspielen.

Was? Bist du etwa verlegen, Noah Franklin?

„Möchtest du etwas trinken?", fragte er nach einer Weile.

„Nein, danke. Ich hatte genug Flüssigkeit für diesen Abend." Nun grinste er und stieß dabei sogar ein wenig Luft aus. Ein überzeugendes Lachen war das zwar nicht, aber immerhin, es konnte ein Anfang sein. *Unser Anfang.* Der Gedanke trieb mir ein heimliches Schmunzeln übers Gesicht.

Für einige Minuten widmeten wir uns erneut dem Film, dann hörten wir Lucys Stimme: „Emily?"

„Ich bin hier oben!", rief ich zurück und bemerkte zu spät, dass Noah zusammenfuhr und sich erneut verspannte.

Nur wenige Sekunden später erschien seine Schwester im Türrahmen. Sofort klappte ihre Kinnlade herab.

„Hi, ich ... ich hab dich gesucht. Was macht dein Fuß?"

„Ist okay, danke", erwiderte ich so lässig wie möglich.

„Und? Bleibst du über Nacht?" Aus den Augenwinkeln heraus sah ich, dass Noah bei der Frage seiner Schwester den Kopf anhob. Ich nickte; er seufzte leise. Was zum Teufel hatte das jetzt wieder zu bedeuten?

„Super!", freute sich Lucy. „Also, ähm ... ich bin dann wieder unten. Noah, könntest du mich kurz anrufen, wenn Emily runterkommen will? Ich hole sie dann ab."

Noah sah sie für ein paar Sekunden finster an, doch dann zuckte er mit den Schultern und ... nickte. Ich traute meinen Augen kaum. Lucy strahlte glücklich, und als ich Sekunden später hörte, wie federleicht ihre Schritte auf der Treppe verklangen, konnte ich mir mein Lächeln auch nicht länger verkneifen. Sie war wirklich zuckersüß; ich mochte sie sehr. „Lucy ist so lieb", entfuhr es mir.

Umso erstaunter war ich, als Noah reagierte. „Ja, sie ... ist toll."

Wow, was ...?

„Weiß sie, dass du so von ihr denkst?", fragte ich unverblümt. Im nächsten Moment wünschte ich mir eine Schnur an die unüberlegten Worte, um sie zurückziehen und herunterschlucken zu können.

Noahs Augen verengten sich, er schluckte sichtbar hart. „Nein, wahrscheinlich nicht."

„Und was ist mit Adrian?", hakte ich nach und verwünschte meine Forschheit erneut, als Noah etwas Luft durch die Nase stieß und dabei den Kopf schüttelte. Es wirkte abfällig, beinahe verächtlich.

„Was soll mit ihm sein?" Dann, viel leiser: „Adrian würde vermutlich nicht mal auf mich pinkeln, wenn ich in Flammen stünde."

Auch wenn ich wusste, dass das eine untragbare Behauptung war, wollte ich das Thema an dieser Stelle nicht vertiefen. Längst schon blinkten sämtliche Alarmlämpchen in meinem Kopf auf. Also wandte ich meinen Blick ab und ließ Noah durchatmen.

Wieder schwiegen wir, bis er Minuten später noch einmal zu mir aufsah. „Warum bist du hier, Emily?"

„Hm?"

„Warum bist du hier?", wiederholte er fest.

„Du hast doch gesagt ..."

Ungeduldig schüttelte er den Kopf. „Ich weiß, was ich gesagt habe. Aber ... warum bist du hier, bei mir ... und nicht unten, bei den anderen?"

„Ich weiß es nicht", gab ich zu. „Ich ... fühle mich irgendwie ... *wohl* in deiner Nähe. Ich bin gerne bei dir." Mein Geständnis trieb mir die Röte in die Wangen.

Noah betrachtete mich eingehend. Sein Blick war argwöhnisch, prüfend und ließ mich schmoren ... im wahrsten Sinne des Wortes. Ich fühlte mich, als würde er bis auf den Grund meiner Seele blicken. Ausgeliefert und entblößt, auf eine nicht unangenehme Art und Weise.

„Warum?", fragte er schließlich.

„Ist einfach so", entgegnete ich und ärgerte mich über den trotzigen Charakter meiner Worte. Mein Herz wummerte wie wild unter der Intensität, die seine schönen Augen ausstrahlten.

Mit einem Mal wurde mir abwechselnd heiß und kalt; kurz darauf begann sich alles zu drehen. Vielleicht waren all diese überwältigenden Gefühle und die Ereignisse des Abends einfach zu viel für mich gewesen, vielleicht war es der pochende Schmerz in meinem Fuß, vielleicht mein schwacher Blutdruck. Ich konnte den oder die Auslöser nicht eindeutig bestimmen, doch plötzlich verschwammen Noahs schönes Gesicht und der Raum um uns herum zu undefinierbaren Farbklecksen. Alles war bunt und wirbelte wild vor meinen Augen, in meinen Ohren rauschte wieder der Fluss meines Blutes. Dahinter – und nun wirklich sehr, sehr leise – hörte ich Noah: „Emily?" Er rief meinen Namen, doch seine schöne Stimme klang gedämpft.

War er etwa besorgt? Warum? Und wieso war er so weit weg?

Irgendwann, mit einer unverzeihlichen Verspätung, tat sich endlich mein Erdloch unter mir auf und schluckte mich.

VII.

„Emily? Emily?" Seine samtweiche Stimme war so weit weg. Klang, als riefe er meinen Namen in ein dickes Kissen.

„Lucy, komm hoch und bring Tom mit! Irgendwas stimmt nicht mit ihr."

Ich spürte Noahs Arme um meine Taille. Er hielt mich sanft und doch so sicher. *Was für ein schöner Traum.*

„Emily", flüsterte er dicht an meinem Gesicht. Sein süßer Atem traf mich und jagte mir eine Gänsehaut über die Arme.

Moment mal! Für einen Traum ist dieser hier verdammt real.

Ich versuchte zu blinzeln, doch es war zu hell. Sofort drehte sich wieder alles, die tanzenden Lichter waren zurück. Im Hintergrund hörte ich leichte, schnelle Schritte. Absätze, die über Parkett klackerten. Dasselbe Parkett, das ich auch unter meinen schlaffen Armen spürte. Noahs Hand verkrampfte sich an meinem Rücken, bevor ich spürte, wie er ein wenig zurückwich. *Oh Gott, ich bin nicht wirklich ...*

„... ohnmächtig geworden, einfach so. Plötzlich ist sie einfach zusammengeklappt", hörte ich seine atemlose Stimme.

„Oh nein!", rief Lucy.

„Schon gut, mein Junge. Es ist nicht deine Schuld", versicherte ihm eine tiefe Stimme, die mit Sicherheit nicht zu Tom gehörte.

Mr Franklin! Zum zweiten Mal an diesem Abend? Oh nein!!! Herr, erlöse mich! Wenn möglich, dann schmerzlos. Und ... SCHNELL!

„Emily?", sagte die tiefe Stimme, während eine riesige Hand meine Wange tätschelte. Nun war mir regelrecht schlecht.

„Hmmm ...", brummte ich leise.

„Mach die Augen auf, Mädchen! ... Lucy, leg ihre Beine hoch!"

Ich spürte, wie meine Füße angehoben und weiter oben wieder abgelegt wurden und probierte erneut, meine Augen aufzuschlagen. Es war wieder schrecklich grell. Langsam, aber sicher beruhigten sich die wirbelnden Farben jedoch, wurden klarer und klarer und ergaben schließlich wieder ein zusammenhängendes

Bild, dessen Schärfe sich mit jeder verstreichenden Sekunde steigerte. *Oh Mann, und was für ein Bild!*

Noahs Gesicht schwebte nur wenige Zentimeter über meinem, ähnlich wie vorhin im Pool. Doch dieses Mal sah er mich nicht wütend an. In seinen hellen Augen spiegelte sich ausschließlich tiefe Sorge wider; die schön geschwungenen Lippen schürzten sich in Konzentration.

Während ich ihn immer weiter ansah – nicht imstande meinen Blick von seinem schönen Gesicht zu nehmen –, zuckte schließlich ein vages, unsicheres Lächeln um seine Mundwinkel. Noch immer hielt er mich in seinen Armen.

Er, der sonst niemanden berührte, hielt mich fest in seinem Griff. Fast wurde mir wieder schwindlig unter dieser Erkenntnis, aber dann schöpfte ich tief Luft und vertrieb das unangenehme Gefühl. Ob er auch nur die leiseste Ahnung hatte, was er mit mir anstellte?

„Na siehst du, geht doch schon wieder", hörte ich Mr Franklin sagen, bevor er sich an Lucy wandte. „Hat sie Alkohol getrunken?"

„Niedriger Blutdruck", murmelte ich, doch meine Zunge kooperierte nicht. Es klang eher wie „Niedigga Bluduck". Dennoch schien man mich zu verstehen, denn hinter Noahs Gesicht nahm ich vage das Nicken seines Vaters wahr.

Als Mr Franklin näher kam und Noah seinen Arm unter meinem schlaffen Körper wegzog und zurückwich, entrang sich mir ein seltsames Winseln. *„Bleib!"*, rief alles in mir, doch äußerlich blieb ich stumm – abgesehen von diesem erbärmlichen Geräusch.

Im Treppenhaus und auf dem oberen Gang erklangen polternde Schritte, die ihrer Schwere nach zu urteilen nur von Tom kommen konnten. Schon schoss er um die Ecke und blickte mit weit aufgerissenen Augen auf mich herab. Sah, wie ich reglos am Boden lag und sich Mr Franklin über mich beugte. Nur ein Blick reichte ihm aus, um die falschen Schlüsse zu ziehen. „Was hast du gemacht?", stieß er hervor und funkelte Noah dabei wütend an. Der erwiderte nichts, doch ich sah, wie sich seine Kiefermuskeln anspannten und auf seiner Schläfe eine bläuliche Ader sichtbar wurde.

Oh nein, bitte nicht!

Nur eine Sekunde später sprang er auf und stürmte aus dem Zimmer. Als er sich an Tom vorbeizwängte, rempelte er ihn kräftig an.

„Verdammt, Tom!", schimpfte Lucy.

Mr Franklin sagte nichts. Er schüttelte nur den Kopf und blickte mich aus betrübten Augen an. „Er hat gar nichts gemacht", versicherte ich ihm mit schwankender Stimme, bevor ich wütend zu Tom aufsah. Meine Zunge fühlte sich nach wie vor bleischwer an, aber meine Wut verlieh mir ausreichend Kraft, sie trotzdem in Gang zu setzen.

„Hört mit diesen dämlichen Vorwürfen auf. Er ist viel besser, als ihr denkt", presste ich mühevoll hervor. Mr Franklin sah mich erstaunt an.

„Lucy, ihr könnt wieder runtergehen und euch um die Gäste kümmern", sagte er nach einer Weile des Schweigens. „Ich bringe Emily mit, sobald es ihr wieder besser geht."

Ich wusste, dass das ein Vorwand war und war mir sicher, dass auch Lucy das begriff, als sie ohne weitere Einwände nach Toms Arm griff und ihn aus dem Raum schleifte.

„Geht es wieder?", fragte Mr Franklin, nachdem er mir geholfen hatte mich aufzusetzen.

Ich nickte. Der Zorn schien zu helfen, er hatte meinen Blutdruck offenbar angekurbelt. „Ja, es geht wieder", sagte ich und rieb mir über die geschlossenen Augenlider. „Ich frage mich nur, ob dieser Abend noch peinlicher werden kann."

Mr Franklin lachte kurz auf, dann wurde seine Miene wieder ernster. „Du hast recht, weißt du das?"

„Ja, ich glaube auch, dass es nicht *noch* schlimmer kommen kann."

„Nein, ich meine mit Noah", stellte er klar. „Er ist kein schlechter Junge." Sein tiefer Seufzer ließ mich aufblicken. Nun war er derjenige, der sich erschöpft über die Augen rieb. „Auch wenn er nach kaum einer Woche Schule schon wieder vom Unterricht suspendiert wurde."

„Warum?", fragte ich empört. Die Lehrer hatten Noah nie wegen seines Verhaltens oder seiner Verspätungen getadelt. Wenn sie ihn jetzt, ohne mündliche Verwarnung, des Unterrichts verwiesen, war das mehr als nur unfair.

„Er hat einen anderen Schüler geschlagen und ihm die Nase angebrochen."

„Was?", fragte ich ungläubig. Noahs Dad reichte mir seine Hand, um mir aufzuhelfen, doch ich rührte mich nicht.

„Ja. Der Junge wollte sich zuerst nicht zu dem Vorfall äußern, hat am Freitag dann aber doch noch ausgesagt es sei Noah gewesen, der ihn so zugerichtet hat." In diesem Moment machte es *klick* bei mir.

„Weiß Noah von dieser Strafe?", fragte ich zögerlich.

„Ja, natürlich."

Das wiederum verwirrte mich. „Und was hat er gesagt?"

„Nichts." Mr Franklins Gesichtsausdruck wurde skeptisch. „Er hat die Entscheidung der Direktion stumm hingenommen. Eine Woche hat sie ihm aufgebrummt."

„Bill!", entfuhr es mir. „So ein ..." In letzter Sekunde verkniff ich mir die Tirade an Schimpfworten, die bereits auf der Spitze meiner Zunge kitzelte. Mr Franklins Augen verengten sich in zunehmender Skepsis.

„Woher weißt du, dass es um Bill Jankins geht? Emily?"

Ich musste mich erst einmal sammeln. Noah, dieser geheimnisvolle Junge, ließ mich einfach nicht zur Ruhe kommen. Seitdem ich ihn kannte, schienen sich die Ereignisse nur so zu überschlagen. Wie eine Bombe war er in meine friedliche kleine Existenz eingeschlagen, hatte alles verwirbelt, was mir vor ihm noch wichtig gewesen war. Nun war nichts mehr wie zuvor, und ich konnte mich nicht entscheiden, ob ich mich weiter darüber ärgern oder aber mich den neuen Bedürfnissen, die Noah in mir geweckt hatte, einfach ergeben sollte.

Nach einigen Sekunden war ich soweit. Ich atmete tief durch und sah Noahs Dad fest in die Augen, um ihm zu versichern, dass ich ihm die Wahrheit schilderte. „Noah hat nichts getan, Mr Franklin. Bill hat ihn angeschwärzt, weil Noah seinen Stolz verletzt hat."

„Was, du weißt von dem Vorfall?"

„Ja. Ich ... *Ich* habe Bill die Nase angebrochen. Also, nicht, dass mir das bewusst gewesen wäre, aber scheinbar habe ich das wohl getan."

Mr Franklin sah mich ungläubig an und schüttelte den Kopf. „Ich verstehe gar nichts", gestand er.

Nun, endlich, ergriff ich seine Hand und ließ mich von ihm hochziehen. Er tat das mit großer Vorsicht, dennoch spürte ich die enorme Kraft, die hinter der simplen Bewegung steckte. Langsam führte er mich zur Couch und scharrte ein paar Kissen zur Seite, bevor ich Platz nahm. Er selbst setzte sich mir gegenüber in den breiten Sessel und hielt meinen Blick mit einem fordernden Gesichtsausdruck, bis ich fortfuhr.

„Er hat mich bedrängt", begann ich kleinlaut. „Bill, nicht Noah. Ich dachte, wir wären allein und bekam es mit der Angst zu tun. Also schlug ich zu."

„Oh Mann! Hat er dich verletzt?", fragte Mr Franklin besorgt.

„Nein. Aber ehrlich gesagt weiß ich nicht, wie weit er noch gegangen wäre. Ich bereue jedenfalls nicht, ihn geschlagen zu haben", beharrte ich.

„Nein, du musst dir keine Vorwürfe machen, Emily. Aber ..." Seine Stirn legte sich in Falten. „... wie kamst du denn jetzt so schnell auf Noah? Wo ist der Zusammenhang?"

Ich berichtete von Noahs Erscheinen und von seinem fehlplatzierten Lachanfall. „Wahrscheinlich hat sich Bill auf den Schlips getreten gefühlt, weil jemand beobachtet hatte, dass er sich von einem Mädchen zusammenschlagen ließ."

Ein paar Sekunden spann ich weiter stumm vor mich hin ... und da sich die Theorie in meinem Kopf sehr überzeugend und schlüssig darstellte, wagte ich schließlich, sie auch auszusprechen.

„Na ja, vermutlich hat er sich auch deshalb erst einmal nicht geäußert. Einfach, weil es ihm peinlich war und er sich damit selbst in Erklärungsnot gebracht hätte. Dann ist ihm Noah eingefallen. Wahrscheinlich wollte Bill wenigstens ihm eins auswischen. Dafür, dass Noah ihn ausgelacht hat. Bill wusste, dass niemand Noah glauben würde, sollte der sich zu dem Vorfall äußern. Bestimmt ist er davon ausgegangen, dass nicht mal *ich* Noah im Falle einer Befragung beistehen würde. Ja, mit Sicherheit hat Bill gedacht, ich würde Noah eher die Strafe kassieren lassen, als zuzugeben, es selbst gewesen zu sein."

Mr Franklin sah mich sekundenlang vollkommen reglos an. „Wow!", sagte er endlich. „Du glaubst gar nicht, was mir das bedeutet, Emily. Dass du Partei für Noah ergreifst ... und ich nun weiß, dass er sich nichts zu Schulden hat kommen lassen."

„Ich gehe am Montag zur Schulleitung und kläre alles auf", beschloss ich aus meiner plötzlichen Verlegenheit heraus.

Noahs Dad nickte bedächtig. „Okay. Möchtest du, dass ich mit dir komme?"

Sofort, als wäre es ein angeborener Reflex auf angebotene Hilfe, schüttelte sich mein Kopf. „Nein. Aber danke für das Angebot, Sir."

„Ist doch selbstverständlich. Und nun nenn mich bitte Joe, ja? Alle tun das." Er schenkte mir noch ein warmes Lächeln, dann erhob er sich und streckte mir erneut seine Hand entgegen. „Komm mit mir und zeig den anderen, dass du noch lebst. Sie sorgen sich bestimmt um dich."

Ich konnte mir hundert Dinge vorstellen, die ich in diesem Moment lieber getan hätte, aber natürlich ließ ich mir resignierend aufhelfen.

„Und Noah?", fragte ich zögerlich.

Joe schüttelte den Kopf. „Wenn er so wütend ist wie jetzt, dann muss man ihn alleinlassen. Dann braucht er seine Zeit, um wieder zur Besinnung zu kommen."

Puterrot gelangte ich mit Adrians Lift ins Erdgeschoss, wo er, Lucy, Tom und Kathy mich bereits erwarteten.

Nachdem ich gefühlte hundert Mal hatte versichern müssen, dass es mir wirklich, *wirklich* gut ging, hakten sich Kathy von der einen und Tom von der anderen Seite bei mir unter. Gemeinsam stützten sie mich auf unserem Weg zur Terrasse. Adrian machte ein paar Partygäste aus, die gerade im Begriff waren, eine der Verandaschaukeln zu verlassen. Geschickt manövrierte er seinen Rollstuhl durch die Menge und sicherte uns die frei gewordenen Plätze.

„Lust auf einen Cocktail?", fragte Lucy in die Runde. „Alkoholfrei natürlich", fügte sie achselzuckend hinzu. Es wirkte fast ein wenig entschuldigend und entlockte nicht nur mir ein

Schmunzeln. Auch wenn sich meine Gedanken nach wie vor um Noah drehten, war mir dennoch bewusst, dass ich mich inzwischen als Partyblocker des Abends entpuppt hatte und es den anderen schlichtweg schuldete, wenigstens für ein paar Stunden mitzufeiern, ohne mich noch einmal in medizinische Betreuung begeben zu müssen.

„Sehr gerne", erwiderte ich also. Auch Kathy bejahte, während Tom weniger begeistert schien.

Doch Lucy überging sein unverständliches Gebrumme. „Ich empfehle euch einen *No Sex on the beach*", erklärte sie mit fachmännischer Miene.

„Jepp!", bestätigte Adrian. „Den Namen hat meine Mom erfunden. Er schmeckt fast wie das Original, wenn José ihn zubereitet."

„Na dann", sagte ich.

„Zwei davon!", orderte Kathy fröhlich.

„Vier!", rief Adrian und rollte dabei so weit vor, dass er Tom leicht in die Kniekehlen fuhr. Prompt gab der seinen Missmut auf und klopfte Adrian auf die Schultern.

José, der hinter einem der Tische direkt neben uns stand, machte sich an die Arbeit. Er mischte und schüttelte was das Zeug hielt und ließ es sich dabei nicht nehmen, mit eindrucksvollen Tricks und Würfen zu glänzen. Kathy und ich klatschten Applaus, Lucy johlte vor Freude, die Jungs verdrehten ihre Augen. Wenige Minuten später hielten wir alle unsere aufwändig dekorierten Cocktails in den Händen und prosteten einander zu.

„Jetzt musst du mir aber endlich was von dir erzählen, Emily", eröffnete Lucy ihre ganz persönliche Fragerunde. Sie hatte sich zwischen Kathy und mich auf die Schaukel gequetscht; ihre schwarz glänzenden Augen musterten mich mit unverhohlener Neugier.

„Klar, was willst du wissen?", fragte ich schulterzuckend. Diese Antwort entpuppte sich bald schon als Fehler, denn Lucy war äußerst wissbegierig. Sie wollte schlichtweg *alles* über mich erfahren ... und zwar ganz genau. Ich erzählte, dass wir erst vor kurzem zugezogen waren und log, als sie sich erkundigte, wie es mir hier gefiel. Es folgten die unausweichlichen Fragen zu meinem Vater und dessen Beruf, aber Gott sei Dank nicht in dieser überzogen hysterischen Art, die mich bei meinen anderen Mitschülerinnen so gestört hatte, sondern sehr ruhig und sachlich. Lucy schien sich – ähnlich wie Kathy – tatsächlich mehr für mich, als für meinen Dad und seine Beziehungen zu den Filmstars zu interessieren, was mal eine durchaus angenehme Abwechslung darstellte. „Hast du noch Geschwister?", fragte sie.

„Einen älteren Bruder, ja."

Mittlerweile beantwortete ich ihre Fragen beinahe automatisch, während mein Blick über die Menge der feiernden Partygäste glitt. Plötzlich erspähte ich Noah weiter hinten im Garten – kaum mehr als eine dunkle Silhouette, aus der nur seine Augen herausstachen. Er hatte seine Shorts doch noch einmal gegen Jeans getauscht, lehnte an einem Baum und hielt meinen Blick mit unfassbar traurigen Augen.

„Emily?" Lucys Stimme war zu leise. Noch leiser als sonst, dabei saß sie doch genau neben mir. … Verdammt, wie lange hatte ich ihn angestarrt? Hatte sie mich etwas gefragt?

Als es mir gelang, mich von Noahs Anblick loszureißen, erschrak ich fast, wie nah mir Lucy wirklich war. Ihre dunklen Augen funkelten fröhlich, denn das flackernde Licht der offenen Feuerschale neben uns spiegelte sich darin wider. „Hm?", machte ich hilflos.

„Ich habe gefragt, was deine Mutter macht", sagte sie. Als mich ihre Frage endlich erreichte, musste ich so hart schlucken, dass es fast schon schmerzte. Und das hatte zwei Gründe: Erstens war meine Vermutung bestätigt worden. Noahs Anblick hatte mich schon wieder total versinken lassen, was unglaublich peinlich war. Besonders deshalb, weil ich Lucys amüsierter Mimik ansehen konnte, dass ihr der Grund für meine geistige Abwesenheit nicht verborgen geblieben war.

Und zweitens stockte mir immer das Blut, wenn die Sprache auf meine Mutter kam.

Ich bemerkte, wie Kathy zu Lucy herübersah und ihr mit einem eindringlichen Blick zu vermitteln versuchte, dass sie mit dieser Frage verbotenes Territorium betrat. Inzwischen hatte ich mich jedoch ausreichend gefasst, also griff ich über Lucys Oberschenkel hinweg nach Kathys Hand und drückte sie leicht.

„Schon okay. Hm, also, meine Mutter … ist tot." Wie immer kam das als ein Stammeln über meine Lippen.

Lucy und auch Adrian, der uns in seinem Rollstuhl gegenübersaß und mich nun mitfühlend ansah, taten mir leid – so, wie alle anderen zuvor, die mir nichtsahnend diese Frage gestellt hatten. Die Zwillinge brauchten ein paar stille Sekunden, die ihrer folgenden Reaktion jedoch eine tiefe Glaubwürdigkeit verliehen.

„Das tut mir sehr leid, Emily", sagte Adrian leise.

„Mir auch. Gott, manchmal wünschte ich, nicht so neugierig zu sein", erklärte Lucy.

„Ist schon gut. … Ich kannte meine Mum eigentlich kaum. Sie starb, als ich gerade mal drei Jahre alt war. Ich habe nur sehr wenige Erinnerungen an sie, und auch die sind ziemlich verschwommen."

Lucy nickte – und beließ es dabei. Ich wusste, dass weitere Fragen in ihr brannten, doch sie schwieg, und ich entschied mich dagegen, von mir aus weiterzusprechen. Wir waren schließlich auf einer Party, nicht wahr? Also, keine weiteren Unfälle, Ohnmachtsanfälle oder Gespräche über verstorbene Familienmitglieder.

Eine Weile lauschten wir gemeinsam der fröhlichen Geräuschkulisse, die um uns herum herrschte, bis eine zierliche hübsche Frau auf die Veranda trat und direkt auf uns zusteuerte. Sie sah exakt so aus, wie ich mir Lucy in etwa 25 Jahren vorstellte. Die gleichen großen dunklen Augen, die gleichen Lachfältchen, der gleiche volle, rote Schmollmund und die gleichen dunkelbraunen Korkenzieherlocken. Die Ähnlichkeit war wirklich verblüffend.

„Kathy!", rief sie schon von weitem und breitete ihre Arme dabei aus. Meine Freundin sprang sofort auf und lief auf die herzliche kleine Frau zu.

„Marie! Ich hab schon überall Ausschau nach dir gehalten."

„Isch war mal 'ier, mal da. Du weißt ja, wie das ist", erwiderte Marie und schloss Kathy fest in ihre Arme. Nach einer Weile wich sie zurück und musterte meine Freundin von Kopf bis Fuß. „Du siehst gut aus, Kind. Eine bisschen zu dünn, wie immer – aber sehr 'übsch."

Wie süß! Sie sprach mit einem französischen Akzent, der so reizend war, dass ich unwillkürlich lächeln musste.

„Mom, das ist Emily", stellte Adrian mich vor.

„O oui, wie schön!" Freundlich reichte sie mir die Hand und beugte sich zu mir herab. Noch ehe ich wusste, wie mir geschah, drückte sie mir rechts, links, rechts drei warme Küsse auf die Wangen. „Alors, Emily, sage mir, 'ast du Spaß 'eut Abend?", fragte sie.

Ich nickte hastig. „Es ist unglaublich schön hier. Und sie haben ein wirklich fantastisches Haus."

Marie legte den Kopf ein wenig schief und nickte mir zu. „Vielen Dank! Das ist sehr nett von dir." Plötzlich entgleiste ihr Lächeln jedoch. „Oh, du bist doch die Mädschen mit die verletzte Fuß, rischtig? Joe hat mir erzählt, dass du Probleme mit die Kreislauf 'attest. Geht es wieder?"

„Alles bestens", versicherte ich beschämt.

Sofort kehrte das Lächeln in ihr hübsches Gesicht zurück. „Joe war so begeistert von dir, Emily", ließ sie mich wissen.

So reizend sie auch war, ich wünschte, sie würde sich hinsetzen, denn sie versperrte mir die Sicht auf Noah. Vielleicht spürte Lucy mein Dilemma, denn sie erhob sich und überließ ihrer Mom den Platz auf der Schaukel. Marie setzte sich also neben mich, meine Hand weiterhin in ihrer, und sah strahlend zwischen Kathy und mir hin und her. Sie schien sich nicht entscheiden zu können, wem von uns sie sich zuerst widmen sollte. Nach einigen Sekunden fiel ihre Wahl jedoch auf mich.

Es folgten nahezu dieselben Fragen, die ich Minuten zuvor schon den Zwillingen beantwortet hatte. Lucy stand mittlerweile einige Meter entfernt und sprach mit Adrian und Tom. Nun, da ich erneut Ausschau nach Noah halten konnte, musste ich feststellen, dass er nicht mehr an seinem Baum lehnte. Ich ließ meinen Blick schweifen, doch meine Suche blieb erfolglos. Er war abgetaucht, und seine plötzliche Abwesenheit hinterließ tiefe Enttäuschung in mir.

Wieder erzählte ich beinahe mechanisch, wo ich herkam und wie es mir hier gefiel (an dieser Stelle log ich erneut). Und natürlich berichtete ich auch vom Beruf meines Vaters.

Nicht nur, dass ich mir wie ein gottverdammtes Tonband vorkam, ich ahnte auch, wohin mich dieses Gespräch führte, und mein Magen verkrampfte sich bereits in Erwartung der unausweichlichen Frage nach meiner Mutter. „Und deine Maman…", setzte Marie bereits an.

Ich widerstand dem Drang meine Augen zu schließen und tief durchzuatmen nur noch knapp, als ...

„Emily?"

Noah. Ich hätte mich nicht umdrehen müssen, um zu wissen, dass er genau hinter mir stand. Denn Lucys Blick, der mit einem Mal an Tom vorbeidriftete und über mir in Fassungslosigkeit erstarrte, sprach für sich. Außerdem hatte sich Noahs sanfte Stimme bereits tief in mein Bewusstsein eingebrannt.

Natürlich wandte ich mich ihm trotzdem zu. „Ja?", erwiderte ich und ärgerte mich im selben Moment über den gepressten Klang meiner Stimme.

„Ich bin soweit", sagte er schlicht und zwinkerte mir kaum merklich zu.

... Okay ...?

„Du ... wofür?", stammelte ich in meiner Begriffsstutzigkeit.

„Ähm, für ... du weißt schon. Was wir vorhin ..." Noahs Mund bewegte sich weiter, doch er brachte keinen einzigen Laut mehr hervor. Als würden ihm die Worte einfach im Halse steckenbleiben.

Dumm nur, dass ich bislang keine Ahnung hatte, wovon er sprach. Dann, nach Sekunden des Schweigens, wurde sein Blick so intensiv, dass ich endlich verstand: Er wollte mich hier rausholen, aus diesem Gespräch mit seiner Mutter, die nicht ahnen konnte, wie schwer ich mich mit ihren folgenden Fragen getan hätte. Aber ... wie hatte Noah mein Unbehagen gespürt? War mein Verhalten so offensichtlich gewesen? Oder hatte er aus seiner Position heraus beobachtet, wie sehr ich nach ihm gesucht hatte?

Marie, die mit offenem Mund neben mir saß und ihren Adoptivsohn regelrecht angaffte, rührte sich plötzlich und sprang auf.

„Nimm dir doch auch eine Getränk, Noah, und gesell disch 'ier zu deine Freunde."

Endlich hatte ich den Schock soweit verdaut, dass ich einspringen konnte. „Nein, ich ... wir ... müssten noch mal kurz rein, wenn es möglich ist. Ich müsste meinen Dad noch einmal anrufen."

Aus den Augenwinkeln heraus sah ich, dass Kathy sofort ihr Handy zückte. Adrian, der den gesamten Abend nicht von ihrer Seite gewichen war, ergriff jedoch ihr Handgelenk und hielt es mit einem kaum merklichen Kopfschütteln fest.

Um Noahs Augen herum zuckte es, er wirkte erleichtert. „Ich bringe dich rein", sagte er bestimmt und brachte das Schwarz in den Augen seiner Mutter damit zum Schmelzen.

„Oui, bien sûr. Wie lieb von dir, Noah."

„Ich komme!", sagte ich und erhob mich schnell.

Tom, der sah, dass ich zusammenzuckte, sobald ich meinen Fuß belastete, setzte sich sofort in Bewegung, um mir zu helfen. Doch Noah stellte sich ihm breitbeinig in den Weg. „Ich mache das!", knurrte er und ließ Tom auf der Stelle erstarren.

Dann wandte sich Noah mir zu und – ich traute meinen Augen kaum – streckte mir seine Hand entgegen. Wie in Zeitlupe legte ich meine hinein. Sein Griff war fest und sicher. Nur am Rande nahm ich wahr, dass Tom, Kathy und Lucy uns weiterhin anstarrten. Nur Adrian lächelte zufrieden.

„À plus tard. Wir sehen uns später, Emily!", rief Marie.

VIII.

Noah führte mich an den anderen Gästen vorbei über die breite Veranda, durch das Wohnzimmer und über den langen Korridor. Schweigend steuerten wir direkt auf die enorme Treppe zu. Ich umfasste den Handlauf des Geländers, aber Noah schien nicht einverstanden zu sein. Er zog mich zurück. „Was ist verkehrt an Adrians Lift?"

Entsetzt blickte ich zu ihm auf. Unter keinen Umständen wollte ich mir die Blöße geben, in diesem Sitz die Treppe hochzufahren, erst recht nicht vor seinen Augen. Also stützte ich mich wildentschlossen ab und setzte den heilen Fuß auf die erste Stufe. Im selben Moment – sobald sich mein Gewicht auf den verletzten Knöchel verlagerte – durchzuckte mich ein spitzer Schmerz, der bis in die Hüfte hoch stach. Und dann geschah etwas sehr Eigenartiges. Ich versuchte mir nichts anmerken zu lassen, biss die Zähne fest zusammen und verkniff mir jede Reaktion, die auf den Schmerz hingedeutet hätte.

Aber Noah, der meine rechte Hand noch immer locker in seiner Linken hielt, zuckte spürbar zusammen und sah mit weit aufgerissen Augen auf mich herab. „Nimm den Lift!", zischte er nur einen Herzschlag später.

„Nein, es geht schon", beharrte ich trotzig.

„Es geht *nicht!* Du ... hast Schmerzen", hielt er dagegen. Und das klang nicht wie eine vage Vermutung, sondern wie eine Feststellung. Dennoch schleifte ich den verletzten Fuß nach, setzte ihn ebenfalls auf die erste Stufe und trat mit dem anderen auf die nächste. Wieder ein Stich, noch schärfer dieses Mal. Und wieder dieses Zucken, das Noahs Körper durchfuhr.

„Emily!" Er brummte meinen Namen wie eine Drohung. Seine Hand verkrampfte sich und drückte meine nun wie eine eiserne Zange. Sein Griff gab mir eine leise Ahnung davon, wie stark Noah wirklich war. Vielleicht spürte er, wie fest er zudrückte, denn mit einem Mal entzog er mir seine Hand und fuhr sich mit gespreizten Fingern durch den dunkelblonden Wuschelkopf.

Er rang mit sich, das war eindeutig. Innerlich zerrissen, zerrte er an seinen Haaren, erklärte mir aber nicht, was ihm so zusetzte. Erst, als ich zu einem dritten Schritt ansetzte, erfuhr ich es. „Sturkopf!", schimpfte Noah. „Solche Schmerzen und trotzdem ..."

Sein Gemurmel wurde unverständlich, er grummelte vor sich hin und sah mich beinahe verächtlich an. Mit einem Mal jedoch beugte er sich vornüber – ruckartig, ohne mir auch nur den Hauch einer Chance zur Reaktion zu lassen –, schob seine Arme an meinem Kreuz und hinter meinen Knien vorbei und hob mich hoch. So, wie Tom es zuvor getan hatte. Doch dieses Mal, ganz anders als bei Tom, schlangen sich meine Arme wie von selbst um Noahs Hals, und ein eigenartiger, halberstickter Laut entrang sich meiner Kehle. Nie im Leben hätte ich damit gerechnet, er könnte mich auf seine Arme heben.

Noah sagte kein Wort und erwiderte meinen schockierten Blick auch nicht. Steif und schweigend, mit verbissen zuckendem Kinn, trug er mich die Stufen empor. Seine Bewegungen wirkten beinahe mechanisch, doch so verkrampft er auch sein mochte, oben angekommen setzte er mich nicht ab.

Er schritt an Lucys Zimmer und etlichen weiteren Türen vorbei, deren dahinterliegende Räume noch ein Geheimnis für mich darstellten. Ich war mir sicher, er würde mich zurück in den Wohnraum mit dem großen Flachbild-Fernseher bringen, doch er öffnete die gegenüberliegende Tür und trat langsam ein. *Sein Zimmer*, schoss es mir durch den Kopf.

Trotz der Neugier, die diese Vermutung auslöste, brachte ich es nicht fertig, meinen Blick von seinem schönen Gesicht abzuwenden. Seine Augen, diese ungewöhnliche Farbe, und die unverschämt langen, dunklen Wimpern fesselten mich. Behutsam legte er mich auf einem breiten ... *Bett* ab? ... *Oh, mein Gott – sein Bett!!!*

Nun, als Noah zurückwich, einige Meter Abstand zwischen uns brachte und mit gesenktem Kopf die Hände in seine Hosentaschen pferchte, sah ich mich um. Bald schon setzte Enttäuschung ein. Die Wände waren weiß gestrichen und nicht dekoriert. Lediglich eine digitale Uhr hing über der Zimmertür, sonst nichts. Keine Poster, keine Bilder oder Fotos, ... nichts. Es gab einen

Schrank, einen Schreibtisch und eine Kommode, alles in dunklem Holz, passend zum Parkett. Der Raum wirkte steril und absolut unpersönlich. In einer Ecke entdeckte ich eine große Stereoanlage. Daneben standen drei überquellende CD–Ständer und eine akustische Gitarre.

Ein Musikliebhaber. Oder ein Musiker?

Noah sah mich unsicher an und rieb seinen Nacken; die Geste offenbarte sein Unbehagen in aller Deutlichkeit. „Darf ich?", fragte er schließlich und deutete unsicher neben mich. Ich lachte leise auf und rückte nur allzu bereitwillig zur Seite.

„So wie ich das sehe, ist es doch dein Zimmer."

„Auch wieder wahr", gab er mit einem milden Lächeln zu und ließ sich langsam neben mir nieder. Wieder hielt er einen halben Meter Abstand. „Sollte aber kein Grund sein, unhöflich zu werden."

„Hm", machte ich undefinierbar. *Als ob du bisher einen Grund dafür gebraucht hättest, Noah Franklin.*

Meine Gedanken trugen mich zu unserem ersten gemeinsamen Schultag zurück. Unfassbar, dass er mich tatsächlich eine *Bitch* genannt hatte. Und als ob die Erinnerung an dieses eigentlich noch recht frische Erlebnis nicht ohnehin schon skurril genug gewesen wäre – denn hier, direkt neben mir, saß ein völlig anderer Junge als der türkisäugige Vollidiot, dem ich fünf Tage zuvor zum ersten Mal begegnet war –, setzte Noah in diesem Moment zum Sprechen an. „Wie geht es deinem Fuß?", erkundigte er sich mit der sanftesten aller Stimmen.

„Besser. Ich denke, ich wäre auch ohne deine Hilfe die Treppe raufgekommen", erwiderte ich und ärgerte mich im selben Moment über den blöden Kommentar. „Aber so war es ..."

Er fing meinen Blick ein; sofort verließ mich der Mut. „... weniger schmerzhaft", beendete ich meinen Satz, anders als geplant. Er nickte.

„Ähm, ... möchtest du Musik hören?" Noah wartete mein „Gerne" kaum ab. Schnell erhob er sich und schaltete mit einer Fernbedienung, die auf seinem Nachtisch gelegen hatte, die Anlage ein. Die Musik der *Kings of Leon* flutete das Zimmer und Noah beeilte sich, die Lautstärke herab zu regeln. Zögerlich nahm er wieder neben mir Platz und setzte sich auf seine Hände, wie ich es einige Stunden zuvor getan hatte.

„Warum hast du mich hierher gebracht?", fragte ich.

Er zuckte mit den Schultern. „Wenn du lieber wieder raus willst, dann ..."

„Nein!", rief ich schnell und viel zu laut. „So meinte ich das nicht. Ich ... bin gerne hier, bei dir."

Noah sah mich lange an, bevor er den Kopf wieder neigte. „Glaubst du, es ist möglich, dass du dich hier eines Tages doch noch wohl fühlst?", fragte er plötzlich unter einem fast schon schüchtern wirkenden Seitenblick.

Sofort fühlte ich mich ertappt. „Wie meinst du das?"

„Na, du erzählst zwar jedem, dass es dir hier gefällt, aber ganz ehrlich ..." Sein Blick festigte sich zunehmend, wurde prüfend und unglaublich tief. „Das ist doch totaler Schwachsinn! Du vermisst England sehr, nicht wahr?"

Ich sah ihn noch einige Sekunden mit aufgerissenen Augen an und fragte mich dabei, wie er das wissen konnte. Nicht nur seine zutreffenden Vermutungen verwirrten mich, sondern besonders die Tatsache, dass er meine Gespräche mit seinen Geschwistern und später mit Marie offenbar mitgekriegt hatte. Wie konnte das sein?

Egal! Eins nach dem anderen, befand ich nach kurzer Überlegung, senkte meinen Kopf und gestand: „Ja, du hast recht. Aber verrat es niemandem. Ich will kein Jammerlappen sein."

Noah stieß ein wenig Luft aus, und als ich wieder zu ihm aufblickte, begegnete ich seinem unglaublichen Lachen. Seine Zähne strahlten, ebenso wie das helle Türkis seiner Augen. Ich konnte nicht anders als ihn anzustarren. Mir war durchaus bewusst, dass ich es tat, doch meine Augen weigerten sich beharrlich, meinem Verstand zu gehorchen und von ihm abzulassen.

Noah erwiderte meinen Blick und strich sich die wirren Haare aus der Stirn. „Also, für wen bist du so tapfer? Oder hat man dich gar nicht erst gefragt, was den Umzug anging?"

„Nein, also ... doch. Ich bin mir sicher, mein Vater wäre nicht hier hingezogen, hätte ich mich vehement quergestellt, aber ...

das habe ich nicht. Abgesehen davon, dass Jason dann nie wieder mit mir gesprochen hätte."

Nun sah er mich etwas verwirrt an. In seinen Augen spiegelte sich das warme Licht der Nachttischlampe wider.

„Jason ist mein Bruder", stellte ich klar.

„Hm. Also bist du für die Karriere deines Vaters mitgegangen? Das war ... nett von dir."

Wir schwiegen einige Sekunden, in denen ich befürchtete, dass auch Noah mir nun Fragen zu meiner Mutter stellen würde. Aber er tat es nicht.

„Und du? Bist du froh wieder hier zu sein?", fragte ich nach einer Weile vorsichtig.

Er legte den Kopf zur Seite; seine Augen verengten sich. „Hier hat sich in den letzten Jahren nicht viel verändert."

„Keine Ahnung", erwiderte ich kopfschüttelnd.

„Glaub mir!", forderte Noah nüchtern.

„Das tue ich", gab ich postwendend zurück und errötete im nächsten Moment spürbar. *Na super!* Ich war Jay wesentlich ähnlicher als vermutet: Mein Hirn reichte jeden Gedanken ungefiltert an meinen Mund weiter, wenn ich mich nicht vollkommen konzentrierte – was in Noahs Nähe extrem schwierig war. Der hielt meinen Blick, während mir die Hitze meines Blutes in den Ohren pochte. „Wie war es denn in Frankreich?", fragte ich hastig, um der Magie seiner Augen nicht schon wieder zu verfallen.

Keine weiteren Ohnmachtsanfälle an diesem Abend, mein Plan stand nach wie vor. „Wo genau habt ihr überhaupt gelebt?"

„An der Cote d'Azur, in einem winzigen Ort vor Vice, direkt am Meer. Landschaftlich wunderschön, aber ... nun, im Prinzip ist ein Ort wie der andere. Was die Menschen angeht, meine ich."

Ich wartete, ob er dieser frustrierten Bemerkung klärende Worte folgen lassen würde. Aber Noah sah mich nur an und biss dabei auf seiner Unterlippe herum. Die Geste wirkte abwägend, als würde er überlegen, ob ich eine ehrliche Antwort wert war. Schließlich schüttelte er kaum wahrnehmbar den Kopf und schwieg.

Offenbar war ich ihm die ehrliche Antwort noch *nicht* wert. Nun, ich würde dafür kämpfen, das zu ändern. Ein Funke meines sonst so gut verdeckten Temperaments glühte in mir auf und entfachte Entschlossenheit. Oh ja, ich war mehr als nur entschlossen, hinter jedes einzelne von Noahs Geheimnissen zu kommen. Denn Gott, wie sehr wollte ich die ehrliche Antwort wert sein.

Nur einen Herzschlag später zügelte ich mich jedoch schon wieder. *Ganz langsam, Emily. Geduld! Schritt für Schritt.*

„Die Stadt hier ist – zumindest stellenweise – schon ganz schön", gab ich zu.

„Hmmm." Noah zog ein Gesicht, wiegte seinen Kopf hin und her und schien mit meiner Aussage nur halbwegs einverstanden zu sein. „Schön vielleicht nicht gerade, aber dennoch die beste der Welt", murmelte er schließlich. Diese Antwort verwunderte mich.

„Die beste, wirklich? Was ist mit ... sagen wir ... Paris?"

„Zu chaotisch."

„Rom?"

„Zu laut."

„Und Tokio?"

„Zu grell."

„London?"

Ein kurzer Seitenblick zu mir. „Zu britisch."

Ich schmunzelte; er tat es auch. Dann schwiegen wir wieder für ein paar Sekunden.

„Ich bin jedenfalls froh, dass du hier bist", flüsterte ich in die Stille. So leise mein Geständnis war, so laut fiel Noahs Reaktion aus.

„Emily!", rief er und sprang dabei auf, als hätte ihn etwas gestochen. Die unerwartete Heftigkeit, mit der er meinen Namen ... ja, beinahe schrie, ließ mich zusammenschrecken. Noah wirkte verzweifelt, als er sich erneut die Haare raufte und haltlos in seinem Zimmer auf und ab lief.

„Was? ... Was ist denn, Noah? Was habe ich jetzt schon wieder gemacht?", fragte ich hilflos.

„Wenn ich das wüsste!", rief er, bevor er abrupt stehenblieb und mich eindringlich ansah. „Was passiert hier gerade, Emily?" Und dann, als läge die Antwort auf alle seine Fragen und Unsicherheiten in unserer Berührung, ging er wieder auf mich zu und strich zaghaft mit seinen Fingerspitzen über meinen Handrücken.

Ich wusste genau, was er meinte – und sobald seine Worte ihre gesamte Bedeutung entfalteten, erfasste mich eine tiefe, bislang unbekannte Wärme. Noah spürte es also auch, ich bildete es mir nicht nur ein. Das rasante Pochen meines Herzens war in jedem Millimeter meines Körpers spürbar; ein neuer Schwindelanfall bahnte sich an.

Atmen, Emily!, ermahnte ich mich und holte tief Luft. „Finden wir es heraus?", entgegnete ich leise, als mir ein Spruch meiner Groß-mutter einfiel: *Manchmal sind Gegenfragen die besseren Antworten.*

Noah schien das nicht so zu sehen. Eine halbe Ewigkeit verging, in der er meinen Blick stumm und reglos hielt. Endlich seufzte er resignierend, entzog mir seine Finger wieder und wich einige Schritte zurück.

„Ja", flüsterte er. „Finden wir es heraus". Dann, noch leiser, murmelte er: „Obwohl ich befürchte, das schon getan zu haben."

Ich überging diesen zweiten, leicht zynischen Teil seiner Antwort, denn das winzige Wort davor hallte immer wieder in meinem Kopf nach – wie ein Echo, das einfach nicht verebben wollte. *„Ja."* Er hatte tatsächlich zugestimmt. Sehr leise zwar, aber ganz deutlich: *„Ja."* Das hieß, er war bereit, mehr Zeit mit mir zu verbringen, nicht wahr?

Ermutigt durch sein Zugeständnis, erhob ich mich und ging langsam auf ihn zu. Nur am Rande nahm ich wahr, dass mein Knöchel kaum noch schmerzte. Zögerlich streckte ich Noah meine Hände entgegen, doch er wich zurück und wandte seinen Blick ab. „Nicht!", wisperte er. „Ich ... kann das nicht, Emily."

„Was kannst du nicht? Meine Hände nehmen? Du hast sie doch schon gehalten. Gerade eben noch hast du ..."

„Nein", entgegnete er, nun deutlich bestimmter. „Ich kann *das hier* nicht." Mit einer schnellen Handbewegung wedelte er zwi-schen uns hin und her. „Ich habe keine Ahnung, wie ..." Der Satz blieb unvollendet, die Aussage war dennoch klar.

„Ich doch auch nicht", versicherte ich ihm, ohne meine Hände zu senken. Langsam ging ich noch näher auf ihn zu, wohl wissend, dass ich Noah an seine Grenzen trieb. Ich tastete mich im wahrsten Sinne des Wortes an ihn heran. Es war ein unglaublicher Balanceakt, und ich wusste nicht, wann das dünne Seil unter mir reißen würde. Jede Sekunde konnte es soweit sein.

„Ich fasse dich nicht an, wenn du es nicht willst", flüsterte ich.

Sein schönes Gesicht wirkte qualvoll verzerrt, er presste sich gegen die Wand und blickte angespannt auf meine Hände herab. Seine Augenlider flatterten, die Lippen zuckten. „Irgendwie ... will ich es aber", wisperte er endlich. „Und genau *das* macht mir eine Scheißangst."

Das Verlangen, einfach nach seinen Händen zu greifen und ihm zu versichern, dass alles gut werden würde, wurde unter seinem Geständnis übermächtig groß. „Noah, bitte!", flehte ich leise.

Er schloss die Augen und streckte mir zögerlich seine Hände entgegen. So sanft wie möglich legte ich meine, die Innenflächen nach oben gekehrt, unter seine ausgestreckten Finger und glitt federleicht über die Unterseiten seiner Handgelenke. Er schluckte hart, die Augen nach wie vor geschlossen.

„Was spürst du?", fragte ich leise. Die Worte schlüpften ohne nachzudenken über meine Lippen. Intuitiv. Zum Teufel, was war nur los mit mir? Ich war nicht intuitiv. Nie!

Meinen holprigen Gedanken zum Trotz, blieben meine Berührungen zart und fließend. Sie hörten nie auf, wurden nie stärker oder leichter.

„Dich", flüsterte Noah endlich. „Deine Finger."

„Und ... wie fühlt es sich an?"

„Gut", gestand er gepresst, nun deutlich schneller als zuvor.

„Willst du, dass ich aufhöre?", fragte ich leise und ein wenig ängstlich. Seine Zurückweisung wäre nur schwer zu ertragen gewesen. Doch zu meiner großen Erleichterung schüttelte er schon den Kopf, ehe ich meine Frage komplett ausgesprochen hatte.

„Ich höre auf, Noah. Wann immer es zu viel wird, höre ich auf", versicherte ich ihm und hoffte, er würde verstehen, dass ich nicht nur von meinen Berührungen sprach. „Ich sehe dich, weißt du? ... Ich sehe die Mauern, die du um dich herum aufgebaut hast, um dich zu schützen."

Er verspannte sich zunächst leicht, doch dann atmete er aus. *Erleichterung? Gut ... weiter!*

„Ich sehe sie, und ich sehe durch sie hindurch. Ich weiß, dass du ...
viel besser bist, als du zugeben willst", beschwor ich ihn weiter.
Kaum hatte ich meinen Satz beendet, entzog mir Noah seine Hände.

„Du täuschst dich, Emily."

„Sagt wer?", schoss ich, enttäuscht durch seinen unvorherseh-
baren Rückzieher, viel zu scharf zurück.

„Was?" Seine schöne Stimme klang mit einem Mal schrecklich
brüsk; nun ähnelte sie wieder der des Jungen, dem ich wenige
Tage zuvor zum ersten Mal begegnet war. Alarmiert zwang ich
mich zur Ruhe.

„Wer hat dir eingeredet, dass du nicht gut bist, Noah?" Ich hatte
keine Ahnung, ob mich das Eis, auf dem ich mich bewegte, weiterhin tragen würde. Ich wusste lediglich, dass es während der letzten
Sekunden verdammt dünn geworden war.

Noah ignorierte meine Frage und dachte gar nicht daran, sie zu
beantworten. „Du kennst mich nicht einmal", sagte er lediglich.

„Ich möchte dich aber kennenlernen, darum geht es ja gerade",
beharrte ich.

Wieder raufte er seine dunkelblonden Haare. „Das ist keine gute
Idee."

Nun packte mich doch die Wut. „Wer bestimmt das?", rief ich
aufgebracht.

„*Du* solltest das bestimmen, Emily!", schrie er und umfasste
mit einem Mal fest meine Handgelenke. Ich verstand kein Wort.
Fragend sah ich ihn an, wartete vergeblich, dass er endlich etwas
halbwegs Verständliches sagte. Erschöpft ließ er schließlich von
mir ab, plumpste auf die Bettkante und stützte die Stirn in seine
Hände. Mit den Handballen rieb er sich die Augen. „Ich bin so
müde, Emily", gestand er leise.

„Dann schlaf", hauchte ich, geschockt und verzückt zugleich
von diesem neuen Noah, den ich so noch nicht erlebt hatte, und
von dieser neuen Situation ... von *uns*.

Nur am Rande hörte ich sein bitteres Lachen. „Ja, einfach nur
schlafen. Das klingt so leicht, nicht wahr?", murmelte er.

„Kannst du nicht gut schlafen?"

Er schüttelte den Kopf. „Warum nicht?"

„Albträume", wisperte er.

„Vergangenheit?", mutmaßte ich leise. Es schien so, als kannten wir nur zwei Lautstärken. Entweder wir blafften uns an oder wir flüsterten. Beides machte keinen Sinn; wir waren wie Feuer und Eis: brannten, wärmten, schmolzen, gefroren neu.

Er nickte.

„Erzählst du mir davon?"

„Nein", sagte er bestimmt. Dann, Sekunden später und so leise, dass ich es kaum verstand, erklärte er: „Das willst du nicht wissen."

Langsam ließ ich mich neben ihm nieder, bedacht darauf, einen gewissen Abstand zwischen uns zu bewahren. „Siehst du – und das ist der Punkt, in dem du dich irrst", beharrte ich mit sanftem Nachdruck. „Ich möchte nämlich *alles* über dich wissen."

„Aus Neugier", behauptete er und verdrehte seine Augen.

Ich schüttelte den Kopf. „Nein, aus ... aus diesem tiefen Gefühl heraus, das ich selbst noch nicht kenne und ... das mich bestimmt fast so sehr ängstigt wie dich. Es geht alles so verdammt schnell, aber ich ... ich möchte dich kennen, Noah. Wirklich, alles von dir."

Langsam sah er wieder zu mir auf. Seine Wimpern waren tatsächlich so lang, dass sie Schatten über seine hohen Wangenknochen warfen.

„Wie wäre es, wenn wir uns abwechselnd Fragen stellen?", schlug ich vor. Er neigte den Kopf. „Keine Frage muss beantwortet werden", fügte ich schnell hinzu.

„Wo hast du gelernt, dich so zu verteidigen?", fragte er ohne weitere Umschweife. Gut, scheinbar fing er an.

Meine Kinnlade klappte herab. Von allen Fragen, die er mir hätte stellen können, war diese die erste, die ihm in den Sinn kam? *Wirklich, Noah?*

Ich dachte kurz darüber nach, dann prustete ich los.

„Du schaffst mich!", lachte ich aus einer plötzlichen Unbeschwertheit heraus. In diesem Moment fiel die Anspannung komplett von mir ab. Noah starrte mich einige Sekunden lang verständnislos an, dann stimmte er ein. Tatsächlich, er lachte. Ein richtiges, ehrliches Lachen, das alle Wolken der vergangenen Minuten vertrieb.

„Hey, lach mich nicht aus!", beschwerte er sich schließlich. „Das frage ich mich schon die ganze Zeit."

Nun, ich war ihm wohl eine Antwort schuldig. „Kennst du *Miss Undercover*, mit Sandra Bullock?", fragte ich verlegen.

Noahs Stirn legte sich in Falten, als er nickte. Offensichtlich erschloss sich ihm der Zusammenhang zwischen seiner Frage und meiner Antwort noch nicht so ganz. Wer konnte es ihm verübeln? „Erinnerst du dich an ihren kleinen Selbstverteidigungskurs mit dem *SONG*?", fragte ich und sah ihn mit großen Augen an, bis sich sein Blick plötzlich erhellte und ein breites Grinsen sein Gesicht eroberte.

„Oh Gott, das glaub ich ja nicht. Da will ich ihr zu Hilfe eilen, und dabei hat sie sich alles, was Frau braucht, schon von Sandra abgeguckt."

„Du wolltest mir zu Hilfe eilen?", wiederholte ich ungläubig.

„Klar!", bestätigte er mit einem Schulterzucken, das seine unglaubliche Aussage fast selbstverständlich wirken ließ.

Ich brauchte eine Weile, um den Schock zu verdauen. Er hatte mir wirklich helfen wollen. Und das schon am Donnerstag. Warum war mir *diese* Möglichkeit nicht für eine Sekunde in den Kopf gekommen?

„Ich bin dran", sagte ich knapp, als ich es endlich schaffte, meine Gedanken zu ordnen.

„Wohl kaum." Noah grinste amüsiert.

„Hm?"

„Du hattest deine Frage. *Ja*, ich wollte dir helfen", wiederholte er noch einmal, um mir auf die Sprünge zu helfen.

„Verflixt!"

„Jepp!", sagte er und löste damit ein Kribbeln in meinem Innersten aus, denn sein kleiner Ausruf klang beinahe unbeschwert. Nur einen Wimpernschlag später legte sich die makellose Haut seiner Stirn jedoch erneut in Falten.

„Was weißt du bisher über mich? Und von meiner ... Vergangenheit?", fragte er mit dünner Stimme.

Ich bemerkte, dass sich seine Hände zu Fäusten ballten. Das Kribbeln in meinem Bauch wich einem ängstlichen Flattern.

Eben noch auf Wolke Sieben, war ich nun schon wieder zurück auf der hauchdünnen Eisfläche. Mit Noah ging dieser Wechsel so wahnsinnig schnell.

„Ähm ... ich weiß, dass du adoptiert bist. Und dass du sehr intelligent sein musst. Du hast Narrenfreiheit bei den Lehrern. Wann immer sie denken, dass du ihrem Unterricht nicht folgst, beweist du ihnen das Gegenteil, indem du all ihre Fragen korrekt beantwortest. Du schreibst gerne und viel. Ich weiß nicht *was*, aber du hast immer diesen Notizblock bei dir, in den du hineinschreibst. Ich weiß, dass Lucy und Adrian dich sehr ... ja, *lieben*, auch wenn du das nicht wahrhaben willst. ... Oder kannst." Ich ignorierte, dass sich seine Finger bei meinen letzten Worten in die Laken krallten, und fuhr fort.

„Ich weiß auch, dass dir etwas Schreckliches passiert sein muss. Dass ... dich jemand verletzt hat. Schlimm verletzt hat. Und ich hasse diese Menschen für das, was sie dir angetan haben, Noah. Dafür, dass sie dir offensichtlich erfolgreich eingeredet haben, du hättest kein Glück in deinem Leben verdient."

Sein Kopf und sein Blick waren gesenkt, seine Hände bebten nun heftig. Oh, wie richtig ich doch lag – und oh, wie schmerzhaft mich diese Erkenntnis traf. Die Versuchung Noah zu berühren war unglaublich stark. Also setzte ich mich erneut auf meine Hände, spürte ich doch, dass jede unüberlegte Handlung, so klein sie auch sein mochte, das Fass zum Überlaufen bringen würde.

Im Verlangen die düstere Stimmung wieder aufzulockern, wechselte ich das Thema. „Ich bin dran. ... Hm, also ... warum hast du mich am Donnerstag ausgelacht?"

Sein Blick schoss hoch und traf mit geballter Kraft auf meinen. Unter seinen empörten Augen gelang es mir nicht, ihn weiter anzulächeln – und der Vorsatz, die Frage ganz beiläufig klingen zu lassen, war passé, als meine Gesichtszüge entgleisten.

„Du denkst immer noch, ich hätte dich ausgelacht?" Noah seufzte. Er rieb erneut über seine Augen und verwehrte mir somit die Sicht auf sein schönes Gesicht, während er weitersprach. „Du sahst so ... verwirrt aus. Wie du zwischen Bill und mir hin- und hergeschaut hast. Als ob du nicht begreifen konntest, dass er wirklich da lag und sich krümmte, weil *du* ihn zusammengeschlagen hattest. Und dann musste ich über mich selbst lachen. Ich hatte ihn beobachtet, wie er dich gegen den Spind presste und ... küsste. Ich hörte deinen Protest und sah, dass er nicht entsprechend reagierte. Irgendetwas in mir rastete aus. Ich wollte dir helfen, den Bastard von dir wegzerren und die Scheiße aus ihm rausprügeln."

In diesem Moment schien Noah zu bemerken, dass er sich hatte treiben lassen. Nun, endlich, ließ er seine Arme fallen und blickte vorsichtig zu mir auf. „Entschuldige", murmelte er verschämt.

Kein Problem, du hast schon wesentlich schlimmere Dinge gesagt, dachte ich, schwieg jedoch und lächelte ihm nur zu. Es war unfassbar, wie sehr ich mich in diesem Jungen getäuscht hatte. Wie sehr sich alle anderen in ihm täuschten.

Ein glasiger Ausdruck eroberte Noahs Augen und ließ mich wissen, dass er nun wieder seinen Gedanken nachhing. „Aber du brauchtest meine Hilfe gar nicht. Innerhalb von Sekunden lag der Kerl am Boden, und ich kam mir so ... *lächerlich* vor." Er schüttelte den Kopf. „Dann kam noch dein Blick dazu und irgendwie ... Es war ungewollt, Emily. Keine Ahnung, warum ich plötzlich lachen musste. Es tut mir jedenfalls leid, dass ich dich damit zum Weinen gebracht habe."

„Schon gut", murmelte ich und streckte, wie automatisch, meine Hand nach ihm aus. Nur einen Moment später bemerkte ich es und zog sie wieder zurück. „Gott, es tut gut, mit dir zu sprechen." Ich seufzte erleichtert.

„Ja", antwortete er. „Warst du denn sehr wütend?"

„Oh, und ob. Und enttäuscht. Seit unserer ersten Begegnung war ich mir nicht sicher, was ich von dir halten sollte. Ich wusste nur, dass ich mehr über dich erfahren wollte. Aber als du in dieser Situation so gelacht hast, nahm ich mir vor, dich einfach zu ignorieren. Dann kam dein Zettel mit der kleinen Botschaft, ... deiner Entschuldigung." *Und schon waren all meine Pläne, dich links liegen zu lassen, wieder hinfällig.*

„Hm ...", brummte er undefinierbar. „Ich bin dran."

„Wohl kaum", erwiderte ich und beobachtete triumphierend, wie sich seine schönen Augen verengten. „Wie bitte?"

„Wohl kaum! Du hattest deine Frage. *Ja, ich war sehr wütend.*"

„Verflixt!", schimpfte er, doch das Aufwärtszucken seiner Mundwinkel verriet die Halbherzigkeit seines Fluchens.

„Jepp!", erwiderte ich grinsend. Ich liebte diese neue Leichtigkeit zwischen uns, so zerbrechlich sie auch sein mochte.

„Also los, dann wieder du."

Dieses Mal überlegte ich nicht lange. Es war an der Zeit, die *eine* Frage zu stellen, die seit meinem Gespräch mit Joe Franklin am heftigsten in mir brannte. „Warum hast du die Suspendierung akzeptiert, obwohl du nichts mit Bills angebrochener Nase zu tun hast?"

Noahs Gesichtszüge entgleisten. Er sah ertappt aus ... und geschockt. Verlegen massierte er sich den Nacken. „Woher weißt du ...?"

Für den Bruchteil einer Sekunde überlegte ich, ob ich ihn daran erinnern sollte, dass *ich* mit dem Fragen an der Reihe war, doch ich entschied mich schnell dagegen. „Ich habe mit Joe gesprochen."

„Mit Joe? Du nennst ihn schon beim Vornamen?", fragte er erstaunt, die hellen Augen weit aufgerissen.

Ich nickte ein wenig verlegen. „Er hat gesagt, alle würden das tun."

„Oh, das ist ... gut. Und, was hat er dir erzählt?"

Ich berichtete von unserer Unterhaltung. Noah hörte aufmerksam zu. „Joe war sehr erleichtert, dass du mit der ganzen Sache nichts zu tun hast", ließ ich ihn wissen. Sein Blick senkte sich erneut. Das geschah scheinbar immer, wenn ihm klar wurde, dass es durchaus Menschen gab, die sich für ihn interessierten.

„Warum hast du ihm nicht erzählt, was wirklich passiert ist?", hakte ich vorsichtig nach.

„Ich wollte dich nicht in die Verlegenheit bringen, davon erzählen zu müssen", murmelte er. „Außerdem, eine Suspendierung mehr oder weniger, was macht das schon für einen Unterschied?"

Wie bitte?

„Na, du könntest früher oder später von der Schule fliegen", warf ich ein, doch er lächelte nur milde.

„Und wenn schon."

„Dann wären wir nicht mehr zusammen", platzte es aus mir heraus. Ich sah, wie sich sein Adamsapfel bewegte, so hart schluckte er. Ich konnte mich getäuscht haben, doch es war mir, als ginge ein leichtes Zittern durch seinen Körper. Hitze brannte in meinen Wangen.

„Also, ... in der Schule, meine ich." Dieser Rettungsversuch war so ... durch und durch erbärmlich. Schnell biss ich mir auf die Unterlippe. Wie immer betäubte der Schmerz die Scham und ließ mich wieder atmen.

„Ich gehe am Montag zu Mrs Porter und kläre alles auf", teilte ich Noah mit und versuchte, es so fest und unerschütterlich wie nur möglich klingen zu lassen. Er betrachtete mich eingehend; sein skeptischer Blick schmolz langsam, aber sicher.

„Okay", sagte er schließlich. „Ich bin dran."

Auf diese Weise verbachten wir die kommenden Stunden in seinem Zimmer. Zuerst saßen wir nebeneinander, aber irgendwann forderte er mich auf, meinen Fuß hochzulegen. Obwohl das Pochen in meinem Knöchel nachgelassen hatte – Noahs Anwesenheit schien den Schmerz besser zu betäuben als jeder Eisbeutel –, kam ich seiner Aufforderung nach und streckte meine Beine auf seinem Bett aus, während er sich ein Sitzkissen nahm, sich damit auf den Boden setzte, die Arme über der Bettdecke faltete und das Kinn auf seinen Händen ablegte. So war sein Gesicht nur wenige Zentimeter von meinem entfernt, und ich war froh zu liegen, denn Noahs Anblick – besonders wenn er mir so nah war – verwandelte meine Knie in Pudding. Er hinterfragte Belanglosigkeiten: meinen Geburtstag und mein Lieblingsessen, meine Hobbies und welche Musik ich gerade hörte.

Ich erfuhr, dass er bereits achtzehn war, wenn auch erst seit einem Monat, denn er hatte am 14. August Geburtstag. Ein Löwe, das passte.

Er spielte Gitarre und Klavier, zog die Saiten aber den Tasten vor. Er aß am liebsten Pizza und Steak und hasste Spinat und Kohlrabi. In seinen Notizblock schrieb er alles, was ihm durch den Kopf ging. *Belanglosigkeiten*, wie er es nannte. Diese Notizen bewahrte er auf, ohne sie noch einmal durchzulesen. Seitdem er zu den Franklins gekommen war, hatte er auf diese Weise sechs Umzugskartons schriftgewordener Gedanken angesammelt.

Je länger wir sprachen, desto relaxter wirkte Noah und desto größer wurde die Versuchung, mich vorzubeugen – nur ein kleines Stück –, um dieses unfassbar schöne Gesicht endlich zu berühren. Ich wollte fühlen, ob seine Haut wirklich so weich und eben war, wie sie aussah. Und ob seine Bartstoppeln – nur im leisesten Ansatz erkennbar – tatsächlich so an meinen Handflächen kitzelten, wie ich es mir seit geraumer Zeit ausmalte.

Immer wieder gelang es mir, mich im letzten Moment zurückzuhalten – auch wenn das von Minute zu Minute schwieriger wurde.

Mein Blick fiel auf die Uhr seines Radioweckers, als die Anzeige gerade auf 2:30 Uhr umsprang. „Wow!", entfuhr es mir. Wo war die Zeit geblieben? Oder Lucy? Oder Kathy? Oder sonst irgendjemand? Keiner hatte nach mir gesucht. War unser Verschwinden denn so eindeutig gewesen?

Und müsste mir diese Vermutung nicht eigentlich peinlich sein?

Noah, der mittlerweile vollkommen entspannt wirkte, folgte meinem Blick zu seiner Uhr und sah mich dann schuldbewusst an. „Es ist spät. Du willst bestimmt schlafen ..."

Schlafen? Klar, als ob das jetzt möglich wäre.

Dieser Junge hatte wirklich nicht den leisesten Schimmer, was er mit mir anstellte. Doch seine Worte brachten etwas zurück in meinen Sinn. „Ich bin dran", rief ich schnell und entlockte ihm sein atemberaubendes schiefes Lächeln.

„Na dann, schieß los!"

„Wie lange schläfst du schon nicht mehr richtig?"

Sofort entgleisten seine amüsierten Züge. „Lange", sagte er nach einiger Zeit.

„Wie lange?", beharrte ich.

„Seitdem ich denken kann", gestand er leise.

Ich war zu geschockt, um auf seine Antwort einzugehen. Was hatte man ihm nur angetan?

Nach ein paar Sekunden sah er zu mir auf. „Ich bin dran."

„Bitte", wisperte ich, noch immer geschockt von seinem Geständnis. Noah öffnete ein paarmal seinen Mund und schloss ihn wieder, ohne etwas gesagt zu haben. Zumindest wusste ich so, dass ihn die nächste Frage Überwindung kostete.

„Was stellst du dir vor, wie es nun ... weitergehen soll?", stammelte er schließlich.

„Mit uns?" Er nickte hastig. Grübelnd betrachtete ich ihn. Sein schönes, geradliniges Gesicht, die langen Wimpern, das ausgeprägte Kinn mit der leichten Einkerbung – von der ich nach wie vor nicht wusste, ob es nicht doch eher eine kleine Narbe war – und den perfekt geschwungenen Mund. Noah war so unfassbar schön ... und so nah.

Ich bräuchte wirklich nur meine Hand auszustrecken und schon könnte ich sie berühren, diese Lippen.

Sie wirkten wie Magnete auf mich. Wenn er mich gefragt hätte, was ich gerade jetzt am liebsten getan hätte, wäre ich mit einer ehrlichen Antwort nicht daran vorbeigekommen, mich und ihn in Verlegenheit zu bringen. Denn in diesem Moment wünschte ich mir nichts sehnlicher, als ihn zu küssen. Schnell senkte ich meinen Blick und schüttelte den Kopf.

„Lass uns einfach ... keine Ahnung ... zusammen abhängen", schlug ich vor.

„Ich *hänge* nicht ab", erwiderte Noah und verzog das Gesicht.

„Nun, du *könntest* abhängen", beharrte ich auf meiner eigenwilligen Wortwahl. „Häng mit mir ab!"

„Okay", willigte er nach einer Weile ein. Ich bemerkte seine Unsicherheit.

„Lass uns Freunde sein ... erst einmal. Wir werden sehen, wohin uns das führt." Sorgsam wählte ich das *wir* in meinem Satz, auch wenn natürlich Noah das Tempo vorgeben würde. Denn ich war zugegebenermaßen jetzt schon bereit für den nächsten Schritt. Ich wollte ihm nah sein, ihn spüren. *Irgendwie.* Seine Hand, seine Haare, sein Gesicht, ganz egal was. *Irgendwas.* Doch ich versuchte, mir nichts anmerken zu lassen und sah ihn nur stumm an.

Noah hielt meinen Blick sehr lange, dann nickte er endlich.

„Freunde", wiederholte er leise.

„Erst einmal", fügte ich schnell hinzu und entlockte ihm ein Lächeln.

„Erst einmal."

Plötzlich wurden Stimmen im Treppenhaus und auf dem Korridor laut. Ich erkannte Kathys Kichern und Lucys Tippelschritte, bevor die Laute hinter einer zufallenden Zimmertür verschwanden.

Noah und ich hatten die Luft angehalten. Was dämlich war, denn natürlich wussten die beiden, dass wir uns zusammen hier oben aufhielten. Als Lucys Tür zufiel, atmete ich tief durch und nickte Noah kurz zu. Wir beide wussten, dass unser gemeinsamer Abend beendet war.

„Schlaf gut", flüsterte ich und setzte mich langsam auf. Er lachte sein kleines bitteres Lachen und massierte wieder einmal seinen Nacken.

„Wir werden sehen", murmelte er. „Aber du schläfst gut, verstanden?"

„Jawohl, Sir!", antwortete ich mit ernster Miene und deutete einen militärischen Gruß an.

Er grinste. „Brav."

Als ich mich von seinem Bett erhob, wurde sein Gesichtsausdruck wieder ernster und sein besorgter Blick glitt zu meinem bandagierten Fuß. „Alles okay", versicherte ich ihm. Es tat wirklich kaum noch weh. „Ehrlich, es geht mir sehr gut."

An seinen Augen erkannte ich, dass er verstand. Nein, meine Aussage bezog sich definitiv nicht nur auf meinen Fuß. Schüchtern senkte er seinen Blick. Ich konnte nicht fassen, wie sehr sich das verschwommene Bild, das ich zuvor von ihm gehabt hatte, in den vergangenen Stunden gewandelt hatte.

Dann aber erwischte mich Noah kalt, als er flüsterte: „Wo warst du nur mein Leben lang?"

Ich sah ihn ungläubig an, nicht fähig mich zu rühren, geschweige denn klar zu denken. Als ich endlich aus meiner Verzückung schnappte, hatte ich ihm meine Antwort bereits gegeben. Wie von selbst waren die Worte über meine Lippen geschlüpft. „Auf meinem Weg zu dir."

IX.

Lucy und Kathy versuchten, alle Details unser gemeinsamen Stunden aus mir herauszuquetschen. Doch die Eindrücke waren zu frisch, zu unglaublich und viel zu schön, als dass ich bereit gewesen wäre, auch nur Bruchstücke davon preiszugeben. Ehrlich gesagt wusste ich nicht einmal, ob sich das jemals ändern würde. Momentan jedenfalls wollte ich diese noch so jungen Erinnerungen an unsere ersten Gespräche ganz für mich allein behalten. Ich hütete sie in meinem Herzen, wie den wertvollsten Schatz.

„Sag uns wenigstens, ob er nett zu dir war", maulte Lucy.

Kathy warf ihr einen ungläubigen Blick zu. „Nett? Noah?"

„Er war viel mehr als das", verteidigte ich ihn und pfefferte ein Kissen nach meiner sonst so zurückhaltenden Freundin. „Er war ... ein absoluter Gentleman." Verlegen sah ich die beiden, die nebeneinander auf Lucys Bett saßen, an und ließ mich dann rücklings auf meine Schlafmatratze fallen.

„Gott, ihr habt nicht die leiseste Ahnung", flüsterte ich.

Kathy schwieg – in Fassungslosigkeit, nehme ich an –, während Lucy entzückt quietschte und in die Hände klatschte. Ich mochte mich irren, aber ich war mir ziemlich sicher, dass sie in ihr Kissen biss, um nicht laut zu schreien.

„Emily, du schwärmst ja richtig", erkannte Kathy treffend, als sie ihre Sprache wiederfand. „Nichts für ungut, aber es fällt mir echt schwer zu glauben, dass sie von Noah spricht", fügte sie an Lucy gewandt hinzu.

„Ich hab dir immer gesagt, dass er ein toller Kerl ist. Ganz versteckt zwar, aber ..."

„Versteckt?", hakte Kathy nach. „Wenn man sich versteckt, muss man sich dann nicht ab und zu auch mal zeigen? Sonst ist man verschollen, oder?"

Nun empörte sich Lucy mit mir und ergriff energisch Partei: „Noah hat seinen guten Kern immer wieder gezeigt. Trotzdem hat ihm nie jemand eine Chance gegeben. Ist doch klar, dass er sich mit der Zeit immer weiter abgekapselt hat."

Sie diskutierten noch eine Weile lang weiter; dazu brauchten sie mich offenbar nicht. Es war reizend, wie Lucy ihren Bruder verteidigte, und je länger ich ihren Worten lauschte, desto tiefer schloss ich sie in mein Herz.

Kathy hingegen ließ weiterhin kein gutes Haar an Noah. So recht konnte ich es ihr nicht verübeln; eigentlich fand ich ihre Sorge, die einzig und allein mir galt, sogar richtig süß. Kathy war so loyal wie man nur sein konnte. Eine wahre Freundin. Sie ging wahrscheinlich davon aus, dass Lucy einfach zu ihrem Bruder hielt und wurde nicht müde, mir zu raten wachsam zu bleiben. Sie traute dem Braten nicht, soviel stand fest.

Nach einer Weile rückten ihre Worte jedoch immer weiter in den Hintergrund und verschwammen dort mit Lucys Glockenstimme zu einem belanglosen Einheitsbrei, dem ich meine Aufmerksamkeit bald vollständig entzog. Stattdessen starrte ich an die Zimmerdecke und lauschte meinem eigenen Herzschlag, der stark und noch immer ein wenig holprig vor sich hin galoppierte.

„… und dann zieht sie sich tatsächlich den Rock hoch und pinkelt in den liebsten Rosenstrauch meiner Mutter." Lucys Lachen zog mich aus meiner Versunkenheit. Erleichtert bemerkte ich, dass die Mädels endlich das Thema gewechselt hatten. Nun drehte ich mich ihnen auch wieder zu und lauschte verwundert Lucys Erzählungen über die Peinlichkeiten, die sich eine vollkommen betrunkene Holly Curtis geleistet hatte.

Verrückt, dass Noah ihre Blamage so treffend vorhergesagt hatte.

Als die beiden Mädchen schon lange schliefen, lag ich noch immer hellwach auf meiner Matratze und starrte in die Dunkelheit, die für mich nicht dunkel war. Klar und deutlich schwebte Noahs Gesicht über mir. Wie er mich angesehen hatte, so intensiv und eingehend, als würde er bis auf den Grund meiner Seele blicken. Was er wohl zu erkennen versucht hatte? Fragte er sich, ob ich ihm früher oder später auch wehtun würde? So, wie die Menschen in seiner Kindheit? Was hatten sie ihm angetan? Wenn er jetzt so atemberaubend schön war, wie musste er erst als Kind ausgesehen haben – mit riesigen hellen Augen und süßem Schmollmund.

Ich stellte ihn mir mit etwas längeren, hellblonden Haaren vor. Wie hatten sie diesen kleinen Engel verletzen können? Meine Verzücktheit schwankte bedrohlich und wandelte sich unter diesen Gedanken zunehmend in wütende Verzweiflung.

Ich wünschte mir zu wissen, was ihm widerfahren war, auch wenn sich ein Teil von mir (ein ziemlich großer Teil) extrem vor der Wahrheit fürchtete. Denn eines war mir an diesem Abend schmerzlich bewusst geworden – und zwar in den Minuten, in denen Noahs Augen non-stop zu mir sprachen, während er de facto kein einziges Wort über die Lippen brachte: Er war zutiefst verletzt.

Noah fühlte sich unsicher, traurig, verzweifelt und vor allem sehr verängstigt. Und nur daraus resultierte seine Wut. Sie war sein Schutzschild. Ein verdammt dünnes.

Ich begann mich hin und her zu wälzen, doch der Schlaf kam nicht, so sehr ich ihn mir auch herbeiwünschte. Schließlich würde ich Noah in wenigen Stunden schon wiedersehen und hatte keine Lust, dabei wie eine Schleiereule auszusehen.

Doch meine wirbelnden Gedanken, die nach wie vor mit den schwer verdaulichen Eindrücken und Erlebnissen des vorangegangenen Abends kämpften, ließen mich einfach nicht zur Ruhe kommen.

Dazu kam die Vorstellung von Noah, wie er genau jetzt, in diesem Moment und nur wenige Wände entfernt, in seinem Bett lag und ebenfalls nicht schlafen konnte. Ich war mir sicher, dass es so war.

„Ich bin so müde, Emily." Seine Worte hallten in meinem Kopf wider und klangen dort so verzweifelt nach, dass es meinem Herz einen Stich versetzte. Dieser Schmerz war das Letzte, an das ich mich später noch erinnerte, denn irgendwann musste ich doch eingenickt sein.

Ein weit entferntes Kichern drang in mein Bewusstsein und ließ mich hellhörig werden, noch bevor ich meine Augen öffnete. Während ich dem Gemurmel meiner Freundinnen lauschte – das leider zu leise war, als dass ich es hätte verstehen können –, bemerkte ich vage, dass mein Kopf in einem eigenartigen Winkel nach hinten abgeknickt war. Unzählige zusammenhangslose Bilder wirbelten derweil wild durch meinen Kopf und verlangten nach Zuordnung in die Kategorien *Traum* oder *Realität*.

Unbequeme Schuhe mit mörderisch hohen Absätzen ... eindeutig *Realität*.

Kühles Wasser – und ich in voller Montur mittendrin ... ebenfalls peinliche *Realität*.

Ohnmachtsanfall ... Jepp, leider dieselbe Kategorie.

Noah, der mich in seinen Armen hielt und besorgt auf mich herabblickte ... *Ähm* ...

Mist, es war wirklich noch zu früh, um klar denken zu können.

Noah, der seine Arme um mich legte, langsam immer näher kam und mich schließlich federleicht küsste ... *Traum!* ... Schöner Traum, ach was, himmlischer Traum, aber leider eindeutig ... *Traum!*

Wieder hörte ich dieses Gekicher. Oh nein, ich hatte doch nicht etwa im Schlaf gesprochen? ... Wie lag ich überhaupt hier?

Langsam schloss mein Bewusstsein zu mir auf. Mein Kopf war nach hinten abgeknickt, meine Beine streckten sich senkrecht der Zimmerdecke entgegen. Sie lehnten an ... dem Fußteil von Lucys Bett?

Oh Gott, wie peinlich! Peinlich, peinlich, peinlich!

„Hört auf mich auszulachen, ich habe euch gewarnt, dass ich schrecklich unruhig schlafe", murmelte ich und schlug mir beschämt die Hände vors Gesicht. Wie auf Kommando prusteten beide Mädchen los.

„Du bist so süß, Emily", lachte Lucy. „Es stimmt, du hast uns gewarnt, aber ich konnte ja nicht ahnen, dass ..." Sie war nicht fähig, ihren Satz zu beenden, als sie von einem neuem Lachflash durchgeschüttelt wurde.

Kathy, wie immer die Gefasstere, übernahm die Hänseleien bereitwillig. „Du bist wie *Sid*, das komische Faultier aus *Ice Age*."

„Sehr witzig", brummte ich grimmig, während ich mich auf meiner Matratze sortierte.

Dämliches Ding! Zu weich, zu schmal, zu nah am Boden.

Da lobte ich mir doch mein Bett. Das war wenigstens nicht zu schmal; man konnte bequem auch quer darauf schlafen, und wenn man doch herunterrollte, merkte man es wenigstens sofort.

Als ich mich aufrichtete, um den beiden Lästermäulern tödliche Blicke zuzuwerfen, wurde die Situation noch unangenehmer.

„Warum seid ihr schon angezogen? ... Habt ihr etwa schon geduscht? Wie spät ist es, verflucht?"

Kathy und Lucy saßen perfekt gestylt und breit grinsend auf dem Bett, in einem gewissen Sicherheitsabstand zu mir und meinen Beinen.

„Kurz nach elf. Ich bin gerade erst aus dem Bad gekommen", versicherte mir Lucy.

„Oh, okay. Dann, ähm ... dusche ich jetzt auch mal."

„Mach das! Kathy und ich gehen schon mal runter und sehen nach, ob es draußen noch was zum Aufräumen gibt. Ich glaube, mein Dad ist schon unterwegs. Mal sehen, wo meine Mom abgeblieben ist. Es ist so still im Haus." Lucy war bereits aufgesprungen und hielt mir nun ihre Hand hin. „Aber zuerst will ich sehen, wie es deinem Fuß geht."

Ach ja, mein Fuß. Den hatte ich total vergessen. Aber das konnte wohl nur ein gutes Zeichen sein, oder? Ich ließ mir aufhelfen und belastete ihn vorsichtig. Und wirklich, ich spürte keinen Schmerz mehr. Langsam drehte ich ihn erst in die eine, dann in die andere Richtung. Immer noch nichts.

„Alles bestens. Tut überhaupt nicht mehr weh", meldete ich und brachte Lucy damit zum Strahlen.

„Gut. Leg den Verband nach dem Duschen trotzdem noch mal an. Er stabilisiert das Gelenk."

„Hört, hört", murmelte Kathy unter einem Grinsen, das Lucy dazu bewegte, ihr in die Seite zu knuffen. „Also, wir sehen uns dann unten. Lass dir Zeit!"

Das warme Wasser des Duschstrahls war angenehm; ich ließ es länger laufen als nötig. Lucy hatte mir ein großes Frotteetuch rausgelegt und daneben ein kleineres für die Haare. Außerdem lag ein Sommerkleid für mich bereit, das Lucy wahrscheinlich bis zu den Waden ging, mir jedoch nur bis knapp über die Knie reichte. *Egal.*

Es war cremefarben, dezent gemustert und leicht tailliert geschnitten. Schlicht. Etwas, das mir selbst auch gefallen hätte und in dem ich mich wohlfühlen konnte. Vor dem Kleid standen passende Sandalen, die ich mir überstreifte – natürlich ohne meinen Fuß zuvor zu bandagieren. Den Verband rollte ich sorgfältig auf und legte ihn ans Waschbecken.

Dann begab ich mich an meine Haare. Lucy hatte auch hier an alles gedacht. Eine große Rundbürste lag neben dem Fön und direkt daneben eine Kosmetiktasche mit einer unbeschreiblichen Auswahl an Schminkutensilien. Einige dieser Dinge konnte ich nicht einmal benennen. Überhaupt fragte ich mich, wofür ausgerechnet Lucy, die ich vor wenigen Stunden zum ersten Mal ungeschminkt gesehen hatte und die trotzdem bildschön gewesen war, all diese Döschen und Tuben brauchte. Ich beschränkte mich auf die wenigen Utensilien, die ich zweifelsfrei zuordnen konnte: Kajalstift, etwas Wimperntusche und eine Spur Lipgloss. Fertig.

Dann ging ich nach unten, um nach den anderen zu suchen, doch die Etage wirkte wie ausgestorben. Allerdings stand im Wohnzimmer die Terrassentür weit offen. Auf der Veranda sammelten die Mädels gerade sämtliche Feuerschalen und Lampions ein.

„Könntest du vorne mal nachsehen, ob da noch welche sind?", bat Lucy, als ich meine Hilfe anbot. Über den schmalen Kieselweg am Haus gelangte ich zu dem Vorplatz, der vor wenigen Stunden noch als Parkplatz für so viele Autos hergehalten hatte. Nun lag er leer vor mir; lediglich mein Mini stand einsam und verlassen mitten auf dem Pflaster.

Adrian fuhr mit seinem Rollstuhl über die Einfahrt und titschte einen Basketball neben sich her. Zielsicher, über eine enorme Distanz von bestimmt zwanzig Metern, warf er ihn in den Korb am Giebel der Garage – die übrigens so groß war, dass sie in Manchester locker als Einfamilienhaus durchgegangen wäre. Als Adrian den Ball holte und sich umdrehte, um Schwung für einen weiteren Wurf zu nehmen, entdeckte er mich. „Hey, guten Morgen, Emily! Wie hast du geschlafen?"

„Sehr gut, danke."

„Ich hoffe, du hattest trotz deines kleinen Unfalls einen einigermaßen gelungenen Abend."

„Auf jeden Fall!"

Er grinste zufrieden, seine hellbraunen Augen strahlten. „Sehr gut."

„Ähm ... Lucy hat mich gebeten nach den Feuerschalen zu sehen." Adrian gluckste und schüttelte seine Locken. „Meine Schwester und ihr Aufräum-Wahn. Jetzt spannt sie sogar schon verletzte Gäste ein. Das ist ja echt peinlich."

Ich musste lachen. „Sei nicht albern, mir geht es wieder gut. Schau!" Demonstrativ drehte ich meinen Fuß in alle Richtungen, beugte und streckte ihn und widerstand nur knapp der Versuchung, auf diesem Bein vor ihm her zu hüpfen, um Adrian endgültig zu überzeugen.

Der sah mich nur skeptisch an. „Gut. Es freut mich, dass es dir besser geht, aber du hättest den Verband heute noch dranlassen sollen. Er hätte dem Gelenk Halt gegeben."

„Irgendwie merkt man, dass Lucy deine Schwester ist", sagte ich und verdrehte meine Augen dabei. Adrian lachte auf. „Ja, nicht wahr? Ich habe hier vorne sogar schon alle Feuerschalen eingesammelt." Mit einem kurzen Nicken deutete er in Richtung der Frontveranda, wo sie tatsächlich sauber aufgereiht standen.

„Oh, okay. Dann bin ich wohl arbeitslos."

„So soll es ja auch sein, als Gast."

„Hm. Ich hätte aber gerne geholfen. Gibt es denn nichts, was ich sonst tun könnte?" Adrians Augenbrauen zogen sich leicht zusammen.

„Spuck's aus!", befahl ich prompt und entlockte ihm damit ein Lachen.

„Nun, kannst du kochen?"

„Öhm, ... ja."

„Dann könntest du uns vor einem Desaster bewahren", erklärte Adrian nüchtern. Davon war ich überzeugt, auch wenn ich noch nicht wusste, worum es ging. Aber wer den Mut besaß, eine gebürtige Engländerin nach ihren Kochfähigkeiten zu fragen, der musste verzweifelt sein. Adrian zuckte mit den Schultern, die Geste wirkte entschuldigend.

„Meine Mom ist ausgeflogen und hat in der Küche anstelle des Frühstücks nur einen Zettel hinterlassen. Wir sollen uns selbst versorgen. Wenn Lucy das liest, wird sie sich sofort an die Arbeit machen. Aber ganz ehrlich: Nichts von dem, was meine Schwester je gekocht oder zubereitet hat, war auch nur annähernd ess-, geschweige denn genießbar."

Ich schmunzelte. „Kein Problem. Kochen ist zu Hause auch meine Aufgabe." Was war zu Hause schon nicht meine Aufgabe? „Was darf es denn sein?"

Adrian sah mich aus großen Augen an. „Omelette vielleicht?", fragte er hoffnungsvoll.

„Klar! Gib mir eine Viertelstunde."

„Du bist ein Schatz, Emily", rief er mir nach, als ich im Haus verschwand.

Wie der Rest des Hauses, war auch die Küche hell, riesig und pompös. Der enorme Gasherd stand frei im Raum, und der Kühlschrank hatte so gigantische Maße, dass ich etliche Minuten brauchte, um die Zutaten für ein simples Käse-Omelett mit Speck überhaupt zu finden. Direkt unter dem Herd befanden sich mehrere Schubladen unterschiedlicher Größen, in denen Töpfe, Pfannen und sonstige Kochutensilien ihren Platz gefunden hatten.

Während das Omelett in der Pfanne stockte, schnitt ich Tomaten und Gurken, so wie ich es aus England kannte, und dekorierte die frischen Beilagen auf einem Teller. Wie immer, wenn ich das tat, musste ich auch diesmal an Jane denken, die Jay und mir oft Gesichter aus unserer Gemüsebeilage gelegt hatte, als wir noch jünger waren. Die Arme hatte wirklich alles probiert, um uns zumindest ein Minimum an Vitaminen einzuflößen.

Im Kühlschrank entdeckte ich eine abgedeckte Platte mit Obst, die ich ebenfalls auf den Tisch stellte. Auch sonstige Leckereien – Überreste des reichhaltigen Büffets vom Vorabend – fanden ihren Weg dorthin.

Nachdem ich das Omelett angerichtet hatte, wendete ich noch einige Toastscheiben in der Pfanne.

„Verflucht noch mal, was machst du da?"

Noahs Stimme erklang so unerwartet hinter mir, dass ich vor Schreck zusammenfuhr. Er stand im Türrahmen, mit ausdruckslosem Gesicht. Wo war sein Lächeln?

„Wa... was ich mache?", stammelte ich. „Ähm ... Omelett?" Warum machte ich eine Frage daraus? Egal, nun grinste er wenigstens. Dieses unverschämt süße Grinsen, bei dem er einen Mundwinkel nach oben und den anderen nach unten zog.

„Das sehe ich." Ein Schritt in meine Richtung. „Und warum genau machst du Omelett in unserer Küche, Emily Rossberg?"

Gott, er trug noch immer dieses enganliegende weiße T-Shirt vom Vorabend, unter dem sich seine Brustmuskeln dezent abzeichneten. Nicht dezent genug, um meinen Blick *nicht* einzufangen und sekundenlang dort festzuhalten, wo sich der Stoff langsam und regelmäßig hob und senkte. Mein Atem hingegen kam holprig und stockend, seitdem Noah mich angesprochen hatte. War das fair? Warum war er so gefasst, während ich meine Knie kaum noch spürte?

Nun, zumindest sah er so aus, als hätte er eine ähnlich unruhige Nacht gehabt wie ich. Allerdings hatte er sich weitaus weniger Mühe gegeben, die Spuren eben dieser zu vertuschen. Seine Haare standen noch zerzauster als sonst von seinem Kopf ab, leichte Bartstoppeln zogen sich über seine markante Kinnlinie, und unter den schmalen Augen lagen dunkle Ränder. Trotzdem – er sah einfach umwerfend aus.

Emily, konzentrier dich, verdammt! Er hat dich schließlich etwas gefragt.

„Ähm, Adrian wollte, dass ich koche."

„Spinnt der?", entgegnete Noah schroff. Sein Blick war so verblüfft, dass ich lachen musste.

„Eure Mom ist nicht da, und er wollte offenbar vermeiden, dass Lucy etwas kocht."

„Das ist wiederum verständlich." Ein weiterer Schritt in meine Richtung.

„So schlimm?", wisperte ich.

„Du hast nicht die leiseste Ahnung." Und noch ein Schritt.

Ich schluckte hart. Nun war er nur noch einen halben Meter von mir entfernt, und ich ahnte, dass er nicht noch näher kommen würde.

„Es riecht gut", brummte er leise.

„Danke. Also, was darf ich dir geben?"

Sofort schoss sein Blick wieder zu mir; kaum merklich schüttelte er den Kopf. „Setz dich!" Seine Worte waren ein Befehl, und ich gehorchte im selben Moment. Erschreckend ergeben, um ehrlich zu sein.

Schnell wandte sich Noah um und holte zwei Teller aus dem Schrank.

„Was darf ich *dir* geben?"

Eigentlich hatte sich mein Magen in dem Moment verschlossen, als seine Stimme die Stille meiner Einsamkeit durchbrochen hatte. Essen war wirklich das Letzte, woran ich gerade dachte, aber das hätte ich ihm niemals gesagt, so wie er nun vor mir stand und mit sanftem Lächeln meinen Teller in seiner Hand hielt.

„Nur ein wenig Omelett, bitte", presste ich hervor.

Noahs Definition von *ein wenig* stimmte mit meiner nicht so ganz überein, wie sich nur einen Augenblick später zeigte, als er mir eine gewaltige Portion auflud und vor mir auf dem ovalen Küchentisch abstellte. Dann nahm er sich selbst eine noch größere Portion und rückte seinen Teller direkt neben meinen. Während er schweigend zurück zu einem der Hängeschränke ging, verharrte mein Blick auf unseren beiden Tellern. Irgendwie rührte mich dieses stille Bild ... ebenso wie die vorangegangene Aktion.

Noah – der unnahbare, unfreundliche Noah, der überall als Freak galt, weil er sich abkapselte und sich nur für sich selbst zu interessieren schien – hatte seinen Teller in absoluter Selbstverständlichkeit neben meinen gestellt und war nun gerade dabei, uns Gläser und Besteck zu holen.

Auf einen Außenstehenden hätte es mit Sicherheit völlig normal und unspektakulär gewirkt, was wir hier taten. Jason und ich machten das ständig, wenn ich es schaffte – meistens unter Androhung von Nahrungsentzug – seinen faulen Hintern in Bewegung zu setzen. Er deckte den Tisch, während ich in den letzten Zügen des Kochens steckte.

Doch für Noah war es viel mehr als das ... und ich wusste es.

Sobald wir Platz genommen hatten, begann er in ungebremster Gier das Essen in sich hineinzuschaufeln. Mit einem Mal wurde mir bewusst, dass ich ihn am Abend zuvor nicht hatte essen sehen. Warum war mir das nicht schon eher aufgefallen? Ich hätte ihm etwas vom Büffet holen sollen.

„Und, wie war deine Nacht?", fragte ich vorsichtig.

Er nahm einen Schluck Orangensaft, spülte damit offenbar den letzten Bissen herunter und sah mich dann tief an. „Ich habe nicht lange geschlafen. Es war ... zu viel."

„Ja", erwiderte ich. „Dasselbe bei mir."

„Worüber hast du nachgedacht?", fragte er leise.

Was für eine Frage. „Über den Abend. ... Über dich. ... Über ... uns."

Noah senkte seinen Blick zurück auf seinen Teller und pickte in den kläglichen Überresten seines Omeletts herum.

„Und? Waren es ... gute Gedanken?" Die Unsicherheit ließ seine Stimme vibrieren.

Wieder einmal dachte ich an den ersten Schultag zurück und wunderte mich, wie anders er da noch gewirkt hatte. Wie fest und groß und selbstsicher mir seine Schritte vorgekommen waren, als er den Klassenraum betreten hatte. Alles nur Schein, das wusste ich jetzt. „Ja, gute Gedanken", erwiderte ich. „Und ziemlich aufregende, die mich nicht haben zur Ruhe kommen lassen. ... Eines steht jedenfalls fest: Du bist schlecht für meinen Schönheitsschlaf."

Für eine Sekunde zuckte der Hauch eines Lächelns um Noahs Mundwinkel, bevor er seine Schultern straffte und mich erschreckend ernst ansah. Sofort ähnelte er dem Jungen vom ersten Schultag wieder unverkennbar. „Nicht nur für deinen Schlaf, Emily."

Schnell und entschieden schüttelte ich den Kopf.

Keine Chance! Dahin gingen wir auf keinen Fall zurück.

„Die Masche zieht bei mir nicht, Noah. ... Ich will dich kennenlernen, und das müssen wir nicht immer wieder neu diskutieren."

Es dauerte einige Herzschläge, in denen er mich regungslos ansah, doch dann verzogen sich seine schönen Lippen (die ich übrigens

142

immer noch unbedingt küssen wollte) wieder zu diesem bezaubernd schiefen Lächeln.

Im selben Moment rollte Adrian durch den extra breiten Türrahmen und erstarrte bei unserem Anblick. „Hey! Ich ... wollte nicht stören."

„Warum tust du's dann?", fragte Noah, ohne sich umzudrehen.

Ich ignorierte seinen brüsken Ton. „Magst du Omelett?", fragte ich und schaffte es dabei auch endlich, mich von Noahs Augen loszureißen. Nur nach außen hin gelassen, holte ich drei weitere Teller aus dem Schrank.

„Sehr gerne", antwortete Adrian und rollte ein wenig näher auf die Stelle des Tisches zu, an der ein Stuhl fehlte. Sein Platz. Er befand sich genau gegenüber von Noahs – so weit von ihm entfernt, wie es die ovale Form des Tisches zuließ.

Ich bereitete ihm einen Teller zu, während Noah die letzten Krümel seines Essens zusammenkratzte und sich in den Mund schob. Sofort danach stand er auf und räumte sein Geschirr und Besteck in die Spülmaschine. „Danke", brummte er so leise, dass ich es kaum hörte ... und war im nächsten Moment verschwunden.

Na toll, das hatte ich mir irgendwie anders vorgestellt.

Was, wenn er jetzt in seinem Zimmer blieb? Sollte ich noch einmal zu ihm gehen, bevor ich fuhr?

„Entschuldige", sagte Adrian leise. Er wirkte zerknirscht.

„Wofür?"

„Wäre ich nicht aufgetaucht, hätte Noah nicht das Weite gesucht."

Ich sah ihm eine Weile still zu. Adrian aß vollkommen anders als Noah. Er belud seine Gabel ohne jede Hast, in kerzengerader Haltung und mit den besten Manieren, während Noah mit gebeugtem Rücken neben mir gesessen hatte – die Füße seitlich zur Tischplatte und nicht etwa darunter – und das Essen regelrecht in sich reingestopft hatte.

Als wäre er auf der Flucht.

Mit einem Mal wurde mir klar, dass es genau das auch war. Er *war* auf der Flucht, sein Leben lang. Tagein, tagaus auf der Flucht vor ungewollter Nähe und der Liebe seiner neuen Familie, mit der er offenbar nicht umgehen konnte, die ihn bis heute überforderte.

„Was weißt du eigentlich über ... Noahs Vergangenheit?", hörte ich mich im Moment meiner Erkenntnis fragen.

Adrian ließ die Gabel sinken. „Nicht viel."

Ich wartete und hielt seinen traurigen Blick. Adrian verstand meine stumme Botschaft richtig: *Egal wie viel es ist, ich will es hören.*

„Es sind nur Vermutungen, Emily. Ich habe noch nie mit jemandem darüber gesprochen, außer mit meinen Eltern und Lucy natürlich."

Ich schwieg weiter.

Adrian seufzte und legte die Gabel nun ganz zur Seite. „Nur Mom und Dad wissen, was wirklich mit ihm geschehen ist, und sie sagen, es läge bei Noah selbst, uns einzuweihen. Was er natürlich nicht tut. Meine Eltern kennen seine Akte. Dass Noah geschlagen wurde ... *heftig* geschlagen wurde, davon gehen Lucy und ich beide aus. Sein Arm war eingegipst, und bei einer Untersuchung konnte ich damals einen kurzen Blick auf eine sehr breite frische Narbe unterhalb seines Schulterblatts werfen. Überhaupt war sein Rücken ... ja, von oben bis unten mit Pflastern und älteren Narben übersät. ... Man hat ihn zum Wechseln der Verbände meistens aus unserem Zimmer geholt, weil ... weil er so schrecklich schrie."

Ich musste schlucken, aber ich konnte nicht. Der Kloß in meinem Hals ließ es nicht zu. Also schloss ich meine Augen und atmete tief und zittrig aus. *Oh, mein Gott!*

„Bist du sicher, dass ich weiterreden soll?", fragte Adrian leise. „Ich weiß, dass du gestern schon mit Lucy gesprochen hast, aber ... es kommt noch schlimmer." Er wartete. Als ich nicht reagierte, flüsterte er beinahe beschwörend: „Etwas, das bisher nur unsere Familie weiß."

Ich spürte mich nicken, noch ehe ich mir wirklich sicher war. Aber es stimmte, ich musste es erfahren. Egal wie hart es war. Es gehörte zu Noah, es war seine Geschichte. Und ich wollte ... nein, ich *musste* sie hören. Dass Adrian dieses Familiengeheimnis, das er jahrelang gewissenhaft gehütet hatte, nun so bereitwillig teilte – und das ausgerechnet mit mir, einem Mädchen, das er kaum kannte –, verwunderte mich in diesem Moment noch nicht.

„Wir haben versucht, Noah eine Familie zu sein, aber ... wir schafften es nicht", sagte Adrian nach einer langen Pause. Wieder entschied ich mich zu schweigen. Nicht zuletzt, weil ich meiner Stimme nicht traute.

„Er war anfangs überhaupt nicht aggressiv, sondern eher das Gegenteil. Extrem schüchtern und zurückhaltend. Lucy und ich wussten, dass wir ihn nicht anfassen durften, und wir hielten uns daran. Wenn ihm Mitschüler zu nahe kamen, ging ich, so gut ich es eben noch konnte, dazwischen, und Lucy nahm ihn zu jedem Spiel dazu, auch wenn er sich nie wirklich beteiligte. Aber trotz all unserer Bemühungen gab Noah uns nie ein Zeichen – nicht einmal ein kleines –, dass er sich bei uns wohlfühlte. Und dann, ein Jahr nach meinem Unfall, kam es zu diesem Zwischenfall mit Sam. ... Noah tickte vollkommen aus. Ich glaube, Sam kriegte all die blinde Wut ab, die sich bei Noah bis dahin angestaut hatte. Wer auch immer ihn über die Jahre vor unserer Begegnung in das nervliche Wrack verwandelt hatte, das er damals war und bis heute noch ist – Sam bekam die Quittung dafür."

Adrian sah mich besorgt an und strich sich mit gespreizten Fingern durch das dichte Haar. Es fiel ihm offensichtlich schwer, weiterzusprechen. „Am Abend nach der Prügelei mit Sam ... fand ich Noah bewusstlos in seinem Zimmer. Seine Hand war eingegipst, wegen der gebrochenen Finger. Meine Mom hatte ihm Schmerztabletten ans Bett gebracht und Dads Erste-Hilfe-Koffer mit den Medikamenten versehentlich neben dem Bett stehen lassen. ... Noah hatte versucht, sich umzubringen."

Das reichte. Ich schloss die Augen und streckte beide Hände in einer abwehrenden Geste von mir.

Adrian verstummte sofort.

Ich sprang auf – viel zu schnell. Was stimmte nicht mit diesem Jungen, an den ich mein Herz verloren hatte?

Mir war schwindlig, und ich spürte die Magensäure in meine Speiseröhre emporsteigen. So plötzlich, dass mir kaum noch Zeit blieb.

Mit vorgehaltener Hand stürmte ich zur Spüle, doch entgegen meiner Befürchtung konnte ich mich nicht übergeben. Bitter blieb das neu erworbene, schreckliche Wissen in meinem Hals stecken und verätzte mir die Kehle, ohne Aussicht auf Erlösung.

So musste er sich fühlen – genau so!

Adrian rollte hinter mir her und stellte irgendwie (per Knopf-druck?) den Wasserhahn an. „Lass das kühle Wasser über die Innenseiten deiner Handgelenke laufen. Das hilft", riet er mir.

Es stimmte; auf diese Weise ertränkten wir die Übelkeit lang-sam. Dafür wirbelten die Gedanken nun umso klarer und wilder durch meinen Kopf. „Warum?", presste ich irgendwann hervor.

„Ich weiß es nicht", erwiderte er mit schwacher Stimme. „Aber ich denke, es war die Scham. Ich werde nie vergessen, wie er uns nach seinem Ausraster angesehen hat."

Dasselbe hatte Lucy auch gesagt. Und genau wie seine Schwester am Vorabend, schüttelte nun auch Adrian den Kopf, als wollte er ihn von den furchtbaren Bildern befreien.

„Sie mussten ihn wiederbeleben, pumpten ihm den Magen aus. Noah hatte Tabletten geschluckt. Unzählige Tabletten, vollkommen willkürlich. Er blieb zwei Wochen im Krankenhaus und meine Eltern flehten ihn immer wieder an, mit ihnen zu sprechen. Aber Noah äußerte sich nie zu dem Vorfall. ... Ich selbst ... machte mir solche Vorwürfe, dass ich es wochenlang nicht schaffte ihm in die Augen zu schauen. Ich befürchte, er hielt meine eigene Scham und das damit verbundene Schweigen für Missbilligung oder mangelndes Interesse. Aber ... das wurde mir zu spät be-wusst." Adrian brachte sein Geständnis so leise hervor, dass ich es kaum hörte. Dann, Minuten später, das kalte Wasser lief noch immer über meine mittlerweile halb tauben Hände, bat er: „Emily, darf ich dich etwas fragen?"

Ich war mir nicht sicher. „Hm ..."

„Du magst ihn, nicht wahr?"

Ich drehte mich um und sah direkt in Adrians Augen. Im Licht der grellen Sonne leuchteten sie bernsteinfarben. Die pure Sorge blickte mir entgegen und ließ mich nicken.

„Wie sehr?", hakte er nach.

„Sehr", gestand ich zittrig.

„Dann hilf ihm!", erwiderte Adrian schlicht. „Keiner von uns ist imstande dazu. ... Aber du ... Ich weiß nicht, er hat noch nie jemanden so nah an sich herangelassen wie dich. Und ich glaube immer, dass diese Wände, hinter denen sich Noah verschanzt ...

dass er das nicht nur tut, um sich zu schützen. Vielleicht sucht er ja nach jemandem, der stark und hartnäckig genug ist, sie für ihn einzureißen und all das zu akzeptieren, was er dahinter zu verstecken versucht. ... Hilf ihm, Emily! Ich habe das Gefühl, du bist die Richtige. Und ... nun, ich irre mich nur selten." Adrian grinste verschämt.

Ungläubig blickte ich ihn an, bis ich spürte, wie mein Kopf auf und ab wippte. Er hatte mein Wort. Einfach so, stillschweigend.

Begleitet von einem traurigen Lächeln, streckte er seine Hände nach mir aus, und ich legte meine hinein. Behutsam trocknete er mir die Finger mit einem Küchentuch ab. In Adrians kräftigen Händen wirkten meine wie die einer Puppe. Doch so stark er auch sein mochte, so sanft waren seine Berührungen, so zart der Klang seiner Stimme. Die simple Geste, wie er meine Hände abtrocknete, war plötzlich unglaublich intim.

„Ich denke, wir alle haben schon sehr, sehr lange auf dich gewartet, Emily", flüsterte er schließlich.

X.

Wie betäubt stieg ich die breite Treppe empor und ging über den Korridor – den Blick starr auf Noahs Zimmertür geheftet.

Er wollte sich umbringen, nicht mehr leben. ...

Ein Jahr nach Adrians Unfall. ... Eine kurze Kopfrechnung (das bekam selbst ich noch hin) löste die Frage nach Noahs damaligem Alter.

Dreizehn. Ein dreizehnjähriger Junge.

Wie konnte man in diesem Alter schon so verzweifelt sein?

Der lange Gang, über den ich in diesen Sekunden lief, erschien mir plötzlich sehr metaphorisch zu sein. Es war mir, als müsste ich eine Entscheidung treffen. Jetzt, hier.

Bog ich ab und holte unbemerkt meine Sachen aus Lucys Zimmer, bevor ich verschwand, oder ging ich bis zum Ende des Korridors und klopfte an seine Tür, um mich von Noah zu verabschieden.

Ehe ich es überhaupt bemerkte, stand ich vor seinem Zimmer.

Und als hätte er meine Anwesenheit gespürt, öffnete er genau in diesem Moment die Tür und stand unmittelbar vor mir. Im Gegensatz zu mir wirkte er nicht einmal erstaunt.

„Hi!", krächzte ich und strich behutsam mit einem Finger über seinen Handrücken. Noah schreckte nicht zurück, nur seine Augen verengten sich unter der Berührung. „Was ist los? Du ... bist aufgebracht."

Oh Gott, sah man mir das an?

„Ich, ähm ..." Unwirsch strich ich mir die Haare aus dem Gesicht und bündelte sie im Nacken zu einem Zopf. Er hielt meinen Blick, auch als ich ihm meine Finger entzog und sich seine Hände wie von selbst in seine Hosentaschen schoben. „Ich muss jetzt gehen", flüsterte ich.

„Hm."

„Also dann, wir sehen uns in der Schule."

Er nickte. „Ja, bis dann."

Warum, Noah? Warum wolltest du nicht mehr leben?

Das Bedürfnis, ihn zur Rede stellen zu wollen, war übermächtig, doch ich widerstand und wandte mich nach einem letzten Lächeln ab.

„Es …" Bei dem sanften Klang seiner Stimme wirbelte mein Kopf erneut herum. „… war schön mit dir."

Ich glaubte zu lächeln. „Ja, ich fand es auch sehr schön mit dir. Das wird ein langer Tag."

Seine Augenbrauen zogen sich ein wenig tiefer zusammen.

„Bis morgen, in der Schule", verdeutlichte ich.

„Übermorgen", korrigierte er.

Ich brauchte einen Moment, dann erinnerte ich mich. „Richtig, ich muss zuerst deine Suspendierung aus dem Weg räumen. Also, bis Dienstag." *Gott, zwei Tage.*

Er schmunzelte. „Dienstag."

Und damit wandte ich mich endgültig ab, lief die Treppe hinunter und verabschiedete mich von Adrian, der gerade aus der Küche kam.

Er ließ es sich nicht nehmen, mich nach draußen zu begleiten, wo ich Kathy fragte, ob ich sie mitnehmen sollte. Sie verneinte, da Lucy ihr bereits angeboten hatte, sie später nach Hause zu fahren.

Also verabschiedete ich mich auch von den beiden.

Auf dem Weg zu meinem Auto spürte ich etwas, … ein seltsames Kribbeln in meinem Nacken. Und als ich mich umdrehte, bemerkte ich, dass Noah auf dem Fenstersims in seinem Zimmer gesessen haben musste. Gerade nahm ich noch wahr, wie er sich erhob und mit einer ausladenden Handbewegung abwandte. Schade, dass er meinen Blick nicht bemerkt hatte; zu gerne hätte ich ihm noch einmal zugewinkt.

Gedankenverloren brachte ich die letzten Meter zu meinem einsamen Mini hinter mich. Erst als ich auf meinen Oberschenkel klopfte, wo sonst – in den Hosentaschen meiner Jeans – meine Autoschlüssel steckten, wurde mir wieder bewusst, dass ich noch immer Lucys Kleid trug.

Die Tüte mit meiner nassen Kleidung stand nach wie vor in ihrem Zimmer, neben meiner Handtasche, in der sich mein Autoschlüssel befand.

Adrian und die Mädchen waren in der Zwischenzeit in den hinteren Teil des Gartens gegangen. Da die Haustür noch angelehnt war, schlüpfte ich noch einmal schnell hinein und lief die Treppe empor.

Im oberen Korridor angekommen, blieb ich wie angewurzelt stehen. *Noah.*

Ich verstand nicht was er sagte, aber seine aufgebrachte Stimme drang gedämpft durch die verschlossene Tür seines Zimmers. Er tobte, offenbar außer sich vor Wut.

Moment, vor Wut? ... Was ...?

Auf Zehenspitzen schlich ich über den langen Gang. Noah schien zu telefonieren, denn seine Stimme blieb die einzige, die ich zu hören bekam, obwohl er eindeutig keinen Monolog führte. Aber die Fragen, die er stellte, blieben für meine Ohren unbeantwortet. Eigenartiges, blau-grünliches Licht fiel durch den Spalt unter der Tür auf den dunklen Parkettboden des Korridors, doch meine Gedanken waren zu sehr auf die gedämpften Geräusche konzentriert, als dass ich diesem seltsamen Schein größere Beachtung geschenkt hätte.

Eine Weile blieb es vollkommen still, dann hörte ich wieder einige Fetzen von dem, was Noah sagte ... und erstarrte in Fassungslosigkeit.

„Ich bitte dich, *ausgerechnet Emily?* ... Nein, das will ich nicht! ... Emily ist der letzte Mensch, dem ich so nah sein will. ...“

Das genügte. Das wilde Hämmern meines Herzens übertönte Noahs Stimme von der einen auf die andere Sekunde.

Dieser verdammte Heuchler!

Als hätte sich der Boden unter meinen Füßen aufgelöst, hing ich mit einem Mal über einem tiefen Loch – so fühlte es sich an.

Mit Tränen in den Augen wandte ich mich ab und stürmte in Lucys Zimmer, ergriff die Tüte mit meinen Anziehsachen sowie meine Handtasche und polterte die Treppe hinab. Ich riss die Haustür auf und hörte im selben Augenblick, dass auch im Obergeschoss eine Tür aufflog. Schon hallte Noahs Stimme durch die Villa: „Verdammt! Emily?“

Ich schmiss die schwere Tür hinter mir ins Schloss, rannte – so schnell mich meine zittrigen Beine und mein verletzter Knöchel trugen – zu meinem Auto, schloss es auf und startete den Wagen, ehe ich richtig saß. Sekunden später brauste ich die Einfahrt entlang und sah im Rückspiegel so gerade noch, wie Noah die Haustür aufriss, sich die ohnehin schon wirren Haare raufte und mir Dinge nachrief, die ich nicht mehr hörte.

Es war mir egal. Zumindest wollte ich, dass es mir egal war.

Seine jetzigen Worte mochte ich nicht verstehen, aber ich wusste genau, was ich zuvor gehört hatte. Und selbst wenn es eine Erklärung dafür gab, so wollte ich sie doch nicht hören. Nicht einmal Noah hätte einen Satz wie *„Emily ist der letzte Mensch, dem ich so nah sein will"* entschärfen oder gar geraderücken können.

Aus stechenden Augen brachen meine Tränen los und rollten mir über die Wangen. Sie verschleierten meine Sicht, also versuchte ich, sie wegzuwischen, kam aber gegen den aufgestauten Strom nicht an. Schon zerfloss die Disneyland-Landschaft um mich herum zu bunten Flecken, die aussahen, als hätte ein Kleinkind mit Wasserfarben herumexperimentiert.

Vermutlich würde ich nie erfahren, ob der BMW-Fahrer den Unfall tatsächlich verschuldet hatte. Fakt war, dass vollkommen unvermittelt rot-verschwommene Lichter vor mir auftauchten, sich viel zu schnell näherten ... und einen lauten Knall mit sich brachten. Ich wurde ruckartig in meinen Anschnallgurt gepresst; ein harter Schlag traf mich.

Dunkelheit.

Für ein paar Sekunden (oder waren es Minuten?) gab ich mich der Überzeugung hin, gestorben zu sein. Die Annahme bewegte mich dazu, meine Augen weit aufzureißen, denn wenn ich schon starb, wollte ich wenigstens nichts davon verpassen.

Ja, das war der Himmel, ganz sicher.

Alles um mich herum war weiß und weich. Und es wurde immer weicher, weicher und weicher.

Dann öffnete sich eine Tür neben mir (*Die Himmelspforte?*), ein angenehm warmer Windstoß traf mich (*Gut klimatisiert hier oben*) und jemand riss unsanft an meinem Arm (*Dass Petrus so ein Grobian war, hatten sie im Religionsunterricht mit keinem Wort erwähnt*).

„Sind Sie in Ordnung? ... Miss? Geht es Ihnen gut? Sagen Sie doch etwas!" Eine tiefe kratzige Stimme brüllte mir ins Ohr.

Endlich begann ich zu verstehen, wenn auch nur zögerlich. Das hier war *nicht* der Himmel, es war mein Airbag.

Oh nein, mein Mini!

Mein Gesicht lag bei dieser Erkenntnis noch immer in dem langsam erschlaffenden Weiß vergraben. Nur beiläufig nahm ich wahr, dass die aufgebrachte Stimme von zuvor in die Ferne rückte und durch eine andere, viel sanftere ersetzt wurde.

„Emily?"

Für einen Moment stellte ich meine Theorie erneut in Frage. *Ein Engel?* Er kannte schließlich meinen Namen. Und diese Stimme ...

War ich etwa doch im Himmel?

Eine Hand griff an meinem Rücken vorbei und löste geschickt den Anschnallgurt aus seiner Halterung. Dann, noch ehe ich mich rühren konnte, schob sich eine zweite Hand unter meinen Knien hindurch.

Nicht schon wieder!

Dieser Griff war mir seit gestern bestens bekannt. Zuvor hatte mich, zumindest seitdem ich das Kleinkind-Stadium hinter mir gelassen hatte, niemand mehr auf die Arme gehoben. Gestern direkt zweimal.

Das letzte Mal war es Noah gewesen, und ich fühlte mich noch nicht bereit, diese Erinnerung gegen eine neue auszutauschen. Ich wehrte mich dagegen, dass mich nun jemand anderes so tragen wollte.

„Nein, nein ...", murmelte ich verzweifelt, doch es klang kraftlos – selbst in meinen eigenen Ohren.

„Schhhh, schon gut", sagte die sanfte Stimme und ignorierte meinen Protest. Behutsam hob mich der Engel aus meinem Auto. Ob er wohl sehr zerquetscht aussah, mein armer kleiner Mini? Die Neugier trieb mich an, endlich meine Augen zu öffnen. Mühevoll blinzelte ich gegen grelles Hellblau an.

Also doch Himmel.

„Schon gut", sagte die schöne Stimme erneut. Ich blinzelte heftiger, konnte ich es doch kaum erwarten, meinen ersten Engel zu sehen. Als sich seine Konturen gegen das gleißende Licht durchsetzten und zunehmend an Schärfe gewannen, traute ich meinen Augen kaum.

„*Du* bist ein Engel?", fragte ich ungläubig.

Noahs Mundwinkel zuckten für einen kurzen Augenblick. Dann gewann die Sorge die Überhand und ließ ihn ernst auf mich herabblicken. „Ja, klar. Und du hast dir den Kopf viel stärker angeschlagen als ich dachte."

Ich vergrub meine Nase in der Beuge zwischen seinem Hals und seiner Schulter. Atmete tief seinen Duft ein. Er roch so gut. Alles andere rückte weit in den Hintergrund, wurde unwichtig.

Mein Mini, der Unfall, mein Knöchel, der plötzlich wieder schmerzte ... Das alles hatte Zeit. So viel Zeit.

Noah war hier und trug mich auf seinen Armen. Nur das zählte. „Emily, was mache ich nur mit dir?", fragte er leise, dicht an meinem Ohr.

Ganz egal was, nur lass mich nicht los! Halt mich weiter, bitte!

Ich kuschelte mich schamlos an ihn, und Noah zögerte keine Sekunde, mich noch fester an seine starke Brust zu drücken. In diesem Moment löste sich jeglicher Zwiespalt auf. Ich war im Himmel, so oder so.

„Lass mich nicht los!", japste ich.

„Werde ich nicht", versprach Noah.

Irgendwo ließ er sich mit mir nieder und rieb mir über die Oberarme. Jetzt erst bemerkte ich, dass ich am ganzen Leib zitterte. Aber, *Moment mal,* ... er zitterte auch. *Ja, sicher!*

Seine Beine – auf denen ich nun saß, denn er hatte mich in seinen Schoß gezogen – zitterten ebenso stark wie meine eigenen, und auch seine Finger vibrierten verräterisch auf meiner Haut. *Was ...?*

„Schon gut. Alles wird gut", versicherte er mir immer wieder mit unglaublich schwacher Stimme. Je mehr ich zu mir kam, desto größer wurde meine Befürchtung, dass nicht ich, sondern Noah den Schock davongetragen hatte.

Ich hob den Kopf und sah ihn an. Seine Gesichtsfarbe hatte sich nicht verändert, auch wenn er eigentlich leichenblass hätte sein müssen, so geschockt, wie er aussah. Die Lippen trocken, die Augen umso glasiger, murmelte er die Worte wie ein Mantra. „Alles wird wieder gut ..."

„Noah, sieh mich an!" Nichts.

„Noah, hörst du nicht? Sieh mich an! ... Mach schon!" Nun, endlich, tat er es ... und schluckte hart.

„Mir geht es gut, okay? Es ist absolut nichts passiert", versicherte ich ihm. Sein Blick wanderte zurück zu meinem armen Mini, dessen Front aussah wie die der Testautos, die man mit 200 Sachen frontal gegen Wände jagt. Hinter meinem winzigen Auto stand der Amarok. Gewaltig, unbeschädigt und in all seiner Pracht.

Schon ein schönes Auto, dachte ich, schüttelte den Gedanken jedoch sofort wieder aus meinem Kopf. Noahs geschockter Blick haftete weiterhin auf meinem halb zermalmten Zwerg. „Hm ... ja, gut", lenkte ich ein. „Es ist etwas passiert. Aber das ist nur Blech. Mir ..."

Schnell suchte ich nach dem Fahrer des anderen Wagens, der wild gestikulierend vor seinem nur leicht beschädigten BMW stand und in sein Handy brüllte, „... und offensichtlich auch *ihm*, ist nichts passiert."

Noah sah mich tief an. Er musterte mein Gesicht so eingehend, als würde er jeden Millimeter auf versteckte Blessuren hin abchecken. Abschließend traf sein Blick auf meine Augen. Als ich ihm störrisch standhielt, atmete er endlich tief durch. Wie in Zeitlupe streckte er seine Hand, die nun nicht mehr ganz so stark zitterte, nach mir aus und strich mit seinen Fingerspitzen sanft über eine der langen Haarsträhnen, die mir der Wind ins Gesicht geblasen hatte. Behutsam legte Noah sie hinter meine Schulter zurück, bevor er meinen Kopf zurück an seine Brust dirigierte. Mein Herz verhaspelte sich für einige Schläge und fand dann in einen schnelleren Rhythmus zurück.

„Ich dachte, dir wäre ..."

„Nein", unterbrach ich ihn. „Alles ist gut." Ich spürte seinen Atem an meinem Kopf. Und dann, ich konnte es kaum fassen, fühlte ich seine Lippen zum ersten Mal, als er mir einen vorsichtigen Kuss auf die Haare drückte. „Dem Himmel sei Dank", murmelte er.

Eine Weile blieb ich still sitzen, den Kopf an seine Schulter gelehnt. Doch dann hielt ich es nicht länger aus. Ich wollte ihn anschauen und mich vergewissern, dass er wirklich hier war, dass er mich tatsächlich so in seinen Armen hielt. Und, als die Erinnerung an seine brüsken Worte zurückkehrte, wollte ich ihn auch zur Rede stellen.

Noah erwiderte meinen Blick mit einem Lächeln. „Was?"

„Wieso bist du eigentlich hier?"

Sofort wurde seine Miene ernst; er wandte seinen Blick ab. „Du hast mich gehört, nicht wahr?"

„Du antwortest mit einer Gegenfrage", erwiderte ich.

„Das sind manchmal die besseren Antworten", druckste er. „Hast du selbst gesagt."

„So wird das nichts, Noah", stellte ich kopfschüttelnd fest. „Warum bist du mir nachgefahren?"

„Weil nichts von dem, was du glaubst gehört zu haben, so ist, wie du es anscheinend aufgenommen hast. Du ... hast mir nicht die Chance gegeben, es dir zu erklären, also bin ich dir gefolgt."

„Du hättest mich gehen lassen können", erwiderte ich.

„Richtig, hätte ich." Noah hielt meinen kämpferischen Blick beinahe trotzig. Ich holte Luft, um ihn aufzufordern seine Erklärung jetzt sofort abzugeben, aber er raunte mir ein *Später!* zu, ehe ich es tat.

Mit dem Kinn deutete er in Richtung des BMW-Fahrers, der sein Telefonat inzwischen beendet hatte und nun mit großen Schritten auf uns zukam. Im selben Moment löste Noah meine Umarmung und half mir mich aufzurichten. Steif setzte ich mich neben ihn und versuchte, das schmerzende Loch in meiner Brust zu ignorieren.

Vielleicht gibt es tatsächlich eine Erklärung, sagte ich mir.

„Ich erkläre es dir später", wiederholte auch Noah, der meine Unruhe zu spüren schien.

„Sind Sie okay?", fragte mich der BMW-Fahrer, der mittlerweile bei uns angekommen war. Seine Worte waren nur höflich, ernsthaft besorgt klang er nicht.

Ich nickte.

„Gut. Die Polizei wird gleich hier sein." Damit setzte er sich neben uns auf einen großen Felsbrocken am Straßenrand. Gemeinsam warteten wir in angespannter Stille, bis die Cops eintrafen. Erst dann wurde es unruhig, denn plötzlich erwachte der BMW–Fahrer zu neuem Leben, als er begann, mir die Schuld an dem Unfall zuzuschieben. Ich war so geschockt, dass ich zunächst gar nichts sagte. Dann fiel mein Blick auf den stämmigen Polizisten, der mit ausdrucksloser Miene aufschrieb, was mein Unfallgegner zu Protokoll gab. Seine zierliche Kollegin, die bereits unsere Papiere verlangt hatte, nahm derweil die Autos unter die Lupe und machte sich ihre eigenen Notizen.

Als der BMW-Fahrer seine Aussage beendet hatte, wandte sich der Polizist mir zu. „Geht es Ihnen gut, Miss? Sie sehen immer noch ziemlich blass aus."

Ich musste lachen. „Das ist meine Hautfarbe, ich bin Britin."

Er erwiderte mein Lachen und sah plötzlich gar nicht mehr so bullig und gefühlskalt aus. „Ach so? Na dann schießen Sie mal los, junge Dame. Waren Sie versehentlich auf Linksverkehr gepolt, oder was ist passiert?"

Tja, und da saß ich nun. Eine ehrliche Antwort hätte wohl in etwa so gelautet: „Ich bin gefahren, viel zu schnell übrigens, musste so stark heulen, dass ich absolut nichts mehr sehen konnte, und dann hat es plötzlich geknallt. Warum? Tja, keine Ahnung!"

Da ich diese Ehrlichkeit in meiner Situation für nicht unbedingt förderlich hielt, mir jedoch keine andere Antwort einfallen wollte, tat ich das Einzige, zu dem ich mich sonst noch in der Lage sah: Ich schwieg.

„Gar nichts?", fragte der Polizist schließlich.

„Ich kann mich nicht richtig erinnern", log ich.

Sein Blick wanderte zu seiner Kollegin, die gerade vor meinem Mini kniete. „Ja, Ihren Wagen hat es auch deutlich schwerer erwischt", sagte er mit einem verständnisvollen Nicken.

„Wir sollten trotzdem eine Alkoholkontrolle vornehmen. Gehen Sie doch bitte zu meiner Kollegin, die testet Sie." Ich nickte und erhob mich. Mein Knöchel tat wieder ein wenig weh, aber ich ignorierte den Schmerz und lief tapfer auf die junge Polizistin zu. Jetzt erst fiel mir auf, wie wackelig sich meine Knie anfühlten. Der Schock saß scheinbar doch tiefer als vermutet.

„Vielleicht kann ich erzählen, was ich beobachtet habe", hörte ich Noah hinter mir sagen. Sofort verlangsamte ich meinen Gang.

„Der Amarok gehört zu Ihnen?", fragte der Polizist.

„Ja, genau. Ich war direkt hinter dem Mini."

Ich verfluchte mich im Nachhinein noch dafür, dass mich die Tränen übermannt hatten. Hätte ich klar sehen können, wäre ich mit einem Blick in den Rückspiegel auf Noahs Gesicht gestoßen.

Okay, vermutlich hätte ich genau deshalb trotzdem einen Unfall gebaut.

Der Alkoholtest fiel natürlich negativ aus, Josés *No sex on the beach* sei Dank.

Die Polizistin war sehr nett. Sie fragte mich, ob ich nicht meine Eltern benachrichtigen wollte, doch ich schüttelte den Kopf und erwiderte, dass mich ein Freund nach Hause bringen würde.

Wer auch immer ihn angerufen hatte, in diesem Moment traf der Abschleppwagen ein, um meinen Mini mitzunehmen. Der BMW durfte weiterfahren, doch mein Auto war zu stark beschädigt. Der Fahrer des Abschleppwagens verfrachtete meinen Zwerg innerhalb von fünf Minuten und bat mich, ein Formular zu unterzeichnen. Er erklärte mir, zu welcher Werkstatt er mein Auto bringen würde und sagte, dort würde man erst einmal schauen, ob überhaupt noch etwas zu retten sei und dann sofort mit mir Kontakt aufnehmen. Dafür notierte er sich meine Handynummer, während der Polizist den Autoschlüssel aus meinem Bund löste. Kurz darauf fuhr der Abschleppwagen davon und ich blickte meinem Liebling wehmütig nach.

Noah erschien hinter mir und legte mir federleicht die Hand auf die Schulter. Der Polizist winkte den BMW-Fahrer, der schon wieder in seinem Wagen saß und telefonierte, heran. Als wir alle zusammenstanden, verkündeten die Cops ihre Entscheidung. Der BMW-Fahrer tobte vor Wut, als ihm per Protokoll die volle Schuld zugesprochen wurde, weil seine Beschreibung des Unfalls nicht zu den Beschädigungen an meinem Wagen passte. Noahs hingegen schon, daher glaubte man ihm.

Noah nahm meine Kopie des Protokolls an sich und verlor danach keine weitere Zeit. Schnell schob er mich vor sich her, an den Polizisten vorbei. Dann öffnete er die Beifahrertür seines Wagens, half mir beim Einsteigen und schnallte mich sogar an. Unvergleichlich süß und wie ein Gentleman. Ein Gentlemen, der allerdings hinter meinem Rücken nicht gerade nett über mich sprach.

Schweigend fuhren wir los und ließen den tobenden BMW-Fahrer und die gleichmütigen Cops am Straßenrand zurück. Noah beobachtete das Geschehen so lange er konnte im Rückspiegel.

„Wenn der sich weiter so aufspielt, bekommt er noch eine Anzeige wegen Beamtenbeleidigung obendrauf."

„So schlimm?", fragte ich matt.

„Na ja, er sieht aus wie Rumpelstilzchen", befand Noah und entlockte mir damit ein mildes Lächeln, dessen Kraftlosigkeit seinem kritischen Blick nicht verborgen blieb.

„Geht's dir wirklich gut?"

„Ich bin nur müde."

„Hm, kein Wunder", brummte Noah. „Ich hätte dich früher zu Bett gehen lassen sollen. Dann wäre der Unfall vielleicht gar nicht erst passiert."

Moment mal, gab er sich die Schuld?

Noch ehe ich protestieren konnte, wandte er sich mir zu. „Sag mir, wo ich langfahren muss!"

Das kam gerade noch rechtzeitig, denn die Kreuzung, an der wir links abbiegen mussten, befand sich unmittelbar vor uns. Noah trat kräftig auf die Bremse, um die Kurve noch zu kriegen. Die Tatsache, dass er dabei seinen Arm ausstreckte und mich in meinem Sitz festhielt, erfüllte mein Herz mit einem unbekannten warmen Gefühl.

Richtig, Noah wusste ja nicht, wo ich wohnte. *Komisch*, schoss es mir durch den Kopf. Wir waren uns wirklich erst vor sechs Tagen begegnet. In diesem Moment kam es mir so vor, als würden wir uns schon ewig kennen. „'Tschuldigung", sagte ich mit dünner Stimme, doch er ging nicht darauf ein. Mit starrem Blick sah er auf die Fahrbahn. Ich spürte, dass seine Gedanken woanders waren.

Die Stille nährte die Anspannung. Sie wuchs und wuchs, breitete sich unaufhaltsam aus und wurde schließlich so dick, dass man sie wohl mit einem Messer hätte schneiden können. Endlich unterbrach Noahs sanfte Stimme unser Schweigen. „Warum bist du vorhin einfach so gefahren?"

So eine bescheuerte Frage. *„Emily ist der letzte Mensch, dem ich so nah sein will"*, ächzte eine ketzerische Stimme in mir.

„Die nächste rechts", sagte ich stattdessen und zeigte auf das mit Abstand größte Haus am Ende der breiten Straße, in die er eingebogen war. „Da hinten."

Noah nickte kaum wahrnehmbar und fuhr langsam durch das schmiedeeiserne Flügeltor, das ich per Knopfdruck auf meinen Sender geöffnet hatte. „Nett", sagte er und sah sich neugierig um.

Ich rümpfte die Nase. „Wenn du es sagst."

Erneut brach Stille über uns ein. Das Auto meines Vaters war nicht da, ebenso wenig wie Jasons Motorrad. Ich atmete erleichtert durch. Die Tatsache, dass ich allein zu Hause war, bedeutete für mich in diesem Moment nichts anderes, als vorerst von nervigen Fragen verschont zu bleiben.

„Kommst du noch mit rein?", hörte ich mich fragen, aber Noah schüttelte den Kopf.

„Warum nicht?" Die Enttäuschung, die meiner Frage anhaftete, hallte überdeutlich in meinen Ohren nach. *Erbärmlich.*

Noah sah mich sekundenlang an. Ausdruckslos, ohne mir zu antworten. „Warum bist du einfach gefahren, Emily?"

Mist! Schnell ließ ich den Blick in meinen Schoß sinken. Mein Körper verkrampfte sich unter seinen unnachgiebigen Augen.

„Was hast du erwartet – nach dem, was ich gehört habe?"

„Was *hast* du gehört?"

Ich atmete tief durch. „Du hast gesagt, ich wäre der letzte Mensch auf der Welt, dem du nah sein willst."

„Oh!"

„Ja, oh!" Aus den Augenwinkeln heraus sah ich, dass er den Kopf schüttelte.

„Was?", fragte ich.

„Es stimmt. Du *bist* der letzte Mensch, dem ich so nah sein möchte. Du bist die Letzte, die ich mit ... mit meinem ganzen Scheiß vergraulen möchte. Du bist die Letzte, der ich nah sein möchte, weil ... weil ich dich wirklich sehr mag, Emily."

Fassungslos hörte ich seine Worte. Sie ergaben keinen Sinn – oder doch? „Aber du warst so wütend", sagte ich mit bleischwerer Zunge. „Ich habe dich gehört. Du hast geschrien, und es klang, als würdest du in deinem Zimmer randalieren."

Er stieß sein bitteres Lachen aus. „Siehst du, noch ein Grund, warum du dich von mir fernhalten solltest. Mein verdammter Jähzorn."

„Warum warst du denn so wütend?", fragte ich vorsichtig.

Er zögerte, aber nachdem sich sein Mund einige Male stumm geöffnet und wieder geschlossen hatte, sprach er endlich: „Weil es keinen Ausweg gibt. Ich ... *muss* dich weiterhin sehen."

Ich schluckte. An seiner romantischen Ader mussten wir noch feilen, so viel stand mal fest. „Du *musst*, oder du willst?"

Noah senkte den Blick auf seine Hände. „Beides", flüsterte er.

Schon besser!

Ich atmete erleichtert auf. „Gut, dann sind wir schon zu zweit."

Und dann, warum auch immer, schlüpfte etwas über meine Lippen, das ich mir geschworen hatte, ihm nicht zu erzählen. Zumindest *noch* nicht.

„Ich habe mit Adrian gesprochen."

Noahs Kopf schoss hoch, das Türkis seiner Augen funkelte beunruhigt. „Was hat er gesagt?"

Ich schwieg. Anscheinend zu lange, denn plötzlich beobachtete ich, wie sich Noahs Blick verhärtete und seine Finger, die kurz zuvor noch ruhig das Lenkrad umfasst hatten, Fäuste formten. Schon boxte er mit voller Wucht vor das Armaturenbrett.

„Verdammt!", schrie er. „Ich hasse ihn!"

Nicht nur seine harten Worte, sondern besonders diese unerwartete Heftigkeit und Lautstärke, ließen mich zusammenschrecken. Noah störte sich nicht an meiner Reaktion, er tobte wild vor sich hin. Mein Blick wanderte zu seiner rechten Hand, mit der er den armen Amarok misshandelt hatte. Die fast schon verheilten Schürfwunden an seinen Fingerknöcheln waren erneut aufgesprungen, das Blut rann in dünnen purpurroten Bächen über seinen Handrücken. Noah schien nichts davon zu spüren.

„Kann er sich nicht um seinen eigenen Mist kümmern? Was mischt er sich ein? Verflucht noch mal, warum lässt er mich nicht endlich in Ruhe?"

Die anschuldigenden Fragen und Beschimpfungen brachen sehr lange nicht ab. Doch dann, ganz plötzlich ...

Stille.

Dem heftigen Sturm folgte absolute Ruhe. Nur Noahs leicht zittriger Atem ließ noch auf seinen Zorn schließen.

„Er sorgt sich um dich", flüsterte ich und versuchte dabei, nach seiner verletzten Hand zu greifen. Er entzog sie mir, bevor ich sie richtig zu fassen bekam, und schlug bei der heftigen, ruckartigen Bewegung mit dem Kopf gegen sein Seitenfenster.

„Das kann er seinlassen, ich brauche ihn nicht", blaffte er. Plötzlich *war* er wieder der Junge vom ersten Schultag. Der, den ich zwar faszinierend, aber ebenso unausstehlich gefunden hatte.

„Hast du einen Schlüssel?", fragte er.

„Ja."

„Also, ... bis dann." Seine Stimme war eiskalt.

Wo war mein Engel abgeblieben? Ich überlegte, was ich sagen könnte, um die Anspannung von ihm zu nehmen, aber mir wollte einfach nichts einfallen. Also schnallte ich mich los und öffnete die Tür. „Bis dann, Noah! Danke, dass du mich nach Hause gebracht hast. Und für ... sonst alles."

Er blieb stumm, den Blick weiterhin starr auf seine Hände gerichtet, sodass ich sein schönes Gesicht nur im Profil sehen konnte.

Kaum hatte ich die Tür zugeworfen, trat er das Gaspedal durch und brauste, wie am ersten Schultag, mit quietschenden Reifen davon.

Im letzten Moment noch sah ich, dass er sich über die Augen wischte. *Tränen?*

XI.

Noah Franklin brachte meine Welt durcheinander. Zweifellos.

Ich lag in meinem Zimmer, auf meinem Bett, und starrte an die Zimmerdecke. Tausend Bilder und Gedanken rasten auf mich zu; alle drehten sich einzig und allein um ihn. Manche von ihnen streiften mich nur, manche blieben länger, manche lösten sich auf und wurden durch neue, wesentlich penetrantere ersetzt. Ich ergab mich ihnen und ließ sie – völlig passiv – mit mir machen, was sie wollten.

Erst als mich das Klingeln meines Handys aufschrecken ließ und mir eine nüchterne Männerstimme erklärte, dass man den Mini reparieren könnte, dabei aber Kosten von um die 3700 Dollar entstünden, wurde mir bewusst, dass all diese Gedanken um Noah meinen ersten eigenen Autounfall komplett aus meinem Bewusstsein verdrängt hatten.

Was stellte dieser Junge bloß mit mir an?

„Reparieren Sie ihn, wenn die Versicherung zahlt", ordnete ich so knapp an, als wäre ich selbst eine unbeteiligte Versicherungsangestellte in irgendeinem Callcenter, die etwas Derartiges hundertmal am Tag sagte.

„In Ordnung. Wir melden uns, sobald der Wagen fertig ist. Könnte aber durchaus Mittwoch oder Donnerstag werden. Brauchen Sie einen Ersatzwagen?" Ich verneinte und ärgerte mich im Nachhinein darüber, denn natürlich hatte ich mich damit selbst auf den Rücksitz von Jays Motorrad befördert.

Als mein Bruder nach Hause kam und die Treppe emporpolterte, verhielt ich mich vollkommen still. Die Rechnung ging auf, denn da kein Wagen in der Einfahrt stand, ahnte er auch nicht, dass ich da war. Somit ersparte ich mir das Kochen und widmete mich weiterhin meinen trudelnden Gedanken, bis ich spät am Nachmittag erschöpft einschlief.

Erst die Stimme meines Vaters weckte mich.

Als ich die Augen aufschlug, war das Tageslicht in meinem Zimmer bereits so schwach und kraftlos, dass ich nicht einmal dagegen anblinzeln musste.

„Jason, wo ist Emily?", rief mein Dad. „Schon wieder auf Achse?"

Die Zimmertür meines Bruders flog auf, bevor ich aus meiner Schlaftrunkenheit auftauchen konnte. „Nein. So wie ich das sehe, ist sie von dieser Party überhaupt nicht zurückgekehrt."

„*Was?*" Schlagartig klang die Stimme meines Vaters panisch. „Warum rufst du mich denn nicht an, Herrgott noch mal?"

Nur eine Sekunde später klingelte mein Handy auch schon lautstark. *Verflixt, verflixt, verflixt!*

Schon flog die Tür auf und Jay stand vor meinem Bett, auf dem ich noch immer zusammengerollt lag und mich nun schlafend stellte. Ich spürte seinen Blick und das breite Grinsen ... und fragte mich, was wohl in seinem Kopf vorging. Jason wäre nicht Jason gewesen, hätte er es lange für sich behalten. „Sag nichts. Du hast gesoffen."

Ich räkelte mich und zog mir die Decke über den Kopf, was seinen Verdacht offenbar nur bestärkte. „Ha! Emily hat gesoffen, Emily hat gesoffen", rief er in dem Ton eines hänselnden Fünfjährigen und entzog mir dann mit nur einem Ruck die Decke. Ich riss die Augen auf und funkelte ihn böse an.

„Grell, was? Und LAUT!!!", brüllte er direkt über meinem Gesicht. *Penner!*

Hätte ich wirklich Kopfschmerzen gehabt, wäre mir in diesem Moment vermutlich der Schädel geplatzt. Nüchtern schaffte ich es zumindest, meine Decke zurückzuerobern und mich erneut darunter zu verschanzen.

„Jason, lass sie in Ruhe!", rief mein Dad. „Zurück in dein Zimmer! Zum Henker noch mal, manchmal denke ich, du wirst nie erwachsen."

Ich liebte meinen Vater. Wirklich, ich liebte ihn von ganzem Herzen.

Jay schob grummelnd ab, und mein Dad setzte sich zu mir auf die Bettkante. „Ist nicht so schlimm, Knöpfchen", tröstete er mich mit meinem alten Spitznamen und strich mir dabei sanft die Haare aus der Stirn. „Mindestens ein Mal passiert das jedem."

Wäre ich wirklich betrunken gewesen, hätte ich meinem Bruder in diesem Moment wohl Abbitte getan. Denn Jay hatte in den vergangenen Jahren so viel Bockmist gebaut, dass mir mein Dad einen Alkoholrausch nicht mal übel genommen hätte. Im Gegenteil, er lobte mein Verantwortungsbewusstsein: „Es war gut, dass du nicht mehr gefahren bist. Soll ich dein Auto mit Jason abholen?", fragte er leise und rieb mir dabei über die Oberarme.

So schön es auch sein mochte, die Wahrheit für mich zu behalten und derart betüddelt zu werden, ich wusste, dass es höchste Zeit war, mit diesem Theater aufzuhören. Langsam setzte ich mich auf und begegnete dem besorgten Blick meines Vaters. „Tut dein Kopf nicht weh, wenn du so sitzt?"

„Nein!" Ich atmete tief durch. „Weil ich nicht betrunken bin, Dad."

„Oh! ... Gut." Sein erleichtertes Lächeln wurde bald schon von einem verständnislosen Gesichtsausdruck abgelöst. „Wo ist dann dein Auto?"

„Ich hatte einen Unfall."

„*Was?*" In einer ruckartigen Bewegung riss er die Bettdecke zurück und sah an mir herab. Keinen Schimmer, ob er sich vergewissern wollte, dass meine untere Körperhälfte noch da war – jedenfalls stand ihm der pure Schock in die Augen geschrieben. „Bist du verletzt?"

„Nein! Der Airbag hat ..."

„Der *Airbag*? Es war so schlimm, dass der *Airbag* ausgelöst hat?"
„David!"

„Wage es nicht, mich David zu nennen, Emily Rossberg, ich bin immer noch dein Vater. Und ich raste hier gerade aus."

„Eben", sagte ich bestimmt. „Es war überhaupt nicht schlimm. Ehrlich, Dad, der Airbag geht schon auf, wenn man mit dem Fuß vor die Stoßstange tritt. Habe ich im Internet gesehen."

Langsam, wahrscheinlich nachdem er meine Zehen nachgezählt hatte, beruhigte sich seine Atmung wieder. „Warum hast du nicht angerufen?"

Ich zuckte mit den Schultern. „Ein Freund war in dem Wagen direkt hinter mir und hat mir geholfen, als die Polizei ..." Sein Gesichtsausdruck entgleiste. *Oh, oh, falsches Stichwort.*

„Polizei?" Nun stützte er seinen Kopf in die Hände und rieb sich über die Schläfen. *Schlechtes Zeichen.* „Ist jemand verletzt?"

„Nein, der BMW hat kaum was abgekriegt."

„Und dein Mini?"

„Ist in der Werkstatt und wird repariert. Der andere Fahrer war schuld, er hat mir die Vorfahrt genommen. Ich habe das polizeiliche Protokoll, liegt auf dem Schreibtisch. Seine Versicherung zahlt den Schaden."

Mit weit aufgerissenen Augen sah mich mein Vater an.

„Und wie bist du nach Hause gekommen?"

„Der ... ähm ... Freund hat mich gefahren."

„Der Ähm-Freund?", hakte er unter hochgezogenen Augenbrauen nach. „Hat der auch einen Namen?"

„Noah Franklin." Die plötzliche Röte meiner Wangen war ihm wohl nicht entgangen, aber mein Dad ging gnädigerweise nicht weiter darauf ein.

„Trotzdem hättest du anrufen sollen. Spätestens als du wieder hier warst, Emmy."

„Du warst doch am Set."

„Na und? Ich wäre sofort gekommen", versicherte er mir.

„Siehst du?"

„Sehe ich was?"

„Genau das wollte ich vermeiden. Es hätte doch nichts an dem geändert, was bereits passiert war. Mir geht es gut und du hättest vollkommen vergeblich einen wertvollen Tag am Set verloren."

Mein Dad sah mich lange grimmig an, dann schüttelte er den Kopf. Schließlich verzog sich sein Mund zu einem breiten Schmunzeln.

„Kannst du deinem Bruder nicht ein wenig von deiner Vernunft abgeben? Selbst mit einer simplen Reifenpanne lässt der mich eher vom Set kommen, als eine Werkstatt in seiner Nähe anzurufen."

Typisch Jason. Ich musste grinsen.

„Warum wusste dein Bruder eigentlich nicht, dass du da bist?", fiel es meinem Vater plötzlich auf.

„Ich hatte keine Lust zu kochen", gestand ich kleinlaut.

Es dauerte ein wenig, bis er die Zusammenhänge begriff. Dann lachte er lauthals los. „Recht hast du, Knöpfchen. Und ob er dich hätte kochen lassen. Gut gemacht! ... Also los, ich bestelle uns eine Pizza. Für dich mit Rucola und Schinken, wie immer?"

165

Ich nickte, zog die Decke über meine Schultern und schloss meine Augen, während sich mein Vater erhob und mir sanft über die Wange strich. Im Rausgehen drehte er sich noch einmal um.

„Kriegst du einen Ersatzwagen?"

Ich schüttelte den Kopf. „Es sind ja nur ein paar Tage. Die komme ich auch ohne Auto aus."

„Gut. Ich kann dich morgens mitnehmen."

Hm, wenn es etwas Peinlicheres gab als mit Jason zu fahren, dann das Erscheinen meines berühmten Vaters an meiner Schule. Nicht, dass ich mich für ihn schämte, denn das tat ich nicht, aber die Unruhe, die er unter meinen Mitschülern auslösen würde, wäre mir wirklich unangenehm.

Mit gerunzelter Stirn las er in meinem Blick. „Du fährst mit Jason", stellte er schließlich fest und lachte über mein hastiges Nicken. Schon schloss sich die Zimmertür und sein Gesicht war verschwunden.

Sofort wurde es von einem jüngeren, schöneren Gesicht ersetzt, das ich so deutlich sah, als würde es wirklich dicht über mir schweben.

Wo standen wir nun, nach meinem Geständnis?

Noah wusste genau, dass Adrian mir von seinem Selbstmordversuch erzählt hatte, auch wenn ich das nie ausgesprochen hatte. Warum war ich nicht einfach still geblieben? Warum war er so ausgerastet? Würde er mir jetzt überhaupt noch erzählen, was er in seinem Zimmer wirklich gesagt hatte? Mit wem er telefoniert hatte?

Und wann würden all diese Fragen, die er aufwarf, endlich aufhören sich wie wild zu vermehren und stattdessen abebben oder wenigstens zu einem Stillstand kommen? Oder würde er von nun an mein ewiges Rätsel bleiben?

Es war mir, als läge die größte Herausforderung meines Lebens in dem schwimmenden Türkis seiner traurigen Augen.

Ich dachte an unseren verkorksten Abschied. Daran, dass er mich beim Losfahren nicht einmal angesehen hatte.

Dann dachte ich an sein sanftes *„Gute Nacht"* vom Vorabend und an seine Fingerspitzen, die dabei federleicht über meine Wange geglitten waren. Bis zu unserem Wiedersehen am Morgen war nichts mehr von dieser behutsamen Zärtlichkeit übriggeblieben.

„Verflucht noch mal, was machst du da?", hatte er gefragt und

mich damit bis ins Mark erschreckt. Würde es von nun an immer so sein? Einen Schritt vor und zwei zurück?

Später am Abend aß ich meine Pizza, ohne irgendetwas zu schmecken, und wunderte mich, als mein Teller mit einem Mal leer vor mir stand. Ein Seitenblick auf Jay, der genüsslich an einem Viertel meiner Rucola-Pizza kaute, klärte die Situation, aber es war mir so egal, dass ich seine Dreistigkeit kommentarlos überging.

Unser Vater, scheinbar noch immer besorgt wegen des Unfalls, fragte mich während des Essens gefühlte dreißig Mal, ob mir irgendwas wehtäte – „Der Hals vielleicht?" – und räumte sogar freiwillig den Tisch ab.

Zurück in meinem Zimmer, packte ich meine Bücher für die Schule zusammen, legte mich ins Bett, stopfte mir die Kopfhörer meines iPods in die Ohren, drehte *Rolling in the deep* von Adele voll auf und überhörte so beinahe das Klingeln meines Handys. *Kathy*, zeigte das blinkende Display an.

„Hallo?", meldete ich mich lustlos.

„Emily? Bist du in Ordnung? Lucy hat gerade angerufen und erzählt, dass du einen Unfall hattest?"

„Ja, aber es geht mir gut. Der Mini ist ziemlich kaputt, dürfte bis Mittwoch oder spätestens Donnerstag aber wieder repariert sein." Und schon kam ich mir erneut wie ein Tonband vor. „Gott sei Dank! ... Was war heute Morgen eigentlich mit Noah los? Habt ihr euch gestritten, oder was?"

„Wieso?", heuchelte ich.

„Na, du warst kaum weg, da stürzte er in den Garten und verlangte den Autoschlüssel von Lucy. Überhaupt wirkte er heute wieder extrem aufgebracht."

„Hm", machte ich undefinierbar. „Woher wusste Lucy denn, dass ich einen Unfall hatte?"

„Keine Ahnung! Ich dachte, du hättest es ihr erzählt." *Mist!*

„Nein, ich ... Kathy, kannst du mir bitte Lucys Handynummer geben?"

„Ähm ... klar!"

Kurz darauf legten wir auf, und ich begab mich daran, Lucy eine SMS zu schreiben.

Hi Lucy! Hat Noah dir von dem Unfall erzählt? Es war nicht so schlimm, mir geht es gut. Wir sehen uns morgen in der Schule. Bis dann, und vielen Dank noch mal für die tolle Party. Emily

Lucy machte sich nicht die Mühe, mir zu antworten, sie zog es vor direkt anzurufen.

„Hallo?"

„Emily! Gut, dass du dich gemeldet hast. Was ist zwischen dir und Noah geschehen? Er war außer sich, als er zurückkam."

Alarmiert setzte ich mich auf. „Was bedeutet *außer sich*?"

„Na ja, er hat Adrian angeschrien, er solle sich endlich aus seinem Leben heraushalten, und dann hat er den Toaster quer durch die Küche geschmissen."

„Den Toaster?"

„War wohl das Erste, was er in die Finger bekam."

„Hm ... Ich kann dir nichts dazu sagen, Lucy, tut mir leid. Das ist etwas, das dir Noah oder Adrian erzählen müssen. Ich habe schon genug angerichtet."

Ich konnte mir bildlich vorstellen, wie Lucy auf ihrem Bett saß und mit geschürzten Lippen über meiner Antwort brütete, die ihr mit Sicherheit so gar nicht gefiel.

„Na schön", seufzte sie schließlich. „Ich hoffe, du weißt, was du mit Noah tust."

„Ganz und gar nicht", gestand ich.

Sie kicherte, jedoch nur kurz. „Du tust es aber doch trotzdem, nicht wahr?"

„Was auch immer, mir bleibt gar keine andere Wahl."

„Wie meinst du das?" Der hoffnungsvolle Ton in ihrer Stimme entging mir nicht.

„So, wie du es verstanden hast."

„Gott, Emily, sei nicht so übermäßig kryptisch und rede Klartext mit mir", maulte sie. *Also gut!*

„Ich bin dabei, mich in deinen Bruder zu verlieben, Lucy!" Ein schrilles Quietschen, verstärkt durch die beschränkte Technik meines uralten Handys, traf auf mein Trommelfell und versetzte es in schmerzhafte Schwingungen.

„Oh, du glaubst gar nicht, wie lange wir schon auf dich gewartet haben."

„Lucy?"

„Hm?"

„Irgendwie merkt man, dass du Adrians Zwilling bist." Ich sah sie nicht, aber ich spürte förmlich, wie breit ihr Grinsen ausfiel.

„Ja, nicht wahr?"

So sehr ich ihm auch mit der Verweigerung meiner Kochkünste drohte, Jason ließ es sich nicht nehmen, am folgenden Morgen sein protziges Motorrad vor der Schule abzustellen, seinen Helm gaaanz langsam abzustreifen und so gut wie jedem Mädchen, das an ihm vorbeilief, zuzuzwinkern.

Warum genau hatte ich den verdammten Ersatzwagen verweigert? Vermutlich hatte ich mir den Kopf doch härter angeschlagen als bemerkt. Heute schmerzte zumindest mein Hals ganz schön, was ich allerdings für mich behalten hatte, denn sonst hätte ich in diesem Moment nicht nur mit hochroter Birne, sondern mit hochroter Birne, gestützt von fetter Halskrause, vom Motorrad meines Bruders steigen müssen.

„Geh endlich, du verscheuchst die Beute", zischte der mir zu und beeilte sich, mir den Helm abzunehmen.

Himmel, das tat ich mir ganz gewiss kein zweites Mal an.

„Nach Hause komme ich mit Freunden", beschloss ich schnell.

„Was auch immer, mach dich vom Acker!", murmelte Jay und versuchte sein Zahnpasta-Werbe-Grinsen von den brüsken Worten unangetastet zu lassen.

Schnell packte ich meine Bücher und lief über den Schulhof zum Eingang. Denn natürlich war ich heute spät dran, Jay sei Dank. Dennoch lief ich zuerst zum Sekretariat und verlangte dort nach Mrs Porter, der Direktorin.

„Hast du Probleme, Kind?", erkundigte sich die nette Sekretärin besorgt, aber ich schüttelte nur den Kopf, ohne weitere Worte folgen zu lassen. Irgendetwas schien sie in meinen Augen zu sehen, das sie von meiner Entschlossenheit überzeugte. Und so zuckte sie endlich mit den Schultern und verschwand im Büro der Rektorin, nur um mich kurz darauf hineinzubitten.

„Guten Morgen, Mrs Porter", sagte ich höflich und streckte meine Hand über den breiten Schreibtisch.

„Guten Morgen, Miss Rossberg", erwiderte die elegant wirkende Frau mit dem leicht angegrauten Kurzhaarschnitt und der schmalen eckigen Brille. Sie sah tatsächlich so aus, wie man sich eine Direktorin vorstellte. „Was führt dich zu mir? Hast du keinen Unterricht?", fragte sie und deutete auf einen der Stühle vor mir.

„Doch, aber ich muss zuerst noch etwas klarstellen."

„So? Und das wäre?" Ja, sie hatte auch den typischen Rektorinnen-Ton. Der, der es einem schwermachte, ihr in die Augen zu schauen, während man sprach. Dennoch zwang ich mich dazu, als ich ihr gradheraus erklärte, dass Noah nichts mit Bill Jankins' angebrochener Nase zu tun hatte.

Jedem anderen wäre an dieser Stelle wohl die Kinnlade herabgeklappt, aber Mrs Porter schaffte es tatsächlich, ihre würdevolle Miene nicht entgleisen zu lassen. Lediglich ihre linke Augenbraue zuckte ein wenig nach oben und verlieh ihrem Gesicht einen skeptischen Ausdruck.

„Und das weißt du, weil ...?", forderte sie mich auf.

Ich atmete tief durch. „Weil *ich* es war, die Bill geschlagen hat."

Nun zuckten ihre Mundwinkel. Sie schwieg für ein paar Sekunden, bis sie sich wieder vollständig unter Kontrolle hatte. „Emily, ich weiß, dass du noch nicht sehr lange bei uns bist. Und ich finde deinen Mut wirklich bewundernswert, auch wenn deine Ambitionen eindeutig die falschen sind." *Was?*

Ich verstand nur Bahnhof, was man mir vermutlich auch ansah.

Mrs Porter lehnte sich vertraulich vor und sprach nun etwas leiser als bisher. „Ich bin auch eine Frau, Emily. Und ich sehe, dass Noah wirklich sehr gut aussieht. Glaub mir, so etwas kann man auch noch erkennen, wenn man schon etwas älter ist. Ich kann dich also durchaus verstehen. Dennoch, er wird es dir nicht danken." An diesem Punkt begriff ich, war jedoch zu geschockt, um zu reagieren. Also fuhr Mrs Porter fort.

„Noah Franklin ist ein sehr schwieriger Fall. Er ist einer der intelligentesten Schüler, die wir je hatten, lernt ohne Schwierigkeiten und scheinbar völlig mühelos. Betrachtet man jedoch seine sozialen Fähigkeiten, weist der Junge große Defizite auf. Er ist nun mal äußerst aggressiv. Und das hat er nicht erst dem armen Bill bewiesen, sondern leider schon lange vor diesem Vorfall."

Ich traute meinen Ohren kaum. Der *arme* Bill? Der *aggressive* Noah? Oh nein, so würde dieses Spiel nicht enden. Nicht so, wie Bill es sich zurechtgelegt hatte.

„Nein!", rief ich viel zu laut.

Mrs Porter lehnte sich in ihrem Drehstuhl zurück und sah mich verdutzt an. Na bitte, die Maske unerschütterlicher Ruhe war gefallen.

„*Ich* habe Bill geschlagen. Aus ... einer Art Reflex heraus. Weil er ..." Ich holte tief Luft, dann sackten meine Schultern ein. „Weil er mich bedrängt hat."

Nun zogen sich die scharfgezogenen Augenbrauen der Direktorin tief zusammen. Sie beugte sich erneut ein wenig vor. „Er hat dich bedrängt, sagst du? ... Emily?"

Ich nickte ... und wie auf ein Signal hin, hoben sich die Augenbrauen, auf denen mein Blick haftete. „Würde es dir etwas ausmachen, mir das ein wenig ausführlicher zu schildern?"

Ich zögerte zwar, weihte sie dann jedoch ebenso vollumfänglich ein, wie zuvor schon Joe. Berichtete von Bills verletztem Stolz und seinem Kuss. Ignorierte das Blut, das mir dabei ins Gesicht schoss und in meinen Ohren dröhnte ... und hörte nicht auf zu sprechen, bis sie alles wusste.

Noah! Er war es, für den ich hier gerade durch die Hölle ging. Der Gedanke verlieh mir Stärke.

„Wo hast du denn gelernt, dich so effektiv zu verteidigen?", fragte Mrs Porter, als mein Redeschwall endlich abbrach.

Nach wie vor blickte ich ihr fest in die Augen, in denen die Skepsis langsam abebbte. „Selbstverteidigungskurs." Ich beschloss, dass das zumindest halb der Wahrheit entsprach und bedankte mich noch einmal still bei Sandra, der besten Selbstverteidigungs-Lehrerin aller Zeiten.

Nachdenklich rollte Mrs Porter ihren Kugelschreiber zwischen den Fingerspitzen beider Hände hin und her. „Aber warum beschuldigt Bill Noah?", fragte sie schließlich.

Ich berichtete, dass Noah uns beobachtet und Bill anschließend ausgelacht hatte. Dann legte ich ihr ausführlich meine Theorie dar, dass Bill sich zumindest an Noah hatte rächen wollen, zumal er mit Sicherheit davon ausgegangen war, dass ich Noahs Suspendierung stillschweigend hinnehmen würde.

Die Direktorin lauschte, ohne mich auch nur ein einziges Mal zu unterbrechen. Als ich geendet hatte, sah sie mich noch lange schweigend an, bis sie irgendwann den Knopf ihrer Gegensprechanlage drückte. Die freundliche Sekretärin, deren Namen ich mir einfach nicht merken konnte, meldete sich prompt. „Ja?"

„Mrs Tonisson, bitte rufen Sie bei den Franklins an. Noahs Suspendierung ist mit sofortiger Wirkung aufgehoben. Er soll so schnell wie möglich in meinem Büro erscheinen."

Ich erschrak ... und scheinbar nicht nur ich.

„In Ihrem Büro, jawohl", wiederholte Mrs Tonisson. „Soll ich ... irgendwelche Formulare vorbereiten?" Vermutlich ging sie davon aus, dass Noah ein Schulverweis bevorstand.

„Nein, nicht nötig", antwortete Mrs Porter und drückte dann erneut auf den Knopf, um den Austausch zu beenden. Sie sah mich an und lächelte freundlich. „Aber ich sollte mich zumindest bei dem Jungen entschuldigen, nicht wahr?"

Ich rührte mich nicht; zu nicken schien mir unangebracht.

„Okay, Emily, geh jetzt in deinen Unterricht! Oder warte, ich bringe dich hin und entschuldige deine Verspätung."

Ahhh! Jetzt wurde ich auch noch von der Direktorin persönlich abgesetzt. *Wird diese Schmach jemals enden?*

Still liefen wir nebeneinander her. Mrs Porters Hand lag bereits auf der Türklinke zu meinem Unterrichtsraum, da sah sie mich noch einmal an.

„Was du heute für Noah getan hast, Emily, ... das war sehr nett von dir. Ich denke nicht, dass eine deiner Mitschülerinnen dasselbe gemacht hätte, aber ich versichere dir, dass Bill die Konsequenzen seines Handelns tragen wird." Mit diesen Worten öffnete sie die Tür und winkte mich hindurch.

„Mister Sheppard, ich bringe Ihnen Miss Rossberg. Ihre Verspätung ist entschuldigt. Dasselbe gilt für Noah Franklin, sollte er noch erscheinen."

XII.

Kathy sah mich neugierig an, als ich neben ihr Platz nahm. Ich bedeutete ihr mit einer knappen Geste, später Bericht zu erstatten, konnte ich es doch unmöglich riskieren, jetzt auch noch beim Schwätzen erwischt zu werden. Noch mehr Aufmerksamkeit würde ich nicht verkraften.

Immer wieder sah ich auf die Uhr. Wir hatten eine Doppelstunde Geschichte. Noah müsste es innerhalb des Unterrichts schaffen, sich zu uns zu gesellen, befand ich.

Er kam nicht.

Auch als die Schulklingel zum zweiten Mal ertönte und Mr Sheppard seinen Unterricht für beendet erklärte, war Noah noch nicht da.

Mehr schlecht als recht brachte ich den Rest des Vormittags hinter mich. Es fiel mir extrem schwer mich zu konzentrieren, denn das Gefühl, er würde überhaupt nicht mehr erscheinen, wuchs von Minute zu Minute – und mit ihm meine innere Unruhe.

In der Mittagspause strömten meine Mitschüler der Kantine entgegen; nur mir war jeglicher Appetit vergangen. Außerdem hatte ich heute mein eigenes Essen mitgebracht, aber auch das war nun egal. Noah war nicht gekommen. Ob er noch sauer war? Oder vielleicht krank?

Meine Sorge ließ sich nicht verbannen, auch wenn Lucy mir versicherte, Noah habe am Morgen zwar nicht besonders gut gelaunt aber auf jeden Fall kerngesund gewirkt.

Missmutig lief ich über den Schulhof, in dem Vorhaben, mich in meinem Mini zu verschanzen und lautstark Musik zu hören. Erst als ich auf dem Parkplatz ankam, fiel mir wieder ein, dass ich momentan ohne fahrbaren Untersatz dastand. Oh Mann, war ich verwirrt!

Ich kramte nach meinem iPod und durchsuchte meine Playlists nach etwas Passendem. Irgendetwas, das Stress abbaute. Nach kurzem Suchen entschied ich mich für Metallica. Mochte ich nur selten, konnte in Ausnahmefällen aber echt hilfreich sein.

Gerade als ich mich nach einem passenden Plätzchen umsah, um meiner schlechten Laune ungebremste Entfaltung zu gewähren, bemerkte ich die Figur am Rande des Schulgeländes, die im Schatten einer alten Buche saß und mich still beobachtete. Noahs Blick traf mich stechend. Trotz der großen Distanz brannte er auf meiner Haut und ließ mich auf der Stelle in meinen Bewegungen innehalten. Endlich schnappte ich aus meiner sekundenlangen Starre und bewegte mich langsam auf ihn zu. Noah sah mich weiterhin unverwandt an. Sein Pokerface war so unnahbar, dass es mich ängstigte. Aber Metallicas *Whiskey in the Jar* dröhnte in meinen Ohren und verlieh mir den Mut weiterzugehen. Ich konnte nicht einschätzen, ob Noah jeden Moment aufspringen und weglaufen würde. Ich konnte nicht mal abschätzen, ob er überhaupt mit mir sprechen würde.

Als ich bei ihm war, zog ich mir die Kopfhörer aus den Ohren und begrüßte ihn mit einem schüchternen „Hi!". Erst als ich den scharfen Stich in meiner Brust spürte, wurde mir bewusst, wie lange ich die Luft zuvor angehalten hatte.

„Hi!", erwiderte Noah. Erleichtert atmete ich aus.

„Sitzt du oft hier draußen?" Ein Schulterzucken. „Manchmal."

„Und wenn nicht?"

„Im Auto oder ... Scheiße! Emily, was soll das werden?"

„Was soll *was* werden?", fragte ich, überrascht von seiner Reaktion.

„Das hier." Er machte sich nicht die Mühe, seine Worte mit Gesten zu unterlegen.

„Bist du noch sauer?", fragte ich verständnislos.

Mürrisch sah er zu mir auf, dann erhob er sich und ging einen Schritt auf mich zu. Er war so viel größer als ich, dass er regelrecht auf mich herabblicken musste. Vermutlich war er nur deshalb aufgestanden.

„Ich ... sauer auf *dich*?", fragte er, aber seine Stimme war nicht sanft. Es war mehr ein Zischen, der unterdrückte Zorn nur schlecht getarnt. Überhaupt passten seine Worte und sein Ton auffallend selten zusammen. „*Du* bist doch abgehauen, nachdem dir der Idiot den Mist von mir erzählt hat und du voreilige Schlüsse aus meinen Worten gezogen hast. Ohne zu beachten, dass sie vollkommen aus dem Zusammenhang gerissen waren, wohl bemerkt. Also, warum kommst du jetzt und tust so, als wäre nie etwas geschehen?"

Für einige Sekunden stand ich sprachlos vor ihm. So hatte er meine Reaktion gestern gedeutet? Als Flucht *vor ihm,* nachdem Adrian mich aufgeklärt hatte.

„Nein!", rief ich, als die Erkenntnis einsetzte. „Ich bin nur wegen deiner Äußerungen weggelaufen. Es klang nun mal so, als würdest du über mich herziehen. Ich weiß bis jetzt nicht, wie ich dich falsch verstanden haben kann, denn deine Worte klangen verdammt eindeutig in meinen Ohren. Aber ich bin gerne bereit, mich vom Gegenteil überzeugen zu lassen, solltest du überhaupt noch Interesse daran haben."

Ich stockte kurz. *Bitte! ... Bitte, überzeug mich vom Gegenteil! ... Bitte!*

„Was Adrian mir erzählt hat, hatte nichts damit zu tun, dass ich getürmt bin. Das ... schwöre ich."

Nun sah Noah hoffnungslos verstört aus. Er ging ein paar Schritte zurück und blickte mich prüfend an. „Nicht?"

„Nein", sagte ich fest.

Plötzlich fiel mir das Essen in meinem Rucksack ein. „Mir ist aufgefallen, dass du nie etwas isst. In der Kantine, meine ich."

Er zuckte nur mit den Schultern, pferchte seine Hände in die Hosentaschen und senkte den Blick. „Zu viele Idioten."

„Hm. ... Würdest du denn mit mir essen?"

„Ich gehe nicht in die Kantine", erwiderte er postwendend.

Das war mein Schlüsselsatz. Schnell kniete ich mich unter den Baum und breitete meine Sweatjacke, die ich am Morgen – während der Motorradfahrt mit Jay – getragen hatte, vor meinen Knien aus. „Musst du auch nicht", sagte ich, während ich meinen Rucksack öffnete und die mitgebrachten Sandwiches auspackte. „Hier! Putensandwiches und welche mit Thunfisch. Außerdem ...", damit brachte ich verschiedene Plastikboxen zutage, „... habe ich Obst und ein paar Käsecracker eingepackt."

Noah sah mit offenem Mund auf mich herab, dann ging er zögerlich neben mir in die Hocke. „Hast du das alles ..."

„Für uns mitgebracht?", vervollständigte ich seinen Satz. „Ja, natürlich. Bitte, nimm dir was du magst."

Er zögerte noch kurz, bevor er nach einem Thunfischsandwich griff und kraftvoll hineinbiss. Ganz wie ich vermutet hatte, natürlich war er hungrig.

Eine Weile beobachtete ich ihn, dann fiel mir mein Versprechen wieder ein. „Ich erzähle dir alles von meinem Gespräch mit Adrian ... und was mir dabei durch den Kopf ging", begann ich.

Sofort schoss sein Blick hoch. „Aber nur, wenn du mir etwas versprichst."

Noah wischte mit dem Handrücken über seinen Mund und schluckte; seine Augen wurden wieder schmal. „Was?"

„Dass du nicht wieder so sauer wirst. Dein Zorn ... ist nicht hilfreich."

Es dauerte, aber dann, endlich und unter deutlichen Schwierigkeiten, rang sich Noah ein Nicken ab. „Und dass du keine voreiligen Schlüsse ziehst." Dieses Mal kam seine Zustimmung schneller.

Zufrieden nahm ich mir ein Stück Apfel und biss hinein. „Adrian sorgt sich sehr um dich. Ich weiß nicht warum du denkst, es könnte anders sein. Aber du irrst dich, Noah."

Er verdrehte die Augen und setzte an zu antworten, doch ich warf ihm einen warnenden Blick zu und fuhr schnell fort: „Lucy und er ahnen, dass deine ... leiblichen Eltern ... dich sehr schlecht behandelt haben."

Sofort verspannte er sich und legte das Sandwich zur Seite.

„Du musst nichts dazu sagen, Noah. Ich erzähle dir nur die Dinge, die du wohl nie erfahren würdest, wenn man es weiterhin allein dir überließe."

Es stimmte. Ich spürte, dass man ihn an die Hand nehmen und führen musste, um auch nur die Hoffnung auf dauerhafte Änderung hegen zu können. Und da er scheinbar nur mir die Chance dazu ließ ...

„Weiter!", befahl er brüsk.

„Iss!", entgegnete ich im selben Ton.

Sein Blick schoss mir entgegen wie ein giftiger Pfeil, aber ich hielt ihn trotzig fest. Eine Weile kämpften wir stumm um Dominanz, dann seufzte er und griff erneut nach seinem Sandwich. Er nahm einen großen Bissen und sah mich dabei auffordernd an.

„Beide gehen davon aus, dass man dich ... misshandelt hat ..." Die Vorstellung allein reichte aus, um meine Verzweiflung vom Vortag erneut aufkeimen zu lassen. Ich bemerkte, dass sich Noahs Hände so stark verkrampften, dass er das Sandwich förmlich zerquetschte. Die Remouladensoße quoll an den Rändern heraus und rann zwischen seinen Fingern hindurch. Ich wies ihn nicht darauf hin – nicht einmal, als sie auf meine Jacke herabtropfte. Das war absolut nebensächlich.

„Adrian hat mir erzählt, dass ...", dieser Teil war weitaus schwieriger. Ich fürchtete einen weiteren Wutausbruch – ganz egal, was Noah zuvor versprochen hatte. Ich wollte zumindest sichergehen, dass er gegessen hatte, also wartete ich ab, bis er den nächsten Bissen genommen hatte und sagte dann leise: „ ... dass du dir das Leben nehmen wolltest."

Noah wusste bereits, dass sein Bruder dieses Geheimnis gelüftet hatte. Dennoch schien es einen Unterschied zu machen, die Worte so direkt aus meinem Mund zu hören, denn er legte das Sandwich erneut beiseite und sprang auf.

„Lauf nicht weg!", rief ich panisch, als er sich in Bewegung setzte. „Du hast es versprochen." Ich klang wie ein verzweifeltes Kind, selbst in meinen eigenen Ohren.

Wie auf Kommando drehte er sich auf dem Absatz um und lief wieder zurück. Baute sich bedrohlich vor mir auf und wandte sich dann erneut ab.

Ich erhob mich. „Noah!"

Erneut kehrte er um und kam auf mich zu. Dieses Mal sah er mir tief in die Augen, nur Zentimeter von meinem Gesicht entfernt. Dann wandte er sich wieder ab und lief ein paar Meter, nur um erneut kehrtzumachen und zu mir zu kommen. Seine Bewegungen erinnerten mich an die eines Tigers in einem viel zu kleingeratenen Gehege.

„Du hast keine Ahnung, warum ...", rief er endlich. „Nicht die leiseste Ahnung, wie es ist ..." Seine Sätze verhallten unvollendet.

„Genau", flüsterte ich. „Das ist ja Adrians Dilemma. Er sorgt sich um dich, genauso wie deine Eltern und Lucy. Und ich. Keiner von uns weiß, was in dir vorgeht. Das lässt ihn ... sie ... *mich* ... fast verzweifeln."

Wieder sah Noah so entsetzt auf mich herab, dass er eigentlich hätte blass sein müssen. Er schwieg lange, dann sagte er – so leise, dass es mich kaum erreichte: „Unwissenheit ist in dem Fall besser als die Wahrheit, glaub mir."

Und mit diesen Worten sackte er in sich zusammen, kauerte plötzlich unmittelbar vor mir und verbarg den Kopf in seinen Armbeugen. Mit den Händen raufte er sich die Haare am Hinterkopf ... und verteilte dabei die Remouladensoße in seinen blonden Strähnen.

„Ausgerechnet du ...", hörte ich ihn murmeln und spürte in diesem Moment seine Scham. Ja, er schämte sich vor mir, dessen war ich mir nun sicher.

Zögerlich ging ich in die Knie und streckte, so langsam wie in Zeitlupe, meine Hände nach seinen aus. Federleicht ließ ich meine Fingerspitzen über seine Handrücken gleiten. Ich fürchtete, er würde zurückschrecken, doch er ließ die Berührung zu. Und so säuberte ich seine Haare so unauffällig wie nur möglich von der hellen Soße.

„Was, *ausgerechnet ich*, Noah?"

Er hob den Kopf und lenkte seinen Blick zurück in meine Augen. „Ausgerechnet du weißt nun, wie schwach ich bin."

Empört schüttelte ich den Kopf. „Du bist nicht schwach. Du bist der mit Abstand tapferste Mensch, den ich kenne." Meine Worte wirkten in der Stille nach. Er musste einfach spüren, dass sie wahr waren. So, wie ich seinen Kummer spürte und die Kraft, mit der er ihn jeden Tag ertrug.

„Ich wünschte du hättest recht", flüsterte Noah unter einem Kopfschütteln. „Aber du irrst dich. Du siehst mich völlig falsch – in jederlei Hinsicht."

Ich berührte seine Hände, die nun auf seinen Knien ruhten, mit etwas mehr Druck. „Soll ich dir sagen, was ich sehe?" Noah verharrte so lange still, bis ich beschloss, nicht länger auf seine Zustimmung zu warten.

„Wenn ich dich berühre, schrickst du manchmal zurück", begann ich zaghaft. „Aber das hier ...", ich nahm seine Finger und hielt sie behutsam, „... scheint in Ordnung zu sein." Er blickte auf unsere Hände hinab und drückte, wie zur Bestätigung, sanft zu.

„Und das hier ..." Nun streckte ich ganz vorsichtig eine Hand nach ihm aus und ließ meine Fingerspitzen über seine Wange gleiten. Bei der Berührung flatterten seine Lider, und als ich meine zweite Hand für seine andere Wange hinzunahm, schloss er die Augen und atmete tief und zittrig aus. „... das auch?", fragte ich leise.

Noah nickte mit geschlossenen Augen.

„Aber warum nur bei mir?", fragte ich weiter, in der Hoffnung, er würde mich verstehen.

Er öffnete seine Augen und sah mich tief an. „Ich weiß es nicht", antwortete er sehr ehrlich. „Ich ... vertraue dir. Wahrscheinlich muss das so sein."

In diesem Moment wäre ich ihm am liebsten um den Hals gefallen und hätte ihn geküsst. Es kostete meine gesamte Selbstbeherrschung, es nicht zu tun. „Ich laufe nicht weg. Nicht vor dir", versicherte ich ihm stattdessen. „Ich gehe nirgendwohin, solange du mich bei dir haben willst."

Wieder schwiegen wir für eine unbestimmte Weile; sanft streichelte ich seine Wangen. Noahs Finger erfassten eine meiner Haarsträhnen, zwirbelten sie zaghaft und strichen sie schließlich hinter mein Ohr zurück. „Ich bin so ... *kaputt*, Emily", flüsterte er. „In vielerlei Hinsicht ein totales Wrack."

Sein Geständnis traf mich mitten ins Herz. „Wie sollte es auch anders sein?", gab ich so leise zurück, dass ich hoffte, das Schwanken meiner Stimme bliebe ihm verborgen. „Aber wir kriegen das hin. Nur ...", erneut griff ich nach seinen Händen und hielt sie in meinen. Mit meinen Daumen fuhr ich über seine geschundenen Knöchel. „Bitte, du musst damit aufhören dir wehzutun, Noah."

Er schluckte und schwieg. Vergeblich wartete ich darauf, dass er mir sein Versprechen gab.

„Ich habe nie ... jemanden an mich herangelassen. Nicht einmal Joe und Marie ... oder Lucy. Geschweige denn Adrian", gestand er stattdessen.

„Ich weiß."

„Und dann kommst du und ..."

„... bringst alles durcheinander", vervollständigte ich seinen Satz.

Noah sah noch immer auf unsere Hände hinab. „Ja. Auch wenn ich es anders ausgedrückt hätte. Es stimmt."

„Ich weiß", sagte ich erneut. „Mir geht es doch genauso mit dir."

„Emily?" Nie zuvor klang mein Name so sanft wie aus seinem Mund.

„Hm?"

„Fühlst du dich denn nicht ... *abgestoßen* ... von mir?"

„Abgestoßen?", fragte ich verständnislos. Spürte er denn nicht, dass das Gegenteil der Fall war? Er wirkte wie ein Magnet auf mich, wie mein Gegenpol.

„Du weißt schon. Die meisten Verbrecher haben ... eine schlimme Kindheit hinter sich", erklärte sich Noah derweil weiter.

Ich verstand. Er befürchtete noch immer, ich würde falsche Schlüsse aus seiner Vergangenheit und seinem Verhalten ziehen.

„Die Menschen, die dir das angetan haben, stoßen mich ab. Nicht du. Ein *Kind*, Noah ... Du warst doch noch ein *Kind*."

„Ja."

Ich wollte ihn fragen, wer ihm so etwas Schreckliches angetan hatte und wie alt er gewesen war, als es begann. Doch ich wagte einfach nicht, diese Fragen zu stellen. Ich war froh, dass er nun wusste, wie ich für ihn fühlte – und ich hoffte, dass es ihm mit mir ähnlich ging.

Langsam entspannte er sich, nahm eine neue Position ein, die gelockerter wirkte. Er verschränkte seine Beine und sackte ein wenig in sich zusammen. Gerade atmete ich erleichtert auf, als Noah wie aus heiterem Himmel den Kopf schüttelte. „Du solltest dich dennoch nicht mit mir abgeben."

Ich legte den Kopf schief und sah ihn fragend an. Wir bewegten uns wie Krebse im Sand. Vor, zurück ... „Warum sagst du so etwas?"

„Weil es stimmt. Du solltest dir einen Freund suchen, der ... besser für dich ist."

Panik überkam mich bei dem Gedanken, er könnte mich erneut von sich stoßen. „Wer sagt denn, dass du nicht gut genug bist?"

„Ich."

„Und warum?"

„Weil es stimmt." Gut, so kamen wir nicht weiter.

„Ich *will* aber niemand anderen", beharrte ich und ärgerte mich im selben Moment darüber, dass meine Worte so trotzig klangen. Trotz war ein albernes, minderwertiges Gefühl. Und nichts von dem, was ich für Noah empfand, war albern oder minderwertig.

„Ich habe die Nähe eines Menschen noch nie so genossen wie die zu dir", stellte ich darum schnell klar. „Wenn ... ich bei dir bin, dann bin ich glücklich. Sogar hier, in diesem Land."

Langsam sah er zu mir auf und blickte mir fest und prüfend in die Augen.

Ich hielt seinen Blick und versuchte all die Zuneigung, die ich für Noah empfand – und die mittlerweile so intensiv war, dass sie drohte mein Herz zu sprengen – in den Ausdruck meiner Augen zu legen. Noah schien es zu sehen, denn das kurzfristig gefrorene Türkis schmolz und sein Blick wurde zunehmend nachgiebig.

„Du tust mir gut, Noah. Einfach so, durch deine pure Anwesenheit. Abgesehen davon, dass du mich in der einen Woche, die wir uns nun kennen, schon dreimal gerettet hast."

„Hm?", brummte er und legte die Stirn in Falten.

„Ja, klar!", ereiferte ich mich. „Im Pool, bei dem Autounfall und vor den nicht enden wollenden Fragen bei eurer Party."

Er grinste, jedoch nur kurz ... und wieder auf diese bittere Weise. „Ist dir nicht aufgefallen, dass *ich* es war, der dich überhaupt erst in die meisten dieser Situationen gebracht hat? Und dass ich immer zu spät kam?"

Ich neigte meinen Kopf zur Seite und überdachte Noahs Worte. Nein, das war mir bislang entgangen. Aber es stimmte. Am Pool war ich ausgerutscht, weil ich hinter ihm hergelaufen war. Er hatte mich aus dem Wasser gezogen. Und nach dem Unfall hatte mich Noah zwar aus meinem verbeulten Mini gehoben, doch der Unfall selbst wäre vermutlich gar nicht erst passiert, hätte ich nicht seinetwegen diese Unmenge an Tränen vergossen.

Ich schüttelte den Kopf – nicht bereit, mich diesen ernüchternden Gedanken weiter zu widmen. „Hier, iss!", sagte ich und reichte ihm den Rest seines Sandwiches. Tatsächlich nahm Noah es aus meiner Hand und biss noch einmal hinein.

„Wie kam es eigentlich, dass du mir hinterhergefahren bist?", fragte ich.

„Ich hab Panik gekriegt", gestand er leise. „Dachte, du würdest auf und davon rennen ... weg von mir ... und hatte Angst, dich nicht mehr zu erreichen. Wir hatten ja nicht einmal Telefonnummern ausgetauscht."

Oh, richtig! Memo an mich: Nachholen! Schnell!

„Also bin ich ins Auto gestiegen und habe versucht dich zu finden. Ich wollte wenigsten wissen, wo du wohnst. Einen Blick auf dein Haus werfen." Schuldbewusst sah er mich an. „Ich klinge wie ein Stalker, nicht wahr?"

Nun, ein bisschen Wahrheit steckte schon in seinen Worten, aber es machte mir nichts aus. Im Gegenteil. Sein Geständnis löste diese neue wohltuende Wärme in mir aus, die auch noch die letzte Anspannung besiegte. Schnell schüttelte ich den Kopf. „Schon gut, ich verstehe das."

Er erwiderte mein Lächeln und schien daraus Mut zu schöpfen. „Als ich deinen Mini sah, gab ich Gas und schloss zu dir auf. Ein paar Sekunden später setzte dieser Typ vor dir auf die Straße. Du warst schon viel zu dicht an der Kreuzung, er hätte niemals einbiegen dürfen. Und ich wunderte mich noch, dass deine Bremslichter nicht aufleuchteten, da ... war es schon passiert. Warum hast du eigentlich nicht gebremst?", wunderte er sich nun.

Oh Gott, Noah, bitte frag mich das nicht!

„Ich ... ähm ... habe geheult und konnte überhaupt nichts sehen", gestand ich mit einem Seufzer. Nun sah er mich geschockt an.

„*Was?* Du hättest an die Seite fahren und anhalten müssen. Es hätte viel schlimmer kommen können."

Ich nickte beschämt. „Ja, ich weiß. Aber in diesem Moment konnte ich einfach nicht klar denken."

„Das wird so viel schwieriger, als ich dachte", murmelte Noah und stützte die Stirn in seine Hände.

Viel zu oft verstand ich nicht, was er meinte.

„Siehst du, was ich dir antue?", fragte er düster.

„Nein, das sehe ich nicht!", rief ich wütend. „Hör jetzt auf damit, Noah! ... Nicht *du* trägst die Schuld. Sie tun es! Wer auch immer dir das alles angetan hat."

„Mein Stiefvater", brach es aus ihm heraus, und der Schock in seinen weit aufgerissenen Augen ließ mich erkennen, dass dieses Geständnis alles andere als geplant gewesen war.

Na, plötzliches Versagen des Hirn-Mund-Filters? Willkommen in meiner Welt!

„Es war mein Stiefvater", murmelte Noah leise und blickte auf seine Hände herab, die sich unter dem folgenden Wort wie von selbst zu Fäusten ballten. „Doug."

Ich schwieg, gebannt und schockiert zugleich, hatte Noahs Leid doch nun einen Namen. „Wusste deine Mutter ...?", wisperte ich ängstlich.

Bei dem Wort *Mutter* zuckte er zusammen, wandte seinen Blick ab und schluckte hart. Der Schmerz sprach aus jedem Millimeter seines eingesackten Körpers. Wie ein Häufchen Elend hockte er vor mir.

„Ja. ... Sie hat ... geschwiegen und ... es geduldet. Alles."

Mit einem Mal überkam mich die schreckliche Befürchtung, dass es Dinge gab, die selbst Adrian und Lucy nicht einmal ahnten. Es war die Art, wie Noah dieses *Alles* aussprach.

Meine Augen stachen, aber ich ignorierte den beißenden Schmerz und die Tränen. Wie sollte ich ihm helfen, wenn mich allein die Vorstellung seines Martyriums schon so sehr schockierte?

Ich schmeckte etwas Bitteres und versuchte es herunterzuschlucken, doch es hinterließ ein unverkennbares Brennen in meinem Hals. *Magensäure.* Jetzt erst bemerkte ich die Übelkeit.

Noch immer verharrte ich schweigend, noch immer saß Noah gebrochen und bis auf den Grund seiner Seele verletzt vor mir.

Irgendwie schaffte ich es endlich, den Arm nach ihm auszustrecken und mit meinen Fingerspitzen über seine Haare zu gleiten. Er rührte sich nicht, zuckte nicht einmal. Nach etlichen Sekunden jedoch spürte ich einen leichten Druck gegen meine Hand. Er schmiegte sich in meine Berührung, wie ein bedürftiges Kind.

Ein leises Seufzen entrang sich seiner Kehle, als ich die zweite

Hand ebenfalls zu seinem Gesicht führte und federleicht über seine Wange strich. Und dieses kleine Geräusch löste etwas in mir aus. Mit einem Mal wusste ich genau, was zu tun war. Was wir beide ersehnten war dasselbe, doch keiner von uns wagte den nächsten Schritt. Vermutlich wäre Noah zu diesem Zeitpunkt auch gar nicht in der Lage dazu gewesen; vielleicht realisierte er seine Sehnsucht nicht einmal. Ich hingegen spürte sie nun überdeutlich. Also war es auch an mir zu handeln.

Langsam rückte ich ihm entgegen. Meine Fingerspitzen vergruben sich in seinen weichen, strubbeligen Haaren und dirigierten seinen Kopf mit sanftem Druck zu mir. Er seufzte erneut ... und ließ sich bis an meine Schulter führen. Vorsichtig schlang ich meine Arme um seinen Rücken und presste ihn an mich. Seine Nähe tat so gut. Ich hielt ihn beinahe ehrfürchtig, wusste ich doch, dass Noah außer mir niemanden so dicht an sich heranließ. Seinen Atem an meiner Schulter zu spüren, war wie das größte Geschenk für mich. Wann war er wohl das letzte Mal so umarmt worden?

Noahs Hände kamen auf meinem Rücken zu liegen und streichelten mich dort in kleinen Kreisen. Unsicher, zögerlich. Dennoch ließen seine Berührungen eine Gänsehaut auf meinen Armen entstehen. Ich schloss die Augen und genoss die Nähe zu ihm – die Art, wie sich sein Körper gegen meinen schmiegte, und Noahs tiefen, ruhigen Atemfluss – in vollen Zügen.

Die Schulklingel unterbrach den Moment und all seinen Zauber in brüsker Weise. Für die Zerbrechlichkeit dieses Augenblicks war der metallene Klang zu schrill und viel zu laut.

XIII.

Noah zuckte zusammen und entzog sich meinen Armen, bevor ich mich darauf vorbereiten konnte. Der Verlust war sofort spürbar; ich fühlte mich ... *leer.*

Er sah mir zu, wie ich das Essen zusammenräumte und zurück in meinen Rucksack packte. Gemeinsam gingen wir zurück ins Schulgebäude. Die restlichen Unterrichtsstunden würden wir getrennt voneinander hinter uns bringen müssen, und er schien dazu ebenso wenig Lust zu haben wie ich. Langsam, ohne die geringste Motivation, schlenderte er neben mir her, zu unseren Schränken. Neugierige, amüsierte und teils auch verblüffte Blicke verfolgten uns bei jedem Schritt. Mir war das egal. So sehr ich bislang versucht hatte bei meinen Mitschülern kein Aufsehen zu erregen, so gleichgültig war es mir nun.

Sollten sie doch starren, na und?

„Möchtest du nachher mit uns fahren?", fragte Noah leise, als ich die Tür meines Spinds verschloss.

„Sehr gerne", erwiderte ich lächelnd. „Wenn du willst, kannst du auch noch mit zu mir kommen. Jay und mein Dad kommen erst heute Abend nach Hause."

Ich musste mir echt etwas einfallen lassen, so konnte das unmöglich weitergehen. Ich konnte nicht jedes Mal tiefrot anlaufen, wenn ich ihn bat mich zu besuchen. Das war wirklich entwürdigend.

Noah jedoch lächelte mir nur zu und nickte. Meine Gesichtsfarbe, á la Tomate mit Sonnenbrand, ignorierte er dabei großzügig. „Okay", antwortete er, „Dann bis nachher." Mit dem Zeigefinger seiner rechten Hand strich er für einen winzigen Moment über meine Wange, bevor er sich umdrehte und mit seinen markant großen Schritten davonmarschierte.

„Bis nachher", flüsterte ich versonnen, ohne dass er es noch hören konnte.

Als Noah um die Ecke bog und sich meine Benommenheit auflöste, schüttelte ich meinen Kopf und prüfte schnell auf meinem Stundenplan, was als nächstes anstand. *Biologie, richtig. Also los, Konzentration!* Nur noch zwei Schulstunden meines Lieblingsfachs, dann würde ich ihn wiedersehen. Das war zu schaffen, ... oder?

„Ha!", rief eine triumphierende Glockenstimme hinter mir. Schon hakte sich der dazugehörige, zierliche Arm bei mir unter. Von der anderen Seite kam ein zweiter, nicht ganz so zierlicher Arm dazu. „Wir haben alles gesehen", flüsterte mir Kathy verschwörerisch zu.

„Was habt ihr gesehen?" Ich drehte mich um und sah die beiden herausfordernd an.

„Wie er dich angesehen hat, wie er dich angelächelt hat, wie er dir über die Wange gestreichelt hat", sprudelte es aus Lucy hervor, die wieder einmal haltlos auf und ab hüpfte und vor Begeisterung nur so strahlte.

„Schon gut, nicht so laut!", ermahnte ich sie und spürte dabei, dass ich erneut puterrot anlief.

Kathy lächelte mich lieb an. „Du bist der Hammer, Emily! Wer hätte gedacht, dass du den Eisblock so schnell zum Schmelzen bringst?"

Empört stützte Lucy die Hände in die Hüften, aber dieses Mal kam ich ihr zuvor. „Noah ist kein Eisblock! Er ist ... das Gegenteil von einem Eisblock", sagte ich bestimmt und funkelte Kathy wütend an.

„Wie auch immer. So lange du glücklich bist und er dich nicht verletzt, freue ich mich für dich, Emily."

Gemeinsam schlenderten wir in den Biologieraum. Adrian saß bereits an seinem Tisch und sah mich aus traurigen, samtbraunen Augen an. Schon in den ersten Unterrichtsstunden hatte er mich immer wieder so angeschaut. Ich war mir sicher, dass er es mir übel nahm, Noah von unserem Gespräch erzählt zu haben. Und es tat mir weh, dass er dachte, ich hätte sein Vertrauen in irgendeiner Weise missbraucht.

Also nutzte ich die verbleibende Zeit, um ein Blatt aus meinem Notizblock zu reißen und ihm eine eilige Botschaft zukommen zu lassen.

Es tut mir leid, aber ich musste es ihm sagen. Ich verspreche dir, es wieder geradezubiegen, Adrian. Du bist der beste Bruder, den sich Noah hätte wünschen können. Irgendwann wird auch er das sehen.

Unmittelbar bevor der Unterricht begann, warf ich meine Nachricht auf Adrians Tisch. Er las sie, und als er mich daraufhin ansah, nickte ich ihm lächelnd zu.

Ist er nicht mehr sauer?

... fragte Adrian in seiner Antwort. Ich schüttelte den Kopf, bevor ich zurückschrieb:

Er hat mich sogar gefragt, ob er mich nach Hause bringen soll.

Adrian las ... und sah mich mit großen Augen an, bis ein Lächeln seinen Mund umspielte. Eilig schrieb er die letzten Worte unseres heimlichen Austauschs:

Emily Rossberg, du vollbringst Wunder.

Lucy entging der Schriftwechsel nicht. Fragend blickte sie zwischen uns hin und her. Adrian erbarmte sich schließlich, beugte sich vor und klärte seine neugierige Schwester kurz auf.

Irgendwie schaffte ich es tatsächlich, mich zumindest ein wenig auf den Biologieunterricht zu konzentrieren. Nur die letzte Viertelstunde kroch dahin; sie wollte einfach nicht verstreichen. Kaum ertönte das schrille Läuten der Schulklingel, sprang ich auf und packte meine Bücher zusammen.

Im nächsten Augenblick unterbrach die gutmütige Stimme meines Lehrers meine Gedanken. „Nicht so hastig, Miss Rossberg. Ich hatte schon noch vor, Ihnen eine Hausaufgabe mit auf den Weg zu geben." Kathy kicherte neben mir und auch Lucy hielt sich die Hand vor den Mund. Sogar um Adrians Mundwinkel zuckte es amüsiert.

„Warum denn so eilig?", flüsterte er mir zu und entlockte seiner Schwester damit ein weiteres Kichern. Alle anderen sahen mich verdutzt an. Ich war tatsächlich als Einzige aufgesprungen.

Beschämt sank ich zurück auf meinen Stuhl und studierte angestrengt die Holzmaserung meiner Tischplatte.

„Mach doch langsam, er wird schon auf dich warten", wisperte mir Kathy zu und ließ sich auch durch meinen kurzen, bitterbösen Seitenblick nicht von ihrem breiten Grinsen abhalten.

Im Gang hakte sich Lucy von der einen Seite bei mir unter, während Adrian auf der anderen neben mir her rollte. Obwohl es eine lieb gemeinte Geste der beiden war, mich auf diese Art zu ihrem Auto zu führen, wäre ich lieber allein gegangen. Ich wusste nicht, was Noah von dieser Art Begleitschutz hielt. Zu meinem Erstaunen äußerte er sich nicht dazu.

Er lehnte bereits am Amarok, als wir den Parkplatz überquerten. Sein Blick streifte Lucy, und ein kleines Zucken erfasste seine Mundwinkel. Dann sah er mich an, bis ich nur einen halben Meter vor ihm stehen blieb. Lucy hakte sich punktgenau aus – es wirkte fast beiläufig – und half Adrian beim Einsteigen.

„Hi!", begrüßte ich Noah leise. Meine zittrige Stimme war unmöglich, sie verriet mich immer wieder aufs Neue.

„Hi!", erwiderte er und schenkte mir den vagen Ansatz eines Lächelns. Ihn in diesem Moment zu küssen, wäre mir als das Normalste der Welt erschienen. Mich krampfhaft davon abzuhalten hingegen ... *nicht.* Ob es ihm genauso ging? Eine Frage, die mich brennend interessierte.

Noah wandte sich Lucy zu, die mit dem Rollstuhl kämpfte. „Komm, ich mache das", sagte er ruhig.

Seine Schwester blickte verblüfft zu ihm auf. „Danke."

„Gern."

Auch ich war erstaunt. So nett hatte ich Noah noch nie sprechen hören. Außer zu mir natürlich.

Geschickt verstaute er Adrians Rollstuhl und öffnete uns anschließend sogar die Tür. Ich schlüpfte neben Lucy auf die Rückbank und rührte mich nicht mehr, sobald ich mich angeschnallt hatte. Was nicht weiter auffiel, denn Lucy brabbelte sofort drauflos und redete genug für uns alle.

„Am Samstag gehen Tom und ich ins Kino. Hat einer von euch Lust mitzukommen?", fragte sie hoffnungsvoll.

Adrian lachte. „Findest du es klug, uns zu deinem Date einzuladen?"

„Ein Date?", wiederholte Lucy verdutzt. „Oh, meinst du wirklich, dass ...? So habe ich das gar nicht gesehen."

„Ich glaube jedenfalls nicht, dass Tom begeistert sein wird, wenn du deine Brüder und eine Freundin zu eurer ersten offiziellen Verabredung mitbringst", gab Adrian zu bedenken.

Ich beobachtete, wie sich Noahs Hände fester um das Lenkrad schlossen. „Scheißegal, ob Tom begeistert ist oder nicht. Wenn sie noch nicht bereit dazu ist allein mit ihm wegzugehen, dann hat er das verdammt noch mal zu akzeptieren", sagte er gepresst und sorgte mit diesem Statement für sekundenlange Stille im Wagen.

Lucys Mund stand offen; Adrian sah Noah fassungslos an.

„Was?", blaffte der ungehalten, als der eindringliche Blick seines Bruders seine Nerven überspannte.

„Nichts, schon gut", beeilte sich Adrian mit seiner Antwort. „Ich war bloß erstaunt, weil ... Du hast natürlich recht. Lucy muss entscheiden, ob sie soweit ist. Wenn Tom Probleme damit hat, dann ..."

„... Zur Hölle mit ihm!", beendete Noah den Satz seines Bruders.

Wieder sah Adrian ihn von der Seite aus an, dieses Mal jedoch kürzer und nicht ganz so schockiert. Nach wenigen Sekunden zuckte sein Mund und verzog sich zu einem Lächeln. „Ja, genau. Dann zur Hölle mit ihm!"

Noahs Hände entspannten sich wieder. Ich suchte seinen Blick im Rückspiegel und hielt ihn so lange, bis das helle Türkis alle Härte verloren hatte und er zurück auf die Straße sah.

„Jungs, Jungs ... ganz ruhig", meldete sich Lucy derweil zu Wort. „Tom war bisher der perfekte Gentleman. Es gibt nicht den leisesten Grund für eure zugegebenermaßen ziemlich süße Sorge."

„Gut", erwiderten beide Brüder wie aus einem Mund.

Wieder kehrte die Stille von zuvor ein, doch dann geschah etwas Eigenartiges: Wir prusteten los, alle gemeinsam, wie auf Kommando ... Alle, außer Noah.

Ich sah an seinen Schultern, dass er zusammenzuckte. Schon schoss mir sein erschrockener Blick aus dem Rückspiegel entgegen.

Mir blieb die Luft weg, war ich mir doch für einen Moment sicher, den Bogen mit unserem Gelächter überspannt zu haben. Doch mit einem Mal sah ich wieder die Veränderung seiner Augen – diesmal nur viel stärker als zuvor. Kleine Fältchen legten sich um die äußeren Winkel. Trotzdem ich die Wandlung seines Blickes wahrnahm, brauchte ich einige Sekunden um zu begreifen, dass Noah tatsächlich mit uns lachte.

Ich fühlte, wie sich ein frischer Schwall dieser großen Wärme um mein Herz legte. Sein ärgerlicher Ton, unsere Anspannung, die beklemmende Stille von zuvor – all das war mit Noahs Grinsen vergessen. Die finstere Stimmung löste sich auf, mühelos und ohne Spuren zu hinterlassen. Wie eine Schneeflocke, die auf Wasser traf.

„Hätte nie gedacht, dass wir mal einer Meinung sind", rief Adrian und warf seinem Bruder dabei einen schelmischen Seitenblick zu.

Erst als wir uns einigermaßen beruhigt hatten, sah Noah ihn an. „Passiert öfter als du denkst."

Für den Rest der Fahrt lauschten wir Lucy und ihrem unbeschwerten Gebrabbel. Die Erkenntnis, dass Tom sie zu einem Date eingeladen hatte, versetzte sie in Höchststimmung. Erst als Noah den Amarok in die Einfahrt der Franklins-Villa lenkte, bemerkte Adrian: „Ähm ... wolltest du Emily nicht nach Hause fahren?"

Noah nickte. „Doch, jetzt!"

Adrians Stirn, die für wenige Sekunden in Falten gelegen hatte, glättete sich unter seinem zufriedenen Schmunzeln. Lucy machte keinen Hehl aus ihrer Begeisterung darüber, dass Noah offensichtlich mit mir allein sein wollte. Sie quietschte auf und griff nach meiner Hand, die sie fest in ihrer drückte.

Noah verdrehte die Augen und sprang aus dem Wagen, um den Rollstuhl aus dem Kofferraum zu holen. Er klappte ihn auf und schob ihn zu seinem Bruder, der sich schnell in den Sitz hievte.

„Bis morgen, Emily!", rief Adrian mir mit einem Zwinkern zu.

Lucy drückte mir einen Kuss auf die Wange. „Viel Spaß, Süße! Erzähl mir alles, ja?" Sie strahlte noch immer.

Noah saß inzwischen wieder auf dem Fahrersitz. Mit Augen, die sich von Sekunde zu Sekunde weiter verengten, blickte er in den Rückspiegel. „Bleibst du da hinten sitzen?", fragte er schließlich, als Lucy gerade die Autotür hinter sich zugeworfen hatte.

Schnell schnallte ich mich los.

„Klettere zwischen den Sitzen hindurch", schlug Noah vor und reichte mir seine Hand. Ich hätte sie nicht gebraucht, trotzdem ergriff ich sie sofort.

Jasons Motorrad stand nicht auf seinem Stellplatz; ich atmete tief durch. Mein Dad würde wahrscheinlich erst mitten in der Nacht zurückkommen. Sie drehten an diesem Abend in einer Diskothek.

Noah stellte den Motor ab und sah mich an. „Bist du sicher, dass ich mit reinkommen soll?", fragte er.

Ich hätte nicht schneller nicken können. Und ob ich mir sicher war.

Nebeneinander gingen wir auf die doppelflügelige, weißlackierte Haustür zu. Ich fummelte nervös mit meinen Schlüsseln herum und stolperte dann über die kleine Erhebung in der Türschwelle, als würde nicht Noah, sondern ich selbst zum ersten Mal unser Haus betreten.

„Möchtest du etwas essen?", fragte ich – einfach, weil es das Erste war, was mir einfiel.

„Nein danke, aber ... Wasser wäre toll", sagte er leise.

Also schenkte ich uns beiden ein Glas ein und reichte ihm seines.

Noah lächelte mir nur kurz zu, bevor er sich weiter umsah. Seine Unsicherheit war überdeutlich spürbar – vermutlich ähnlich stark wie meine eigene.

„Komm!", sagte ich, als er ausgetrunken hatte. Endlich gab ich dem Bedürfnis nach, ihm meine Hand entgegenzustrecken.

Hand in Hand erklommen wir die Stufen unserer breiten Marmortreppe – so leise, dass ich an ihm herabblickte um mich zu vergewissern, dass er seine Schuhe noch trug. Tat er. Noah hatte jedoch die Gabe, sich lautlos wie ein Schatten zu bewegen, das war mir schon zuvor aufgefallen.

Verlegenheit überkam mich, als ich die Klinke zu meinem Zimmer herabdrückte. Außerhalb meiner Familie hatte bisher nur

Kathy diesen Raum betreten. Jemandem sein Zimmer zu zeigen, bedeutete immer ein großes Stück von sich selbst preiszugeben. Allerdings – wie viel von mir steckte schon in diesem Zimmer, das mir selbst immer noch nicht wie mein eigenes vorkam? Es war aufgeräumt, aber nicht lupenrein – so, wie ich war – und es beinhaltete nur wenige persönliche Gegenstände – so, wie ich mich hier fühlte. Fremd.

Gut, vielleicht besaß es tatsächlich eine gewisse Aussagekraft.

Ich löste meine Hand aus Noahs und bedeutete ihm den Vortritt. Zögerlich ließ er seinen Blick wandern. Er sagte nichts und zeigte auch keinerlei Regung.

„Ich ... ähm ...", stotterte ich, ohne zu wissen, was ich eigentlich sagen wollte. Die Stille und plötzliche Anspannung verunsicherten mich.

„Eine Gitarre?", fragte Noah. Zielstrebig ging er auf das alte Instrument zu, das an meinem Kleiderschrank lehnte und langsam, aber sicher Spinnweben ansetzte.

„Ich kann nicht spielen", platzte es aus mir heraus, bevor er fragen konnte. „Ich würde es gerne lernen, aber ... Ich hab sie auf einem Trödelmarkt in Manchester gekauft. Weiß nicht einmal, wie man das Ding stimmt."

Noah sah mich lange reglos an. Dann nahm er die Gitarre und setzte sich mit ihr auf seinen Knien in meinen Schaukelstuhl. Mein Blick fiel auf die Lehne, über der eine von Jasons Boxershorts hing. Eine von denen, die ich für gewöhnlich zum Schlafen trug.

Schnell durchkreuzte ich den Raum, fischte sie mit einer hastigen Bewegung von der Lehne, ließ sie auf den Boden fallen und bugsierte sie mit einem mehr oder weniger unauffälligen Tritt unter mein Bett.

Noah schlug derweil einen Akkord an. Es klang grausig, also drückte er die Saiten schnell mit seiner flachen Hand ab, um unsere Ohren zu erlösen. „Nein, du hast wirklich keine Ahnung, wie man das Teil stimmt", murmelte er schmunzelnd.

Dieses Mal streckte ich ihm die Zunge heraus – zu oft hatte ich mir die Geste in den letzten Tagen schon verkniffen.

„Freches Ding!", brummte Noah, ohne überhaupt zu mir aufge-
schaut zu haben, und erhob sich dann. Ich war mir sicher, er würde
die verwaiste Gitarre zurück an ihren Platz stellen, doch er überraschte mich, indem er zu meinem Bett ging und sich langsam auf
der Kante niederließ. „Kommst du?", fragte er so selbstverständlich,
dass ich tatsächlich sofort begriff, was er im Sinn hatte.

Ja!, dachte ich. *Stimmen wir diese Gitarre.*

Ich setzte mich neben ihn und hielt den Abstand, den er bisher immer benötigt hatte, um sich einigermaßen zu entspannen. Und wieder
überraschte mich Noah, indem er selbst die Lücke schloss und so nah
an mich heranrückte, dass sich unsere Ellbogen berührten.

„Plektrum?", fragte er.

„Hm?", machte ich und entlockte ihm damit ein belustigtes
Seufzen.

„Das Plättchen, mit dem man die Saiten anschlägt", erklärte er
unter hochgezogenen Augenbrauen.

„Oh!", erwiderte ich und zuckte mit den Schultern. „War nicht
dabei."

„Stimmgerät?"

Ich schüttelte den Kopf.

Noah seufzte erneut, bevor sich ein nachsichtiges Lächeln über
sein Gesicht legte. Dann reichte er mir meine Gitarre und fasste
mit beiden Händen an seinen Nacken. Er fummelte eine Weile,
doch erst als mein Blick auf seine Kette fiel, die mir noch nie
zuvor aufgefallen war, begriff ich, dass er den Verschluss öffnete.
Nun, *Kette* war übertrieben. Es war ein dünnes schwarzes Leder-
band, das ihm vermutlich bis zur Brust reichte, so lang war es.
Noah zog es hervor und brachte einen kleinen Anhänger zutage.

„Ein Plektrum", staunte ich.

„Siehst du, jetzt bekommt es einen Sinn", erwiderte Noah.

„Warum ...?"

„Es kann nicht schaden, immer gerüstet zu sein", beantwortete er
meine unvollendete Frage und nahm die Gitarre wieder an sich.

„So hältst du sie", erklärte er. „Und dann beginnst du ganz
oben. Das ist die tiefe E-Saite. Du drückst die Saite im fünften
Bund runter ..."

„Bund?"

„Die Zwischenräume zwischen diesen kleinen Stegen am Hals. Du zählst vom Kopf ..." Er deutete auf den oberen Teil der Gitarre mit den vielen Stellschrauben „... zum Korpus".

Warum auch immer, aber die Art, wie er *Korpus* sagte, ging mir durch und durch. Ein leichtes Schaudern erfasste mich. Noah schien es nicht zu bemerken; er fuhr unbeirrt fort.

„Der fünfte Bund ist also dieser hier. Die leere Saite darunter ist die A-Saite. Sie muss genauso klingen wie die E-Seite, wenn du sie im fünften Bund hältst."

„Okay", sagte ich tonlos.

Noah reichte mir die Gitarre und beobachtete, wie ich meine ungeschickten Hände über den Saiten und am Hals des armen Instruments platzierte. „So?", fragte ich, als ich meine Finger auf die E-Saite herabdrückte.

Noah schüttelte den Kopf. „Nein."

Na toll! Mir blieb nicht genug Zeit, um mutlos zu werden; schon griff er über mich, drückte mit einem einzelnen Finger gegen meine Handinnenfläche und verlieh ihr damit eine hohlere Form.

„Du drückst sonst gegen die A-Saite. Dann kannst du die Töne nicht vergleichen", erklärte er.

Ich schluckte. Hart. Seine Nähe war unbeschreiblich, und seine Stimme, die Art, wie er erklärte – voller Geduld und mit einer unglaublichen Ruhe –, all das beraubte mich wieder einmal meines Atems.

Ich nickte und achtete darauf, mit meinen Fingern eine Brücke über die Saiten zu schlagen, die unberührt bleiben sollten. Noah nickte zufrieden. „Genau so."

Vorsichtig schlug ich die E-Saite an und dann die darunterliegende A-Saite. Ich kniff die Augen zu und duckte den Kopf zwischen meine hochgezogenen Schultern, so schrecklich durchfuhr mich der Klang.

„Das klingt überhaupt nicht gleich", maulte ich und freute mich im nächsten Augenblick über Noahs Lachen.

„Das ist der Grund, warum wir sie stimmen, nicht wahr?" Mit seinem Finger verfolgte er die A-Saite bis zum Kopf und zeigte mir, in welche Richtung ich die entsprechende Stellschraube drehen musste.

Ich probierte ziemlich lange herum, bis die Töne endlich identisch klangen. „Ich glaube ...“ Noch einmal zupfte ich mit dem Plektrum über beide Saiten. „... ich hab`s.“

Keine Reaktion. Als ich aufblickte, sah ich direkt in seine Augen. Keine dreißig Zentimeter entfernt, hielt er meinen Blick und lächelte. So sanft wie noch nie zuvor.

„Ja“, sagte er nach etlichen Sekunden leise. „Du hast es.“

Erst als meine Wangen zu schmerzen begannen, bemerkte ich, wie sehr ich ihn anstrahlte. „Und weiter?“

Gemeinsam stimmten wir meine Gitarre. Mein Höhenflug ließ schnell wieder nach, als Noah mir einige Akkorde zeigte. Die richtigen Saiten herabzudrücken, ohne die anderen dabei zu berühren – bei den Musikern sah das immer so einfach aus, so mühelos, aber ...

„Ich bin völlig talentfrei“, jammerte ich.

„Überhaupt nicht. Du machst das sehr gut“, ermutigte er mich. „Außerdem ist gar nicht so viel dabei. Es gibt tausende von Songs, die auf nur drei Grundakkorden basieren. Also, Geduld.“

Er korrigierte die Platzierung meines Ringfingers ein wenig; sofort entspannte sich die bislang verkrampfte Haltung meiner Hand.

„Wer hat dir das Spielen beigebracht?“, fiel mir plötzlich ein.

„Ich mir selbst“, erwiderte Noah mit einem Schulterzucken und setzte sich auf.

„Wie?“, fragte ich voller Bewunderung.

Wieder ein Schulterzucken. „Bücher, Videos, Internet ...“

Ich sah ihn einen Moment lang an und stellte mir vor, wie er allein in seinem Zimmer gesessen und gespielt hatte. Traurig blickte ich auf die Gitarre in meinem Schoß herab. „Und das Klavierspielen?“

„Auch. Lucy bekam einige Jahre lang Unterricht.“ Er rümpfte die Nase und schüttelte den Kopf, mit den Gedanken offenbar weit, weit weg. „Wenn jemand talentfrei ist, dann sie, glaub mir! ... Ich ...“ Noah zögerte kurz, doch dann gab er sich einen Ruck.

„Ich habe mir ihre Noten kopiert und ein Keyboard gekauft, um in meinem Zimmer üben zu können."

„Warum haben Joe und Marie dich nicht unterrichten lassen?", fragte ich intuitiv. Noahs Blick hielt die Antwort bereits. „Du wolltest nicht."

„Ja. ... Manchmal war ich allein, dann habe ich mich an Lucys Klavier gesetzt, aber irgendwann dachte ich, eine Gitarre wäre besser."

„Mit ihr warst du freier", ergänzte ich, mehr für mich selbst als an ihn gewandt. „Wissen die anderen überhaupt, dass du spielen kannst?"

„Bestimmt haben sie mich schon das eine oder andere Mal gehört."

„Aber du spielst nicht für sie."

„Ich spiele für niemanden", sagte Noah bestimmt.

„Spiel für mich!", forderte ich und legte meine Gitarre auf seine Knie. Er schüttelte den Kopf und wich zurück, doch als ich meine Hände wegzog und das Instrument von seinen Beinen zu rutschen drohte, griff er reflexartig zu. So geschickt, dass er es sofort richtig hielt.

„Spiel für mich, Noah!", bat ich mit sanftem Nachdruck.

Er seufzte. Dann, ich konnte es kaum glauben, setzte er sich auf, zog sein angewinkeltes linkes Bein auf mein Bett und verschränkte den Fuß unter seinem rechten Knie. „Für dich", flüsterte er, bevor er den ersten vorsichtigen Akkord anschlug. Ich lauschte seinem Spiel nur wenige Sekunden, schon spürte ich, wie brennende Tränen hinter meinen Augen aufstiegen und meine Hände zu zittern begannen. Hätte ich am Tag unserer ersten Begegnung die Möglichkeit gehabt ihn spielen zu hören – seine düstere Erscheinung hätte mich nie täuschen können. Nicht mal für einen Augenblick.

Noahs Schmerz, sein Kummer, seine Sehnsucht – der Kern seiner wunderschönen Seele, so war es mir – klangen in der ruhigen Melodie wider. Sein Atem ging regelmäßig, seine Gesichtszüge wirkten entspannt, sein Blick glitt zwischen seinen Händen hin und her.

„Noah", hauchte ich, als der Schlussakkord verhallt war und er die Gitarre neben sich auf dem Bett ablegte. Es verstrichen weitere Sekunden, in denen ich verzweifelt nach Worten suchte, die meiner Erleichterung, meiner Bewunderung, meiner Zuneigung ... diesem warmen Gefühl, das mich in seiner Anwesenheit permanent umschlossen hielt, Ausdruck verleihen konnten. Ich scheiterte und schloss meinen Mund irgendwann, ohne etwas gesagt zu haben.

Im selben Moment ertönte ein unverwechselbares Poltern, das Noah und mich zusammenschrecken ließ. „Emilyyyyy!", rief Jason von der Treppe.

„Ich befürchte, ob du willst oder nicht, du wirst gleich meinen Bruder kennenlernen", brachte ich so gerade noch hervor, bevor meine Zimmertür aufflog und Jay breitbeinig im Türrahmen stand.

„Ähhh ...", sagte er, als er nach einer gefühlten Ewigkeit den ersten Schock verwunden und seine hängende Kinnlade wieder unter Kontrolle gebracht hatte. Ich blickte entschuldigend auf Noah, der Jay reglos anstarrte. Ganz recht, die Wortgewandtheit lag in der Familie.

„Du hast Besuch", stellte mein Bruder trefflich fest. Ich machte mir gar nicht erst die Mühe zu antworten. Noahs spürbare Anspannung versetzte mich in Panik. Mit ausdruckslosem Gesicht saß er neben mir und hielt Jasons Blick. Der schaute immer noch so ungläubig, dass es einer Beleidigung gleichkam.

Ja, da sitzt ein unglaublich gutaussehender Junge auf meinem Bett, direkt neben mir, Jay. Und?

„Gehört der Amarok zu dir?", fragte mein Bruder in die Stille.

Noah nickte hölzern.

„Cooles Teil!", befand Jason mit einem anerkennenden Nicken. Dann ging er direkt auf Noah zu und hielt ihm seine Hand hin.

„Hi, ich bin Jason." Gebannt hielt ich den Atem an. Was würde Noah jetzt tun? Er, der niemanden berührte ...

Nun, er streckte, so zögerlich, dass das Lächeln meines Bruders zu bröckeln begann, seine Hand aus und ... ballte sie zu einer Faust. Sofort kehrte das Grinsen in Jasons Gesicht zurück, dann stieß er seine Faust gegen Noahs und nickte ihm zu.

„Das ist Noah Franklin", erklärte ich so förmlich, dass ich bereits in diesem Augenblick ahnte, mein Bruder würde mir das noch unter die Nase reiben. *Nun, von mir aus, aber ... später!*

„Ähm, Jason? Gibt es einen Grund dafür, dass du meine Zimmertür aus ihrer Verankerung gerissen hast?", fragte ich schnell, bevor mein Bruder weitere Kommunikation – oder das, was er darunter verstand – betreiben konnte.

Er wandte den Kopf und blickte in Richtung Tür, als wollte er sich versichern, dass sie noch fest in den Angeln hing. Dann kratzte er sich am Hinterkopf. „Essen", fiel es ihm wieder ein. „Ich wollte wissen, was du zu essen machst."

„*Abend*essen meinst du?", fragte ich und versuchte dabei, meine volle Entrüstung in meinen Blick zu legen.

Jason nickte unbeeindruckt.

„Es ist nicht einmal vier Uhr nachmittags", empörte ich mich.

Sein Lachen klang so unbeschwert wie das eines Erstklässlers. Ein Lachen, das meine Wut stets am Überkochen hinderte. „Bin schon draußen", rief er mit einer abwehrenden Geste und wandte sich zum Gehen. Die Hand bereits auf der Türklinke, drehte er sich noch einmal um. Das markante, breite Grinsen dehnte sich über sein Gesicht und ließ seine Augen schelmisch aufblitzen. „Scheiße, irgendetwas läuft hier vollkommen falsch. Meine kleine prüde Schwester hat einen Kerl auf ihrem Zimmer und meines erwartet mich nach wie vor leer. So hatte ich mir Amerika nicht vorgestellt."

Ich griff nach einem Kissen und pfefferte es gegen die Zimmertür, die sich im Moment des Aufpralls hinter meinem Bruder schloss.

XIV.

„Du hast es überlebt", teilte ich Noah mit. „Und ja, ich bin adoptiert."

Als sich seine Augen weiteten, schüttelte ich den Kopf. „War nur ein Scherz. Jay ist leider mein leiblicher Bruder, wie auch immer das passieren konnte." Ich kicherte kurz, bis sich mein Verstand mit einer unverzeihlichen Verspätung bei mir meldete und mich erstarren ließ. Wie absolut geschmacklos von mir, ausgerechnet vor Noah einen derartigen Scherz zu machen. „Entschuldige", sagte ich, schlagartig glühend vor Scham, und senkte meinen Kopf.

Die Matratze unter mir gab etwas nach, als Noah sein Gewicht verlagerte. Dann spürte ich seinen Finger unter meinem Kinn. Behutsam hob er es an. Lächelnd, wie ich nur einen Augenblick später feststellen durfte.

„Schon okay, mach dir keine Gedanken."

Er schien es ernst zu meinen.

„Emily?"

„Hm?"

Nun biss er sich auf die Unterlippe und erhob sich langsam. Mit nur drei Schritten durchkreuzte er mein Zimmer und verfolgte mit den Fingerspitzen eine Holzmaserung in meiner Schreibtischplatte. „Dieses Spiel, das wir Samstagabend gespielt haben ..."

„Das Frage-Antwort-Spiel?"

Er nickte. „Könnten wir ... ich meine ... können wir weitermachen?"

„Ja, natürlich", sagte ich eifrig und ließ mich von meinen Erinnerungen zurück zu unserem ersten Abend tragen. Bei diesen Fragen waren wir uns nähergekommen, während dieses Spiels hatte sich Noah zum ersten Mal ein wenig entspannt. Es fortzuführen war absolut in meinem Interesse. *Allerdings ...*

Ich sprang auf und drehte den Schlüssel im Schloss meiner Zimmertür. Noah stieß ein wenig Luft aus.

„Jetzt!", sagte ich und setzte mich erneut auf mein Bett. Er stand noch eine Weile vor meinem Schreibtisch, dann drehte er sich um und kam zurück zu mir. „Du hast aufgehört, ich fange an?"

„Bitte sehr", willigte ich ein.

Noah nahm auf der Bettkante Platz und sah mich an. Gott, er war wirklich der schönste Junge, den ich je gesehen hatte. Seine Unterlippe hatte noch eine Weile unter seinen Zähnen zu leiden, bis er sie endlich freigab. „Gibt es ein schwerwiegendes Ereignis in deiner Vergangenheit, das dich bis heute sehr beschäftigt?"

Da brauchte ich nicht lange zu überlegen. „Ja."

Er wartete noch eine Weile, dann verdrehte er die Augen. „Verdammt!"

„Was?"

„Ich hätte fragen sollen *Was war* das schwerwiegendste Ereignis deiner Vergangenheit? Mein Fehler. Also los, du bist dran."

Ich lachte auf. „Sehr fair von dir, aber das war nicht der Grund für mein Zögern. Ich ... ich musste nur kurz überlegen, wo ich anfangen soll."

„Oh, okay", sagte er und wartete so reglos und still, dass ich unwillkürlich auf seine Brust blickte und beobachtete, wie sie sich weiterhin hob und senkte.

„Meine Mutter ist gestorben, als ich drei Jahre alt war", begann ich zögerlich. „Es war ein Verkehrsunfall an einer Straßenkreuzung. Mum und ich kamen vom Kinderarzt und standen an der Fußgängerampel. Eines der Unfallfahrzeuge erwischte sie. Sie war sofort tot."

Noahs Blick spiegelte blankes Entsetzen und versetzte mir einen tiefen Stich. „Ich erinnere mich nicht mehr an diesen Tag; all das weiß ich nur von Erzählungen", fügte ich schnell hinzu. „Überhaupt ... habe ich so viel vergessen. Ich weiß noch, wie sie roch und dass sie herrliche Pfannkuchen backen konnte, aber ... ich weiß nicht mehr, wie sich ihre Hände auf meiner Haut anfühlten, wie mein Name aus ihrem Mund klang oder welche Lieder sie mir abends vorsang. Das ist alles weg. Ich habe schreckliche Angst davor, noch einen geliebten Menschen so endgültig zu verlieren wie sie."

Noah schluckte. So hart, dass ich es diesmal nicht nur an seinem Adamsapfel sah, sondern tatsächlich hörte.

Sofort machte sich ein mulmiges Gefühl in meiner Magengegend breit. War es normal, dass ich ihm Dinge gestand, die ich niemand anderem je gesagt hatte? Und die ich – hätte ich gewusst, dass er in mein Leben treten würde – mir im Vorfeld geschworen hätte, auch ihm niemals zu erzählen?

„Ich bin dran", sagte ich schnell, um das Thema zu wechseln. In welche Richtung, da musste ich nicht lange überlegen. „Mit wem hast du in deinem Zimmer telefoniert?"

Noahs Augenbrauen zogen sich noch tiefer zusammen als zuvor. „Telefoniert?"

„Ja, gestern Morgen", verdeutlichte ich, um ihm auf die Sprünge zu helfen.

„Oh, *telefoniert*", wiederholte er mit einer seltsamen Betonung. Das Zucken seiner Mundwinkel blieb mir nicht verborgen. Es sah aus, als würde er sich nur mit großer Mühe ein Lächeln verkneifen. „Ähm, nun, wenn du so fragst, ... mit einem Freund. Michael."

„Du hast Freunde?", platzte es aus mir heraus. Sofort schlug ich mir die Hände vor den Mund, aber Noah lachte laut auf.

„*Einen* Freund, ja. Ich denke jedenfalls, dass er so etwas in der Art ist. Zumindest ist er ziemlich schmerzfrei, was meine Gefühlsausbrüche angeht."

Ich wagte es zunächst kaum, doch als Noah mich herausfordernd ansah, stimmte ich in sein Lachen ein.

„Und was hast du wirklich gesagt?", hakte ich nach.

„Was hast du denn gehört?"

Ich schluckte, denn die Erinnerung tat weh. „*Ausgerechnet Emily*", sagte ich leise und senkte den Blick auf meine Hände. Bis jetzt fiel mir beim besten Willen nicht ein, wie man diese Bemerkung falsch verstehen könnte. Noah seufzte. „... zu der ich mich hingezogen fühle."

Oh,... so, zum Beispiel.

Ich blickte zu ihm auf. Noahs Blick war fest und tief; er wich mir nicht aus. „Ich bin dran", sagte er schließlich. „Hast du irgendwelche Krankheiten?"

„Hä?", fragte ich fassungslos. Was für ein Themenwechsel.

„Naja, so etwas wie einen angeborenen Herzfehler vielleicht, oder häufige Kopfschmerzen, irgendetwas Auffälliges?", erläuterte Noah.

„Ähm, ... nein. Nichts wovon ich wüsste", erwiderte ich verständnislos.

Er atmete sichtbar auf und nickte mir zu. „Du."

„Wirst du mir irgendwann erzählen, warum du es getan hast?", fragte ich. Er zuckte zusammen – wohlwissend, worauf ich anspielte.

„Emily, ich ..."

„Noah, ich möchte wissen, was passiert ist. Ich möchte wissen, warum dir dieses Leben nicht mehr lebenswert erschien. Warum du aufgeben wolltest. Ich meine, ich weiß nicht was dir widerfahren ist, aber zu diesem Zeitpunkt hattest du doch schon eine neue Familie. Eltern und Geschwister, die dich von ganzem Herzen liebten und alles für dich taten. Warum ...?"

„Das verstehst du nicht", brummte er und schüttelte den Kopf.

„Natürlich nicht. Darum bitte ich dich ja, es mir zu erklären", wisperte ich und ergriff seine Hände, die sich unter meiner letzten Frage verkrampft hatten.

Es erschien mir wie ein kleines Wunder, dass er die Berührung zuließ und den Druck sogar erwiderte. Seine Daumen kreisten sanft über meine Handrücken, während er sich unter meinem flehenden Blick wand. Zunächst schloss er die Augen und atmete tief durch, doch dann sah er mir direkt ins Gesicht.

„Adrian und Lucy haben recht mit ihren Vermutungen", sagte er geradeaus. „Aber sie wissen längst nicht alles."

Ich war mir sicher, dass ihm pures Entsetzen entgegenstarrte. Dennoch konnte ich mich nicht dazu bringen, meinen Blick abzuwenden.

„Noch schlimmer?", fragte ich halb erstickt.

Er nickte. Dann legte sich sein Kopf schief und sein Gesicht verzog sich, als hätte er mit einem Mal starke Schmerzen. „Und weißt du, ... wenn ... wenn du so lange in der Hölle gelebt hast – dein Leben lang –, dann fühlst du dich im Himmel nicht zu Hause. Egal, ... ganz egal, wie sehr sich die Engel um dich bemühen."

Noch ehe ich die Bedeutungstiefe seiner Worte erfasste, stieß er sein charakteristisches, bitteres Lachen aus. „Was für ein Scheißvergleich!"

Ich schüttelte den Kopf. Nein, ich verstand genau, was er sagte. Ich verstand es so gut, dass mein Herz vor Kummer drohte aus meiner Brust zu springen. „Noah, was haben sie dir angetan?"

Er schüttelte den Kopf. „Heute nicht. ... Bitte!", krächzte er leise.

Mein Nicken kostete mich eine enorme Überwindung. Nicht, weil ich nur neugierig war – ein großer Teil von mir wollte die Wahrheit, aus Angst an ihr zu zerbrechen, gar nicht hören. Nein, es war etwas anderes: Ich war nicht nur dabei, ich *hatte* mich bereits in diesen Jungen verliebt, dessen wurde ich mir schlagartig bewusst.

Trotz der kurzen Zeit, die wir uns erst kannten, liebte ich ihn so sehr, wie ich noch nie zuvor jemanden geliebt hatte. So irrational mir die Heftigkeit meiner Gefühle auch erschien, Zeit spielte dabei offenbar keine Rolle. Im Gegenteil. Ich konnte mich überhaupt nicht mehr daran erinnern, Noah irgendwann einmal *nicht* geliebt zu haben. Mein gesamtes Leben verblasste hinter den wenigen Stunden, die ich mit ihm geteilt hatte.

Und ich *musste* wissen – ob ich nun wollte oder nicht – in wen ich mich so unsterblich, so Hals über Kopf und gegen jede Vernunft, verliebt hatte. Meine Mitschülerinnen ließen sich von den Müttern ihrer Freunde deren peinlich-niedliche Kindheitsstorys erzählen und sahen sich Fotos in mehr oder weniger liebevoll gestalteten Alben an. Bei Noah gab es nichts dergleichen. Nur eine düstere Vergangenheit, die niemand außer ihm kannte. Eine Vergangenheit, die von Tag zu Tag an seinen Eingeweiden nagte und ihn von innen heraus auffraß.

Ich musste wissen, was so sehr an ihm zehrte, musste den bösen Geistern seiner Vergangenheit begegnen und sie ertragen. Genau wie er. Vielleicht konnten wir sie gemeinsam bekämpfen, vielleicht konnte ich ihm dabei helfen. Mit all meiner Geduld und Liebe, wenn er mich nur ließ.

„Entschuldige", flüsterte ich. „Heute nicht, schon gut."

Noah blickte noch lange schweigend auf unsere Hände, bis er schließlich den Kopf hob und mich ansah. „Ich bin dran."

„Du bist dran", erwiderte ich mit einem erleichterten Lächeln. Er war so schön.

„Betreibst du irgendeine gefährliche Sportart? Klettern, Paragliding ... etwas in der Art?"

„Noah!" Sein Name schoss ihm wie eine Warnung entgegen. „Was tust du? Was sollen diese eigenartigen Fragen?"

Er sah mich mit einer unglaublichen Unschuldsmine an. „Was? Es interessiert mich. Bist du sportlich?"

„Zumindest nicht unsportlich, denke ich. Ich spiele gern Volleyball und Hockey. Und Fußball natürlich."

„Fußball? Wirklich?"

Ich lachte über sein unverhohlenes Erstaunen.

„Britin, du erinnerst dich?"

Er grinste. „Richtig! Und was noch?"

„Ich bin ziemlich gut auf meinen Inlineskates und schwimme auch sehr gerne. Das war's."

„Klingt nicht lebensbedrohlich. Obwohl ... in deinem Fall vielleicht schon", murmelte Noah.

Wäre er nicht *er* gewesen, hätte ich ihm für diesen Spruch vermutlich in die Seite geboxt. So entzog ich ihm lediglich meine Hände und stützte sie empört in meine Seiten. „Hey, ist es nicht! Ich bin nicht immer so ungeschickt, wie ... wie du mich kennengelernt hast."

Seine Augen verengten sich. „Wie meinst du das?"

Ich zuckte mit den Schultern. „So, wie ich es sage. Seitdem ich dich kenne, sind mir mehr Ungeschicke passiert als in dem gesamten Jahr zuvor." Ich lachte über meine eigene Bemerkung, obwohl ich feststellte, dass sich sein Blick noch stärker verfinsterte. „Du hast das schon richtig beobachtet. Auch wenn es mir nicht aufgefallen war, bis du es erwähnt hast. Mein Knöchel, der Ohnmachtsanfall, der Autounfall ... Du warst immer unmittelbar beteiligt."

Noah blinzelte einige Male schnell hintereinander, wie man es tut, wenn einem tausend Gedanken durch den Kopf zischen. Er wirkte ... verwirrt. „Ich war ... Ja, aber ..." Er brachte keinen klaren Satz zustande, und auf einmal befürchtete ich, er könnte meinen Scherz zu ernst nehmen. Schnell ergriff ich seine Hände wieder. „Wage es nicht, darüber zu grübeln." Wir schwiegen für einige Sekunden.

„Der Ohnmachtsanfall?", fragte Noah dann. *Oh Mist!*

Für eine Sekunde zu ertappt, entzog ich ihm meine Hände wieder – es war wie ein Reflex. „Ich ... ähm ... Du ..." Nun war ich diejenige, die sinnlose Wortfetzen stammelte.

„Jaaa?", fragte Noah herausfordernd.

„Du warst so nah und so unfassbar schö... Ich habe vergessen zu atmen", sprudelte es aus mir hervor. Mittlerweile – so oft, wie mir seine Nähe mittlerweile die Luft zum Atmen geraubt hatte – war ich mir sicher, dass es so gewesen sein musste.

Noahs Blick war mit einem Mal zu tief, zu prüfend. Schnell stand ich auf und wandte mich ab. Ging zu meinem Schreibtisch, weil ich nicht wusste, wohin mit mir und meiner grenzenlosen Verlegenheit. Beschämt starrte ich auf die leere Holzplatte, während sich die Hitze in meinen Wangen ausbreitete. „Jetzt weißt du's. Und nur fürs Protokoll: Unser Spiel ist an dieser Stelle beendet."

Ich hörte sein gehauchtes Lachen, dann das Geräusch meiner Matratze, als er sich erhob. Noahs Schritte hörte ich nicht. Aber seine Nähe, seine zaghafte Berührung, seinen Atem in meinem Nacken – all das spürte ich überdeutlich.

„Emily", flüsterte er, während seine Fingerspitzen über meine nackten Arme strichen. Mein Herz raste wie verrückt, mein Brustkorb hob und senkte sich, hob und senkte sich ... immer schneller, immer flacher, immer uneffektiver – je höher Noahs Hände glitten.

„Atme!", wisperte er in mein Ohr und drückte meine Schultern dabei mit seinen großen schlanken Händen. Ich schloss die Augen und tat einen tiefen Atemzug.

„Es gibt hundert Gründe, warum wir nicht zusammen sein sollten", flüsterte er weiter.

Ich drehte mich zu ihm um und umfasste seine Handgelenke. „Es gibt unzählige, warum wir es doch sein sollten", erwiderte ich entschlossen und sah dabei fest in seine wunderschönen Augen. Dann, als Noah hart schluckte, fiel mein Blick auf seinen Adamsapfel, wanderte langsam wieder höher, über sein Kinn, und landete schließlich auf seinem perfekt geschwungenen Mund.

Einen Augenblick später waren seine Lippen auf meinen. ... *Himmel!* Dieses Mal war ich mir sicher, ihn erreicht zu haben. *Weich, warm, süß ... Perfekt.*

Noahs Arme umschlangen meinen Rücken, seine Hände fassten

mich mit einer Hingabe, von der ich nicht einmal zu träumen gewagt hätte, und sein Atem kam und ging so flach und zittrig wie meiner nur wenige Sekunden zuvor. Meine Hände pressten sich gegen seinen Brustkorb. Sein Herz – es schlug regelmäßig und fest. Nichts im Vergleich zu meinem eigenen, das sich unter seinem Kuss vollkommen verhaspelte.

Doch dann – ich entspannte mich gerade in Noahs Armen – stieß er mich ohne jede Vorwarnung von sich. Und in diesem Stoß lag eine solche Kraft, dass ich völlig überrascht nach hinten taumelte, das Gleichgewicht verlor und den Aufprall erwartend die Augen zusammenkniff. Doch ich landete viel weicher als befürchtet, öffnete die Lider wieder und blickte direkt in Noahs Gesicht. Er hatte ein Knie auf dem Boden platziert und mich über dem aufgestellten Oberschenkel seines anderen Beines aufgefangen. Mit schmerzerfülltem Blick sah er auf mich herab.

„Emily! Es tut mir leid. Ich…" Er richtete sich auf und zog mich mit sich. „Ich kann das einfach nicht." In offensichtlicher Zerrissenheit raufte er sein blondes Haar. „Schlaf gut!"

Damit wandte er sich ab, drehte den Schlüssel im Schloss und stürmte aus meinem Zimmer, noch ehe ich meine Sprache wiederfinden konnte.

XV.

„Michael!", rief ich. Bereits zum dritten Mal.

Emilys Haus lag zirka eine Meile weit entfernt. Weit genug, um meinen Sinnen eine Pause zu gewähren. Ja, ich hatte die Flucht ergriffen.

Der Amarok stand viele Meter unter mir, in einer Ausbuchtung am Rande der Küstenstraße. Wenn ich mich konzentrierte, spürte ich die abebbende Hitze seines ruhenden Motors bis hier oben auf den Gipfel.

Für menschliche Augen war es schon lange stockdunkel, nicht aber für meine. Ich sah alles. Genauso klar und deutlich wie am Tag konnte ich jedes Detail der Umgebung erkennen. Nur dass mir die Welt nun in einem anderen Licht erschien – als hätte man sie mit einem Sepia-Effekt unterlegt. Die Berge, der Ozean, die kurvige Straße, die Lichter der Stadt – alles wirkte wie in einem dieser alten Stummfilme.

Nur die Geräusche zerstörten die Illusion.

Tief unter mir schlug der tosende Pazifik in einem seit vielen Jahrmillionen währenden Kampf gegen die Klippen. Als ich mich darauf konzentrierte, dröhnte das Rauschen der wütenden, weißgekrönten Wellen beinahe schmerzhaft laut in meinen Ohren. Ich verlor das letzte Quäntchen meiner überstrapazierten Geduld. „MICHAEL!"

„Warum brüllst du so, Noah? Du weißt, dass das völlig unnötig ist, also lass die Theatralik!", tadelte er mich, noch bevor ich ihn sah. Ich blickte mich in alle Himmelsrichtungen um. Vergebens.

„Ja, ich weiß! Aber es tut mir gut und ich will dich sehen. Also komm zu mir! Nur deshalb bin ich hier hochgestiegen. Um dir begegnen zu können, ohne die ständige Sorge, dass man mich hört. Ich will dich ansehen, will dir gegenüberstehen, wenn du mir versicherst, dass du wirklich ein Engel bist, ein Erzengel noch dazu, und nicht doch der ..."

Mein Satz verhallte unvollendet. Ich traute mich nicht, SEINEN Namen auszusprechen. So wütend ich auch sein mochte, ER war tabu.

„... dass du nicht doch für die Gegenseite spielst", rettete ich mich.

„Aber Noah!" Michaels Stimme klang unglaublich besänftigend; sie umspielte mich wie das zärtlichste Schlaflied. Es war so schwer, sich nicht auf der Stelle von ihr einlullen zu lassen. Verbissen hielt ich meinen Zorn aufrecht.

Michael erschien direkt vor mir, hell erleuchtet wie immer. Weiße Funken sprühten über das Gipfelplateau des Berges, und die Spannweite seiner unglaublichen Flügel reichte mehrere Meter weit. So viel zum Thema Theatralik. Michael liebte die Show, und er hatte diese Art der Inszenierung auch echt drauf, das musste man ihm lassen. Doch in dieser Nacht war ich nicht zu himmlischen Showeinlagen aufgelegt, so überwältigend sie auch sein mochten.

„Lass den Mist!", fluchte ich wütend.

„So verbittert?", fragte er. Wie immer war es unmöglich einzuschätzen, ob er sich noch amüsierte oder doch eher sorgte. Nun, er mochte pokern, was seine Gemütslage anging, aber mir war es ernst. Und das sollte er spüren.

„Ich bin ... du weißt schon. Ich bin dabei, mich in sie zu verlieben, Michael."

„Du bist dabei?", fragte er sanft, aber skeptisch.

Ich rieb mir über die müden Augen. „Ich ... nein, es ... ist schon geschehen, denke ich."

Gedankenverloren strich ich mir über die Unterlippe, auf der Emilys Kuss, auch Stunden später, noch immer zu kribbeln schien. So weiche Lippen.

Schnell schüttelte ich den Kopf, als mir bewusst wurde, dass Michael unmittelbarer Zeuge meiner Gedanken wurde.

„Wobei ich keine Ahnung habe, wie man sich in jemanden verlieben kann, den man doch eigentlich gar nicht kennt", fügte ich wütend hinzu.

Seit Emily Rossberg in mein Dasein getreten war, stellte sie es vollkommen auf den Kopf. Nervös lief ich auf und ab. Als ich bemerkte, dass ich sprichwörtlich dabei war, mich zu tief in meine Gedanken zu verrennen, blieb ich abrupt stehen und sah Michael durchdringend an.

„Bist du *das, ja? ... Machst* du *das mit mir? Wenn ja, dann sag mir, was das soll? ... Ich meine, ist das meine Strafe? Dass ich sie lieben, aber nicht haben kann? Und wenn ja, warum bestrafst du sie gleich mit? Denn sie scheint ... also, ich denke ... nein, ich weiß, dass sie auch ... Sie fühlt dasselbe wie ich, das spüre ich."*

„Ja, ich weiß!" Michael nickte. Und obwohl seine Bestätigung unnötig war und die Tatsache, dass Emily genauso fühlte wie ich, die ganze Situation nur noch weiter komplizierte, durchfloss mich ein wohliger Schauder bei seinen Worten.

Emily fühlt also wirklich wie ich. Für mich.

Michael lächelte – mit schmerzerfüllten Augen. Wie bereits erwähnt, ich wurde nur selten schlau aus seiner Mimik.

„Ich habe nichts damit zu tun, Noah", versicherte er mir. „So ist es nun mal, solche Dinge passieren. Auch Engel können sich verlieben. Aber ... du wirst schon sehen, für irgendetwas ist es gut. Nichts geschieht ohne Grund, mein Junge. Du darfst das Wesentliche nicht aus den Augen verlieren. Du hast einen Auftrag. Du bist da, um Emily zu beschützen. Ihr droht großes Unheil."

Mit diesen Worten rüttelte er mich wach.

Verdammter Mist, *was* zum Henker droht ihr denn?

„Noah, dieses ewige Fluchen ..." Michael schüttelte missbilligend den Kopf.

Bisweilen ist es verdammt lästig, dass du meine Gedanken lesen kannst, weißt du das?

„Noah!"

Ja, ja. Kein *verdammt* mehr, kapiert!

Ich schlenderte bis an die Kante der Klippe vor und kickte einen faustgroßen Stein über den Abgrund. Das Geräusch, mit dem er die wogende Wasseroberfläche durchbrach, hörte sich in meinen Ohren ebenso zwiespältig an, wie ich mich fühlte. Kraftvoll und stark ... und doch so fremdbestimmt und machtlos, dass der unausweichliche Untergang – das endgültige Abtauchen – einfach hingenommen werden musste. Dieser Stein und ich, wir waren Brüder. Leblose Brüder.

Obwohl – seit wenigen Tagen fühlte ich mich im Grunde meines stoischen Herzens endlich wieder lebendig.

... Lebendig. Ausgerechnet ich. Durch sie.

„Ich spüre sie, Michael. Wenn ich sie berühre, fühle ich, was sie fühlt. Ich weiß, dass sie ... Sie mag mich wirklich", gestand ich flüsternd, als wüsste er das nicht längst.

„Oh ja, sie mag dich sogar sehr, mein Junge." Michael ging auf mich zu und fuhr mir mit der schlanken Hand über den Kopf.

Wer kennt sie nicht, die leichte, warme Meeresbrise, die einen so sanft streichelt, dass man ganz unwillkürlich die Augen schließt und tief durchatmet. So war Michaels Berührung. Sie hatte nichts Menschliches an sich, daher fürchtete ich sie auch nicht. Wenn mich Michael berührte, fühlte ich, dass ich kein Mensch mehr war.

Sag mir was es ist, *forderte ich in Gedanken.* Was wird ihr geschehen?

„Du weißt, das kann ich nicht", antwortete er.

„Aber ... was ist, wenn ich versage? Sie wird ... ich meine, wird sie ... sterben?"

„Ja, das würde sie."

Erschrocken wirbelte ich herum und sah ihn an. Er schüttelte den Kopf, das sanfte Lächeln unangetastet. „Aber sie wird es nicht. Denn du wirst ja da sein. Und du wirst das Richtige tun. Hab Vertrauen, Noah. Setze einfach die richtigen Prioritäten."

Die folgende Frage brannte am stärksten in mir. „Du hast gesagt, meine Mission ist beendet, wenn ich es schaffe, Emily ... zu bewahren. Das heißt, ich muss ihre Position einnehmen, damit sie nicht stirbt?"

„Du stirbst für sie, ja", gab Michael zu. *„Pro forma natürlich nur. Die Menschen werden denken, dass es so ist und du ... bist dann frei."*

Ich stieß ein wenig Luft aus, und mit ihr das winzige, gleichsam gigantische Wort: „Frei!"

Als ob ich jemals frei gewesen wäre oder es sein könnte.

„Du hättest es sein können, mit ein wenig mehr Geduld", gab Michael zu bedenken. *„Hättest du weiterhin das getan, was dir vorbestimmt war: leben, und dich nicht klammheimlich aus der Affäre ziehen."* Mürrisch winkte ich ab – unwillig, in vergangenen

Entscheidungen zu wühlen, die ich nun ohnehin nicht mehr än-
dern konnte.

„Aber ... wie wird sie verstehen können, was los ist? Dass ich
in der kommenden Zeit bei ihr sein werde – ja, sein muss –, sie
begleite, wie ihr eigener Schatten, und sie doch immer wieder auf
Distanz halte? Und ..." Der verbleibende Gedanke war der
schlimmste von allen. Die Worte brannten wie ätzende Säure, als
sie sich ihren Weg durch meine Kehle bahnten. „... dass ich sie
irgendwann verlassen werde? Das ist es, wovor sie sich am meisten
fürchtet. Einen weiteren Menschen zu verlieren, der ... ihr wichtig
ist."

Michael brachte eine seiner Standardantworten, die mir eines
Tages – in naher, naher Zukunft – noch den letzten Nerv rauben
würden: „Du wirst einen Weg finden."

Sein nüchterner Ton war keineswegs hilfreich, doch zumindest
die Anteilnahme, die sich in seinen hellblauen Augen widerspie-
gelte, wirkte aufrichtig. „Es ist nicht immer leicht, das gebe ich
zu. Aber du wirst wissen, was das Richtige ist. Und du wirst es tun."

„Heißen Dank auch", murmelte ich mürrisch.

„Hab Vertrauen!", erwiderte er. Ja, das war sein ewiges Man-
tra, sein Allheilmittel: „Hab Vertrauen!"

Eine undefinierbare Weile blieb es still. Seufzend wandte ich
mich ab und begab mich an den Abstieg in Richtung Amarok. Ich
würde direkt zu einer Tankstelle fahren müssen, die Reservelampe
blinkte bereits, so lange war ich in der Gegend herumgefahren.

„Das Geld hättest du dir locker sparen können", murmelte Michael.

Genervt wandte ich mich um, doch er war verschwunden, und ich
warf die Hände in die Luft. „Wenn du es dir schon in meinem Kopf
bequem machen musst und meine Gedanken liest, hättest du dann
wenigstens die Güte, deine zynischen Kommentare so zu entschlüs-
seln, dass sie auch für dämliche Schutzengel verständlich werden?"

„Anstatt all den Treibstoff zu verschwenden und stundenlang
ziel- und sinnlos über die Straßen zu heizen, hättest du dich nicht
nur preiswerter, sondern auch wesentlich effektiver abreagieren
können. Wärst du gestern in deinem Zimmer nur nicht so aufge-
braust, dass Emily dich gehört hätte. Sie wäre nicht davongelaufen,

du wärst ihr nicht nachgestürmt, und ich hätte genug Zeit gehabt, dir deine neuen Kräfte zu verleihen.

„Kräfte?", wiederholte ich wie ein Schwerhöriger. „Was für Kräfte?"

Wieder erschien Michael unmittelbar vor mir. Ich zuckte zusammen, als mich sein Licht erfasste – wie jedes Mal. Sein Blick war prüfender als je zuvor, und seine Erscheinung zwang mich förmlich, eine ehr-fürchtige Haltung einzunehmen. Gegen seine Gestalt fühlte ich mich machtlos. Was eigenartigerweise nicht unangenehm war.

„Ich denke, es ist an der Zeit, Noah", befand er. „Bisher warst du zu wütend und nicht aufnahmefähig, aber nun ..." Er ließ den Satz unvollendet verhallen. „Für dich wird sich nun einiges ver-ändern, damit du deiner kommenden Aufgabe Emily gegenüber gerecht werden kannst. Bist du bereit?"

Er sah mich tief an, und ich wusste, dass seine Frage rein rhetori-scher Art war. Michael blickte tatsächlich bis in mein Innerstes. Und nur er konnte sehen, ob ich in seinem Sinne bereit war. Abgesehen davon – was blieb mir schon für eine Wahl? Also straffte ich meine Schultern, ließ die Arme locker hängen, drehte die Hand-innenflächen in Michaels Richtung und schloss meine Augen.

Während die stillen Sekunden verstrichen und mich die Wärme meines Erzengels durchströmte, drifteten meine Gedanken ab. Hätte Michael seine Frage nach meiner Bereitschaft ernst ge-meint, ich hätte sie nur mit einem Nein beantworten können. Um ehrlich zu sein, hatte ich mich niemals weniger bereit für meinen Einsatz gefühlt als in diesem Moment.

Fünf Jahre. Fünf lange Jahre in Ungewissheit waren seit meiner 'Wiederbelebung' verstrichen.

Und nun das: Emily war mein Schützling. Unverkennbar anders als alle anderen, hörte ich nicht nur ihre Gedanken bei unserer Berührung, sondern fühlte auch genau was sie spürte, was in ihr vorging. Abgesehen davon, hatte ich sämtliche meiner selbstauf-gestellten Regeln für sie gebrochen und binnen einer Woche über den Haufen geworfen.

Es gab so viel was sie wissen wollte, was ich ihr erzählen woll-te aber nicht durfte. Ich musste verbergen wer ich war, vor ihr, vor meiner Familie, die ich mehr liebte, als sie je ahnen würden – und allen!

Niemand sollte mich in sein Herz schließen, niemand durfte mich lieben. Ich würde ihnen so viel Schmerz bereiten, wenn ich ging – wenn ich gehen musste. Zumindest wollte ich ihnen den endgültigen Abschied erleichtern, und wie hätte ich diesen Entschluss besser angehen können, als durch meine unnahbare Art. So lange hatte ich diese Strategie verfolgt; erst in den vergangenen Tagen an Emilys Seite hatte sie ihre Logik verloren. Ich wusste nicht, wie sie das schaffte, aber Emily weckte die Sehnsucht nach dem Leben in mir. Einem Leben, das ich längst aufgegeben hatte.

Michael hatte immer wieder behauptet, ich würde meinen Schützling zweifelsfrei identifizieren können. Und es stimmte. Emily hatte ungeahnte Gefühle in mir ausgelöst. Gefühle, die mir meine Aufgabe nicht gerade erleichterten.

Nun hoffte ich auf die Hilfe meines Erzengels, der auf dem Gipfel des Berges noch immer vor mir stand und mit weit ausgebreiteten Armen seine Wärme und Kraft sowie dieses unvergleichliche Licht aussandte – ja, mich förmlich damit durchströmte.

Ich hatte es nicht vom ersten Moment an gespürt. Zunächst war es nicht mehr als eine vage Vermutung gewesen. Erst, als wir uns zum ersten Mal berührten – als ich ihr so intuitiv nachsprang und sie aus dem Pool zog – verspürte ich diese Verbindung, die keine Zweifel mehr in mir zuließ: Ich war hier für sie. Nur für sie. Und diese plötzliche Erkenntnis löste einen tiefen Schock in mir aus.

Ich besaß die Gabe, die Gedanken der Menschen zu hören, die ich berührte. Doch ich hatte diese Gabe so lange nicht genutzt, mich meinem Dasein förmlich verweigert.

Als ich damals starb, war ich nur ein Kind gewesen, hatte die Fragen eines Kindes gestellt, als das gleißende Licht Konturen annahm und Michael zum ersten Mal vor mir auftauchte: „Bin ich tot?"

Und er hatte geantwortet, wenn auch nicht ganz so, wie ich das von einem Engel erwartet hätte: „Das bist du, Noah. Aber wir sind nicht bereit für dich. Du musst zurück."

Alles war anders gewesen, als ich nach drei Tagen wieder zu mir kam. Die Ärzte hatten sich nach ihrem Kampf um mein Leben

auf die Schultern geklopft und beglückwünscht – ahnungslos,
dass sie ihn verloren hatten. Ich war zwar wieder bei Bewusst-
sein, doch ich war ein anderer geworden.

„Dein Herz schlägt nur noch zur Tarnung", erklärte mir Mi-
chael damals, der sich seit jenem Moment so frei in meinem Kopf
bewegte, als sei es seiner. „Du wirst deine Lungen mit Sauerstoff
versorgen, essen, trinken und schlafen. Du wirst altern, deine
Haare und Zehennägel schneiden und deinen Körper vor Verlet-
zungen schützen müssen. Doch all das geschieht nur noch zur
Tarnung. Wie gesagt, dein Körper funktioniert relativ normal.
Mit einigen Zusatzfunktionen allerdings, und – wenn du die erst
einmal beherrschst – viel kontrollierter als bei einem Menschen.
Aber ansonsten recht normal. Es gilt jedoch, unerkannt zu bleiben.
Für die, die dich lieben und für deinen Schützling. Beachte das,
es ist eine der obersten Regeln. Sei offen für alles und jeden, und
vergiss nie, wer du bist. Du bist jetzt ein Engel, Noah. Ein
Schutzengel. Mach uns hier oben keine Schande."

Ich hörte nicht auf ihn, sondern baute Wände um mich herum.
Groß, mächtig, schalldicht. Hier war ich – allein – und draußen
war der Rest der Welt. Ein selbstgezimmertes Gefängnis, das sich
mit der Zeit nach einem Zuhause anfühlte.

Bis sie kam, Emily, und – mir nichts, dir nichts – die Wände
meines Heimes einriss. Sie ließ sich nicht beirren, nicht ver-
scheuchen. Stein für Stein trug sie meine Mauern ab. Mal impulsiv
und beinahe explosionsartig, mal mühevoll und geduldig.

Und Gott, ich liebe sie dafür.

„Noah, konzentrier dich!", ermahnte mich Michael.

„Entschuldige!"

Verdammt, das war peinlich.

„Muss es nicht sein. Aber hör auf zu fluchen und derartig über
Emily nachzudenken. Sie braucht dich, Noah. Und zwar mit einem
klaren Kopf."

„Ich weiß", erwiderte ich beschämt.

„Dann richte dich danach!", beharrte Michael. Seine Wärme
füllte mich aus, sein Licht umhüllte mich sanft. Ich ließ mich
treiben und ergab mich seiner Kraft. Schwerelos.

„Fertig!", verkündete er schließlich und entzog mir seine Kräfte schlagartig. Ich sackte zusammen, richtete mich wieder auf. Erwartete, mich anders zu fühlen als zuvor und versuchte, irgendeine Änderung zu erfassen.

Nichts.

Michael sah mich belustigt an. „Noah, Noah, noch immer der Ungeduldige. Geh einfach, du bist bestens ausgestattet."

„Aber ..."

„Kein Aber! Geh! Du hast einen Auftrag."

Ich nickte und wandte mich ab.

Der Erzengel schüttelte seine blonden Locken und lachte über meine plötzliche Eile, als ich den Abhang herunterlief. Seine Stimme klang hell und klar in meinen Ohren nach.

„Ach, und Noah ...", rief er mir nach, als ich den Motor des Amaroks startete und anfuhr. Ich sah in den Rückspiegel. „Hm?"

„Nur im Notfall verwenden!"

Er winkte einmal, dann war er verschwunden.

Ich presste Luft zwischen meinen Zähnen hindurch und verdrehte die Augen.

Diese dämliche Allwissenheit nervte gehörig.

„Du bist ja nur neidisch", kicherte es im meinem Kopf.

XVI.

Meine Haare waren ein Desaster. Nicht, dass das nicht an jedem einzelnen Morgen der Fall gewesen wäre, aber an diesem glichen sie ... keine Ahnung, was. Für diese besondere Form des Chaos' war noch kein Name erfunden worden. *Vogelnest* traf es nicht mal annähernd.

Erst gegen halb zwei Uhr nachts war ich in einen Schlaf gefallen, der unruhiger wohl kaum hätte ausfallen können.

Mein Herz schlug auch jetzt noch wild in meiner Brust, sobald ich an die Bilder meiner Träume zurückdachte:

Noah, der mich an sich zog und küsste, Noah, der mich wieder von sich stieß, Noah der mich eine *Bitch* nannte, Noah, der mich aus dem Wasser zog und vor sich absetzte.

Ich konnte mit reinem Gewissen behaupten, dass ich noch nie zuvor in meinem Leben so verwirrt gewesen war wie an diesem Morgen. Und dabei hatte ich am Abend zuvor noch gehofft, die Zeit der größten Verwirrung läge nun hinter uns. *Fehlanzeige!*

Ich eilte in die Dusche und versuchte mit drei unterschiedlichen Kämmen, zwei Shampoos und meiner besten Pflegespülung, meinen verfilzten Strähnen beizukommen.

Während ich abwechselnd vor mich hin fluchte und die Zähne zusammenbiss, konnte ich mich wunderbar meinen Gedanken widmen. An Schmerzen um diese Uhrzeit war ich schließlich gewöhnt.

Eigentlich hatten wir am Vortag große Fortschritte gemacht – so fühlte es sich zumindest an. Sicher, wir hatten uns erneut auf diese *Vor-und-wieder-zurück-Art* bewegt; so war es mit Noah immer. Aber schlussendlich hatten wir trotzdem ein gewaltiges Stück in die richtige Richtung hinter uns gebracht.

Wäre da nicht dieser eine Satz von ihm gekommen, unmittelbar bevor er getürmt war.

„Ich kann das einfach nicht", echote seine Stimme durch meinen Kopf und warf immer wieder die eine, alles entscheidende Frage auf: *WAS konnte er nicht?* Ich zermarterte mir fast das Hirn

darüber. Konnte er mich nicht küssen, mich nicht berühren, oder konnte er keine nähere Beziehung mit mir eingehen? *Was???*

Als ich meine Haare glattgeföhnt und mich angezogen hatte, legte ich mit großen Schwierigkeiten ein wenig Make-up auf. Ich betrachtete mein Spiegelbild ... und sah mich doch nicht. Stattdessen sah ich Noah, seinen Blick bei diesem Satz. Verzweifelt, mit gequältem Gesichtsausdruck. Als hätte ihm die Aussage körperliche Schmerzen bereitet.

Wie von selbst setzten sich meine Beine in Bewegung. Ich lief zu meinem Schreibtisch und griff nach meinem Handy, suchte Lucys Nummer heraus und wählte sie.

„Emily!", rief sie nur Sekunden später erstaunt aus.

„Guten Morgen. Ich ... ähm ... hast du Noahs Nummer für mich?"

Während die Sekunden stumm und zäh verstrichen, wusste ich selbst nicht mehr so genau, warum ich nicht einfach die verbleibende Stunde bis zur Schule hatte abwarten können.

„Sicher", sagte Lucy endlich und erlöste mich damit. So schnell wie möglich kritzelte ich die Zahlen auf meinen Schreibblock, bedankte mich und beendete den Anruf.

Mit geschlossenen Augen atmete ich noch einmal tief durch. Dann nahm ich all meinen Mut zusammen und wählte Noahs Nummer. Enttäuschung machte sich in mir breit, als er nicht abnahm und statt seiner eine sterile Frauenstimme erklang, die verkündete, der Teilnehmer wäre zurzeit nicht erreichbar.

Ich packte meinen Rucksack und stiefelte die Treppe hinab. In der Küche saß mein Dad, der mir mit seinem obligatorischen Kuss auf die Wange einen guten Morgen wünschte. Nach wenigen Minuten Smalltalk schnappte ich mir einen Apfel, verabschiedete mich und lief nach draußen. Natürlich viel zu früh – über *eine Stunde* zu früh –, aber vielleicht würde ja auch Noah eher erscheinen, und dann blieb uns Zeit für ein klärendes Gespräch.

Erst, als ich auf die leere Parklücke meines Minis starrte, fiel es mir wieder ein. *Mist!* Jetzt hatte ich die Wahl, mich entweder von meinem Vater bringen zu lassen, oder aber Jason zu wecken. *Beides gleichermaßen übel.*

Missmutig drehte ich den Schlüssel im Schloss und drückte die Haustür noch einmal auf.

„Hey!", erklang es weit hinter mir, als ich den Fuß gerade über die Schwelle heben wollte. Ich wirbelte herum und zog dabei die Tür in meinem Rücken erneut zu. Mein Vater musste denken, dass ich nun völlig durchgeknallt war.

An einem Baum, unmittelbar vor dem Tor zu unserer Einfahrt, lehnte Noah – wie aus dem Nichts stand er plötzlich da.

„Hast du mich angerufen?", rief er.

Stumm starrte ich ihn an. Er war hier!

„Ich wusste nicht, ob du es warst", fuhr er fort, als meine Antwort ausblieb. „Eigentlich bekomme ich kaum Anrufe. ... Jetzt habe ich deine Nummer. Das nächste Mal gehe ich dran."

„Okay." Ich stieß mich von der Haustür ab, stieg einige Stufen der Treppe hinunter und drückte auf den kleinen Sender an meinem Schlüsselbund, der das Tor öffnete. Nun trennten uns die schmiedeeisernen Stäbe nicht länger voneinander; der Weg zu ihm war frei. „Was machst du hier?"

Er löste eine Hand aus seiner Hosentasche und kratzte sich im Nacken. „Ich ... wollte dich fragen, ob du mit mir kommst. Ich würde dir gern etwas zeigen."

„Wir haben Unterricht", erinnerte ich ihn und ärgerte mich im selben Moment über den dummen Kommentar. Er war hier, lud mich ein ihm zu folgen und ich ... kam ihm mit der Schule.

Wie romantisch! Und so gar nicht streberhaft.

Dennoch kehrte das schüchterne Grinsen in Noahs Gesicht zurück. „Wir sind rechtzeitig da, versprochen." Diesmal antwortete ich nicht, sondern lief ihm einfach entgegen. Immer weiter, mit jedem Schritt schneller. Wünschte mir, er würde seine Arme öffnen und mich umschließen, sobald ich ihn erreichte. Doch seine Hände steckten, nach ihrem kurzen Ausflug in seine Haare, wieder tief in den Fronttaschen seiner Jeans und blieben auch dort.

„Also los!", sagte ich, als ich vor ihm stand. „Ist es weit?"

Noah zuckte mit den Schultern und streckte mir nun doch eine Hand entgegen. „Lucy und Adrian holen uns nachher hier ab. Wir müssen uns beeilen."

Ich ergriff seine Hand, ließ mich für einen Moment von dem überwältigenden Gefühl erfassen, wie richtig es sich anfühlte, als sich unsere Finger miteinander verschränkten, und setzte mich dann in Bewegung. Erst als mir ein sanfter Windstoß in den Mund blies, bemerkte ich, wie sehr ich Noah anstrahlte.

Er war wieder da, an meiner Seite. So, wie es sein sollte – so, wie ich es brauchte. Und mit diesem Gedanken rückte, wie durch Zauberhand, jeder Bestandteil meiner kleinen Welt zurück an seinen vorgesehen Platz. Noah erwiderte mein Grinsen, senkte dann aber seinen Blick. ... *Verlegen, Mr Franklin?*

Er stieß ein wenig Luft aus, als hätte er meinen kessen Gedanken gehört.

„Wir laufen?", fragte ich, plötzlich gut gelaunt.

„Scheinbar", erwiderte er schelmisch.

Ich genoss diesen leichten Ton, wusste ich doch mittlerweile, wie schnell er umschlagen konnte und wie spärlich solche unbeschwerten Momente mit Noah gesät waren. „Wohin?"

Er schwieg. Es war mir auch egal.

Wir liefen auf dem breiten Bürgersteig der Straße, bis die Häuser von *Little Rose* weit hinter uns lagen. Mit einem Mal blieb Noah stehen und teilte mit beiden Händen die dichten Büsche, die am Straßenrand wuchsen. Nickend bedeutete er mir den Vortritt auf eine Art Trampelpfad, der unmittelbar dahinter begann. Ich duckte mich unter seinen Armen hindurch und zwängte mich an den Zweigen vorbei. Noah folgte, und der raschelnde Vorhang trockener Blätter und Zweige schloss sich hinter uns.

„Wo sind wir?", fragte ich und sah mich um. Weit reichte mein Blick nicht, denn der staubig-steinige Pfad vor uns schlängelte sich auch weiterhin zwischen Bäumen und trockenen Büschen hindurch und ließ mich nicht erkennen, wohin er führte.

„Noch nicht da", erwiderte Noah nüchtern, streckte mir dabei jedoch erneut seine Hand entgegen. Ich ergriff sie und widerstand nur knapp der Versuchung, sie an mein Herz zu drücken. Wie glücklich mich die Selbstverständlichkeit seiner Geste machte – niemals hätte er das erahnen können. Kaum hatte mich der Gedanke durchzuckt, drückte Noah meine Hand ein wenig stärker und führte sie an *seine* Brust. *Was ...?*

Ich kam nicht lange dazu mich zu wundern, denn etwas anderes gewann meine Aufmerksamkeit: Sein Herzschlag. Der ging ruhig und sehr stark; jeder einzelne, klar definierte Schlag traf auf meine Fingerspitzen. Ich blickte zu Noah auf, ergründete das sanfte Türkis seiner Augen.

„Es ist nicht weit", sagte er schließlich und unterbrach damit die sekundenlange Stille zwischen uns.

„Kein Problem!", erwiderte ich. Mit ihm an meiner Seite hätte ich den Mount Everest erklommen. Nun, zumindest hätte ich es versucht.

Noah grinste für einige Sekunden seine Schuhspitzen an und zupfte dann an meiner Hand. „Also komm!"

Mit schweren Schritten stiefelten wir den Hang empor; stellenweise mussten wir seitwärts laufen, so steil war es. Ich versuchte mir nicht die Blöße zu geben und zu keuchen, doch mein Atem ging bald schon flach und schnell. Noah hingegen blieb völlig ruhig, von Anstrengung keine Spur. An der Spitze des Berges angekommen, wandte er sich mir zu und wartete, bis ich ihn erreichte. Sein Brustkorb hob und senkte sich genauso regelmäßig, wie er es am Fuße des Berges bereits getan hatte.

Gegen das frühe Sonnenlicht und den strahlend blauen Himmel sah er aus wie ... ja, wie ein Engel. Mir fiel kein anderer Vergleich ein, und das nicht zum ersten Mal.

Ich hatte einen tollen Ausblick erwartet, aber hier oben standen die Bäume und Büsche so dicht aneinander, dass man rein gar nichts von der Umgebung sehen konnte. Ein wenig ernüchtert sah ich mich um.

Noah grinste. „Von hier aus ist es nur noch eben", versprach er und reichte mir erneut seine Hand, sobald es die Breite des Weges wieder zuließ, nebeneinander zu laufen. Auch ohne irgendeine Form von angeborenem Orientierungssinn ahnte ich, dass wir uns in der Nähe des Ozeans befanden. Möwen krächzten über unseren Köpfen, und die Luft schmeckte salziger als zuvor. Dann blieb Noah mit einem Mal stehen und sah mich bedeutungsvoll an. Wir standen – wieder einmal – unmittelbar vor einigen dichten Büschen. War der Weg hier zu Ende? Noah lächelte mir kurz zu, drückte die Zweige des Busches zu Seite und ...

„Wow!", entfuhr es mir.

Wir standen tatsächlich direkt an den Klippen über dem Pazifik. Vor uns lagen nur noch wenige Meter steiniger Untergrund und dahinter ein unendlich wirkendes Blau, das an diesem Morgen vom Wasser nahtlos in den Himmel überging. So sehr ich meine Augen auch zusammenkniff und mich anstrengte, der Horizont war nicht auszumachen.

Vereinzelte Schiffe und Boote durchkreuzten die sonst so perfekte Illusion, und als ich weiter vortrat, sah ich die schäumenden Wellen, die vom offenen Ozean den Klippen entgegenrauschten. Es war friedlich, ruhig und ... „Einfach atemberaubend!"

Als sich mein Puls beruhigt hatte, spürte ich Noahs Atem in meinem Nacken. Sein Atem verwirrte mich immer wieder. Er war weder kalt noch warm. Er war wie ein sanfter Luftzug, der exakt mit der Temperatur meines eigenen Körpers übereinstimmte – so exakt, dass ich ihn kaum wahrnahm. Wäre da nicht dieser wunderbare Duft gewesen. Denn Noah roch so unverwechselbar gut, dass ich verzweifelt nach etwas Vergleichbarem suchte, seitdem ich ihn kannte. Auch in diesem Moment wollte mir nichts einfallen, obwohl sein süßlich-männlicher Duft mein Bewusstsein regelrecht flutete. Ich spürte seine Hand, die behutsam meine offenen Haare erfasste, sie bündelte und über meine Schulter nach vorne legte. Dann fühlte ich seinen Atem direkt auf der nackten Haut meines Schlüsselbeins.

Ich schloss die Augen, als sich Noah zu mir vorbeugte.

„Dreh dich um!", flüsterte er dicht an meinem Ohr; ich folgte seiner Aufforderung sofort.

„Wow!", sagte nun auch Noah, der es aus unerfindlichen Gründen vorzog mein Gesicht zu mustern, anstatt sich dem herrlichen Ausblick zu widmen. Er lächelte, so sanft wie nie zuvor.

„Wie ... diese wunderschöne Stelle ... woher kennst du ...?", stammelte ich, unfähig unter seinem Blick auch nur *einen* zusammenhängenden Satz zu formulieren.

„Ich war vergangene Nacht hier oben", erklärte Noah dennoch. „Und ich dachte die ganze Zeit, dass dir dieser Ort auch gefallen könnte."

Ich griff nach seinen Handgelenken, drehte mich zwischen seinen Armen zurück und legte unsere Hände übereinander auf meinem Bauch ab. „Es ist wunderschön", sagte ich andächtig, bevor mich die Bedeutung seiner Worte einholte. Wieder wandte ich mich um und warf ihm einen ungläubigen Blick zu. „Vergangene Nacht?"

„Hm-hm. Bis zum frühen Morgen."

Ich wollte weiter nachhaken, doch als mich Noah erneut so herumdrehte, dass ich nicht mehr ihn, sondern den Ausblick genoss, und er seine Hände dabei von sich aus zurück auf meinen Bauch legte, vergaß ich all meine Fragen.

„Was siehst du?", flüsterte er.

„Den Ozean", erwiderte ich mit zittriger Stimme. „Einen Teil der Küste."

„Und wenn du höher schaust?"

Ich tat es. Legte den Kopf in den Nacken, gegen Noahs Schulter. Der Himmel war azurblau und wolkenfrei. Nicht einmal die Kondensstreifen der Flugzeuge durchschnitten das Firmament, dessen Farbe fast unnatürlich wirkte, so satt und kräftig, wie sie sich an diesem Morgen über uns spannte. „Den Himmel", flüsterte ich andächtig. Ich verstand nicht, worauf Noah hinauswollte.

„Beschreib ihn", bat er, nun wieder ganz dicht an meinem Ohr. Ich verlagerte mein Gewicht ein wenig und lehnte mich gegen seine Brust.

„Den Himmel?" Ich spürte sein Nicken.

„Er ist unglaublich blau. Perfekt."

Noah grinste, ich fühlte es in meinem Haar.

Bitte, ... bitte berühr mich! Irgendwie.

Er stieß ein wenig Luft aus und strich behutsam über meine Arme.

„Das ist alles?", fragte er leise. „Perfektes Blau?"

„Soweit das Auge reicht, ja."

Bitte!

Noah schloss seine Arme um mich und zog mich dicht an sich. „Ich sehe viel mehr als das", flüsterte er so leise, dass ich es kaum hörte. „Wir sind so verschieden, Emily. ... Ich weiß, dass du nicht verstehen wirst, was ich dich jetzt frage, aber ... versprich mir etwas!"

Ich spürte seine Lippen, die über meinem Hals schwebten. Es konnten nur Millimeter sein, die sie nun noch von meiner Haut trennten.

„Okay", wisperte ich atemlos.

„Beantworte mir diese eine Frage ohne Gegenfrage, ja? Ich kann dir keine Antworten geben, aber ... es ist unglaublich wichtig für mich, dass du mir die Wahrheit sagst. Ohne weiter nachzuhaken, warum und weshalb."

Ich schwieg eine Weile, ließ seine Worte sacken, verstand sie dennoch nicht ... und nickte dann in blindem Vertrauen.

Noah atmete tief durch; die ausströmende Luft kitzelte mich am Hals und entlockte mir ein Seufzen.

„Okay", begann Noah. „Wenn du wüsstest, dass die Sache mit uns nicht von Dauer sein könnte, weil ... ich eines Tages nicht mehr da sein würde ... und ich könnte dir nicht sagen wann das wäre ... Was würdest du für die verbleibende Zeit wollen?"

Diese Frage, die ich niemals hatte erwarten können, versetzte mich in sofortige Panik. „Du wirst weggehen? Wohin?" Ich versuchte mich in seinen Armen zu drehen, ihn anzusehen. Aber Noah hielt mich fest und ließ die Bewegung nicht zu. Er wollte weggehen. ... *Nein, bitte nicht!* ... War ich jemals ohne ihn gewesen? Es fühlte sich nicht so an.

Mein Herz raste; es hämmerte wie wild gegen meine Brust. Ich verstand gar nichts. Und seine Lippen, die sich in diesem Moment tatsächlich auf meinen Hals senkten und mich so sanft küssten, dass mein Atem stockte, traf dabei die größte Schuld. Noah brachte mich so dicht an diesen herrlich blauen Himmel, und er küsste mich, während seine Worte eine Falltür betätigten, die sich unter mir auftat und das tiefste aller Löcher preisgab: Ein Leben ohne ihn.

„Emily, bitte!", flehte er in diesem Moment.

Ich konnte ihn nicht ansehen, er verhinderte das nach wie vor, aber seine Stimme klang gequält.

„Keine Gegenfragen, du hast es versprochen."

„Aber warum?", fragte ich verzweifelt.

Er schüttelte den Kopf und festigte seinen Griff um meine Taille. „Sagen wir es wäre ... nur eine Theorie. Kannst du mir *bitte* diese eine Frage beantworten?" Noch einmal drückte er seinen weichen Mund auf den Übergang zwischen meinem Hals und meiner Schulter und ließ mich damit erschaudern. Dann drehte er mich endlich in seinen Armen, fing meinen Blick ein und hielt ihn fest. „Bitte!"

„Was ich tun würde, wenn das hier ..." Ich wedelte zwischen ihm und mir hin und her, „... zeitlich begrenzt wäre? Ob ich ... mich dann lieber gar nicht weiter darauf einlassen würde, oder was?"

Noah nickte. „Ganz genau, ja." Das Türkis seiner Augen erschien mir so tiefgründig wie nie zuvor ... und so unglaublich traurig.

Ich dachte über seine Frage nach. Allein die Vorstellung, Noah wieder zu verlieren, wo ich ihn doch gerade erst entdeckt hatte, war so schrecklich und schmerzhaft, dass sich unwillkürlich ein dicker Kloß in meinem Hals bildete. Ich zwang mich ihn herunterzuschlucken, tröstete mich mit Noahs wenig überzeugenden Worten *nur eine Theorie* und dachte über die Alternative nach, ihn sofort gehen zu lassen, um nicht noch tiefer zu fallen und mich am Ende noch stärker zu verletzen.

Aber nein, das war keine Alternative. Ich war schon längst abgesprungen, befand mich bereits im freien Fall, ohne Chance auf Umkehr. Und, ehrlich gesagt, bezweifelte ich stark je einen Fallschirm angelegt zu haben. Mit Noah schien es immer nur das Extreme zu geben, ohne jedes Sicherheitsnetz. Und so würde ich entweder sanft landen – in seinen Armen –, oder extrem hart ... und mir das Herz dabei brechen. *Sei's drum!*

Selbst mit der sicheren Aussicht auf Variante Zwei wäre ich in diesem Moment nirgendwohin gegangen. Auch mit der Gewissheit, ihn eines Tages gehen lassen zu müssen, hätte ich jede verbleibende Sekunde mit Noah genießen wollen.

Er sah mich tief an und hielt meine Handgelenke dabei fest umschlossen. „Wir ... wir sind uns doch gerade erst begegnet", stammelte ich verzweifelt und kämpfte gegen meine dummen Tränen an. „Ich weiß nicht, warum du mich so etwas Schreckliches fragst, Noah. Aber ... selbst wenn ich wüsste, dass das mit uns nicht von langer Dauer sein könnte, ... ich würde dennoch mit dir zusammen sein wollen. So lange es eben geht."

Ich presste mich noch enger an ihn heran und vollendete mein Statement im vollen Bewusstsein, maßlos verzweifelt zu klingen. „Und so nah wie möglich."

Er atmete aus und schloss dabei seine Augen. Ich konnte ihm nicht ansehen, ob ihn meine Antwort zufriedenstellte oder nicht. Noahs Gesichtsausdruck wirkte seltsam verzerrt. Undefinierbar.

„Für alles andere ist es ohnehin zu spät", gestand ich leise ... und beeilte mich dann, fortzufahren. „Also selbst, wenn nun in Stein gemeißelt feststünde, dass du dich eines Tages wie ein Trugbild auflösen würdest ... Bevor ich dir fernbliebe, nur um in der Zwischenzeit an jedem Tag deine Nähe zu ersehnen, würde ich wohl eher bis zur Sekunde unserer Trennung nehmen, was du bereit wärst mir zu geben."

Noahs Lider schossen auf; er sah mich mit großen Augen an.

„Emily", flüsterte er und näherte sich mir langsam. „Du bist ... so ehrlich. Aber du kannst Dinge wie diese nicht einfach so sagen, hörst du?"

„Warum nicht? Du wolltest es doch wissen."

Er lächelte. „Weil du es mir damit unmöglich machst, dich nicht ... küssen zu wollen."

Ich sah nur noch seine Lippen – sanft geschwungen, voll und so weich. Es war verheerend nun exakt zu wissen, *wie weich* sie waren, wie gut sie sich auf meinen anfühlten. Sie riefen nach mir, lockten und versprachen die süßesten Dinge.

„Küss mich, Noah!", wisperte ich, ohne mir meiner Worte zuvor bewusst geworden zu sein.

Und er tat es. Er legte seinen Mund auf meinen, flüsterzart, und küsste mich so sanft, dass ich unter seiner Liebkosung erschauderte. Sofort umfasste er mein Gesicht mit seinen großen Händen – gab mir den Halt, den ich unbewusst ersehnt hatte, und zog mich noch näher an sich heran. Seine Lippen schmiegten sich an meine und raubten mir den Atem. Sekundenlang ... oder waren es Minuten?

Ich wollte nicht, doch ich musste mich von ihm lösen. Musste ein wenig zurückweichen und mich davon überzeugen, dass es kein Traum war. Dass er tatsächlich hier war, bei mir.

Noah lehnte seine Stirn gegen meine und schloss die Augen. Er atmete tief durch. Wie von selbst legte sich meine Hand auf seine Brust. Mein Herz schlug viel zu schnell, zu laut, zu dominant, und irgendwie sehnte ich mich nach der Bestätigung, dass es ihm ebenso ging.

Aber dem war nicht so. Erstaunt blickte ich auf. Erneut ergriff er meine Handgelenke und hielt sie fest.

„Du bist so ruhig", sagte ich verwundert. Es klang fast wie ein Vorwurf.

Noah stieß ein wenig Luft aus. Sein typisches Lachen, auch wenn es längst nicht mehr so verbittert klang wie am Anfang unserer Bekanntschaft. Dann hob er mein Kinn an und sah mir so tief in die Augen, dass ich in seinem Türkis versank.

„Glaub mir, Emily, ich bin alles andere als ruhig."

„Aber dein Herz ... Meines *rast*."

Er lächelte. „Ich weiß. Und meines ist einfach zu ... *erstaunt*, um den Schock zu verarbeiten."

„Den Schock?", fragte ich ein wenig entrüstet.

Er nickte und hielt meinen Blick. „Ich habe noch nie zuvor jemanden so nah an mich herangelassen wie dich, Emily Rossberg."

Ich schluckte. Obwohl ich bereits wusste, dass es stimmte, war es ein berauschendes Gefühl, das so direkt aus seinem Mund zu hören.

Doch dann erinnerte ich mich an seine Worte von zuvor.

Warum muss er gehen? Wohin? Wann? Wissen die anderen ...?

Noahs Blick verschleierte sich. „Bitte nicht grübeln", flüsterte er. Ehe ich etwas erwidern konnte, flatterten mit einem Mal seine Lider und er hob den Kopf. Es machte den Anschein als würde er lauschen, obwohl hier oben nach wie vor wunderbare Stille herrschte.

„Wir müssen gehen. Lucy und Adrian erwarten uns am Fuße des Berges."

Ich seufzte. „Na, dann los."

Noah nahm meine Hand und stützte mich während des Abstiegs.

In Gedanken ging ich meinen Stundenplan durch. Zumindest hatten wir heute eine Doppelstunde Mathematik – ein bittersüßer Gedanke, je nachdem, ob ich ihn in Richtung Tafel oder Noahs Nähe lenkte.

„Hast du die Hausaufgaben verstanden?", fragte Noah und drückte meine Hand.

„Hm?"

„Mathe. Die Hausaufgaben?"

„Oh!" Nun, ich hatte etwas aufgeschrieben, von dem ich bezweifelte, dass es auch nur im Entferntesten einem korrekten Lösungsansatz nahekam.

„Ja. Ja, ... ich denke schon."

Noah blieb stehen und sah mich empört an. Sein Mund stand sekundenlang offen, bevor er mit einem Mal laut loslachte.

„Elende Lügnerin!" Ruckartig zog er mich zu sich heran und hauchte mir einen Kuss auf den Hals, unmittelbar unter mein Ohrläppchen. „Gar nichts hast du verstanden", wisperte er.

Gott, ich konnte wirklich nicht lügen.

„Und da habe ich vor wenigen Minuten noch deine Aufrichtigkeit gelobt", fügte er in gespieltem Tadel hinzu.

„Ich glaube, ich brauche Nachhilfe", gestand ich kleinlaut und schmiegte mich verschämt an seine Brust. Krallte mich in sein T-Shirt und widerstand nur knapp der drängenden Versuchung, den Stoff vor mein brennendes Gesicht zu ziehen.

Noah lehnte sich zurück. Er ignorierte die Tatsache, dass ich wie ein rotgetränktes Glühwürmchen aussah, fasste meine Hand und nahm den Abstieg wieder auf. „Wenn es nur das ist. Ich bin, was immer du verlangst. Sogar dein Nachhilfelehrer", sagte er schulterzuckend.

Für den Rest des Weges unterhielten wir uns über Belanglosigkeiten und schlenderten Hand in Hand zurück. Wie ein ganz normales, frischverliebtes Paar. Als hätte es Sätze wie *„Was wäre, wenn die Sache mit uns nicht von Dauer sein könnte?"* nie gegeben. So, als wäre Noah nie der abgeschottete unfreundliche Vollidiot gewesen, als den ich ihn nur eine Woche zuvor kennengelernt hatte.

Ich fühlte mich unbeschwert, spürte in jedem Muskelstrang – ja, in jeder Zelle meines Körpers – das Glück, das nur Noahs Nähe in mir auslösen konnte. Absolut unwillig, dieses unglaubliche Gefühl aufzugeben, wischte ich die Ansätze von Grübeleien zur Seite, bevor sie zu laut werden konnten. Ich würde früh genug wieder in meinem Bett liegen und Löcher in die Zimmerdecke starren. In diesem Moment jedoch wollte ich nur genießen. „Kommst du nach der Schule wieder mit zu mir?", fragte ich.

„Wenn du das möchtest. Ansonsten könntest du auch mit zu mir kommen."

Ich dachte einen Moment lang nach, wog beide Möglichkeiten gegeneinander ab und fällte meine Entscheidung, sobald mir klar wurde, dass die Wahl eigentlich nur *Jason gegen Adrian und Lucy* lautete. „Gehen wir zu dir."

Wir erreichten den breiten Bürgersteig am Fuße des Berges genau in dem Moment, als der Amarok um die Straßenecke bog und auf uns zu brauste. Das Lenkrad verdeckte Lucys Lockenkopf beinahe komplett, so winzig war sie. Noah und ich standen, nach wie vor Händchen haltend, da und blickten etwas verlegen drein. Lucy hingegen stieß, kaum dass sie den Wagen zum Stehen gebracht hatte, die Fahrertür auf und strahlte uns breit wie ein Honigkuchenpferd an.

„Noah, du ... ihr ... seid zusammen?", stammelte sie ungläubig, ohne dass die Begeisterung aus ihrem hübschen Gesicht wich.

Wir nickten; erst ich, dann er.

„Wow!", erwiderte Lucy und fiel mir, ehe ich mich versah, um den Hals. „Ich wusste, du vollbringst das Wunder", flüsterte sie mir so leise ins Ohr, dass Noah es unmöglich hören konnte. Er hatte meine Hand losgelassen und trat nun unsicher von einem Fuß auf den anderen.

„Der Schlüssel steckt, fahr du weiter!", forderte Lucy. Noah kam ihrer Bitte hastig nach. Ohne mich noch einmal anzusehen, öffnete er die hintere Tür für uns und nahm dann schnell auf dem

Fahrersitz, neben Adrian, Platz. Der drehte sich zu mir um und schenkte mir sein einmaliges Grinsen.

Wenn Adrian lachte und seine Zähne dabei zeigte, schien die Umgebung heller zu werden, so mitreißend war seine Freude. Es faszinierte mich jedes Mal wieder aufs Neue. „Guten Morgen Emily!", sagte er und sah mich dabei so tief an, dass ich erkannte, er hätte es seiner Schwester am liebsten gleichgetan und mich umarmt.

Ich erwiderte seinen Gruß mit einem undefinierbaren Murmeln und senkte verlegen den Blick.

Lucy und er taten so, als hätte ich ein Heilmittel gegen Krebs erfunden, aber ganz ehrlich, was hatte ich denn schon getan? Mich unsterblich in ihren wunderbaren Bruder verliebt, das war alles.

Noah brauste über die breiten Straßen, und ich drückte meine Stirn gegen das kühle Glas des Seitenfensters, um Lucys Gebrabbel auszublenden und meine trudelnden Gedanken zu ordnen. Ich hielt es für ratsam, bis zum bevorstehenden Matheunterricht wieder einen klaren Kopf zu haben. Also atmete ich tief durch und schloss meine Augen.

Noah und ich, wir waren ein Paar ... zusammen ... angekommen.

Mein Herz schwamm in Wärme und Glück. Wäre da nur nicht seine seltsame Frage gewesen. Diese eigenartige *Theorie*, die sich dummerweise nicht nach einer anfühlte.

Viel zu schnell bog Noah auf den Parkplatz der Schule und brachte den Amarok zum Stehen.

Irgendwie fürchtete ich in einem weit abgelegenen Winkel meines Bewusstseins immer noch, er könnte einfach losstürmen und uns alle hinter sich stehen lassen. Aber er holte Adrians Roll-stuhl aus dem Kofferraum und klappte ihn in aller Ruhe auf.

Schweigend beobachtete ich seine routinierten Handbewegungen. Für mich bestand kein Zweifel daran, dass Noah seine Familie liebte. Ich hasste die Gewissheit, dass man ihn gequält hatte, doch ich vergötterte Adrian und Lucy für ihre Geduld mit ihm. Sie machten sich viele Vorwürfe, glaubten nicht genug für ihn getan zu haben, aber je mehr ich darüber nachdachte, desto bewusster wurde mir, dass Noah auf keine bessere Familie als die Franklins hätte stoßen können. Dass Joe und Marie damals, als ihr eigener Sohn gerade so schwer verunglückt war, überhaupt die Muße gehabt hatten, darüber nachzudenken ein fremdes Kind bei sich aufzunehmen, zeigte schon, was für großartige Menschen sie waren.

Adrian hievte sich in seinen Rollstuhl. Sofort umfasste Lucy die Griffe und schob ihren Bruder über den Parkplatz, während der ihre und seine eigene Tasche auf den Knien trug. Noah und ich blieben ein paar Sekunden lang stehen und blickten den Zwillingen nach.

Die Berührung war so leicht – und doch spürte ich das Kribbeln, als sein Zeigefinger sanft über meinen strich. Ich verstand die unsichere Geste, wandte mich ihm zu, ergriff seine Hand und drückte sie behutsam aber nicht zaghaft. „Immer, Noah!"

Er lächelte auf mich herab. In seinen Augen spiegelte sich seine Verlegenheit wider, seine Unsicherheit. Und dahinter, kaum erkennbar ... blitzte Stolz auf.

„Noah?"

„Hm?"

„Versprich mir, dass du mir auch eine Frage ohne Gegenfrage beantwortest?"

Sein Blick wurde skeptisch, doch er nickte. „Okay."

„Ist es wirklich nur eine Theorie?"

XVII.

„Das ist nicht fair und du weißt es", erwiderte er ernst.

„Warum nicht?" Ich versuchte mich an einer Unschuldsmiene.

„Weil das eine Gegenfrage auf meine Frage war." Damit setzte er sich in Bewegung, zog mich mit sich und ließ mir keine Möglichkeit, weiter nachzuhaken.

Ich wusste also nur eins: Er hatte meine Frage nicht beantwortet ... und das war wohl kein gutes Zeichen.

Hand in Hand liefen wir auf die Eingangstüren der Schule zu. Blicke verschiedenster Art trafen uns, und die Stille, die uns entgegenschlug, wirkte fast ehrfürchtig. Dabei wusste ich erschreckend genau, was in den Köpfen unserer Mitschüler vorging, denn ihr Schweigen war eindeutig, ihre Gedanken transparent: „Die Britin hat das Biest bezähmt."

Wie falsch sie doch alle lagen. Erstens war Noah nicht der, für den sie ihn hielten, und zweitens hatte er *mich* bezähmt, beziehungsweise aus meiner Reserviertheit gelockt. Noah war mein erster fester Freund. Ich schmunzelte stolz unter diesem Gedanken – nur für eine Millisekunde, bis mich Noahs Blick scharf traf. Er blinzelte oft und schnell hintereinander, offenbar verwirrt ... oder ... *erstaunt?*

„Was?"

Er schüttelte den Kopf und starrte zurück auf seine Schuhspitzen. „Schon gut."

Kathy stand vor ihrem Spind und wartete auf mich. Als sie uns erspähte, weiteten sich auch ihre Augen.

„Hi!", sagte Noah leise, während ich sie nur anstrahlte – ich konnte einfach nicht anders.

„Hi!", erwiderte sie noch leiser als er und errötete dabei leicht. Schnell sah sie mir in die Augen. „Ich ... ähm ... habe auf dich gewartet, weil ..." Sie holte tief Luft und blickte zwischen Noah und mir hin und her. Offenbar fiel es ihr nicht so leicht, in seiner Gegenwart zu sprechen.

Nun, Kathy, gewöhn dich dran! Am besten schnell!

Der Griff meiner Hand festigte sich und Noah erwiderte den Druck. Seine Botschaft war klar: *Ich gehe nirgendwo hin.*

„Es stimmt also, was hier gemunkelt wird?", fragte Kathy zögerlich. „Dass du Bill geschlagen hast und Noah die Suspendierung dafür akzeptieren wollte?"

Ich warf ihm einen Blick zu, den er schulterzuckend erwiderte. Dann erst nickte ich. Wie auf Kommando schmiss sich Kathy mir entgegen. Ihr Gesicht wirkte gequält, und ich begriff ihre offensichtliche Verzweiflung nicht, bis sie förmlich aus ihr heraussprudelte:

„Warum hast du denn niemandem von der Sache mit Bill erzählt, Emily? Dieser Scheißkerl!"

Nun löste ich meine Hand doch aus Noahs, erwiderte Kathys Umarmung und tätschelte etwas unbeholfen ihre Schultern. Nach einer Weile drückte ich sie weg und hielt sie bei den Schultern, um sie ansehen zu können.

„Es kam mir gar nicht so dramatisch vor. Noah wäre mir zu Hilfe gekommen, wenn ..." Ich wandte mich um und sah ihn an.

„Wenn sie den Bastard nicht vorher schon erledigt hätte", beendete er meinen Satz. Ein wenig platter als ich es getan hätte, dafür sehr punktgenau.

Kathy brauchte einen Moment, um den Schock – Noah, der unaufgefordert in vollständigen Sätzen sprach – zu verarbeiten. Dann sah sie mich wieder an. Die Sorge war verschwunden und plötzlicher Empörung gewichen. „Ich kenne dich zwar noch nicht so schrecklich lange, Emily, aber ich weiß, dass du extrem friedliebend bist. Wenn du Bill geschlagen hast, dann hatte es einen triftigen Grund. Andernfalls wäre der Idiot sicher auch nicht für einen Monat von Schule suspendiert worden."

Ich sah sie erstaunt an. „Woher ...?"

Kathy winkte ab. „Die ganze Schule spricht davon. Mrs Porter hat ein langes Gespräch mit Bills Eltern geführt. Wenn er sich nur noch eine winzige Kleinigkeit leistet, fliegt er in hohem Bogen von der Schule."

„Gut so", brummte Noah hinter mir und zog Kathys Aufmerksamkeit damit zurück auf sich.

Sie sah ihn einige Sekunden lang sehr skeptisch an, doch dann schmolz ihr Blick, und sie atmete einmal tief durch. „Es tut mir leid, Noah", sagte sie mit tiefer Inbrunst.

„Was?", entgegnete der so verwundert, dass es beinahe alarmiert wirkte.

„Dass ich mich so sehr in dir getäuscht habe", stellte Kathy klar, zögerte einen kurzen Augenblick, in dem meine Atmung aussetzte, und lachte dann auf. „Ich habe echt gedacht, du wärst ein Vollidiot."

„Nicht nur du", erwiderte ich und lehnte mich dabei gegen Noahs Brust.

Trotz unseres Lachens war die Situation angespannt. Und ich war es auch, wusste ich doch nicht, ob er für Scherze dieser Art schon bereit war.

Noah fuhr sich durch die Haare – sichtlich verlegen. „Nun, ich schätze, dass war ich wohl auch", gestand er kleinlaut.

Unser gemeinsamer Matheunterricht verlief erwartungsgemäß hoffnungslos – zumindest, was meine Wenigkeit betraf. Abgesehen davon, dass ich absolut nichts von dem verstand, was Mrs Rodgins uns zu vermitteln versuchte, lenkte mich Noahs Nähe ab. Ihn selbst traf dabei keine Schuld. Er ließ mich vollkommen in Ruhe und schrieb unbeirrt seine Notizen, aber ich konnte ihm meine Aufmerksamkeit einfach nicht entziehen. Die Art, wie seine langen, filigranen Finger den Kugelschreiber hielten, kombiniert mit dem neuen Wissen, wie sich diese Finger anfühlten, wenn er sie mit meinen verschränkte oder federleicht über meine Wangen streichen ließ, reichte aus, um mein Herz zum Rasen zu bringen. Ich saß scheinbar still neben ihm, doch in meinem Inneren tobte ein Hurrikan.

Wow, meine Metaphern wurden langsam, aber sicher amerikanischer.

Irgendwann klappte Noah den Block zu und lehnte sich zurück. Er wartete, bis sich Mrs Rodgins der Tafel zuwandte und eine ihrer endlosen Folter-Formeln anschrieb, bevor er sich leicht zu mir herüberbeugte. „Emily, du musst versuchen, dich zu beruhigen. Du verpasst wichtigen Stoff."

Ich sah ihn fragend an. *Wie ...?*

Er zögerte nur kurz. „Dein Herz, ... es rast. Und du wippst die ganze Zeit schon mit deinen Beinen. Abgesehen davon, dass du deine Fingernägel drangsalierst."

Wie auf Kommando setzte ich mich auf meine Hände. Etwas, das Jane immer von mir verlangt hatte, wenn ich dieser schlechten Angewohnheit als Kind nachgegangen war.

Gott, wie peinlich! Es war ihm aufgefallen, wie nervös er mich machte.

Meine Wangen glühten unter seinem intensiven Blick, bis er wie zufällig mit seiner Hand meinen Arm berührte und mich kaum merklich streichelte. Was wohl als beruhigende Geste gemeint war, wirkte ... nun ja, nicht gerade hilfreich. Ich wusste nicht, was da immer wieder zwischen uns geschah, aber ich fühlte mich so verbunden mit ihm, so zu ihm hingezogen, dass jede noch so kleine Berührung eine körperliche Sehnsucht auslöste. Sobald Noah zurückwich und sich wieder aufrecht auf seinen Stuhl setzte, korrigierte mein Körper ganz automatisch die neue, viel zu große Distanz zu ihm und suchte verzweifelt den verlorenen Hautkontakt.

„So, die Lösung dieser Formel erarbeitet ihr bitte selbstständig, jeder für sich", forderte Mrs Rodgins.

Seufzend beugte ich mich über meinen Schreibblock, übertrug die Formel und starrte lange auf die skurrile Anordnung von Zahlen, Buchstaben und Zeichen. Verzweifelt suchte ich nach einem Schlüssel zur Entwirrung eben dieser – und blieb natürlich erfolglos. Ich wusste nicht einmal, wo ich anfangen sollte.

Noah war schon fertig, bevor mein Kuli auch nur mit dem Papier in Kontakt gekommen war. Er widerstand wahrscheinlich nur knapp der Versuchung, den Kugelschreiber wieder auf seinen Block zu pfeffern und sich betont gelassen zurückzulehnen, aber dieses Mal beherrschte er sich. Also verzichtete ich auch darauf ihn anzublaffen und warf ihm stattdessen einen flehenden Seitenblick zu. Ein mildes Lächeln umspielte seine Lippen, als er sich zu mir herüberlehnte. Mit jedem Zentimeter, den er näher kam, schlug mein Herz heftiger und schneller.

„Willst du deine erste Nachhilfestunde gleich nachher haben?", flüsterte er schelmisch, direkt an meinem Ohr, und nahm den Seitenknuff, den ich ihm dafür verpasste, mit einem so bezaubernden Schmunzeln hin, dass sich mein Herzschlag endgültig überschlug.

Im Biologieunterricht vor der Mittagspause fiel mir ein, was ich vergessen hatte. In der Verwirrtheit, die meinen Morgen bestimmt hatte, war es mir glattweg entgangen, etwas zu essen für Noah und mich vorzubereiten. Sobald die Schulklingel ertönte, rannte ich aus dem Klassenraum, ließ eine verwirrte Kathy zurück, und pfropfte meine Bücher in den Spind. Ich lief in die Cafeteria, belud mein Tablett wahllos mit Obst, Pizza, zwei Dosen Cola und einigen Müsliriegeln, bezahlte als Erste und war schon wieder draußen, bevor die anderen den Raum überhaupt betreten hatten.

Ohne dass wir uns konkret dort verabredet hatten, lehnte Noah am Stamm desselben Baumes unter dem wir bereits am Tag zuvor gegessen hatten. Bei seinem Anblick wurde mir schlagartig heiß. Und die Hitze der kalifornischen Mittagssonne hatte rein gar nichts mit diesem Flash zu tun.

Noahs Augen bekannten Verwunderung, als ich mit dem vollbeladenen Tablett auf ihn zusteuerte. Trotzdem kam er mir sofort entgegen und nahm es mir ab. „Hast *du* das alles gekauft?"

Ich nickte, er schüttelte den Kopf. So war das sehr oft bei uns. „Ich will nicht, dass du für mich bezahlst."

Ich verdrehte die Augen und löste die Ärmel meiner Jeansjacke, die ich mir um die Hüfte geknotet hatte. „Noah, wir leben im 21. Jahrhundert."

Er lachte kurz, doch sein Blick blieb stur. „Trotzdem, es ist ... falsch."

„So?", fragte ich mit in die Hüften gestützten Händen. „Dann zahlst du eben morgen. Und jetzt Ruhe!"

Nun grinste er. „Morgen und sämtliche Tage danach."

Ich legte die Stirn in Falten. *Sämtliche Tage danach? Wie viele, bis ich aufwache und feststelle, dass du nicht mehr da bist?*

Der Gedanke war so präsent, dass ich mir auf die Lippe beißen musste, um ihn nicht auszusprechen. „Abgemacht!", presste ich stattdessen hervor, auch wenn das mulmige Gefühl blieb.

Noah kniete sich auf die Wiese unter den Baum und begann, die Teller mit den Pizzastücken und die Getränkedosen auf meiner Jacke zu platzieren. Eine süße Geste, denn natürlich hätten wir einfach das Tablett nutzen können. Aber so war es irgendwie gemütlicher und es zeigte mir, dass ihm meine Idee unseres zugegebenermaßen etwas unkonventionellen Picknicks vom Vortag gefallen hatte.

Wir aßen in unangestrengter Stille. Noah fragte lediglich, wie mein Unterricht gewesen sei und ich behauptete gut, ohne mich überhaupt daran zu erinnern, welche Fächer ich in Gedanken an ihn verträumt hatte.

„Gab es irgendwelche Besonderheiten?", hakte er nach und hielt für einen Moment mit dem Kauen inne. Seine Augen musterten mich eingehend.

„Besonderheiten?", wiederholte ich verständnislos.

Er zuckte mit den Schultern. „Keine Ahnung, ... irgendetwas ... Aufregendes?"

„Nein, dasselbe langweilige Zeug wie immer", gab ich zurück und biss in meinen Apfel.

Nach dem Essen lehnte er sich zurück und sah mich lange an. Sein Blick hatte etwas Prüfendes, und ich schaffte es nicht lange, ihm standzuhalten. „Was?", fragte ich verlegen. „Du verunsicherst mich."

„Entschuldige! Nicht meine Absicht", murmelte er, sah mich aber weiterhin unverwandt an.

„Nooaaahhh!", maulte ich und schlug mir die Hände vors Gesicht.

Schon spürte ich, wie sich seine langen Finger um meine Handgelenke schlossen. „Schon gut, ich höre auf."

„Nein, sag mir nur, was in deinem Kopf vorging", bat ich und lugte zwischen meinen Fingern hindurch. Das Türkis seiner Augen war unglaublich sanft.

„Ähm, ich ... habe mich nur gefragt ..." Er stieß etwas Luft aus und ließ seine Hände fallen. Offenbar kostete ihn die Antwort Überwindung.

Zur Ermutigung gab ich mein Gesicht wieder preis. „Was? Was hast du dich gefragt?"

„Nur, was dein Geheimnis ist. Warum wirke ich auf dich nicht so ... *abstoßend* wie auf die anderen?"

Meine Kinnlade klappte in blankem Entsetzen herab. „Ist es das, was du denkst? Noah, du hast dich vor ihnen verschlossen. Jahrelang. Niemand findet dich *abstoßend*. Viele wären sicher sehr gerne mit dir befreundet, und ich wette, die meisten Mädchen würden sich um dich reißen, würden sie nur den Noah kennen, den ich in den letzten Tagen kennenlernen durfte."

Er schwieg recht lange, doch dann glitt sein Blick von meinem Gesicht ins Gras und er begann, die längeren Halme auszureißen. „Das meinte ich nicht."

„Sondern?"

„Na, warum hast du ... überhaupt so lange durchgehalten, bis ich mich dir ... du weißt schon ... geöffnet habe?"

„Oh", machte ich nur. Nun blickte ich selbst auf das Grün unter uns, während mir die Röte in die Wangen schoss. *Er will es wissen. Dann sag es, du Feigling!*

„Ich verstehe das ehrlich gesagt auch nicht. Vom ersten Moment an fühlte ich mich zu dir hingezogen", gestand ich kleinlaut. „Wenn ich in deiner Nähe war, auch wenn du noch so eklig zu mir warst, fühlte ich mich wohl und irgendwie ... geborgen. Keine Ahnung! Das klingt kitschig und macht überhaupt keinen Sinn, aber genauso war es." Unsicher, unter niedergeschlagenen Wimpern, sah ich zu ihm auf.

Er erwartete meinen Blick bereits und hielt ihn mit dem sanftesten Lächeln.

„So ist es bis jetzt", fügte ich zaghaft hinzu.

Noah beugte sich langsam zu mir vor. „Du irrst dich", flüsterte er so leise, dass ich seine Worte wohl nicht verstanden hätte, wäre der Wind von einer anderen Seite gekommen. „Das macht durchaus Sinn. Ich fühle genauso. Ganz genauso."

Wie auch immer sie dahingekommen war, mit einem Mal lag meine Hand auf seiner Wange; mein Daumen glitt über seine volle Unterlippe. Mein Wunsch, Noah zu küssen, wuchs binnen Sekunden zu einer fast übermächtigen Größe heran. Doch ich spürte, dass das hier, in der Öffentlichkeit, noch einen zu großen Schritt für ihn bedeutet hätte.

Er atmete hörbar schwer aus, schloss seine Augen und schmiegte sich gegen meine streichelnde Hand. Ein Gefühl der Wärme durchfloss mich, als ich ihn so sah. Ich liebte diesen Jungen, dessen war ich mir absolut sicher. Und ich brannte förmlich darauf, ihn das wissen zu lassen. Dennoch verkniff ich mir die Worte, die bereits auf meiner Zungenspitze kribbelten. *Zu früh! Viel, viel zu früh!*, warnte die altbekannte Stimme in meinem Kopf, und – so schwer es mir auch fiel – ich musste ihr recht geben. Noah und ich kannten uns gerade mal seit neun Tagen. Die ersten vier davon hatte ich in der Überzeugung verbracht, es mit einem arroganten Vollidioten zu tun zu haben, der nur dummerweise verdammt heiß aussah.

Noah lächelte unter meiner Berührung und gab ein leises Brummen von sich, das ich mich nicht zu hinterfragen traute.

Viel zu schnell ertönte die Schulklingel und verkündete uns mit ihrem metallenen Klang, dass der Unterricht in zehn Minuten beginnen würde. Mit schwerem Herzen räumte ich die leeren Teller und den Müll auf das Tablett. Noah trug es bis zum Schulhof, dann wandte ich mich um und nahm es ihm unaufgefordert aus den Händen. Wir verabschiedeten uns mit einem tiefen Blick und einem Lächeln, das auf beiden Seiten nach wie vor schüchtern wirkte.

Die verbleibenden zwei Stunden verliefen schleppend. Nach dem Unterricht verabschiedete ich mich schnell von Kathy, die wehmütig fragte, wann ich den Mini endlich aus der Werkstatt holen würde.

„Du vermisst deinen Wagen wohl gar nicht so sehr, hm?", bemerkte sie auf mein Schulterzucken hin.

„Wie kommst du darauf?", empörte ich mich.

Kathy nickte nur in Richtung des Parkplatzes; ein wissendes Lächeln zupfte an ihren Mundwinkeln.

Noah lehnte bereits am Amarok, ich eilte ihm entgegen. Wir begrüßten uns auf die gleiche Art, wie wir uns verabschiedet hatten und warteten auf Lucy und Adrian, die wenig später erschienen.

Als Noah die Kreuzung, an der er links hätte abbiegen müssen, um mich nach Hause zu bringen, überquerte, sah mich Lucy fragend an.

„Sie kommt mit zu uns", erklärte Noah, ohne dass ich seinen Blick im Rückspiegel bemerkt hatte.

„Wirklich?", quietschte Lucy und hüpfte im Sitz neben mir auf und ab.

„Mom wird sich freuen. Sie wird das Abendessen sofort um einen Gang erweitern." Adrian lachte auf, und an den kleinen Fältchen um Noahs Augen erkannte ich, dass auch er grinste.

„Essen?", fragte ich erschrocken. Mein Magen war noch immer gefüllt, ich verspürte nicht mal den leisen Ansatz von Hunger.

„Jepp! Sie ist Französin, schon vergessen?", fragte Lucy. „Da zählt so ein bisschen Kantinenfraß nicht. Den Amerikanern traut Mom ohnehin nicht über den Weg, was ausgewogenes Essen angeht. Und unserem Urteilungsvermögen schon mal gar nicht. Hast du dich nicht gewundert, warum Adrian und ich unsere Portionen in der Schule immer relativ klein halten?"

Ehrlich gesagt war mir das bislang nicht einmal aufgefallen, also schwieg ich, um mein Versäumnis nicht eingestehen zu müssen. Bei dem ganzen Gerede ums Essen fiel mir jedoch mein Bruder ein, dem ich in einer schnellen SMS mitteilte, er dürfte sich heute selbst versorgen, da ich einer Einladung der Franklins gefolgt war.

Und das fällt dir jetzt erst ein?, lautete seine vorwurfsvolle Antwort.

Dir auch noch einen schönen Nachmittag, Jay!, schrieb ich und stopfte das Handy zurück in meine Hosentasche. An manchen Tagen wünschte ich mir eine Schwester. Nicht immer, aber heute war es wieder mal soweit.

Noah hatte den Amarok noch nicht richtig geparkt, da flog auch schon die Haustür auf. Marie erschien im Türrahmen und winkte uns fröhlich zu.

„Mom, wir haben Emily mitgebracht, ist das okay?", rief Lucy, kaum dass sie ihre Schuhspitze aufs Pflaster gesetzt hatte.

„Mais, bien sûr. Natürlich ist das okay."

Marie umarmte uns alle – außer Noah, dem sie stattdessen einen liebevollen Blick zuwarf – und drückte jedem von uns dreien Küsse auf die Wangen. Genauso herzlich, wie man sich die Südfranzosen immer vorstellt, kochte sie tatsächlich schnell noch einen dritten Gang und spielte zwischendurch mit meinen Haaren, die sie mit ihrem süßen Akzent als *„eine Geschenk Gottes"* bezeichnete (wohl ein ziemlich makabres).

Eine knappe Stunde nach unserer Ankunft aßen wir gemeinsam. Maries breitem Grinsen nach zu urteilen, schien das eine Ausnahme zu sein. Immer wieder lächelte sie Noah zu und sah dabei so glücklich aus, dass die ohnehin schon gravierende Ähnlichkeit zu ihrer Tochter noch deutlicher zutage trat.

Das Essen war köstlich. Ich genoss es so sehr, einmal nicht kochen zu müssen, dass ich tatsächlich von jedem Gang nahm. Bis mein Magen in Protest aufschrie und ich den Teller von mir schob.

„Schmeckt es dir nischt, Emily?", fragte Marie sofort.

Ihre aufrichtige Sorge entlockte mir ein Lachen. „Es war hervorragend. Aber wenn ich nur noch einen einzigen Bissen zu mir nehme, platze ich aus allen Nähten."

Noah, der mir gegenüber saß, grinste mich an und hielt meinen Blick so lange, bis mir die Hitze in Wangen und Ohren stieg.

Wie schafft er das nur immer wieder?

„Und, was sollen wir jetzt machen?", fragte Lucy, nachdem wir gemeinsam die Spülmaschine eingeräumt hatten.

„Lucy ...", mahnte Adrian und neigte den Kopf dabei so stark zur Seite, dass ihm die hellbraunen Haare über die Augen fielen.

Seine Schwester zuckte mit den Schultern. „Was?"

„Nun, ich denke ..." Adrian strich sich ein paar wellige Strähnen zurück und warf Noah einen amüsierten Blick zu. Der senkte seinen Kopf ... mit einem Lächeln.

„Lass die beiden doch ein wenig allein", schlug Adrian vor.

Lucys Gesichtsausdruck entgleiste. „Oh!"

„Ja, ähm ... Noah wollte mir Nachhilfeunterricht in Mathe geben", sagte ich, im Bestreben die Situation zu entspannen. Doch meine Worte klangen hoffnungslos verräterisch, und ich war froh, dass Marie kurz zuvor den Raum für ein Telefonat verlassen hatte.

„Oh!", machte Lucy wieder. Dann kehrte das für sie typische unbekümmerte Lächeln in ihr Gesicht zurück. „Gut, dann rufe ich Tom an. Also, viel Spaß!" Und schon tippelte sie leichtfüßig aus der Küche.

Adrian sah ihr kopfschüttelnd nach, bevor er sich besann. „Ja, ich werde auch auf mein Zimmer gehen. Muss mein Mammut-

Referat für Geschichte vorbereiten. Oh Freude!" Er verdrehte die Augen und rollte aus der Tür.

Noah und ich blieben allein zurück. Und wieder war da dieses seltsame, schüchterne Lächeln zwischen uns, bis er die Stille mit nur einem Wort sprengte. „Zimmer?"

Ich hätte nicht schneller nicken können.

Oben angekommen, entschuldigte sich Noah und verschwand in seinem Bad. Ich lauschte dem Rauschen von Wasser und stellte mir vor, wie er es sich mit beiden Händen ins Gesicht schaufelte. Als er kurz darauf zurückkam, trug er ein neues, strahlend weißes Poloshirt zu den gleichen verwaschenen Jeans wie zuvor. Er sah umwerfend aus.

„Was möchtest du machen?", fragte er, als er sich etwas unbeholfen zu mir auf seine Bettkante setzte. „Matheunterricht?"

Ich schüttelte den Kopf. So energisch, dass mein Gleichgewichtssinn nicht schnell genug mitkam und mir ein wenig schwindlig wurde. „Bloß nicht!" Als das Bild vor mir wieder klar wurde und keine Schlieren mehr hinter sich herzog, sah ich mich um, bis ich fand, wonach ich suchte.

Ich holte Noahs Gitarre, setzte mich damit zurück zu ihm und begann stumm mit den Übungen, die er mir am Vortag gezeigt hatte. Er schwieg ebenfalls. Von Zeit zu Zeit korrigierte er die Positionen meiner Finger ein wenig – und immer fühlte es sich danach besser an.

„Noah?", hob ich an, als mir plötzlich eine Frage durch den Kopf schoss.

„Hm?", brummte er.

„Wie war das gestern? Du bist in der Nacht noch einmal losgezogen? Sorgen sich Marie und Joe denn nicht, wenn du so etwas machst?"

Er schüttelte den Kopf. „Nein, sie wissen, dass ich manchmal Zeit für mich brauche."

Ich beschloss die Tatsache, dass er nach unserem ersten Kuss offenbar Zeit für sich allein gebraucht hatte, so stehen zu lassen.

„Und dann bist du bis auf diesen Berg gestiegen, mitten in der Nacht?"

Er nickte, bevor sich sein Blick vertiefte und er abzuwägen schien.

„Was?", fragte ich.

„Du glaubst nicht, wie gut es tut, in der Nacht allein durch die Gegend zu ziehen", erklärte er leise.

„Tust du das oft?", fragte ich.

„Ab und zu", lautete seine vage Antwort. Dann löste er die Gitarre aus meinen Händen und begann darauf zu spielen. Vermutlich versuchte er mich abzulenken – erfolgreich. Ich liebte es, wenn er spielte. Nicht nur die sanften Klänge, die er produzierte, sondern vor allem die Tatsache, dass ich ihn dann in aller Ruhe betrachten konnte. Dieses Lied kannte ich nicht. Nach einer Weile war ich mir sicher, dass Noah es selbst geschrieben haben musste. Es klang einfach nach ihm. Schön, geheimnisvoll, ein wenig melancholisch und ... nach einer Einsamkeit, die sich irgendwo tief zwischen den Tönen verbarg.

Ich schloss die Augen, und als ich sie nach einer kleinen Ewigkeit wieder öffnete, ließ ich meinen Blick über die Möbel und kahlen Wände seines Zimmers gleiten. Mit der Ausstattung von Lucys Raum im Hinterkopf, wirkte Noahs Zimmer trostlos und langweilig. Leblos. Unbedeutend. Überhaupt nicht wie er.

Oder nahm er sich selbst so wahr? Eine Frage, die mir beim ersten Betreten seines Zimmers schon einmal durch den Kopf gespukt war, die ich jedoch bis zu diesem Zeitpunkt erfolgreich verdrängt hatte.

Noah ließ das Plektrum über die Saiten der Gitarre gleiten und schien ganz vertieft in seinen Song zu sein, während in mir die Neugierde aufloderte. Als der letzte Akkord der Melodie verklungen war und ich zu sprechen wagte, kam vorerst nur ein einziges Wort über meine Lippen: „Wunderschön."

Er lächelte.

Mein Blick wanderte erneut zu dem kleinen Plastikplättchen zwischen seinen Fingern, das mich an etwas erinnerte. Schnell zog ich das Plektrum, das er am Vortag noch als Anhänger seiner Kette getragen hatte, aus meiner Jeanstasche und hielt es ihm entgegen. „Das hast du gestern vergessen, in deiner Eile."

Noah biss sich auf die Unterlippe, vielleicht ein wenig beschämt, bevor er den Knoten des dünnen Lederbandes um seinen Hals löste, das Plektrum geschickt daran auffädelte und ... meine Hand ergriff. Wie in Zeitlupe drehte er die Innenfläche nach oben und legte das Band samt Plektrum hinein. „Behalt es! Wie willst du sonst spielen?"

„Noah ...", erwiderte ich gerührt.

Er lachte und zuckte im selben Moment mit den Schultern. „Es ist nur ein dummes Stück Plastik, Emily!"

Trotz der wenig romantischen Worte gaben ihn seine unsicheren Augen preis. Nein, es war nicht nur ein dummes Stück Plastik. Es war mit Sicherheit das erste Geschenk, das er seit langer Zeit zu machen gewagt hatte. Und ich wollte nichts mehr, als mich zu revanchieren. Ehe ich überhaupt erst ins Grübeln kommen konnte, hatte ich mich bereits vorgebeugt und ihm einen schnellen Kuss auf die Wange gedrückt. „Danke."

Bei der Berührung meiner Lippen zuckte er ein wenig zusammen und senkte seinen Blick danach schnell auf die Gitarre in seinem Schoß. Als ich mir jedoch das Band um den Hals legte und mich recht ungeschickt dranbegab, es in meinem Nacken zu verknoten, spürte ich plötzlich Noahs Hände, die behutsam meine Haare bündelten, sie über meine Schulter nach vorne legten und dann, in einer sanften Streichelbewegung, die meinen ablösten.

Als er das Band verknüpft hatte, küsste er für einen winzigen Augenblick meinen Nacken.

Ich schloss meine Augen ... und öffnete sie schnell wieder, als ich so gerade noch bemerkte, wie sich die Frage, die zuvor eigentlich in mir gebrannt hatte, unter der zärtlichen Berührung seiner Lippen verabschieden wollte. „Noah?"

„Hm?"

„Warum ist dein Raum so ... *unpersönlich* eingerichtet?"

„Unpersönlich?", hakte er nach und sah sich um, als würde er seinem Zimmer zum ersten Mal Beachtung schenken. Für einen Moment überkam mich die Angst etwas Falsches gesagt zu haben, doch dann zuckte er gleichgültig mit den Schultern. „Ich weiß, was du meinst. Nun, ich denke, ich habe mir darüber einfach noch nie Gedanken gemacht."

„Aber Joe und Marie haben dich doch sicher gefragt, wie du deine Wände gestrichen haben willst."

Noah legte die Gitarre neben sich ab und dachte eine Weile lang nach. „Ja", sagte er dann. „Ich sagte, es solle so bleiben. Es war mir nicht wichtig."

Ich nahm all meinen Mut zusammen und wagte mich auf bisher unbekanntes Terrain vor. „Weißt du, was ich denke?"

„Was?"

„Wir sollten dein Zimmer streichen."

Sein Blick wurde skeptisch, doch ich ließ mich nicht beirren. „Welche Farbe magst du?"

Er überlegte und blickte sich dabei erneut um. „Keine Ahnung, ... grün vielleicht?"

„Grün ist toll!", rief ich – erleichtert, dass er sich überhaupt auf meine Idee einließ. „Grün steht für die Natur, für die Hoffnung und im Christentum sogar für die Auferstehung."

Ich brabbelte. Und dem Gesetz der Serie folgend bedeutete das, dass ich nicht mehr weit davon entfernt war, etwas durch und durch Bescheuertes von mir zu geben. Also hielt ich abrupt inne, sobald ich mir meines Wortschwalls bewusst wurde.

„Oh!", sagte Noah nur. „Auferstehung, hm? ... Dann vielleicht doch kein Grün."

„Wieso?", fragte ich neugierig. „Bist du nicht gläubig?"

Warum auch immer, aber das entlockte ihm ein kurzes Lachen. Schnell fuhr er mit diesen großen Händen über seinen perfekten Mund und wischte es wieder aus seinem Gesicht. „Doch, ich denke, in gewisser Weise bin ich das wohl."

Irgendwie schien eine tiefere Bedeutung hinter seinen Worten zu stecken, die mir jedoch verborgen blieb. Bevor ich nachhaken konnte, schürzte Noah nachdenklich seine Lippen und lenkte mich damit so sehr ab, dass ich meinen Gedankengang von jetzt auf gleich verlor.

„Blau mag ich. Aber eher dunkelblau", sagte er übergangslos.

Ich deutete auf den dunklen Holzboden. „Wird vielleicht zu düster."

Das Wort allein ließ ihn zusammenzucken. Sein Ton wandelte sich augenblicklich. „Auf keinen Fall düster. Es muss hell sein!"", stellte er so bestimmt und energisch klar, dass ich sofort nickte.

Und dann sah ich es plötzlich vor mir: Die Wände seines Zimmers in einem sanften Cremeton; einzelne Akzente in dunkelblau. Ich beschrieb Noah meine Idee. „Du könntest Bilder aufhängen oder Poster, denen du dann Rahmen in Dunkelblau verpasst. Deine Vorhänge könnten dunkelblau sein – und schau, dein Schreibtischstuhl ist es schon."

Noah sah sich um. „Wir könnten die Fensterleibungen absetzen", schlug er vor, jetzt wieder vollkommen ruhig.

Ich nickte euphorisch und legte meine Hand auf seine. „Ja, genau! Hast du nicht Lust das zu tun, Noah? Deinem Zimmer eine eigene Note zu geben? Eine, in der du dich wiedererkennst?" In diesem Moment wollte ich nichts mehr, als mit ihm zum Baumarkt zu fahren und Farbe zu kaufen.

Noah blickte schmunzelnd auf unsere Hände hinab. Zaghaft fuhr er mit seinem Daumen über meinen Handrücken. „Doch, ich denke, dazu habe ich Lust. ... Wollen wir zum Baumarkt fahren und Farbe kaufen?"

Manchmal fragte ich mich, ob er meine Gedanken lesen konnte. Anstelle einer Antwort sprang ich auf und zerrte nickend an seiner Hand.

Himmel! Wer ist dieser Junge, dass er die Lucy in mir weckt?

Noah lachte auf – nur für einen Augenblick, bevor er sich auf die Unterlippe biss. Dann erhob er sich in aller Ruhe und ging zu seinem Schreibtisch. Aus einer Cola-Dose, deren abgetrennter Deckel nur lose auflag, entnahm er einige große Geldscheine. „Komm!", sagte er schlicht und streckte mir seine Hand entgegen.

„Musst du Joe und Marie nicht um Erlaubnis bitten?", fragte ich, als wir bereits im Auto saßen und Noah rückwärts aus der Einfahrt setzte. Plötzlich erschien es mir dreist, einfach loszufahren und Farbe zu kaufen, ohne die beiden in unsere Pläne einzuweihen.

Aber Noah schüttelte den Kopf, noch ehe ich meine Frage vollständig ausgesprochen hatte. „Die sind vollkommen schmerzfrei, glaub mir. Mit Lucy als Tochter müssen sie das auch sein. Seitdem ich bei ihnen bin, hat sie ihr Zimmer gefühlte fünfzigmal umgestaltet. ... Und Adrians fast genauso oft, weil der sich nie wehrt."

Ich lachte. „Das kann ich mir sehr gut vorstellen, ja."

Noah schenkte mir ein kurzes Lächeln, dann wandelte sich sein Blick. „Emily ... ich will nicht spießig wirken, aber ... schnallst du dich bitte an?"

Ich sah an mir herab. Tatsächlich, vor lauter Begeisterung hatte ich vergessen, meinen Gurt anzulegen. Ich murmelte ein schnelles „Natürlich!" und holte mein Versäumnis nach. Noah drehte das Radio etwas lauter, als die ersten Takte von Bruno Mars' *Just the way you are* erklangen.

Ich mochte das Lied sehr und summte die Melodie leise mit. Diese friedliche und nahezu entspannte Atmosphäre zwischen uns war neu. Ich wollte sie nie mehr missen. Sie befriedigte mein ausgeprägtes Harmoniebedürfnis und verschaffte mir eine unsagbar tiefe innere Ruhe. Mit Noah fühlte ich mich genauso wie damals, an manch einem Novembertag meiner Kindheit in Manchester. Wenn die Welt um unser Backsteinhaus im Sturm versunken war und Jane mir einen heißen Kakao mit Sahne zubereitet hatte. Wir saßen auf einer dicken Decke vor dem Fenster, beobachteten den Regen, der mit voller Kraft gegen die Scheiben trommelte, und schlürften in aller Gemütlichkeit unseren Kakao.

Mit Noah erlebte ich das Gefühl von damals neu. Und in diesem Moment wurde mir bewusst, dass es das Gefühl des Daheimseins war.

Der einzige Baumarkt im Gewerbegebiet vor *Little Rose* war recht übersichtlich ausgestattet. Im Gang *Farben und Tapeten* fanden wir eine Auswahl vor, die uns – gelinde gesagt – nicht gerade überforderte.

Noah, der eine Weile lang nahezu regungslos neben mir gestanden und auf die Farbpaletten gestarrt hatte, setzte sich plötzlich in Bewegung und steuerte auf einen Eimer mit einem wunderschönen Dunkelblau zu. Der stand im falschen Regal und war der letzte seiner Art, daher hatte ich ihn übersehen. Der passende Cremeton fand sich schnell. Auf dem Weg zur Kasse nahm Noah noch einen schmalen Pinsel für die Feinarbeiten, Kreppband und Malerfolie mit.

Als wir wenige Minuten später bei der Franklin-Villa ankamen und den Kofferraum entluden, bog ein schwarzer BMW um die Ecke und fuhr die Einfahrt empor. Joe Franklin parkte sein Auto in der riesigen Garage zwischen dem Amarok und Maries Wagen, einem VW Beetle. Sobald er es vollbracht hatte, die offene Verwunderung aus seinem Gesicht zu wischen, grinste er uns breit an.

„Hallo, ihr zwei. Was habt ihr gekauft? ... Farbe? Oh nein!" Er seufzte und verdrehte theatralisch die Augen. „Wen hat deine Schwester diesmal im Visier?"

Ich prustete los, als Noah eine *Hab ich's dir nicht gesagt?*-Handbewegung machte.

„Was?", fragte Joe verdutzt.

Ich schüttelte den Kopf. „Nichts! Es ist nur ... Noah hat mir gerade erst erzählt, dass Lucy ständig umgestaltet."

„Oh ja!" Joes Blick fiel auf den kleineren der beiden Farbeimer. „Dunkelblau, hm? Also, muss ich mein Büro ausquartieren oder ist es wieder Adrian, der dran glauben muss?"

Noah schüttelte den Kopf. „Weder, noch."

Es war ein Phänomen – er fand immer die kürzesten aller Antworten.

„Ehrlich gesagt wollten *wir* Noahs Zimmer ein wenig umgestalten", erklärte ich. „Lucy weiß nicht einmal etwas davon."

Joes Kinnlade klappte herab. „Ihr beide wollt ...", stammelte er, ließ den Satz jedoch unvollendet fallen. Schließlich fasste er sich. „Na, das ist doch eine tolle Idee. Nur zu!"

Damit ergriff er den großen Eimer mit der hellen Farbe und schritt vor Noah und mir auf die Eingangstür der Villa zu. „Macht, dass ihr hochkommt, bevor Lucy euch sieht", raunte er uns beim Betreten der großen Eingangshalle zu und reichte Noah den Eimer. Ich beobachtete traurig, wie sehr er darauf achtete, dabei nicht versehentlich die Hand seines Sohnes zu streifen.

Wir huschten auf leisen Sohlen die Treppe empor, über den langen Korridor, doch Lucy schien gar nicht da zu sein. Hinter ihrer Zimmertür blieb es mucksmäuschenstill.

Noah stellte die Malerutensilien in seinem Wandschrank ab. Ich betrachtete ihn schweigend von seinem Schreibtischstuhl aus. Als er sich mir zuwandte, sah er so unglaublich schön aus – mit seinen wirren blonden Haaren, die durch die feuchte Luft leicht an seiner Stirn hafteten, und dem weißen T-Shirt, dessen Stoff so dünn war, dass es die Konturen seiner Brustmuskulatur preisgab. Ich war mir sicher, er könnte in meinen Augen erkennen, wie sehr ich mich bereits in ihn verliebt hatte. Aber das war mir egal; dieses Mal wich ich nicht aus, sondern hielt seinem Blick stand. Sollte er in meinem lesen, ich wollte es so.

Noah war derjenige, der es nicht lange aushielt. Verlegen senkte er den Kopf und kratzte sich im Nacken.

„Das wird toll werden, ganz sicher!", sagte ich schnell, in dem Bedürfnis, die plötzliche Spannung zwischen uns wieder zu lösen.

Noah ging langsam zu seinem Bett und setzte sich. Dann streckte er eine Hand nach mir aus. „Komm her!"

Gott, was diese zwei kurzen Worte in mir auslösten.

Im nächsten Moment war ich in seinen Armen. Er zog mich auf seinen Schoß, rutschte mit mir auf die Mitte seines Bettes und legte mich behutsam neben sich zurück. Noch nie hatte ich Noah so lange so nah betrachtet. Seine Fingerspitzen berührten mein Gesicht, fuhren an meinen Wangen auf und ab und brachten meine Lider zum Flattern. Es war aber auch ein Zwiespalt: halb wollte ich sie schließen, um mich ganz seinen Berührungen hinzugeben, auf der anderen Seite jedoch wollte ich sein schönes Gesicht keine Sekunde lang aus den Augen lassen.

Ich wusste nicht, ob Noah spürte, in welche Zwickmühle er mich brachte. Er lächelte dieses süße, verlegene Lächeln und zog mich so dicht an sich heran, dass ich auf seinem Oberkörper zu liegen kam. Ich kuschelte mich an ihn, liebte diese Nähe zu ihm, diesen einzigartigen Duft, den er verströmte, und das starke, ruhige Schlagen seines Herzens, das ich nun, mit meinem Ohr an seiner Brust, perfekt hören konnte. Als er mein Haar küsste, hielt ich es nicht länger aus und schloss meine Augen. Nach einer unmessbaren kleinen Ewigkeit nahm ich all meinen Mut zusammen und stützte mein Kinn auf meine Hände.

Noah sah auf mich herab und spielte mit einer meiner widerspenstigen Locken. „Was?", fragte er unter meinem intensiven Blick.

Anstelle einer Antwort stützte ich mich ein wenig hoch und legte einen sanften Kuss auf seinen Mundwinkel.

Noah schluckte – so stark, dass ich die Auf- und Ab-Bewegung seines Adamsapfels in meinen Lippen spürte. Und dann, nach diesem Moment köstlicher Verwirrung, als ich gerade zurückweichen wollte, zog er mich an sich und küsste mich, wie ich noch nie zuvor geküsst worden war.

Noch vor wenigen Tagen war es die bloße Nähe zu ihm gewesen – die Perfektion seiner Erscheinung –, die mein Bewusstsein zunächst überforderte und schließlich außer Gefecht gesetzt hatte. Nun war es Noahs Kuss, der mir die Luft verwehrte und mich schwindlig werden ließ. Sanft hielt er mein Kinn, während er mich mit leicht geöffnetem Mund küsste. So behutsam, dass es fast qualvoll war, glitt er weiter, über meine Wangen, meine Schläfe, meine Augenlider, meine Nase, meine Mundwinkel ... zurück zu meiner Oberlippe, die er leicht zwischen seine Zähne sog.

Ich seufzte. Einfach so, völlig gedankenlos. Denn nichts, was klares Denken erforderte, war mir in diesem Moment noch möglich.

Ich stützte meine Hände auf Noahs Brustkorb, um mir Halt zu verschaffen. Um nicht einfach wegzurutschen und diese herrlichen Liebkosungen zu verlieren. Mein Herz raste, stolperte, setzte aus, raste weiter. Unter meinen Händen jedoch: Bumm-bumm ... bumm-bumm ... bumm-bumm ...

So stark und gleichmäßig schlug Noahs Herz, dass ich mir ein wenig verraten vorkam. Wie konnte er nur derart gelassen sein? Spürte er denn nicht, was ich spürte? Diese unglaubliche ... *Kraft*, diese Magie zwischen uns, die meine Knie in Butter verwandelte, sobald ich in seine Augen blickte?

Seine Lippen teilten sich ein wenig mehr, nun küsste er mich inniger.

„Noah!" Ich hauchte ihm seinen Namen in den Mund und erntete ein zittriges Seufzen, das wiederum heiß durch meinen Körper zuckte. Die Art, wie wir aufeinander reagierten ... *Wow!*

Die Finger meiner rechten Hand verkrallten sich in seinem T-Shirt, direkt über seinem Herzen. Ich wich ein wenig zurück, unterbrach unseren Kuss.

„Dein Herzschlag verwirrt mich", flüsterte ich und lachte, weil die Worte so dumm klangen.

Noah lachte mit mir. „Mich auch."

Ich verstand nicht, legte den Kopf schief und sah ihn fragend an.

„Mein Herzschlag ist nicht leicht aus der Ruhe zu bringen", erklärte er vage. „Das hat nichts damit zu tun, wie ich mich fühle, Em. Oder was ich ... *für dich* fühle."

Nun grinste ich. Und sein Geständnis war nur zum Teil dafür verantwortlich. „Hast du mich gerade *Em* genannt?"

Noah blinzelte einige Male schnell hintereinander – als müsste er sich selbst darüber im Klaren werden, ob er das getan hatte. Dann zuckten seine Mundwinkel und verzogen sich zu einem schüchternen Lächeln. „Ich schätze schon, ja. ... Entschuldige!"

„Nein! ... Nein, es gefällt mir. Sehr sogar."

Er nickte – nur einmal – und strich dann sanft über meinen Rücken. Ich konnte mich meiner immer wiederkehrenden Fragen nicht verwehren:

War das hier tatsächlich derselbe Junge, den ich vor gerade mal neun Tagen kennengelernt hatte? Der Junge, der mich am ersten Tag unserer Bekanntschaft *Bitch* genannt hatte?

„Wann fangen wir an?", fragte ich ihn und legte meinen Kopf zurück auf seine Brust.

„Zu streichen, meinst du?"

Ich nickte.

„Weiß nicht. Vielleicht am Wochenende?"

Ich nickte einfach weiter.

Wann immer du willst, Noah Franklin. Ich bin für dich da.

XVIII.

Am Abend brachte mich Noah nach Hause, machte aber keine Anstalten, mit mir auszusteigen. Vermutlich lag es daran, dass der Wagen meines Vaters mitten in der Einfahrt stand. Die Tatsache, dass mein Dad zu Hause war, schien Noah nervös zu machen. Gott sei Dank nicht so nervös, dass er mich nicht küsste.

„Bis morgen, wir holen dich ab", flüsterte er, als sich unsere Lippen voneinander lösten. Und dann, ich wollte gerade die Autotür hinter mir zuschlagen, fügte er noch ein „Pass gut auf dich auf!" hinzu.

Ich grinste ihn an und wandte mich ab. Noah wartete noch einen Moment, dann warf er den Motor des Amaroks an und brauste davon.

Gedankenverloren hüpfte ich zur Haustür. Jawohl, ich hüpfte. Wie ein sechsjähriges Mädchen mit Rüschenkleid und langen Zöpfen. Was stellte dieser Junge nur mit mir an?

Ehe ich mich versah, hatte ich die Türklingel betätigt, obwohl ich den Schlüssel bereits aus meiner Tasche gekramt hatte. Ich stand vollkommen neben mir.

Jason öffnete mir in seinem Schlafoutfit. Wie immer trug er ein altes T-Shirt und Boxershorts mit einem unmöglichen Muster. Um das lodderige Bild abzurunden, kaute er auf einem Lutscher herum, den er sich nun ploppend aus dem Mund zog. „Warum klingelst du? Schlüssel verloren, oder was?"

„Dir auch einen schönen Abend, Jay. Und nein, hab ich nicht." Ich ließ den Schlüssel vor der Nase meines Bruders klimpern. „Wollte es nur mal so machen wie du sonst immer."

Er zog eine Grimasse. „Uh, war dein Date nichts, oder was ist dir über die Leber gelaufen?"

„Mein Date?"

„Klar, dieser Typ von gestern hat dich doch abgesetzt. Mit dem coolen Wagen."

„Er hat einen Namen, weißt du?"

„Sicher weiß ich. Amarok."

„Der Junge, nicht das Auto, Jay. Herrgott noch mal!"

„Oh, der! ... Hab ihn vergessen."

„Noah. Er heißt Noah", sagte ich und verdrehte genervt meine Augen.

„Und? Bist du jetzt mit ihm zusammen?" Jason sah mich prüfend, ja, beinahe streng an und stemmte dabei sogar seine Hände in die Seiten.

Ich prustete los. „Oh Mann, diese Unterhaltung ist ja so was von beendet." Damit wandte ich mich ab und nahm auf dem Weg in mein Zimmer zwei Treppenstufen auf einmal.

„Das heißt dann wohl *JA!*", brüllte mein Bruder hinter mir her.

Tss, er war wirklich ein Baby in Männergestalt.

Im Büro meines Vaters brannte Licht. „Emily, bist du da?", rief er.

Ich klopfte an und öffnete die Tür. „Hi, Dad!"

Er saß an seinem Schreibtisch vor dem aufgeklappten Laptop. Scheinbar schon länger, denn als ich den Raum betrat, streifte er die Brille von der Nase und rieb sich die geröteten Augen. „Hallo Süße!"

Ich ging zu ihm und legte von hinten meine Hände auf seine Schultern. Auf dem Laptop spielte eine Sequenz seines neuen Films. Ein Jugenddrama, das er nach einem Bestseller verfilmte. Das erste der beiden Projekte, die ihn nach Amerika gelockt hatten.

„Ein paar Szenen sind schon fertig geschnitten. Jetzt gehen wir durch die Farbgestaltung und hinterlegen die Sequenzen probeweise mit Backgroundmusik", erklärte mein Vater, als er meinen neugierigen Blick bemerkte. „Dabei könnte ich eventuell deine Hilfe gebrauchen, denn es soll etwas Romantisches aber nichts Kitschiges werden. Da ist Fingerspitzengefühl gefragt."

Ich nickte bereitwillig ... und ließ ihn fortfahren.

„Überhaupt will ich eine ganz besondere Stimmung für diesen Film. Jim ist wie immer eine enorme Hilfe. Er versteht genau, was ich meine."

„Dein Kameramann aus Manchester?", hakte ich nach.

„Hm-hm, mittlerweile mein Regieassistent. Du wusstest doch, dass er mir in die USA gefolgt ist, oder?"

Ich zuckte mit den Schultern.

„Oh doch!", ereiferte sich mein Dad. „Jim und ich arbeiten schon so lange zusammen; eine Verbindung wie diese finde ich so schnell nicht wieder. Er ist eine treue Seele und ein echter Glücksfall für mich."

„Er kann sich glücklich schätzen, mit dir arbeiten zu dürfen. Die Aufnahmen sehen toll aus", lobte ich.

„Wir haben eine neue Technik verwendet, und die Kameraperspektiven sind ziemlich außergewöhnlich", erläuterte mein Dad. „War auch Jims Idee. Es wirkt, nicht wahr?"

Ich legte meine Anerkennung erneut in ein Nicken, bevor wir für einige Sekunden stumm auf den Laptop blickten. Dann besann er sich und wandte sich mir zu. „Aber was langweile ich dich mit meinem Kram? Wie war dein Tag, Kleines? Jason hat erzählt, dass du wieder bei den Franklins warst?"

Ich hob eine Augenbraue und blickte skeptisch in das Gesicht meines Vaters herab. „*Das* hat Jay gesagt?"

„Nun, er hat gesagt, du wärst bei deinem neuen Macker."

Ich verdrehte die Augen. „Klingt schon eher nach ihm."

„Und? Stimmt es? Dass ... dieser Junge hinter dir her ist?"

Ich zuckte mit den Schultern und scheiterte bei dem Versuch, es möglichst gelassen wirken zu lassen. Meine Hautfarbe verriet mich ohnehin wieder einmal. Mein Vater versuchte, sich sein Lächeln zu verkneifen, scheiterte jedoch ebenso wie ich. Wir waren uns wirklich zu ähnlich. „So, du hast jetzt also einen Freund, hm?"

Dieses Mal rührte ich mich einfach überhaupt nicht. Ich erwiderte auch nichts, in der Hoffnung, die Schmach würde sich dann in Grenzen halten.

„Nun gut", sagte mein Dad. „Du bist siebzehn. Wundert mich, dass es so lange gedauert hat, so hübsch wie du bist."

„Dad", maulte ich und schlug mir die Hände vor mein glühendes Gesicht.

Er lachte. „Schon gut, ich bin still. Und, lerne ich diesen Jungen kennen? Wie heißt er überhaupt?"

„Noah", antwortete ich voller Stolz. Sein Name war mein neues Lieblingswort. Er passte so gut zu ihm, dass ich mir keinen besseren vorstellen konnte.

„Hm", brummte mein Vater. „Wie die Arche."

„Es ist nicht nur Noah, weißt du?", erklärte ich schnell, „Es sind auch seine Geschwister, Lucy und Adrian. Sie sind wirklich alle sehr nett."

„Das freut mich, Emily", erwiderte mein Dad und schenkte mir sein aufrichtigstes Lächeln. „Ich habe mir so sehr gewünscht, dass du hier Freunde findest und dich wohlfühlst, bis wir nach England zurückgehen."

Bei dem Wort *zurückgehen* durchzuckte es mich. Plötzlich erschien mir mein lange fokussiertes Ziel gar nicht mehr so erstrebenswert.

Noah veränderte alles. Er mischte die Karten völlig neu und verrückte mühelos meine lange verteidigten Prioritäten. Der Gedanke ließ mich aufseufzen. „Ich muss noch was für Mathe tun", sagte ich, passend zu dem wehmütigen Klang, und wandte mich dann zum Gehen.

„Emily?"

„Du lernst ihn bald kennen, okay?", erwiderte ich und entlockte meinem Dad damit ein Schmunzeln.

„Okay, aber das wollte ich gar nicht sagen."

„Oh!" Ich drehte mich noch einmal um und sah ihn an. Er schien mir etwas Wichtiges mitteilen zu wollen, denn er erhob sich aus seinem Ledersessel und setzte sich stattdessen auf die Kante des Schreibtisches. Stumm und nachdenklich sah er lange auf die Brille in seinen Händen herab, bevor er sie schließlich neben sich auf der Tischplatte ablegte. „Ich habe so etwas noch nie gemacht. Absichtlich nicht, weil ich dieses gesamte Business von euch fernhalten wollte. Aber diesmal ..."

Ich wartete gespannt, bis er bereit war weiterzusprechen. „Du weißt, wie sehr mir dieser Film am Herzen liegt, Emmy. Ich habe Jason noch nichts davon erzählt, weil er dann wahrscheinlich völlig ausflippt, aber ... Ich möchte euch gerne dabeihaben, wenn der Film seine Kinopremiere feiert."

Meine Kinnlade klappte herab. „In New York?", fragte ich fassungslos.

„Ja. Was meinst du?"

Als ich nicht sofort antwortete, fühlte er offenbar die Notwendigkeit, seine Bitte zu erklären. „Nun, du weißt, es ist ein Jugendfilm, und ich bin in verschiedenen Interviews immer wieder gefragt worden, wie ihr zu meiner Arbeit steht und ob es hilfreich war, selber Kinder in dem Alter meiner Darsteller zu haben. Da wurde mir klar, dass ihr es wart, Jay und du, die mich dazu gebracht haben, diesen Film überhaupt erst machen zu wollen. In so vielerlei Hinsicht seid ihr meine Inspiration, dass es sich einfach ... *falsch* anfühlen würde, euch nicht bei der Premiere dabei zu haben."

Seine Erklärung war herzzerreißend und so offen, dass er mich damit beinahe zu Tränen rührte. Ich räusperte mich vergeblich und versuchte dann, um den dicken Kloß in meinem Hals herumzusprechen.

„Dad, natürlich komme ich mit. Sehr gerne sogar", krächzte ich.

„Wirklich?", fragte er ungläubig. Ich zuckte mit den Schultern. „Klar! Wann denn?"

Sein Lachen wirkte befreit. „In zwei Monaten, am 16. November. ... Und ich dachte, du zeigst mir einen Vogel."

Ich grinste und schüttelte den Kopf. Dann überlegte ich ein wenig weiter und neigte ihn zur Seite. „Obwohl, kommt vielleicht noch. Du erwartest doch nicht, dass ich mit dir über den Roten Teppich laufe, oder?"

Mein Vater lachte laut auf. „Nein, absolut nicht! Als meine Tochter dürftest du das natürlich, und die Presse wäre sicher begeistert, einmal ein offizielles Familienbild von uns zu erhaschen, aber nein, Emily, du musst nicht mit mir über den Roten Teppich laufen." Seine Stirn legte sich in Falten. „Und wenn ich es mir recht überlege, sollten wir diese Möglichkeit deinem Bruder gegenüber auch gänzlich unerwähnt lassen."

„Okay", erwiderte ich verschwörerisch. Schnell durchkreuzte ich noch einmal den Raum, umarmte meinen Vater und drückte ihm einen Kuss auf die Wange.

„Du kannst gerne ein paar Freunde mitnehmen", schlug er vor. „Die Produktionsfirma übernimmt die Reisekosten und das Hotel für mich und maximal fünfzehn Begleitpersonen."

„Lade doch Jane ein!", erwiderte ich wie aus der Pistole geschossen.

Er grinste. „Tochter, du machst jede Überraschung zunichte."

„Sie kommt?", rief ich so laut aus, dass er mir eine Hand über den Mund legte.

„Sie kommt. Natürlich kommt sie. Und sie freut sich wie verrückt, euch endlich wiederzusehen", verriet mein Dad, bevor ich ihm erneut um den Hals fiel.

In meinem Zimmer schrieb ich eine lange Email an Jane und teilte ihr mit, dass ich bereits Bescheid wusste und wie sehr ich mich auf sie freute. Dann schaltete ich den Computer aus und ließ mich auf mein Bett fallen. Ein wenig grauste mir vor diesem bevorstehenden pompösen Auftritt in der Öffentlichkeit, doch die Aussicht Jane wiederzusehen machte so einiges wieder gut. Die Überlegung, Noah könnte mich begleiten, war hingegen so abwegig, dass ich es mir nicht einmal bildlich vorstellen konnte. Er mied ja sogar die Schulkantine, weil er größere Menschenansammlungen hasste.

Ich seufzte. Allzu gerne hätte ich Jane meinen ersten Freund vorgestellt. Aber vielleicht ergab sich ja die Möglichkeit, wenn sie uns danach noch für ein paar Tage besuchte.

Kathy würde mich ganz sicher begleiten. Und Lucy auch. Vielleicht sogar Adrian und Tom. Nun, und Noah könnte ich zumindest vorschlagen, mit uns nach New York zu reisen. Er müsste uns ja nicht zur Filmpremiere begleiten.

Dem Bedürfnis folgend mit jemandem sprechen zu wollen, wählte ich Lucys Nummer. Das Freizeichen erklang nur einmal, schon war sie dran. Ihre glockenklare Stimme klang überrascht. „Emily, hi!"

„Hi Lucy! Ich ... ähm ... wollte dich etwas fragen."

Ich berichtete, was mir mein Vater unterbreitet hatte und fragte sie, ob sie sich vorstellen könnte, mich zu begleiten. Eventuell mit Noah, Adrian, Tom und Kathy. Als der erwartete Schrei nicht kam, die Begeisterung ausblieb und sich stattdessen Stille ausbreitete, fühlte ich mich unbehaglich. Wirkte mein Angebot etwa protzig?

„Du bist die Erste, die ich frage, weißt du? Es ist ... auch nur eine Idee. Ich würde mich sehr freuen", erklärte ich in unbeholfener Ratlosigkeit. Dann hörte ich es: ein unterdrücktes Schluchzen.

„Lucy? ... *Weinst* du?"

„Hm-hm", gluckste es am anderen Ende der Leitung.

„Aber warum?", entfuhr es mir entsetzt.

„*Warum?*", echote es halb gelacht, halb geschluchzt zu mir zurück. „Du fragst mich, ob ich dich nach *New York* begleite, zu der *Filmpremiere* deines Vaters ..." Jetzt, endlich, gewann das Lachen Oberhand und ließ mich erleichtert aufatmen.

„Emily, wir kennen uns erst so kurz – weißt du, was mir das bedeutet? Ich war mir bislang nicht einmal sicher, ob du mich überhaupt genauso sehr magst wie ich dich."

Erleichterung adé, Entsetzen hallo. „Aber natürlich!", antwortete ich in aller Vehemenz. Nun quietschte sie. *Endlich!*

„Danke, Emily! Klar komme ich mit. Und Adrian ganz sicher auch." In diesem Moment hätte ich sie gerne in die Arme geschlossen.

„Fantastisch! Tu mir nur einen Gefallen, Lucy, und sag Noah noch nichts. Ich will ihn selbst fragen." Sie gab mir ihr Wort. Wir sprachen noch eine Weile, die ich nutzte, um mir von ihr die Mathehausaufgaben erklären zu lassen. Nachdem ich erwartungsgemäß nichts verstanden hatte, beendeten wir unser Gespräch.

Ich ließ mich erneut auf mein Bett fallen und starrte an meine Zimmerdecke. Es dauerte nicht lange, bis Noahs Augen auf mich herabsahen und mir sein Mund dieses wunderschöne Lächeln schenkte.

Für einige Minuten gab ich mich meiner Fata Morgana hin und genoss die noch so frischen Erinnerungen an unseren gemeinsamen Tag.

Und morgen würde es weitergehen; ich konnte es kaum erwarten. Dieser Gedanke zog sich. Ich dachte an das, was noch kommen würde. An Tage in der Sonne, gemeinsam verbrachte Mittagspausen, vielleicht den ein oder anderen Strandspaziergang und an die Möglichkeit, gemeinsam mit Noah nach New York zu reisen. Ich dachte an seine Finger auf meiner Haut, sein unverschämt süßes Grinsen und seine langen Wimpern. Ich dachte an unsere Küsse und wurde mir bewusst darüber, wie sehr ich mich auch jetzt nach Noahs herrlichen Lippen sehnte.

Und dann – ganz unvermittelt, waren da wieder seine Worte: *„ Was wäre, wenn die Sache mit uns nicht von Dauer sein könnte? "*

Das Bild seines Gesichts verblasste und verschwand beinahe schlagartig. Mit einem Mal fühlte ich mich so einsam wie schon lange nicht mehr.

„Nein!", rief ich aus, schrak auf und realisierte erst nach einigen Sekunden, dass ich tatsächlich eingenickt war.

Er wird gehen und dich allein zurück lassen!, hämmerte es in meinem Kopf. *Er wird dich verlassen.*

Am Tag zuvor war es mir noch gelungen seine Worte auszublenden. Doch nun, als ich – allein mit mir selbst – wieder einmal bemerkte, wie schnell und tief ich mich in diesem Jungen verloren hatte, war ich nicht länger imstande mich weiter zu hintergehen. Denn eigentlich zweifelte ich nicht nur daran, dass Noahs Frage eine Theorie darstellte. Ich *wusste* bereits, dass mehr dahintersteckte, denn das hatte ich sofort in seinen Augen erkannt. Die Erinnerung an seinen traurigen Blick trieb einen eisigen Schauder über meinen Rücken hinab.

Er würde mich verlassen, früher oder später, dessen war ich mir mit einem Mal absolut sicher. Aber warum würde er gehen? Wohin und weshalb? Und vor allem, wann? Wie viel Zeit blieb uns noch? Wie viel Zeit, ihn davon zu überzeugen, dass sein Platz an meiner Seite war? Warum wollte er weg? Wollte er überhaupt weg? Und wenn nicht, warum spielte er dann dennoch mit dem Gedanken? Oder waren seine Worte eine Metapher für etwas viel Schlimmeres? War er vielleicht ernsthaft krank?

Oh Gott, Noah, was ist nur los mit dir?

Panik kroch in mir empor, mein Herz raste wie verrückt. Mit zittrigen Fingern griff ich nach meinem Handy und suchte nach seiner Nummer. Im selben Moment klingelte es. *Noah,* zeigte das Display.

„Ja", antwortete ich zittrig.

„Emily, ist alles okay?" Er klang, als wäre er in großer Sorge.

„Hm-hm." Ich wusste, ich würde losheulen, müsste ich meine Stimme nur ein wenig mehr beanspruchen.

„Du bist *nicht* okay", erklärte Noah energisch. Etwas polterte im Hintergrund, dann hörte ich ein metallenes Klackern und eine Tür, die lautstark zufiel. „Emily, rede mit mir! Was ist passiert?", forderte er währenddessen.

„Ich ... ich ..." Und schon flossen die Tränen. Eine weitere Tür wurde zugeschlagen, die Haustür. „Bist du zu Hause?", fragte Noah.

„Hm-hm", machte ich wieder.

„Dann bis gleich!" Damit legte er auf.

Ich kam mir unglaublich belämmert vor. Ein Blick auf die Uhr verriet mir, dass er mich gerademal vor anderthalb Stunden hier abgesetzt hatte. Und jetzt fuhr er schon wieder los, nur weil ich heulte. Aber ich konnte es nicht ändern. Die Vorstellung, er könnte plötzlich, ohne jede Vorankündigung oder Erklärung, wieder aus meinem Leben verschwinden, brachte mich fast um den Verstand.

Auf einer Spannungsskala von 0 wie *langweilig* bis 10 wie *mega-aufregend* und *spektakulär* war mein Leben immer eine 4-6 gewesen. *Durchschnittlich*, mochten es die meisten nennen, ich bevorzugte *ausgewogen*.

Doch Noah aktivierte die Extreme, brachte meine Zeiger zum Ausschlagen und ließ die Nadel meines inneren Kompasses durchdrehen. Mit ihm erlebte ich eine nie gekannte innere Ruhe auf der einen Seite, denn noch nie zuvor hatte ich mich mit einem Menschen derart verbunden gefühlt. Andererseits brachte er mich zur Weißglut, ängstigte mich bis auf die Knochen und löste eine Sehnsucht in mir aus, die nicht von dieser Welt sein konnte.

Wenn das Liebe ist, wie ist die Menschheit dann so weit gekommen?

Ich atmete schwer und viel zu schnell.

Nur wenig später wurde die Klingel am Tor betätigt. Noah konnte das unmöglich sein. Seit unserem Telefonat waren nicht mal fünf Minuten vergangen, und die Fahrtzeit von seinem Elternhaus zu unserem betrug locker das Doppelte. Also blieb ich auf meinem Bett sitzen und versuchte weiterhin, mich zu beruhigen.

Ich hörte Stimmen im Hausflur, konnte aber nichts Konkretes verstehen. Dann lief jemand – auf keinen Fall Jason, denn dafür klangen die Schritte viel zu leise – die Treppe empor und schritt schnell und fest über den Korridor. Nein, das konnte unmöglich ...

„Noah!", rief ich aus, als meine Zimmertür Sekunden später aufflog und er vor mir stand. „Wie bist du so schnell ...?"

Er war nicht blass, doch er hätte es sein müssen, so angstgeweitet, wie seine Augen auf mich herabblickten. „Was ist passiert? Warum bist du so aufgelöst?", forderte er zu wissen, ohne meiner Frage Beachtung zu schenken. Mit nur drei großen Schritten war er bei mir und zog mich in seine Arme. Er umschloss mich fest, aber seine Finger bebten ein wenig. Sein Herz hingegen schlug ruhig und kraftvoll. Unbeirrt – wie immer.

„Ich bin so albern", flüsterte ich und ließ den Tränen freien Lauf.

„Hm? Ich verstehe nicht", gestand Noah. „Was meinst du damit, du bist albern?"

„Du hast gesagt, es wäre nur eine Theorie, aber ... ich hatte plötzlich solche Angst, dass ..."

Er atmete tief durch und presste mich an sich. „Ich hätte dich das niemals fragen dürfen", flüsterte er, doch ich schüttelte den Kopf an seiner Brust.

„Ich will doch nur wissen, *warum* du es getan hast. Und ich darf dich das nicht fragen, weil ich es dir versprochen habe."

Noah schluckte hart. Er ging zu meinem Bett und zog mich mit sich. „Emily, ich ... Das sind Dinge, die ich dir nicht sagen *kann*."

Ich blickte auf, suchte nach seinem Blick und sah ihn fest an. „Bist du krank, Noah?"

Er schüttelte den Kopf. „Nein, nicht krank."

Das klang, als würde er noch etwas folgen lassen, also wartete ich ab, aber es kam nichts mehr.

„*Willst* du denn weg?", fragte ich ängstlich.

Er zögerte. „Ich wollte immer weg, mein Leben lang. Jetzt, ... mit dir ... bin ich mir nicht mehr sicher. Ich möchte ... dich nicht verlassen."

„Dann tu's nicht!", forderte ich platt.

Sein Blick wurde nachgiebig und verschmolz mit meinem. „Okay", wisperte er.

261

„Versprochen?", fragte ich. Er schluckte noch einmal so schwer wie zuvor. „Emily ..."

„Versprich es!", beharrte ich und ärgerte mich im selben Moment schon darüber, wie verzweifelt das klang. Las man als Mädchen nicht immer wieder, man sollte die Jungs zappeln lassen? An der langen Leine halten und so? Und hier war ich und bettelte Noah an, er möge mich nicht verlassen – einen Tag nach unserem ersten Kuss.

„Entschuldige!", sagte ich, ohne dass er meiner Forderung nachgekommen war.

„Schon gut", versicherte er mir leise.

„Du kannst es mir nicht versprechen, oder?"

Er schüttelte den Kopf.

„Du kannst mir auch nicht sagen, warum?"

„Nein." Das war nicht mehr als ein resigniertes Flüstern.

„Wer verbietet es dir?"

Schweigen.

„Wissen Lucy und Adrian ...?"

„Nein." Er ließ seine Arme sinken und sah mich tief an. „Em, bitte!"

Irgendwie fiel mir in diesem Moment das Telefonat ein, das ich unbeabsichtigt belauscht hatte. „Hat dein Freund etwas damit zu tun, dieser Michael? Und wer ist dieser Typ eigentlich? Ist er gefährlich?"

Noah sprang auf und lief in meinem Zimmer auf und ab. Eine innere Zerrissenheit sprach aus seinen Bewegungen. Er sah verzweifelt aus, sein schönes Gesicht wirkte gequält. Ich spürte seine Anspannung und verfiel in Schweigen. Nur sehr langsam beruhigte er sich wieder.

„Emily, er ist nicht gefährlich. Überhaupt nicht. Michael ... war lange Zeit mein einziger Vertrauter. Sieh mal ..." Damit wandte er sich mir zu. „Ich bin ... du musst ..." Er atmete tief durch. „Vertrau mir, Em, bitte! Ich tue nichts Unrechtes, Illegales oder Gefährliches. Michael ist kein Drogendealer, kein Krimineller. ... Es gibt einige Dinge, die ich dir vielleicht gar nicht hätte sagen sollen, aber ich wollte aufrichtig sein. Und die Wahrheit ist, dass ich dir nun mal nicht mehr sagen *kann*."

Wieder diese eigenartige Betonung, die mich unwillkürlich darauf schließen ließ, dass er im Grunde seines Herzens mehr sagen *wollte*.

Noah sah mich lange an, bevor er einen zögerlichen Schritt in meine Richtung machte. „Ein weiterer Teil der Wahrheit ist, dass ich ... mich völlig hoffnungslos in dich verliebt habe."

Mein Herz setzte aus, ebenso wie mein Atem.

Noah kam einen weiteren Schritt auf mich zu. „Spürst du das denn nicht?"

„Doch." Ein einziges, dahingehauchtes Wort, ein vages Nicken – mehr brachte ich nicht zustande. Noahs Lächeln zeigte mir, dass ihn meine Verblüffung erreicht hatte.

„Denkst du dann, es läge in meiner Macht dich zu verlassen, Emily Rossberg? Einfach so?"

„Nein", antwortete ich hoffnungsvoll; es klang fast wie eine Frage.

„Dann frag nie wieder, ob ich es will!", befahl er, schloss mich in seine Arme, drückte seine Lippen auf meine und ließ mich vergessen. „Frag nie mehr!", flüsterte er immer wieder zwischen seinen Küssen, mit denen er mein gesamtes Gesicht bedeckte. Es war wie ein Mantra – und es wirkte.

Schon wusste ich nicht mehr, *was* ich nicht fragen sollte. Ich wollte nur seinen Mund zurück auf meinem spüren. Also schob ich mich ihm entgegen. „Noah ...", hauchte ich und drückte mich an ihn.

Meine Arme schlossen sich um seine Taille, und meine Fingerspitzen glitten wie von selbst unter den Saum seines Poloshirts.

Noah zuckte zusammen, als ich seinen Rücken berührte. „Nicht!", sagte er und wich soweit zurück, dass ich den Kontakt verlor.

Schamesröte stieg in meine Wangen. „Entschuldige!"

Er hob mein Kinn an und sah mich tief an. „Nein, es ... es liegt an mir. Immer an mir, Em. Ich habe dir gesagt, dass ich ziemlich kaputt bin." Er wirkte zutiefst bekümmert. „Gib mir ... ein wenig Zeit, ja?"

Wenn wir die haben, dachte ich, zwang mich jedoch dazu, meinen Mund zu halten und schenkte ihm stattdessen ein verkrampftes Lächeln. „Alle Zeit der Welt."

Er legte seine Arme zurück um meine Taille und küsste meine Wange. „Ich habe mich so erschreckt, als ich deine Stimme am Telefon hörte", gestand er. „Du klangst so ... aufgelöst. Ich dachte, es wäre etwas Schlimmes passiert. Ich dachte ..."

Ich schüttelte den Kopf, beschämt über die Heftigkeit meines Gefühlsausbruchs. „Ich wollte dir keine Angst einjagen, tut mir leid. Der Tag mit dir war so schön, und mit einem Mal hatte ich deine Worte von gestern früh wieder im Ohr. Da ... überkam mich Panik, das war alles."

Noah festigte seinen Griff und zog mich noch näher an sich heran. Ergeben schmiegte ich mich an seine Brust und lauschte dem unbeirrbar ruhigen Schlag seines Herzens.

„Wenn es Gerechtigkeit gibt, bleiben wir zusammen", erklärte er nach sekundenlanger Stille.

Es war nicht dieser theatralisch anmutende Satz an sich, der mich verwunderte, es war Noahs Ton. Er klang trotzig und fast ein wenig verbissen. So, als wären seine Worte nicht an mich, sondern an jemand anderen gerichtet.

Schließlich küsste er meinen Kopf. „Ich sollte gehen. Bin überhaupt nur unter dem Vorwand hochgekommen, dir noch was für die Schule bringen zu müssen."

„Wollte Jason nicht wissen, was es war?", fragte ich.

„Doch." Noahs Grinsen wirkte verschmitzt. Ich zog die Augenbrauen hoch, während er in die Gesäßtaschen seiner Jeans griff und einen Zettel zückte. Neugierig entfaltete ich ihn. Es war eine detaillierte Erklärung unserer Mathehausaufgaben, mit allen Lösungswegen und Entschlüsselungen der Formeln, die wir in der vergangenen Woche durchgenommen hatten.

„Ich sage doch, du bist ein Engel!", rief ich aus und fiel ihm übermütig um den Hals.

„So, so", brummte Noah nur und wandte verlegen den Blick ab, als ich ihn ansah.

„Bist du bereit meinem Vater *Hallo* zu sagen?", fragte ich etwas beklommen, unmittelbar bevor wir mein Zimmer verließen.

Noah antwortete nicht. Ich war mir sicher, dass er alles andere als bereit war, aber in der jetzigen Situation sah ich keinen Ausweg.

„Nur kurz", versicherte ich ihm. „Es wäre unhöflich von mir, jetzt einfach an seinem Büro vorbeizugehen, ohne dich vorzustellen."

„Sicher", erwiderte Noah steif und rang sich ein tapferes Nicken ab.

„Also los!", sagte ich, griff nach seiner Hand und klopfte an die Tür des Arbeitszimmers meines Vaters. Leise öffnete ich sie, nur wenige Zentimeter. „Dad, darf ich reinkommen?"

„Natürlich", erwiderte er verdutzt. Sonst war ich nicht so zurückhaltend.

„Ähm, Noah ist noch einmal zurückgekommen, weil ich etwas bei ihm vergessen hatte", log ich. Ich wusste nicht, ob Noah es überhaupt bemerkte, aber seine Finger schlossen sich so fest um meine, dass es beinahe schmerzhaft wurde. Allerdings nur für einen kurzen Moment. Kaum waren meine Gedanken zu den abgeschnürten Blutgefäßen im Inneren meiner Hand geschnellt, lockerte sich sein Griff wieder.

Mein Dad erhob sich, sobald Noah hinter mir den Raum betrat.

„Oh, hi!", sagte er etwas überrumpelt. Wer konnte es ihm verübeln? Was er von Jason gewohnt war – jede Woche ein neues Mädchen –, hatte ich bislang durch absolute Abstinenz ausgeglichen. Noah war der erste Junge, den ich meinem Vater vorstellte.

Seite an Seite gingen wir auf ihn zu. Mein Dad kam uns entgegen und streckte seine Hand aus.

Das war der Moment, in dem ich meinen Entschluss verfluchte. Er war zweifellos so in seine Arbeit vertieft gewesen, dass er das Schellen am Tor nicht einmal gehört hatte. Warum hatte ich Noah nicht einfach fahren lassen? Nun stand er da und sah sich hilflos der Situation ausgeliefert, meinem Vater zur Begrüßung die Hand reichen zu sollen. Und ihn konnte er nicht abklatschen lassen, so wie Jay am Tag zuvor.

Ich bemerkte das Zucken seiner Unterlippe, seines Kinns, doch dann streckte Noah seine Hand aus und schüttelte die meines Vaters. Der Griff seiner linken Hand, die nach wie vor meine rechte hielt, festigte sich dabei nur unwesentlich.

„Noah Franklin, Sir. Es freut mich sehr Sie kennenzulernen!"

Meine Kinnlade klappte herab. *Mein Gott, wie höflich!*

Noah warf mir einen amüsiert wirkenden Seitenblick zu.

„Ja, ich habe schon mitgekriegt, dass du meiner Kleinen den Kopf verdreht hast", erklärte mein Vater, charmant wie immer.

„Dad ...", jammerte ich und sah ihn flehend an.

„Was denn, stimmt doch", erwiderte er grinsend, mit einem gelassenen Schulterzucken. Dann wandte er sich erneut Noah zu.

„Wir beide müssen unbedingt mal zusammen essen gehen oder eine Runde Billard spielen oder so was in der Art, damit ich dir in aller Ruhe auf den Zahn fühlen kann, mein Junge."

Oh. Mein. Gott!

Ich wünschte mir, ein riesiges Loch würde sich unter uns auftun und Noah und mich einfach verschlucken. *Ich* wusste natürlich, dass mein Dad nur scherzte – das war seine berühmt-berüchtigte trockene Art – aber das konnte Noah ja nicht ahnen.

„Äh ...", setzte ich an und zupfte entschuldigend an seiner Hand, um ihm schnell zu erklären, wie mein britischer Vater tickte.

Aber Noah überraschte mich ein weiteres Mal, indem er einfach den Kopf schüttelte. „Habe nichts anderes erwartet", sagte er nüchtern.

Schmunzelnd klopfte mein Dad auf Noahs Schulter. „Nein, entspann dich! Solange ich das Gefühl habe, dass du meine Tochter ordentlich behandelst, werden wir keine Schwierigkeiten bekommen."

Schlagartig wurde Noahs Gesichtsausdruck todernst; alle Leichtigkeit war passé. „Ich gebe Ihnen mein Wort, dass ich Emily immer gut behandeln werde, Sir."

Mein Dad nickte zufrieden. „Gut. So, seid mir nicht böse, ihr zwei, aber es wird ohnehin schon eine Nachtschicht werden ..."

„Wir sind schon weg", rief ich schnell und zog Noah mit mir in Richtung Tür.

„Hat mich gefreut", sagte mein Vater mit einem ehrlichen Lächeln, das der schöne Junge an meiner Hand wie ein Spiegel erwiderte.

„Ganz meinerseits."

Wenn er so sprach, merkte man deutlich, dass Adrian und er ab einem gewissen Punkt dieselbe Erziehung genossen hatten. Diese höflichen Floskeln flossen ebenso selbstverständlich und natürlich aus Noahs Mund, wie aus dem seines Bruders.

Wir verließen das Büro meines Vaters und stiegen Seite an Seite die Treppe hinab. Irgendeinen Vorteil musste die protzige Breite ja haben.

Noah verabschiedete sich kurz von Jay, der vor dem Fernseher saß und sich nicht einmal zu ihm umdrehte. *Total peinlich, der Kerl!*

Gegen Noahs Höflichkeit wirkten die Manieren meines Bruders wie die eines Bauerntrampels. Ja, eine Schwester hätte sicher so einiges für sich gehabt.

Noah grinste und zog die Haustür hinter uns zu. Was war so witzig daran, dass sich mein Bruder wie der letzte Vollidiot benahm und mein Vater auf seine trockene, britische Art scherzte, mit der die Amis für gewöhnlich überhaupt nicht zurechtkamen? Meine Nerven lagen blank. Und ausgerechnet jetzt entpuppte sich Noah als derjenige mit der Haut einer Gummikuh?

Gerade hatte mich der Gedanke durchzuckt, da prustete er neben mir los und entzog mir seine Hand. Stattdessen umfasste er mein Gesicht mit beiden Händen und sah mich tief an.

„Emily, du machst mich verrückt!"

„Hm?"

Sein Blick wurde bedeutungsschwer. „Ich weiß genau, was du denkst."

„*Was?*", fragte ich entsetzt.

„Du schämst dich für deinen Bruder und bist besorgt, dass ich den Humor deines Vaters nicht richtig einschätzen kann. Und ... du sorgst dich umsonst."

Ich erwiderte sein Lachen, obwohl mir ein wenig mulmig zumute war.

Verdammt, bin ich tatsächlich so leicht zu durchschauen?

„Klar bist du leicht zu durchschauen", beantwortete Noah meine unausgesprochene Frage.

„Wie ...?", stammelte ich, ließ die Frage aber vor lauter Schock fallen und starrte ihn nur ungläubig an.

„Was?", entgegnete Noah fröhlich und ein wenig ... ja, *überheblich.* Er hatte einen Mordsspaß, soviel stand fest. „Glaubst du ernsthaft, deine Mimik ist so undurchsichtig?" Damit drückte er mir einen vorerst letzten und für meinen Geschmack viel zu kurzen Kuss auf die Lippen und wandte sich ab.

„Hey!", rief ich ihm nach. „Gegenfragen sind nicht immer die besseren Antworten."

„Nicht?", erwiderte er schelmisch. „Das hast du doch selbst behauptet."

Damit schloss sich das schmiedeeiserne Tor hinter ihm. Er grinste mich noch einmal breit durch die Gitterstäbe an und verschwand dann mit gemächlichen Schritten in der Dunkelheit. Das erste Mal, seitdem ich Noah kannte, schien er nicht auf der Flucht zu sein.

Ich blieb noch eine Weile auf dem Absatz vor unserer Haustür stehen und wartete auf das tiefe, unverkennbare Motorbrummen des Amaroks. ... Vergeblich.

XIX.

Stunden später schreckte ich aus einem Schlaf, der mir traumlos erschienen war. Dementsprechend konnte ich mir nicht erklären, was den glasklaren Gedanken an die Oberfläche befördert hatte. Aber was es auch war – die Erinnerung war mit einem Mal so präsent, dass sie einer Gewissheit glich. „Das habe ich nie gesagt!", rief ich aus. Meine Stimme klang zu laut. In der Dunkelheit meines Zimmers hallte sie förmlich von den Wänden wider. Ich rieb mir über die Augen, setzte mich auf und überlegte noch einmal genau.

Ich sah uns vor mir, Noah und mich, am Abend der Party in seinem Zimmer. Meine Forschheit hatte ihn aufgeschreckt; er war haltlos auf- und abgewandert. *„Was passiert hier gerade, Emily?"*, hatte er gefragt und dann zaghaft meine Hand berührt.

Und ich hatte *in Gedanken* entschieden, dass Gegenfragen manchmal die besseren Antworten wären und mit einem *„Finden wir es heraus?"* geantwortet.

Ausgesprochen hatte ich diesen Gedanken nie, obwohl Noah das vorhin so behauptet hatte. Und davor schon einmal.

Das Bild vor meinem geistigen Auge wandelte sich. Es zeigte wieder uns beide, nun jedoch auf dem großen Felsbrocken am Rande der Straße, nur ein paar Meter von meinem zerquetschten Mini entfernt. Noah hielt mich mit zittrigen Händen in seinem Schoß – ähnlich wie an diesem Abend, wenige Stunden zuvor.

„Wieso bist du eigentlich hier?", hatte ich ihn gefragt.

Seine Miene verfinsterte sich unter den Worten *„Du hast mich gehört, nicht wahr?"*

„Du antwortest mit einer Gegenfrage", erwiderte ich – unwillig, auf seine Ablenkung einzugehen.

Und dann sagte er es zum ersten Mal: *„Das sind manchmal die besseren Antworten. Hast du selbst gesagt."*

... Nein, habe ich eben nicht!

Ich knipste das Nachtlicht an, sprang auf, verhedderte mich in meinem Laken und stolperte beinahe. Raufte meine zotteligen

Haare und lief ebenso haltlos hin und her, wie Noah es nur wenige Sekunden zuvor noch in meinen Erinnerungen getan hatte.

Nein, ich war mir sicher – absolut sicher!

„Das habe ich *nie* gesagt! Ich habe es nicht ausgesprochen", murmelte ich wie zur Bestätigung noch einmal vor mich hin.

Aber wie konnte er das dann behaupten? ... Zweimal?

Erwartungsgemäß fand ich die Antwort nicht in meiner nächtlichen Wanderung, also legte ich mich nach einer Weile zurück auf mein Bett und starrte an die Zimmerdecke. Mit einem Mal musste ich daran denken, wie sicher und zielgenau Noah bei unserem Abschied, nur wenige Stunden zuvor, meinen unausgesprochenen Gedanken beantwortet und seinen Geistesblitz dann sofort meiner angeblich eindeutigen Mimik zugeschrieben hatte. *„Klar bist du leicht zu durchschauen."*

Diese Überlegung zog weitere Erinnerungen nach sich.

„Wollen wir zum Baumarkt fahren und Farbe kaufen?", hörte ich ihn fragen. Genau das hatte ich mir nur eine Sekunde zuvor ausgemalt.

„Elende Lügnerin!", hörte ich ihn dann rufen und sah in meinen Erinnerungen noch einmal sein halb empörtes Lachen, als Reaktion auf meine Behauptung, ich hätte die Mathehausaufgaben verstanden. Wie hatte sich Noah so sicher sein können, dass ich log? Okay, meine nicht vorhandenen Mathematikkenntnisse hatten vermutlich für sich gesprochen, aber die anderen Situationen erklärte das nicht.

Irgendwie setzte sich in meinem Kopf eine gedankliche Lawine in Bewegung, ausgelöst durch die Ungereimtheiten, die mein Unterbewusstsein immer weiter explosionsartig zutage beförderte. Plötzlich, sobald ich die vage Idee zuließ, ergaben Noahs Reaktionen, die oft fehlplatziert und den jeweiligen Situationen nicht angemessen gewirkt hatten, durchaus Sinn – wenn ich sie auf meine Gedanken bezog. Aber wie konnte das sein? So etwas gab es nicht, das war doch Blödsinn. Niemand konnte Gedanken lesen. Dennoch – die Lawine rollte unaufhaltsam weiter, nährte sich an vielen kleinen Erinnerungen, wuchs und wuchs und hämmerte schließlich schmerzhaft gegen meine Schläfen.

Na toll, jetzt hatte ich Kopfschmerzen.

Wie auch immer! Selbst wenn ich mich mit dieser Theorie, Noah könnte aus einer übermäßigen Empathie heraus erahnen, was ich dachte oder gar wie ich mich fühlte, viel länger beschäftigte, als es meinem sonst so rational denkenden Naturell entsprach – es gab ja doch keine Möglichkeit, ihn darauf anzusprechen. Wie auch, ohne zu riskieren, ihn bis in alle Ewigkeit zu vergraulen?

„Hey, ich lag letzte Nacht wach und habe lange nachgedacht. Jetzt bin ich beinahe überzeugt davon, dass du meine Gedanken lesen kannst. Also, stimmt's?" ... Wohl kaum!

Seufzend drehte ich mich auf die Seite. Nein, ich konnte ihn nicht fragen. Aber ich konnte seine Reaktionen genauer beobachten, nur für mich, und meine eigene seltsame Theorie damit widerlegen. Still, heimlich – und zur Abwechslung mal, ohne mich dabei bis auf die Knochen zu blamieren. Ja, das konnte ich tun.

Und mit diesem Entschluss ließ das Pochen hinter meinen Schläfen nach, ganz ohne Kopfschmerztablette. Der Schlaf kam, umhüllte mich gnädig und zog mich unbemerkt mit sich. Als mein Wecker wenige Stunden später klingelte, brannte mein Nachtlicht noch immer.

An diesem Tag holte ich meinen Mini aus der Werkstatt. Ich war begeistert, mein Auto und damit meine Freiheit zurückzuerhalten und erleichtert über die unbürokratische Handhabung der Werkstatt. Deren Mitarbeiterin rechnete direkt über die Versicherung des BMW-Fahrers ab und beteuerte mir, ich bräuchte mich um nichts weiter zu kümmern.

Andererseits fielen so die gemeinsamen Schulfahrten mit Noah und seinen Geschwistern weg, was ich ziemlich bedauerte.

Dank Noahs Hilfe kam ich an diesem Tag etwas besser im Mathematikunterricht mit. Die Mittagspause verbrachten wir wieder gemeinsam unter unserem Baum hinter der Schule. Wir einigten uns darauf, uns mit dem Essen abzuwechseln und einen über den anderen Tag jeweils etwas von zu Hause mitzubringen.

Fortan bildeten die Mittagspausen mit Noah die Höhepunkte meines Schulalltags. Den gesamten Vormittag fieberte ich unserer gemeinsamen Stunde entgegen. Dem Moment, in dem ich das Schulgebäude verließ und gegen die Sonne blinzelte, bis das gleißende Licht nachließ und meinem liebsten Bild wich. Jedes Mal ging mir das Herz auf, wenn ich Noah sah, wie er an dem Stamm der alten Buche lehnte, die Hände tief in den Hosentaschen seiner Jeans versenkt, und mich erwartete. Wie ein erstes Lächeln um seinen Mund zuckte, sobald er mich erblickte. Ich wusste nicht, womit ich das Glück verdient hatte, offenbar die Einzige zu sein, die ihm dieses Lächeln in sein schönes Gesicht zaubern konnte, aber ich war sehr stolz auf diese Tatsache.

Allzu gern hätte ich gewusst, ob Noah auch nur im Ansatz ahnte, wie sehr ich ihm verfallen war. Vielleicht wäre es ganz gut gewesen, er hätte es nicht im vollen Ausmaß mitbekommen. Allerdings machte ich mir diesbezüglich keine allzu großen Hoffnungen, denn mein Körper entpuppte sich immer wieder als elendiger Verräter.

Erniedrigend eigentlich, aber ich war zu glücklich, um mich allzu lange mit meiner Scham zu beschäftigen. Und so ließ ich es zu, dass Noah die Botschaft meiner strahlenden Augen las. Das glühende Rot, das mir bei seinem Anblick noch immer – jedes Mal wieder – in die Wangen schoss, unterstrich meinen hoffnungslosen Zustand nur noch.

Ja, ich liebte ihn.

Auch die Nachmittage verbrachten wir gemeinsam. Zufrieden beobachtete ich Noahs Bemühungen, Adrian und Lucy mehr in sein Leben zu integrieren. Das zeigte sich natürlich nur an winzigen Kleinigkeiten, wie beispielsweise, als Lucy nach Maries formidablem Essen den Tisch mit einem feuchten Tuch säuberte und Noah unmittelbar neben ihr trocken nachwischte. Das allein war schon eine bedeutsame Premiere, aber es kam noch besser. Lucy tippte bei ihren Wischbewegungen aus Versehen gegen Noahs Hand und zuckte im selben Moment zurück, als hätte sie eine heiße Pfanne anstelle seiner Finger berührt. Sie entschuldigte sich und versicherte ihm, es sei keine Absicht gewesen. Noah hingegen wirkte vollkommen gelassen. Er lächelte nur und legte dann für einen kurzen Moment seine Hand auf Lucys. „Schon gut, nichts passiert", sagte er leise und schenkte ihr sein süßes Lächeln.

Am Donnerstag kam Noah direkt nach dem Essen, das bei den Franklins zur englischen Teatime stattfand, zu mir. Wir erledigten gemeinsam unsere Hausaufgaben, lernten für den anstehenden Geschichtstest und klimperten ein wenig auf meiner Gitarre herum. Gut, ich klimperte – er spielte. Wunderschön, wie immer. Noah barg noch immer so viele Geheimnisse für mich. Die meisten wagte ich nicht anzugehen, aus Furcht der entspannte, zufriedene Junge an meiner Seite könnte mir entgleiten und erneut dem Nervenbündel von zuvor weichen. Ich war mir bewusst darüber, dass ich mich einem Trugbild hingab, und Noah wusste ganz sicher genauso gut wie ich, dass wir die unangenehmen Themen nicht ewig meiden konnten. Aber in diesen allerersten Tagen – dort, wo alles begann – ließen wir sie und unser neu erworbenes Glück unangetastet.

Lediglich meine Theorie, Noah könnte vielleicht meine Gedanken lesen, erahnen, erfühlen ... was auch immer ... ließ sich nie sehr lange ausblenden. Denn es stimmte: Bezog ich meine Gedanken mit ein, ergaben Noahs Reaktionen stets einen Sinn. Ich schwor mir, ihm diese irrwitzige Idee nie zu unterbreiten.

Freitag trafen wir uns nach der Schule auf dem Parkplatz. Endlich Wochenende! Wieder einmal hatten wir unsere Autos nebeneinander abgestellt.

Noah legte seine Arme um meine Taille und seine Stirn gegen meine. Er war noch nicht bereit dazu, mich in aller Öffentlichkeit zu küssen – und das war absolut okay. Ich schloss meine Augen, sog tief die warme Luft ein und mit ihr auch Noahs unvergleichlichen Duft. Er roch wie der Himmel. Mein ganz persönliches Paradies.

Er stieß ein wenig Luft aus und vergrub seinen Kopf an meinem Schlüsselbein. Ich spürte sein Lächeln und fragte mich, was ihn so amüsierte, kam jedoch nicht dazu ihn zu fragen.

„Kommst du heute mit zu uns, oder musst du nach Hause?", flüsterte er.

„Wenn du möchtest, komme ich gerne mit zu dir."

Er nickte. „Das wäre schön."

Ich fuhr nur kurz nach Hause, machte mich frisch und zog mir ein neues T-Shirt über. Jay war nicht da und konnte mich somit auch nicht zum Kochen zwingen. Als ich bei den Franklins ankam, hatten sie bereits gegessen. Marie fragte mich sofort, ob ich Hunger hätte und tadelte meine *zu dünne* Figur, als ich höflich verneinte.

„Noah ist auf seine Zimmer", verkündete sie dann mit einem wissenden Lächeln. Ich nickte und wollte mich gerade abwenden, als sich ihre zierlichen Finger um meine Handgelenke schlossen.

„Emily, isch wollte dir noch sagen, wie glücklisch wir alle sind. Noah ist in die Woche mit dir so sehr aus sisch 'erausgekommen, wie davor in volle sechs Jahre nischt. Isch ..." Tränen stiegen in ihre Augen und überschwemmten das dunkle Braun, sodass es wie geschmolzene Zartbitterschokolade wirkte. „Isch bin so froh, dass wir zurückgekommen sind. ... Dass er disch 'ier gefunden hat. Für uns alle bist du eine Engel, Emily. Eine Geschenk des 'Immels!"

Ich spürte, wie sich die wohlbekannte Hitze über mein Gesicht verteilte. „Ich habe gar nichts getan", befand ich verlegen. „Noah ist ..." Ich suchte nach den richtigen Worten. „*Er* ist der Engel, Marie! Und niemand hatte das Recht, ihn so zu verletzen, wie man es getan hat." Nun kämpfte ich mit meinen eigenen Tränen. „Ich werde verrückt, wenn ich auch nur eine Sekunde darüber nachdenke."

„Hat er mit dir darüber gesprochen?", fragte Marie leise und warf einen schnellen Seitenblick zur Küchentür, als befürchtete sie, Noah könnte jeden Moment um die Ecke biegen.

Ich schüttelte den Kopf. „Nein, er hat das Thema nur einmal kurz angerissen. Ich bin mir auch nicht sicher, ob er vorhat, mir mehr zu erzählen. Aber irgendwann *muss* ich die gesamte Wahrheit erfahren. So hart sie auch ist. Ich will wissen, wie tief man ihn verletzt hat."

Marie nickte in stummem Verständnis. „Die Zeit wird es bringen", sagte sie schließlich und ich senkte schnell meinen Kopf, um ihr keine Chance zu lassen, den Zweifel in meinen Augen zu erkennen. Denn – so sehr ich auch versuchte, es zu vermeiden – ich fragte mich jeden Tag, wie viel Zeit uns noch blieb und was Noah überhaupt im Schilde führte.

Als ich an seine Zimmertür klopfte, blieb alles still. Ich klopfte noch einmal, dann drückte ich die Klinke herab und öffnete die Tür einen schmalen Spalt, durch den ich hineinlugte. Die wenigen Möbel – Schreibtisch, Sessel, CD-Ständer, Bücherregal – standen in der Mitte des großen Raums, der Teppich lehnte aufgerollt am Bücherregal, der Computer stand auf dem Schreibtisch, die Kabel hingen lose herab. Noah hatte alles für die anstehenden Malerarbeiten vorbereitet.

Nur sein Bett stand nach wie vor an seinem Platz. Und dort lag er – rücklings auf der blanken Matratze – und schlief. Mein Herz schmolz bei seinem Anblick, und plötzlich wünschte ich mir nichts sehnlicher, als eine Nacht in seinen Armen zu schlafen. Dann fiel mir ein, wie mein Bett morgens aussah, ganz zu schweigen von meinen Zottelhaaren – und ich verwarf den Gedanken sofort.

Einen Moment lang überlegte ich, ob ich nicht einfach wieder gehen sollte. *Ich könnte Lucy Hallo sagen und Noah in aller Ruhe schlafen lassen*, schoss es mir durch den Kopf, was bestimmt auch die vernünftigste Lösung gewesen wäre. Allerdings hatte ich seit geraumer Zeit nicht mehr allzu viel mit Vernunft am Hut. Also schlich ich auf Zehenspitzen in Noahs Zimmer, schloss die Tür hinter mir und setzte mich so vorsichtig auf die Bettkante neben ihn, dass er nicht einmal zuckte.

Er sah so friedlich aus. Seine perfekt geschwungenen Lippen waren leicht geteilt, seine Atmung ging ruhig und tief. Die blonden Haare fielen wirr von seinem Kopf, selbst wenn er lag, und seine Hände lagen völlig entspannt neben seiner Körpermitte auf der Matratze.

Ich wollte mich an ihn schmiegen, ihn in meine Arme schließen und halten. Stattdessen blieb ich reglos sitzen und beobachtete ihn weiter.

Wie viel Zeit dabei verging, wusste ich nicht, denn ich versank in seinem Anblick und tauchte erst wieder auf, als sich Noahs Gesicht im Schlaf verzog. Seine Augen gingen unter den Lidern hin und her, immer schneller, seine Finger verkrampften sich und vergruben sich scheinbar haltsuchend in der Matratze. Die vollen Lippen pressten sich so stark zusammen, dass innerhalb weniger Sekunden nur noch eine schmale, gerade Linie übrigblieb. Der Wandel vollzog sich so schnell, dass mir keine Zeit zum Überlegen blieb, geschweige denn zum Handeln.

„Nein", murmelte Noah und schüttelte seinen Kopf dabei leicht. „Nicht, bitte! ... Bitte!" Dann zuckte er zusammen, und sein Gesicht verzog sich so qualvoll, als hätte man ihm einen Schlag versetzt. Im selben Moment wurde mir klar, dass genau das auch geschehen war. Denn was immer Noah einst erlitten hatte, er durchlebte es gerade erneut. In seinem Traum.

„Ich bin so müde, Emily." Das hatte er am Abend der Party gesagt. Nun hallten die Worte in meinem Kopf wider.

War es immer so für ihn? Fand er nie zur Ruhe? Lief er deshalb nachts durch die Straßen?

Panik kroch in mir empor und ließ mich endlich handeln. Ich beugte mich über ihn, legte meine Hände um sein verzerrtes Gesicht und küsste ihn in größter Behutsamkeit.

Es war nicht vorsichtig genug.

Noah schreckte hoch, packte mich an beiden Armen, und ehe ich mich versah, lag ich unter ihm und er kniete über mir. Mit geblähten Nasenflügeln und einem verbissenen Mund, der unkontrolliert zuckte. Eine Hand drückte mich fest in die Matratze, die andere schwebte zur Faust geballt über mir. Noah bebte. Und ich hatte für den Bruchteil einer Sekunde furchtbare Angst. Nicht um mich – nur um ihn. Ich ahnte, was geschehen würde – welche Vorwürfe er sich machen würde –, wenn er wieder klar sähe.

„Du hast geträumt", flüsterte ich und beobachtete, wie heftig und schnell er blinzelte. Sein Blick, der gerade noch durch mich hindurchgegangen war, festigte sich langsam. Endlich schien Noah *mich* wieder zu sehen und nicht länger die Dämonen seiner Vergangenheit.

„Du hast nur schlecht geträumt, Noah", wiederholte ich mit trockener Kehle. „Alles ist gut."

„Emily!" Er hauchte meinen Namen, als sei ich der letzte Schluck Wasser auf Erden. Wie ein verzweifeltes Stoßgebet. Dann setzte der Schock ein, wie befürchtet. Ich spürte es an der Art, wie er seine Hand von meinem Arm nahm. Als hätte er ein glühendes Metallrohr umfasst, so ruckartig entzog er mir seinen Griff.

Noah sprang auf und raufte seine Haare. „Hab ich ... gesprochen?"

Ich nickte. „Aber du hast nicht viel gesagt."

„Hab ich dir wehgetan, Em? ... Und wage es nicht, mich in Schutz zu nehmen. Sag mir einfach, ob ich dich verletzt habe."

Ich schüttelte in aller Heftigkeit den Kopf und ignorierte das Schwindelgefühl, das dadurch schlagartig einsetzte. „Nein, Noah, hast du nicht." Ich erhob mich und ging auf ihn zu. Langsam, beinahe schleichend.

„Sieh mich an!", forderte ich, aber er kam meiner Bitte nicht nach. Weiterhin wandte er mir seinen Rücken zu. Unsicher berührte ich seine Oberarme. „Darf ich?"

Er schwieg – und ich beschloss, das als positive Antwort zu deuten. Behutsam schloss ich meine Arme um ihn, umfasste seinen Brustkorb und legte meinen Kopf zwischen seine Schulterblätter. Sein Herzschlag war derselbe wie immer. Er trotzte offenbar allen Gefühlsregungen; selbst der tiefen Verzweiflung, in die sich Noah momentan stürzte.

„Tu das nicht!", bat ich. „Es tut mir leid. Ich hätte dich nicht erschrecken dürfen, Noah. Es war meine Schuld. Ich ..."

Nun wandte er sich um. Wie ein Wirbelwind fegte er herum und warf mir Blicke wie glühende Blitze zu. In ihm tobte die Wut, unverkennbar. Ich verstand es nicht, aber der Zorn in seinen Augen zwang mich, auf der Stelle innezuhalten.

„*Deine* Schuld?", presste er zwischen den Zähnen hindurch. „Siehst du denn nicht, was wirklich los ist, Emily?" Mein Name klang so hart, dass ich mir wünschte, er würde stattdessen meinen neuen Spitznamen gebrauchen. Denn den schien er nur sanft aussprechen zu können.

„Ich bin so kaputt, dass ich dich beinahe verletzt hätte", zischte Noah. Damit wandte er sich erneut ab und entfernte sich so weit von mir, wie es die Größe seines Zimmers zuließ. „Scheiße! Was denkst du dir nur dabei? Wie kannst du glauben, dass ich das schaffe?", schimpfte er.

„Was schaffst?", fragte ich völlig hilflos. Warum war er so wütend auf mich? Ich spürte die Tränen aufsteigen; schon stachen sie spitz hinter meinen Augen.

Noah beantwortete meine Frage nicht. Aber als er hörte, wie stark meine Stimme vibrierte, kam er auf mich zu und schloss mich fest in seine Arme.

„Es tut mir so leid!", sagte er immer wieder und küsste mein Haar.

„Es ist doch gar nichts passiert. Ich wünschte nur, du würdest dich nicht so fertig machen", schluchzte ich an seiner Brust.

„Schon gut", tröstete er mich und streichelte meinen Rücken. Ich drehte ihm mein verheultes Gesicht zu. „Was meintest du eben?"

„Hm?"

„Wie kann ich glauben, dass du *was* schaffst?"

Meine Frage schien Noah in Verlegenheit zu bringen. Er löste eine seiner Hände von meinem Rücken und fuhr sich über die Stirn. „Ähm, ich ... Das war nicht so direkt ... an dich gerichtet."

„An wen denn sonst?", hakte ich nach.

Noah wand sich hin und her, schien nicht zu wissen, wohin er schauen sollte, aber er blieb mir seine Antwort schuldig. Sekunden später, inmitten der angespannten Stille, klopfte es an seiner Zimmertür. Da wir unmittelbar hinter der Tür standen, sparte sich Noah seine Antwort, indem er direkt seinen Arm ausstreckte und öffnete.

Lucy stand vor uns – winzig, bildhübsch ... und offenbar etwas angesäuert. „Ihr habt Farbe gekauft? Und deine Möbel stehen in der Mitte des Raums? Also stimmt es, ihr wollt dein Zimmer neu gestalten. Ohne mich!", stellte sie mit vor der Brust verschränkten Armen fest. Ihr Ton war eindeutig vorwurfsvoll und der Zeitpunkt ihrer Anklage so ungünstig wie kein anderer der vergangenen zwei Tage.

„Gott, Lucy! Und? Es ist schließlich *mein* verdammtes Zimmer", motzte Noah, was seine Schwester sofort dazu brachte, einen Gang zurückzuschalten. Resignierend ließ sie die Arme fallen. „Ich weiß. Es ist nur, ... ich hätte wirklich gerne geholfen. Du weißt ..."

„... wie gerne du renovierst?" Noah seufzte. „Ja, das ist mir nicht entgangen." Damit trat er zur Seite und bedeutete seiner Schwester hereinzukommen.

„Ach Noah", sagte Lucy leise. „Entschuldige, ich bin so albern." Noahs Lächeln fiel ebenso matt aus wie das seiner Schwester.

„Nicht albern, nur sehr ... *einnehmend*", definierte er vorsichtig. Nun lachte Lucy auf.

„Ja, du hast recht. Ich habe mir oft gewünscht, deinem Zimmer Gemütlichkeit zu geben und ihm ... na ja, *Leben* einhauchen zu dürfen. Aber ich habe mich nie getraut dich zu fragen. Ich dachte, du würdest mir sofort an die Kehle springen."

Noah zuckte zusammen und betrachtete beschämt seine Schuhspitzen. Lucy konnte nicht ahnen, wie akut wund der Punkt war, den sie mit ihrem kleinen Statement getroffen hatte.

„Also, nicht wörtlich gemeint, aber ...", versuchte sie ihre Aussage zu entschärfen. Dann sah sie mich an und schien Gott sei Dank nicht zu bemerken, dass ich eine Minute zuvor noch geheult hatte.

„Und, welche Farben habt ihr ausgesucht?"

„Willst du sie sehen?" Noah ging zu seinem Wandschrank, ohne die Antwort seiner Schwester abzuwarten. Die nickte und rieb sich aufgeregt die Hände. Noah holte beide Eimer.

Lucy befand seine Wahl für gut und klatschte aufgeregt in die Hände, als Noah ihr etwas steif erklärte, wie er sich sein Zimmer vorstellte.

„Das wird schön!", rief sie aus.

Ich ahnte, dass sie ihrem Bruder am liebsten um den Hals gefallen wäre, aber sie hielt sich unter Kontrolle und hüpfte stattdessen auf und ab, um ihrem Temperament gerecht zu werden. „Also, ... viel Spaß!" Damit wandte sie sich zum Gehen.

Intuitiv ergriff ich Noahs Hand, aber der überraschte mich ein weiteres Mal, indem er mir zuvorkam. Kaum hatte er meine Hand umfasst – noch ehe ich die Chance hatte, ihm etwas zuzuraunen – öffnete sich sein Mund: „Lucy, warte!"

279

Sofort blieb sie stehen und drehte sich noch einmal zu uns um. „Weißt du, niemand hat gesagt, dass wir alleine streichen wollen. Ich wollte mir nur die Farben selbst aussuchen. Wenn du möchtest, dann ... hilf uns doch."

Lucy war offenbar sprachlos. Sie öffnete ihren Mund und schloss ihn wieder, ohne etwas gesagt zu haben; dann legte sie den Kopf schief. „Wirklich?", fragte sie endlich.

Noah zuckte mit den Schultern. „Klar, warum nicht. Könnte lustig werden."

Lucy strahlte. „Auf jeden Fall! Das wird super! Aber Noah, was machen wir mit Adrian?"

Noah kniff die Augen zusammen. „Wie meinst du das? Natürlich darf er auch mitmachen, wenn er will."

Lucy nickte freudig, drückte mich noch einmal fest an sich – anstelle ihres Bruders, nehme ich an – und eilte dann aus dem Zimmer.

„Das war sehr süß von dir", lobte ich und strich über Noahs Oberarm. „Sie freut sich wie eine Schneekönigin."

Er grinste und zuckte erneut mit den Schultern. „Lucy halt." Die Geste sollte mit Sicherheit lässig wirken, tat es aber nicht. Seine eigene Freude ließ sich nicht überdecken ... und das war so süß, dass ich nun selbst wie ein Honigkuchenpferd grinste.

Ich zog Noah an mich und schlang meine Arme um seinen Hals. „Sollen wir anfangen abzukleben?"

Bei seinem Nicken ließ ich meine Hände fallen. Noah war jedoch offenbar nicht bereit, mich schon gehen zu lassen. „Warte!", sagte er und legte im nächsten Augenblick einen sanften Kuss auf meine Lippen. „Es tut mir leid, dass ich dich vorhin so erschreckt habe."

„Du hast dich mehr erschreckt als mich, Noah. Wenn du das doch nur erkennen würdest." Ich sah ihm tief in die Augen. „Ich *muss* wissen, was dir widerfahren ist. Ich weiß, dass du nicht darüber reden willst ... oder *kannst*, und ich weiß, dass es mir das Herz brechen wird, aber ich brauche Klarheit über das, was dir zugestoßen ist."

Noahs Blick trübte sich, ein Schleier legte sich über das gerade noch so strahlende Türkis, bevor er seine Augen schloss.

„Nicht unbedingt heute …", sagte ich schnell.

Er gab meinem Satz das Ende, das ich mich nicht auszusprechen getraut hätte. „… aber möglichst bald."

Ich widersprach nicht, denn seine Vermutung traf ja zu – ich wollte möglichst schnell Gewissheit. Anstelle einer Antwort umfasste ich Noahs Gesicht und strich behutsam über seine Wangen. „Komm, fangen wir an."

Wir arbeiteten in angespannter Stille. Meine Forderung stand zwischen uns und ließ sich – einmal ausgesprochen – nicht übergehen oder zur Seite schieben.

Wir klebten Steckdosen, Fußleisten, Tür- und Fensterrahmen mit dem Kreppband ab. Noah arbeitete sehr schnell und dabei auffallend präzise. Ich versuchte sein Tempo zu halten, war ihm jedoch chancenlos unterlegen.

Als wir fertig waren, ließ ich mich auf seinem Bett nieder. Er steckte seine Musikanlage noch einmal ein, legte eine CD mit sehr ruhiger, unglaublich schöner Musik auf und setzte sich dann neben mich. Ich fuhr durch das Wirrwarr seiner Haare und zeichnete behutsam die Konturen seines perfekten Gesichtes nach.

„Was ist das für Musik?", fragte ich leise. Wann immer wir so nah beieinander waren, fühlte es sich einfach falsch an, laut zu sprechen.

„Gefällt sie dir?", fragte er und strich dabei eine widerspenstige Haarsträhne hinter mein Ohr zurück. Ich lag, er saß – also zog ich ihn zu mir herab.

„Sehr. So ruhig und … friedlich."

„Hm. Die Band heißt *Sleeping at last*. Nicht sehr bekannt, aber … ihre Musik hilft mir oft, zumindest ein wenig zur Ruhe zu kommen. Der Name ist quasi Programm."

Er strich schmunzelnd mit seinem Daumen über meine Unterlippe; ich schloss meine Augen unter seiner Berührung. In diesem Moment wechselten die Songs. „Dieses Lied habe ich in letzter Zeit besonders oft gehört", gestand Noah.

Ich lauschte den ruhigen Gitarrenklängen und der hellen, melancholischen Stimme des Leadsängers für eine Weile. „Hm, schön. Wie heißt es?"

Er ließ sich Zeit mit seiner Antwort. „*Dear true love*", flüsterte er schließlich in mein Haar.

„Noah, halt mich!", entfuhr es mir.

Sofort kam er meiner Bitte nach. Er hielt mich fest, aber es war nicht genug. Ich drängte mich enger an ihn, vergrub meine Nase in der Beuge zwischen seinem Hals und seinem Schlüsselbein und sog tief seinen Duft ein. Noah umschlang mich mit seinen Armen und küsste meinen Kopf. *Noch immer nicht genug.*

Im Bestreben, noch enger an ihn heranzurücken, schlang ich mein Bein über seines. Noah atmete scharf ein, und ich wusste, dass ich mich dicht an einer Grenze bewegte.

Still blieben wir liegen, reglos ineinander verschlungen. Die sanften Klänge und die gebrochene Stimme des Sängers umfingen uns. Noahs Herzschlag ging ruhig wie immer, sein Duft durchströmte mich. Selig, wie ich mich fühlte, bemerkte ich nicht einmal, dass meine Lider schwer wurden; ich gab einfach nach, schloss sie und ließ mich treiben. Als ich die Augen wieder öffnete, lag ich noch immer in Noahs Armen. Sein Griff war sanft und fest zugleich, was gut war, denn offensichtlich war es ihm auf diese Art gelungen, mich von meinen akrobatischen Meisterleistungen abzuhalten.

Die Sonne war bereits untergegangen; das schwindende Licht der Dämmerung fiel matt und kraftlos durch das Fenster. Die Zimmerdecke und Wände wirkten eher grau als weiß. Es musste schon spät sein. Noahs Atem ging ruhig, er schlief tief und fest. Und obwohl ich spürte, dass es Zeit war zu gehen, konnte ich mich nicht dazu bringen, mich auch nur einen Zentimeter zu rühren. Zu süß war der Moment mit ihm – seine Ruhe, seine Nähe, sein Duft. Ich fühlte mich so glücklich und zufrieden, so geborgen, wie schon lange nicht mehr. Endlich ließ ich, so vorsichtig wie nur irgend möglich, eine Hand in die Gesäßtasche meiner Jeans gleiten und zog mein Handy hervor. Ich tippte eine SMS ein und bat Jay darin, unserem Vater auszurichten, dass ich erst spät nach Hause kommen würde und er sich keine Sorgen machen sollte. Ich wusste, dass mir mein Dad blind vertraute und konnte nur hoffen, sein Vertrauen mit dieser Aktion nicht zu verspielen. So etwas wie das hier hatte ich bisher noch nie gemacht. Ich bewegte mich also auf unergründetem Terrain. Nur wenige Sekunden später, ich hatte mein Handy gerade auf lautlos gestellt, kündigte ein kurzes Vibrieren Jays Antwort an.

Verflucht, wer bist du und was hast du mit meiner prüden Schwester gemacht? Ernsthaft, Emily, du lässt dich von diesem Amarok-Typen doch nicht bequatschen, oder? Ein cooler Wagen ist nicht alles, weißt du?

Ich verdrehte die Augen und legte mein Handy behutsam zur Seite, bevor sich ein Lächeln über mein Gesicht ausbreitete. Das war das erste Mal, dass ich Jay die Chance gab, den großen Bruder zu mimen – und irgendwie fand ich es ziemlich süß, dass er es tatsächlich sofort tat.

Noah atmete tief durch und festigte seine Umarmung um meine Mitte. Ergeben schmiegte ich mich zurück an seine Brust. Wieder einmal lauschte ich seinem unbeirrbaren Herzschlag.

Bumm-bumm ... bumm-bumm ... bumm-bumm ...

Die Minuten verrannen. Ich wartete ab und lauschte, ohne zu wissen worauf. Irgendetwas war auffällig an der Art und Weise, wie sein Herz schlug. Dass es so präzise wie das Pendel einer Uhr ging, fast mechanisch genau, und dass es sich offenbar nicht von Noahs Gefühlsregungen beeinflussen ließ – beides war seltsam. Wie war das anatomisch überhaupt möglich? Wenn er sich aufregte, seine Atmung flacher und hastiger wurde, musste dann nicht auch sein Herz schneller gehen und das Blut rasanter durch seine Adern schießen? Und wenn das Blut so schnell durch seine Adern floss, musste er dann nicht wärmer werden? Aber Noahs Haut fühlte sich immer so an, wie sie sich auch in diesem Moment anfühlte. Weder warm, noch kalt ... wenn ich ihn berührte, war es beinahe so, als würde ich über meine eigene Haut streichen, also hatten wir wohl identische Körpertemperaturen. In diesem Moment, als er so ruhig an meiner Seite schlief, schien das nichts Besonderes zu sein. Aber warum hatte ich nach dem Unfall keinen Temperaturunterschied zwischen uns gespürt, oder als ich im Pool gelandet war, oder als seine Arme an meinen entlangfuhren, unmittelbar vor unserem ersten Kuss? Seine Temperatur entsprach *immer* exakt meiner eigenen, stellte ich in diesem Moment fest.

Ich wusste mir keinen Rat auf diese neue Erkenntnis. Ich wusste nur, dass ich das noch nie zuvor bei einem Menschen festgestellt hatte.

„Em ...", flüsterte Noah in diesem Moment im Schlaf. Mein Herz tat einen Freudensprung bei meinem Spitznamen.

„Ich bin hier, Noah", antwortete ich leise und streichelte seine Seite.

„Bleib!", bat er und vergrub seine Nase in meinem Haar.

„Okay", flüsterte ich und presste mich noch enger an seine Brust.

„Em? ... Emily, wach auf!" Seine herrlich sanfte Stimme, in Kombination mit einem leichten Rütteln, weckte mich.

„Hmmm", brummte ich undefinierbar. Jetzt erst wurde ich mir gewahr, dass seine Stimme aus einer ganz anderen Richtung kam als zuvor. Und dass ich anstelle von Noahs Oberkörper ein Kissen umarmte.

Geschockt riss ich die Augen auf. „Was ist ...?" Nein, ich lag nach wie vor auf seinem Bett, in einer absolut schlafüblichen Position. *Pff, alles okay!*

„Schhh", machte Noah. „Wir haben geschlafen", erklärte er leise, als hätte ich das nicht schon selbst herausgekriegt.

Die kleine Nachttischlampe brannte; sie tauchte das sonst so karg wirkende Zimmer in eine warmes Licht – nicht stark genug, um es vollkommen zu beleuchten. Meine Augen passten sich schnell an. Ich blinzelte nur wenige Male hintereinander, dann sah ich ihn in aller Schärfe. *Mein Noah.* Er kniete direkt vor seiner Bettkante und sah mich an. Unglaublich schön sah er aus und so erholt wie ich ihn noch nie zuvor gesehen hatte. Die dunklen Ränder unter seinen schimmernden Augen waren beinahe vollständig verschwunden.

„Wie lange?", fragte ich mit rauer Stimme und versuchte dabei, mir nicht anmerken zu lassen, wie sehr mich sein Anblick gefangen nahm.

Noah kratzte sich im Nacken – ein untrügliches Zeichen dafür, wie unangenehm ihm die Antwort war. „Es ist kurz nach Mitternacht", erklärte er schließlich.

Ich schreckte hoch. „Verdammt!"

„Es tut mir leid, ich hätte nicht einschlafen dürfen."

„Wir sind doch beide eingeschlafen", murmelte ich verlegen und streckte meine Hand nach ihm aus.

Er beugte sich über mich und küsste mich kurz auf den Mund. Schon lief ich in Gefahr, Zeit und Raum erneut zu vergessen, aber diesmal zwang ich mich mühsam zur Vernunft und kramte mein Handy hervor. *Bin auf dem Heimweg*, tippte ich und sandte Jay die SMS.

„Ich bringe dich nach Hause", beschloss Noah.

„Der Mini ist wieder gesund, vergessen?", erwiderte ich.

Er schmunzelte kurz über meine Wortwahl, schüttelte dann aber den Kopf. „Keineswegs. Ich hatte nur gehofft ... Würdest du mich vielleicht mitnehmen?"

„Und wie kommst du zurück?", fragte ich, obwohl ich die Antwort bereits kannte. Er sah mich mit hochgezogenen Augenbrauen an und zuckte mit den Schultern. Dabei legte sich dieses schelmische Grinsen über sein Gesicht, dem ich nicht mal für Sekunden standhalten konnte.

„Nachtwanderer", brummte ich missbilligend und zog ihn noch einmal an mich heran. Noahs Lippen schmiegten sich gegen meine Schläfe, bis er viel zu bald zurückwich und mich wieder ansah.

„Em, ich ... habe nachgedacht. Und du hast recht. Ich verstehe, dass du alles über meine Vergangenheit wissen willst."

„Ich *will* es eigentlich nicht wissen, aber ich ..."

Er hob eine Hand, bedeutete mir zu warten und fuhr dann für mich fort. „Du möchtest mich verstehen, mich kennenlernen. Und die ersten zwölf Jahre meines Lebens sind nun mal ein Teil dessen, was ich heute bin. Ich verstehe das." Sein Ton war fest, seine Worte kamen so sicher, als würde er sie ablesen. Ja, er verstand es tatsächlich. Noahs Blick trübte sich ein wenig, dann wandte er ihn ab. „Aber weißt du, ich *kann* es dir nicht erzählen. Das ... bringe ich einfach nicht fertig."

Ich nickte und wollte meinen Kopf ebenfalls senken, da legte Noah seinen Zeigefinger unter mein Kinn und sah mich bedeutungsvoll an. „Es gibt etwas, das ich dir geben kann. Wenn du das alles wirklich willst."

„Was ist es?", fragte ich mit stockendem Atem. Noah, der immer noch auf dem Fußboden vor seinem Bett kniete, rutschte etwas zurück und zog einen großen Karton unter seinem Bett hervor. Und dann noch einen ... und noch einen ... und noch einen. Den letzten, den fünften, öffnete er und holte stoßweise Notizblöcke hervor. Die unteren zehn, fünfzehn Stück legte er zur Seite und räumte den Rest wieder ein, ohne einen einzigen aufzuklappen. Er schob die Kartons zurück unter sein Bett und nahm dann den Stapel, den er zuvor separiert hatte.

„Hier findest du die Antworten, die du suchst. Zumindest die meisten. Allerdings solltest du dir genau überlegen, wie viel davon du dir wirklich antun willst. ... Wie gesagt, ich bin ziemlich kaputt."

Mit zittrigen Händen ergriff ich den Stapel, den er mir mit ebenso bebenden Händen überreichte. Das Vertrauen, das hinter dieser Geste steckte, rührte mich bis auf den Grund meiner Seele. Erfolglos versuchte ich meine Tränen herunterzuschlucken. „Bist du sicher?"

Noah nickte. „Ich denke schon, ja. Du ... sollst mich kennen. Alles von mir. Alles, was ich imstande bin dir zu zeigen."

XX.

Noah brachte mich bis zur Haustür.

Unseren Abschied leitete er mit einem unglaublich sanften, langen Kuss ein, der mir wieder einmal die Besinnung raubte – zumindest um ein Haar.

„Atme!", hauchte Noah und zog sich ein wenig zurück, damit ich seiner Forderung nachkommen konnte.

„Bis nachher. Ich komme direkt nach dem Frühstück", sagte ich.

„Ganz ruhig. Schlaf dich erst einmal aus."

„Als ob ich jetzt noch müde wäre", antwortete ich lachend. „Nachdem wir den ganzen Nachmittag und Abend verschlafen haben."

„Tut mir leid", murmelte Noah verlegen.

„Mir nicht", gab ich zurück. „Es war wunderschön, so mit dir zu liegen und ... sich einfach fallenzulassen."

Noah sah mich lange an, bis er das aussprach, was ich als Andeutung bereits in seinen Augen gelesen hatte. „Ich kann mich nicht erinnern, wann ich das letzte Mal so lange geschlafen habe. Wirklich, ich weiß es nicht."

„Und ich kann mich nicht daran erinnern, wann ich das letzte Mal so *ruhig* geschlafen habe", gestand ich.

Noah legte den Kopf schief und wartete auf weitere Erläuterungen.

„Ich ... ähm ... schlafe normalerweise schrecklich unruhig. Wälze mich hin und her und schmeiße offenbar mit Gegenständen um mich. Meine Haare ... sind die pure Hölle, wenn ich morgens aufwache. Ich brauche meistens über eine Stunde, um sie in irgendetwas Öffentlichkeitstaugliches zu verwandeln."

Bei meinem Geständnis prustete Noah los, kaum hatte sich das Bild einer zerzausten Vogelscheuche vor meinem inneren Auge aufgebaut – und sofort blitzte die Theorie des Gedankenlesens wieder durch meinen Kopf. Sein Lachen endete abrupt, mit schockgeweiteten Augen sah er mich an. Dann, ehe ich seinen Stimmungswandel hinterfragen konnte, kehrte das sanfte Lächeln von zuvor zurück. Noah schloss die kleine Lücke zwischen uns und vergrub seine Nase in meinen Haaren.

„So schlimm kann das gar nicht sein", flüsterte er. „Ich liebe dein Haar."

„Ich liebe *dich*." Die Worte schlüpften einfach so aus meinem Mund. Ich biss mir auf die Unterlippe, doch es war zu spät. Schon stand mein Geständnis zwischen uns und die Stimme in meinem Kopf bekam einen Tobsuchtsanfall.

Zu früüüüüüüüüüüühhhhhhhhh!!!!!!

Noah sah mich mit riesigen Augen an. „Emily ..." Er zog mich in seine Arme. „Du solltest mich nicht lieben, weißt du?", wisperte er. „Du solltest mich nicht lieben." Damit küsste er mich wieder. „Aber ich bin so verdammt froh, dass du es tust."

Ich lachte. „Kannst du nicht einfach still sein? Deine Worte ergeben keinen Sinn, deine Küsse hingegen irgendwie schon."

Und so versanken wir in einem weiteren dieser herrlichen Küsse. Sekunden, Minuten ... ich wusste es nicht. Es war mir auch egal.

„Du solltest reingehen", befand Noah schließlich, auch wenn er alles andere als überzeugt klang. „Ich will nicht, dass dein Vater schlecht von mir denkt."

Nein, das wollte ich auch nicht. „Okay. Bis nachher."

Ein letzter tiefer Blick, dann ließ Noah meine Hand los. Zuletzt reichte er mir den Stapel Notizblöcke, den er neben uns auf der Sitzfläche des breiten Veranda-Lehnstuhls abgelegt hatte. Dann wandte er sich zum Gehen.

Ich drehte gerade den Schlüssel im Türschloss, als er mich noch einmal rief: „Ach, und Em? Dito. ... Du ahnst nicht wie sehr."

Damit verschwand er in der Dunkelheit. Ich wollte ihn nicht gehen lassen, wollte ihn auffordern, mit auf mein Zimmer zu kommen. Stattdessen blieb ich still stehen und sah ihm nach, bis ihn die Nacht verschluckte.

Nun erst spürte ich die frische Luft. Unwillkürlich zog sich eine Gänsehaut über meine nackten Unterarme.

Schnell drückte ich die Tür auf. Jason lag auf der Couch und ließ es sich natürlich nicht nehmen, mich mit meinem *neuen Freund* aufzuziehen. Er stellte unmögliche Fragen, von denen ich keine einzige beantwortete, und benahm sich schlimmer als ein Kindergartenkind. Aber was hatte ich erwartet? Wir waren nicht erst seit gestern Geschwister, also nervte mich sein Verhalten nicht mehr als sonst auch.

Wie sich schon bald herausstellte, war unser Dad noch gar nicht zu Hause, und ich schlug im Nachhinein noch drei Kreuze, dass ich meine SMS an Jason und nicht an ihn geschickt hatte. Warum schlafende Hunde wecken?

Vor mich hin summend holte ich das Karamelleis aus dem Tiefkühlfach und verzog mich damit auf mein Zimmer, wo ich den Stapel mit Noahs Notizblöcken auf mein Bett plumpsen ließ. Ich selbst setzte mich auf meinen Schaukelstuhl und löste den Deckel der Eisbox.

Nicht für eine Sekunde ließ ich den Stapel dabei aus den Augen.

Selten hatte ich mich derartig hin- und hergerissen gefühlt. Schließlich beschloss ich, mich bettfertig zu machen, bevor ich mich Noahs Geschichte widmen wollte. Ich wusste nicht, ob ich sonst später noch dazu in der Lage wäre.

Also streifte ich mir meine Schlafsachen über, bündelte mein Haar zu einem dicken Zopf und putzte meine Zähne so schnell, als hinge mein Leben davon ab. Dann erst setzte ich mich auf mein Bett und zog mit einem mulmigen Gefühl im Magen den untersten Block hervor. Das musste der älteste sein. Der erste. Aus der Zeit, als Noah gerade zu den Franklins gekommen war. Wie hatte er sich damals gefühlt? Fremd und allein in einer Familie, die nicht *seine* war und die ihn trotzdem wollte? War er skeptisch gewesen? Ängstlich? Mit diesen Fragen im Kopf schlug ich das Deckblatt um und starrte sekundenlang auf die erste Seite. Noah hatte sie vollkommen schwarz angemalt; nur ein einziges Wort stand dort – in blutroter Schrift: *BÖSE.*

„Wer ist böse, Liebling?", fragte ich, als säße der zwölfjährige Noah von damals vor mir. Aber da war niemand, der mir eine Antwort hätte geben können – nur dieser Block mit all seinen Blättern, die Noahs Handschrift trugen. Seine Botschaften.

Ich blätterte die düstere Seite um und stieß auf die ersten schriftgewordenen Gedanken. Noahs Schrift war noch wesentlich holpriger, eben die eines zwölfjährigen Kindes, nur irgendwie *krakeliger*. Sie machte einen fast ungeübten Eindruck auf mich und war die erste Auffälligkeit, die mir ins Auge stach, noch bevor ich zu lesen begann.

Sie haben mich aus dem Krankenhaus geholt und mich in ein Zimmer in einem großen Haus gebracht. Das ist jetzt mein Zimmer, hat die Frau gesagt. Sie heißt Marie. Das Zimmer ist riesig und sehr hell. Joe hat es nicht abgeschlossen, als sie rausgegangen sind. Am Abend hat er mich zum Essen gerufen. Wir haben zusammen an einem großen Tisch in der Küche gegessen. Es gab warmes Essen mit Fleisch, Kartoffeln und Bohnen. Danach gab es einen Salat und Schokoladenpudding zum Nachtisch. Dann wollte mir Lucy ihr Zimmer zeigen. Es ist rosa und genauso groß wie meins. Adrians Zimmer ist noch größer. Er braucht viel Platz mit dem Rollstuhl, sagt Marie.

Adrian wollte mir seine Baseballkarten zeigen, aber Joe sagte, morgen wäre auch noch ein Tag. Dann brachte er mich in mein Zimmer, weil er mit mir reden wollte. Ich hatte Angst, aber er hat versprochen, dass mir hier niemand wehtut. Er sagte, dass er weiß, was Doug gemacht hat und dass Marie es auch weiß. Er sagte, dass ich keine Angst mehr haben muss, weil ich nie wieder zurückgehen werde. Lucy und Adrian wissen nichts. Joe sagt, wenn ich will, kann ich es ihnen erzählen, aber wenn ich nicht will, dann muss ich auch nichts sagen. Ich will nicht.

Ich verstehe nicht, warum sie mich überhaupt geholt haben. Bestimmt geben sie mich wieder weg, wenn sie merken wie schlecht ich bin.

Davor habe ich Angst.

Ich atmete tief durch. Tränen stiegen mir in die Augen und ertränkten meine Sicht. Noahs Worte verschwammen so stark, dass ich nichts mehr erkannte. Ärgerlich wischte ich die salzigen Tropfen weg und blätterte um.

Der nächste Eintrag stammte offenbar vom Morgen danach.

Die Nacht war nicht gut. Ich habe geschrien und Joe kam an mein Bett. Ich habe die Arme über meinem Gesicht verschränkt

*und gebettelt, dass er mich nicht schlagen soll, aber er hat mich
überhaupt nicht angefasst.*

*Er hat immer wieder gesagt, dass mich niemand mehr schlagen
wird, nie mehr. Ich glaube ihm nicht.*

Die nächste Notiz:

*Lucy und Adrian sind nett. Sie lachen fast immer und machen viel
Quatsch. Ich lache fast nie. Marie hat das schon gemerkt. Gestern
habe ich gesehen, wie traurig sie mich angeschaut hat. Bestimmt ist
sie enttäuscht. Ich muss mir mehr Mühe geben. Adrian sagt, er macht
seine Übungen so gut, dass er bald wieder in die Schule darf. Joe hat
gesagt, wenn Adrian geht, habe ich auch meinen ersten Schultag. Ich
frage mich immer wieder ob sie wissen, wie lange ich nicht mehr in
der Schule war? Bestimmt komme ich gar nicht mehr mit.*

Er war nicht in der Schule? Sie hatten ihn nicht einmal zur Schule
gehen lassen? Wut kochte in mir empor und blieb als dicker
Klumpen in meinem Hals stecken.

Die folgenden Einträge trennten lediglich kleine Absätze ...

*Gestern haben sie die Narben an meinem Rücken kontrolliert.
Der Arzt hat eine angefasst und ich habe losgeschrien. Ich wollte
das nicht, es ist einfach so passiert. Als hätte er einen Knopf in
mir gedrückt, oder so. Joe sagte, es wäre okay und ich bräuchte
keine Angst zu haben. Aber irgendwie kann ich das nicht steuern.
Wenn mich jemand anfasst, wird mir kalt und ich fange an zu
zittern. Auch wenn ich es gar nicht will. Heute Morgen hat mir
Marie einen Rucksack für die Schule gekauft. Sie hat ihn in mein
Zimmer gebracht und mich gefragt, ob ich ihn nicht aufmachen
möchte. Darin waren die Bücher und Schreibsachen, die ich bald
brauche. Ich habe Angst vor der Schule.*

***

Ich vermisse meine Mom. Ich vermisse sie, so wie sie früher war, als sie noch viel gelacht hat und mich manchmal in den Arm nahm. Ich möchte wissen, ob sie noch bei Doug ist, aber ich traue mich nicht zu fragen. Sie hat mich nicht im Krankenhaus besucht. Bestimmt ist sie wütend auf mich. Bestimmt denkt sie, ich hätte die Polizei geholt. Aber das stimmt nicht. Ich war es nicht.

***

Ich kann nicht gut schlafen. Immer wieder träume ich, dass Doug kommt, mich aus dem Bett zerrt und auf den Boden wirft. Ich höre das Klirren seiner Gürtelschnalle und versuche ganz still zu halten, um ihn nicht noch wütender zu machen. Aber es tut so weh. Einige Schläge halte ich aus, dann schreie ich los. Und dann geht plötzlich das Licht an und Marie und Joe stürmen herein. Sie halten meine Hände fest, aber nur, bis ich aufhöre zu schreien und um mich zu schlagen. Dann lassen sie mich los. Marie sagt auch, dass alles gut wird und mir niemand mehr wehtut. Sie weiß nicht, wie sehr Doug mir jede Nacht wehtut. Jede Nacht!

Ich stehe auf, atme tief durch, fahre mit zittrigen Händen durch meine Haare. Gehe zur Balkontür, öffne sie, hebe einen Fuß über die Schwelle nach draußen, in die Kühle der Nacht ... und kehre auf dem Absatz wieder um. Nein, Noah hatte auch keine Chance zu fliehen. *Ertrag es! ... Los!*

Doug war wieder da. In der Nacht, wie immer. Ich kann kaum glauben, dass es wieder nur ein Traum war. Ich schwöre, ich sehe und höre ihn nicht nur, ich kann ihn auch fühlen und sogar riechen. Das ist das Schlimmste, sein Geruch.
Ich fühle, wie er seinen Daumen in meine Wunden presst, mich am Nacken packt und auf den kalten Boden drückt. Ich fühle alles, sogar seinen Atem. Das kann doch kein Traum sein. Bestimmt ist das Leben in diesem Haus, bei Marie, Joe, Adrian und

Lucy der Traum. Vielleicht würde ich es ohne diesen schönen Traum nicht mehr aushalten.

Jede Nacht ist Doug wieder da. Dann sehe ich auch meine Mom, die sich umdreht und geht. Ich sehe, wie sie die Tür hinter sich schließt und mich mit ihm alleinlässt. Sie würde mir helfen, wenn er wirklich Unrecht hätte. Aber sie tut es nicht. Also stimmt es, was er sagt. Es ist allein meine Schuld.

Das reichte. Ich klappte den Block zu und schob ihn schwer atmend zur Seite. Ich bekam zu wenig Luft, mir war schwindlig und übel; ich hatte das Gefühl, mich übergeben zu müssen, fühlte mich wie ein Tier in einem zu klein geratenen Käfig.

Ich lief erneut zu meiner Balkontür und riss sie noch weiter auf, aber die frische Luft löste den Knoten in meinem Hals nicht einmal ansatzweise.

Sie hatten ihn nicht nur geschlagen, sie hatten ihn eingesperrt, nicht zur Schule gehen lassen und ihm dabei ständig eingeredet, er allein trüge die Schuld an dieser Folter. *Diese Monster!*

Hass erfüllte mein Herz, ich wollte schreien. Aber wie, wenn mir die Luft zum bloßen Atmen fehlte?

Tränen rollten über meine Wangen, dieses Mal ungehindert, denn ich wischte sie nicht weg. Sie waren wie ein Tropfen auf den heißen Stein, brachten nicht mal die Ahnung einer Erleichterung, störten aber auch nicht. *Noah, mein Noah!*

Ich wollte ihn in die Arme nehmen und sein Leid ungeschehen machen, und ich fühlte mich so hilf- und machtlos, so allein, dass sich mein Herz mit Schmerz füllte und zu zerspringen drohte. Ich verschränkte die Arme vor meiner Brust und drückte fest zu.

Als ich mich einigermaßen gefasst hatte, legte ich mich in mein Bett. Ich dachte an ihn, stellte mir vor, wie er nun in seinem eigenen Bett lag und vermutlich vergebens auf den Schlaf wartete. Dachte daran, wie sich sein friedliches Gesicht unter seinem Traum verzogen hatte – qualvoll und ängstlich –, hörte sein verzweifelt gehauchtes „*Nein! Nicht, bitte! ... Bitte!*" und sah noch einmal, wie er im Schlaf zusammenfuhr.

Schon griff ich zu meinem Telefon. Mittlerweile zeigte die Anzeige meines Weckers drei Uhr nachts, aber das bemerkte ich erst, als das erste Freizeichen verhallt war und Noahs Stimme erklang.

„Em, ist alles okay?", krächzte er.

„Ja, ich ... Hast du schon geschlafen?" Plötzlich kam ich mir dumm vor. Schuldgefühle packten mich als ich hörte, wie schlaftrunken er klang.

„Schon gut, bin wohl gerade erst eingenickt. Warum rufst du an, ist was passiert?"

Ich stockte. Es war eigenartig, denn irgendwie überkam mich in diesem Moment ein irrationales Gefühl, das allerdings so stark ausfiel, dass es für wenige Sekunden einer Gewissheit glich. Noah fragte immer wieder mit panischer Stimme, ob etwas geschehen war. Und all diese Fragen, die er mir gestellt hatte, nach gefährlichen Sportarten, Krankheiten oder Unfällen ...

„Noah, erwartest du, dass etwas Schlimmes passiert?", fragte ich intuitiv.

„Hm? ... Nein, ich *erwarte* es nicht."

Ich ließ einige Sekunden verstreichen, denn irgendwie klang es, als wollte er noch etwas hinzufügen. Als das nicht geschah, holte ich Luft um weiterzusprechen …

„Ich *befürchte* es", flüsterte er so leise, dass es mich kaum erreichte.

„Warum?", antwortete ich mit trockener Kehle.

Er blieb lange still. „Vielleicht, weil es mir nicht vergönnt ist, etwas so Gutes wie dich in meinem Leben haben zu dürfen", sagte er schließlich bitter.

Ich fühlte einen spitzen Schmerz in der Brust und war mir sicher, dass es nun geschehen war. *Mein Herz ... gebrochen.*

Seine Worte ergaben durchaus Sinn – und das war kaum zu ertragen. Noah traute unserem Glück nicht, weil er befürchtete, es könnte nicht von Dauer sein.

„Ich brauche dich, Noah", wimmerte ich mit tränenerstickter Stimme.

„Und ich dich", sagte er. „Wie auch immer das so schnell möglich war, es ist geschehen."

„Ja."

„Em?"

„Hm?"

„Sagst du mir, warum du angerufen hast? Du hast geweint, nicht wahr?"

Ich nickte und kam mir ziemlich belämmert vor, als ich es bemerkte. Noch ehe ich antworten konnte, hörte ich ein Rauschen in der Leitung. Noah stieß sein schnaubendes kleines Lachen aus. „Du nickst doch nicht etwa?"

„Doch", gab ich kleinlaut zu.

„Ins Telefon?"

„Hm, ja."

„Warum hast du geweint, Em? Hast du ... gelesen?"

Ich nickte einfach weiter. „Noah, ich ..."

„Du musst nichts sagen. Ich weiß, dass du Mitleid empfindest, aber ... ich will kein Mitleid, verstehst du? Ich will ... diesen ganzen Mist einfach hinter mir lassen. *Das* will ich!" Seine letzten Worte klangen beinahe trotzig.

Ich wusste, dass er verdrängte was geschehen war, und ich wusste, dass das nicht funktionieren konnte. Aber nun war nicht der Zeitpunkt, das zu diskutieren. „Ich habe so viele Fragen. Meinst du, du kannst sie mir beantworten?"

Noah schwieg. Lange. „Die drei wichtigsten für jetzt?", schlug er endlich vor.

Es klang gepresst, und ich fühlte, wie schwer ihm dieses Zugeständnis fiel. „Okay."

„Dann los!" Er sagte das so, als stünde ich kurz davor, ihm ein Pflaster von einer verkrusteten Schürfwunde zu reißen: entschlossen, das schmerzvolle Prozedere möglichst schnell hinter sich zu bringen.

„Wie lange warst du nicht in der Schule?", fragte ich leise.

Es vergingen einige Sekunden, dann antwortete er in einem schwachen Flüstern: „Beinahe drei Jahre."

Das bestätigte meinen Eindruck, den seine Handschrift auf mich gemacht hatte. Ungeübt. Nichts desto trotz hatte er vollkommen fehlerfrei geschrieben – und das als zwölfjähriger Junge, der mit neun Jahren, also auf dem Stand eines Viertklässlers, die Schule unterbrochen hatte. Außerdem erklärte es die Tatsache, dass Noah ein Jahr älter war als wir anderen aus unserer Stufe.

„Und dann bist du so schnell und so gut wieder eingestiegen?", wollte ich schon fragen, biss mir jedoch auf die Lippe und schluckte die Worte, ehe sie sich befreien konnten. Ich hatte nur drei Fragen und es gab wirklich Wichtigeres.

Noah schien meine Neugier jedoch zu erahnen. Er war gütig genug, sie auch so zu befriedigen: „Ich ... habe gelesen. *Die unendliche Geschichte* von Michael Ende. Ein Buch, das meiner Mutter gehörte. *Er* wusste nicht, dass ich es hatte."

„Du warst eingeschlossen?" Das war eigentlich keine Frage, sondern eher eine bittere Feststellung. Dass es so gewesen sein musste, hatte ich zwischen seinen Zeilen herausgelesen.

Noah seufzte; das unterschwellige Beben in seiner Stimme trieb mir eine Gänsehaut auf die Unterarme. „Ja. In einem kleinen Raum, der wohl eigentlich als Abstellkammer gedacht war."

Der Versuch, die Worte um den Knoten in meinem Hals zu bilden, misslang. Ich konnte kaum sprechen, es kam nur ein heiseres Krächzen: „Und dort war es dunkel." Dieses Mal ließ ich es nicht wie eine Frage klingen, denn plötzlich gaben einige seiner Äußerungen einen bitteren Sinn. *„Auf keinen Fall düster. Es muss hell sein!"*, klang es in meinen Ohren wider.

„Nicht vollkommen dunkel, aber ... sehr düster, ja", bestätigte Noah.

„Wie lange hat er dich misshandelt?", schoss es über meine Lippen. Das war die schwerwiegendste Frage von allen. Die, die mich am meisten quälte. Wie lange hatte mein Engel diese Hölle erleiden müssen?

„Etwa vier Jahre lang."

Ich schluckte. Vergeblich. Mit dem nächsten Atemzug entwich mir ein zittriges Wimmern, und ich wusste, dass Noah bei dem Ton zusammenschreckte.

„Am Anfang war es nicht so schlimm", beeilte er sich hinzuzufügen. „So richtig furchtbar wurde es erst, als wir immer wieder umzogen und keiner mehr wusste, dass die neuen Nachbarn ein

Kind hatten. Irgendwann wusste niemand mehr, dass es mich überhaupt gab."

„Warum ist die Polizei in euer Haus gekommen?" Das war bereits die vierte Frage, aber Noah ließ mich gewähren.

„Er ... *Doug* hat mit Drogen gedealt. Sie sind ihm auf die Schliche gekommen. Mit mir hatte das nichts zu tun, sie haben mich nur durch Zufall gefunden. In letzter Sekunde."

Ich schloss die Augen und atmete tief durch. „Gott, Noah! Es bricht mir das Herz, mir vorzustellen ...'"

„Tu es nicht!", befahl er barsch. „Was macht es für einen Sinn, in der Vergangenheit zu wühlen? Es tut nur weh, sonst nichts."

Ich spürte, dass es an der Zeit war, dieses Gespräch zu unterbrechen. Seine Geduld war für den Moment überstrapaziert, wer konnte es ihm verübeln? Nein, wir müssten weiterhin unsere Mikro-Schrittchen gehen, dem großen Ziel entgegen, Noahs Wunden ausheilen zu lassen.

„Ich würde dich so gerne küssen", gestand ich.

„Schließ die Augen!", sagte er, und ich gehorchte aufs Wort.

„Ich küsse dich jetzt", begann Noah leise und entlockte mir damit ein unkontrolliertes Seufzen.

„Nicht deinen Mund, Em. Zuerst deine Augenlider. Das rechte, mit dem winzigen Muttermal, von dem du selbst wahrscheinlich nicht einmal weißt, dass es da ist. Und nun das linke, mit der kleinen runden Narbe unter der Augenbraue. Woher hast du diese Narbe?"

„Windpocken", antwortete ich atemlos. Die Illusion war perfekt. Es wirkte tatsächlich so, als würde er mein Gesicht aus nächster Nähe betrachten.

„Wie alt warst du?"

„Keine Ahnung! ... Sechs, glaube ich. Gerade in der Schule."

„Hm. Nun küsse ich deine Nase, streiche mit meiner Nasenspitze über deine."

Das tat er oft – und ich liebte es.

„Jetzt die Stelle, wo dein Grübchen erscheint, wenn du lachst. Auf deiner rechten Wange. Und dann unter deinem Mundwinkel, auf der linken Seite, wo das andere Grübchen auftaucht. Aber nur, wenn du grinst, ein einfaches Lächeln reicht dafür nicht aus. So oft habe ich dieses Grübchen noch nicht gesehen. Aber ich möchte es öfter sehen, am liebsten jeden Tag."

„Küss meinen Mund!", hauchte ich schamlos.

Noah schmunzelte; ich hörte sein unverkennbares kleines Schnauben. „Das tue ich. ... Und in wenigen Stunden tue ich es tatsächlich, aber jetzt solltest du schlafen, Em. Was hältst du davon, wenn ich dich morgen abhole?"

„Okay."

„Um elf?"

„Hm-hm."

„In Ordnung, dann schlaf jetzt."

„Schläfst du?", fragte ich ängstlich.

„Ich versuche mein Bestes", versprach er. „Träum süß!"

„Ja, du auch."

Damit legten wir auf.

An Schlaf war natürlich nicht zu denken. Ich war aufgekratzt, überladen, hibbelig. Ich musste etwas tun, meinen Gefühlen Ausdruck verleihen. Und plötzlich hatte ich eine Idee. Also stand ich auf und setzte mich an meinen Schreibtisch. Mitten in der Nacht schrieb ich das erste Liebesgedicht meines Lebens.

Es handelte davon, wie ich mich in Noahs Armen fühlte, wie ich uns sah, wo ich mit ihm hinkommen wollte:

Nur ein kleiner Moment

Ich lieg in deinen Armen, warm und so geborgen.
Gemeinsam träumen wir uns in das Glück von morgen.
Im Schlaf streichelst du mein Haar, mein Gesicht –
nur diese kleine Berührung, die doch so viel verspricht.
Vertrauen, Wärme, Geborgenheit
vertreiben Kälte, Angst und Einsamkeit.
Die Liebe wirft in das Dunkel ein Licht,
wer sie nicht fühlt, der sieht es nicht.
Es ist eine Nacht voller Zärtlichkeit,
Nur ein kleiner Moment aus der Ewigkeit.

Als ich den Kugelschreiber zur Seite legte und die Zeilen wieder und wieder überflog, wurde mir bewusst, wie viel Wahrheit in ihnen lag.

Seitdem ich Noahs harte Schale durchbrochen hatte, freute ich mich auf jeden einzelnen Tag mit ihm. Auf jede Stunde, jede Minute, jeden Augenblick an seiner Seite. Noah hatte schlichtweg alles in meinem Leben verrückt – meine Interessen, Intuitionen, Prioritäten. Und so war es mir mittlerweile gleich, ob wir zurück nach England gingen oder hier blieben, solange ich nur bei ihm sein konnte. Ich gehörte an seine Seite, dessen war ich mir sicher. Von Beginn an hatte ich mich zu ihm hingezogen gefühlt und mich unaufhaltsam in ihn verliebt, obwohl er so einiges versucht hatte, damit ich ihn hasste.

Und jetzt?

Nun, ich konnte mir beim besten Willen nicht vorstellen, dass ein Mensch einen anderen jemals so sehr geliebt hatte, wie ich Noah liebte. Sicher, ich hatte für einige Jungs geschwärmt und sogar ein paarmal behauptet, verliebt zu sein. Aber die Sache mit Noah ... fühlte sich so viel tiefer an, so fest und unerschütterlich.

Ja, ich war erst siebzehn. Aber ich war entschlossen – vielleicht zum ersten Mal in meinem Leben. Ich wollte Noah aus seinem Kummer befreien, aus seinem selbstgezimmerten Gefängnis, aus seinen Ängsten und Zwängen. Ich wollte ihm zeigen, wie lebenswert dieses Leben war, wollte mich in ihm verlieren und mich ihm hingeben – in jederlei Hinsicht. Ich wollte ihm beweisen, dass er durchaus liebenswert war, dass er das Glück – *unser* Glück – verdiente, und dass es sich lohnte, Vertrauen zu schenken und sich zu öffnen.

Als ich mein Gedicht noch einmal in Schönschrift abschrieb, ließ mich ein Gedanke nicht mehr los, der mir derartigen Trost spendete, dass ich nicht lange zögerte und ihn unter die Zeilen setzte.

Wir können unsere Vergangenheit nicht ändern – niemand kann das. Aber die Zukunft gehört uns, Noah. Uns allein.
Auf das Glück von morgen!
Em

XXI.

Pünktlich um elf hielt der Amarok vor unserem Haus.

Jason und mein Dad schliefen noch; mein Vater war erst im Morgengrauen nach Hause gekommen. Die Endphase einer Filmproduktion war immer die, die ihn am meisten schlauchte, die am zeitaufwendigsten und nervenaufreibendsten für ihn war. In diesen Wochen war er meistens kaum er selbst.

Ich öffnete das schmiedeeiserne Tor per Knopfdruck und sprang nach draußen, während das in der Sonne glänzende silberne Auto unsere Einfahrt emporfuhr.

Noah sah unglaublich gut aus. Er trug eine Sonnenbrille, ein hautenges schwarzes T-Shirt und eine seiner verwaschenen Jeans. Seine Haare – vom Duschen noch leicht feucht – standen nicht ganz so widerspenstig wie sonst von seinem Kopf ab. Er sah wirklich aus wie ein Model, und ich erbebte vor Stolz, als mir klar wurde, dass dieser Junge tatsächlich *mein Freund* war.

Als er ausstieg und ich auf ihn zustürmte, hob er die Sonnenbrille an und gab seine strahlenden Augen preis.

„Guten Morgen!", rief ich bereits aus einigen Metern Entfernung und ließ mich förmlich in seine Arme fallen.

Lachend fing er mich auf. Für einen Augenblick – viel zu kurz – streiften seine Lippen die meinen. „War die Nacht nicht zu kurz?"

Ich schüttelte den Kopf. „Nein. Kann es kaum erwarten, dein Zimmer endlich zu streichen."

„Vorher wirst du noch ausgiebig frühstücken müssen", warnte mich Noah, während wir einstiegen.

„Frühstücken? Jetzt noch?", fragte ich erstaunt.

„Wir sind Langschläfer. Also, zumindest die anderen. Am Wochenende gibt es nie vor elf oder halb zwölf Frühstück", erklärte er beinahe entschuldigend. „Und heute waren sich alle geschlossen einig, auf dich zu warten."

Lucy und Marie deckten gerade den Tisch, Joe wendete die Eier in der Pfanne. Adrian war noch nicht einmal unten.

300

Alle begrüßten mich herzlich. Es gab keine Möglichkeit, sich im Kreise der Franklins *nicht* wohl zu fühlen. Dass sie Noahs Schale nicht schon eher geknackt hatten, zeigte in meinen Augen nur, wie tief diese Monster ihn zuvor verletzt hatten.

Das Grinsen, das Adrian uns bei seinem Eintreffen schenkte, war so breit und zufrieden, dass ich mich fragte, worin genau seine persönliche Befriedigung lag. Dass Noah und ich nun offiziell ein Paar waren, schien ihn auf besondere Weise zu freuen.

Marie war neugierig ... und dachte nicht im Traum daran, einen Hehl daraus zu machen. Sie wollte wissen, für welche Farben wir uns entschieden hatten und wie Noah sich sein Zimmer vorstellte, aber der rückte nicht so recht mit der Sprache heraus.

„Du bist die Erste, der ich es zeige", versprach er lediglich.

Marie grinste ihn an. „Natürlich bin isch die Erste. Alle anderen machen ja auch mit." Die kessen Worte klangen kein bisschen vorwurfsvoll.

Nach dem Frühstück räumten wir den Tisch ab und gingen gemeinsam nach oben. Ganz langsam stiegen wir die breite Treppe hinauf – neben Adrian, der mit seinem Lift hochfuhr. Nur Lucy eilte an uns vorbei und verschwand in ihrem Zimmer.

„Ich werde keine allzu große Hilfe sein", gab Adrian zu bedenken.

„Du musst überhaupt nicht helfen. Wir können einfach ... zusammen *abhängen*", antwortete Noah mit einem Seitenblick auf mich, den nur ich verstand.

„Abhängen, hm?", antwortete Adrian erstaunt. „Klingt eigentlich nicht schlecht."

„*Ist* nicht schlecht", bestätigte Noah.

Ich drückte seine Hand.

Oben angekommen, gesellte sich Lucy erneut zu uns. Sie trug nun einen übergroßen Maler-Overall und hüpfte aufgeregt über den Korridor, bis zu Noahs Zimmer.

Die Eimer mit der Farbe standen bereit, ebenso wie die Pinsel und Rollen. Jeder schnappte sich ein Arbeitsgerät. Ich war für die Feinarbeiten an der Zimmerdecke und den Türzargen zuständig.

Noah und Lucy strichen mit den großen Rollen – Noah oben, Lucy unten. Adrian pinselte um die Lichtschalter und Steckdosen herum und legte von Zeit zu Zeit neue Musik auf. Wir arbeiteten ruhig und in einer spürbar harmonischen Atmosphäre. Nur Lucy brabbelte vor sich hin, ohne jeden Anspruch auf Reaktion. Wenn Stille entstand, war sie zwanglos und unbeschwert.

„Ich wette, Mom und Dad würden nur allzu gerne ihre Videokamera zücken", mutmaßte Lucy nach einem dieser stillen Momente.

„Hm?", machten Noah und Adrian wie aus einem Mund.

„Na, das ist das allererste Mal, dass wir drei etwas gemeinsam machen."

Adrian nickte nachdenklich.

„Freiwillig zumindest", ergänzte Noah. Was wahrscheinlich nicht als Scherz gemeint war, rutschte so trocken und platt über seine Lippen, dass wir anderen geschlossen losprusteten.

Als die Wände seines Zimmers bereits in einem perfekten Cremeton erstrahlten und wir eine ausgiebige Trinkpause eingelegt hatten, verrührte Noah die dunkelblaue Farbe gründlich und erklärte, welche Akzente er setzen wollte. Nur wenige Stunden später standen wir in seinem fertig gestrichenen Raum.

Zufrieden verließ Lucy Noahs Zimmer und verkündete, eine Dusche zu nehmen. „Morgen früh sehen wir, ob noch irgendwo Flecken sind. Bis dahin müsste alles getrocknet sein", erklärte sie fachmännisch.

Adrian gab vor, sein Referat für Geschichte fertigstellen zu wollen, um für den Rest des Wochenendes einen freien Kopf zu haben.

Kaum hatten die Zwillinge sein Zimmer verlassen, schloss Noah von hinten seine Arme um meine Taille und zog mich an sich.

„Es sieht toll aus", befand ich zufrieden und lehnte mich gegen seine Brust.

Er drehte mich um und strahlte auf mich herab. Und dann, völlig unverhofft, fuhr er mit der kleinen Rolle, die er noch immer in der Hand hielt, über meine Nase.

Ich wusste nicht, ob ich empört oder verwundert sein sollte. Oder erfreut, dass er auf diese Weise scherzte. So oder so, ich war sprachlos.

Mit weit geöffnetem Mund stand ich da, wie angewurzelt, und sah zu ihm auf. Noah grinste. Dann lachte er. Offen, fröhlich und so mitreißend, dass es mir vollkommen egal war, seine Freude in offensichtlichem Spott begründet zu wissen.

Endlich gelang es mir, mich aus meiner Starre zu befreien und einen klaren Gedanken zu fassen. Schnell tunkte ich meinen Pinsel in den Eimer mit der dunkelblauen Farbe und revanchierte mich, indem ich ein Kreuz auf Noahs T-Shirt über seinem Bauch malte.

Abrupt verstummte sein Lachen; mit geschürzten Lippen und gerümpfter Nase breitete er die Arme aus und ließ mich gewähren. Seine Geste kam einer Einladung gleich. Also nutzte ich das Kreuz als Nase, malte noch zwei große Kulleraugen auf seine Brust und darunter – gefährlich nah an seinem Gürtel – einen breit grinsenden Mund.

Noah betrachtete mein zweifelhaftes Kunstwerk im Spiegel und tauchte dann in aller Seelenruhe seinen eigenen Pinsel in die Farbe. Als er sich mir zuwandte, kopierte ich seine Geste von zuvor und streckte meine Arme weit von mir.

Bemal mich, Noah Franklin! ... Mach schon!

Sehr langsam führte er den Pinsel über meinen Oberkörper, malte ebenfalls ein Gesicht auf mein T-Shirt. Sein Lächeln gefror, während seine Augen die Bewegungen verfolgten.

Schließlich ließ er den Pinsel fallen, zog mich in seine Arme und küsste mich so stürmisch, wie noch nie zuvor.

„Danke", wisperte er unter seinen Küssen.

„Wofür?", keuchte ich.

Er wich ein wenig zurück und sah mich tief an. „Für alles."

Das war der perfekte Moment, auf den ich gewartet hatte. „Ich habe etwas für dich", eröffnete ich ihm und ging zu meinem Rucksack. Dort zog ich die lange Papprolle hervor, die von einer dunkelblauen Schleife zusammengehalten wurde.

„Warum schenkst du mir etwas?", fragte Noah unter skeptisch zusammengezogenen Augenbrauen.

„Weil mir danach war, ganz einfach. Es ist nichts Gekauftes, also reg dich wieder ab. Pack es erst einmal aus!"

Mit einem nachgiebigen Schmunzeln zog Noah die Schleife auf, entrollte die Pappe und stieß auf das Gedicht, das ich in der Nacht zuvor für ihn geschrieben hatte.

Ich beobachtete seine Augen – sah, wie sein Blick über die Zeilen glitt. Aber seinen Gesichtsausdruck konnte ich dennoch nicht deuten.

Als er fertig gelesen hatte und das Papier langsam und sehr vorsichtig wieder einrollte, bemerkte ich, dass seine Finger zitterten. Doch erst sein Blick brachte die Gewissheit: Es gefiel ihm. *Gott sei Dank!*

„Komm her!" Mehr sagte er nicht.

Ich ging einen Schritt auf ihn zu; Noah schloss die Lücke komplett, hob mein Kinn an und berührte meinen Mund mit seinem. Mehr war es nicht; nur die Ahnung eines Kusses.

„Das ist so ... *wahr*. Jedes Wort ist wahr", wisperte er gegen meine Lippen.

Ich umarmte ihn, streichelte seinen Rücken und spürte, wie er sich unter den Berührungen versteifte.

Ich wich ein wenig zurück, sah ihm tief in die Augen und versuchte, all meine Liebe in meinen Blick zu legen. Ihm so zu verstehen zu geben, dass nichts – kein noch so bitteres Wissen – etwas an meinen Gefühlen zu ihm ändern würde.

Sehr behutsam, fast wie in Zeitlupe, glitten meine Finger zu dem Saum seines T-Shirts.

Noah schluckte hart – und ließ mich damit wissen, dass er meine Absicht bereits durchschaut hatte. Seine Lider flatterten, als ich meine Fingerspitzen unter den dünnen Stoff schob und die Haut seines Rückens in winzigen Kreisen streichelte. Erst, als er sich ein wenig entspannte, dehnte ich den Radius meiner Liebkosungen aus. Schon spürte ich erste Erhebungen. Verhärtete Stellen in seinem Gewebe. *Narben.*

Noah hielt still – absolut still.

In diesem Moment wusste ich nicht, ob ich den Bogen überspannte, aber nur einen Augenblick später überraschte er mich, indem er den Saum seines T-Shirts selbst ergriff und es sich über den Kopf streifte. Mein Herzschlag setzte aus. Ich blinzelte oft und schnell hintereinander und zwang mich tief durchzuatmen, als meine Lungen stachen und ich bemerkte, dass ich die Luft reflexartig angehalten hatte.

Nie hätte ich gedacht, dass mich der Anblick eines männlichen Oberkörpers so aus der Fassung bringen könnte. Es war ja nicht so, als sähe ich zum ersten Mal einen. Jason war sehr gut gebaut und lief fast ausschließlich ohne Shirt durchs Haus.

Aber der Körper meines Bruders war nichts, im Vergleich zu dem, was meine Augen nun erfassten. Noah war so unglaublich schön. Der Duft seiner Haut strömte ungehindert auf mich ein und vernebelte mein Bewusstsein. Wieder einmal wurde mir schummrig, also streckte ich meine Hände nach ihm aus, umklammerte seine Oberarme und lehnte meine Stirn gegen seine Brust.

Noah atmete nun flacher und stockend, aber sein Herz schlug ruhig und fest wie immer.

In aller Vorsicht küsste ich sein Schlüsselbein ... und weiter aufwärts. Er schloss die Augen, sobald meine Lippen die Seite seines Halses berührten. Eine Weile standen wir so da – vollkommen reglos –, dann flüsterte er in mein Ohr: „Bleib so stehen, ja? Nicht ... nicht gucken."

Ich wusste nicht was er vorhatte, aber ich nickte. Noah wich zurück und ging an mir vorbei. Ich erschrak, befürchtete, zu weit gegangen zu sein, wollte mich intuitiv umdrehen und ihn bitten nicht zu gehen, hielt jedoch an meinem Versprechen fest. Hörte, dass er seine Zimmertür abschloss und spürte kurz darauf, wie seine Fingerspitzen über meine Oberarme flüsterten. Endlich drehte er mich im Kreis seiner Arme um.

Behutsam fuhr ich über seine Brust, was ihm ein Zittern entlockte. „Zeig es mir!", forderte ich flüsternd.

Noah schloss die Augen, sein Gesicht wirkte gequält.

„Noah, bitte!"

Ich war mir bewusst darüber, dass ich seine Grenzen austestete, aber etwas tief in mir wisperte, dass ich das Richtige tat.

Er seufzte; der Klang traf mitten in mein Herz und durchbohrte es schmerzhaft. Dann sah er mich an und biss die Zähne aufeinander. Seine Kieferknochen traten hervor, das starke Kinn verspannte sich und zuckte unkontrolliert. Er atmete noch einmal tief durch, schloss die Augen ... und drehte sich dann tatsächlich langsam um.

Ich hielt den Atem an. Natürlich hatte ich gewusst, dass mich etwas Schlimmes erwartete. Und natürlich hatte ich versucht, mir den Anblick auszumalen. Dennoch war ich alles andere als vorbereitet.

Es gab praktisch keinen Quadratzentimeter Haut auf Noahs Rücken, der nicht vernarbt war. Wer auch immer ihn so misshandelt hatte, er musste wahrhaftig ein Monster gewesen sein.

Beißende Tränen stiegen hinter meinen Augen auf, als ich Noahs geschundenen Körper betrachtete, der bis heute die Male seines Leidensweges trug. Rote Stellen neben dick vernarbten Partien, neben Flecken, an denen die Haut pergamentartig dünn schimmerte. Ja, diese Narben erzählten eine eindeutige, eine schreckliche Geschichte.

Ich zwang mich dazu, meinen Atemfluss wieder aufzunehmen und blinzelte die Tränen weg. Der Grat, auf dem ich mich bewegte, war so unglaublich schmal. Es würde so schnell keine zweite Chance geben, wenn ich diese hier vermasselte, dessen war ich mir sicher.

Also ging ich einen Schritt auf Noah zu, legte meine Hände an seine Seiten und ließ sie langsam nach vorne, zu seinem Bauch, gleiten. Dabei näherte sich mein Gesicht automatisch seinem Rücken, Zentimeter für Zentimeter. Als ich nur noch eine Handbreit von seiner gemarterten Haut entfernt war, ließ ich ihn meinen Atem spüren.

Noahs Körper war verspannt; ich sah aus nächster Nähe, wie seine Muskeln zuckten, sobald mein warmer Atem auf seine Haut traf.

Dennoch blieb er stumm und reglos stehen. Schließlich senkte ich meine Lippen zwischen seine Schulterblätter, direkt über seine Wirbelsäule ... und küsste ihn.

Noah stieß ein wenig Luft aus. Ich konnte nicht entscheiden, ob es Erleichterung war oder ob er das Gefühl meines Mundes auf seiner Haut mochte. Auf jeden Fall – und dessen war ich mir sicher – war es eine positive Reaktion. Also festigte ich meine Umarmung um seine Mitte und küsste behutsam seine Schulterblätter, seinen Nacken. Langsam löste ich meine Hände von seinem Bauch und ließ meine Fingerspitzen erneut über seine Seiten gleiten.

„Ich liebe dich, Noah", flüsterte ich. „So sehr!"

„Hmm", brummte er undefinierbar, bevor er sich umdrehte und seinen unsicheren Blick in meine Augen lenkte. „Ich sehe furchtbar aus."

„Wie kannst du so etwas überhaupt nur denken? Du bist der mit Abstand schönste Mensch, den ich kenne", protestierte ich empört. Und das stimmte, so ungläubig Noah auch schauen mochte. Es war die reine Wahrheit. Sein Rücken mochte hoffnungslos vernarbt sein – ebenso wie seine Seele –, trotzdem war Noah in diesem Moment so schön für mich wie nie zuvor. Und das wollte etwas heißen. Es war das Vertrauen, das er mir entgegenbrachte. Es stand ihm außerordentlich gut.

Ich berührte seine Wange; sofort schien er sich zu entspannen. „Wie gehören zusammen", erklärte ich ohne jeden Zweifel.

„Absolut", bestätigte Noah und schlang nun endlich seine Arme um meine Mitte.

An diesem Abend übernachtete ich bei Lucy. Soweit die offizielle Version. Inoffiziell – wobei ich mir sicher war, dass sowohl Marie und Joe, als auch mein Vater eigentlich Bescheid wussten – schlief ich zum ersten Mal bei Noah.

Da sein Zimmer nach Farbe roch und über Nacht ausdunsten sollte, quartierten wir uns in dem Gemeinschaftsraum im Obergeschoss ein.

Nach einem gemütlichen Abend gingen die Zwillinge gegen ein Uhr nachts zu Bett und ließen uns allein zurück. Zuvor hatten wir gemeinsam Filme geschaut, Chips gefuttert und zwanglos über Gott und die Welt geplaudert. Noah und Adrian hatten sich ein Duell auf ihrer Spielkonsole geliefert und dabei abwechselnd wie die Kesselflicker geflucht. Rückblickend war der Abend so normal und entspannt verlaufen, dass ich es kaum fassen konnte.

Für die größte Überraschung sorgte Noah, als sich Lucy verabschiedete und im Rausgehen, direkt neben ihm, über die Kante des Teppichläufers stolperte. Reflexartig streckte er seinen Arm nach ihr aus und fing sie auf. Ebenso reflexartig umklammerte Lucy seinen Arm. Als sie es realisierte, sah sie ihn erschrocken an.

Noah lächelte mild und reichte ihr auch noch seine andere Hand. „Alles klar?", fragte er leise.

Lucy nickte mit großen Augen. Für die Dauer weniger Herzschläge wirkte sie regelrecht benommen, aber dann brachte Noahs Geste ihre Dämme zum Brechen. Überschwänglich wie sie war, klappte sie einfach vorn über und ließ sich in seine Arme fallen. Für einen Moment zuckte Noah nun doch zusammen, doch als Lucy zurückweichen wollte, hielt er sie fest und drückte sie an sich.

Adrian befand sich in diesem Moment direkt neben mir und schenkte mir ein brillantes Lächeln. „Diesen Stein hast nur du ins Rollen gebracht. Das weißt du, oder?", flüsterte er. Mein Kopfschütteln tat er mit einem leisen Lachen ab. „Oh doch, und ob!"

Dann rollte er auf seinen Bruder zu und legte Lucy, die noch immer Noahs Hals umklammerte, eine Hand auf die Schulter. „Komm jetzt, Lu!", forderte er und wartete, bis sich seine Schwester ausreichend gefasst hatte, um seiner Forderung nachzukommen.

„Gute Nacht", sagte Adrian und sah Noah dabei lange an.

„Dir auch", gab der schließlich zurück und hielt seinem Bruder die Hand hin. Adrian schlug ein, die beiden hielten ihren Griff für einige Sekunden. Sekunden, in denen ich beobachtete, wie sich Noahs Blick wandelte. Zunächst war er noch sanft auf Adrian gerichtet – die kleinen Fältchen an den äußeren Augenwinkeln unterstrichen sein Lächeln –, doch dann zogen sich seine Brauen zusammen und er musterte seinen Bruder mit skeptischem Blick.

Ich verstand nicht, was vor sich ging, blickte hilfesuchend zu Adrian und bemerkte gerade noch, dass Noahs Skepsis auch ihm nicht verborgen geblieben war. Im Gegenteil, sie spiegelte sich in dem hellen Braun seiner Augen wider. *Was ...?*

Im selben Moment löste Adrian seine Hand aus Noahs, verfiel zurück in sein Standardlächeln und wünschte mir süße Träume, bevor er den Raum verließ und die Tür hinter sich zuzog.

Noah blieb noch einige Sekunden lang wie angewurzelt stehen. Dann schüttelte er kaum wahrnehmbar den Kopf und machte sich daran, die Couch mit wenigen gezielten Handgriffen in ein breites Bett zu verwandeln. Ein Bett, das förmlich nach mir und meinen erschöpften Gliedmaßen zu rufen schien. Der Schlafmangel der letzten Nacht machte sich nun doch bemerkbar.

Nachdem er seine Bettwäsche aufgelegt hatte, blieb Noah verlegen im Raum stehen und fuhr sich durch das wirre Haar. „Du kannst mein Bad benutzen", sagte er leise. Ich nickte und machte sogleich Gebrauch von seinem Angebot.

Bei meiner Rückkehr stand Noah noch immer vor der Couch. Unbeholfen trat er von einem auf das andere Bein und kratzte sich im Nacken. Ich ging an ihm vorbei, schlug die Bettdecke zurück und schlüpfte darunter, als wäre es das Selbstverständlichste der Welt. In diesem Moment hoffte ich inständig, meine Theorie würde sich nicht bewahrheiten, denn in meinem Innersten stand ich erneut kurz davor zu kollabieren – und das musste Noah wirklich nicht wissen.

Er knipste das Licht aus und kam zu mir. Es war erstaunlich, wie schnell und sicher er den Weg fand, zumal zwischen dem Lichtschalter und der Couch bestimmt sechs oder sieben Meter lagen. Etliche Möbel standen im Weg und es war so dunkel, dass man die Hand vor Augen nicht sehen konnte. Dennoch war Noahs Griff sicher, als er die Bettdecke anhob und sich neben mich legte.

Zögerlich hingegen wirkte er, während sich sein Arm um meine Taille legte und er mich an sich zog. Wir sprachen kein Wort, sondern ließen stattdessen unsere Hände für uns sprechen. Behutsam streichelte ich Noahs Gesicht, fuhr an seinem Hals entlang bis zu dem Kragen seines T-Shirts. Dort, am untersten Ansatz seines Halses, platzierte ich einen ersten vorsichtigen Kuss. *Bitte berühre mich!*, schrie alles in mir ... und Noah schien das zu hören. Wieder einmal.

Behutsam legte er einen Finger unter mein Kinn und hob es an.

Seine Lippen fanden zu meinen und legten sich so sanft über sie, dass ich vollkommen ergeben unter ihm zusammensackte und ein Stück tiefer in den weichen Polstern der Couch versank. Wir küssten uns so lange, bis wir kaum noch Atem hatten und nach Luft schnappten.

„Gott, Emily!", japste Noah.

„Was ist?", fragte ich, als ich das Zittern in seiner Stimme hörte.

„Ich weiß nicht. Es ..." Er drehte sich auf den Rücken, schien zur Formulierung zusammenhängender Sätze ein wenig mehr Abstand zu benötigen. Nun, mit diesem Gefühl konnte ich mich identifizieren.

„Ich bin ... so glücklich mit dir. Ich fühle mich genauso, wie du es in dem Gedicht beschrieben hast. Warm, geborgen, ... einfach wohl. Und im selben Moment – jedes Mal, wenn ich das realisiere – habe ich Angst davor, leichtsinnig zu werden und vor lauter Glück etwas Wichtiges zu übersehen. Das ... darf ich mir unter keinen Umständen erlauben."

Würde er wohl jemals aufhören, in Rätseln zu sprechen?

„Es wird nichts geschehen, Noah", versicherte ich ihm, aber er stieß nur wieder ein wenig Luft aus. Manchmal klang dieses Lachen wie das eines Vaters, der nachgiebig auf sein Kind her-abblickte.

„Was hat dich vorhin so verunsichert?", hörte ich mich fragen, wie aus dem Nichts heraus.

„Hm?"

„Mit Adrian, als er sich verabschiedet hat", verdeutlichte ich. „Ihr habt euch die Hände gereicht und dann ... Irgendetwas stimmte doch nicht."

„Ist dir aufgefallen, hm?"

„Ja."

Er schwieg lange. Vielleicht in der Hoffnung, ich würde ein-schlafen und meine Frage somit unbeantwortet fallen lassen. *Keine Chance, Noah!*

Ich hörte ihn schmunzeln ... und richtete mich auf.

Was, liest du wieder meine Gedanken?, durchzuckte es mich.

Exakt im selben Moment verschluckte sich Noah an seinem eigenen Lachen. Erschrocken hustete er los. Und diese unmittelbare, völlig zusammenhangslose Reaktion brachte das Fass zum Überlaufen und

verwandelte meine vage Vermutung binnen eines Wimpernschlages in Überzeugung. „Du liest meine Gedanken, Noah?",
stieß ich hervor.

„*Was?*", prustete er und klopfte sich mit der Faust gegen die
Brust, um den Hustenreiz im Ansatz zu ersticken. Ruckartig
schob er mich von sich und setzte sich auf, sodass sich nur noch
unsere nackten Knie berührten. Stumme Sekunden verstrichen
zwischen uns, in denen sich Noah die Haare raufte – klar, er
musste ja denken, ich sei durchgedreht – und die Gedanken in
meinem Kopf Kapriolen schlugen.

*Oh Gott, du hast es gesagt, Emily! Du hast allen Ernstes ge-
fragt, ob er deine Gedanken liest. Du ... musst es auf die Farbe
schieben. Ja genau, das ist gut. Die Dämpfe sind schädlich, das
weiß jeder. Der eine reagiert stärker, der andere ...*

„Em, hör auf damit!"

„Womit? Ich sage doch gar nichts."

*Warte, meint er ... meinst du ... mit ... diesen Gedanken? Heißt
das ...?*

„Ja, heißt es. Du ... liegst richtig."

Was???

„Was???"

Schockiert fuhr ich auf und starrte in die Dunkelheit. Dorthin,
wo ich seinen Blick vermutete. „Moment mal, du gibst es zu?",
fragte ich.

„Was hätte Leugnen noch für einen Sinn, du ahnst es doch ohnehin
schon länger."

„Aber ..." Ich war sprachlos – und brauchte einige Momente,
um mir klar darüber zu werden, ob mich sein Geständnis nun in
Panik versetzte oder nicht. ... Nein, tat es nicht. *Warum nicht? ...
Keine Ahnung!*

„Soll ich dich vielleicht ... lieber nach Hause bringen, oder
so?", fragte Noah ängstlich.

„Hm?"

„Möchtest du nach Hause, Emily?"

„Nein", antworte ich ehrlich. „Aber, ... warum fragst du überhaupt? Du müsstest das doch wissen, wenn ..."

„Momentan weiß ich gar nichts", erwiderte er, was beinahe ein wenig verbittert klang.

„Aber ..." Ich spürte Noahs Hand. Mit zögerlichem Griff umfasste er die meine und zog mich wieder näher zu sich heran.

Ich ging zurück auf die Knie; seine Finger lösten sich von meinen, um nur eine Sekunde später über meine Wange zu streichen – federleicht. Vermutlich hätte ich ihm im Gesicht herumgetätschelt, hätte ich mich in der herrschenden Dunkelheit an dieser Berührung versucht, aber Noahs Bewegungen waren absolut präzise ... und dabei unglaublich behutsam.

„Jetzt", flüsterte er. Ich brauchte einen Moment, um seine Botschaft zu entschlüsseln.

Was, nur wenn du mich berührst?

„Hm–hm", brummte er seine Bestätigung auf meine unausgesprochene Frage.

Wow! Das ist ... unglaublich!

Noahs sanfte Berührung hielt den Drang, ihn mit tausend auflodernden Fragen bombardieren zu wollen, in Schach. Stattdessen schloss ich einfach die Augen und schmiegte mich an seine Hand. Wie so oft, wenn ich seine unmittelbare Nähe spürte, dachte ich an Zuhause. Schon zog das Gefühl ein entsprechendes mentales Bild mit sich.

Was siehst du?

„Das Haus, in dem ihr gelebt habt, in England", flüsterte Noah nur Sekunden später.

Das Bild entglitt mir unter seinen Worten. Ich hatte noch nie in meinem Leben versucht, so gezielt zu denken. Es war verdammt schwer.

„Weißt du, was noch schwerer ist?", fragte er leise.

„Was?"

„Zu glauben, dass du das einfach so hinnimmst. Ich ... habe dir gerade eröffnet, dass ich deine Gedanken lesen kann, ist dir das eigentlich bewusst?"

Ja, das ist ziemlich verrückt.

„Wenn das mal nicht die Untertreibung des Jahrhunderts ist."

Woher kannst du das?

Schweigen.

Noah, bitte!
Schweigen.

Ich seufzte und berührte nun auch sein Gesicht. Nein, eigentlich tätschelte ich ihm erwartungsgemäß zunächst auf Hals und Ohr, bis ich endlich zu seiner Wange fand. „Funktioniert das bei jedem?", fragte ich.

„Ja."

„Wenn du jemanden berührst, weißt du, was derjenige denkt?"

„Ja. ... Was auch erklärt, warum ich so ungeschickt damit umgegangen bin, dass du mir schon nach zwei Wochen auf die Schliche gekommen bist."

„Wie meinst du das?", fragte ich und kam mir ziemlich begriffsstutzig vor, weil Noah laut seufzte.

„Ich habe nie jemanden außer dich berührt, Em. Deshalb habe ich auch keine Übung darin, *nicht* auf Gedanken zu reagieren."

„Oder dich daran zu erinnern, ob etwas gesagt oder gedacht wurde", ergänzte ich leise. Es war nach wie vor zu dunkel, doch ich konnte mir bildlich vorstellen, wie sich seine Augen unter meinen Worten weiteten.

„Wie? Hast du es so gemerkt?"

Anstelle einer Antwort, versuchte ich mir die Situation nach dem Unfall so deutlich wie möglich ins Gedächtnis zu rufen. Ich spürte seinen stockenden Atem, sobald es mir gelang.

„*Du antwortest mit einer Gegenfrage*", warf ihm mein vergangenes Ich in meiner Erinnerung vor.

„*Das sind manchmal die besseren Antworten. Hast du selbst gesagt*", erwiderte er.

„Hast du nicht?", fragte Noah.

Ich schüttelte den Kopf. „Nein, nie."

„Verdammt! Wann ist dir das aufgefallen?"

„Vor einigen Tagen. Das heißt, ... eigentlich war es mitten in der Nacht."

„Wow!"

„Was?"

„Und du hast dich trotzdem weiter mit mir getroffen, ohne mich zur Rede zu stellen? Du hast dich nicht zurückgezogen?"

Dieses Mal war ich diejenige, die ein wenig bittere Luft ausstieß. „Wenn du meine Gedanken kennst, dann weißt du, wie hoffnungslos es um mich steht, Noah. ... Als ob mir das noch möglich gewesen wäre."

Mein Gesicht wurde spürbar heißer unter meinem Geständnis. Noahs Fingerspitzen, die noch immer über meine Wange strichen, schienen die Temperaturänderung mitzumachen; sie fühlten sich im Verhältnis nicht kühler an als zuvor. Noah zog seine Hand zurück.

„Und, kannst du mein eigenartiges ... *Dasein* ... einfach so akzeptieren?"

„Noah!"

„Antworte! ... Bitte, Emily!" Schon war seine Hand zurück auf meiner Wange, doch ich schüttelte den Kopf.

„Nein, das werde ich nicht tun. Ich werde keine Frage beantworten, mit der du dich selbst runtermachst. Außerdem ist es doch offensichtlich, oder? Deine Frage ist absurd."

Und jetzt setz mich nicht der Schmach aus, deinen Mund im Dunkeln zu verfehlen und küss mich. Sofort!

Er lachte auf, mehr als nur erleichtert, griff in einer blitzschnellen Bewegung unter meinen Oberschenkel und zog mich unter sich. Dann, endlich, senkte er seine Lippen auf meine herab.

Mein Herz raste wie wild, und während seines an meiner Brust ruhig und stark schlug – wie immer – wurde mir abwechselnd heiß und kalt.

„Gott, ich weiß nicht, ob mir das so recht ist", wisperte ich, als wir uns für einen Augenblick voneinander lösten.

„Es funktioniert nur bei Hautkontakt", erinnerte mich Noah mit gepresst klingender Stimme.

„Genau das ist ja mein Dilemma", erwiderte ich und vergrub meinen Kopf beschämt an seinem Schlüsselbein.

Noah strich mir über die Haare, während sich unsere Atmung langsam beruhigte. „Lass uns schlafen!", schlug er vor.

Für einen winzigen Moment war ich enttäuscht, sehnte ich mich doch nach weiteren Liebkosungen, doch dann willigte ich ein. Eine Nacht in seinen Armen – was wollte ich mehr?

„Ich weiß, was du *noch* mehr willst." Sein Schmunzeln war un-
überhörbar.

Oh Gott, nein!

Nun prustete er los.

„Sei still, du ... du ... was auch immer", empörte ich mich. „Das
ist total *unverschämt* von dir." Ich war zutiefst beschämt, aber
Noah lachte so frei und ungehalten, dass ich ihm nicht lange böse
sein konnte und schließlich mit einstimmte. Dann – so abrupt,
dass ich im selben Moment mit ihm verstummte – brach sein
Gelächter ab.

„Falls es dich beruhigt: Kein Gedanke, den ich nicht auch
schon gehabt hätte", flüsterte er bedeutungsschwer, direkt an
meinem Ohr.

Na ja, beruhigt *ist nicht wirklich das richtige Wort, vielen Dank
auch!*

Mein Atem ging schnell und flach, mein Herz raste. Noahs
Herz hingegen ...

„Lass uns schlafen!", forderte er erneut und demonstrierte seine
Entschlossenheit, indem er sich auf den Rücken drehte. Zufrieden
bettete ich meinen Kopf auf seine Brust und schloss die Augen.

„Du bist unglaublich, weißt du das?" Sein Flüstern war das
Letzte, was ich noch wahrnahm, bevor mein Bewusstsein abdriftete
und mir entglitt.

Dass sich der Wunsch, dem ich nicht mal 24 Stunden zuvor
durch mein Gedicht Ausdruck verliehen hatte, schon so schnell
erfüllen würde, hätte ich nicht zu träumen gewagt. Aber in dieser
Nacht ließen Noah und ich jedes einzelne Wort davon wahr werden.

XXII.

Ich weiß nicht, wie ich es schaffte, all die Geheimnisse und Ungereimtheiten, die Noah mit sich brachte – seine Gabe Gedanken zu
lesen, sein regelmäßiger Herzschlag, den nichts und niemand aus
der Ruhe bringen konnte, seine Körpertemperatur, die immer mit
meiner eigenen übereinstimmte ... all das –, als gegeben zu akzeptieren und nicht weiter zu hinterfragen. Im Rückblick kommt
mir das selbst sehr eigenartig vor. Ich weiß nur, dass es mir egal
war. Denn neben all den Besonderheiten und nach dem turbulenten
Beginn unserer Bekanntschaft, hatte Noah vor allem eines in
mein Leben gebracht: Eine tiefe innere Ruhe und Zuversicht. Ich
war mir sicher – so sicher wie noch nie zuvor –, dass alles einen
Sinn ergab. Wenn es heute noch nicht so weit war, dass ich ihn
verstand, dann eben nicht. Das dachte ich mir an jedem Tag –
und erlebte ihn, genoss ihn, brachte ihn hinter mich, ohne neue
Erkenntnisse hinzuzugewinnen. Die Zeit des Verstehens würde
schon noch kommen, sagte ich mir immer wieder. Denn mit
einem Mal wusste ich – durch Noahs Nähe, wie es schien – dass
es einen tieferen Sinn in meinem Leben gab. Der mochte zwar
noch im Dunkeln liegen, aber ich spürte ihn bereits, wie ein vages
Versprechen. Es war wie mit diesem ersten sanfteren Windstoß
nach einem bitterkalten Winter, der die Ahnung eines herrlichen
Frühlings in sich trug. In mir keimte eine leise Hoffnung, eine
intuitive Zuversicht ... und das reichte voll und ganz.

Es reichte, um die folgenden Wochen zu den glücklichsten
meines Lebens werden zu lassen.

Eine neue Art des Zusammenseins begann, als Noah mich eines
Tages, etwa zwei Wochen nachdem wir sein Zimmer gestrichen
hatten, in der Mittagspause nicht wie sonst unter der alten Buche
auf dem Schulgelände erwartete, sondern direkt vor der Kantine.
Mit einem verdutzten Gesichtsausdruck lief ich auf ihn zu, aber
er griff nach meiner Hand und zog mich ohne ein klärendes Wort
in den großen Raum. Bestimmt war er sehr nervös. Zumindest

kam er mir etwas unbeholfen vor, als er sich ein Tablett schnappte und es offenbar wahllos belud, aber ich konnte keine übermäßige Verspannung an ihm feststellen.

Lucy, die wenig später neben Adrian die Kantine betrat, blieb wie angewurzelt vor unserem Tisch stehen und gaffte ihren Bruder sekundenlang an. Auch Adrians Mund stand weit offen; fassungslos schüttelte er den Kopf – vermutlich, ohne es überhaupt zu bemerken.

Noah hingegen ließ sich nicht beirren und aß in aufgesetzter Ruhe weiter. „Was ist, setzt ihr euch?", fragte er scheinbar beiläufig und verhalf seinen Geschwistern damit aus ihrer Starre.

Kathy und Tom gesellten sich ebenfalls zu uns. Tom vermied es anfangs, mit Noah zu sprechen; Kathy öffnete sich umso schneller und bezog Noah einige Male in das Gespräch mit ein, indem sie ihm gezielte Fragen stellte. Gott sei Dank war Tom von Natur aus zu gutmütig um lange skeptisch zu bleiben.

Am Ende der Mittagspause stapelte Noah mein Geschirr und Besteck mit auf sein Tablett und überlud es dadurch hoffnungslos. Als eines der Gläser umkippte und fiel, fing Tom es geschickt auf, stellte es auf sein eigenes Tablett und schenkte Noah ein erstes breites Grinsen. Mehr bedurfte es nicht – das Eis brach in diesem Moment fast hörbar zwischen den beiden.

Von dieser Mittagspause an aßen wir oft gemeinsam, wenn auch nicht jeden Tag. Noahs und meine Privat-Picknicks hatten nach wie vor viel für sich. Umso mehr freute sich Lucy, wenn sie ihren älteren Bruder an ihrem Tisch in der Kantine erspähte. Sie machte keinen Hehl daraus, wie sehr es ihr gefiel, endlich mehr Zeit mit ihm verbringen zu können.

Diese neue Geselligkeit, die Noah an den Tag legte, blieb nicht das einzige Wunder dieser Wochen. Ebenso erstaunlich war es, dass er es innerhalb kürzester Zeit schaffte, meine Matheresultate um zwei volle Noten anzuheben. Zu Hause wurde ich nicht müde zu erwähnen, dass diese unverhoffte Verbesserung einzig und allein auf Noahs unerschöpfliche Geduld zurückzuführen war. Und da sich mein Vater so sehr über meine schulische Entwicklung freute, ließ er uns nahezu unbehelligt gewähren.

Per Zufall – durch eines seiner Telefonate mit Jane – erfuhr ich, wie er über Noah dachte: „Er ist ein netter Junge. Ruhig und sehr höflich. Und er hilft ihr in Mathe. ... Ja, natürlich hast du recht, es klingt fast *zu* perfekt. Ich suche selbst noch nach dem Haken, glaub mir, Jane. Außer, dass sie fast jede freie Sekunde mit ihm verbringt und kaum noch zu Hause ist, habe ich bislang noch keinen gefunden. Und, ganz ehrlich, so waren Linda und ich anfangs auch. Genauso unzertrennlich wie die beiden."

Seitdem ich Zeuge dieses Gesprächs geworden war, wusste ich genau, was ich zu tun hatte, um weiterhin den Segen meines Vaters zu genießen. Noah und ich waren fleißig wie nie zuvor. Wir lernten ausgiebig für die schwierigen Tests, wobei ich das Gefühl nicht loswurde, dass eigentlich nur *ich* lernte und er mir geduldig dabei half.

So oft es ging, spielten wir gemeinsam Gitarre. Mein altes, lange missachtetes Instrument wurde zu meinem ständigen Begleiter. Schon nach zwei Wochen konnte ich die von ihm gespielten Leadstimmen einiger simpler Songs begleiten.

Eines Tages fuhr ich nach der Schule wieder einmal mit meinem Mini hinter dem Amarok her, der mir mittlerweile überhaupt nicht mehr so protzig vorkam. Noah stellte ihn in der Einfahrt seines Elternhauses ab und lief, noch bevor er Adrians Rollstuhl holte, zu mir, um meine Tür zu öffnen. Sofort strömte mir der Geruch von mediterranem Essen entgegen. Marie hatte sich offenbar wieder ausgetobt.

Mittlerweile war ich erfahren genug, meine Essensportionen in der Schule möglichst klein zu halten, wenn ich plante den Abend bei den Franklins zu verbringen.

„Hm, ich sterbe vor Hunger", gestand ich und widerstand nur knapp dem Drang, die Augen genießerisch zu verdrehen.

Noah strich sich durch die wirren Haare. Ich kannte die Geste, auch wenn er sie nicht mehr so häufig gebrauchte wie noch vor wenigen Wochen. *Unbehagen.*

„Was ist?", fragte ich.

„Jetzt weiß ich nicht mehr, ob mein Plan wirklich so gut ist, wie ich bis vor wenigen Sekunden noch dachte."

„Welcher Plan?", fragte ich verdutzt. Wie auch immer der aussah, Lucy schien ihn zu kennen. Sie beobachtete uns aus einigen Metern Entfernung und klatschte aufgeregt in die Hände.

„Ich ... ähm ... hatte vor, dich zu überraschen", stammelte Noah verlegen. „Aber wenn du lieber was Warmes essen willst ..."

Nun, ich hatte Hunger, aber ... „Es muss nicht unbedingt etwas Warmes sein. Bitte, lass dich nicht von deinen Plänen abbringen – wie auch immer die aussehen."

Noah sah mich skeptisch an, bis mein Magen lautstark grummelte und ihm endlich die ersehnte Entscheidung entlockte. „Okay, dann steig ein, ich bin sofort zurück." Er deutete mit dem Kopf in Richtung Amarok und strich mir dabei über die Wange.

Wir fahren weg? Nur wir beide?, fragte ich in Gedanken.

Er nickte kaum merklich.

Diese stumme Art der Kommunikation hatte sich mittlerweile zwischen uns eingespielt. Und so seltsam das am Anfang gewesen sein mochte, nun wollte ich die Möglichkeit nicht mehr missen. Es gab keine intimere Art sich auszutauschen, als unsere ganz spezielle.

Noah wandte sich ab und holte nun im Eiltempo den Rollstuhl aus dem Kofferraum. Adrian nahm darin Platz und hielt mir breit grinsend die Beifahrertür auf. Offensichtlich war auch er eingeweiht.

Noah verschwand im Haus; kurz darauf erschien seine Silhouette hinter den dünnen Vorhängen seines Zimmers, die der sanfte Wind immer wieder zur Seite wehte. Er eilte hin und her, während sich Lucy gewohnt wortreich von mir verabschiedete, mir einen Kuss auf die Wange drückte und dann neben Adrian ins Haus trippelte.

Wenige Minuten später erschien Noah im Rahmen der Haustür, bepackt wie ein Kamel. So sehr, dass er die Tür mit dem Fuß zuziehen musste.

In der einen Hand trug er eine große Tasche, unter dem Arm klemmte eine riesige Rolle – *eine Luftmatratze?* –, in der anderen Hand hielt er eine Frisbee-Scheibe sowie eine schmale, lange Nylontasche. Über der linken Schulter hing seine Gitarre.

In der kurzen Zeit in seinem Zimmer hatte er sich auch umgezogen, trug nun knielange, beigefarbene Cargohosen, ein hellblaues

T-Shirt und seine Lieblingssonnenbrille. Unfassbar gut sah er aus – und schaffte es, trotz seiner Last anmutig zu laufen.

„Was hast du vor?", fragte ich, als er alles verstaut hatte und erneut hinter dem Steuer Platz nahm.

„Hmm ... nö, sag ich nicht", beschloss er frech. Der aufheulende Motor des Amaroks übertönte meinen Protest.

Etwa eine dreiviertel Stunde fuhren wir an der Küste entlang, bis Noah den Wagen in einer Ausbuchtung am Straßenrand parkte.

„Ich dachte, ein Nachmittag am Strand wäre eine schöne Idee", sagte er leise. Die Unsicherheit in seiner Stimme spiegelte sich auch in dem Türkis seiner Augen wider.

„Das ist sogar eine großartige Idee", versicherte ich ihm. Sofort zog sich ein glückliches Grinsen über sein Gesicht.

Der Strand hier war sauberer und nicht so überfüllt wie unser Stadtabschnitt. Noah überließ mir die lange, leichte Nylontasche; er selbst trug alles andere: eine Matratze, die sich beim Entrollen selbst aufblies, die Tasche mit den Handtüchern und dem Proviant und natürlich seine Gitarre.

Er stellte einen riesigen Sonnenschirm auf, um meine empfindliche Haut vor der Sonne zu schützen – denn die strahlte hier sogar um diese Uhrzeit noch recht intensiv auf uns herab.

Während er die Stange des Schirms im Sand versenkte, legte ich unsere Handtücher nebeneinander über die große Matratze und breitete darauf die Leckereien aus, die Noah für uns eingepackt hatte: Erdbeeren, Schokoladentarte, Käsespießchen, Cracker, Weißbrot, frischen Lachs, Partywürstchen und eine Schale mit Obstsalat.

„Gott, wer soll das alles essen?", fragte ich lachend.

Noah blickte ein wenig verlegen drein. „Zu viel, hm?"

„Eindeutig. Aber sehr süß von dir, nichts desto trotz."

Er spannte den Schirm auf und setzte sich dann neben mich in den Schatten.

Wir aßen, spielten auf seiner Gitarre, kuschelten ausgiebig und kicherten über den Größenunterschied der Abdrücke, die unsere Füße im feuchten Sand hinterließen. Noah lachte sich halb schlapp, als er mir seine Frisbee zuwarf und ich mich ehrgeizig – wenn auch vergeblich – in den Sand warf, um sie zu fangen.

„Du siehst aus wie ein gut paniertes Schnitzel", prustete er und half mir auf.

„Wie schön, dass du Spaß hast!", entgegnete ich in gespielter Entrüstung. In Wahrheit fühlte ich mich glücklicher als je zuvor. Noah so ausgelassen und ... ja, *normal* zu erleben – mit dem Hintergrundwissen um seine Vergangenheit – war wie ein Geschenk.

„Außerdem ist es deine Schuld. Ich habe so viel Lachs gegessen, dass ich den fiesen Drang verspüre, ins Wasser zu springen und gegen die Strömung anzuschwimmen. Und du verlangst von mir, dass ich dieser ollen Scheibe hinterherrenne."

Als sich die orangefarbene Sonne auf die Wasseroberfläche herabsenkte, mit ihr verschmolz und schließlich einen breiten Streifen des spiegelglatten Ozeans einfärbte, saßen wir unmittelbar vor der Brandung. Noah hielt mich in seinen Armen; andächtig und stumm beobachteten wir dieses immer wiederkehrende Wunder des Sonnenuntergangs. Erst als die Wärme zunehmend an Kraft verlor und sich das verbliebene Licht gräulich trübte, durchbrach ich die Stille mit meiner bangen Frage. „Wie viel Zeit bleibt uns noch?"

„Morgen ist Samstag, da können wir ausschlafen. Wenn du magst, bleiben wir noch eine Weile."

„Noah!", warnte ich und drückte seine Finger dabei.

„Hm?"

Warum antwortest du so, wenn du doch genau weißt, dass dies nicht meine Frage war?

„Weil das die einzige Antwort ist, die ich dir geben kann", wisperte er resignierend. „Die Antwort auf deine eigentliche Frage kenne ich selbst nicht."

Ich glaubte ihm, natürlich tat ich das.

„Warum fragst du, Em?"

Unsere ineinander verschränkten Hände hielten sich, als stünde die befürchtete Trennung unmittelbar bevor. Wir brauchten einander. Noch nie in meinem Leben hatte ich mich so vollkommen gefühlt, so komplett und glücklich, wie an Noahs Seite.

„Weil ich dich nicht verlieren will", gestand ich kleinlaut und schloss die Augen, als er meinen Nacken mit seinem Mund berührte.

In diesem Moment, Noah setzte gerade zu einer Antwort an, ertönte ein lautes, langgezogenes Hupen von der Straße hinter uns. „Nicht wirklich, oder?", brummte es in meinem Haar, ehe ich begriff, was hier geschah.

„Es war nicht meine Idee! Ich habe ihm tausendmal gesagt, er soll euch in Ruhe lassen", brüllte uns Lucy vom Straßenrand aus zu. Tom schmiss die Tür seines Wagens hinter sich zu und winkte johlend.

Eine Sekunde lang war ich enttäuscht, unsere friedliche Zweisamkeit vorerst aufgeben zu müssen – so abrupt noch dazu. Aber als Noah meine Hand umklammerte und mich entschuldigend ansah, versicherte ich ihm in Gedanken, dass alles in Ordnung war. Und es stimmte, denn über diese heimliche Art der Kommunikation waren wir immer für uns. Es war etwas Besonderes. Ein Geheimnis, das nur wir beide teilten. Während wir gemeinsam beobachteten, wie Lucy stehenblieb und sich an Toms Oberarm festhielt, um sich ihrer hochhackigen Schuhe zu entledigen (diesmal war zumindest nicht *ich* der Depp!), fragte ich mich zum ersten Mal, warum sich Noah vor der Begegnung mit mir nie seiner Gabe bedient hatte.

„Anfangs konnte ich niemanden berühren, weil die Panik noch zu groß war", flüsterte er bereitwillig. „Und dann ... *wollte* ich niemanden mehr anfassen. Ich war mir sicher, alle hielten mich für einen Freak. Und ich hätte es nicht ertragen, das so direkt und ... ungefiltert aus ihren Köpfen zu erfahren."

„Aber deine Familie doch nicht!", empörte ich mich.

Er schüttelte den Kopf und sah mit traurigen Augen auf mich herab. „Nein, vermutlich nicht. Aber ... hätte ich damals gewusst, *wirklich gewusst*, wie aufrichtig sie sich um mich bemühten, dann hätte ich mich noch schäbiger gefühlt. ... Das verstehst du nicht, oder?"

Ich schüttelte kaum wahrnehmbar den Kopf. Ausreichend für Noah, um sich weiter zu erklären. „Ohne die Gewissheit, die ihre

Gedanken mit sich gebracht hätten, war es leichter für mich so ... *fies* zu ihnen zu sein."

Ich riss die Augen auf und starrte ihn fassungslos an. „Du hast das mit Absicht getan? All die Jahre lang hast du sie bewusst auf Abstand gehalten?"

Er zuckte mit den Schultern. „Ich dachte, das würde die Sache erleichtern." Es war zu spät, Noahs eigenartige Antwort und *die Sache*, von der er sprach, zu hinterfragen.

„Hallo!", rief Lucy, jetzt nur noch wenige Meter von uns entfernt.

Schnell schüttelte ich die erste neu erworbene Erkenntnis seit Wochen, sowie all die damit verbundenen Fragen, aus meinem Kopf und riss meinen Blick von seinem schönen Gesicht.

Wie Noah am Nachmittag, so stapfte nun auch Tom vollbeladen durch den Sand. Aus einer spontanen Idee heraus hatte er den dreibeinigen Schwenkgrill der Franklins eingepackt, Kohle und Anzünder an einer Tankstelle besorgt und im Supermarkt frische Steaks, Red Bull, Maiskolben und Baguette gekauft.

„Wo ist Adrian?", hörte ich Noah fragen, während er das Feuer entzündete.

„Zu Hause", erwiderte Lucy, die neben mir auf der Matratze Platz genommen hatte und seitdem mit meinen Haaren spielte. Ihr Ton war bedeutungsvoll. So bedeutungsvoll, dass Noah aufblickte und sie fragend ansah.

In der nun herrschenden Dunkelheit, hinter den lodernden Flammen, sah er ... unglaublich heiß aus – in jederlei Hinsicht. Ich beobachtete ihn, seine schönen, hellen Augen, die sich unter den dunklen Augenbrauen prüfend zusammenzogen, das Spiel der Muskeln und Sehnen seiner Oberarme, ausgelöst durch die fächelnden Bewegungen, die er mit der Frisbee-Scheibe über dem Feuer ausführte. Als ich wieder zurück in sein Gesicht schaute, hatte er Lucy seinen Blick bereits entzogen und sah stattdessen mich an – mit verräterisch zuckenden Mundwinkeln.

Verflixt!

Reichte es nicht, dass er meine Gedanken bespitzeln konnte, sobald er mich berührte? Musste er mich auch so noch dabei erwischen, wenn ich ihn anschmachtete? Und sollten das wirklich die Fragen sein, die ich mir stellte – bei allen Ungereimtheiten, die Noah mit sich brachte?

„Los, spuck's schon aus, Lu!", verlangte Tom, nur um dann selbst die Katze aus dem Sack zu lassen: „Kathy ist bei Adrian."

Noahs Augen weiteten sich, genau wie meine. „Meinst du ...?" Ich ließ die Frage offen stehen.

„Na, ich denke schon, dass sie sich sehr mögen. Bestimmt mehr als simple Freunde es tun", verdeutlichte Lucy. Dann versetzte sie Tom, der vor ihr im Sand saß und die feinen Körnchen faustweise durch seine riesigen Finger rieseln ließ, einen Schlag in den Nacken. „Was auch der Grund für uns war, das Weite zu suchen. Um den beiden ein bisschen Privatsphäre zu gönnen. Euch dafür auf den Wecker zu fallen, war eigentlich nicht Teil meines Plans."

„Ihr stört nicht", sagte ich postwendend, wenn auch nicht absolut ehrlich.

Noah schmunzelte wissend. „Nein, wirklich, überhaupt nicht."

Das klang so ironisch, dass ich meinen Blick senken musste, um mein Lachen zu verbergen.

Tom stellte den Grill über das Feuer, holte die marinierten Steaks aus der Tüte und legte sie auf. Obwohl ich es zuvor nicht für möglich gehalten hatte, bekam ich wieder Appetit, sobald mir der herzhafte Geruch des gegrillten Fleisches in die Nase stieg. Da Noah nur zwei Teller und auch nur zweimal Besteck mitgebracht hatte, aßen wir in Pärchen zusammen. Tom fütterte Lucy, die – winzig und zierlich, wie sie war – einem Kind gleich in seinem Schoß saß. Die beiden machten schon lange keinen Hehl mehr aus ihren Gefühlen füreinander. Sie hielten sich engumschlungen, lachten über jede Kleinigkeit und knutschten auch während des Essens immer wieder.

Noah verdrehte die Augen und blickte lächelnd auf mich herab. Ob wir auch so waren? ... Vielleicht.

Warm und klar brach die Nacht über uns herein. Wenige Meter vor unseren Füßen schlugen sanfte Wellen ans Ufer und wirbelten die salzige Luft auf.

„Bist du glücklich?", flüsterte Noah in mein Ohr, als ich mich zurücklehnte und den Kopf gegen seine Brust drückte.

„Ich dachte, du kannst Gedanken lesen?", flüsterte ich zurück und umklammerte, wie zur Bestätigung, seine Arme.

Er grinste; ich spürte es in meinem Haar. „Nun, vielleicht will ich es hören. Und zur Abwechslung mal direkt aus deinem Mund."

Ich wandte mich ihm zu und sah ihn so tief an, dass seine Lider zu flattern begannen. „Ich war nie glücklicher", versicherte ich ihm in aller Aufrichtigkeit.

„Hey!", rief Tom, der mit Lucy zur Brandung vorgelaufen war. „Was haltet ihr von einem spontanen Nachtbad?"

„Nichts!", entgegnete ich so bestimmt, dass Noah hinter mir losprustete.

„Kommt schon!", forderte Lucy und begann im selben Moment damit, sich die Klamotten vom Leib zu streifen. Tom sah sie einen Augenblick lang ungläubig an, dann kam er kaum schnell genug aus seinem T-Shirt und zerrte wie wild an einem seiner Ärmel, als er darin steckenblieb.

„Was denn, nackt?", rief ich entgeistert.

Lucy lachte laut auf. „Quatsch!"

„Nicht?", fragte Tom und handelte sich mit seiner unverhohlenen Enttäuschung einen Klaps gegen den Brustkorb ein.

„Natürlich nicht!", lachte Lucy. „Aber wo ist schon der Unterschied zwischen unserer Unterwäsche und Bademode. Zumindest bei den jetzigen Lichtverhältnissen?"

Nun, wo sie recht hat ...

Meine Gedanken schweiften zu meiner Unterwäsche; an diesem Tag trug ich ausnahmsweise ein passendes Set. Schlagartig gingen mir alle Gegenargumente aus.

„Also, kommt ihr?", fragte Tom, mittlerweile nur noch in Boxershorts.

„Nur wenn du mitkommst", wisperte ich Noah zu. Sein Gesicht verzog sich – wie immer, wenn er zwischen seinen selbsterrichteten Barrieren feststeckte. Ich wusste genau worum es ging und zog es vor, ihm die folgenden Worte unausgesprochen zu übermitteln.

Niemand kann dich sehen, Noah. Es ist zu dunkel. Und die beiden werden ... sicher voll und ganz mit sich selbst beschäftigt sein.

Er wägte noch eine Weile ab, dann stand er in einer fließenden Bewegung auf und zog mich mit sich. Es war das erste Mal, dass wir uns nebeneinander entkleideten, wenn auch nur teilweise. Trotz des dezenten Lichts des verglimmenden Feuers und des ausgelassenen Gejohles von Lucy und Tom, die sich bereits im Wasser vergnügten, verstrich der Moment zwischen uns sehr angespannt. Ich traute mich nicht Noah anzusehen und hätte wetten können, dass es ihm genauso mit mir ging. Umso erstaunter war ich, als ich mich ihm zuwandte und er mich ... ja, *sehr intensiv* betrachtete. Sofort schoss mir die Hitze in die Wangen.

„Komm!", sagte er leise und streckte mir seine Hand entgegen. Kaum hatte ich sie ergriffen, rannte er los, zog mich hinter sich her und blieb nicht stehen, bis das Wasser um uns herum aufspritzte und wir kopfüber hineinsprangen, um den Übergangsmoment so kurz wie möglich zu halten.

Es war kühl aber nicht kalt. Der Hitze, die sich weiter in mir ausbreitete, sobald sich Noahs Körper gegen meinen presste, konnte die Temperatur des Wassers jedenfalls nichts anhaben. Die Haare klebten nass an seiner Stirn, die hellen Augen funkelten sogar in dem matten Licht, das der ovale Mond auf uns herabschickte, und sein Lächeln raubte mir wieder einmal die Luft, die ich nach unserem Abtauchen eigentlich verdammt nötig gehabt hätte.

Noah war perfekt. Unaufhaltsam wanderten meine Gedanken über den peinlichen Pfad der Lust. *Wieder einmal.*

Er grinste; beschämt ließ ich meinen Kopf gegen seine Brust fallen.

Ja, alles war wie immer, nur ... noch intensiver, noch spannungsgeladener als sonst. Sein Herz jedoch schlug weiterhin unbeirrt, fest und regelmäßig. Ruhig. *Unangebracht ruhig.*

Noah schob mich von sich, tauchte kurz ab und kam mit einer Handvoll Steinen wieder hoch. Er sammelte die flachen heraus und ließ sie der Reihe nach über die Wasseroberfläche hüpfen.

Während ich ihn beobachtete, wurden mir zwei Dinge bewusst.

Erstens: Er zog sich immer dann zurück, wenn meine Gedanken zu seinem Herzen wanderten. Eines seiner Geheimnisse schien in diesem unnatürlich ruhigen, fast schon mechanisch wirkendem Rhythmus seines Herzschlages zu liegen.

Und zweitens: Er kämpfte gegen die körperliche Anziehungskraft zwischen uns an, die trotz seiner Bemühungen (oder vielleicht gerade deshalb?) unaufhaltsam wuchs – von Minute zu Minute – und meine Sinne nicht nur einmal innerhalb der vergangenen Wochen außer Kraft gesetzt hatte. Warum gab er dem Gefühl nicht einfach nach? Wollte er diese Nähe denn nicht? Ich für meinen Teil sehnte sie herbei.

Mein Blick glitt zu Lucy und Tom, die nur wenige Meter von uns entfernt standen, aber weit genug, um beinahe vollständig in der Dunkelheit abzutauchen. Nur die mosaikartigen Reflektionen des Mondlichts, die auf der Wasseroberfläche tanzten, ließen mich ihre vagen Umrisse von Zeit zu Zeit erahnen. Ihre *engverschlungenen* Umrisse. Lucys ausgelassenes Lachen war schon lange verhallt; nun hörte man nur noch sporadische, seltsam unterdrückte Geräusche von ihr, die darauf schließen ließen, wie intensiv sie geküsst wurde.

„Tom, sie ist meine *Schwester,* verdammt!", brummte Noah in diesem Moment.

„Scheiße, Mann!", entgegnete Tom. Er klang tatsächlich ein wenig atemlos. „Sonst ist es Adrian und jetzt auch noch du, Noah? Ernsthaft?"

Lucy kicherte. Ich war mir sicher, den Stolz über Noahs Reaktion in ihrer Glockenstimme zu hören: „Lass ihn, Tom! Es war schließlich deine Idee hier raus zu fahren."

Nach unserer spontanen Badeaktion wateten Lucy und ich als Erste zurück ans Ufer. Die Jungs blieben so lange im kühlen Nass, bis wir uns abgetrocknet, aus unserer Unterwäsche gepellt und im Schutz der Dunkelheit den Rest unserer Klamotten wieder übergestreift hatten. Als wir endlich nach ihnen riefen und mit ausgebreiteten Handtüchern zur Brandung liefen, erschien zunächst nur Tom. Erst als Lucy und er außer Sichtweite waren, tauchte auch Noah auf. Wie aus dem Nichts watete er plötzlich auf mich zu. Er konnte mir kaum in die Augen sehen und senkte seinen Blick selbst dann noch verschämt, als ich ihm bereits das Handtuch gereicht hatte.

„Was ist?", fragte ich verwundert. Es war schließlich nicht das erste Mal, dass ich ihn mit nacktem Oberkörper sah. Und von *sehen* konnte strenggenommen nicht mal die Rede sein, zumal das Feuer mittlerweile erloschen war und die Kohlen nur noch leicht glühten. Die einzige schwache Lichtquelle bildeten der blasse Mond und die unzähligen Sterne über uns. Wie funkelnde Diamanten lagen sie in dem schwarzen Samt des Nachthimmels.

Noah rubbelte sich kurz über die Haare und knüpfte das Handtuch um seine Hüften, ohne auf meine Frage einzugehen.

„Du ... bist wunderschön", wisperte er endlich und ließ seine Fingerspitzen für einen Moment über meine Wange tanzen. Seine Berührung hätte kühl sein müssen, war es aber nicht. Irgendwie schwante mir, dass hinter seinen schmeichlerischen Worten mehr steckte – auch wenn ich nicht wusste, was es hätte sein können. Er konnte mich unmöglich beim Umziehen beobachtet haben. *Oder etwa doch?* Immerhin konnte er auch Gedanken lesen. Wieder einmal blieb mir keine Zeit, meine Befürchtung zu hinterfragen. Warum? Nun, Noah nieste.

Es war das erste Mal, dass ich das hörte. Und seinem überraschten Gesichtsausdruck nach zu urteilen, nieste er wohl nicht sehr oft. Mit weit aufgerissenen Augen fasste er sich an die Schläfen und schüttelte den Kopf dabei so stark, dass das Wasser von seinen Haaren geschleudert wurde und mir tröpfchenweise ins Gesicht sprenkelte.

„Ja, verdammt!", murmelte er. Und dann, nur eine Sekunde später und so leise, dass ich es kaum hörte: „'Tschuldigung!"

„Warum entschuldigst du dich fürs Niesen?", fragte ich lachend.

„Nein, nicht fürs Niesen selbst. Nur ... für den absolut *unpassenden Zeitpunkt*", erklärte er und betonte die letzten Worte in aller Vehemenz.

„Schon okay. Niesen reinigt die Gedanken, weißt du? Es ist die schnellste Art, einen klaren Kopf zu bekommen. Vielleicht hattest du das ja nötig", scherzte ich frech.

Noahs Kinnlade klappte herab. Für einige Sekunden – in denen ich innerlich einen kleinen Lambada aufführte – sah er mich tatsächlich durch und durch entsetzt an. Dann kehrte sein typisches einseitiges Lächeln zurück und ließ seine Augen erstrahlen.

„Ja, vermutlich war *irgendjemand* da oben ...“ und damit deutete er in das Sternenmeer über uns, „... exakt dieser Meinung, Miss Rossberg.“

Ich lachte mit ihm; gemeinsam blickten wir auf den breiten weißen Strahl, den der Mond über das glitzernde Wasser warf. Sein flackerndes Ende inmitten des tiefen Schwarz’ markierte den einzigen erkennbaren Punkt des Horizonts. Wie ein langer, schimmernder Teppich erstreckte sich der Glanz vor uns und erinnerte mich an etwas, das ich schon viel zu lange vor mir herschob. Ich nahm Noahs Hand, all meinen Mut ... und begann einfach, ohne weiter darüber nachzudenken.

„Mein Dad feiert Mitte November die Weltpremiere seines Films in New York. Zum ersten Mal möchte er Jason und mich dafür bei sich haben. Und ich ... hätte *dich* gerne bei mir, Noah.“

Ich wusste nicht, was ich erwartet hatte. Aber das lange Schweigen, in das er nun verfiel, überforderte mich und strapazierte meine Nerven. Warum konnte es nicht ein Mal andersherum sein?

Wie gerne würde ich zur Abwechslung mal in deinen Kopf schauen.

„Ich denke an eine unüberschaubare Menschenmenge“, erklärte Noah bereitwillig, sobald er meinen Gedanken erfasste. „Kreischende Fans, die sich gegen Barrieren drücken und alles versuchen, um ihren Idolen möglichst nahe zu kommen. Und ich denke an dich.“ Der Griff seiner Hand festigte sich. „Inmitten dieses Wahnsinns.“

„Oh, mein Dad will nicht, dass wir mit ihm über den Roten Teppich stolzieren, keine Bange. Wir werden direkt zum Hintereingang des Kinos chauffiert und erhalten noch vor allen anderen Gästen Einlass. Es wird, zumindest für uns, total unspektakulär ablaufen.“

„Hm“, brummte er mürrisch.

Bitte, Noah! Lucy, Adrian, Tom und Kathy kommen auch mit.

Nun fiel seine Hand schlaff von meiner, als hätte ihn urplötzlich alle Kraft verlassen.

„Du hast alle anderen schon gefragt?"

Oh, Mist!

„Allerdings, Madame! Wann?"

„Vor drei Wochen, in etwa."

„Vor *drei* ..." wiederholte er ungläubig, drehte mich in seinen Armen und schob mich dann ein wenig von sich, sodass wir jeglichen Körperkontakt verloren. Mit vor der Brust verschränkten Armen stand er nun vor mir und sah in seiner Eifersucht so unverschämt gut aus.

„Warum hast du bei mir so lange gewartet?" Das klang nicht wütend, nur verständnislos.

„Weil ich den richtigen Zeitpunkt abpassen wollte. Außerdem haben sich die Ereignisse am Anfang förmlich überschlagen und ich ... wollte dich nicht überfordern."

Obwohl Noah mir direkt in die Augen sah, tief und prüfend, wirkte er so unnahbar wie schon lange nicht mehr.

„Also, was ist, kommst du mit mir?", fragte ich ängstlich. „Bitte!"

Endlich zuckten seine Mundwinkel; dann lächelte er und zog mich zurück in seine Arme. „Was für eine Frage, natürlich komme ich mit dir."

Erleichtert ließ ich den Kopf gegen seine nackte Brust fallen. „Danke! ... Und jetzt raus aus der nassen Hose, du erkältest dich noch."

Irgendetwas an meiner Bemerkung fand er witzig. „Wohl kaum", murmelte er, wandte sich jedoch im selben Moment ab und versank erneut im Schwarz der Nacht.

XXIII.

Etwa anderthalb Stunden später, kurz nach Mitternacht, fuhren wir die Einfahrt der Franklin-Villa empor. Marie und Joe waren ausgegangen, Adrian schien bereits zu schlafen. Das große taubenblaue Haus lag im Dunkeln vor uns, mein Mini stand einsam und verlassen auf dem riesigen Parkplatz. Als wir den Eingangsbereich betraten und die Taschen ablegten, hallte jedes noch so kleine Geräusch von den Wänden wider.

Noah und ich waren allein zurückgekehrt, nachdem Lucy erfolglos versucht hatte, uns zu einer DVD-Nacht in Toms Elternhaus zu überreden.

Noah schmiss unsere nasse Unterwäsche zusammen mit der seiner Schwester in den Trockner und räumte die Strandutensilien auf, während ich die kläglichen Überreste unseres Picknicks im Kühlschrank verstaute.

Hand in Hand schlenderten wir die Treppe empor. Wortlos schloss er seine Zimmertür hinter uns und mich danach in seine Arme. Endlich spürte ich seine Lippen wieder dort, wo sie hingehörten. Weich und unglaublich behutsam schmiegten sie sich gegen meine.

„Hmm", brummte er nach einem unmessbaren Moment. Wann immer wir uns küssten, blieb die Welt stehen. Mit geschlossenen Augen, die Nase sanft gegen meine Wange gedrückt, atmete er einige Male tief durch. „Du bleibst doch, oder?" Die Frage allein jagte mir eine wohlige Gänsehaut über den Rücken, und Noah lächelte schon zufrieden, bevor ich seine Frage verbal beantwortet hatte.

Ich seufzte. „Nun, was soll ich sagen? Deine Schwester ist mein perfektes Alibi."

„Meine *nicht anwesende* Schwester, meinst du?"

Die altbekannte Hitze stieg mir in die Wangen. „Genau die."

Ich ging vor Noah ins Bad und stieg unter die Dusche, um mir das Salz vom Körper und aus den Haaren zu waschen. So sehr ich mich auch beeilte, benötigte ich dennoch zwanzig Minuten, bis ich die Tür zu Noahs Zimmer wieder öffnete und ihm in einem seiner T-Shirts entgegentrat. Es reichte mir bis zu den Knien und schlackerte wie ein Sack um meinen Körper. Er war so viel größer als ich.

Noah hatte wieder die Musik von *Sleeping at last* aufgelegt; das schwache, gelbliche Licht der Nachttischlampe tauchte sein Zimmer in einen warmen Farbton und ließ die gesetzten Akzente, den Teppich und die Vorhänge, eher grün als dunkelblau erscheinen.

Noah lag rücklings auf seinem Bett, über der Tagesdecke. Die Arme hinter dem Kopf verschränkt und die Beine angewinkelt, sah er mich an.

Die Scham über meine seltsame, ziemlich unattraktive Erscheinung ertrank binnen eines Herzschlages im sanften Glanz seiner Augen. Niemand konnte liebevoller schauen als Noah. Ich posierte in meinem albernen Outfit wie eines dieser hirnlosen Models vor ihm und entlockte ihm damit ein richtiges Lachen.

Nicht zum ersten Mal fragte ich mich, wo uns diese Nacht wohl hinführen würde. Etwas Besonderes schien ihr anzuhaften, und ich hoffte inständig, mich dieses Mal nicht zu irren. Dabei war es mir absolut egal, ob sich derartige Gedanken gehörten, ob sie nach einem Monat noch übereilt waren oder ob ich damit gegen sämtliche Regeln der Vernunft verstieß. Vernunft hatte mit meinem Zustand schon lange nichts mehr zu tun. Die alte, vernünftige Emily hatte ich meilenweit hinter mir gelassen. Sie war am Morgen des ersten Schultags nach den Sommerferien gut gelaunt aufgebrochen und in den darauffolgenden Tagen irgendwo zwischen der ersten Begegnung mit Noah und dem unfreiwilligen Bad in seinem Pool auf der Strecke geblieben. Länger hatte Noah nicht benötigt, um eine neue, völlig fremde Emily in mir zu wecken. Und die war bereit für den nächsten Schritt. Ohne jeden Zweifel. Da ich allerdings keine Ahnung hatte, wie es diesbezüglich um Noah stand, blieb ich plötzlich wie angewurzelt stehen und atmete tief durch, um meiner Gedanken Herr zu werden, ehe ich mich an ihn schmiegte und sie unfreiwillig mit ihm teilte.

„Was ist?", fragte Noah, dem mein Zögern nicht entging.

„Nichts, schon gut", antwortete ich, schöpfte ein letztes Mal tief Luft und legte mich dann neben ihn. Sofort zog er mich eng an sich und berührte meine Wange, auf der Suche nach Klarheit.

Einen Wimpernschlag später verwandelte sich sein Lächeln in ein breites Grinsen, dann prustete er los.

Ich ließ mich nicht beirren und konzentrierte mich wie verrückt, um den Faden nicht zu verlieren.

„Wirklich, Em? Du singst *Old Mc Donald had a farm*, nur um deine Gedanken vor mir zu verheimlichen?" Noah konnte kaum sprechen, so sehr lachte er.

Ich schwieg verbissen, zumindest äußerlich.

... had some ducks, hiahiaho ...

Noah drehte sich unter mir weg, brachte ein paar Zentimeter Distanz zwischen uns und rollte auf die Seite, um mich anzusehen. „So besser?", fragte er grinsend.

Das war nicht leicht zu beantworten, so simpel seine Frage auch klingen mochte. „Hm, teils, teils."

„Es ist die einzig zuverlässige Möglichkeit, deine Gedanken vor mir abzuschirmen. Oder ..." Amüsiert zog er die Augenbrauen hoch. „... wie viele Kinderlieder kennst du noch?"

„Eine Menge", antwortete ich trotzig – nicht bereit, seine Umarmung länger zu entbehren.

Noahs Miene wandelte sich erneut. „Ernsthaft, jetzt bin ich neugierig. Du bist doch sonst nicht so verschlossen. Oder?"

Verschämt senkte ich den Blick. „Ab und zu versuche ich schon, mich ... zu kontrollieren."

„Hm", machte Noah. Er wirkte nachdenklich. „Ich schätze, das ist verständlich. Ich würde es auch nicht mögen, hätte sich jemand ungefragt *in meinem Kopf eingenistet.*" Seine Stimme wurde lauter und eindringlicher unter den letzten Worten, die in der darauf einsetzenden Stille nachwirkten.

Ich verstand nicht, warum sich sein Tonfall so gewandelt hatte. Es wirkte beinahe so, als hätte er nicht zu mir gesprochen.

Schließlich zuckte Noah mit den Schultern und senkte seine Stimme wieder. „Also, wenn du es mir nicht sagen willst, ist das dein gutes Recht."

„Ich kann dir ja einen Tipp geben", flüsterte ich, in einem kläglichen Versuch verführerisch zu klingen, und schloss die Lücke zu ihm wieder.

Noah schluckte schwer, sein Adamsapfel bewegte sich unmittelbar vor meinen Augen. „Okay."

Langsam, wie in Zeitlupe, reckte ich mein Kinn und ließ meine Lippen über seinen Hals gleiten, ohne ihn zu küssen. Über seinem T-Shirt zeichneten meine Fingerspitzen dabei die Konturen seines Oberkörpers nach. Ich hielt diese Art der Berührung für sehr eindeutig, und als ich die Stelle unmittelbar unter Noahs Ohrläppchen erreichte, bestätigte sich meine Hoffnung in einem unverkennbaren Laut: Er seufzte – zittrig und so unkontrolliert wie noch nie zuvor.

Ein kurzer Blick verriet mir, dass seine Augen geschlossen und die Lippen einen Spaltbreit geöffnet waren. *Perfekt!* Ergeben drückte er seinen Kopf tiefer in das Kissen, gewährte mir besseren Zugang. Die Chance blieb nicht lange ungenutzt. Ausgiebig liebkoste ich Noahs Hals, seine Wangen und Augenlider, das zuckende Kinn, sein gesamtes bildschönes Gesicht.

Sein Atem beschleunigte sich unter mir, wurde flacher und holpriger, ähnlich meinem eigenen, während Noah nahezu bewegungslos dalag und einfach nur genoss. Sein Vertrauen zu spüren war das größte Glück von allen. Erst, als ich meinen Mund federleicht auf seine Lippen legte, umschloss er meine Taille mit beiden Armen und drehte mich in einer fließenden Bewegung unter sich. Sein Shirt verrutschte und gab ein schmales Stück Haut seines Bauches frei. Dankbar schoben sich meine Fingerspitzen unter den Saum und strichen über die fein definierten Muskelstränge seines Brustkorb. Und da war er wieder, dieser ruhige Herzschlag, der – allen Umständen zum Trotz – so gar nicht zu meinem passen wollte. Unbeirrbar pochte er gegen meine Hand. So fest, dass ich ihn stärker als meinen eigenen spürte.

Bumm-bumm ... bumm-bumm ... bumm-bumm ...

Kaum hatte mich der Gedanke durchzuckt, entzog mir Noah seinen Mund und wich zurück. Seine Stimmung schlug so schnell und unvorhersehbar um, dass er mir im wahrsten Sinne des Wortes entglitt.

Er raufte sich die Haare, setzte sich auf und zog die Knie an, um sie mit seinen Armen zu umschlingen und so dicht wie möglich an seine Brust heranzuziehen. In diesem Moment wirkte er verzweifelt und irgendwie ... hilflos. Wie ein Kind, das man zur Strafe in den

Keller geschickt hatte. Die Idee setzte einen eisigen Schauder frei, der lawinenartig meinen Rücken herabrollte und mich erzittern ließ.

„Was ist?", fragte ich erschrocken und setzte mich ebenfalls auf.

Noah wiegte sich leicht vor und zurück. Der Anblick festigte das Bild des verstörten Kindes in meinem Kopf. Dementsprechend zog ich meine Hand, die ich reflexartig nach ihm ausgestreckt hatte, wieder zurück und verschränkte sie mit meiner anderen, anstatt ihn zu berühren.

„Was du willst, Emily, ...", begann er nach einer gefühlten Ewigkeit und nur sehr zögerlich, „... kann ich dir nicht geben."

Seine Worte waren eindeutig; Noah wusste genau, wonach ich mich sehnte. Scham überkam mich und löste die strömende Hitze aus, die dieses Mal allerdings so schnell durch meine Adern schoss, dass mir einen Moment lang schwindlig wurde und bunte Lichter vor meinen Augen tanzten. *Nicht schon wieder, bitte!*

Ich atmete tief durch und war erleichtert, als sich die trudelnden Funken auflösten. „Ähm ... Es ist zu früh, oder? Ich ... Es tut mir leid", stammelte ich verlegen.

Noah schüttelte den Kopf. „Nein, darum geht es nicht." Er erhob sich und wanderte halt- und ziellos durch sein Zimmer, ähnlich wie an unserem ersten Abend hier. Und irgendwie, so skurril das auch sein mochte, schöpfte ich Hoffnung aus Noahs Verzweiflung. Denn wie oft hatte ich mich schon geirrt, was seine Reaktionen anging? Vielleicht war wieder einmal alles ganz anders als ich es deutete. Vielleicht wollte er mich *doch* ebenso wie ich ihn – in jederlei Hinsicht.

„Worum geht es dann?", flüsterte ich.

„Das habe ich dir gesagt", beharrte Noah, den Blick starr auf seine Zehenspitzen gerichtet. Endlich blieb er stehen und sah mich an.

„Ich *kann* nicht!" Die Betonung lag dabei so eindeutig auf *kann*, dass ein *will* oder *möchte* ausschied. Nein, er *konnte* nicht – warum auch immer.

„Hey, komm zu mir!", forderte ich und streckte meine Arme nun doch nach ihm aus.

Noah biss sich auf die Unterlippe, ließ die Hände, mit denen er sich mal wieder durch die Haare gefahren war, fallen und kam dann tatsächlich auf mich zu. Seufzend nahm er neben mir Platz.

335

„Warum?", fragte ich leise. Dabei legte ich meine Hand erneut auf seinen Brustkorb und drückte ihn mit sanfter Bestimmtheit zurück auf die Matratze. „Warum kannst du es nicht?"

Noah schlug die Augen nieder und schüttelte kaum wahrnehmbar den Kopf. Meine Finger lagen noch immer über seinem Herzen.

„Spürst du das denn nicht?", entgegnete er leise.

„Ich spüre nur dein Herz", erwiderte ich gedankenlos. Sofort schoss sein Blick wieder hoch; er sah mir direkt in die Augen –

Dein Herz, Noah?

– ... und nickte. Irgendwie spürte ich, dass er nicht mehr dazu sagen würde, hoffte im selben Moment jedoch, seine Grenzen auf andere Weise erweitern zu können.

„Es schlägt immer so wie jetzt", begann ich meine Beobachtungen zu schildern. „Ruhig und ... beinahe mechanisch gleichmäßig. Unfassbar exakt."

Noahs Blick vertiefte sich, ermutigte mich.

„Deine Atmung beschleunigt sich, und auch der Rest deines Körpers reagiert auf deine Gefühle, wie jeder andere, würde ich sagen. Aber dein Herz ... bleibt immer ruhig. Als würde es vollkommen autonom schlagen, ohne Verbindung zu ... den äußeren Umständen. Aber wie kann das sein?"

„Hm", machte Noah nur und legte den Kopf schief. Sein Mund verzog sich; es wirkte bedauernd.

Und in diesem Moment verstand ich. Zumindest begriff ich die Regeln. Er *wollte* es mir sagen, *durfte* aber nicht, dessen war ich mir mit einem Mal vollkommen sicher. Ich verstand nicht, warum das so war, wer diese Schweigeregel aufgestellt hatte und warum Noah sich so ergeben daran hielt, wo ausgerechnet er doch über Jahre hinweg so unbeugsam gewirkt hatte. Dennoch war ich mir sicher, in diesem einen Punkt richtig zu liegen: Er *wollte* es mir sagen.

Plötzlich kam ich mir beobachtet vor, als hätte ein Unbekannter Noahs Zimmer verwanzt, um uns zu belauschen. Als müsste ich meine Worte sorgfältig und sehr bedacht wählen – oder gar nicht erst aussprechen.

Gegenfragen, Noah. Sie sind manchmal die besseren Antworten.

Er sah mich an und blinzelte oft hintereinander, schien angestrengt nachzudenken.

„Nehmen wir an, du lägst richtig", sagte er endlich. „Führe den Gedanken weiter. ... Anatomisch betrachtet, zu welcher Erkenntnis würde dich das bringen?"

Anatomisch? ... Alles klar, gib mir einen Moment!

In meinem Kopf baute sich ein Bild aus meinem Biologiebuch der sechsten Klasse auf, das mich damals besonders fasziniert hatte. Es zeigte das Herz, sowie die rot und blau eingezeichneten Blutbahnen, die sich bis in die äußersten Gliedmaßen unseres Körpers hinein verästelten und ihn mit Sauerstoff und sonstigen Nährstoffen versorgten.

Dann verschwamm das Bild und wurde durch Noahs Gesicht ersetzt. In meiner Erinnerung sah ich ihn noch einmal so, wie er nach meinem Unfall ausgesehen hatte. Mit weit aufgerissenen Augen blickte er auf mich herab. Entsetzt, schockiert, verängstigt. Vermutlich hätte ich ihn genauso angesehen, wäre er an meiner Stelle in einen derartigen Unfall verwickelt gewesen. Aber mein Herz hätte zweifellos gerast. Kalter Angstschweiß hätte mir auf der Stirn gestanden und mein Gesicht wäre vermutlich eher aschfahl als rosig gewesen. Seines hingegen ... war braungebrannt wie immer und fühlte sich weder warm noch kalt an, von Schweiß keine Spur. Überhaupt hatte ich Noah noch nie verschwitzt gesehen.

Weitere Bilder flackerten durch meinen Kopf und machten mir klar, dass Noah – selbst wenn er schon so manches Mal von einem Fuß auf den anderen getreten war und vor Verlegenheit offenbar nicht gewusst hatte wohin mit sich – noch nie errötet war. Nicht einmal ansatzweise.

„Genau", wisperte Noah. „Was bedeutet ..." Er drängte mich nun regelrecht der Lösung entgegen.

„Dein Blut wird *immer* regelmäßig durch deinen Körper gepumpt", hielt ich fest.

Noah sah mich eindringlich an, seine Augenbrauen hoben sich. Offenbar war ich dicht dran.

„Oh!", sagte ich, als die Erkenntnis endlich – unverzeihlich spät – einsetzte. „Durch deinen *gesamten* Körper." Für einen winzigen

Augenblick – nur bis ich es bemerkte und sofort gegensteuerte – fiel mein Blick auf seinen Schoß.

Im selben Moment sackten Noahs Schultern ein. Sein Kopf schien urplötzlich zu schwer geworden zu sein und kippte vorn über. Erleichterung oder Scham, ich wusste es nicht. Vermutlich beides.

„Hey!", flüsterte ich nach stummen Sekunden, in denen ich mich zugegebenermaßen hatte fassen müssen. Wir würden also voraussichtlich nie so ... nah beieinander sein können, wie ich es mir für diese Nacht erhofft hatte.

Ich streckte meine Hand nach ihm aus, aber Noah wich zurück – als wären meine Finger glühende Kohlen. Ebenso ruckartig erhob er sich und verschwand ohne ein weiteres Wort in seinem Bad.

Die Botschaft der zufallenden Tür hätte kaum deutlicher sein können. Noah pfefferte sie nicht zu, es lag keine Wut in seinen Bewegungen. Nein, die Tür fiel kraftlos zu, mit einem dumpfen Klang, den man leicht hätte überhören können. Nun wusste ich, dass es Scham war. Ausschließlich Scham, nichts anderes empfand er in diesem Moment.

Die Erkenntnis ließ mich keine weitere Sekunde zögern. Ich sprang auf und lief ihm nach. Noah hatte nicht abgeschlossen, und so riss ich die Tür auf, die sich nur wenige Sekunden zuvor hinter ihm geschlossen hatte. „Tu das nicht!", rief ich im Reinplatzen.

Noah stand am entgegengesetzten Ende des schmalen Raums. Die Arme links und rechts auf dem Rand des Waschbeckens abgestützt, starrte er in den Spiegel – an seinem eigenen Gesicht vorbei, blickte er direkt in meine Augen. „Was?", presste er hervor.

„Lauf nicht weg vor mir!"

Er stieß sein bitteres Lachen aus und schüttelte den Kopf. „Als ob es diese Möglichkeit überhaupt gäbe."

„Noah!", rief ich aus. Mein Ton war ungewöhnlich hart, sein schöner Name klang wie eine Warnung aus meinem Mund.

Sofort richteten sich seine Augen zurück auf meine. Erst, als ich mich selbst hörte und seinen verwunderten Blick sah, realisierte ich die Wut, die offenbar im Bruchteil einer Sekunde in mir aufgekocht war und die Verzweiflung nahtlos abgelöst hatte. „Schluss damit!", forderte ich streng. „Ich habe es satt, dass du in

Rätseln sprichst. Es ist offensichtlich, dass hier etwas ganz und gar nicht stimmt. Mit ... mit dir, mit *uns*. Du ... liest meine Gedanken, dein Herz lässt sich durch absolut nichts aus der Ruhe bringen, du hast einen Freund, den du als deinen einzigen Vertrauten bezeichnest, den aber weder deine Geschwister, noch deine Eltern zu kennen scheinen, und ... du hast mehrfach angedeutet, eines Tages ... keine Ahnung ... einfach nicht mehr da zu sein. Was glaubst du, wie viel ich noch ertrage, bevor ich hier durchdrehe, Noah? Du kannst doch nicht ernsthaft auch nur für einen weiteren Tag von mir verlangen, dass ich das alles einfach so hinnehme."

Die Muskeln in Noahs Armen spannten sich an, als er sich vom Waschbeckenrand abstieß und aufrichtete. „Verdammt! Hat sich irgendwer jemals dämlicher angestellt als ich?", hörte ich ihn fragen und ließ genervt die Arme fallen. *Was soll das nun wieder bedeuten?*

„Schon mal was von Rhetorik gehört?", murmelte er bitter, als hätte er meine unausgesprochene Frage auch ohne Berührung gehört. Gleichzeitig spürte ich, dass er nicht mich mit seiner Bemerkung gemeint hatte. *Mit wem spricht er nur?*

Endlich wandte er sich mir zu und verschränkte die Arme vor der Brust. Er machte dicht, das wurde mir beim Anblick seiner Geste klar.

Ich atmete tief durch und ging langsam auf ihn zu. „Noah, schau, ich ... möchte mit dir zusammen sein, auf jede nur denkbare Art und Weise. Auf jede *mögliche Weise*. Und dabei ist es mir ziemlich egal, *wie viel* möglich ist, solange du nur bereit bist, dich mir zu öffnen und das Machbare zu versuchen. Für alles andere ..." Es war unfassbar schwer, meinen Blick in diesem Moment nicht in südlichere Gefilde abwandern zu lassen. „... finden wir eine Lösung, da bin ich mir sicher."

Inzwischen stand ich unmittelbar vor ihm. Dennoch wagte ich es nicht, meine Hände nach ihm auszustrecken – aus Angst, er könnte wieder so abweisend reagieren wie wenige Minuten zuvor, bevor er getürmt war.

„Egal, wie verrückt die Erklärung auf all diese ... Besonderheiten und Geheimnisse, die dir anhaften, auch sein mag – ich komme damit klar", versicherte ich ihm stattdessen. „Womit ich hingegen nicht weiter klarkomme ... und auch nicht klarkommen *will*, ist diese ständige Ungewissheit und ... die furchtbare Angst, du könntest von jetzt auf gleich aus meinem Leben verschwinden. Ohne Abschied. ... Und ich wüsste nicht einmal, warum."

Die schreckliche Vorstellung stieg in mir auf, umklammerte mein banges Herz und ließ mich meinen Kopf in aller Vehemenz schütteln. Verbissen kämpfte ich gegen beißende Tränen an, die Sekunden später dennoch überliefen. „Ich *muss* wissen, was hier vor sich geht, Noah. Sofort! Wie soll ich dir sonst weiter vertrauen?"

Er schwieg sehr lange und sah mich dabei finster an. Seine schönen, türkisfarbenen Augen waren nur noch schmale Schlitze unter den tief zusammengezogenen Augenbrauen. Schon lange hatte mich kein Blick mehr so sehr an den Noah unserer ersten Begegnung erinnert, wie nun dieser. Endlich ließ er die Arme fallen und schloss die letzte Distanz zwischen uns. Doch als ich mich ihm entgegenlehnen wollte, im festen Glauben, er würde seine Arme um mich schließen und mir die geforderte Erklärung zugestehen, drehte er den Oberkörper ein wenig und zwängte sich an mir vorbei, ohne mich dabei auch nur zu streifen.

„Geh schlafen, ich muss hier raus", war alles, was er sagte.

Der Schock, den sein eiskalter Tonfall in mir auslöste, wirkte lähmend – sekundenlang. Als ich mich endlich gefasst hatte, aus meiner Starre fand und ihm erneut nachlief, war Noahs Zimmer leer ... und ich ganz allein.

XXIV.

Die folgenden zwei Stunden verbrachte ich auf Noahs Bett, im Kampf gegen immer wieder aufsteigende Tränen und all die trudelnden Bildern in meinem Kopf. Ich legte mir meine bislang unterdrückten Fragen zurecht und formulierte sie zur Probe in Gedanken aus. Versuchte vergeblich einzuschlafen, horchte bei jedem noch so kleinen Geräusch auf und hoffte inständig, Noah würde schnell zurückkommen, sich an mich schmiegen und mich in seinen Armen endlich zur Ruhe kommen lassen.

Schließlich verließ ich sein Bett und setzte mich – noch immer hoffnungsvoll – auf den breiten Sims vor seinem offenen Fenster.

Von Noah war weit und breit nichts zu sehen. Wohin auch immer er geflohen war, er war zu Fuß unterwegs. Der Amarok stand unmittelbar neben meinem Mini – zumindest die beiden waren noch vereint.

Vor meinen Augen verlor die Nacht ihr tiefstes Schwarz und büßte es gegen ein Indigoblau ein, das von Minute zu Minute blasser wurde. Kurz vor halb vier hörte ich das Surren eines Motors und tauchte hinter dem Fenstersims ab, ehe Joes Wagen in die Einfahrt einbog und man meine Silhouette hätte erkennen können. Wenig später erklangen seine unverkennbar tiefe Stimme und Maries unterdrücktes Kichern unter mir, als die beiden ihr vermeintlich schlafendes Haus betraten. Auch ohne ein einziges Wort zu verstehen, klangen sie wie frisch verliebte Teenager, die von einem Date zurückkehrten. Unbeschwert, ausgelassen ... glücklich. So, wie Noah und ich nach diesem wunderschönen Abend am Strand hätten klingen sollen. Und doch saß ich hier, mit angewinkelten Beinen gegen seine Zimmerwand gepresst, und kämpfte seit Stunden allein mit meiner Verzweiflung, die sich unter diesen Gedanken langsam, aber sicher in Wut verwandelte.

Ich wollte nicht, dass Noah zurückkehrte und mich so vorfand, übernächtigt und verheult. *Wie kläglich wäre das bitte?*

„Geh endlich, offenbar will er dich nicht hier haben", gebot ich mir selbst. Ja, ich sprach den Gedanken aus, denn nur so entfaltete er seine Bitterkeit vollständig.

Sobald Joes und Maries Stimmen verstummten, erhob ich mich. Den Gedanken, mich Noahs T-Shirts zu entledigen, verwarf ich, sobald meine Bewegungen seinen unverwechselbaren Geruch aufwirbelten, der im Stoff seines Shirts eingewebt zu sein schien. Ich inhalierte mit geschlossenen Augen und seufzte wehmütig. *Das Ding bleibt an, basta!* Also streifte ich mir meine Socken und die Jeans über, verknotete Noahs Shirt über meiner Hüfte und stopfte meine Bluse in den Rucksack.

Mit schwerem Herzen schritt ich die Treppe hinab – auf Zehenspitzen –, nur, um im Eingangsbereich unvermittelt einem neuen Problem gegenüber zu stehen: der Alarmanlage, die Joe und Marie wohl bei ihrer Rückkehr betätigt hatten. Die rote Lampe leuchtete über der Haustür, eine weitere blinkte an der schmalen Zahlentafel, die unterhalb des Schlüsselkastens angebracht war.

Gefangen im Haus des unwilligen Freundes. Na toll!

Verzweifelt und ratlos ließ ich mich auf einer der unteren Treppenstufen nieder, winkelte die Beine an und umschloss die Knie mit meinen Armen. Nur Sekunden später erklang ein mechanisches Surren über mir, das mich aufschrecken ließ.

Es war Adrian, der sich lautlos in seinen Lift gehoben hatte und nun zu mir herunterfuhr. Den besorgten Blick auf mich geheftet, stumm. Ich stand auf und sah ebenso still zu, wie er seinen Erdgeschoss-Rollstuhl zurechtdrehte und sich geschickt aus dem Sitz des Lifts hinüberhievte. Es war klar, dass mich meine rot geschwollene Nase und die verquollenen Augen bereits verraten hatten, aber Adrian besaß die Güte, mich nicht auf mein verheultes Äußeres anzusprechen.

Er trug kurze graue Shorts und ein verwaschenes T-Shirt. Mein ewig neugieriger Blick blieb an seinen unglaublich dünnen Unterschenkeln hängen, die ich noch nie zuvor unverhüllt gesehen hatte. Normalerweise steckten Adrians Beine in leichten, langen Hosen.

„Soll ich die Tür für dich öffnen?", fragte er – so leise, dass ich es beinahe überhörte.

„Ähm ... woher weißt du ...?"

Er deutete auf meinen Rucksack, ein müdes Lächeln umspielte seine Mundwinkel. „Du sitzt hier mitten in der Nacht, allein, auf gepackten Sachen vor unserer verschlossenen Haustür, Emily. Es ist ziemlich offensichtlich, dass du gehen willst."

Nun, das hatte ich nicht gemeint. Eigentlich interessierte mich eher, wie zum Teufel er mich hatte hören können, wo ich mich doch so sehr bemüht hatte, das Haus leise und unbemerkt zu verlassen.

Und überhaupt, warum schlief er nicht?

Adrians Blick ließ mich diese Fragen verwerfen. Er wirkte zutiefst betrübt.

„Was war es bei dir?", fragte ich unter einem Seufzer. „Kathy?"

Er schüttelte den Kopf. „Nein. Bei uns ist alles okay. Aber ... was ist mit Noah und dir los?"

„Hast du uns gehört?", entgegnete ich und kämpfte im selben Moment schon wieder gegen meine dummen Tränen an.

Adrian beantwortete meine Frage nicht. „Noah ist aus dem Haus gestürmt, nicht wahr?", sagte er stattdessen.

Ich nickte. Adrian drehte sich in seinem Rollstuhl hin und her und nagte an seiner Unterlippe; seine Augen verengten sich. Ich war mir sicher, hätte er seine Beine noch normal benutzen können, wäre er in diesem Moment von einem Fuß auf den anderen getreten.

„Willst du ... vielleicht reden?", fragte er schließlich und deutete mit dem Kinn zurück in Richtung Obergeschoss. Ich überlegte eine Weile, wog das Für und Wider gegeneinander ab und nickte schließlich, als mir klar wurde, dass ich das wirklich wollte. Und niemand wäre für dieses Gespräch besser geeignet gewesen als Adrian. Zu Hause, in meinem jetzigen aufgewühlten Zustand, wäre an Schlaf ohnehin nicht zu denken gewesen.

„Also, warum ist er getürmt?", fragte Adrian ohne weitere Umschweife, ehe ich die Tür hinter uns zugezogen und mich zum ersten Mal in seinem Zimmer umgesehen hatte. Wie in Noahs Notizen beschrieben, war Adrians Raum noch größer als seiner oder Lucys. Die Wände erstrahlten in einem frechen Hellgrün (*mit Sicherheit Lucys Idee*), die Möbel waren einheitlich hell gebeizt, an der Dachschräge hingen eine Menge Sportposter (*mit Sicherheit nicht Lucys Idee*) und in einer Ecke – natürlich – der obligatorische Basketballkorb. Der Raum passte durch und durch zu Adrian, der seine Frage mit einer einladenden Geste begleitete. Ich folgte seiner stummen Aufforderung und nahm auf der Kante des breiten Bettes Platz.

„Ich wollte Antworten von ihm, die er mir scheinbar nicht geben konnte", begann ich zögerlich und bemerkte im selben Moment, wie erschöpft ich wirklich war.

Adrian sah mich lange und eindringlich an. Er saß nur etwa einen halben Meter von mir entfernt und drehte den Rollstuhl seitlich, um die Distanz zwischen uns so gering wie möglich zu halten. „Du wirst Geduld haben müssen, Emily. Ich weiß, wie wichtig du ihm sein musst, weil ... es das erste Mal überhaupt ist, dass er jemanden so nah an sich heranlässt."

Ich seufzte. Ja, natürlich stimmte das. Vermutlich überforderte ich Noah tatsächlich. Aber ... „Ich habe ihn nichts zu seiner Vergangenheit gefragt, weißt du?"

Adrians Augen verengten sich. „Nicht?"

„Nein! Es war mehr ..." In diesem Moment geschah etwas Eigenartiges. Obwohl mich Noah nie gebeten hatte, meine Beobachtungen anderen gegenüber unerwähnt zu lassen, konnte ich mich jetzt, wo sich zum ersten Mal die Möglichkeit dazu auftat, nicht dazu durchringen sie zu teilen. Es fühlte sich wie ... ja, wie *Verrat* an, wann immer mir die Worte von der Zunge zu hüpfen drohten. Schließlich schluckte ich sie herunter und schüttelte den Kopf. „Es ging eher um ... unsere Zukunft", sagte ich vage. Das widersprach zumindest nicht der Wahrheit und schien Adrian als Stichpunkt auszureichen. Ein Beweis dafür, dass es durchaus Unterschiede zwischen ihm und seiner Zwillingsschwester gab.

„Ich könnte mir vorstellen, dass Noah extreme Bindungsängste hat. Er hat sich noch nie ... zugehörig gefühlt. Vermutlich macht ihm diese neue Erfahrung eine Höllenangst. Besonders, wenn er das Gefühl gerade zu schätzen lernt und dann die Panik einsetzt."

„Welche Panik?", hakte ich nach.

„Diese Zugehörigkeit und Nähe wieder zu verlieren." Adrian zuckte mit den Schultern. „Es klingt unlogisch und widersinnig, aber ich denke, das könnte seine Zurückhaltung und ... ja, wahrscheinlich auch seine Flucht begründen. Meinst du nicht?"

Ich dachte lange nach. Und je länger ich in meinen Gedanken versank, desto wahrscheinlicher erschien mir Adrians Vermutung.

„Vielleicht, ja", sagte ich schließlich und schenkte ihm ein vorsichtiges Lächeln.

Adrians Anwesenheit hatte sich von unserer ersten Begegnung an immer gut angefühlt. Wirklich, ich verstand Kathy absolut. Auch wenn ich nicht so für ihn empfand wie sie, war mir Adrian sehr wichtig. Während dieses vergangenen Abends am Strand war mir sein Fehlen regelrecht gegen den Strich gegangen. Ständig hatte ich Ausschau nach ihm gehalten, weil es sich beinahe unnatürlich anfühlte, dass er nicht bei uns war. Ohne ihn war unsere kleine Gruppe nicht komplett, fehlte etwas ganz Entscheidendes.

„Noah ist immer davongerannt, Emily", erklärte er in diesem Moment ~ ahnungslos, wie sehr sich meine Gedanken gerade um ihn drehten. „Ich weiß, dass es schwer für dich ist, das einfach so hinzunehmen, aber du solltest wissen, dass diese Art Flucht schon immer ein Teil von ihm war." Er sprach leise aber eindringlich, sah mich tief an und strahlte eine solche Ruhe dabei aus, dass sich die aufgeschobene Müdigkeit mit einem Mal bleiern über mich legte, mir ein herzhaftes Gähnen und Adrian ein nachsichtiges Schmunzeln entlockte. „Leg dich doch hin", schlug er vor, was ich ergeben tat, kaum dass er die Worte ausgesprochen hatte.

„Wie meinst du das, sie war immer schon ein Teil von ihm?", fragte ich und zog die dünne Bettdecke über meine Beine. Wieder zuckte Adrian mit den Schultern. „So, wie ich es sage. Wann immer ihm eine Situation nicht gepasst hat, wann immer etwas anstand, das er ... ja, ich vermute *fürchtete*, ist er aus dem Haus gestürmt und für mehrere Stunden nicht zurückgekehrt. Bis jetzt macht er das sehr oft, besonders nachts."

Erstaunt sah ich Adrian an. Er wusste davon?

„Unsere Eltern sind fast verrückt geworden, als es zum ersten Mal geschah. Aber mit der Zeit lernten wir damit umzugehen.

345

Noah braucht diese Auszeit mehr als andere, die mit sich und ihrem Leben im Reinen sind."

Ich liebte Adrian für die Art und Weise, wie er Noah kannte, akzeptierte und ... vor mir in Schutz nahm, wie mir in diesem Moment bewusst wurde. Um ihm zu bedeuten, dass das nicht nötig war, schenkte ich ihm meinen wärmsten Blick – zu müde, mich noch länger verbal zu artikulieren. Schon übermannte mich ein neues Gähnen und ließ Adrian auflachen. „Schlaf!", befahl er gutmütig, setzte sich in Bewegung und zupfte die Bettdecke über meine Schultern hoch. „In ein paar Stunden sieht alles wieder besser aus, versprochen."

Im Nachhinein würden mir tausend Dinge einfallen, die ich in diesem Moment hätte entgegnen sollen. Angefangen von *„Ich kann doch in Lucys Zimmer gehen"*, über *„Wo schläfst du, wenn ich dein Bett belagere?"*, bis hin zu *„Nein, ich fahre nach Hause und rede später ausgeschlafen und in Ruhe mit Noah."*

Mustersätze, von denen mir in diesem Moment kein einziger einfiel. Denn mit einem Mal waren all meine Gedanken wie weggeblasen und mein Kopf fühlte sich angenehm leicht an. Sobald mir Adrian sacht über die Stirn strich, schlossen sich meine Augen wie von selbst unter seiner Berührung.

Ich träumte von den Klippen, zu denen mich Noah geführt hatte. Spürte im Traum seine Umarmung und seinen Atem in meinem Nacken, blickte über den weiten Pazifik unter uns und in den strahlend blauen Himmel darüber. Hörte seine Stimme, sein sanft geflüstertes *„Was siehst du, Emily?"*, und schmiegte mich an ihn.

Alles war still, friedlich, entspannt, bis ...

Ein leises Klopfen ertönte, das niemand mit einem *„Ja, bitte!"* oder *„Herein!"* erwiderte. Sekunden später – als ich mir gerade im Klaren darüber wurde, noch immer in Adrians Bett zu liegen und wie angefroren liegen blieb – öffnete sich sehr leise die Zimmertür.

„Adrian, hast du ..." *Noah. ... Oh Gott, nein!*

Die Pause, die er an dieser Stelle machte, sprach so laut zu mir, dass ich ihn vor mir sah, auch wenn meine Augen weiterhin geschlossen blieben. Ich sah, wie Noahs Schultern einsackten und gleichzeitig die tiefe, senkrechte Falte über seiner Nasenwurzel

erschien. Er hatte mich gefunden – im Bett seines Bruders. „...
Emily gesehen?" Das war eigentlich keine Frage mehr, und das
hörte man Noahs gepresstem Ton auch an. „Offensichtlich hast
du", fügte er finster hinzu.

„Was hast du erwartet?", fragte Adrian. Seine Stimme klang so
viel sanfter, wenn auch sehr nachdrücklich. „Dass sie die Nacht
allein verbringt und verzweifelt auf dich wartet?"

Nein, nein, nein!!!

Ich wusste genau, was Adrian meinte, aber ... *Wie klingt das
denn bitte?* Ich wählte diesen Augenblick, um mich zum ersten
Mal zu räkeln.

„Nein", presste Noah zwischen zusammengebissenen Zähnen
hervor. Erneut sah ich ihn vor mir – wie sich seine Kiefermuskeln verspannten und seine Unterlippe zuckte.

„Ich ... Verdammt! ... Keine Ahnung, *was* ich erwartet hatte.
Sie in deinem Zimmer, in ... deinem *Bett* wiederzufinden, jedenfalls nicht." Das klang schon beinahe verächtlich. Noahs Tonfall
ließ sämtliche Alarmglocken in meinem Kopf schrillen.

Zu spät! ... Sträflich spät, Emily!

„Noah, das kann nicht dein Ernst sein!", rief Adrian, nun hörbar
empört und schlagartig nicht mehr auf Ruhe bedacht. Ich setzte
mich auf und sah alarmiert zwischen den beiden hin und her.
Dieses Mal war es Adrian, der sich die Haare raufte; Noah stand
im Türrahmen und fixierte mich reglos.

„Was ist hier los?", fragte ich.

„Gut geschlafen?", entgegnete Noah mit unverhohlenem Sarkasmus und einem eisigen Blick, der mir durch und durch ging,
bevor er sich auf dem Absatz umdrehte und wütend davonstapfte.

„Noah!" Adrian seufzte den Namen seines Bruders, ließ die
Arme fallen und gab den Rädern seines Rollstuhls mit einer einzigen Bewegung ausreichend Anschwung, um ihm auf den Flur
hinaus zu folgen.

„Sie ist eingeschlafen, nachdem sie stundenlang vergeblich auf
dich gewartet hat."

Ich stürmte hinter den beiden her, blieb aber wie angewurzelt
im Türrahmen stehen, sobald sich Noah Adrian zuwandte und ihn

mit einem einzigen Blick zum Schweigen brachte. Hatte das Türkis seiner Augen Sekunden zuvor noch wie eingefroren gewirkt, so schien es jetzt zu glühen. „Und das hat das tiefe Bedürfnis in dir geweckt, dich ihrer anzunehmen, ja? Wie edelmütig von dir. Verzeih, dass ich nicht vor Dankbarkeit auf die Knie falle." ... *Das reicht!*

Was zu viel war, war zu viel. Adrian hatte sich nichts zu Schulden kommen lassen, ganz im Gegenteil. *Ich* war diejenige, die ihn nicht in diese Situation hätte bringen dürfen. Abgesehen davon, dass er die halbe Nacht – vermutlich schlaflos – in seinem Rollstuhl verbracht hatte. Und überhaupt: was warf Noah ihm eigentlich genau vor? Das war doch lachhaft!

„Noah!", rief ich empört. „Du benimmst dich wie ein Vollidiot!" Die Worte schossen so schnell und unüberlegt über meine Lippen, dass ich sie nicht zurückhalten konnte. Noahs Augen fuhren hoch, von Adrian zu mir. Eine Sekunde lang sah er mich geschockt an, dann presste er seine Lippen so fest aufeinander, dass sie jegliche Farbe verloren. Ich hielt die Luft an – unfähig, meine wirren Gefühle in etwas annähernd Aussprechbares zu packen.

„Na, dann ist ja wieder alles wie gehabt", entgegnete Noah nach einer gefühlten Ewigkeit. „Diese Rolle kenne ich bereits. Ist vermutlich die einzige, die ich nicht vermassele."

Sein Blick lähmte mich, wie schon in der vergangenen Nacht. Und so stand ich auch Sekunden später noch da und starrte reglos auf die nun leere Stelle des Parkettbodens, die den Noah unserer gemeinsamen Wochen einfach verschluckt zu haben schien.

XXV.

Samstag und Sonntag vergingen ohne ein Wort von ihm.

Ich war gefahren, in der Hoffnung, er würde sich alles noch einmal in Ruhe durch den Kopf gehen lassen, die Irrationalität seiner Eifersucht begreifen und sich wieder beruhigen.

Ich selbst verbrachte die Tage weitestgehend damit, auf meinem Bett zu liegen, meinen Gedanken nachzuhängen, zu hoffen und zu warten.

Mein Dad und sogar Jason ließen mich in Ruhe; die Tatsache, dass Noah nicht bei mir war, sprach offenbar Bände. In diesen beiden Tagen hätte ich alle Zeit der Welt gehabt, mich in die Rätsel zu verbeißen, die Noah mir aufgab. Aber ich tat es nicht, wohl wissend, dass nur er die Antworten kannte und mit mir teilen müsste. Ohne seine Hilfe würde ich ewig im Dunkeln tappen, *gerade weil* die Fakten für sich sprachen. Kein Mensch der Welt konnte die Gedanken anderer lesen, einfach so. Erahnen vielleicht, ja. Bestimmt gab es einige *wenige* Menschen, die über eine besonders stark ausgeprägte Empathie verfügten und sich so außergewöhnlich gut in andere hineinversetzen konnten, dass es ab und zu einem *Gedankenlesen* gleichkam oder zumindest ähnelte. Aber ... Noah sah konkrete Bilder und Szenen, wenn ich sie mir nur deutlich genug vorstellte. Ich hatte ihn auf diese Weise durch unser gesamtes Haus in Manchester geführt, ihm mein altes Zimmer gezeigt, Erlebnisse aus meiner Kindheit, Jane, sowie die wenigen Erinnerungsbruchstücke, die ich von meiner Mutter behalten hatte. Ihr sanftes Lächeln, die dunklen Augen, die Art, wie sie mich zugedeckt hatte, wenn ich krank war. All das hatte ich Noah offenbart. Unsagbare Schätze, die ich tief in meinem Herzen verankert trug und mit niemand anderem außer ihm geteilt hätte – nicht einmal, wenn es mir möglich gewesen wäre.

Er besaß nicht nur die Gabe diese Bilder zu sehen, er fühlte auch was ich fühlte, wenn er sie sah. Das war mir irgendwann klargeworden. Und dieses Phänomen würde nur er mir erklären können, auch wenn er nicht bereit dazu war. Genauso wie das seines Herzschlages.

Einen Augenblick lang hatte ich mit dem Gedanken an eine Operation gespielt. Vielleicht war er ja schwer krank und brauchte eine Art Herzschrittmacher? Aber diese Idee verwarf ich, als Noah unter meinem Gedanken laut loslachte. Nein, sein schöner Körper wies auch keinerlei Narben auf, die eine derartige Operation mit sich gebracht hätte. Und selbst wenn – kein Gerät der Welt hätte ein Herz so präzise geregelt, wie Noahs schlug. Ein Herzschrittmacher hätte dafür gesorgt, das Organ angemessen reagieren zu lassen. Unter Einwirkung des kleinen Geräts hätte es sich bei Anstrengung und ... Erregung beschleunigt, wäre im Schlaf zur Ruhe gekommen und so weiter. Es hätte jedenfalls nicht unbeirrbar wie ein Uhrwerk *getickt*. Niemand, den ich kannte, verfügte über einen auch nur annähernd so stoischen Herzschlag wie Noah.

Sonntagabend, nachdem ich mein Handy wohl schon tausendmal gezückt und vergeblich auf eine SMS oder einen Anruf gewartet hatte, ertönte endlich das unverkennbare Piepen einer eingegangenen Nachricht. Meine Euphorie wurde im Keim erstickt, als mir Lucys Name aus dem Display entgegenleuchtete.

Adrian hat mir alles erzählt, Süße. Mach dir keine Sorgen, Noah beruhigt sich bestimmt wieder. Wenn er nur wüsste, wie sehr wir uns um ihn sorgen, nicht wahr? Also, wenn du reden willst, dann melde dich. Wir sehen uns morgen. Spätestens.
Lucy

Natürlich erkannte ich zwischen den Zeilen ihre Hoffnung auf ein Treffen. Aber mir war nicht nach Gesellschaft zumute – allein zu sein erschien mir richtig. Schließlich war Noah mit Sicherheit auch allein, und so fühlte ich mich zumindest auf diese Weise mit ihm verbunden.

Also sandte ich nur eine kurze Nachricht zurück und beschloss dann, den Abend zu beenden. Je eher ich schlief, desto eher brach der Morgen an. Und das bedeutete für mich nur, Noah endlich wiederzusehen. Im festen Glauben, alles würde sich regeln, sobald wir einander das nächste Mal gegenüberstünden, fiel ich in einen oberflächlichen, unruhigen Schlaf, der alles andere als erholsam war.

Der Parkplatz vor der Schule war noch recht leer, so früh war ich dran. Ich stellte meinen Rucksack griffbereit auf den Beifahrersitz, sodass ich mein Auto jederzeit verlassen könnte, wenn der Amarok hinter mir um die Ecke bog. Es sollte schließlich so aussehen, als wäre ich selbst gerade erst angekommen, denn wie erbärmlich war es bitte, hier zu sitzen und zu warten?

Ich wartete volle dreiundvierzig Minuten.

Dann erst, fünf Minuten vor Schulbeginn, blitzten die Scheinwerfer des Amaroks in meinem Rückspiegel auf. Sofort ergriff ich meinen Rucksack, obwohl der Plan mehr als nur dämlich war. Ich war noch nie so spät zur Schule gekommen; Noah würde mich sofort durchschauen.

Nur einen Moment später realisierte ich, dass etwas nicht stimmen konnte. Die Franklins waren – außer an ihrem ersten Tag, um die Überraschung perfekt zu machen – auch noch nie so spät angekommen. Dem Amarok blieb nur noch die weit und breit letzte Parklücke, etwa dreißig Meter entfernt. Die schien so schmal zu sein, dass Noah das große Auto rückwärts einparken musste ... was allerdings mit deutlich zu viel Kurbelei und Vor- und Zurücksetzen verbunden war. Beunruhigt verengten sich meine Augen, bis ich Lucy hinter dem Steuer erkannte. Neben ihr saß – natürlich – Adrian, doch von Noah war keine Spur.

Sofort beschleunigte sich mein Atem, und die nur mit Mühe gebändigten Gedanken rissen sich los, um weiter ungehalten durch meinen Kopf zu blitzen. Wo war er? Warum war er nicht da? War er krank?

Schon setzten sich meine Beine in Bewegung; eiligen Schrittes lief ich Lucy und Adrian entgegen.

„Ich weiß nicht, wo er ist", sagte Lucy ohne ein Wort der Begrüßung.

War mein Blick so eindeutig? „Was soll das heißen, du weißt es nicht?", fragte ich ängstlich und half ihr, den Rollstuhl aus dem Kofferraum zu heben.

„Er war seit dem Morgen nicht mehr zu Hause", erwiderte Adrian, der in diesem Moment die Beifahrertür öffnete.

„Seit Samstagmorgen?", rief ich empört. „Und niemand hält es für nötig, mir das mitzuteilen?"

Adrian setzte sich in seinen Rollstuhl und legte mir mit einem tiefen Blick die Hand auf den Unterarm. „Wir wollten nicht, dass du dir Sorgen machst."

„Macht *ihr* euch denn keine Sorgen?", fragte ich völlig entgeistert.

„Sicher", erwiderte Lucy ein wenig pikiert. „Aber er hat eine Nachricht hinterlassen und geschrieben, er bräuchte Zeit für sich. Das ist untypisch für ihn. Sein Verschwinden hingegen ..."

Adrian übernahm die Vollendung ihres Satzes. „... ist es nicht. Ich habe dir erzählt, dass er oft unterwegs ist, Emily. Immer auf der Suche nach sich selbst."

„Ja, aber so lange?", gab Lucy zu bedenken. Ihr schien Noahs Verschwinden auch suspekt zu sein, was meine Panik nur noch schürte.

„Hast du mir deshalb gestern geschrieben?", fragte ich aus einer plötzlichen Eingebung heraus. „Um herauszufinden, ob er bei mir ist?"

Lucy senkte ihren Kopf. „Nun, ich hatte gehofft, es wäre so. Und dass du es schaffst, die Wogen wieder zu glätten – auch zwischen Adrian und ihm. Ich wollte nur wissen, wo er ist ... und dass es ihm gut geht."

Okay, das war nachvollziehbar, aber ...

„Warum hast du gehofft, ihn ausgerechnet bei mir anzutreffen? Ich lehne mich glaube ich nicht allzu weit aus dem Fenster, wenn ich behaupte, dass er nur meinetwegen getürmt ist. Wieder einmal." Die Erkenntnis schmerzte wie Feuer in meinem Herzen. Hätte ich meine Zunge doch nur besser unter Kontrolle gehabt. *Vollidiot.* Ich hatte ihn einen *Vollidioten* genannt. *Arrgh!*

„Mach dir keine Vorwürfe!", entgegnete Adrian geknickt. „Ich hätte besser überlegen sollen. Seine Reaktion war in gewisser Weise ... vorhersehbar. Aber ich wollte dich eigentlich nur zum Bleiben bewegen."

Das „Warum?" blieb mir in der Kehle stecken, als der schrille Klang der Schulklingel ertönte. Unterrichtsbeginn. Und wir kamen zu spät.

So sehr wir uns auch beeilten und entschuldigten, Mr Sheppard zögerte keinen Augenblick, unsere Verspätung festzuhalten. Allerdings kam es darauf an diesem Tag auch nicht mehr an, denn ich versagte schlichtweg auf der gesamten Linie. Wann immer mein Name aufgerufen wurde, wusste ich nicht einmal wie die Frage gelautet hatte. Einige meiner Mitschülerinnen kicherten schadenfroh, andere sahen mich verwundert an, Lucy und Adrian warfen mir mitfühlende Blicke zu, und am Rande bemerkte ich, dass Adrian die verblüffte Kathy über kleine Mitteilungszettel aufklärte. All das war mir völlig egal.

Ich überhörte die tadelnden Worte der Lehrer und empfand nicht einmal Scham, als ich vor versammelter Mannschaft eingestehen musste, die Mathematikhausaufgaben vergessen zu haben.

„Meinen Sie, dass ausgerechnet Sie sich das leisten können, Miss Rossberg?", fragte Mrs Rodgins unter vorwurfsvoll hochgezogenen Augenbrauen.

„Vermutlich nicht", erwiderte ich seufzend und sank tiefer in meinen Stuhl, den Blick wehmütig auf den leeren Platz neben mir gerichtet.

Noah hätte eine Lösung parat gehabt, dessen war ich mir sicher. Wäre das Wochenende anders verlaufen, hätte ich meine Hausaufgaben nicht nur gemacht, ich hätte sie sogar verstanden. Aber er, der mich ständig aus meinen misslichen Lagen herauszog und befreite, war nicht mehr da. Mein Engel war verschollen.

Ich konnte nur hoffen, dass es nicht für immer war.

Die Schulklingel verkündete den Beginn der Mittagspause. Mein Magen verschloss sich bei dem Laut. Ich hatte seit Samstag nur das Nötigste zu mir genommen; allein der Gedanke an Nahrung widerte mich an. Während sich meine Mitschüler geschlossen auf den Weg zur Kantine begaben, stahl ich mich durch einen der vorderen Ausgänge hinaus. Lediglich Adrian bemerkte mein Abtauchen und nickte mir verständnisvoll zu.

Lust- und antriebslos schlenderte ich über den Schulhof, auf die alte Buche zu, die Noah und ich seit unserem ersten Picknick als *unseren Baum* betitelt hatten. Im Schatten ihrer Baumkrone ließ ich mich im Gras nieder, lehnte mich gegen den kräftigen Stamm und legte den Kopf in den Nacken. „Wo bist du, Noah?", flüsterte ich und schloss erschöpft meine Augen.

„Hallo Petze!" Eine raue Stimme ließ mich aufschrecken. Meine Lider schossen auf. Für den Bruchteil einer Sekunde starrte ich in das Blätterdach über mir. Und, als hätte sich dieser minimale Moment für mich – und nur für mich – gedehnt, sah ich einen der Äste wesentlich schärfer und genauer vor mir als alle anderen drum herum. Es war eigentlich mehr ein dünner, kahler Zweig. Kahl, aber nicht abgestorben. Seine Blätter waren nur abgezupft worden, einige Überreste erkannte ich noch.

Die Hoffnung, die dieses eindeutige Bild entfachte, wurde im nächsten Augenblick durch den Schock erstickt, den Bill Jankins' Anblick in mir auslöste. Die Daumen beider Hände in den Fronttaschen seiner Jeans verhakt, hatte er sich breit vor mir aufgebaut – nur etwa anderthalb Meter entfernt – und grinste auf mich herab. Kein gutes Grinsen, eines der fiesen Art, unterstrichen durch das breite Pflaster, das quer über seiner Nase klebte und unwillkürlich die Erinnerung an unsere letzte Begegnung wachrief. War der Monat wirklich schon vorbei?

„Bill!", stieß ich halberstickt hervor.

Er nickte. „Genau der." Damit ging er einen weiteren Schritt auf mich zu.

Ich sprang auf, aber Bill war schneller. Seine Hand umfasste meinen Unterarm wie eine Schelle.

„Glaub nicht, dass du diesen Aufstand, den du letztes Mal geprobt hast, noch einmal abziehen kannst", zischte er in mein Ohr. „Nur noch ein Jahr, dann ist die Schule hier vorbei und niemand wird mehr über den kleinen Vorfall zwischen uns beiden sprechen. Und glaub mir, ich kann geduldig sein, wenn es um Revanche geht."

„Warum tust du es dann nicht einfach, sondern warnst mich vor?", fragte ich und entzog ihm ruckartig meine Hand.

„So macht es doch viel mehr Spaß", entgegnete Bill schulterzuckend, unter einem weiteren hämischen Grinsen. Doch plötzlich glitt sein Blick an mir vorbei, und er wich einen Schritt zurück.

In der nächsten Sekunde wehte mir ein leichter Windstoß die Haare über die Schultern nach vorne und blies mir dabei Noahs unvergleichlichen Duft in die Nase. Sofort entspannte sich jeder Muskel meines Körpers spürbar.

Es ging ihm gut, Gott sei Dank!

„Em?" Mehr sagte er nicht.

„Schon okay, lass uns einfach gehen", erwiderte ich und ergriff dankbar seine Hand, sobald sein kleiner Finger den meinen berührte.

Bills Gesichtsausdruck entgleiste, seine Kinnlade klappte herab.

Ja, du Bastard, ganz recht – so sieht es aus!

Noah stieß ein wenig Atem aus und festigte seinen Griff. Mit Sicherheit kostete es ihn Überwindung, Bill nicht anzurempeln, als er sich nur wenige Zentimeter entfernt an ihm vorbeischob und mich mit sich zog.

„Ah, jetzt weiß ich auch, woher der Wind weht", rief Bill, als wir ihn bereits einige Meter hinter uns zurückgelassen hatten. „Hat dir der Freak den Stock aus dem Hintern gezogen, Emmy? Darf er dich da anfassen, wo es guttut, ohne dass du direkt zur Direktorin rennst und ihn verpetzt?"

Ich hielt die Luft an, als mich seine Worte erreichten und ich gleichzeitig spürte, wie sich Noahs Finger verkrampften. Nur einen Wimpernschlag später ließ er meine Hand los, schnellte herum und ging bedrohlich auf Bill zu. Bedrohlich, ja. Aber längst nicht so bedrohlich, dass es Bills Reaktion erklärt hätte. Denn der strauchelte sofort rückwärts, bis er gegen den Stamm der Buche stieß und sich dagegen presste.

„Du passt besser auf, was du sagst!", zischte Noah.

„Warum?", fragte Bill. „Bereust du es inzwischen, sie mir nicht überlassen zu haben? Ist sie eine Niete im Bett? Eine englische, prüde Niete?"

Ohne es zu sehen, war ich mir sicher, dass sich Noahs Nasenflügel unter Bills Worten aufblähten; seine Hände ballten sich zu Fäusten.

„Noah, nicht!", rief alles in mir. Auch wenn ich es im Schock nicht schaffte, die Worte auszusprechen, so schrie ich in meinem Inneren dennoch nach ihm und bat ihn auf mich zu hören.

Genau das will er, Noah! Er will dich provozieren, um die Tatsachen anschließend zu verdrehen.

Das war zumindest logisch. Denn jetzt, wo die gesamte Schule wusste, dass Noah und ich ein Paar waren, erschien meine Stellungnahme vor Mrs Porter in einem völlig neuen Licht, das wurde mir in diesem Moment klar. Vermutlich witterte Bill die Chance, den Spieß im Nachhinein doch noch umzudrehen.

Noahs Hände entspannten sich wieder ein wenig. Er warf mir einen kurzen Blick über die Schulter zu, den ich mit einem bangen Kopfschütteln erwiderte.

„Du ekelst mich an", presste er daraufhin hervor, nur Zentimeter von Bills Gesicht entfernt und spürbar bemüht um seine Fassung ringend. So ganz gelang es ihm nicht, die zu wahren.

„Ernsthaft, wenn ich dein Niveau hätte, würde ich grinsend in eine Kreissäge laufen", ließ er Bill noch wissen. Dann wich er einige Schritte zurück, ohne ihm den Rücken zuzukehren.

Schließlich fand Noah meine Hand, ergriff sie und wandte sich gemeinsam mit mir ab.

Meine Hände waren feucht, mein Herz raste. Als ich aufblickte, sah ich Adrian, der die Räder seines Rollstuhls mit kräftigen Armbewegungen anstieß und uns in einem Affentempo über den Schulhof entgegenfuhr.

„Was ist passiert?", fragte er, unmittelbar bevor er Bill hinter uns erkannte. Nur einen Wimpernschlag später zogen sich seine Augen erschreckt zusammen. „Emily, hat er ...?"

„Ich habe alles im Griff", knurrte Noah neben mir.

„Emmy, wenn du genug von dem Freak hast – du weißt, wo du mich findest", startete Bill einen erneuten Provokationsversuch.

Ich war mir beinahe sicher, dieser würde erfolgreich enden. Aber zu meiner großen Verwunderung war es nicht Noah, der die Beherrschung verlor. Es war Adrian.

Der raste förmlich an uns vorbei, auf Bill zu, der im Abstand weniger Meter hinter uns herlief. Adrian brachte seinen Rollstuhl durch eine geschickte Drehung erst in letzter Sekunde, unmittelbar vor ihm, zum Stehen, sodass Bill reflexartig einen Schritt zurückwich. Zu erschrocken, um auf seinen Gesichtsausdruck zu

achten, entgleiste der ihm völlig und entblößte, was dahinter lag:
Den Idioten, der er war.

Adrians Stimme bebte vor Zorn.

„Jankins, ich an deiner Stelle wäre sehr, sehr vorsichtig. Das
Pflaster auf deiner Nase müsste dich doch eigentlich daran erinnern, dass du gerade erst suspendiert warst, oder nicht? Gewisse
Gerüchte besagen, dass nur noch das Zünglein an der Waage
fehlt, um deinen widerwärtigen Hintern endgültig von der Schule
zu katapultieren. Also, wenn dir irgendetwas daran liegt, später
einmal ein College zu besuchen – was ich aufgrund deiner man-
gelnden Intelligenz ohnehin für pure Zeitverschwendung hielte –,
dann schließe jetzt dein großes Maul und sprich Emily und Noah
nie wieder an! Und übrigens: *Das* ist der Name meines Bruders,
du *Freak*!"

Wir hielten den Atem an. Alle, nicht nur Bill.

Als der sich gefasst hatte, ging er einen großen Schritt auf Adrian zu und baute sich mit bebenden Nasenflügeln vor ihm auf.

Sofort löste sich Noahs Hand aus meiner, und ehe ich mich versah, war er bei seinem Bruder. Adrian hob eine Hand und bedeutete Noah zu warten. Der blieb wie angewurzelt stehen und warf
Bill lediglich Blicke wie Blitze zu.

„Was?", fragte Adrian, an Bill gewandt. „Willst du jetzt einen
Rollstuhlfahrer schlagen? Nachdem du ein Mädchen bedrängt
und einen Unbeteiligten beschuldigt hast. Deine Pläne werden
immer genialer. Chapeau!" Niemand konnte so stilvoll austeilen
wie Adrian. Verächtlich rümpfte er die Nase; Bills Schultern
sackten ein. *Schachmatt!*

„Gehen wir!", beschloss Adrian. Und genau das taten wir. Noah
blieb noch einige Sekunden stehen, misstraute Bill am längsten.
Doch dann wandte auch er ihm den Rücken zu, schloss mit
schnellen Schritten zu uns auf und ergriff erneut meine Hand.

Nicht anders konnten sich die drei Musketiere nach dem Ausruf
ihres Treueschwurs gefühlt haben. Sekundenlang sprach niemand, das Adrenalin rauschte noch durch unser Blut. Aber ein
neues, gewaltiges Gefühl hatte sich zwischen uns eingestellt und
umhüllte uns nun regelrecht: Wir waren eine Einheit, die auch

durch interne Unstimmigkeiten nicht so leicht zerstört werden konnte.

„Gott, mein Herz schlägt mir bis zum Hals", wisperte ich.

„Meines nicht", flüsterte Noah zurück.

Mein Blick schoss zu ihm hoch, und so sah ich es gerade noch, das leichte Zucken, das seine Mundwinkel schief zog und das ich so sehr liebte. Es war nur ein leiser Anflug, aber immerhin, es war ein Lächeln. Und damit rückte alles wieder an seinen vorbestimmten Platz. Die Welt, mein Leben, der Tag ... alles war gut und richtig – genauso, wie es eben war.

Der Zustand währte leider nur so lange, bis mir bewusst wurde, dass mir noch mein Biologieunterricht bevorstand. Ohne Noah. Zumindest brachte der mich bis zur Tür und ließ erst dort meine Hand los.

„Also dann", sagte er. Ich wünschte mir, er würde mich in seine Arme ziehen und halten, am liebsten küssen – was natürlich nicht geschah.

„Bis nachher?", fragte ich hoffnungsvoll. Er senkte schweigend seinen Kopf. „Noah, bitte lass uns reden", flehte ich flüsternd.

„Okay", sagte er endlich. „Reden wir. Ich warte an deinem Wagen auf dich." Damit drehte er sich um und ließ mich mit einem dumpfen Gefühl im Bauch und der ketzerischen Stimme in meinem Kopf zurück. *Willkommen zurück auf der Gefühlsachterbahn, wir starten in Runde zwei – für Fortgeschrittene.*

... Ach, halt doch die Klappe!

Beim Betreten des Biologieraums blieb mir ein kurzer unbeobachteter Moment, den ich nutzte, um mich zu Adrian herabzubeugen und ihn zu umarmen. „Danke!"

Ich spürte sein Schmunzeln gegen meine Schulter, als seine Überraschung nachließ.

„Nicht für mich. Für Noah! Danke, dass du dich für ihn eingesetzt hast", erläuterte ich und umfasste dabei seinen Hals mit meiner Hand, sodass ich das starke Pulsieren in seiner Schlagader spürte. Adrian war wesentlich gefasster als ich, aber das war auch nicht schwer.

Für einen Moment erschrak ich über die Ernsthaftigkeit, die in seinem Blick lag. „Er ist mein Bruder, Emily."

„Ich weiß", antwortete ich und drückte ihm einen schnellen Kuss auf die Wange. „Trotzdem, danke!"

Ich nahm neben Kathy Platz, die mich ein wenig argwöhnisch ansah.

„Entschuldige", murmelte ich und musste mir ein Lachen verkneifen, als mir bewusst wurde, dass ich Adrian und mich mit dieser Umarmung und dem Kuss schon wieder in eine missliche Lage gebracht hatte. „Ich wollte mich nur für etwas bedanken."

„Aha!", sagte Kathy, lächelte aber schon wieder.

Dennoch glühten meine Wangen vor Scham. Ich musste mehr auf meine Aktionen achten, was Adrian anging. Niemand konnte erahnen, auf welcher Ebene ich für ihn fühlte und dass er mittlerweile fast wie ein Bruder für mich war.

Verlegen entzog ich Kathy meinen Blick und sah stattdessen aus dem Fenster. Von meinem Platz aus konnte ich *unsere* alte Buche sehen. Die Zweige des großen Baums wiegten sich nur unwesentlich, der schwache Wind konnte der dichten Krone nichts anhaben. Ich stellte mir vor, wie die spätsommerlichen Stürme in meiner Heimat bereits durch die Bäume fegten und einige der Blätter schon jetzt mit sich rissen, bevor die restlichen im kommenden Monat von allein herabfallen würden. *Hier hingegen ...*

... rieselten in genau diesem Moment auch einige Blätter aus dem satten Grün der Baumkrone herab. Kurz darauf bewegten sich ein paar Äste. Sie bogen sich und federten dann ruckartig zurück in ihre Ursprungsposition. *Noah!*

In diesem Moment ahnte ich, wo er die vergangenen Tage gesteckt hatte. Und ich wusste auch, wie ich meine Mutmaßung überprüfen konnte.

XXVI.

Ich ließ den Mini stehen und wartete gemeinsam mit Noah vor dem Amarok auf die Zwillinge, um mit ihnen zum Haus der Franklins zu fahren. Lucy begrüßte Noah mit einem breiten Grinsen, verkniff sich aber jeglichen Kommentar zu seiner tagelangen Abwesenheit. Genau genommen tat sie so, als hätte es die Sorgen der vergangenen beiden Tage überhaupt nicht gegeben. Auf der Fahrt brabbelte sie fröhlich von einem gemeinsamen Kinobesuch, den sie für unsere *Clique* (ihr Wort, nicht meines!) plante und beriet Adrian unaufgefordert bezüglich eines Geburtstagsgeschenks für Kathy. Der wirkte regelrecht schüchtern und verlegen, als sie dieses Thema anschnitt, was Lucy erwartungsgemäß nicht davon abhielt, es weiter zu vertiefen.

„Ohrringe fände ich gut. Für den Anfang, meine ich. Schmuck ist immer gut, aber auch eine ziemlich delikate Angelegenheit." Ja, *delikat!*

Auch Lucy war eine Franklin und stellte das von Zeit zu Zeit gerne unter Beweis. „Für einen Ring ist es natürlich viel zu früh, eine Kette wäre auf jeden Fall übertrieben, aber Ohrringe sind dezent und ... ja, einfach passend zum Einstieg."

„Zum Einstieg? Gott, Lucy!", beschwerte sich Adrian, schlug die Hände vors Gesicht und wandte sich dann hilfesuchend Noah zu, der jedoch weiterhin starr auf die Fahrbahn blickte. Auch wenn die Zwillinge es nicht zu bemerken schienen – oder zumindest sehr gut überspielten –, stimmte hier etwas ganz und gar nicht. Noah war nicht nur tagelang unterwegs gewesen, er trug auch noch dieselbe Kleidung wie am Freitagabend, und über seiner Kinnlinie lag ein dunkelblonder Schatten Bartstoppeln (den ich übrigens unbedingt berühren wollte).

Genauso abrupt, wie wir es von Lucy gewohnt waren, wechselte sie das Thema, sobald ihr etwas Neues durch den dunklen Lockenkopf schoss.

„Oh, Adrian hat mir erzählt, Bill hätte dich schon wieder belästigt, Emily? So dumm kann der doch wirklich nicht sein, oder?

Dieser, dieser ... Tss! ... Darf ich ihm morgen noch ein paar Takte dazu sagen? Bitte!"

Ich beobachtete, wie sich Noahs Hände fester um das Lenkrad schlossen und schüttelte den Kopf. „Die Sache ist gegessen, Lucy. Belassen wir es einfach dabei!"

Sie grummelte noch etwas, das trotz aller Unverständlichkeit ihren Missmut über meine Entscheidung deutlich machte. Aber ich wusste, sie würde nichts gegen meinen Willen tun.

Noah begrüßte Marie, die beim Anblick ihres verlorenen Sohnes erleichtert durchatmete, mit einem schuldbewussten Lächeln.

„Kommt essen, schnell!", rief sie glücklich aus, aber Noah blieb im Türrahmen stehen und machte keinerlei Anstalten sich an den bereits gedeckten Tisch zu setzen. „Ich ... Kann ich ... Ich würde gerne duschen", stammelte er.

„Mais bien sûr, wir warten", entgegnete Marie und warf Adrian einen eindringlichen Blick zu. Sofort legte der seine bereits gezückte Gabel wieder zur Seite, aber Noah winkte ab.

„Nein, bitte esst! Ich bin gleich zurück." Und wirklich, er brauchte kaum fünf Minuten, bis er geduscht, rasiert – *Verflixt!* – und frisch gekleidet zurückkam. Sein unvergleichlicher Duft überlagerte den des Essens mühelos. Wirklich, Noah roch einfach himmlisch.

„Wow, das war ja echt mal schnell", staunte Lucy mit vollem Mund und entlockte uns allen ein Lachen.

Auch Marie ging nicht auf Noahs Verschwinden ein. Sie schien einfach nur erleichtert zu sein, ihre Familie wieder komplett zu wissen. Ich konnte nicht anders, als mich darüber zu wundern, wie ergeben sie Noahs Eigenarten akzeptierte und ihm seine Freiheiten ließ.

Der gebärdete sich derweil weiterhin eigenartig. Er sprach nur, wenn man ihm gezielte Fragen stellte und sah mich kein einziges Mal an, obwohl ich ihm direkt gegenübersaß. Er verhielt sich so abweisend, dass sich mein Magen erneut verschloss und ich Maries fantastische Mahlzeit beinahe unangetastet stehenließ. Was war hier los?

Nach dem Essen halfen wir gemeinsam, den Tisch abzuräumen und das Geschirr zu spülen. Es war eine der ungeschriebenen

Regeln im Hause Franklin: Wer kochte, machte nicht sauber. Daran hielten sich alle, selbst Noah.

Schließlich – ich hatte kaum den letzten Teller im Schrank verstaut – verabschiedeten sich Lucy und Adrian. So schnell, dass es mehr als nur auffällig war, verschwanden sie in ihren Zimmern. Marie saß bereits im Wohnzimmer und sah sich eine Talkshow im Fernsehen an.

„Nun?", fragte ich, beinahe so schüchtern wie am Anfang.

„Soll ich dich nach Hause fahren?", fragte Noah trocken.

Wie bitte???

„Nein! ... Noah, was ist los? Willst du, dass ich es sage? Ich mache es, weißt du? Ich dachte nur, wir könnten dazu vielleicht auf dein Zimmer gehen."

Er sah verwirrt aus und blickte kurz auf meine Arme. Vermutlich erwog er, mich zu berühren ... und entschied sich dann dagegen.

„Was willst du mir sagen, Em?" Der sanfte Ton, in dem er meinen Spitznamen aussprach, durchrieselte mich warm.

„Dass es mir leid tut", entgegnete ich fest. „Wie ich dich genannt habe. Ich ..."

Noah stieß sein bitteres Lachen aus und rieb sich über die Augen. „Du schaffst mich wirklich, weißt du das? ... Ich *war* ein Vollidiot. Und *ich* sollte mich entschuldigen, *nur* ich. Auch bei Adrian, aber hauptsächlich bei dir."

Verdutzt sah ich ihn an, bis er sein Statement näher erklärte. „Welcher Freund lässt sein Mädchen schon mitten in der Nacht zurück und haut einfach ab, nur um ihr am folgenden Morgen unhaltbare Vorwürfe zu machen? Spitzenleistung, wirklich." Wieder einmal zog er so fest an seinen Haaren, dass ich mich wunderte, wie tapfer die das aushielten, ohne dabei büschelweise auszufallen.

„Gehen wir raus?", fragte ich nach einer Weile und streckte ihm meine Hand entgegen. Zu meiner großen Erleichterung willigte er ein und ergriff sie.

Lass uns zu deinem Baum gehen, ja? Da bleiben wir mit Sicherheit ungestört.

Ich erklomm die Baumkrone vor ihm; Noah stützte mich lediglich mit einer Hand unter meinem Oberschenkel und hangelte sich danach selbst geschickt durch die Äste zu mir hoch.

Ehe er mich erneut berühren konnte, ließ ich meinen Blick schweifen und stellte erstaunt fest, dass die Blätter und Zweige dieses Baumes seit langer Zeit unberührt geblieben waren. Natürlich gab es die kahlen Zweige noch, aber die Überreste der halb abgerupften Blätter waren bereits vertrocknet. *Nein, hier ist er seit Längerem nicht gewesen.*

Mit einem Seufzer nahm Noah auf dem Ast unter mir Platz; ich beobachtete fasziniert, wie sich die Muskeln seiner Arme anspannten, als er sich hochstützte und seine Position korrigierte.

„Du wolltest reden", stellte er nüchtern fest. *Richtig, reden!*

„Sagst du mir, warum du so abweisend bist?", fragte ich zögerlich – unsicher, ob ich die Antwort wirklich hören wollte.

Noah hingegen schien nicht zu wissen, ob er sie mir geben sollte.

„Noah, bitte! Du kannst meine Gedanken lesen. Lass mich wenigstens an deinen teilhaben."

„Wir können nicht so weitermachen wie bisher", platzte es aus ihm heraus.

„Warum nicht?", fragte ich entsetzt.

Oh Gott, dieses Gespräch schlug eine schreckliche Richtung ein.

„Weil ... ich dir keine Antworten geben kann. Ich *kann* es einfach nicht. Und du brauchst diese Antworten doch, nicht wahr? Du willst sie unbedingt, sonst kannst du mir nicht vertrauen. ... Das hast du gesagt." Wie von selbst hob sich seine Hand und zupfte einige Blätter von einem der Zweige über ihm ab. Gedankenverloren begann er, sie zu zerreißen.

„Wäre ich in der Lage dich anzulügen, Em, hätte ich es geleugnet, weißt du?", sagte er leise und so ... gebrochen. „Ich hätte steif und fest behauptet, dass du dir etwas einredest, und du hättest nicht die leiseste Chance gehabt das Gegenteil zu beweisen."

„Was das Gedankenlesen angeht, hätte das vielleicht funktioniert", gab ich zu. „Ich habe ohnehin lange genug mit der Idee gespielt, bevor sie aus mir rausbrach."

„Ich weiß", sagte Noah und ließ die kleingerupften Blätter auf das Gras unter uns herabrieseln. „Jedes Mal nahm ich mir vor vorsichtiger zu sein, um deinen Verdacht nicht weiter zu erhärten."

„Nichts desto trotz wäre da noch dein Herzschlag", gab ich zu bedenken. „Den hättest du nicht vor mir verheimlichen können."

„Doch, wenn ich mich an mein ursprüngliches Vorhaben gehalten hätte und dir fern geblieben wäre", entgegnete er bitter. „So, wie es hätte sein sollen." Das klang trotzig ... und tat unglaublich weh.

„Sag mir nur eines", bat ich ihn mit schmerzerstickter Stimme und wartete, bis er mir endlich wieder in die Augen sah. Sofort versank ich in dem sanften Türkis, das mir nie zuvor so verschleiert vorgekommen war. Noah sah aus, als würde er am liebsten losweinen.

„Bereust du es, mir begegnet zu sein?"

Er schloss die Augen und schüttelte den Kopf. „Gott, nein! ... Die vergangenen Wochen waren die schönsten meines ... Lebens. Nichts fühlt sich richtiger an, als wenn du bei mir bist."

Ich schluckte hart an der Wahrheit seiner bezaubernden Worte.

„Warum bist du dann weggelaufen?"

„Weil ich ... auch noch nie so hin- und hergerissen war." Wieder sah er mich so direkt an; dieses Mal wirkte sein Blick fast flehend. „Ich kann dir nichts Genaues sagen, Em. Ich habe versucht zu verhandeln, aber ... es gibt keinen Weg, offen zu dir zu sein. Ich verspreche dir aber, dass du es eines Tages verstehen wirst. Ich habe sein Wort. Es wird dauern ... hoffentlich noch sehr lange, aber ... irgendwann wirst du alles verstehen, das verspreche ich dir."

Momentan verstand ich gar nichts. *Hoffentlich sehr lange?* Warum hoffte er, es würde möglichst lange dauern, bis ich endlich Klarheit erlangte? Und ... er hatte *sein* Wort? *Wessen?* Mit *wem* hatte er verhandelt? War dieser mysteriöse Michael daran beteiligt? Ich wusste nicht so recht, ob ich den Typ wirklich mochte.

Noah schüttelte den Kopf. „Ich kann mir vorstellen, wie unbefriedigend das für dich ist, aber momentan gibt es genau zwei Möglichkeiten, die Sache mit uns weiter anzugehen."

So, jetzt waren wir wieder zurück auf der *Die-Sache-mit-uns-*Ebene?

Na schön, sei's drum. Starten wir also neu!

Ich hielt Noahs Blick und forderte ihn stumm auf, fortzufahren.

„Die erste ist, dass wir – wie du es ursprünglich wolltest – unsere gemeinsame Zeit einfach genießen. Ohne weitere Fragen, was diese Besonderheiten angeht, die dir vollkommen zu Recht aufgefallen sind."

„Und die zweite?", fragte ich bang.

„Hm ..." Noah wand sich unter der Antwort, die ihm offensichtlich nicht behagte.

„Warte!", rief ich. „Beantworte das nicht!"

Seine Augen hatten es ohnehin schon getan. „Die zweite Lösung sähe in etwa so aus ... wie die letzten Tage, nicht wahr? Du würdest gehen?", fragte ich mit zittriger Stimme.

„Nein!", antwortete er postwendend. „Aber du würdest denken, ich sei gegangen."

„Dann wähle ich Variante eins", entschied ich ohne Zögern. In den haltlosen Zustand der vergangenen Tage zurückzufallen, erschien mir schier untragbar. „Ich stelle keine Fragen mehr, ich verspreche es." Das klang viel zu verzweifelt, was mir in diesem Augenblick jedoch vollkommen egal war.

Noah sah mich lange an. „Und ... was ist mit ... du weißt schon."

Nein, ich wusste *nicht* – was man meinem ratlosen Gesicht wohl auch ansah.

„Mit deinen ... *unseren* ... körperlichen Bedürfnissen?", erläuterte er.

Ich war mir sicher, spätestens unter dieser Frage wäre er errötet, wäre ihm das möglich gewesen.

„Hm, nun ... diesen Bedürfnissen können wir doch ... zumindest teilweise nachgehen, oder?"

Noah schmunzelte verlegen. „Ja, ich denke schon. Wenn du geduldig mit mir bist. Ich bin ... nicht gerade ein Experte auf dem Gebiet."

„Bislang gab es keinen Grund zur Beschwerde", erwiderte ich und hoffte, die Stimmung damit aufzulockern. „Außer ..."

„Ja?", fragte er mit hochgezogenen Augenbrauen.

„Dass du mitten in der Nacht abgehauen bist, mich völlig aufgewühlt zurückgelassen hast und mir am Morgen danach vorgeworfen ..."

„Em, es tut mir leid!", unterbrach er mich und verbarg sein schönes Gesicht hinter beiden Händen. „Ich werde mich auch bei Adrian entschuldigen", murmelte er, wohl mehr zu sich selbst als zu mir.

„Du warst ernsthaft eifersüchtig?" Ich konnte es noch immer nicht fassen.

Langsam tauchte er hinter seinen Händen auf. „Rasend."

„Auf Adrian? Er ist dein Bruder, Noah!"

„Em ..."

Seine Miene wirkte gequält; schnell berührte ich seine Wange. *Was ist, fällt dir keine effektive Methode ein, mich zum Schweigen zu bringen?*

Noahs Augen wurden riesig, sein Blick wandelte sich hinter verwirrt blinzelnden Lidern – ungläubig, zweifelnd, überrascht. Dann, endlich, verzogen sich seine Lippen zu diesem atemberaubend einseitigen Lächeln und näherten sich wie in Zeitlupe den meinen. Aber Noah küsste mich nicht, wie erhofft, auf den Mund. Zunächst bedachte er mein Kinn und meine Wange, dann meine Nasenspitze und die Augenlider. Sein zittriges Seufzen gegen meine Haut schmolz alles, was während der vergangenen Tage ohne ihn in mir eingefroren war.

Und in dem winzigen Moment, als sein Mund endlich den meinen streifte, war ich es wieder, das Mädchen, das ich immer sein wollte: stark, selbstbewusst, schön, begehrenswert. Und all das war ich nur, weil Noah es in mir wachrief, entdeckte, sah ... was auch immer. Er brachte alle diese Eigenschaften zum Vorschein, denn ich wusste – ich *spürte* – dass ich all das für ihn war. Und nur seine Sicht zählte.

Unsere Lippen berührten sich für die Länge eines seligen Herzschlages.

„Zimmer?", flüsterte er gegen meinen Mundwinkel.

„Unbedingt", entgegnete ich atemlos.

„Noah?", fragte ich, als wir engverschlungen auf seinem Bett lagen und er im schwachen Licht der Dämmerung auf mich herabblickte.

„Hm?"

„Darf ich dir denn Fragen zu deiner Vergangenheit stellen?"

Sofort verspannte er sich spürbar. „Ähm ... nicht gerade mein Lieblingsthema, aber ... okay." Er schaffte es sogar, mir ermutigend zuzulächeln.

„Was ist mit Doug passiert?", fragte ich leise.

Noahs Lächeln gefror und bröckelte aus seinem Gesicht. „Er ist im Knast. Und bleibt dort für weitere vier Jahre. Mindestens."

„Und ... *sie?*" Ich brachte es nicht fertig *deine Mutter* zu sagen, denn das war sie in meinen Augen nicht. Marie war Noahs Mom, ob sie ihn nun zur Welt gebracht hatte oder nicht. Sie liebte ihn. So, wie eine Mutter ihr Kind lieben sollte. So, wie Noah es schon immer verdient hätte. Ich wusste, dass sie sich für ihn vor einen fahrenden Zug geschmissen hätte – genauso wie für die Zwillinge.

Aber diese Frau, seine biologische Mutter – ich kannte ihren Namen nicht einmal und wollte ihn auch nicht erfahren – hatte sich Tag für Tag abgewandt. Schlimmer noch, sie hatte ihren kleinen Sohn an seinen Peiniger ausgeliefert, ein ums andere Mal.

Noah legte eine Hand an meine Wange und suchte meinen Blick. Es war immer wieder eigenartig: wenn er derart gezielt den Hautkontakt suchte, sah er mich dabei so tief an, dass sich meine innersten Empfindungen in seinen Augen widerspiegelten. Daher wusste ich, dass er nicht nur meine Gedanken, sondern eben auch meine Gefühle *las* und nachempfand. Fast war es so, als würde er durch seine Berührung mit mir verschmelzen. Ich erfasste seine Hand, hielt sie auf meiner Wange und schmiegte mich dagegen.

„Ich habe keine Ahnung, wo sie ist", sagte er endlich. „Ich weiß nur, dass sie auch für zwei Jahre im Knast war. Dort hat sie einen Entzug gemacht und anschließend eine psychiatrische Einrichtung besucht. Ich ... will keinen Kontakt mehr zu ihr, und sie weiß nicht einmal wo ich bin. Das Jugendamt bekam damals die Auflage, meinen Fall nach Kalifornien zu übergeben, um die Spuren zu verwischen."

„Wo bist du denn geboren?"

„Geboren in Mason City, Iowa, aber rausgeholt haben sie mich in Nevada, irgendwo vor Reno." Ich hörte die Qual in seiner

Stimme, auch wenn er versuchte, sie mit gespielter Gleichgültigkeit zu übertünchen.

Jugendamt ... Auflage ... meinen Fall ... rausgeholt, waren Worte, die in meinem Kopf widerhallten – für ihn hörbar, wie mir wieder einmal zu spät bewusst wurde.

„Schon okay! Mir ist klar, dass das eine Menge Stoff zum Verarbeiten ist", flüsterte er und drehte eine meiner rostroten Haarsträhnen um seinen Zeigefinger.

„Sind Iowa und Nevada nicht richtig weit voneinander entfernt?"

„Etwa 1.700 Meilen", schätzte Noah. „*Sie* ... ist nie lange an einem Ort geblieben. Stürzte sich von einer Beziehung in die nächste, ständig auf der Suche nach dem großen Glück, bis sie sich selbst auf dem Weg verlor."

„Was ist mit deinem leiblichen Vater?"

Noah zuckte mit den Schultern. „Habe ihn nie kennengelernt. Sie sagte, er wüsste nicht einmal, dass es mich gibt. Keine Ahnung, ob das der Wahrheit entspricht. Bei meiner Geburt gab sie meinen Vater als *unbekannt* an, und ich habe keine Informationen von ihm, außer dass ich seine Augen und Haare geerbt haben muss."

„Dann sah er bestimmt sehr gut aus", entfuhr es mir. Noah überging mein Kompliment regungslos.

„Und ... *sie* ... hat Drogen genommen?", hakte ich neugierig nach.

„Ja, die letzten Jahre. Dieser Penner hatte sie fest im Griff."

Dieser Satz löste etwas in mir aus, das ich Sekunden zuvor noch nicht einmal ansatzweise gespürt hatte: Wut.

Ich stützte mich auf die Ellbogen und sah ihn fest an. „Nimm sie nicht in Schutz, Noah! Was sie getan hat ..."

„Ich weiß!"

„Und du weißt, dass dich keine Schuld trifft, oder?"

Er überlegte lange, biss dabei auf seiner Unterlippe herum und senkte schließlich seinen Blick. Endlich, nach einer unmessbaren kleinen Ewigkeit, nickte er. „Mittlerweile weiß ich, dass sie beide krank waren, ja. Aber ich dachte lange ... sehr, sehr lange ... es läge an mir."

„Ich weiß", erwiderte ich. Denn natürlich hatte ich seine Notizen weitergelesen. Und so wusste ich tatsächlich, wie stark die Schuldgefühle auch im Nachhinein noch in Noah getobt hatten. Ich wusste, dass er sich jeden Tag davor gefürchtet hatte, den Ansprüchen seiner neuen Familie nicht zu genügen und in ein Heim geschickt zu werden. Natürlich waren diese Ängste vollkommen irrational gewesen, aber wie hätte er das damals einschätzen können?

„Du bist so gut, Noah", versicherte ich ihm, doch er hielt meinem Blick eher skeptisch als verlegen stand. Wäre er verlegen gewesen, ich hätte es als positives Zeichen gedeutet. Verlegenheit setzte voraus, dass man das Kompliment, das einem gemacht wurde, zumindest als Wahrheit in Betracht zog. Noah war davon meilenweit entfernt. Er hielt meine Worte für abwegig, auch wenn er wusste, dass ich sie in aller Aufrichtigkeit aussprach.

„Du bist einer der besten Menschen, die ich kenne. Und dich trifft keine Schuld. *Er ... Doug ...* ist ein Monster, Noah. Und *sie* hätte sich für dich entscheiden müssen, nicht für ihn. Egal unter welchen Umständen."

Er sah mich an, seine Lippen vibrierten. Wieder hatte ich das Gefühl, er hätte am liebsten losgeweint, wusste aber gleichzeitig, dass das nicht geschehen würde. Stattdessen nickte er tapfer. „Ich weiß!"

„Wirklich?", fragte ich.

Er nickte einfach weiter.

„Glaubst du es auch, oder sagst du es nur so dahin?"

„Em ..." Mein Name kam als ein eigenartiges Wimmern über seine Lippen, das mich sofort ausbremste. In diesem Moment, als Noah seinen Blick abwandte und sich mit bebenden Fingern durch die Haare fuhr, spürte ich das volle Ausmaß seiner Verzweiflung. Und diese Erkenntnis durchbohrte mein Herz. *Warum?*

Das war die große Frage, die über all seinem Leid hing. Warum hatte Doug ihn so lange und so schwer misshandelt? Warum hatte seine leibliche Mutter stumm weggeschaut? Warum hatte sie niemandem wenigstens von der Existenz ihres Sohnes erzählt? Warum hatte keiner nach ihm gesucht? Warum hatte ihm, verdammt noch mal, denn niemand geholfen? All die Jahre lang ...

Schnell erstickte ich meine Gedanken, ehe sie für Noah unerträglich wurden. „Schon gut", wisperte ich und kuschelte mich zurück an seine Brust. „Ich will bloß, dass du es weißt. Denn du hast recht. Sie *sind* krank – beide. Und *sie* tragen die Schuld, nicht du."

Er hielt mich fest und atmete tief durch. „Okay", sagte er endlich. Und dann noch einmal: „Okay."

Lange Minuten verstrichen ohne ein weiteres Wort. *Dear true love* von *Sleeping at last* erfüllte den Raum und umhüllte uns sanft. Ich war diejenige, die unsere Stille mit meinem liebsten Wort durchbrach. „Noah?"

„Hm?" Sein Brummen klang schläfrig, und ich wunderte mich, ob er in der Zwischenzeit eingenickt war.

„Würdest du mir noch ein paar Notizen von dir mitgeben?"

„Bissudurch?"

Oh, und ob er eingenickt war.

„Ja, ich bin durch. Und ... es war hilfreich. So musste ich nicht alles erfragen und konnte trotzdem verstehen, was dir widerfahren ist."

„Ja", sagte er leise, bevor er gähnte und sich unter mir streckte. Ich drehte mich auf den Rücken und ließ ihn sich aufrichten.

„Es gibt da nur ein Problem."

„Das da wäre?"

„Ich habe dir die Notizen des ersten Jahres gegeben. Danach ... ähm ... tja ... Warte, ich zeige es dir." Damit kniete er sich auf den Boden und zog wieder den großen Pappkarton unter seinem Bett hervor. Er entnahm den obersten Block und reichte ihn mir. Sein Blick bekannte Unbehagen. Unsicher schlug ich die ersten Seiten auf.

Einige Sätze standen da, eigentlich eher Satzfetzen. Unzusammenhängende Phrasen, denen ich nichts wirklich Interessantes entnehmen konnte. Aber der größte Teil der Zeilen war leer. Unbeschrieben.

„Öhm ...", machte ich und entlockte Noah damit ein mildes Lächeln.

„Nicht sehr aufschlussreich, oder?"

„Und die anderen Blöcke sind auch alle leer?"

„Sie waren es nicht, weißt du? Jede Zeile war beschrieben, genauso wie in denen, die du bereits gelesen hast."

„Und dann hast du es, keine Ahnung, wegge..." *Ja, was?* Noah schrieb stets mit einem Kugelschreiber, auch damals schon. Wie konnte man derartig geschriebene Notizen so spurlos auslöschen. Er schüttelte den Kopf. „Nein, nicht ich."

Obwohl seine Worte wieder einmal keinen Sinn ergaben und Noah keinerlei Anstalten machte, sie näher zu erläutern, biss ich die Zähne so fest wie nur möglich zusammen und erinnerte mich an mein Versprechen: *Keine weiteren Fragen!*

Noah lächelte zufrieden. „Brav! ... Ich hingegen ..." Er packte den mysteriösen Notizblock zu den anderen und verstaute den Karton wieder unter seinem Bett. Für einen Moment fragte ich mich, warum er ihn überhaupt aufbewahrte, ließ den Gedanken aber fallen, als Noah wieder auftauchte und mich schelmisch ansah. „Ich hätte eine Frage."

„Bitte!", sagte ich und lächelte in Erinnerung an unser anfängliches Frage-Antwort-Spiel.

„Wie hast du das vorhin gemacht, als ich Bill beinahe geschlagen hätte? Wie hast du ... den Kontakt zu mir aufgenommen?"

„Was, du hast mich gehört?", fragte ich viel zu laut, als ich Sekunden später endlich begriff, worauf er anspielte.

Noah verschloss meine Lippen mit einem schnellen Kuss. „Klar und deutlich, ja", flüsterte er. „Na ja, nicht ganz so klar wie durch deine Berührung, aber ... beinahe."

„Das ist ja verrückt!", stieß ich hervor.

Noah schnaubte. „So, das ist jetzt verrückt? Na, dann bin ich ja froh, deine Definition von *verrückt* endlich aufgedeckt zu haben. Ich war mir beinahe sicher, diese Grenze nie zu erreichen."

Einen kurzen Moment genoss ich seinen Sarkasmus, dann zog ich ihn zurück zu mir, auf sein Bett. Ein entzücktes Seufzen entrang sich meiner Kehle, als er sich an meiner Seite zusammenrollte und den Kopf dieses Mal auf meine Brust bettete. So hatte ich ihn noch nie zuvor gehalten; es war unglaublich schön. Meine

Fingerspitzen versanken wie von selbst in seinen dichten, weichen Zottelhaaren, während die der anderen Hand über seinen Rücken fuhren und ihn mit sanftem Druck noch näher an mich heranzogen. Noah atmete langgezogen aus, wurde dabei ein wenig schwerer, und ich war mir sicher, er schloss seine Augen wieder.

„Vielleicht war es ...", hob ich nach einer Weile an, „Ja, es war vermutlich das erste Mal, dass ich dich so direkt angesprochen habe. Die Worte kamen nicht raus, ich konnte sie nicht aussprechen – vor Schock, nehme ich an. Aber in Gedanken rief ich nach dir."

Das erhaschte seine Aufmerksamkeit; er richtete sich auf. Der Verlust seiner unmittelbaren Nähe ließ mich kalt und unerfüllt zurück.

„An dem Abend, als ich dich zuerst abgesetzt habe, später aber noch mal zu dir nach Hause gekommen bin, weil du am Telefon so geweint hast ..." Herausfordernd sah er mich an.

Ich erinnerte mich sehr deutlich an die Situation. Daran, dass ich Noah in meiner plötzlichen Verlustangst hatte anrufen wollen, er mir aber zuvor gekommen war. „Ja?"

„War es da auch so?", verdeutlichte er. „Hast du mich da auch in Gedanken angesprochen? ... Denn da war es mir zum ersten Mal so, als hätte ich dich nach mir rufen gehört."

Ich überlegte lange, konnte mich aber nicht mehr an meine Gedanken erinnern. „Kann schon sein", erwiderte ich schließlich vage. „Ich war ziemlich fertig an diesem Abend. Aber heute war es definitiv so. Ich habe stumm nach dir gerufen, wenn du so willst."

Er schürzte seine Lippen und brummelte vor sich hin: „Wirklich? ... Hm, könnte schon sein, dass es so ist. Wäre logisch, in gewisser Weise. Wir müssen das herausfinden, aber es wäre auf jeden Fall von Vorteil ..."

„Noah?"

„Ja?"

„Wenn ich keine Fragen stellen darf, ..." Sanft dirigierte ich ihn zurück und drückte seinen Kopf erneut gegen meine Brust, „... würdest du dann bitte zumindest *versuchen*, nicht ständig in Rätseln zu sprechen?"

„Entschuldige!"

In dieser Nacht, als ich endlich – viel zu spät für einen gewöhnlichen Wochentag – in meinem Bett lag, träumte ich von Bill, der sich groß und bedrohlich vor mir aufbaute. Unverhofft erschien Noah und reichte mir seine Hand. Ich blickte in die Baumkrone über uns, sah noch einmal die gerupften Zweige in aller Deutlichkeit ... und schreckte auf.

Meine Beine schwangen sich über die Bettkante und hoben mich so unvermittelt aus dem Bett, dass ich zunächst einmal überlegen musste, wohin sie überhaupt wollten. Fest stand, dass ich einer Intuition folgte, die sich aus meinem Traum ergeben hatte. Ich funktionierte wie ferngesteuert.

Wie in jeder Nacht, war meine Balkontür lediglich angelehnt; der Wind blähte die hellen Vorhänge von Zeit zu Zeit wie die Segel eines Schiffes auf. Ich öffnete die Tür und trat nach draußen. Nur wenige Meter von meinem Balkon entfernt wiegten sich die Zweige eines großen alten Laubbaumes sanft hin und her. Und bei diesem Anblick wurde mir klar, was mein überfordertes Hirn mit diesem Traum zu verarbeiten versucht hatte.

Im Dunkeln schlich ich in unseren Wohnraum hinab, kramte in dem Sekretär meines Vaters nach der Taschenlampe, die er dort für eventuelle Stromausfälle aufbewahrte, deaktivierte die Alarmanlage und öffnete die Terrassentür. Barfuß lief ich über das nachtfeuchte Gras zu dem kräftigen Stamm des alten Baums. Ich lehnte meinen Kopf dagegen, wie ich es in der Mittagspause bei unserer Buche an der Schule getan hatte, und blickte hinauf. Obwohl es stockfinster war und die offenbar altersschwache Batterie der Taschenlampe das kleine Licht unbeständig flackern ließ, fand ich sehr schnell, wonach ich suchte. Nur etwa zwei Meter über meinem Kopf hingen jede Menge Äste und Zweige, die nur noch wenige klägliche Überreste ihrer ehemaligen Blätterpracht aufwiesen.

Ein triumphierendes Lächeln dehnte sich über mein Gesicht, begleitet von dem unglaublichen Glücksgefühl, das meinen Körper durchrieselte – auch wenn das Wissen über Noahs Aufenthaltsort natürlich neue Fragen aufwarf. Aber so war es ja immer mit ihm: Eine Frage klärte sich, unzählige neue entstanden im selben Zug.

Wie in der Sage mit dem Drachen, dem für jeden abgeschlagenen Kopf sieben neue nachwuchsen.

Frage Nummer eins pochte am penetrantesten gegen meine Schläfen: *Wie hat er es geschafft die Alarmanlage zu umgehen?*

Egal, ich würde es nicht hinterfragen. Ich würde meine Neugier tapfer herunterschlucken und Noah nicht noch einmal in eine Situation bringen, in der er nur den einen Ausweg sah: Flucht.

Nie wieder – egal, wie viele Rätsel er mir noch aufgeben würde. Nur eine Sache wollte ich unbedingt wissen: *Ist er da? Jetzt, in diesem Moment?*

Mit zusammengebissenen Zähnen hielt ich mich davon ab nach ihm zu rufen. Wäre bei meinem Dad wahrscheinlich nicht so gut angekommen.

Endlich kam mir eine andere Idee, die ich zumindest nicht unversucht lassen wollte: *Direkte Ansprache, richtig? ... Alles klar!* Ich holte tief Luft – als würde ich die für mein Vorhaben brauchen – und schloss die Augen, um mich zu konzentrieren.

Noah Franklin, bist du hier? Bitte, komm raus. Wo auch immer du dich versteckst, du hast keinen Grund dazu.

Noch nie hatte ich Stille als dermaßen nervenzehrend empfunden, selten zuvor war ich mir dämlicher vorgekommen.

Da sekundenlang nichts geschah, zuckte ich mit den Schultern und wandte mich enttäuscht zum Gehen. Dabei beleuchtete ich den Rasen zunächst unmittelbar vor meinen Füßen und hob die Taschenlampe nur langsam an. ... Und da stand er. Mit in die Hosentaschen gepferchten Händen und schuldgeneigtem Kopf. Schöner als je zuvor, einfach so. Beinahe hätte ich aufgeschrien, aber Noah war bei mir und legte einen Finger über meine Lippen, bevor der kleinste Ton entweichen konnte.

„Pschhh!", machte er dicht an meinem Ohr. Dann sah er mich wieder so an – wie ein kleiner Junge, der eine Dummheit begangen hatte und dabei erwischt worden war.

Mein Herz überschlug sich beinahe vor Aufregung und fand nur langsam in einen ruhigeren, beständigeren Rhythmus zurück. „Du meinst, es funktioniert tatsächlich?", presste ich irgendwann mühevoll hervor. „Du kannst mich hören, ohne dass wir einander berühren?"

Noahs Blick wurde weicher, die Schuld wich von Sekunde zu Sekunde weiter in den Hintergrund. Endlich zog er mich an sich. Unmittelbar bevor sich seine Lippen federleicht über meine Haut bewegten, spürte ich sein Schmunzeln an meinem Schlüsselbein. „Ich habe nicht den leisesten Schimmer, was ich mit dir machen soll, Emily Rossberg. Deine Reaktionen ... sind mein größtes Rätsel."

Nun, da konnte ich mithalten. Locker!

XXVII.

Wie Noah und ich es schafften, so mühelos zurück zu *uns* zu finden – zu diesem unbeschwerten, glücklichen Zustand, der mich eisern an meinem Vorhaben festhalten ließ, mich nie wieder auf unerlaubtes Territorium hervorzuwagen, blieb mir ein Rätsel. Wir waren verliebt, und ich war bestrebt dieses unglaubliche Gefühl voll auskosten, solange es ging.

Seitdem ich wusste, dass Noah in seinen schlaflosen Nächten oft zu unserem Haus gekommen war und bis zum Anbruch des Morgens in der Baumkrone vor meinem Zimmer ausgeharrt hatte, nur um in meiner Nähe zu sein, organisierte ich so oft wie möglich gegenseitige Übernachtungen. Zugute kam mir dabei, dass mein Dad bis zum Kragen im Promotion-Stress seines Films steckte. Außerdem mochte Jason Noah mittlerweile und hielt deshalb die Klappe.

„Freitag in zehn Tagen findet die Premiere deines Vaters statt", flüsterte Noah in solch einer *gestohlenen Nacht*, wie er sie nannte, gegen meine Schläfe. Wir lagen in seinem Bett; Noah trug Boxershorts, sein Oberkörper war frei, während ich mein Lieblingstanktop und einigermaßen tageslichttaugliche Shorts übergestreift hatte.

„Du denkst an meinen Vater, während du mich im Arm hältst?", beschwerte ich mich mit hauchdünner Stimme. Mehr blieb von ihr nicht übrig, sobald Noah in Aktion trat.

Er grinste breit und sah mich mit strahlenden Augen an. „Nein, ich denke eben überhaupt nicht, wenn ich dich halte. Das ist es ja! Genau deshalb vergesse ich auch schon seit Tagen dich zu fragen, ob dein Angebot überhaupt noch steht."

„Die Flugtickets liegen längst in unserem Sekretär", erwiderte ich und drückte seinen Kopf zurück an meine Schulter. „Als ob ich ohne dich fliegen würde."

Die Liebkosungen seiner Hände und Lippen raubten mir Atem und Verstand. Noah wusste genau was er tat, soviel stand fest. *Gut, die Tatsache, dass er meine Gedanken lesen kann, mag dabei hilfreich sein.*

„Hey! Beschränk mich nicht auf meine mentalen Fähigkeiten!",
forderte er und biss sanft in meinen Hals. Das Gefühl durchzuckte mich wie ein Stromschlag – nur wesentlich angenehmer. Für
einen kurzen Moment vergaß ich das Denken vollständig und bog
mich ihm entgegen. Sofort ließ Noah von mir ab und setzte sich
auf. Jede Faser seines Körpers schien angespannt zu sein. Der
Mund eine verbissene Linie, die Kieferknochen traten deutlich
hervor, das Kinn zuckte.

„Entschuldige!", wisperte ich, als ich bemerkte wie peinlich
berührt er war.

„Weiter ... geht nicht", presste er hervor.

„Schon gut, das war ... weit genug", versicherte ich ihm und
streichelte behutsam über seinen Rücken.

„Noah, wie ist das? Ich meine, wie fühlt es sich für dich an?",
fragte ich nach einer Weile, in der sich meine Atmung ein wenig
beruhigt und mein Herz in einen regelmäßigeren Rhythmus zu-
rückgefunden hatte. Ich kniete mich hinter ihn, küsste die große
Narbe auf seinem linken Schulterblatt und die unzähligen kleinen
unterhalb seines Nackens, bis er sich spürbar entspannte.

„Du meinst, wenn ich ... an meine Grenzen stoße?"

Ich nickte und verschränkte meine Hände vor seiner nackten
Brust. Er ergriff sie und drehte seinen Oberkörper so unter ihnen,
dass meine Finger – wie zur Erinnerung – über seinem ruhig
schlagenden Herzen zu liegen kamen. „Es ist wie ... keine Ahnung! Ich fühle mich dann wie eine verkorkte Flasche, die zu viel
Druck ausgesetzt wird." Das typische, bittere kleine Lachen
schlüpfte über seine Lippen. „Mir fehlt das Ventil."

„Aber du bist ... ähm ... schon ... erregt?", stammelte ich.

Noahs Kopf schoss herum; sein Mund stand offen und bewegte
sich wie der eines gestrandeten Fisches – auf, zu, auf, ohne einen
Laut zu erzeugen.

„Was? So ganz klar ist mir das nicht", verteidigte ich mich mit
hochrotem Kopf.

Für einige Sekunden sah er mich noch fassungslos an, dann
drehte er sich um und stieß mich sanft zurück. Kopfschüttelnd
kam er über mir zu liegen. „Wie kannst du so etwas überhaupt

fragen? Ja, Em, ich platze innerlich beinahe vor ... Verlangen nach dir. War *das* jetzt klar genug?"

„Ähm ..." Ich hatte vergessen, wie man sich verständlich artikulierte.

Noah lachte unter meinen holprigen Gedankenfetzen auf, küsste meine Stirn und rollte sich dann wieder neben mich. „Schlaf jetzt, Weib!", befahl er in aufgesetzter Grobheit, während er seine Arme um meine Mitte schlang und mich zärtlich an sich zog.

Und so endete diese Nacht, wie bereits so viele zuvor: Wir hörten auf, als es am schönsten war. Dennoch hatte ich nie zuvor in meinem Leben so ruhig geschlafen, so entspannt und zufrieden, wie an Noahs Brust. Ihm erging es ebenso; er bewegte sich nicht einmal unter meinem Gewicht und schlief oft sogar weiter, wenn sein Wecker klingelte. Wir taten einander gut – unsagbar gut.

Und je mehr Zeit Noah und ich zusammen verbrachten, je glücklicher wir wurden, desto mehr bezweifelte ich, dass das jähe Ende, das er unserer Beziehung prophezeit hatte, überhaupt eintreffen würde.

Was, in aller Welt, konnte schon die Kraft besitzen, uns zu trennen?

Wenige Tage später steckten wir in den letzten Vorbereitungen zu unserer Reise. Jay war total aus dem Häuschen, und auch ich musste mir von Tag zu Tag mehr eingestehen, dass mich die Vorstellung des großen Premierenabends nicht länger kalt ließ. Mein Dad gab mir seine Kreditkarte und schickte mich in eine der exklusivsten Boutiquen Hollywoods, um mir zu einer dem Ereignis angemessenen Garderobe zu verhelfen.

Diese Chance auf Exklusiv-Shopping ließ sich Lucy erwartungsgemäß nicht entgehen. Sie überredete Kathy mit uns zu kommen und sammelte uns mit dem Amarok ein, damit wir es uns nicht anders überlegen und in letzter Sekunde doch noch kneifen konnten.

Für sich selbst wählte Lucy ein knielanges, enganliegendes Kleid in Nachtblau, das komplett mit Pailletten bestickt war und so perfekt passte, als wäre es ihr persönlich auf den Leib geschneidert worden. Sie sah schlichtweg umwerfend darin aus und drehte sich minutenlang zufrieden vor dem riesigen Spiegel hin und her, um sich von allen Seiten zu betrachten.

Kathy hingegen weigerte sich, auch nur ein einziges Kleid anzuprobieren. Sie beharrte darauf, ein vollkommen neues in ihrem Schrank hängen zu haben, das nur auf diesen Anlass gewartet zu haben schien. Hatte ich schon erwähnt, wie sehr ich Kathy für ihre unkomplizierte Art liebte? ... Nun, zumindest bis sie sich mit Lucy zusammentat und sich gemeinsam mit ihr gegen mich verschwor.

Die beiden verwendeten unglaublich viel Energie darauf, ein passendes Outfit für mich auszusuchen.

Schließlich – nachdem ich jedes einzelne verdammte Kleid dieser Boutique anprobiert hatte – fiel die Wahl auf ein seidenmattes, türkisfarbenes Kleid in einem ebenfalls knielangen, enganliegenden Schnitt. Silbern schimmernde Steinchen setzten dezente Akzente an Ausschnitt und Saum. Laut Noahs kleiner Schwester war es *„ein Unikat, das gleichermaßen schlicht wie elegant anmutete"*. ... *Pff!*

Kathys Feststellung fiel wesentlich pragmatischer aus: „Wenn Noah dich so sieht, fällt er entweder rückwärts um oder postwendend über dich her", erklärte sie nüchtern.

„Ich nehme es!", rief ich. So prompt, dass meine Freundinnen lauthals losprusteten.

Noah war sichtlich nervös, als er mir sein Outfit zeigte.

„Ist das okay?", fragte er und streckte mir einen grauen Anzug mit gleichfarbiger Krawatte und auf einem zweiten Bügel ein Hemd in sehr dunklem Rot entgegen.

Ich nickte begeistert. „Mehr als nur okay!" Nie zuvor hatte ich Noah im Anzug gesehen. Er würde die Stars der Filmpremiere wie verblasste Sternschnuppen erscheinen lassen, so viel stand fest.

„Bordeaux", murmelte ich gleichermaßen versonnen wie überrascht und fuhr über den Kragen des Hemdes. Noah drehte eine meiner Locken um seinen Zeigefinger. „Dein Haar", erklärte er leise. Trotz meiner Begeisterung blieb seine Nase in ungebrochener Unsicherheit gerümpft. „Ich nehme auf jeden Fall noch einen schwarzen mit. Schwarz muss, meint Lucy. Aber ich dachte mir, es ist doch keine Trauerfeier, oder?"

Ich schüttelte den Kopf und schlang meine Arme um den Jungen meiner Träume. „Nein, keine Trauerfeier – definitiv nicht."

Langsam, aber sicher freute ich mich auf die Reise, die mir zuvor noch Kopfschmerzen bereitet hatte. Ich war nicht scharf auf die Veranstaltung und den Presserummel, den die Filmpremiere mit sich bringen würde. Aber ich freute mich darauf, nach New York zu reisen und meinen Dad zu diesem bedeutungsvollen Ereignis zu begleiten – Seite an Seite mit meinen besten Freunden. Und natürlich mit Noah.

Mein Vater reiste zwei Tage vor uns ab und ließ sich von Jason dazu breitschlagen, ihn und seine derzeitige Flamme schon vorab mitzunehmen. Jays neue Freundin war eine super aufgetakelte Blondine, die ich bereits bei unserer ersten Begegnung der mentalen Schublade *Hirnlose Tussis* zugeordnet hatte. Noah, der in diesem Moment an unserem Küchentresen gesessen und unter der Tischplatte meine Hand gehalten hatte, war unter meinem fiesen Gedanken plötzlich Cola aus der Nase geschossen, so sehr hatte er lachen müssen.

Mein Dad gab in diesen letzten Tagen unzählige Interviews und besprach den genauen Ablauf der Premierenveranstaltung mit der Produktionsfirma.

Joe, Marie und Kathys Eltern brachten uns zum Flughafen. Sie hatten uns für zwei Tage von der Schule befreit und schienen ebenso aufgeregt zu sein wie wir. Natürlich freuten sie sich mit uns über diese tolle Gelegenheit, aber besonders Kathys eher konservativen Eltern merkte man auch eine gewisse Skepsis an.

Wir verabschiedeten uns, ließen die Sicherheitskontrolle problemlos hinter uns und warteten in ausgelassener Stimmung auf unser Boarding. Tom lief zu Höchstformen auf und brachte uns ständig mit irgendwelchen Albernheiten zum Lachen.

Nur Noah wirkte so angespannt wie schon lange nicht mehr. Er saß neben mir, schien jedoch mit seinen Gedanken nicht bei uns zu sein und umklammerte meine Hand, als hinge sein Leben davon ab nur ja nicht loszulassen.

„Was ist los mit dir? Alles okay?", flüsterte ich ihm besorgt zu.

Er nickte, sah mich dabei aber nicht mal an. Es machte den Anschein, als wäre er auf der Hut vor irgendetwas. Die Art und Weise, wie er seinen Blick durch die große Halle schweifen ließ –

wachsam und haltlos – erinnerte mich an ein alarmiertes Reh. Als würde er Gefahr wittern ...

Unser Flug nach New York City verlief ein wenig turbulent. Wir gerieten in einen grauen, wolkenverhangenen Himmel und wurden immer wieder ziemlich unsanft durchgeschüttelt. Tom und Lucy, die direkt hinter Noah und mir saßen, bekamen nichts davon mit. Sie schliefen tief und fest und sahen ziemlich süß aus, wie sie da so aneinander gekuschelt saßen.

Adrian und Kathy hatten ihre Plätze auf der anderen Seite des Gangs und unterhielten sich leise miteinander. Nur ab und zu beugte sich Adrian zu uns herüber und fragte etwas. Noah antwortete immer nur so knapp wie möglich, und so stellte Adrian nach einer Weile sämtliche Versuche, seinen Bruder in ein Gespräch zu verwickeln, ein.

Noah, was ist los?, fragte ich in Gedanken.

„Was meinst du?", erwiderte er leise.

„Du bist so angespannt. Warum?"

Ein leichtes Kopfschütteln. „Hm, schon gut. Die vergangene Nacht war ..." Er ließ den Satz unvollendet.

„Hast du nicht gut geschlafen?", fragte ich, entlockte ihm jedoch nur ein Schulterzucken. Ich beließ es dabei, obwohl ich eigentlich wusste, dass mangelnder Schlaf nicht die Ursache seiner Stimmung sein konnte. Seitdem Jay, Barbie und mein Dad abgereist waren, hatten Noah und ich allein unser Haus bewohnt und natürlich auch die Nächte miteinander verbracht. Wie ein Stein hatte er in meinen Armen geschlafen.

Also – irgendetwas stimmte nicht. Ich ergriff seine Hand und streichelte besorgt darüber. *Vielleicht ...*

Noah grinste.

„Was?"

„Ich habe *keine* Flugangst", stellte er klar.

„Oh, okay!"

In diesem Moment ruckelte das Flugzeug. So stark, dass sich die Stewardess, die weiter vorne im Gang Getränke servierte, mit beiden Händen an den Lehnen der Sitze festhalten musste, um nicht das

Gleichgewicht zu verlieren und im Schoß des fülligen Mannes zu landen, dem sie gerade eine *Bloody Mary* überreicht hatte. Die Flaschen schepperten auf dem schmalen Servierwagen, einige Passagiere stöhnten erschreckt auf. Die südländisch aussehende Frau, die neben Adrian und Kathy am Fenster saß, bekreuzigte sich in einer Endlosschleife.

Noahs Augen weiteten sich in Schock. Er sah auf das blinkende Anschnall-Symbol über uns und dann in meinen Schoß. Ich hatte meinen Gurt nicht gelöst, was er in diesem Augenblick wohl überprüfte. Unsere Hände waren locker, nur über die Zeigefinger, miteinander verschränkt gewesen, um den Hautkontakt zu halten und unseren mentalen Austausch damit sicherzustellen. Doch nun ergriff Noah meine Hand und drückte sie fest. Was vermutlich als beruhigende Geste gedacht war, kam absolut gegenteilig an. Sein Körper war durch und durch angespannt, und ich verstand einfach nicht, was ihn so nervös machte, wenn er angeblich frei von Flugangst war.

Wieder wollte ich nachhaken, aber dieses Mal wurde ich von der Stimme unseres Piloten davon abgehalten. Der erzählte in gewohnt nüchternem Ton, den nur Flugkapitäne und Geschichtslehrer derartig perfektioniert hatten, von leichten Turbulenzen, die wir in Kürze überwunden hätten. Zu unserer eigenen Sicherheit sollten wir sitzenbleiben und die Anschnallzeichen beachten, blih, blah, blubb. Das Übliche also.

Ich warf Noah einen tiefen Blick zu und schmiegte mich an seine Schulter. „Siehst du, alles okay."

„Ja", erwiderte er sichtlich verlegen. „Ich ... denke nur immerzu, dir könnte etwas zustoßen. Das war von Anfang an so." Seine Stimme war kaum mehr als ein Flüstern. Die Worte wirkten nach; das Dröhnen der Motoren tönte lauter als zuvor in meinen Ohren.

„Aber warum?", fragte ich schließlich.

Noah zuckte mit den Schultern und sackte dann tiefer in seinen Sitz. Er schloss seine Augen und lehnte seine Stirn gegen meine. „Ich brauche dich, Em."

Ich küsste seine Nasenspitze. „Und ich dich."

Bei diesem Geständnis, das schon lange keines mehr war, wurde mir wieder einmal klar, warum sich Noah so sorgte. Er war es einfach nicht gewohnt, glücklich zu sein. Es war ein neues, unbekanntes Gefühl – seinem Empfinden nach so zerbrechlich, dass er ihm nur misstrauen konnte.

Noahs Befürchtungen zum Trotz, landeten wir butterweich, verließen aufgrund von Adrians Behinderung das Flugzeug als Erste und begaben uns geschlossen zum Transportband, um unser Gepäck in Empfang zu nehmen. Während Kathy, wie so oft, die fleischgewordene Ruhe war, war Lucy nicht nur Lucy – sprich hibbelig und megaeuphorisch –, sondern Super-Lucy – sprich hibbelig, megaeuphorisch *und ausgeschlafen*. Tom und sie hatten beinahe den gesamten Flug verschlafen und sich nur kurz zum Essen aufgerappelt. Lucys pinkfarbener Koffer kam dummerweise als einer der ersten an, und so verbrachte sie den Rest der Wartezeit hüpfend und brabbelnd neben uns, bis ihre Brüder genervt die Augen verdrehten. Tom verschloss die Lippen seiner Freundin schließlich mit seinen und entlastete unsere Ohren damit zumindest für einige Sekunden.

Als wir sämtliche unserer Taschen und Koffer vom Band gefischt hatten und die große Halle verließen, erwartete uns bereits Sam, der Chauffeur, der Jay und mich damals vom Flughafen in L.A. abgeholt hatte. Er war meinem Vater von der Produktionsfirma auch auf dieser Reise wieder zur Seite gestellt worden. Um den berühmten Namen meines Dads zu umschiffen, prangte das vereinbarte Codewort *belly button* auf einem Schild vor Sams Brust. Etwas Blöderes war Jay offenbar nicht eingefallen.

Sobald ich den ersten Fuß vor die Tür setzte, bereute ich, mein Abendkleid knielang gewählt zu haben. Durch die Zeitverschiebung hatten wir drei Stunden verloren – hier war der Nachmittag schon fortgeschritten – und der November in New York ähnelte dem Manchesters. Kühler, starker Wind fegte uns einen feinen Nieselregen um die Ohren, der schon seit Tagen kaum abriss, wie Sam berichtete. Direkt neben dem Ausgang stand ein schwarzer Kleinbus mit abgetönten Scheiben, der genügend Platz für unsere sechsköpfige Truppe, das Gepäck und Adrians Rollstuhl bot.

Auf der Fahrt zum Hotel wirkte Noah wieder etwas entspannter und lachte sogar über einige von Toms Witzen.

Ich rief meinen Dad an und teilte ihm mit, dass wir gut gelandet waren. Er steckte zwischen zwei Interviews und erzählte mir nur kurz, dass Jay und Veronica (*genau, so hieß die aufgedonnerte Braut*) zum Shoppen in die Stadt gefahren waren. Dann lud er uns alle zum Abendessen im *Four Seasons* ein und verwirrte mich damit kurzfristig.

„*Four Seasons*? So heißt das Restaurant? Ich dachte ... Moment, Dad, ist das nicht unser Hotel?"

Lucy sah mich vollkommen entgeistert an – als hätte ich gefragt, ob Silvester dieses Jahr wieder auf den 31. Dezember fallen würde. „Es gibt ein gleichnamiges Restaurant auf der *Park Avenue*", wisperte sie mir gestenreich zu, bevor mein Dad auch nur zu seiner Erklärung ansetzen konnte.

„Oh, okay. Das Restaurant auf der *Park Avenue*?", fragte ich.

„Ja, ganz genau. Pünktlich um 20.00 Uhr, ja? Ich freue mich auf euch. ... Emily, sei mir nicht böse, aber ich muss auflegen. Der nächste Pressefritze wartet schon."

Er klang erschöpft. Ich wusste, wie sehr er diesen Teil seines Jobs hasste. Öffentlichkeitsarbeit lag ihm nicht besonders; seine ruhige, unscheinbare Art kam ihm da nicht gerade zugute. Auch in dieser Hinsicht war ich durch und durch seine Tochter.

„Dad? Halt die Ohren steif!"

Nun lachte er, doch selbst das klang kraftlos. „Immer, Knöpfchen. Also, bis später."

XXVIII.

Der Wagen hielt inmitten der Stadt. Sam stieg aus und rief einem der Portiers das Codewort zu. Jawohl, *belly button*. Das war der Moment, in dem ich mir innerlich schwor, Jay zu erdrosseln. Der Portier jedoch wandte sich postwendend ab, ohne seine würdevolle Miene auch nur im Ansatz zu verziehen, und winkte einen Pagen herbei, der Sam beim Ausladen des Gepäcks half. Etwas unbeholfen betraten Noah und ich hinter Lucy, die natürlich vorneweg gelaufen war und Tom mit sich geschleift hatte, die pompöse Empfangshalle. Adrian und Kathy folgten uns, beide ähnlich verhalten wie wir, auch wenn Adrians Schweigen würdevoller wirkte.

„Willkommen im *Four Seasons*, Miss Rossberg", begrüßte mich der Portier und hielt uns die Tür weit auf. Noah verschränkte seine Finger mit meinen und lief nur knapp hinter mir.

„Sir!", sagte der Portier und senkte höflich seinen Kopf.

„Hi!", erwiderte Noah mit dünner Stimme.

Ich konnte ihm die Unbeholfenheit gut nachempfinden, mir ging es nicht anders. Nie zuvor hatte ich in einem vergleichbar edlen Hotel eingecheckt. Umso überraschter waren wir, als uns keine zwei oder drei Zimmerschlüssel überreicht wurden, sondern gleich sechs. Vermutlich sah man mir meine Verwunderung an.

„Die Räumlichkeiten liegen nebeneinander. Wir sind sicher, Sie werden zufrieden sein", erklärte der ältere Herr hinter dem Empfangstresen. „Sollte allerdings irgendetwas nicht zu Ihrer Zufriedenheit ausfallen, zögern Sie bitte nicht, uns unverzüglich anzusprechen, Miss Rossberg", fügte er lächelnd hinzu. Er erinnerte mich an den Hotelier aus *Pretty Woman*, erschien mir nur noch sympathischer.

„Ich bin mir sicher, alles wird hervorragend sein." Adrian war mal wieder der Einzige, der die passenden Worte fand. Vermutlich war er auch der Einzige, der einen solchen Satz aussprechen konnte, ohne dabei vollkommen lächerlich zu wirken.

Kathy tauschte einen eindeutigen Blick mit mir aus. Sie kam sich ähnlich fehlplatziert vor wie ich. Seit dem Betreten der Empfangshalle bereute ich die Wahl meines viel zu legeren Outfits und sehnte mich danach, die Tür meines Zimmers hinter mir zuzuziehen.

Zwei Pagen wurden mit dem Tragen unseres Gepäcks beauftragt und bedeuteten uns lächelnd, vor ihnen die Fahrstühle zu betreten.

Noah und ich standen dicht an dicht; er hielt seinen Zimmerschlüssel locker in der Hand und fuhr mit dem Daumen über das blanke Metall. Ich erhaschte einen Blick auf die Nummer, glich sie mit der auf meinem Schlüssel ab und stellte erleichtert fest, dass tatsächlich nur die letzte Zahl um eine Stelle abwich.

Netter Versuch, Dad, aber leider absolute Geldverschwendung. Doppelzimmer hätten wir alle als ansprechender empfunden, und es bestand kein Zweifel, dass wir uns – wie Vierzehnjährige auf einer Klassenfahrt – in der Nacht zueinander schleichen würden. Nun ja, zumindest waren wir alle in einem Gang untergebracht, die Wege also nicht weit.

Noah verschwand kurz hinter der Tür seines Raums, bevor er Minuten später schon an meine anklopfte. Beim Öffnen widerstand ich nur knapp der Versuchung, ihn am Hemdkragen zu packen, über die Schwelle zu zerren und die Tür geräuschvoll hinter uns zuzuwerfen. Noah hingegen war ... nun ja, verhaltener.

„Darf ich?", fragte er mit seinem einseitigen Lächeln, das auf bezaubernde Weise immer wieder unbeholfen und schüchtern wirkte. Ich reichte ihm eine Hand und zog ihn nun doch ruckartig zu mir herein.

„Als ob du fragen müsstest."

Seine Arme legten sich um meinen Körper, stark und fest, als wären sie allein zu diesem Zweck erschaffen worden.

Eine Weile standen wir vollkommen still; nur die leise klassische Musik, die mich hier begrüßt hatte, erfüllte den Raum, den Noah bald schon sorgfältig inspizierte. Er ließ seinen Blick über die hellen Polstermöbel und verglasten Gemälde wandern, mit denen die Suite ausgestattet war. Stilvoll, edel, aber eben ziemlich ...

„Dein Raum ist genauso ... ähm ..."

„Protzig?", mutmaßte ich und deutete mit der Nasenspitze auf die Frottee-Slipper, die vor meinem riesigen Bett bereitstanden.

Noah schmunzelte. „So hätte ich es nicht ausgedrückt, aber ... ja, so *protzig* wie meiner."

„Kann man von deinem Fenster auch so gut in diesen Park schauen?"

Sein Grinsen wurde breiter. „*Diesen* Park?", wiederholte er mit hochgezogenen Augenbrauen. „Schon mal was vom *Central Park* gehört?"

„Oh!", sagte ich.

„Ja, oh!" Noah nickte. „Und was spricht dagegen, dich später selbst von den Qualitäten meines Fensterausblickes zu überzeugen?" Seine Lippen schmiegten sich gegen meine; wir versanken in einem lange überfälligen Kuss und erschraken beide bis auf die Knochen, als jemand wie wild gegen meine Zimmertür hämmerte.

„Hört auf zu knutschen und kommt da raus! Los, lasst uns endlich diese Stadt rocken!", rief Tom. Seiner tiefen Stimme folgte ein hohes, glockenklares Kichern. Noah kam mir zuvor und öffnete die Tür.

„Tom, verflucht, falls dir die frischen Blumen auf deiner Anrichte und der extraweiche Frotteebademantel neben deiner Dusche als Zeichen nicht ausgereicht haben: das hier ist *keine* gottverdammte Jugendherberge."

Toms Grinsen blieb unberührt, er zuckte lediglich mit den Schultern. Es war nicht das erste Mal, dass er mich an Jason erinnerte.

„Und du halt ihn lieber in Schach, anstatt ihn auch noch zu ermutigen, Lucy. Jeder weiß, dass *du* diejenige bist, die diese Stadt *rocken* will", fügte Noah mit einem tadelnden Blick auf seine noch immer kichernde Schwester hinzu.

Ich liebte die Wärme, die sich – seiner strengen Rede zum Trotz – in Noahs schönen Augen widerspiegelte. Dass er Lucy, wie in diesem Moment, durch die dunklen Korkenzieherlocken wuschelte, wäre bis vor wenigen Wochen noch undenkbar gewesen.

Wir waren auf dem richtigen Weg, das spürte ich immer wieder, immer häufiger. Ich musste bloß geduldig bleiben und meine Neugier unter Kontrolle halten, dann würde sich alles fügen. Irgendwie.

Ein Blick auf die Uhr verriet uns, dass wir bereits ziemlich spät dran waren. „Wie viel Zeit haben wir noch bis zu dem Essen mit David?", fragte auch Kathy, die hinter Adrian den Korridor betrat. Lucy und sie duzten meinen Dad bereits, genau wie Noah. Den beiden anderen würde er dieses Angebot zweifelsfrei heute Abend noch unterbreiten, in ... „Ziemlich genau zwei Stunden", sagte ich.

„Oh, dann schnell!", rief Lucy.

Wir beschlossen, zunächst einmal die nähere Umgebung zu erkunden und uns später für den Restaurantbesuch umzuziehen, denn dort herrschte eine strenge Kleiderordnung.

Mit hochgeschlossenen Reißverschlüssen und eingezogenen Köpfen verließen wir das Hotel und stellten uns tapfer dem miesen Wetter Manhattans.

Der Portier, der uns bei der Ankunft so höflich begrüßt hatte, zog bei unserem Anblick eine Miene, als fügten wir ihm körperliche Schmerzen zu. Er bat uns kurz zu warten, verschwand für wenige Sekunden, und kehrte mit drei großen, hoteleigenen Regenschirmen zurück.

„So ist es besser", versicherte er uns lächelnd. „Viel Vergnügen beim Sightseeing."

Unnötig zu erwähnen, wer sich selbst zur Reiseführerin dieses Sightseeings ernannte. Lucy hastete über den breiten Bürgersteig, wandte sich an der nächsten Kreuzung zielstrebig nach rechts um und blieb wie angewurzelt stehen. „*Park Avenue*", hauchte sie mit einem Lächeln, das nicht einmal seliger hätte ausfallen können, hätte sie aus eigener Kraft den Gipfel des Kilimandscharo erklommen.

„Ich dachte, du warst noch nie in New York", wunderte ich mich.

„Google maps", erklärte sie schulterzuckend. „Mir ist egal, was wir sonst noch machen, aber wir müssen auf jeden Fall zu *Walter Steiger*. Mir fehlen noch die passenden Schuhe zu meinem Kleid."

Kathy und Tom brachen in lautes Gelächter aus, Adrian schüttelte fassungslos den Kopf. „Ausgerechnet *du* hast keine Schuhe, schon klar."

„Kommt, kommt, es gibt noch so viel zu sehen", rief Lucy und lief unbeirrt weiter.

Ich verstand ihre Begeisterung nicht so ganz. Sicher, der Charme Manhattans packte auch mich. New York war eben eine Weltstadt und das spürte man augenblicklich. Wir liefen neben einer breiten Straße, die auf eine Wand aus Wolkenkratzern zuführte. Das vorderste Gebäude war seiner Architektur nach zu urteilen das älteste. Es war niedriger als die anderen, wirkte ein wenig verschnörkelter und verjüngte sich nach oben hin zunehmend. Bei genauerem Hinsehen erkannte ich die übergroßen Torbögen im Sockel, durch die der Verkehr der *Park Avenue* floss. Ohne Zweifel hatte der Anblick etwas für sich.

„Wow!", entfuhr es auch Kathy, die sich im selben Moment bei mir unterhakte.

Lucy jedoch schien nichts von alledem wahrzunehmen. Sie hangelte sich von Schaufenster zu Schaufenster, bis sie ihr heißersehntes Ziel ausmachte und nach einer dreiviertel Stunde – erst, als ihre Brüder sehr überzeugend mit unwiderruflicher Enterbung drohten – ein kleines Vermögen für ein Paar dunkelblauer Stöckelschuhe hinblätterte, die in meinen Augen nicht nur unscheinbar, sondern regelrecht gewöhnlich aussahen.

Einige Meter weiter musste Adrian Tom am Ärmel seiner Jacke packen und somit vor dem sicheren Tod bewahren, als der einen Ferrari-Laden auf der anderen Seite der Avenue entdeckte und in seiner Begeisterung kurzfristig vergaß, dass ihn sechs stark genutzte Fahrspuren von seinem Traumladen trennten.

Endlich dort angekommen, zeigte Lucy auf einen Wolkenkratzer auf der anderen Straßenseite, der sich durch seine verdunkelten Fensterscheiben von den umliegenden Hochhäusern unterschied.

„Dort hinten ist das Restaurant", verkündete sie.

„So groß?", fragte Kathy ungläubig und entlockte Lucy damit ein Lachen.

„Nein, das ist das *Seagram Building*; es beherbergt unter anderem auch das *Four Seasons* Restaurant."

Kathy warf Lucy einen bewundernden Blick zu. „Mann, du bist echt gut vorbereitet."

„Nun, jetzt wissen wir zumindest, dass es nicht allzu weit entfernt ist", bemerkte Adrian erleichtert.

„Dennoch sollten wir langsam zurückgehen, uns bleibt nur noch eine Stunde bis zum Essen", gab Noah zu bedenken.

„Gott sei Dank! Ich sterbe vor Hunger", erwiderte Tom und schaffte es sogar, sich unter der verlockenden Aussicht auf gutes Essen von dem Ferrari-Schaufenster loszureißen.

Zurück in meinem Hotelzimmer, streifte ich mir die klammen Kleider vom Leib und stieg unter die Dusche. Ein wohliges Seufzen entrang sich meiner Kehle, als das warme Wasser an mir herabperlte. Erst an diesem Nachmittag, in der Kälte New Yorks, war mir bewusst geworden, wie sehr ich mich bereits an die Wärme Kaliforniens gewöhnt hatte.

Eine halbe Stunde später holte mich Noah ab. Er trug seinen schwarzen Anzug mit einem hellgrauem Hemd und blassblauer Krawatte, hatte seine Haare mit ein wenig Gel unter Kontrolle gebracht und sah so unglaublich heiß aus, dass ich mich minutenlang nicht traute ihn zu berühren.

Ich selbst hatte mich letzten Endes für eine altrosafarbene Bluse und einen längeren, hellgrauen Rock entschieden. Nun ja, eigentlich besiegelte Noah die Entscheidung, indem er gegen meine Zimmertür klopfte und mir verkündete, es sei an der Zeit zu gehen.

„Du siehst toll aus", flüsterte er mir im Fahrstuhl ins Ohr und strich mir sanft über den Rücken. Der Geste haftete etwas Beruhigendes an. Vermutlich spürte er die Unsicherheit, die Garderobe dieser Art grundsätzlich in mir auslöste.

Als wir die Eingangshalle betraten, erwarteten uns die anderen bereits. Adrian sah aus, als wäre er in seinen dunkelbraunen Anzug hineingeboren worden. Ehrlich, es war eine Schande, dass er jemals etwas anderes trug. Sein Anblick faszinierte mich beinahe so sehr wie Noahs, der sich unter diesem Gedanken empört räusperte.

„Nur beinahe", versicherte ich ihm und drückte seine Hand. Ein kurzer, banger Seitenblick auf ihn zeigte jedoch, dass er dieses Mal nur scherzte. Ein eindeutiges Zucken umspielte seine Mundwinkel.

Kathy und Lucy hatten ähnliche Outfits gewählt wie ich. Beide sahen sehr hübsch aus und schienen sich in ihrer Abendgarderobe wohlzufühlen. Tom hingegen zupfte immer wieder voller Unbehagen an seinem Hemdkragen, obwohl seine Krawatte ohnehin schon viel lockerer saß als die der anderen Jungs.

„Was ist, essen wir nun, oder habe ich mich umsonst in dieses Teil gezwängt?", fragte er mürrisch, als wir ihm nicht schnell genug in die Gänge kamen. Noch eine Eigenschaft, die mich an Jay erinnerte: Toms sonst so gute Laune schien deutlich unter seinem Hunger zu leiden.

Sam, der uns auch diesmal wieder fuhr, hatte den Wagen bereits vorgefahren. Es regnete nun stärker als zuvor, und so ließ es sich der nette Portier nicht nehmen, uns der Reihe nach mit einem Schirm bis zum Kleinbus zu begleiten.

Die Fahrt zum Restaurant dauerte nicht einmal fünf Minuten. Sam hielt am Straßenrand, entlud Adrians Rollstuhl, half ihm beim Umsteigen und begleitete uns eiligen Schrittes bis zum Eingang des *Four Seasons*.

„Miss Rossberg und Begleitung", meldete er bedeutungsvoll.

Sofort wurden wir aufs Freundlichste begrüßt und zu unserem Tisch in einer Ecke des Raums geführt. Der war schlicht und sehr stilvoll eingerichtet. Es gab mehrere grazile Bäume mit herbstlich bunten Kronen, die – wie mir in diesem Moment schwante – vermutlich je nach Jahreszeit wechselten und dem Namen des Restaurants damit alle Ehre machten. Die Tische waren weiß eingedeckt und die dunklen, breiten Stühle sahen mit ihren Armlehnen äußerst bequem aus. Obwohl der Raum wirklich groß war, verliehen ihm mehrere indirekte Lichtquellen ein warmes, dezentes und äußerst gemütliches Ambiente. Einen weiteren Blickfang bildete der quadratische Brunnen im Zentrum des Raums. Auf dessen breiter Umrandung brannten unzählige Kerzen in Gläsern. Ich nahm Lucys Gemurmel, hier habe Marylin Monroe für Kennedy ihr weltberühmtes *Happy Birthday, Mr President* gesungen, nur am Rande wahr, während ich Ausschau nach meiner Familie hielt.

Jay und seine Barbie saßen so, dass ich sie zuerst erblickte. Sie schienen Spaß zu haben und lachten ausgelassen. Mein Dad hingegen hatte uns den Rücken zugewandt; neben ihm saß eine Frau mit langen, dunkelblonden Haaren, die ihr weit über die Schultern fielen. Ich kniff die Augen zusammen, mein Herz tat einen Freudensprung.

„Jane!", rief ich aus, nur um mir einen Augenblick später die Hand vor den Mund zu schlagen, als ich mir meiner unangemessenen Lautstärke bewusst wurde. Noah lächelte auf mich herab.

„Nur noch ein paar Meter", flüsterte er und hielt mich sanft am Ellbogen zurück. Ja, es war verdammt schwer, weiterhin *hinter* dem Kellner zu bleiben und ihn nicht einfach zu überholen. Jane hatte sich bei meinem Ausruf umgedreht und von ihrem Platz erhoben. Sie sah mich an – nur mich, die anderen schien sie gar nicht wahrzunehmen – und kämpfte hinter Händen, die sie wie zum Beten aneinander gelegt und vor ihr liebes Gesicht gepresst hatte, erfolglos gegen ihre aufsteigenden Tränen an.

„Oh, Emmy, meine Süße!", sagte sie, als ich endlich vor ihr stand und sie in meine Arme schloss. Nun gab es auch für mich kein Halten mehr; die Tränen flossen unaufhaltsam und ließen meine Mascara zerfließen.

„Ich dachte, du kommst erst morgen", krächzte ich, im hoffnungslosen Versuch, meine Fassung wiederzuerlangen.

„Dein Dad wollte sich wenigstens diese kleine Überraschung erhalten", erwiderte sie schluchzend und tupfte mit einer Serviette zuerst über meine, dann über ihre eigenen Augen. „Du siehst so hübsch aus, Emmy, und so glücklich." Sie strich mir eine Haarsträhne aus dem Gesicht und sah mich eindringlich an. „Nun?", fragte sie dann mit hochgezogenen Augenbrauen.

Ich wandte mich Noah zu, ergriff seine Hand und zog ihn näher zu uns heran. „Jane, das ist Noah Franklin. Noah, Jane." Jane lächelte so selig zu Noah empor, dass ich selbst grinsen musste. Ohne jeden Zweifel war sie von seiner Erscheinung mehr als nur angetan.

Noah reichte ihr ein wenig verlegen seine Hand. „Es freut mich sehr. Em erzählt ständig von Ihnen."

Jane ignorierte Noahs ausgestreckte Hand, umfasste stattdessen seine Schultern und zog ihn in ihre Arme. Unbeholfen tätschelte er ihren Rücken, bevor sich ein Lächeln über sein Gesicht legte und mich erleichtert aufatmen ließ. Ich begrüßte meinen Vater, Jay und Blondie und beeilte mich dann, Jane alle anderen vorzustellen.

Gemeinsam verbrachten wir einen wunderschönen, entspannten Abend, dessen Stimmung – wer hätte es gedacht – nur *ich* durch ein kleines Missgeschick störte.

Mein Dad hatte ein Vier-Gänge-Menu geordert. Zuerst wurde ein absolut göttliches Carpaccio serviert, gefolgt von einer Ingwer-Kürbissuppe mit Apfelplätzchen. Sehr lecker! Den Hauptgang wählten wir à la carte. Ich ließ meinen Blick über das aufgelistete Angebot schweifen und entschied mich schließlich für den pochierten Heilbutt in Koriander-Joghurt-Soße. Das gab es schließlich nicht jeden Tag.

Jason, der von meinen Freunden bisher nur Noah und Kathy kannte, versetzte mich in Staunen, indem er keine schweinischen Witze zum Besten gab, Messer und Gabel einigermaßen zweckgebunden benutzte, und sich besonders gut mit Lucy und Tom verstand. Ja, Janes Anwesenheit schien ihn an seine Kinderstube zu erinnern.

Erst durch dieses gemeinsame Essen wurde mir wieder bewusst, wie sehr sie uns hier fehlte. Meinem Dad schien das nicht anders zu gehen. Er sah Jane ständig mit diesem besonderen Blick an, den er sonst nur ... ja, *mir* schenkte. Als hätte er sie am liebsten in seine Arme geschlossen und so schnell nicht wieder losgelassen. Jane war nach dem Tod meiner Mutter als Kindermädchen in unser Haus gekommen; mein Dad und sie waren anfangs Chef und Angestellte gewesen, bald jedoch schon zu sehr guten Freunden geworden – niemals mehr als das. Dennoch glaubte ich bei diesem Abendessen mit einem Mal, neue Schwingungen zwischen den beiden zu spüren.

Im Verborgenen, unter dem Tischtuch, suchte ich nach Noahs Hand. Da wir einander gegenübersaßen und die Tischplatten nicht sonderlich schmal waren, gelang es mir nach einiger Anstrengung lediglich, zumindest unsere Fingerspitzen in Kontakt zu bringen. Während ich ihn an meinen Gedanken teilhaben ließ, sahen wir einander tief an. Auffällig tief, wie es schien.

„Verdammt, nehmt euch ein Zimmer!", flüsterte uns Tom zu und wackelte mit seinen Augenbrauen, bis Noah ihm einen Tritt versetzte und mir kaum merklich zunickte.

Was, du spürst es auch? Zwischen Jane und meinem Dad ...?

Wieder nickte er, bedeutete mir dann aber – in einem weiteren tiefen Blick – zu warten und legte seine Hände zurück auf den Tisch.

Jane saß zu Noahs rechter Seite, Lucy links von ihm. Ich hatte keine Ahnung, was er im Schilde führte, aber als er sich seiner Schwester zuwandte und sie fragte, was sie für unseren Aufenthalt hier noch geplant habe, strich er mit seinen Fingern, wie zufällig, über den Sockel seines Wasserglases und berührte Janes Arm dabei federleicht. Sie schien es nicht einmal zu bemerken, so sehr war sie in das Gespräch mit meinem Vater vertieft. Außerdem wirkte es vermutlich förderlich, dass Noahs Körpertemperatur so anpassungsfähig war. Es verstrich kaum eine halbe Minute, bis sein Blick von Lucy zu mir schoss, er seine Hand zurückzog und mir breit und sehr eindeutig zulächelte.

„Wow!", entfuhr es mir mit einem Seufzen. Viel zu laut, wie ich schnell merkte.

„Was ist, Liebling?", fragte Jane.

Noah verkniff sich sein Lachen so mühevoll, dass es den anderen nicht verborgen blieb.

„Na, habt ihr Spaß? Ist die Tischdecke lang genug?", fragte nun auch Jason und verhalf mir mit dem blöden Kommentar binnen Sekunden zu glühend heißen Ohren.

„Nein, es ist nur ... dieser Heilbutt war einfach göttlich", stammelte ich verlegen und schob mir demonstrativ die letzte Gabel voll in den Mund.

„Der Heilbutt, hm?" Sogar mein Dad lachte über dieses erbärmliche Statement.

Um meine Scham zu ertränken, nahm ich schnell einen Schluck meines Wassers und stellte dabei fest, dass es bereits mein drittes war. Kaum hatte mich der Gedanke gestreift, meldete sich auch schon meine Blase. Ich entschuldigte mich und rutschte mit meinem Stuhl zurück – im gänzlich ungünstigsten Moment. Ich sah weder den weißgekleideten Kellner hinter mir, noch den Teller dampfender Suppe, den er eiligen Schrittes zu einem der benachbarten Tische trug. Ich sah nur Noahs Augen, in denen sich blanker

Schock widerspiegelte, unmittelbar bevor ich mit dem Kopf gegen den Ellbogen des Kellners stieß.

Noah sprang auf und beugte sich in einer Bewegung, die so schnell war, dass ich sie kaum wahrnahm, mit ausgestreckten Armen über den Tisch, zwischen die überschwappende heiße Suppe und meinen Kopf. Als ich endlich begriff was geschehen war, blickte ich erschreckt zu ihm auf.

„Alles klar? Hast du was abbekommen?", fragte Noah nur – noch immer mit Panik im Blick – und begann dabei schon mich zu inspizieren, so sehr ich auch den Kopf schüttelte.

Der arme Kellner wurde ebenso knallrot wie ich. Obwohl ich das kleine Malheur verursacht hatte, entschuldigte er sich in aller Höflichkeit und erkundigte sich ebenfalls immer wieder nach meinem Wohlbefinden. Im Anschluss beeilte er sich, den Patzer ungeschehen zu machen und einen neuen Teller Suppe zu ordern.

Endlich gelang es mir, mich aus meiner Schockstarre zu befreien und Noahs Hände abzuschütteln, denn der untersuchte meine Arme immer noch auf eventuelle Blessuren. „Es geht mir gut", versicherte ich ihm eindringlich. „Was ist mit dir?"

Gemeinsam blickten wir auf seine Hand, die im Gegensatz zu meiner einen Schwall der Suppe abgekriegt hatte.

„Hast du dich verbrannt?", fragte nun auch Lucy. Noah wischte mit der Serviette über seine Haut, die stellenweise ziemlich rot und geschwollen aussah. „Nein", erwiderte er bedacht, „Alles okay."

Jane wäre nicht Jane gewesen, hätte sie Noahs Arm und seine Hand nicht dennoch genauer unter die Lupe genommen. „Sieht aus, als hättet ihr beide Glück gehabt. Trotzdem solltest du kühles Wasser über deine Hand laufen lassen, Noah. Die Suppe muss ziemlich heiß gewesen sein."

Er nickte, wischte noch ein paarmal über sein Jackett, das auch einige Spritzer abbekommen hatte, und ging dann um den Tisch herum, um mir aufzuhelfen und mich zu den WCs zu begleiten.

„Tut mir leid", murmelte ich auf unserem Weg, plötzlich den Tränen nahe. *Wehe, du heulst jetzt,* sagte ich mir gleichzeitig und biss die Zähne fest zusammen.

„Was tut dir leid?", fragte er mit einem leichten Schmunzeln.

395

„Dass ich so tollpatschig bin. Immer wieder."

Nun stieß er ein leises Lachen aus. „Du bist wie du bist, Emily. Perfekt!" Er drückte mir einen kurzen Kuss auf die Stirn, bevor er im Männer-WC verschwand und mich ziemlich benommen stehenließ.

Als ich wieder aus der Damentoilette trat, erwartete er mich bereits. Mein Blick fiel sofort auf seine Hand ... und dann zweifelnd auf die andere, da von Schwellung und Rötung keinerlei Spur mehr war. Erleichtert reichte ich ihm meine Hand. „Danke!"

„Hm?"

Ich zuckte mit den Schultern. „Na, du hast mich schon wieder gerettet. Langsam komme ich mit dem Zählen nicht mehr nach."

Noah grinste und beugte sich mit bedeutungsvoller Miene zu mir herab. „Wie wäre es mit *Eins*?", fragte er und küsste sanft meine Nasenspitze. Ich ergab mich seiner Zärtlichkeit für einen kurzen Moment, dann schüttelte ich den Kopf.

So ein Quatsch! Der Pool, der Unfall, Bill ... noch einmal Bill ... Das macht schon mal ... Ähm, wie viel?

Denken war, wie immer in seiner Gegenwart, nicht so leicht.

Noah ließ seinen Daumen über meine Lippen gleiten und teilte sie unter seiner Berührung. „Überleg noch einmal!", forderte er leise, als würde er versuchen, ein Geheimnis zwischen uns zu bewahren. „Das war eben tatsächlich das erste Mal, dass ich *nicht* zu spät kam."

Ich klappte meinen Mund zu und küsste, wie automatisch, seine Fingerkuppe.

„Ich mache Fortschritte. Und jetzt komm, David wartet", sagte Noah mit einem triumphierenden Blick und zog mich hinter sich her.

Gott, ich liebe diesen Jungen! ... Oh verdammt, hast du das gehört?

„Natürlich. Und Em?"

„Hm?"

„Dito!"

XXIX.

Spät am Abend verließen wir das *Four Seasons* satt und bei bester Laune, wenn auch erschöpft. Zumindest ging es mir so. Die Reise hatte mich scheinbar stärker geschlaucht als die anderen, die tatsächlich noch Pläne für die Nacht schmiedeten. „Warum hast du nicht im Flugzeug geschlafen, wie wir?", maulte Lucy, die alles daran setzte, Noah und mich mit zum Times Square zu schleppen.

„Ich kann im Flugzeug nicht schlafen", erklärte ich. „Und du solltest es wirklich dabei belassen, glaub mir. Ich bin heute Abend keine gute Partie, dafür bin ich viel zu nervös und angespannt. Allein der Gedanke an den morgigen Tag lässt mich schon hyperventilieren." Ich zog Lucy ein wenig zur Seite, als ich das sagte. Dennoch hörte Noah mein Geständnis und legte die Stirn sofort in Falten.

„Warum bist du nervös?"

„Keine Ahnung! Die Menschenmassen, mein Hang mich grundsätzlich dann zu blamieren, wenn ich es am wenigsten gebrauchen kann, das Blitzlichtgewitter, der bloße Gedanke an hochhackige Schuhe ..."

„Ich dachte, du müsstest nicht über den Roten Teppich laufen", hakte Noah beunruhigt nach.

Schnell ergriff ich seine Hand und drückte sie. „Muss ich auch nicht. Trotzdem, so stelle ich es mir vor."

„Wie sieht es aus, steht dir der Sinn nach einem nächtlichen Sightseeing?", hörte ich meinen Dad fragen. Jane, der die Frage gegolten hatte, zuckte mit den Schultern und gähnte hinter vorgehaltener Hand, was meinem Vater ein schallendes Lachen entlockte. Nie zuvor hatte er in meinen Ohren so jung geklungen, nie zuvor unbeschwerter.

„Das war eindeutig", flachste er. „Also, fahren wir zurück zum Hotel. Sam, bringst du meinen Sohn und die Freunde meiner Tochter bitte zum Times Square? Vielen Dank!"

Ha, er übergeht Blondie auch, feixte ich innerlich.

Noah beugte sich ein wenig zu mir herab und kam dicht an mein Ohr heran. „Ich bin mir ziemlich sicher, dass die Freundin deines Bruders einen Namen hat, weißt du?"

Grinsend versetzte ich ihm einen leichten Stoß gegen die Brust.

Noah schüttelte den Kopf. „Nein, ehrlich. Verona, Victoria, ... so etwas in der Art muss es sein. *Blondie* war es jedenfalls nicht, das weiß ich genau."

„Sollen wir ein Taxi nehmen?", fragte mein Dad hinter mir und ließ Noah damit ruckartig zurückweichen.

Ich blickte in den neblig-schwarzen Himmel über uns. Das Unwetter hatte nachgelassen, und es fühlte sich auch nicht so an, als würde innerhalb der nächsten Minuten ein neuer Schauer auf uns niedergehen. „Lasst uns doch zu Fuß gehen, es ist überhaupt nicht weit", schlug ich vor.

„Prima Idee, Liebes!", stimmte Jane zu und hakte sich entschlossen bei mir unter. „Nach diesem großartigen Essen wird uns die frische Luft guttun."

Also verabschiedeten wir uns von den anderen, wünschten ihnen viel Spaß und machten uns dann auf den Weg zurück zum Hotel. Ich lernte die breiten Bürgersteige zu schätzen, denn sie ermöglichten es uns, geschlossen nebeneinanderher zu laufen. Meine rechte Hand hielt Noahs linke; Jane hatte sich nicht nur bei mir, sondern auch bei meinem Dad untergehakt und strahlte wie ein Honigkuchenpferd.

Mein Vater und sie machten sich einen Heidenspaß daraus, mich vor Noah in Verlegenheit zu bringen, indem sie Erinnerungen austauschten, die allesamt mit einem *„David, weißt du noch ..."* von Jane begannen, und mit einer gemeinsam geschilderten Peinlichkeit aus meinen Kindheitstagen endeten. Beispiel gefällig? In etwa so:

„David, weißt du noch, als du in diesem schrecklich kalten Winter mit Emmy um die Wette gerannt bist? Sie war damals vier Jahre alt und so dick eingepackt, dass sie wie ein zu klein geratener Teletubbie aussah. Die kleine Maus konnte sich so schlecht bewegen, dass du es trotz aller Mühe kaum geschafft hast, sie gewinnen zu lassen."

Ja, genau, eines dieser Gespräche, bei denen sie so taten, als wäre man nicht einmal in der Nähe. Eines, bei dem man nur verlieren *konnte*.

Mein Dad lachte laut auf. Dass er dabei wie Jay klang, konnte kein gutes Omen sein. „Ja, das waren noch Zeiten, nicht wahr? Und ... oh ja, jetzt weiß ich, worauf du hinaus willst. ... Als sie gewonnen hat, wusste sie nicht, wohin mit sich und ihrer Freude. Ich war ja noch nicht bei ihr, immer noch bestrebt mit großem Abstand zu ihr zu verlieren. Also umarmte sie in ihrer Euphorie einen vereisten Laternenpfahl ...“

„Dad, bitte!“, jammerte ich an dieser Stelle. Vergebens natürlich.

„... und leckte einmal quer drüber“, offenbarte er mit einem breiten Grinsen. „Nun ja, zumindest hätte sie das getan, wäre ihre Zunge nicht auf der Stelle festgefroren.“

Jepp, Peinlichkeiten dieser Art. Solche, auf die jedes Mädchen gut und gerne verzichten konnte, während es Hand in Hand mit seinem Freund durch das nächtliche Edelviertel Manhattans schlenderte.

Noah hingegen amüsierte sich königlich. Er versuchte gar nicht erst, sich das Lachen zu verkneifen, besaß aber die Güte, mir zumindest von Zeit zu Zeit einen mitleidigen Blick zuzuwerfen – bevor er einem neuen Lachanfall verfiel. *Heuchler!*

Ich streckte ihm die Zunge heraus, mehr als nur einmal, aber eigentlich wärmte es mein Herz, ihn so unbeschwert zu erleben. Dass sein Spaß dabei voll auf meine Kappe ging ... *Nun, sei's drum!*

Jane war diejenige, die irgendwann aufrichtiges Mitleid mit mir bekam und das Thema auf die unfassbar hohen Wolkenkratzer der Stadt lenkte.

Auf dem verbleibenden Weg gähnte ich einige Male demonstrativ. Niemand sollte auf die Idee kommen, mich noch für irgendetwas einzuplanen, geschweige denn in die Nähe meines Zimmers zu kommen – außer Noah natürlich. Ich wollte nur noch zwischen den Kissen dieses riesigen, sehr bequem aussehenden Bettes versinken und schlafen. In seinen Armen, verstand sich.

Die Zimmer von Jane und meinem Dad lagen zwei Stockwerke über unseren, also verabschiedeten wir uns schon im Fahrstuhl. Noah bedankte sich sehr höflich für den schönen Abend „... und überhaupt, für die großartige Möglichkeit, Emily auf dieser Reise begleiten zu dürfen.“

Mein Dad winkte einfach ab, ein wenig verlegen vielleicht, während ich Jane ansah, dass sie unter Noahs Worten förmlich zerfloss. Sie hatte ihn bereits in ihr Herz geschlossen, ohne jeden Zweifel. Ich umarmte sie fest, ließ sie noch einmal wissen, wie sehr sie mir gefehlt hatte, und verließ den Fahrstuhl dann hinter Noah, der schon im Gang stand und mit einem sanften Lächeln auf mich wartete.

„Zu dir oder zu mir?", fragte er, sobald sich die Fahrstuhltüren geschlossen hatten. Der Schalk funkelte aus seinen Augen. Mehr bedurfte es nicht – schon war ich wieder hellwach.

„Mein Zimmer!", beschloss ich und zupfte ungeduldig am Ärmel seiner Jacke. Noah verschwand nur kurz in seinem Raum und holte seine Tasche. Wieder erwartete uns diese ruhige, klassische Musik und auf dem Glastisch vor dem beigefarbenen Sofa im meinem Zimmer stand ein mit Eis gefüllter Sektkübel.

„Die scheinen nicht zu wissen, wie alt wir sind", bemerkte ich.

„Hm, ich bezweifle, dass sie dir so ohne weiteres Alkohol aufs Zimmer bringen würden", brummte Noah und legte seine Arme von hinten um meine Taille.

„Vertrage ich sowieso nicht", gestand ich kleinlaut. Irgendwie schienen Japaner unter meinen Vorfahren gewesen zu sein, denn ich war unfähig, auch nur ein halbes Glas Rotwein zu trinken, ohne dass sich mir alles drehte und ich zu lallen begann.

Mir fehlt da vermutlich irgendein Enzym oder so etwas ...

„Em?", flüsterte Noah an meinem Ohr.

„Hm?"

„Du denkst wirres Zeug."

„Entschuldige."

„Bett?"

„Ohhh ja!"

Noah ließ mir den Vortritt im Bad. Ich benötigte nur wenige Minuten, bis ich ihm in meinem üblichen Schlafoutfit gegenübertrat. Er lächelte – dieses süße kleine Lächeln, das er mir jedes Mal schenkte, wenn er mich so sah, und das mich jedes Mal wieder wünschen ließ, es wäre umgekehrt und ich könnte einen Blick in seinen Kopf werfen.

400

Er hatte sich ebenfalls seines Anzugs entledigt und trug nun nur noch seine Schlaf-Boxershorts. Die türkisfarbenen Augen erschienen im warmen Licht des Zimmers korallengrün, seine Haut schimmerte beinahe samten und makellos wie immer, das Haargel hatte unter unserem kleinen Spaziergang versagt; seine Haare standen wieder wirr von seinem Kopf ab. Kurzum: Er war unsagbar schön.

„Was?", fragte er in seiner sanftesten Stimme und zog mich dabei in seine Arme.

„Du bist so schön", flüsterte ich wahrheitsgemäß gegen sein Schlüsselbein. Was brachte es mir, meine Gefühle vor ihm zu verbergen? Und wieso hätte ich das tun sollen? Er wusste sowieso, wie es in mir aussah, wie ich ihn wahrnahm – und das war auch gut so. „Ich bin so froh, dass du hier bist, bei mir", fügte ich glücklich hinzu.

Meine Fingerspitzen flüsterten über seine Seiten, über sein Kreuz und den Rücken, wo seine Haut weniger makellos war. Ich streichelte die größte Narbe, unterhalb des linken Schulterblatts. Mittlerweile wusste ich, dass sie nicht – wie die meisten anderen Narben – von Dougs Gürtelschnalle stammte, sondern sogar von einer zerbrochenen Bierflasche. Der Gedanke bewirkte jedes Mal erneut, dass sich mein Magen zusammenzog, und auch Noah zuckte immer noch, wenn ich ihn dort berührte. Inzwischen entspannte er sich aber deutlich schneller und schien die Liebkosungen schon nach wenigen Sekunden genießen zu können.

Wie zur Bestätigung meiner Gedanken – vermutlich war es genau das – schloss er seine Arme um mich und atmete schwer aus. „Komm, legen wir uns hin. Du bist erschöpft, und in weniger als einer Stunde bricht der große Tag an."

Gut, das hätte er besser nicht gesagt. Sofort kehrte die Nervosität zurück, sie brodelte regelrecht in mir auf. Selbst Noahs Kuss, den er schnell über meine Lippen legte und besonders lang und zärtlich ausfallen ließ, vermochte es nicht, sie vollkommen zu ersticken.

Warum, um alles in der Welt, bin ich nur so nervös?

„Weil du morgen zum ersten Mal in eine Welt abtauchst, die schon immer ein versteckter Teil deines Lebens war, die aber de facto völliges Neuland für dich darstellt. Das ist doch verständlich", erklärte Noah mit einem Schulterzucken und schlug dann das Bettzeug für mich zurück.

Bereitwillig legte ich mich zwischen die Laken und rückte zur Seite, aber er verschwand zunächst noch einmal im Bad. Ich hörte das Rauschen des Wassers, als er seine Zähne putzte, und kurz danach auch die Toilettenspülung. Ein Lächeln umspielte meinen Mund. Es fühlte sich so gut an, Noah an meiner Seite zu wissen. So natürlich und ... richtig.

Nein, er hatte recht. Wenn es Gerechtigkeit gab, würde irgendwas oder irgendwer unsere bevorstehende mysteriöse Trennung, die ich ohnehin anzweifelte, zu verhindern wissen. Woher ich mein blindes Vertrauen mit einem Mal nahm, war mir selbst nicht so ganz klar, aber in diesem Moment stand für mich fest: *Noah wird ohne mich nirgendwohin gehen, auf keinen Fall!*

Die Matratze gab nur leicht unter seinem Gewicht nach; schon schloss er seine Arme erneut um meine Mitte. Ich spürte das Spiel seiner Brustmuskeln, als er seine Fingerspitzen unter den Saum meines Tops gleiten ließ und zaghaft meinen Bauch streichelte. Sein Atem – weder warm, noch kalt – traf auf meine Haut, unmittelbar bevor er mit leicht geöffneten Lippen tausend kleine Küsse über meinen Nacken und meine Schultern streute. Schließlich tat Noah etwas, das er noch nie zuvor getan hatte: er pustete meine Haare zur Seite und ließ seine Zungenspitze federleicht über meinen Hals gleiten. Hoch, bis zu meinem Ohrläppchen, das er sanft zwischen seine Zähne sog. Sein Atem traf auf die feuchte Spur, die seine Zunge hinterlassen hatte und kitzelte dort angenehm. Ich seufzte und ergab mich beinahe reglos seiner Zärtlichkeit, während sich Noahs Atem beschleunigte, holprig wurde und er mich zunehmend enger an sich heranzog. Sobald mich jedoch dieses unverkennbare, warme Kribbeln durchrieselte und eine unleugbare Hitze entfachte, die binnen Sekunden durch meine Adern strömte und sich so in meinem gesamten Körper verbreitete, stoppte er seine Liebkosungen und legte seinen Kopf hinter meinem auf dem Kissen ab. Ich hörte, wie tief er durchatmen musste, um seine Fassung zurückzuerlangen.

„Träum süß", flüsterte er schließlich. Und obwohl mir in diesem Moment absolut nicht nach Schlafen zumute war, protestierte ich nicht.

„Du auch", entgegnete ich nur und küsste seine Fingerspitzen, jede einzelne. Dann legte ich seine Hand zurück auf meinen Bauch und versuchte mein Bestes. Allerdings ... Der Schlaf kam nicht, so geduldig ich auch wartete.

Ich dachte, Noah befände sich schon längst im Land der Träume, also lag ich so still wie nur möglich, um ihn nicht zu stören. Umso erstaunter war ich, als er nach einer gefühlten Ewigkeit laut in die Stille seufzte und sich erhob.

„Was ist?", fragte ich und wollte mich aufsetzten. Er kam mir zuvor, legte eine Hand über mein Dekolleté und drückte mich zurück in die Matratze.

„Deine Gedanken, ... tausende. Du bist so aufgewühlt, Em", erklärte er und begann dann, in seiner Tasche zu kramen.

„Nun, du bist nicht ganz unschuldig an diesem Zustand", verteidigte ich mich und erntete dafür ein kurzes, verlegenes Lächeln, bevor Noah konzentriert weitersuchte. Endlich schien er gefunden zu haben, wonach er suchte. Sein Blick erhellte sich, die kleine senkrechte Falte über seiner Nasenwurzel verschwand.

„Ich habe hier etwas, das dich vielleicht zur Ruhe kommen lässt", sagte er und hielt seinen iPod empor. Bevor ich begriff, legte er sich wieder hinter mich und steckte mir einen Kopfhörerknopf ins Ohr. Den anderen nahm er selbst. Einen Augenblick später erklang *Dear true love* und umspielte mein Herz schon mit den ersten sanften Gitarrenklängen so warm, dass ich mich spürbar entspannte. Im Bestreben Noah den Erfolg seiner Idee zu zeigen, nahm ich seine Hand und presste sie unmittelbar unter meine linke Brust, über mein nun wieder ruhig schlagendes Herz.

„Jedes dieser Worte ist wahr, weißt du?", flüsterte er über die traurige Stimme des Leadsängers hinweg. „Ich bin nichts ohne dich. Ich wäre nicht einmal hier. So lange ... fühlte ich mich unsicher. Nie richtig vorbereitet auf das, was diese Welt noch für mich bereithalten könnte. Jetzt weiß ich, dass mir niemand diese Unsicherheit hätte nehmen können. Nicht einmal die stärkste Macht, die du dir vorstellen kannst. ... Absolut *nichts* hätte mich darauf vorbereiten können, wie es sich anfühlt, an deine Seite zu gehören. Zu dir. Es ist mein größtes Privileg, meine größte Schwäche ... und der einzige Grund für meine Existenz. Ich liebe dich, Emily Rossberg. Ich liebe dich so sehr."

Noahs Worte – so auserlesen und sorgfältig gewählt –, und seine Stimme, die sich sanfter denn je und gleichzeitig so bedeutungsschwer über die leise Melodie unseres Liedes legte, trieben mir heiße Tränen in die Augen.

Ich drehte mich um, zog ihn an mich heran und küsste ihn mit aller Zärtlichkeit und Liebe, die ich für ihn empfand. Meine Stimme hätte die einzige Ungewissheit dieses Augenblicks dargestellt, also verzichtete ich auf sie und gab Noah stattdessen, was ohnehin lauter zu ihm sprach: meine Gedanken, unverhüllt und offen.

Er beugte sich über mich, strich mir die Haare aus der Stirn und küsste die Tränen von meinen Wangen, bis keine neuen mehr nachkullerten. Dann küsste er meine Lider, als wollte er die Quelle endgültig versiegeln. Er zeichnete die Konturen meines Gesichts mit seinen Fingerspitzen nach und forderte mich auf, meine Augen geschlossen zu halten. Und so ergab ich mich dieser sehr, sehr verlockenden Tiefe, die sich unter mir auftat und mich erfolgreich aufforderte, mich doch endlich fallenzulassen.

In dieser Nach schlief ich zum ersten Mal unruhig in Noahs Armen. Gott sei Dank längst nicht so unruhig wie ohne ihn – nein, er lag am nächsten Morgen noch neben mir – aber dennoch wesentlich oberflächlicher als sonst. Wirre Träume zerhackten meinen Schlaf in viele kleine Sequenzen, die weder erholsam, noch aufschlussreich waren. Ich verstand selbst nicht, warum ich so aufgewühlt war. Nur eines stand fest: Ich zog Noah mit mir. Er reagierte wie ein Spiegel auf mich, und da meine Nachtruhe gestört war, war es seine auch.

Als der Morgen kam, setzte er sich auf und griff nach dem Telefon auf meinem Nachttisch. Ich traute meinen Ohren kaum, aber er bestellte tatsächlich den Zimmerservice und orderte *„Ein englisches Frühstück, mit allem, was dazu gehört".*

„Was?", fragte er, als ich die Augen aufschlug und entgeistert zu ihm aufblickte. „Ich werde dich in deinem Zustand bestimmt nicht meiner hyperaktiven Schwester aussetzen. Zumindest nicht, bevor ich sichergestellt habe, dass du ordentlich gegessen hast. Du kriegst doch sonst keinen Bissen mehr runter."

„Und warum englisch?", hakte ich nach.

Noah zuckte mit den Schultern. „Ich dachte, gerade heute könntest du etwas Vertrautes gebrauchen."

„Absolut", stimmte ich dankbar zu.

Wir aßen im Bett. Ziemlich dekadent, ja, aber eben auch sehr gemütlich, romantisch und entspannend. Sobald Noah den Servierwagen neben unser Bett schob und die silberne Tellerglocke liftete, strömte der deftige Geruch von Toast, Speck, Eiern und gebackenen Bohnen durch den Raum und erfüllte ihn. Und Noah behielt recht: Als ich die Augen schloss und den wohlbekannten Geruch inhalierte, saß ich in Gedanken wieder in unserer Küche in Manchester und plauderte mit Jane, während ich mir Gabel um Gabel in den Mund schob und genüsslich kaute. Ehe ich mich versah, spürte ich tatsächlich Metall an meinen Lippen, die sich unter dem verlockenden Duft wie von selbst teilten.

„Hmmm", brummte ich wohlig und verdrehte vermutlich sogar die Augen, denn Noah grinste breit und zögerte keinen Augenblick, die Gabel neu zu beladen.

„Gut?"

„Hm-hm", machte ich. Plötzlich fiel mir etwas ein, das die Erinnerung an Jane und unsere gemeinsame Zeit in Manchester zutage gebracht haben musste. Ich beeilte mich zu schlucken und hielt Noahs Hand fest, die sich mit der Gabel schon wieder in Richtung meines Mundes bewegte. „Sag mal, was ist eigentlich mit Jane und meinem Dad? Was hast du gehört?"

Kaum hatte ich meine Frage ausformuliert, schob er mir die nächste Ladung in den Mund. Ich kaute demonstrativ, sah ihn dabei aber erwartungsvoll an.

„Jane ist hin und her gerissen", begann Noah zögerlich. „Sie bereut ein wenig, nicht mit euch nach Amerika gegangen zu sein.

Sie hat deinen Vater sehr genau gemustert, und zwar ... na ja, *anders*, als es Freunde tun würden. Viel ... intensiver."

Ich war mir nicht sicher, ob ich diese Details wirklich hören wollte, was Noah wohl auch spürte.

„Sie hat ihn auf jeden Fall unglaublich gern. Er fehlt ihr sehr. Ihr alle fehlt ihr viel mehr, als sie es gedacht hätte. So richtig ist ihr das wohl erst gestern Abend bewusst geworden. Viel mehr kann ich dir nicht sagen."

„Macht nichts, das reicht!", rief ich aus und klatschte begeistert in meine Hände. *Oh Gott, voll wie Lucy!*

„Ja, habe ich auch gerade gedacht", sagte Noah und schaute etwas befremdlich.

Ich blickte an uns herab; wir berührten einander nicht. Nicht einmal leicht. „Wie ...?", fragte ich verwundert.

Noah lachte. „Manchmal sind deine Gedanken so transparent, dass ich sie auch so lesen kann. Jetzt gerade war es der plötzlich einsetzende Schock in deinen Augen."

Ich verpasste ihm einen Klaps auf den Oberschenkel und nahm ihm dann die Gabel aus der Hand, um allein weiter zu essen und ihn zwischendurch auch mit dem einen oder anderen Happen zu füttern.

„Hättest du denn gerne, dass die beiden zusammenkommen?", fragte Noah ein wenig später.

„Ja, schon irgendwie", gab ich zu. „Jane war fast wie eine Mutter für uns, und mein Dad ... ist im Prinzip genauso allein wie sie. Die beiden haben sich immer blendend verstanden. Irgendwie wäre es ... ja, gewissermaßen sogar logisch. Ich hätte jedenfalls nichts dagegen, wenn sie ... ähm ... tiefere Gefühle zueinander entwickeln würden."

So schön unsere Zweisamkeit auch war, gegen zehn Uhr mischte sich ein schlechtes Gewissen unter die Zufriedenheit und breitete sich bis halb elf so weit aus, dass wir schweren Herzens beschlossen, die anderen aufzusuchen. Von denen hatten wir eigenartigerweise bislang nicht mal einen Mucks gehört. Unsere Wahl fiel auf Adrians Zimmer. Der beantwortete unser Klopfen sofort mit einem „Moment, bitte!" und öffnete uns etwa eine halbe Minute später völlig verschlafen die Tür.

„Was habt ihr noch gemacht?", fragte ich bei seinem Anblick.

„Oh, kommt erst mal rein!", forderte uns Adrian auf und setzte mit dem Rollstuhl zurück. „Deine Frage sollte *Was habt ihr* nicht *gemacht?* lauten, glaub mir. Wir haben nämlich schlichtweg *alles* gemacht, was Lucy so im Kopf herumging. Und das war eine Menge. Aber dein Bruder ist auch nicht besser, Emily. Beide total durchgedreht."

Ich schüttelte lachend den Kopf. „Habe nie behauptet, dass Jay besser ist. Wann seid ihr denn zurückgekommen?"

„Gegen drei ... oder so." Adrian gähnte und warf einen sehnsüchtigen Seitenblick auf sein Bett. Noah schaute sich nur sehr verhalten um. Vermutlich befürchtete er, Kathy könnte jeden Augenblick aus dem Bad kommen. Aber Adrian schien wesentlich braver zu sein als seine Geschwister. Zumindest war er definitiv allein.

Wir verließen ihn bald wieder, verzichteten darauf, Lucy und Tom aus ihren Betten zu klopfen (obwohl die Versuchung zugegebenermaßen recht groß war) und fuhren hinunter in die Lobby, wo wir unverhofft auf Jane und meinen Dad trafen.

Mein Vater war aufgeregt, das sah ich ihm schon aus etlichen Metern Entfernung an, noch ehe er so ungewohnt hastig auf mich einredete: „Emily, wie gut, dass ihr da seid. Ich habe gerade mit George von der Organisation gesprochen. Er schickt nach dem Mittagessen, so gegen halb drei, eine Stylistin ins Hotel, um euch Mädels beim Schminken zu helfen. Halb fünf stehen dann die Wagen bereit, die euch direkt zum Hintereingang des Kinos fahren. Die Premiere beginnt um 18.00 Uhr, danach gibt es eine Aftershowparty, irgendwo in der Stadt. Den Roten Teppich ersparen wir euch, wie versprochen, aber ihr könnt die Live-Übertragung auf der Kinoleinwand verfolgen."

„Und du?", fragte ich nur, sobald sein Wortschwall abbrach. „Wann wirst du abgeholt?"

Er sah auf die Uhr. „In anderthalb Stunden. Ich werde noch einige Interviews geben müssen. Aber später, im Kino, sitze ich direkt neben dir, versprochen." Bei diesen Worten klang er wie der Vater aus meiner Kindheit, der mich ermutigte, allein in die Schule zu gehen und mir im gleichen Atemzug versprach, mich pünktlich wieder abzuholen. Wie damals sah ich ihn nur mit großen Augen an und nickte tapfer.

Er wandte sich Jane zu, die genauso nervös wirkte wie ich. „Und neben dir, Jane. Wenn du das willst", fügte er leise hinzu. „Sicher", japste sie und drückte seine Hand für einen Moment.

Ohhh, und ob es hier funkte. Und wie!!!

Gerade als die Blicke der beiden miteinander zu verschmelzen schienen, klingelte das Handy meines Vaters. „Entschuldigt bitte", bat er höflich und entfernte sich ein paar Schritte. Wir warteten eine Weile, doch sobald er auflegte, klingelte es erneut ... und dann noch einmal.

„Sollen wir nicht ein wenig durch den Park gehen?", fragte Jane und deutete auf meinen Dad. „Ich glaube, wir machen David ein schlechtes Gewissen, indem wir hier herumstehen und auf ihn warten. Er muss arbeiten, das ist offensichtlich."

Ja, das stimmte wohl. Noah und ich willigten ein und warteten in der Empfangshalle, während Jane ihre Jacke und Tasche holte. Als sie ausgehfertig aus dem Fahrstuhl trat, telefonierte mein Dad immer noch. Kurzerhand ging ich auf ihn zu, drückte ihn an mich und flüsterte „Bis später, viel Erfolg!", was er mit einer Kusshand zu mir und einer zu Jane erwiderte, ehe er geschäftig weitersprach.

XXX.

„Noah, warst du schon mal in New York?", fragte Jane, als wir ihm blind durch die Straßen folgten.

„Nein, noch nie. Aber der Park muss ganz in der Nähe sein, man sieht ihn von unseren Zimmern aus."

Wie auch immer er das machte, es stimmte. Wir bogen nach rechts um die Straßenecke und sahen auf der linken Seite, genau da, wo Noah zuvor hingedeutet hatte, schon die ersten herbstlichen Laubbäume des Central Parks. Kurz darauf erkannte ich, dass wir direkt auf ein riesiges Denkmal zusteuerten. Es zeigte einen älteren Mann, der in würdevoller Haltung auf seinem Pferd saß. Neben ihm *lief* ein Engel mit riesigen Schwingen, der dem Mann mit lang ausgestrecktem Arm den richtigen Weg zu weisen schien.

„Oh, das ist das General Sherman, nicht wahr?", fragte Jane.

Noah nickte. Vermutlich musste man so etwas als gebürtiger Amerikaner wissen, mir allerdings sagte der gute Mann nichts. Dennoch faszinierten mich die metallenen Figuren auf ihrem steinernen Sockel. Sie wirkten sehr lebensecht, trotz ihrer überdimensionalen Größe.

„Eine tolle Vorstellung, nicht wahr?", seufzte Jane. „Dass man einen Schutzengel an seiner Seite hat. Jemanden, der einen führt und durch schwierige Lebenslagen begleitet. Der das Wohl des Schützlings vor sein eigenes stellt. Wie lange fasziniert die Menschheit dieser Gedanke wohl schon?"

Noah hustete. Zunächst nur kurz, dann immer stärker.

„Hast du dich verschluckt?", fragte ich.

„Kaugummi", prustete er und deutete auf seinen Hals.

„Oh, warte, das haben wir gleich", sagte Jane und streckte schon ihre Hand nach ihm aus.

Ich brauchte nur den Bruchteil einer Sekunde, um zu reagieren. „Nicht!", rief ich laut und ergriff Janes Handgelenk, bevor sie Noah berühren konnte. Die Vorstellung, sie würde kräftig auf seinen Rücken klopfen, womöglich auf die Narbe seiner schwersten Verletzung, widerstrebte mir zutiefst. Und vermutlich nicht nur mir.

„Er hat eine Sportverletzung am Rücken", log ich und kramte in meiner Tasche nach einem Halsbonbon.

„Schon gut", sagte Noah leise. Der Hustenreiz hatte sich – vielleicht unter dem Schrecken, den Janes Vorhaben oder meine prompte Notlüge bewirkt hatten – ebenso schnell gelegt, wie er eingesetzt hatte. Noahs Augen waren leicht gerötet und schimmerten noch wässriger als sonst, aber er lächelte schon wieder. „Schon gut", wiederholte er noch einmal.

„Okay, dann kommt!", rief Jane. „Seht mal, die Kutschen, wie schön. Und diese gelben Schulbusse. In wie vielen Filmen haben wir die schon gesehen – nicht wahr, Emily?"

Noah beugte sich zu mir herab. „Danke", flüsterte er gegen meine Schläfe. Und in diesem Moment, so albern es auch war, fühlte ich mich ein bisschen so, als wäre ich Noahs Beschützer. Ich warf einen letzten Blick auf den riesigen goldenen Schutzengel vor uns und folgte dann der begeisterten Jane.

Irgendetwas schien mit der Zeit nicht zu stimmen. Wenn man etwas sehnlichst erwartete, dehnten sich die Sekunden zu Stunden – und nun, da ich dem Abend mit einem bangen Gefühl entgegenblickte, vergingen die Stunden bis zum Mittagessen wie im Flug. Wir spazierten über die breiten Wege des Parks, schossen ein paar Erinnerungsfotos und unterhielten uns zwanglos, bis Noahs Handy klingelte.

Nach seinem kurzen Telefonat mit Lucy gingen wir zurück zum Hotel, machten uns auf unseren Zimmern frisch und trafen die anderen dann in dem edlen Hotelrestaurant wieder. Während wir auf unser Essen warteten, tauschten wir uns über unsere Erlebnisse aus. Lucys Enthusiasmus wirkte nach wie vor ungebremst, aber den anderen – besonders Kathy – merkte man eine gewisse Erschöpfung an. Im Nachhinein war ich sehr dankbar für die Entscheidung, mich nicht mit auf den nächtlichen Ausflug begeben zu haben. Jay und Blondie ... gut, *Veronica* ... erschienen gar nicht erst zum Essen. Vielleicht hatten sie es auf ihr Zimmer geordert, vielleicht schliefen sie auch noch, vielleicht .... Was auch immer!

Im Anschluss an das Essen blieb uns nur eine knappe Stunde bis zur Ankunft der Stylistin. Wir knobelten eine Reihenfolge aus – Jane, Lucy, ich, Kathy, Barbie –, in der sie uns schminken sollte.

Kathy schien die Aussicht auf eine professionelle Schönheitsbehandlung ebenso wenig zu behagen wie mir. „Hoffentlich ist diese Frau nicht so eine, die mir die ganze Zeit erzählt, wie kaputt die Spitzen meiner Haare sind und dass es schon seit Jahrzenten Kontaktlinsen gibt", seufzte sie und rückte dabei ihre Brille zurecht. „Die schminken dich so, dass du äußerlich wie ein Diamant glitzerst, innerlich aber unter ihren Händen um mindestens zwei Köpfe schrumpfst. Und wenn du die Schminke später wegwischt, kommst du dir hässlicher vor als jemals zuvor."

Adrian legte seine Gabel zur Seite. „Wie kannst du so etwas sagen?", fragte er empört und kam uns anderen damit lediglich zuvor. „Wer auch immer dir einredet, dass du nicht gut aussiehst, Kathy, hör nicht auf ihn ... oder sie."

„Ja", sagte Noah. „Hör nur auf die Leute, die dir gut tun. Und, ganz ehrlich: Du könntest so gehen, ohne Schminke und Abendkleid, und wärst trotzdem bildschön."

Kathy sah ihn mit offenem Mund an. Die Fassungslosigkeit ließ ihre Lider flattern, ihr Blick zuckte von mir zu ihm und dann zu Adrian, der selbst ein wenig erstaunt schaute. Dann, endlich, lächelte sie verschämt, senkte den Kopf und rückte ihre Brille erneut zurecht.

Nie zuvor hatte ich Noah so sehr geliebt wie in diesem Moment.

Die Stylistin, die uns die Produktionsfirma meines Vaters schickte, war längst nicht so übel, wie Kathy befürchtet hatte. Lucy steckte bereits fertig geschminkt in ihrem Kleid, als sie mir ihre Zimmertür öffnete. Wir hatten ihr Badezimmer zum Make-up-Raum bestimmt und trudelten somit der Reihe nach bei ihr ein. Still hielt ich mich im Hintergrund, als Gemma, die Stylistin, Lucys Haare glättete und nur den vorderen Strähnen gestattete, sich so zu drehen, wie sie es von Natur aus wollten. Lucys glattgeföhnten Schopf kämmte sie stramm zurück, fixierte die kürzeren Strähnen mit Haarklammern und einer Unmenge Haarspray und bündelte die längeren zu einem kleinen Pferdeschwanz. Dann setzte sie Lucy einen falschen Zopf an. Ein Haarteil, das ich nie für unecht gehalten hätte, wäre ich nicht Augenzeuge dieser Verwandlung geworden.

Lucy war total aus dem Häuschen. Immer wieder ließ sie den langen Zopf durch ihre Finger gleiten. „Wow, das ist toll! So etwas wollte ich schon immer mal ausprobieren, vielen Dank! Emily, schau, ich habe superlange Haare. Ha, nennt mich Rapunzel!"

Gemma lachte und nahm einen Schluck ihres Wassers, bevor sie sich mir widmete. Ohne Frage hatte sie ihre Berufung zum Beruf gemacht. Mit unglaublicher Geduld bändigte sie meine schwierigen *Merida-Haare* (wie Lucy sie in Anlehnung an die Walt Disney-Figur nannte) und steckte sie probeweise hoch. „Ja, das ist sehr hübsch", befand sie und fixierte die ersten Strähnen mit einem zufriedenen Lächeln. Die kommenden zwanzig Minuten war sie mit dem Flechten, Eindrehen und Stecken meiner komplizierten Frisur beschäftigt. Als sie ihr Meisterwerk beendet hatte, widmete sie sich meinem Gesicht.

Ich begab mich vertrauensvoll in ihre Hände. Versuchte, mich unter ihren sanften Berührungen zu entspannen und hielt so still wie möglich. Sogar falsche Wimpern ließ ich mir zur Verdichtung meiner eigenen ankleben, was Lucy ein entzücktes Jauchzen entlockte.

„Wow, ihr seht absolut umwerfend aus", entfuhr es Kathy, als sie eintraf und das Endergebnis bestaunte. Keine halbe Stunde später sah sie selbst aus wie ein Model – mit ihren langen, offenen Haaren, die Gemma an den Spitzen eingedreht hatte, und einem Makeup, das zwar dezent war, aber sehr effektvoll ihre schönen Augen und den sanft geschwungenen Mund betonte. Kathy wirkte wie ausgewechselt, sämtliche Selbstzweifel waren passé. Sie stellte sich zwischen uns vor den großen Spiegel und drehte sich zufrieden hin und her.

Gemma knipste mit Kathys Kamera noch ein paar Fotos von uns, bedankte sich höflich für das großzügige Trinkgeld, das wir ihr zusteckten, und packte dann ihre sieben Sachen, um Barbie aufzusuchen.

Kathy und ich wählten dezente Ketten und Ohrringe aus Lucys Schmuckkästchen und streiften unsere Kleider über.

Viel zu schnell, Kathy hatte gerade erst den Reißverschluss meines Kleides hochgezogen, klopfte es an ihrer Zimmertür.

„Die Damen? Wir wären so weit", ließ Tom uns in seiner gewohnten Lautstärke wissen.

Sehr langsam öffnete Lucy die Tür. Und da waren sie – in ihren passgenauen Anzügen und den frisch gebügelten Hemden, die Haare gestylt, die schwarzen Schuhe auf Hochglanz poliert.

Doch obwohl alle drei Jungs absolut umwerfend aussahen, hatte ich nur Augen für Noah. Das Bordeaux seines Hemdes stand ihm unfassbar gut, es passte perfekt zu seiner braungebrannten Haut, den blonden Haaren und seinen hellen Augen. Den hellen, *weit aufgerissenen* Augen, denn Noah starrte mich regelrecht an. Ich beobachtete, wie sich sein Blick an meinem Körper herabhangelte, auf meinen Waden haften blieb und langsam, sehr langsam, wieder hinaufwanderte, bis er mir tief in die Augen sah und dabei endlich seinen Mund zuklappte.

Tom hielt Lucy bereits in den Armen und gab ein *„Wow"* nach dem anderen von sich. Schließlich hörte ich, dass er sie mit *Lara Croft* verglich, was bei Lucy nicht ganz so gut ankam, Frisurtechnisch betrachtet aber tatsächlich nicht von der Hand zu weisen war.

Adrians Worte fielen – natürlich – wesentlich gewählter aus. Dass er Kathy nicht den Handrücken küsste, war eigentlich alles.

„Du siehst umwerfend aus", ließ er sie in einem Ton wissen, der an Bewunderung kaum zu überbieten war.

Kathy senkte verlegen den Kopf, beugte sich dann aber herab und gab Adrian einen kurzen Kuss auf den Mund. Es war das erste Mal, dass ich mitkriegte, wie sich die beiden küssten. Auch Noah warf einen kurzen Blick auf das Geschehen zwischen uns – nur für eine Sekunde, in der sich seine dunklen Brauen hoben –, dann sah er mich wieder an und schloss die Lücke zwischen uns mit nur zwei Schritten. Anstatt mir jedoch Komplimente zu machen, wie die anderen beiden sie bereits erhalten hatten, umfasste er lediglich mein Handgelenk und zog mich mit sich. Ungeachtet der

413

Tatsache, dass ich meine Schuhe nicht an den Füßen, sondern noch in meiner Hand trug, stolperte ich kichernd hinter ihm her. Noahs Tür war angelehnt, sein Zimmer lag zwischen Lucys und meinem. Ehe ich begriff, was hier vor sich ging, zog er mich über die Schwelle, schmiss die Tür hinter uns zu und presste mich von innen dagegen.

„Darf ich dich küssen, oder zerstöre ich dein ... ähm ... Make-up damit?"

Ich hätte nicht schneller den Kopf schütteln können. „Alles kussfest, hat Gemma behauptet. Testen wir es!" Und das taten wir. Ausgiebig.

„Keine Chance, dir vor den anderen zu zeigen, was du mit mir anstellst", flüsterte Noah ein wenig atemlos gegen meine Lippen, als wir es endlich schafften, zumindest wenige Millimeter Luft zwischen uns zu bringen. „Du bist so unfassbar schön, Emily."

„Das sagt der Richtige", erwiderte ich lachend, während er über den glatten Stoff meines Kleides fuhr und dabei an mir herabsah.

„Türkis", brummte er.

„Deine Augen", wisperte ich und zog ihn wieder an mich.

Das Make-up hielt, was Gemma versprochen hatte. Als wir Minuten später sein Zimmer verließen und den anderen verlegen gegenübertraten, waren meine Lippen lediglich geschwollen, das künstliche Rot aber nicht verwischt.

Lucy war zu hibbelig, um sich über uns lustig zu machen. „Wir sind viel zu spät dran, es ist schon viertel vor fünf", rief sie und wartete sichtlich ungeduldig auf den Fahrstuhl.

Als sich dessen Türen öffneten, schlüpften die vier anderen hinein. Nur Noah blieb stehen und hielt mich an der Hand zurück. „Warte, ich habe mein Handy vergessen", bat er und wandte sich dann den anderen zu. „Fahrt schon runter, wir sind gleich bei euch."

Es dauerte keine dreißig Sekunden, bis er wieder neben mir am Aufzug stand. Trotzdem war eine der beiden Limousinen bereits abgefahren, als wir im Entree ankamen. Adrians Rollstuhl wurde gerade in den Kofferraum eines schwarzen Mercedes-Kombis verladen.

„Bitte kommen Sie, Miss Rossberg!", rief der junge Fahrer der zweiten Limousine und winkte uns heran. „Dieser Wagen ist für Sie reserviert", ließ er uns wissen und hielt die Tür weit auf, bis wir eingestiegen waren.

Der Kombi startete vor uns und bog an der nächsten Kreuzung auf die *Park Avenue* ab. Etwa eine Minute später presste der Chauffeur unseres Wagens zwei Finger gegen den Kopfhörer in seinem Ohr. Er trug ein Headset und schien eine Anweisung zu erhalten, denn er nickte und bestätigte mit einem kurzen „Ja, ich bin startklar." Im selben Moment warf er den Motor des Wagens an und fuhr los.

„Moment!", rief ich. Aus dem Rückspiegel schoss mir der erschrockene Blick des Fahrers entgegen.

„Ähm, mein Bruder?", stammelte ich.

Er drehte den Kopf ein wenig und lächelte mir zu. „Ihr Bruder ist bereits mit dem ersten Wagen abgeholt worden. Er war ... nun, ein wenig ungeduldig."

„Sieht ihm ähnlich", murmelte ich und nickte dem Chauffeur zu.

Wir fuhren etwa zwanzig Minuten in einer angespannten Stille, die selbst Noah mit seinen Streicheleinheiten nicht zu relaxen vermochte. Endlich kamen wir vor einem stählernen Tor zum Stehen, das sich nur langsam für uns öffnete. Ein breitschultriger Sicherheitsmann, der ebenfalls mit Headset und Funkgerät ausgestattet war, winkte uns durch und drückte sofort im Anschluss auf einen Sender, der das Tor hinter uns wieder verschloss.

Der Fahrer brachte den Wagen zum Stehen und öffnete Sekunden später schon unsere Tür. Sofort ertönte Gekreische, als hätte man den Lautstärkeregler bei einem Justin Bieber-Konzert schlagartig hochgeregelt. Wenn auch ein wenig entfernt, war das Geräusch doch eindeutig: die Zeremonie befand sich bereits im vollen Gange. Und wir waren viel näher dran – an diesem magischen Roten Teppich und all dem beängstigenden Glamour und Trubel, den er mit sich brachte –, als es dieser triste Hinterhof hätte vermuten lassen.

Noah stieg vor mir aus und reichte mir seine Hand. „Bereit?", fragte er leise.

„Nein", sagte ich und legte meine Finger seufzend auf seine. „Also komm, bevor ich es mir anders überlege."

Der Sicherheitsmann, der unseren Wagen auch eingewiesen hatte, führte uns auf direktem Wege durch den hinteren Notausgang in den Kinosaal. Die anderen waren bereits da, neben etwa zwanzig oder dreißig weiteren geladenen Gästen, die sich das Spektakel des Roten Teppichs offenbar ebenso ersparen wollten wie wir. Gut, wie *ich*.

Lucy hätte vermutlich ihr rechte Hand dafür gegeben, durch den Haupteingang spazieren zu dürfen. Ganz zu schweigen von Jay, den ich übrigens nirgendwo erspähte. Adrian blickte sich suchend um, entdeckte uns als Erster und winkte uns heran. Zielstrebig steuerte Noah auf ihn zu.

„Dein Vater ist schon da, schau!", sagte Adrian zu mir und deutete auf die riesige Leinwand vor uns. Ja, mein Dad stolzierte über den Roten Teppich – keine Spur von Nervosität für die, die ihn nicht so gut kannten wie ich. Er ertrug das Blitzlichtgewitter mit einem nahezu stoischen Lächeln und beantwortete sämtliche Fragen der Reporter, so banal die auch teilweise sein mochten, auf sehr professionelle Art und Weise. Nun, vielleicht hatte Jasons Erziehung doch etwas Nützliches mit sich gebracht: Die Geduld unseres Vaters schien nahezu unerschöpflich zu sein. Stolz erfüllte mich, als ich ihn so überdimensional groß vor mir sah.

Noah ergriff meine Hand. „Siehst du, ist doch gar nicht so schlimm, oder?"

Ich schüttelte den Kopf. „Nein, vielleicht nicht." Und wirklich, die Live-Übertragung auf der großen Leinwand brachte eine solch emotionale Distanz zwischen mich und das Geschehen, das sich unmittelbar vor dem Kinosaal abspielte, dass es mir tatsächlich gelang mich zu entspannen und die Aufnahmen zu genießen. Bis sich etwas am Fuß der langen Treppe regte und meine Aufmerksamkeit auf sich zog. Wie ein bewegter Scherenschnitt tauchte dort die Silhouette meines Bruders auf. Vermutlich war er ausgetreten, denn Jay unterlag einem Toilettendrang wie ein Meerschweinchen mit chronischer Blasenentzündung. Noah, der meine Hand noch immer fest in seiner hielt, schüttelte lachend den Kopf.

„Es stimmt!", beharrte ich auf meinem unausgesprochenen Gedanken.

Auf der Leinwand gesellten sich derweil die Darsteller, einer nach dem anderen, zu meinem Dad. Als zu guter Letzt der männliche Hauptdarsteller hinzukam, übersteuerten die Lautsprecher beinahe unter dem Geschrei der hysterischen Teenieherde, die sich – gerade so, wie in Noahs Horrorvorstellung – gegen die Barrieren drückte und die Security-Leute auf Trab hielt. Ein bedrohliches Brummen dröhnte aus den Subwoofern über uns, und so hörte ich Jasons Worte zunächst nicht, obwohl er sich zu mir herüberbeugte. Zwischen uns befanden sich zwei freie Plätze, die für meinen Dad und Jane reserviert waren, wie uns die Namensschilder an den Lehnen wissen ließen.

Ich sah, dass sich der Mund meines Bruders bewegte, ich erkannte an seiner Mimik, dass er mich etwas fragte, aber ich verstand kein Wort. Also beugte ich mich ebenfalls zu ihm herüber und tippte kopfschüttelnd gegen meine Ohren.

„Wo ist Jane?", wiederholte er lauter und deutete dabei auf den Sitz neben sich.

„Ist sie nicht hier?", rief ich verwundert.

Wieder zeigte Jay auf die leeren Plätze und zog eine Grimasse. „Sieht nicht so aus, oder? Sie war in keinem unserer Autos. Wir dachten, sie käme mit euch."

„Oh Gott, wir haben sie doch nicht etwa im Hotel vergessen?", rief ich erschrocken aus, wunderte mich jedoch im selben Moment. Es sah Jane absolut nicht ähnlich, irgendwo zu spät zu erscheinen; sie war die Pünktlichkeit in Person.

„Oder ...", setzte Noah an, dem meine Zweifel nicht verborgen blieben, „... sie hat es sich anders überlegt und ist früher gefahren, um deinen Dad doch noch auf dem Roten Teppich zu begleiten."

Ich blickte auf die Leinwand vor uns und dann wieder auf Noah, der den Kopf schüttelte. „Wenn, dann waren sie nur in den ersten Minuten zusammen, vermutlich bevor wir überhaupt hier eintrafen. Sie trennen die Paare nach den ersten Bildern voneinander, führen die Partner ins Foyer zum Sektempfang und lassen die Schauspieler und Regisseure in Ruhe ihre Interviews geben", erklärte er fachmännisch.

Verwundert sah ich ihn an und legte den Kopf schief.

„Was? Hast du noch nie die *Oscars* gesehen?", fragte er und lächelte mir schelmisch zu.

Ich ließ mir seine Theorie durch den Kopf gehen. Jason, der inzwischen zu uns aufgerückt war, schien dasselbe zu tun. Was Noah sagte, war theoretisch natürlich denkbar – schließlich hatte sich Jane als Erste von uns schminken lassen und war seit dem Mittagessen von niemandem unserer Gruppe mehr gesehen worden. *Allerdings ...*

Mein Bruder und ich schüttelten gleichzeitig den Kopf, was schon für sich sprach. Es geschah nicht oft, dass wir uns einig waren.

„Nein, das hätte sie uns gesagt", erwiderten wir wie aus einem Mund. *Okay, jetzt wird es unheimlich.*

Noah schmunzelte einen Augenblick lang unter meinem Gedanken, bevor seine Miene wieder ernst wurde. „Ruft sie doch an!", schlug er vor. Jay erhob sich, zog sein Handy aus der Hosentasche und entfernte sich ein paar Schritte.

„Stimmt etwas nicht?", erkundigte sich Adrian, der mit seinem Rollstuhl ein wenig versetzt vor uns, in dem breiten Quergang zwischen den Preiskategorien, Platz gefunden hatte.

„Jane ist nicht da", erklärte Noah knapp.

Meine Augen fixierten meinen Bruder, der in diesem Moment das Handy von seinem Ohr löste und offenbar neu wählte, ohne gesprochen zu haben. Auch dieses Mal blieb sein Anruf unbeantwortet. Jason sah zunächst zu mir auf, seine Stirn lag in Falten. Dann schüttelte er den Kopf und nahm immer zwei Stufen auf einmal, um möglichst schnell zu uns zurückzukommen.

„Sie geht nicht dran."

„Bestimmt kommt sie noch", sagte Lucy, die inzwischen auch mitgekriegt hatte, warum wir so besorgt dreinschauten.

In diesem Moment öffneten sich die Türen des Kinosaals und die ersten Zuschauer strömten herein. Lucy war kaum zu bremsen, als sie einige aus Film und Fernsehen bekannte Gesichter unter ihnen erspähte. Sie hüpfte auf ihrem Platz auf und ab und biss sich einmal sogar in die Hand, um nicht laut loszuschreien.

Mich hingegen ließen die eintreffenden Promis ziemlich kalt. Ich hielt Ausschau nach Jane, die aber nicht erschien. Also glich ich die

Nummer, die ich von ihr gespeichert hatte, mit der aus Jays Handy ab und wählte selbst auch noch einmal, als wir sichergestellt hatten, dass es dieselbe war. Wieder blieb unser Anruf unbeantwortet.

„Das ist eigenartig", murmelte ich.

„Was?", fragte Noah.

„Dass sie nicht an ihr Handy geht", stellte ich klar. „Sie beantwortet unsere Anrufe sogar nachts."

Ich kam nicht länger dazu, meinen Grübeleien nachzuhängen. Die Deckenleuchten gingen langsam an und das Bild auf der Leinwand wurde ausgeblendet, als die Darsteller mit meinem Vater den Kinosaal betraten. Sofort setzte das Gekreische auch in unmittelbarer Nähe um uns herum ein, was Noah zusammenschrecken ließ. Lucy hingegen fühlte sich offenbar entfesselt, sprang auf und schrie einfach mit.

Nur einen Moment später tauchte mein Dad am Fuß der Treppe auf. Ein Spotlight begleitete ihn auf seinem Weg vor die Leinwand, während sich der schwere Vorhang davor schloss. Wie alle anderen, erhob auch ich mich nun und applaudierte so stark, dass mir bald schon die Hände schmerzten.

Der Vertreter der Produktionsfirma reichte meinem Vater ein Mikrofon. Der bedankte sich bei den Gästen für ihr zahlreiches Kommen, lobte die Darsteller für ihre Leistungen und versicherte ihnen, dass er jederzeit wieder mit ihnen zusammenarbeiten würde. Das übliche Geplänkel also. Am Schluss seiner kleinen Ansprache räusperte er sich und holte tief Luft. „Ich weiß, du wirst mich dafür hassen, Emily ..."

Oh nein! ... Nein, nein, nein!!!

Noahs Hand drückte meine ein wenig stärker als zuvor; er lächelte mir ermutigend zu.

„Und du wirst mich vermutlich lieben, Jason", fuhr mein Vater fort, „Aber, wie dem auch sei: Ich *muss* an dieser Stelle einfach loswerden, wie wichtig ihr mir seid. Wie sehr ihr mich zu diesem Film inspiriert habt und wie dankbar ich bin, solch großartige Kinder wie euch zu haben."

Ein Spotlight, das wer weiß woher kam, wurde auf Jay und mich ausgerichtet. Mein Bruder blickte mich kurz besorgt an, dann winkte er ein paar Mal unter dem einsetzenden Applaus, der uns beiden galt und Gott sei Dank schon bald wieder durch die Stimme meines Vaters unterbrochen wurde.

„Und ich danke dir, Jane, dass du geholfen hast, diese wunderbaren Menschen aus meinen Kindern zu machen, die sie heute sind. Du wirst nie erahnen können, wie sehr ich dich dafür ... ja, liebe."

Sein Geständnis wirkte sehr verlegen und kam in dieser öffentlichen Variante mehr als nur unerwartet. Aber das, was mich am meisten daran verwirrte war, dass er es in unsere Richtung sendete. Ich war mir sicher, die grellen Scheinwerfer, mit denen der Vorhang angestrahlt wurde, blendeten ihn. Er nahm uns – wenn überhaupt – nur ähnlich schemenhaft wahr, wie ich Jay zuvor am Fuße der Treppe erkannt hatte. Und unser Dad schien überzeugt zu sein, dass Jane bei uns war.

Was bedeutete ...

„Sie sind nicht zusammen gekommen", stellte auch Noah in diesem Augenblick fest.

„Wo ist sie dann?", flüsterte ich. Eine innere Unruhe überkam mich. Dennoch zwang ich mich ruhig zu bleiben und hörte geduldig die Reden der beiden Hauptdarsteller an, die sich glücklicherweise kürzer fassten als mein Dad und nach wenigen Minuten endlich grünes Licht zum Start des Films gaben.

Während mein Vater von dem Sicherheitsmann, der auch uns zu unseren Plätzen geführt hatte, über die breite Treppe begleitet wurde, wechselten Jay und ich einen beunruhigten Blick. Der Vorhang teilte sich wieder, gab die große Leinwand preis, und dann – endlich – erklang die geschwollene Erkennungsmelodie der Produktionsfirma.

„Wo ist Jane?", fragte unser Dad, kaum dass er uns begrüßt und einigen der angrenzend sitzenden Gäste die Hände geschüttelt hatte.

„Keine Ahnung!", erwiderte ich. „Sie ist nicht mit uns gekommen. Vor der Abfahrt ging es ziemlich hektisch zu, und jeder dachte, sie säße in einem anderen Wagen."

„Ich rufe sie an", beschloss mein Vater knapp und griff schon nach seinem Handy.

Ich legte meine Hand auf seine und stoppte ihn. „Haben wir schon getan, Dad. Sie antwortet nicht."

Die erste Szene lief an – ruhig und unspektakulär, wie man es von meinem Vater gewohnt war. In seinen Kritiken wurde immer wieder gelobt, wie mühelos man sich als Zuschauer von seinen Inszenierungen treiben lassen konnte, um dann am Ende der Story erstaunt auf ihren Anfang zurückzublicken – verwundert darüber, wo sie einen hingeführt hatte.

Mein Dad wandte sich der Leinwand zu, tauchte für ein paar Sekunden in Bildern und einer Stimmung ab, die er selbst erzeugt hatte, und schüttelte dann den Kopf. „Da stimmt doch was nicht. Das sieht so gar nicht nach Jane aus, einfach nicht zu erscheinen. Ich meine, sie ist für diesen Abend extra aus England angereist, nicht wahr?"

„Ich weiß", erwiderte ich leise, und selbst Jay nickte.

Nur Sekunden später, wir steckten vermutlich alle in unseren Grübeleien fest, erschien der breitschultrige Sicherheitsmann wieder, lief eiligen Schrittes die Treppe empor und überreichte meinem Dad ein wenig atemlos einen kleinen Zettel, den er mit seiner Taschenlampe beleuchtete. Mein Vater las ihn – so schnell, dass ich keinen Blick darauf erhaschen konnte – und blickte dann entsetzt in das Gesicht des schweratmenden Security-Mannes auf.

„Es ist wegen Jane", erklärte er knapp und legte mir, als ich aufspringen wollte, die Hand auf mein Knie.

„Emily, ihr wartet hier!" Selten zuvor hatte er so bestimmt geklungen. Nach mir erhielt auch Jay einen Blick, der ihn förmlich zurück in seinen Sitz presste.

Mein Dad erhob sich mit ernster Miene, glättete sein Jackett und folgte dem Sicherheitsmann nach draußen.

Noah, der über unsere verschränkten Hände Zeuge meiner aufkochenden Sorge geworden war, umfasste meine Finger ein wenig fester und küsste ihre Spitzen. „Alles wird gut, Em", flüsterte er.

Die folgenden Minuten – oder waren es nur Sekunden? – zogen sich unerträglich lang hin. Von dem Film meines Vaters bekam ich absolut nichts mehr mit; mein Herz raste wie verrückt.

Endlich fiel ein Spaltbreit Licht ins Dunkel des Kinosaals. Es war jedoch nicht mein Vater, der um die Ecke bog, sondern nur der Sicherheitsmann. Wieder kam er mit festen Schritten auf uns zu und überreichte diesmal mir einen kleinen Zettel, den er ebenfalls beleuchtete, wie er es zuvor schon bei meinem Dad getan hatte.

„Ihr Vater will sie sehen", flüsterte der Mann, bevor ich Noah meine Hand entzog und den Blick über die Zeilen schweben ließ.

Emily, bitte folge dem Herrn zum Hinterausgang des Kinos, ich muss dringend mit dir reden. Versuche bitte, kein Aufsehen zu erregen.

Dad

Irgendwo, tief in meinem Unterbewusstsein, störte mich etwas an dieser Nachricht – abgesehen von ihrem beängstigenden Inhalt.

Ich atmete tief durch und erhob mich langsam, die letzte Zeile seiner Botschaft dicht vor Augen. *Versuche bitte, kein Aufsehen zu erregen.*

Noah, dem der Hautkontakt gefehlt hatte und der dementsprechend ähnlich im Dunkeln tappte wie Jay und die anderen, stand mit mir auf, ergriff schnell wieder meine Hand und sah mich tief an.

„Entschuldigen Sie, Sir", sagte der Sicherheitsmann. „Aber Mr Rossberg hat ausdrücklich *nur* nach seiner Tochter verlangt."

Noah protestierte nicht, auch wenn ich bemerkte, wie schwer ihm das fiel. Er schluckte hart und sah mich beinahe flehend an, als ich meine Finger erneut zurückzog und stattdessen die Botschaft meines Dads in seine Hand legte.

„Was ist passiert?", zischte nun auch mein Bruder.

„Ich weiß es nicht, aber er will es mir offenbar erzählen", sagte ich und ging mit gesenktem Kopf an ihm vorbei.

„Em ...", wisperte Noah und sah mich noch einmal so eindringlich an. Er wirkte zerrissen. Als wüsste er nicht, ob er mich tatsächlich gehen lassen sollte oder nicht.

„Schon okay", erwiderte ich leise. „Ich bin sofort wieder da."

Es schien ihm äußerst schwerzufallen, das so zu akzeptieren. Dennoch nickte er tapfer und versuchte sich sogar an einem Lächeln, das allerdings mehr als nur kläglich ausfiel und seine Augen nicht einmal ansatzweise erreichte.

Ich wandte mich ab, doch der Sicherheitsmann hielt meinen Ellbogen fest und nickte in die entgegengesetzte Richtung.

Hinterausgang, richtig.

Er ließ mir den Vortritt und leuchtete die schmale Treppe, über die wir den Saal auch betreten hatten, mit seiner Taschenlampe aus. Endlich hatten wir den Notausgang erreicht und traten ins Freie.

„Was ist passiert?", fragte ich, sobald die Tür hinter uns ins Schloss fiel und er sie verriegelte. Der stämmige Mann schüttelte seinen Kopf.

„Kommen Sie, ihr Vater wartet im Wagen auf Sie. Es ist irgendwas mit Ihrem Kindermädchen, aber er will es Ihnen selbst sagen."

Über metallene Gitterstufen gelangten wir zurück in den Hinterhof des Kinos, auf dem man Noah und mich nur eine Stunde zuvor abgesetzt hatte.

Mit festen großen Schritten stiefelte der Sicherheitsmann vor mir her und bog in einen schmalen Gang hinter Müllcontainern und -säcken ab. An dessen Ende erwartete uns eine der schwarzen Limousinen, mit denen wir hierhin chauffiert worden waren. Ich hörte ein mechanisches Surren und realisierte im hintersten Winkel meines Bewusstseins, dass sich das eiserne Tor öffnete.

„Warum ist er nicht selbst zurückgekommen?", fragte ich und beobachtete aus dem Augenwinkel heraus, wie der Mann nach seinem Funkgerät griff. Er öffnete ein Fach an dem Gerät und zog etwas hervor. *Eine Batterie?*

Mit einem Mal überkam mich ein schreckliches Gefühl – so stark, dass es selbst meine Sorge um Jane mühelos überlagerte: Panik.

„Und warum wollte er, dass ich alleine komme?", hörte ich mich im selben Moment fragen. Der bullige Mann blieb abrupt stehen, nur noch wenige Meter von dem schwarzen Wagen entfernt, und wandte sich mir zu. Zunächst sah ich seine breite Stirn, auf der vereinzelte Schweißtropfen standen. Dann den Gegenstand, den er seinem Funkgerät entnommen hatte. Nein, es war keine Batterie, sondern ...

Eine Spritze!

Und in diesem winzigen Augenblick begriff ich, dass ich ihnen auf den Leim gegangen war. *Wem*, das wusste ich nicht, aber sie hatten uns getäuscht. Jane, meinen Dad und nun auch mich.

David, durchfuhr es mich plötzlich. Obwohl mein Vater darauf bestand, dass wir ihn Dad nannten, unterschrieb er seine persönlichen Botschaften an uns immer mit seinem Vornamen. Die Handschrift auf dem kleinen Zettel hatte wie seine ausgesehen, aber er hätte niemals ein *Dad* unter seine Nachricht gesetzt.

Und warum, zum Teufel, hätte der Mann, der mir in diesem Moment seine starke Hand auf den Mund presste und mir die Spritze mit voller Wucht in den Oberschenkel jagte, den Notausgang hinter uns verriegeln sollen, während der Kinosaal voll besetzt war? Ich war so dumm.

„Fragen über Fragen, Schätzchen", flüsterte er mir nun ins Ohr. „Reicht dir das als Antwort?"

Mit einem Stoß presste er die Flüssigkeit durch die hohle Nadel in meinen Muskel. Vielleicht traf er dabei einen Nerv. Auf jeden Fall durchzuckte mich ein stechender Schmerz, der sich wie heiße Lava durch meinen Körper fraß.

Ich sah das hämische Grinsen des Mannes und das nervöse Zucken seines rechten Augenlids. Schrie aus vollem Leib, doch er erstickte den Laut mit seiner Hand. Schon spürte ich, wie der Schmerz einer Taubheit wich, wie meine Knie wegsackten und der Boden unter meinen Füßen einfach verschwand. Das breite Gesicht verschwamm vor meinen Augen, zog seltsame Schlieren hinter sich her und wurde schließlich durch ein anderes, viel schöneres Gesicht ersetzt: Noah, wie er mich wenige Minuten zuvor angesehen hatte, als ich dem unbekannten Mann gefolgt war. Hilflos, ängstlich, zerrissen. Und ich wusste, dass er es gespürt hatte. Irgendetwas hatte er geahnt.

Noah, bitte!..., rief ich in Gedanken, bevor mein Bewusstsein in tiefer Dunkelheit versank.

XXXI.

Du darfst sie nicht allein lassen, sie ist ohnehin schon so nervös.

Ihr Vater will aber nur sie sehen. Dagegen kann ich wohl kaum etwas tun, oder? Nicht einmal Jason durfte mit rausgehen.

Ja, warum eigentlich nicht? Kommt dir das nicht irgendwie seltsam vor?

Um kein Aufsehen zu erregen, das hat ihr Dad doch geschrieben.

Junge, wenn sie in drei Minuten nicht zurück ist ...

Dann werde ich nach ihr sehen, auf jeden Fall!

Ja, ich befand mich im inneren Disput mit mir selbst, während Emily dem Sicherheitsmann nach draußen folgte. Hilflos, wie ich mich fühlte, fokussierte ich mein Gehör auf ihre Schritte, die leise im Teppichboden der hinteren Seitentreppe versanken und sich immer weiter entfernten, bis Emily schließlich stehenblieb. Ein leises Quietschen – nur für meine Ohren wahrnehmbar – ließ mich wissen, dass der Mann die schwere Tür öffnete. Ich hörte seine Schritte, die plump auf Metall trafen – vermutlich auf die Stufen vor der Tür, über die wir in den Kinosaal gelangt waren. In diesem Moment tauchte auf der Leinwand zum ersten Mal der Hauptdarsteller des Films auf und erntete allein durch sein Erscheinen ein entzücktes Aufkreischen einiger Mädels im Publikum.

Nicht gut, so konzentriert, wie ich gerade lauschte.

Ich zuckte zusammen, widerstand nur knapp dem Reflex, meine Hände vor die Ohren zu schlagen, und verlor für einen Augenblick die Konzentration. Dennoch glaubte ich, ein eigenartiges, schnappendes Geräusch zu hören, metallisch, bevor mein Audio-Kontakt zu Emily komplett abriss. Sie befand sich nun draußen, hinter Wänden, die selbst für meine Ohren zu dick waren.

Unruhig knetete ich meine Hände.

Was konnte mit Jane geschehen sein, dass David dermaßen erschreckt reagierte? Dass er Emily – und nur Emily – folgen ließ und sie aus der Weltpremiere seines Films zog.

Drei Minuten sind zu lang.

In Ordnung, zwei.

Also nur noch eine?

55 Sekunden.

„Noah, was ist los?", fragte Lucy leise hinter mir.

„Irgendwas ist mit Jane passiert", erwiderte ich vage und zuckte mit den Schultern. „David wollte Emily sehen. Vermutlich erzählt er es ihr."

Die Stirn meiner Schwester legte sich in tiefe Falten. Dennoch nickte sie, rutschte zurück in ihren Sitz und schmiegte sich wieder an Toms Schulter. Der zumindest wirkte vollkommen unbekümmert. Adrian hingegen drehte seinen Rollstuhl ein wenig und warf mir einen fragenden Blick zu, dem ich allerdings auswich. Was wollten sie alle von mir? Ich war genauso ratlos wie sie. Wie auf heißen Kohlen saß ich auf der vordersten Kante meines Sitzes, zum Absprung bereit, und zählte meinen selbstbestimmten Countdown.

Ich war bei elf, als ich es hörte. Leise, unglaublich leise, und ein wenig verschwommen. Aber ich hörte es:

„Noah, bitte! ..."

Es war Emily, ich hörte sie in meinem Kopf. Anders als wirkliche, reale Geräusche, die auch Menschen wahrnehmen konnten, sondern so, wie ich Michael hörte – oder jeden anderen, der mich berührte. Ich hörte ihre Gedanken. Und dieser winzige Fetzen, mit dem sie mich direkt ansprach, klang wie ein verzweifelter Hilferuf, nur ... unglaublich schwach.

Sofort sprang ich von meinem Sitz auf – so schnell, dass Jason und Kathy neben mir zusammenfuhren, und raste die Treppe zum Notausgang herab. Vergeblich versuchte ich den Griff herabzudrücken; die Tür war verriegelt.

Das schnappende Geräusch, das ich gehört hatte – natürlich. Warum hatte er die Tür verriegelt? Eine Notfalltür ...

Nun war ich mir sicher, dass etwas nicht stimmte. Mit diesem Mann, diesem Sicherheitsmann, stimmte etwas nicht. Er hatte erst Emilys Dad aus dem Saal gelockt und danach sie ... Gelockt, genau.

Ich raufte meine Haare, zerrte an ihnen und atmete tief durch. Panik brachte mir nichts, ich musste Emily wiederfinden. Schnell!

Sie musste bei ihrem Dad sein, irgendwo hinter dem Kinosaal.

Also wandte ich mich um, stürmte die Stufen der steilen Treppe wieder empor, an meinen verwirrten Freunden und Geschwistern vorbei, und platzte durch einen der vorderen Ausgänge in das Foyer des Kinos.

„Sir?", fragte ein anderer Sicherheitsmann, der unmittelbar neben der Tür stand und mich alarmiert ansah.

„Wo ist Mr Rossberg?", hörte ich mich fragen.

Der Mann beäugte mich skeptisch. „Sind sie ...?"

„Ich bin der Freund seiner Tochter. Wo ist er?"

Anscheinend wirkte ich nicht sehr überzeugend, denn die Miene des Mannes verfinsterte sich. „Wären Sie der Freund seiner Tochter, wüssten Sie, wo er ist."

Wut kochte in mir empor; der Trottel sprach in Rätseln und vergeudete damit wertvolle Zeit.

„Ruhig, Junge. Ganz ruhig!", wisperte Michael, der unmittelbarer Zeuge meines Gemütswandels wurde.

Ruhig? Tss ...

Ehe ich mir über mein Handeln im Klaren wurde, packte ich den Sicherheitsmann mit beiden Händen am Hemd und schüttelte ihn durch. „Sag mir einfach, wo er ist!"

Einen Wimpernschlag später klebte meine Wange an der kühlen Wand, meine Arme waren schmerzhaft auf meinem Rücken verdreht.

„Schön langsam, mein Freund!", forderte der stämmige Mann hinter mir und zog meine Handfesseln schmerzhaft nach oben, während er über Funk Verstärkung anforderte. Diese Position, in der ich mich nun befand – mit dem Gesicht zur Wand, hilflos – hätte mich unter anderen Umständen vor Angst erbeben lassen. Aber in diesem Moment spürte ich nichts, außer der Verzweiflung, die Emilys gedanklicher Hilferuf in mir losgetreten hatte.

„Mein Kollege hat Mr Rossbergs Kindern eine Botschaft überbracht, die alles erklärt. Und von der wüsstest du, wenn ..." Die Stimme in meinem Rücken verschwamm, die letzten Worte gingen im Sumpf meiner Verwirrung unter.

„Nein!" rief ich, nun wirklich panisch.

Der Mann reagierte, indem er mich noch fester gegen die Wand drückte und mir die Hände auf meinem Rücken noch höher zog. „Er hat Emily eine Botschaft überbracht und sie gebeten, ihm nach draußen zu folgen", presste ich unter Schmerzen hervor.

In diesem Augenblick öffnete sich die Eingangstür neben uns und Jason trat hervor. Er hielt die Tür für Adrian und die anderen auf, die ihm geschlossen folgten, und so sah er mich und den Sicherheitsmann erst, als sie hinter der kleinen Gruppe wieder ins Schloss fiel.

„Hey, was soll das? Lassen Sie ihn los, er gehört zu uns!", rief Jason, halb verdutzt, halb empört.

Sofort lockerte sich der Griff des Mannes, los ließ er mich jedoch noch nicht. „Aber er ...", begann er seine Erklärung, für die wir keine Zeit hatten.

„Meine linke Hosentasche", rief ich. Lucy schaltete blitzschnell, griff hinein und zog den kleinen Zettel hervor, den der andere Typ Emily überbracht hatte.

„Lies!", kommandierte ich, und wieder gehorchte sie prompt.

„Sie soll rauskommen? Aber ... das hat ihr Vater nicht geschrieben", sagte der Sicherheitsmann, auf Jason blickend, und ließ dabei endlich von mir ab. „Er wollte sie nur wissen lassen, dass er sich auf den Weg ins Krankenhaus gemacht hat. Zettel und Kugelschreiber habe ich ihm selbst gebracht."

„Ins Krankenhaus?", fragten Lucy und Kathy entsetzt.

„Ja, es gab einen Unfall im Hotel und ..."

„Jane", stieß Jason hervor.

Der Security-Mann nickte. „Das ist der Name der verletzten Dame, ja. Ihr ehemaliges Kindermädchen, nicht wahr? Das Lenox Hill Hospital hat uns benachrichtigt", erklärte er.

Lucy neigte den Kopf. „Aber warum hat David Emily rausholen lassen, wenn er schon auf dem Weg zum Krankenhaus war? Beziehungsweise ..." Sie deutete auf den Sicherheitsmann, „Warum hat ihr Kollege sie rausgeholt, wenn ihr Vater das gar nicht so wollte?"

„Und wo ist sie jetzt?", warf Kathy ein.

„Ich suche nach ihr!", beschloss Jason.

428

„Der hintere Notausgang wurde verriegelt", warf ich ein, als er die Tür aufreißen wollte. Mein Kopf schwamm; ich konnte keinen klaren Gedanken mehr fassen. Das alles ergab keinen Sinn, es sei denn ...

Nein! Oh Gott, bitte nicht!

„Verriegelt? Warum verriegelt? Der Saal ist doch voll besetzt ...", murmelte der Sicherheitsmann und wirkte dabei so verständnislos, dass seine Verwunderung das fehlende Puzzlestück zur Lösung des Rätsels darstellte. Spät, unverzeihlich spät, entwirrten sich alle Ungereimtheiten der vergangenen Stunden in meinem Kopf. Wie Scherben einer zerschellten Vase kitteten sich Bilder und Szenen zusammen, die wir zwar nicht gesehen hatten, von denen ich aber mit einem Mal wusste, dass sie im Hintergrund stattgefunden hatten.

Janes Fernbleiben, der vermeintliche Anruf des Krankenhauses, Davids offenbar ausgetauschte Nachricht, die Emily mir planmäßig vermutlich nicht hätte zustecken dürfen, und letztendlich ... ihr Verschwinden. Plötzlich ergab alles einen schrecklichen Sinn.

„Emily ist entführt worden", presste ich hervor. Wie von selbst versanken meine Finger in meinen Haaren und zogen so fest an ihnen, dass mich nur der Schmerz davon abhielt, an Ort und Stelle durchzudrehen.

Sie hatten Emily – und ich wusste nicht einmal, wer sie waren.

„Entführt? Wie ... ach, so ein Quatsch!", erwiderte Jason, wurde dabei aber leichenblass.

Die Mädchen schauten verwirrt und eindeutig verständnislos; nur Adrian schien zu begreifen.

„Oh Himmel, nein!", wisperte er; seine Augen gingen wirr hin und her.

„Informieren Sie die Polizei, mein Bruder hat recht!", rief er nur einen Augenblick später, während ich nach meinem Handy tastete und Emilys Nummer wählte. Sofort erklärte mir eine elektronische Frauenstimme, der Teilnehmer wäre momentan nicht erreichbar. Im selben Moment fiel mir die Handtasche auf – Emilys Handtasche – die an Kathys Unterarm hing. Emily hatte sie vermutlich auf ihrem Sitz zurückgelassen.

Ich entriss der armen Kathy, die bis auf die Knochen erschrak, die Tasche und schüttete den Inhalt kurzerhand auf den Fliesenboden vor uns. Da lag Emilys Handy – abgeschaltet, wie es sich ihr Dad persönlich vor dem Start seines Films erbeten hatte. Nachdem sie noch einmal vergeblich versucht hatte Jane anzurufen, musste sie es ausgeschaltet haben.

Lucy legte mir ihre Hand auf die Schulter und drückte sanft zu.

„Noah, warum denkt ihr ...?"

Weiter ließ ich sie nicht reden. Ich schüttelte ihre Hand ab, erhob mich und entfernte mich einige Meter weit. Für wenige Sekunden war es totenstill.

Dann brach das Geschrei in meinem Kopf los.

Oh Gott, sie haben sie, sie haben sie, sie haben sie, sie haben sie ... , *schrie alles in mir in einer Endlosschleife, während mir der Boden unter den Füßen weggerissen wurde und ich über einem riesigen, unendlich tiefen Loch baumelte. Mein Atem ging schnell und flach. Ich spürte, dass ich geradewegs auf eine Panikattacke zusteuerte, der nur mein dämliches Herz trotzte.*

„Noah, Junge, ganz ruhig!" Michaels samtweiche Stimme legte sich über die halberstickte, panische in meinem Inneren. Doch nicht einmal er vermochte es, mich nun zu beruhigen.

„Du wusstest, dass etwas geschehen wird. Jetzt weißt du zumindest, was es ist. Es ist noch nicht zu spät. Und nein, du hast nicht versagt. Du wirst das hinkriegen, ich bin mir sicher."

Sie wollen Emily etwas antun, richtig? Es geht ihnen nicht nur um ein Lösegeld.

Ich wartete, erhielt aber keine Antwort. Im Prinzip wusste ich ohnehin, dass es so sein musste.

„Du stirbst für sie, ja", hallte die Erinnerung an Michaels Worte in meinem Kopf wider.

„Du stellst die falschen Fragen, Junge", meldete er sich nun. Natürlich wartete er nicht lange, einen seiner unendlichen Ratschläge folgen zu lassen: „Besinne dich auf das, was du weißt. Auf deine Fähigkeiten, deine Kräfte. Auf deine Mission. Dann wird alles gut, du wirst schon sehen."

Sein ruhiger Ton trieb mich noch näher an den Wahnsinn her-
an, als ich es zuvor schon gewesen war. Nichts von dem was er
sagte war auch nur annähernd hilfreich – abgesehen davon, dass
ich mit seiner Stimme in meinem Kopf erst recht nicht klar über-
legen konnte. Die einzigen Gedanken, die wie wild gegen meine
Schläfen hämmerten, waren: Der Zeitpunkt ist gekommen. Wir
werden getrennt werden. So, oder so.

Adrian vollbrachte schließlich das, woran Michael gescheitert
war: meinen Fokus zurück auf das Hier und Jetzt zu lenken.

Inzwischen waren weitere Sicherheitsleute eingetroffen, ver-
mutlich die angeforderte Verstärkung. Alle blickten auf Adrian
herab, der offenbar als Einziger seinen klaren Kopf bewahrt
hatte.

„Rufen Sie das Lenox Hill Hospital an und fragen Sie, ob dort
vor kurzem eine Mrs Petterson eingeliefert wurde", sagte er zu
einem der Männer, der sich daraufhin abwandte und mit seinem
Handy in einer Ecke des Foyers verschwand.

„Sie!", rief Adrian und deutete auf den Sicherheitsmann, der
mich gegen die Wand gepresst hatte. „Rufen Sie im Four Seasons
an und erkundigen Sie sich, ob Mrs Petterson das Hotel heute
Nachmittag verlassen hat. Wenn Sie keine Auskunft erhalten,
geben sie ihm den Apparat." Damit deutete er auf Jason.

Ein kurzes Nicken auf beiden Seiten, schon wurde das zweite
Handy gezückt.

„Emily wurde durch den Notausgang des Kinosaals in den Hin-
terhof geführt", fuhr Adrian fort, an einen weiteren Mann des
Sicherheitsteams gewandt.

„Ich sehe nach, ob ich dort etwas Auffälliges finde", sagte der
und machte sich im Laufschritt auf den Weg.

„Sie folgte einem Ihrer Kollegen", überlegte Adrian laut und
blickte in die Runde der restlichen Sicherheitsmänner. Können
Sie ausmachen, wer in Ihrem Team fehlt?"

Einheitliches Kopfschütteln.

„So aus dem Stehgreif heraus nicht, nein. Für so große Events
wie dieses werden wir aus verschiedenen Unternehmen zusam-
mengetrommelt", erklärte einer der Männer.

„*Aber seine Ausweisdaten müssten vorliegen. Bei Antritt eines solchen Jobs müssen wir unsere Pässe zum Abgleich vorlegen. Sie werden kopiert und abgeheftet*", gab ein anderer zu bedenken.

„*Können Sie diese Daten besorgen?*", fragte Adrian und erhielt ein weiteres Nicken. Sofort setzte sich auch dieser Mann in Bewegung.

Innerlich bebend beobachtete ich das bizarre Geschehen aus einer Distanz von mehreren Metern. Mein sonst so sanftmütiger Bruder, der plötzlich Befehle erteilte; die Sicherheitsmänner, die ihn ansahen und seine Befehle ergeben befolgten, als wäre er der Leiter eines Einsatzes ... Das alles wirkte wie ein schlechter Krimi auf mich.

Plötzlich war ich derjenige, der sich gelähmt und bewegungsunfähig fühlte. Hilflos sah ich mit an, wie auch die anderen um ihre Fassung rangen: Lucy, die sich mit angstgeweiteten Augen auf Adrians Rollstuhl abstützte. Jason, der sich ständig übers Kinn fuhr und Veronica dabei immer wieder von seinem Arm abschüttelte. Und Kathy, die sich gegen die Wand lehnte – blasser als der hellgraue Putz hinter ihr –, schließlich an ihr herabglitt und die Arme vor ihren Knien verschränkte.

Adrian hingegen gönnte sich keinen schwachen Moment, bis die Cops eintrafen und das Kommando übernahmen.

Mit ihrer Ankunft brach zunächst einmal heilloses Chaos los. Plötzlich redeten alle durcheinander, und die Gemüter kochten über, während die Cops versuchten, sich ein halbwegs schlüssiges Bild von der Situation zu machen.

Inzwischen – spätestens durch Adrians genaue Anweisungen – hatte jeder von uns begriffen, was höchstwahrscheinlich mit Emily geschehen war. Nur die Profis tappten noch in vollkommener Dunkelheit.

Sie fangen von vorne an. Von ganz vorne.

Vor meinem geistigen Auge entstand das Bild einer riesigen Sanduhr; der Sand rieselte unaufhaltsam durch den Engpass ...

„*Ruf deinen Vater an!*", hörte ich Adrian inmitten des Durcheinanders an Jason gewandt sagen. „*Es ist schon so viel Zeit vergangen, und wir haben immer noch keine Auskunft vom Krankenhaus. Vielleicht ist dein Dad schon dort.*"

Jason nickte, entfernte sich ein paar Schritte von dem Pulk der anderen und kam dabei näher an mich heran. Kalkweiß und mit zittrigen Fingern wählte er die Nummer seines Vaters. Das Rufzeichen erklang zweimal, dann hörte ich Davids Stimme. So nah, wie Jason bei mir stand, bekam ich jedes Wort mit. „Jason, was ist los?"

„Bist du im Krankenhaus, Dad?"

„Ja, aber wir müssen eine falsche Information haben. Jane ist nicht hier."

Jasons Schultern sackten sichtbar ein; sofort suchte er den Blickkontakt zu Adrian. Der rieb sich über die Stirn und schien bereits zu wissen, dass sich unser Verdacht hiermit bewahrheitet hatte.

In Davids Stimme hingegen schwang nicht einmal ein leiser Funke Skepsis mit, nur Sorge und ein wenig Verwirrung. Er ist ahnungslos.

Bei Jason löste die Erkenntnis nun endgültig Panik aus.

„Dad, komm schnell zurück, hier stimmt was nicht. Ich glaube, sie haben Emily. Vielleicht auch Jane. Das war alles nur ein Ablenkungsmanöver", platzte es aus ihm heraus. Seine Stimme bebte unter diesen Worten, er war den Tränen nahe.

„Was sagst du da? Wer hat Emily? Jason, sprich mit mir!"

„Wir wissen es nicht, Dad. Die Cops sind hier und eine Unmenge Security-Leute. Sie wollen das Kino räumen lassen. Komm einfach, so schnell du kannst."

„Oh, mein Gott!", hörte ich David sagen. „Wir sind in zehn Minuten da, hörst du, Jay? Sam, fahr ..." Und damit brach die Verbindung ab.

Jason ballte eine Faust um sein Handy und schlug sich damit immer wieder vor die Stirn. Dieses dumpfe tock, tock, tock *blieb für eine unbestimmbare Weile das einzige Geräusch, das ich noch vernahm. Alles andere versank in einem tiefen, düsteren Einheitsbrummen und rückte weit in den Hintergrund.*

Doch dann, wie aus dem Nichts heraus, hörte ich wieder Emilys Stimme. „Noah, ... sie ..." Weiter kam sie nicht. Im selben Moment flimmerte ein Bild durch meinen Kopf, das ebenfalls eindeutig Emilys Gedanken entstammte. Es war milchig, ver-

schwommen und zog Schlieren nach sich, aber ich erkannte Hochhäuser, die wie im Flug vorbeizogen. Ich sah sie dunkler als sie tatsächlich waren, und so, als würde ich auf der Straße liegen und zu ihnen emporschauen. Froschperspektive.

Bevor ich das Bild richtig zu fassen bekam, erlosch es auch schon wieder und ließ mich ebenso ratlos zurück wie zuvor.

Emily versuchte sich mir mitzuteilen, das war die einzige Erkenntnis, die mir blieb. Aber sie konnte nicht, weil ... Ja, warum?

Sie schien nicht bei Bewusstsein zu sein, beziehungsweise es immer wieder zu verlieren.

Oh, wenn dieser Typ sie geschlagen oder ihr auch nur ein Haar gekrümmt hat, werde ich ihn umbringen!

„Noah!", tadelte Michael in meinem Kopf, doch ich war nicht bereit für seine Moralpredigt.

„Sei einfach still!", rief ich und bemerkte viel zu spät, dass ich die Worte laut ausgesprochen hatte.

„Okay", erwiderte Adrian neben mir. Ich hatte nicht einmal gemerkt, dass er sich mir genähert hatte.

„Nein, ich ... schon gut", stammelte ich.

„Du sahst eben so konzentriert aus", begann er zögerlich. „Ich habe mich gefragt, ob du ..."

„Sie haben sie betäubt", fuhr ich ihm ins Wort. Warum ich das sagte, wusste ich nicht, aber in dem Moment, als der Satz über meine Lippen hüpfte, wurde mir bewusst, dass es stimmen musste. Genauso, wie mir die Bilder aus Emilys Bewusstsein erschienen waren, schwammig und unklar, hatten auch die in meiner Kindheit gewirkt, als ich nach einer Leistenbruch-OP aus der Narkose erwacht war.

„Woher weißt du das?", fragte Adrian und runzelte die Stirn.

Ich zuckte mit den Schultern. „Ist halt so." Das klang wie der Ausruf eines trotzigen Kindes, selbst in meinen eigenen Ohren. Einer, den man eigentlich nicht ernst nehmen konnte. Adrian tat es dennoch.

„Damit sie nicht mitkriegt, wohin man sie bringt?"

„Und um sie ruhig zu stellen", mutmaßte ich.

„Wir müssen rausfinden, wo sie ist", sagte Adrian entschlossen.

In diesem Augenblick hörte ich wieder ihre dünne Stimme. Der Klang meines Namens ging mir durch Mark und Bein; er schnürte mein störrisches Herz schmerzhaft ein.

Ruhig, Baby!, *beschwor ich sie in Gedanken, was Em natürlich nicht hören konnte. Dennoch flehte ich sie an, mir so viel zu geben, wie nur irgend möglich. Allerdings schienen ihre Lider zu flattern, und so war es wieder sehr schwer, etwas zu erkennen. Die verdunkelten Scheiben, aus denen Emily blickte, vereinfachten die Angelegenheit auch nicht gerade, aber schließlich erfasste ich etwas Brauchbares:* Steine. Breite Steine – eine Wand.

Der Wagen, in dem sie saß – oder lag? –, fuhr offenbar in eine leichte Linkskurve. Die Steinwand kam ein wenig näher, dann wurde es abrupt dunkler. Künstliches, gelbes Licht flackerte nun in regelmäßigen, sehr kurzen Abständen auf.

Das Ganze dauerte keine drei Sekunden; schon wurde es wieder dunkel. Emily war zu schwach, ihre Lider zu schwer. Für wenige weitere Sekunden blieben mir noch die Geräusche erhalten. Ja, ich hörte mit Emilys Ohren: das leise Surren des Motors und eine regelmäßige, kurze, in schnellen Abständen wiederkehrende Änderung des Fahrgeräuschs. Abgesehen davon war es absolut still.

„Noah? ... Was ist los?", fragte Adrian und berührte meine Hand.

Mir blieb keine Zeit, mich zu erklären.

„Adrian, wie viele Tunnel gibt es hier im Umkreis von zwanzig Minuten Fahrtzeit?", fragte ich.

„Mit dem Auto befahrbar?" Er wartete mein Nicken kaum ab, zückte schon sein Smartphone und tippte in einem unsagbaren Tempo auf dem Display herum.

„Vier", sagte er schließlich und reichte mir den kleinen Apparat. „Zwei, die unter dem East River hindurchführen, zwei unterhalb des Hudson Rivers."

Auf der Internetseite, die Adrian aufgerufen hatte, waren die Tunnel und Brücken aufgelistet, die Manhattan mit dem Festland verbanden.

Ich beugte mich zu ihm herab. „Bilder!", forderte ich knapp.

„In Ordnung, Moment!" Er benötigte nur wenige Sekunden, bis er mir sein Handy zurückgab. „Brooklyn-Battery-Tunnel", erläuterte er knapp.

Ich betrachtete das Bild, das der Beschreibung nach das Tunnelportal in Manhattan zeigte, also die richtige Seite. Die Straßenbegrenzung konnte ich nicht recht erkennen, aber auf jeden Fall führte eine absolut gerade Straße auf den Eingang zu. Ich schüttelte den Kopf.

„Der nächste!"

Das Prozedere wiederholte sich: Adrian tippte, reichte mir den Apparat zurück. „Holland Tunnel. ... Noah, wonach suchst du?"

Ich ging nicht auf seine Frage ein. „Das ist die Zufahrt in New Jersey. Ich brauche die in Manhattan."

„Ich weiß ja nicht einmal, ob es da mehrere gibt", erwiderte Adrian, suchte eine Weile und schüttelte dann den Kopf. „Auf die Schnelle ..."

„Dann der Nächste!", rief ich ungeduldig, riss mir das Jackett vom Leib, löste den Knoten der Krawatte und raufte mir die Haare. Diese Hilflosigkeit machte mich verrückt. Wenigstens stellte Adrian keine dummen Fragen, sondern suchte einfach konzentriert weiter.

„Lincoln Tunnel, Manhattan", sagte er nach wenigen Sekunden. „Aber hier steht Ostportal der Nordröhre. Das klingt nach einigen unterirdischen Verästelungen, wenn du mich fragst. Mit Sicherheit gibt es da noch andere Zufahrten."

Ich betrachtete das Bild nur kurz. „Diese ist es jedenfalls nicht. Weiter!"

„Ähm, warte, von diesem gibt es kein Bild. Ich google es. ... Ja, hier: Midtown Tunnel."

Ich hielt den Atem an und besah mir das Bild, das den Untertitel Queens Midtown Tunnel, NYC Portal trug.

„Das ist er. Da sind sie durchgefahren", flüsterte ich gebannt. Jeder Zweifel war ausgeschlossen. Das waren die breiten Mauersteine, die ich durch Emilys Augen gesehen hatte. Die Biegung der Straße passte, das gelbe Licht am Tunneleingang.

„Und das weißt du, weil ...?", fragte Adrian.

Ich schüttelte den Kopf. *„Spielt keine Rolle. Wir müssen da hin. Schnell!"*

„Noah, woher ...?"

Wieder legte Adrian seine Hand auf meine. Seine Miene versteifte sich, er schüttelte kaum wahrnehmbar den Kopf. Und in dieser Sekunde fiel mir erneut auf, was ich zum ersten Mal vor einigen Wochen bemerkt hatte. An jenem Abend, nachdem wir gemeinsam mein Zimmer gestrichen hatten. Adrian hatte mir seine Hand gereicht und mich – mit unserem ersten Hautkontakt überhaupt – auch damals schon zum Grübeln gebracht. Allerdings hatte ich es als Zufall abgetan und mit der Zeit vergessen. Nun jedoch wurde mir schlagartig bewusst, dass es sich nicht um Zufall handelte. Denn Adrian dachte, ... natürlich dachte er. Jeder Mensch dachte ständig, tausend Dinge parallel.

Manchmal waren Emilys Gedanken so verworren, dass mir beinahe schwindlig wurde, ehe es mir gelang, sie auseinanderzuklamüsern und mir die Wichtigsten herauszupicken.

Adrian sah man in diesem Moment förmlich an, dass er über etwas brütete – vermutlich über meinem plötzlichen hellseherischen Talent. Aber ich hörte ... NICHTS.

Es blieb absolut still, als er mich berührte. Irgendetwas stimmte mit unserer Verbindung nicht.

„Sie haben Jane gefunden", ließ uns Jason in diesem Moment wissen. Er hielt sein Handy empor und rief so laut, dass es augenblicklich mucksmäuschenstill wurde. *„Dad hat angerufen. ... Sie lag gefesselt und geknebelt in der Badewanne ihres Hotelzimmers. Irgendjemand hat sie betäubt, aber ..."* Er konnte kaum weitersprechen, so dick war der Kloß in seinem Hals. *„... sie ist nicht verletzt."*

„Jane war auch nur der Lockvogel", brummte ich finster. So leise, dass nur Adrian mich hörte.

„Sie sind also mindestens zu zweit", schlussfolgerte er. *„Der Sicherheitsmann und ein Komplize, der sich wahrscheinlich unter dem Hotelpersonal befand."*

Ich zuckte mit den Schultern. Es gab tausend Möglichkeiten. Sie konnten zu zweit, dritt, viert oder zehnt sein. Fest stand nur, dass *das Ding von langer Hand geplant war. Sie wollten Emily, hatten vermutlich jeden ihrer Schritte in den vergangenen Tagen überwacht – und ich Idiot hatte nichts davon bemerkt.*

Wenige Sekunden später hielt Davids Limousine zwischen den Polizeiwagen vor dem Kino. Sam stieg aus, kam aber nicht dazu, Emilys Dad die Tür zu öffnen. Der sprang schon aus dem Wagen, ehe er richtig stand, und versetzte der gläsernen Schwingtür einen Stoß, in dessen Wucht sich alle seine Gefühle zu bündeln schienen. Der Anblick der Cops, die gerade mit der Räumung des Kinosaals beginnen wollten, ließ ihn vermutlich seinen letzten Funken Hoffnung begraben.

Jason stürzte ihm entgegen. „Sie haben Emmy, Dad!", rief er und klang dabei wie ein kleiner Junge, dem man sein Lieblingsspielzeug entrissen hatte.

David rannte an ihm vorbei und schrie den erstbesten Sicherheitsmann an, den er zu Gesicht bekam.

„Also stimmt es?", brüllte er. „Jemand hat mein Mädchen entführt? Hier laufen zwanzig von euch uniformierten Lackaffen herum und ihr schafft es trotzdem nicht, auf meine Kleine aufzupassen?"

Zwei Polizisten eilten dem sichtlich verdatterten Sicherheitsmann zu Hilfe. Sie hatten Mühe, sich mit ihren beschwichtigenden Gesten und Worten Gehör zu verschaffen; David war außer sich.

Und als ich Zeuge wurde, wie dieser sonst so ruhige und gefasste Mann seine Beherrschung gegen blanke Panik und blinde Wut eintauschte – krank vor Sorge um seine Tochter, die unter meinem Schutz stand –, erwachte ich endlich.

Michael hatte mich nie belogen. Lügen waren ein absolutes No-Go unter unseresgleichen. Und er hatte gesagt, ich wäre bestens ausgestattet, um entsprechend zu reagieren, sollte es von jetzt auf gleich so weit sein.

Nun, es ist so weit.

„Ich muss los", sagte ich leise – wildentschlossen, den momentanen Trubel für meine unbemerkte Flucht zu nutzen. Schnell zottelte ich das Hemd aus meiner Hose, streifte die Krawatte ab

und schmiss sie auf den Boden, zu meinem Jackett. Eleganter Ballast, der meine Bewegungsfreiheit einschränkte, war jetzt nicht von Nutzen.

„Du willst sie suchen?", flüsterte Adrian – so leise, dass ich es mit Menschenohren vermutlich nicht einmal gehört hätte. Dennoch nickte ich.

„Komm mit mir!", bat ich ihn aus einer Intuition heraus, die ich selbst nicht begriff.

Ich hätte schwören mögen, in Adrians Augen ging in diesem Moment die Sonne auf. Das warme Braun erhellte sich um etliche Nuancen und strahlte mir beinahe bernsteinfarben entgegen, bevor sich sein Mund verzog und er bedauernd auf seine reglosen Beine deutete. „Lauf, Noah!", sagte er nur, „Ich bin bei dir." Damit tippte er sich gegen die Schläfe.

Ich kam weder dazu, mich über seine Geste, noch über sein unerschöpfliches Vertrauen zu wundern. Nur am Rande meines Bewusstseins nahm ich wahr, dass er nicht einmal versuchte mich aufzuhalten.

Im Hintergrund überschlugen sich die Ereignisse und lenkten meinen Fokus für weitere kostbare Sekunden ab, bis ich das Chaos endlich erfolgreich ausblendete, mich abwandte und losstürmte. So recht wusste ich selbst nicht, wohin ich wollte. Hauptsache raus!

Ich lief über den breiten Korridor, durchquerte das Entree, warf mich gegen die Schwingtür. Rempelte Sam an, der mir nur verwundert nachblickte, und rannte über eine Querstraße zum Hintereingang des Kinos. Vor dem stählernen Tor blieb ich stehen und sah mich um. Rechts oder links, wo mochten sie hingefahren sein? Ich wusste nun, welchen Tunnel sie passiert hatten, aber wo der sich befand war mir nicht klar.

Wie aus dem Nichts erschien eine Karte von Manhattan vor meinem geistigen Auge. Michael!

Ich hatte ihn in diesem Moment tatsächlich so weit aus meinem Bewusstsein verdrängt, dass mich seine Einspielung für Sekunden aus der Bahn warf, bis ich endlich begriff. Stumm – wofür ich ihm wirklich dankbar war – markierte er mir das Portal des Midtown-Tunnels, sowie meinen derzeitigen Standort.

Während ich versuchte, mir möglichst schnell den Weg einzuprägen, setzten sich meine Beine schon in Bewegung. Meine Sinne waren geschärft und sehr sensibel, mit Michaels Kräften verfügte ich ohnehin über einen ausgesprochen guten Orientierungssinn. Was jedoch in diesem Moment geschah, als ich mit meiner gesamten Konzentration versuchte, mir den Weg zum Tunnel so lebhaft wie nur irgend möglich vorzustellen, stellte auch für mich eine Premiere dar. Plötzlich lief ich – nur in meinem Geist, natürlich – wie im Zeitraffer durch die Straßen und sah markante Merkmale der Stadt, die mir den realen Weg weisen konnten. Sich diese Merkmale einzuprägen, anstatt sich mithilfe der Karte durch die Straßen hangeln zu müssen, ersparte unheimlich viel Zeit. Es war wie beim Autofahren. War ich eine Strecke einmal selbst abgefahren, erkannte ich sie immer wieder.

„Wow!", entfuhr es mir.

„Sag ich doch", murmelte Michael flüsterleise. „Bestens ausgerüstet."

„Ruhe!", befahl ich – unwillig, jegliche Art der Ablenkung zu dulden.

„Das ist mein Junge", sagte er nur noch und befolgte dann meine Aufforderung.

Leider gab es keine Chance, die neue Fähigkeit, die Michael mir in jener Nacht auf den Klippen verliehen und mit der ich mich inzwischen vertraut gemacht hatte, hier und jetzt anzuwenden. Ich konnte mich nur soweit 'beamen', wie ich es nannte, wie ich sicherstellen konnte, dass niemand davon Zeuge wurde. Niemand durfte mich sehen, wenn ich an dem Ort auftauchte, den ich mit meinem Geist anpeilte. Doch inmitten dieser gigantischen Innenstadt, noch dazu zur beginnenden Rush-Hour, konnte ich das unmöglich gewährleisten.

Allerdings ...

In weniger als einer halben Stunde würde die Dämmerung der Nacht gewichen sein. Und dann werden die Karten neu gemischt.

XXXII.

Leises Brummen
Geflüster
Stille

Flackernde Lichter
Vorbeirauschende Häuserfassaden
Dunkelheit

Hupen
Fluchen
Ein ärgerliches Zischen: „Pscht!"
Stille

Die Hinterköpfe zweier Männer
Ledersitze
Getönte Scheiben
Dunkelheit

Der Geruch von Leder und Politur

Ein dumpfer Schmerz in meinem Oberschenkel

Meine Hände, die sich irgendwie taub anfühlten ...

Schwere – bleiern, tief und verlockend friedlich – zog mich immer
wieder erfolgreich mit sich. Keiner der Eindrücke, die ich gewann, wenn ich die Oberfläche streifte, schaffte es, mich zum
Bleiben zu bewegen. Sie ergaben nicht mal einen Sinn. Wer
waren diese Männer? ... Dieser Wagen? Und warum konnte ich
meine Hände nicht bewegen?
Ich wollte nur schlafen, war so unglaublich müde. Aber sobald
ich meine Augen wieder schloss, erwartete mich Noahs Gesicht.
Ängstlich, flehend, verzweifelt – als hinge sein Leben davon ab,
mich nicht erneut abzudriften zu lassen.
Seine schönen Augen schimmerten feucht. Sie schwammen
förmlich in Tränen, die er krampfhaft zurückzuhalten versuchte.
Chancenlos, wie er wohl feststellte, denn irgendwann senkte

441

Noah den Blick und ließ die Tränen schwer und angereichert mit all seinem Leid einfach so von seinen langen Wimpern tropfen. Warum, um alles in der Welt, war er so verzweifelt?

Gerade wollte ich ihn fragen, da löste sich sein schönes Gesicht auf, einfach so. *Eine Fata Morgana, ein Trugbild.* Zweifellos das schönste aller Zeiten, aber eben ... ein Trugbild. Mein Geist spielte mir einen Streich. Oder mein Herz?

Wo war Noah überhaupt? Warum war er nicht bei mir? Und wo war ich?

Sein Bild wich vagen Bruchteilen. Ja, Fetzen meiner Erinnerung, die vor meinem geistigen Auge aufblitzten: die breite schweißbedeckte Stirn des Sicherheitsmannes, das Flackern seiner Taschenlampe, Noahs flehende Augen, das metallene *Klack* der zufallenden Notfalltür, das Surren des sich öffnenden Tores, die Spritze, der Schmerz, die Erkenntnis ...

Für eine Sekunde – unmittelbar nachdem mich die Erinnerungen förmlich überrollt hatten – wusste ich wieder genau, was geschehen war. In meinem Schock versuchte ich mich aufzurichten, aber mein Körper blieb schwer und reglos liegen, er gehorchte mir nicht.

Ich öffnete die Augen, nur für einen kleinen Moment. Schon wusste ich nicht mehr, was mich dazu bewegt hatte, und ich versackte erneut in tiefer Dunkelheit.

Sekunden später (oder waren es Stunden?) hörte ich ein weit entferntes, leises Jammern. Als ich endlich realisierte, dass es *mein* Jammern war, verbot ich mir jeden weiteren Laut.

Warum weinte ich? Schmerzen? ... Nein!

Nur meine Hände ... und dieser dumpfe Druck in meinem Oberschenkel ...

Wieder sackte ich ein Stück tiefer.

Mein Magen zog sich zusammen, ehe ich verstand warum.

Dieser Geruch! ... Minze und Light-Zigaretten.

Der Atem eines Fremden.

Atem, der mir Angst einflößte und das Bild eines schwitzenden uniformierten Mannes vor meinem inneren Auge aufblitzen ließ.

„Sie wird wach", sagte eine raue Stimme.

Dieser Geruch ...

„Das kann nicht sein!", befand eine zweite, höhere Männerstimme.

Noch ein Fremder ... Wo bin ich?

„Und wenn doch? Wo ist der Elektroschocker?"

„Ernsthaft? Du willst das Ding benutzen? Scheiße! Im Handschuhfach. Aber nimm ihn nur wenn's unbedingt sein muss, hörst du? Und jetzt lass mich endlich in Ruhe fahren!"

Wieder wurde ich schwerer, versank im Nebel meines erschlafften Bewusstseins. Doch dieses Mal erwartete mich nicht die alles betäubende Ruhe.

Du bist entführt worden!, schrie es stattdessen in mir. *Diese beiden Männer haben dich entführt.*

Meine Atmung wurde flacher unter dem beängstigenden Gedanken, mein Herzschlag beschleunigte sich spürbar. Ein stechender Schmerz raubte mir schließlich die Luft zum Atmen und löste den Reflex aus, mir die Hände auf die Brust pressen zu wollen. Doch ich konnte sie nicht bewegen. *Meine Finger ...*

Endlich begriff ich, warum sie so taub waren. Die Männer hatten mir die Handgelenke auf dem Rücken gefesselt. Für einen Augenblick verstand ich sogar, warum ich nicht mehr einschlafen durfte: Weil ich beim nächsten kurzen Auftauchen wieder von vorne beginnen müsste.

In diesem Moment wusste ich, was geschehen war, aber wie oft hatte ich das zuvor schon realisiert und war dann wieder in dieser wohltuenden Dunkelheit und Stille versunken? Wie viel Zeit war verstrichen, seitdem mir der Sicherheitstyp die Spritze in den Oberschenkel gejagt hatte? Und wo waren wir nun?

Einige panische Herzschläge später entglitten mir meine klaren Gedanken erneut. Wieder erwartete mich meine liebste Halluzination, Noahs Gesicht. Aber warum sah er so verzweifelt aus? Was war geschehen?

„Nein!", rief er. „Nicht einschlafen! Du musst ... Zeig mir, was du siehst Emily! Sag es mir!"

Was ich sehe? ... Warum ...?

Mühsam versuchte ich die Augen zu öffnen, aber meine Lider waren so schwer. Viel zu schwer. Und dieser Sog unter mir lockte, so verheißungsvoll. *Noah, ich ...*

„Nicht wieder einschlafen, bitte", wisperte Noahs Stimme. „Zeig es mir! Zeig mir was du siehst, Baby! Ich finde dich."

Findest mich? ... Richtig, der Wagen ... die Männer ... mein wild wummerndes Herz ...

Sie waren der Grund.

Endlich öffnete ich die Augen, unter stark flatternden, unkontrollierbaren Lidern. Mir fehlte die Kraft, ich war zu müde ...

„Em, bitte, du musst es nur wollen." Noah flehte; seine sonst so ebene Stirn lag in tiefen Sorgenfalten.

Unfähig ihn zu enttäuschen, nahm ich all meine Willenskraft zusammen, bündelte sie und blinzelte. Die hellgraue Decke des Wagens verschwamm immer wieder und ließ sich nur schwer fokussieren. Irgendetwas stimmte mit meinen Augen nicht.

Ich legte den Kopf ein wenig in den Nacken und sah aus dem Fenster über mir. Immer wieder fielen mir die Augen zu; es war sehr anstrengend, überhaupt etwas zu erkennen.

Der Himmel, grau und wolkenverhangen, dämmrig ...

Spitzwinklige Giebel zwischen flachen Dächern, die schnörkellos in einer waagerechten Linie zu enden schienen ... Helle Fassaden und rote ... Baumkronen ... Strommasten ... Laternen ...

Der Wagen hielt – und ich ergab mich dem Sog, der mittlerweile unerträglich stark an meinen Beinen zog.

Ich war mir sicher, tief und lange abgetaucht zu sein, doch als ich aufschreckte, standen wir immer noch neben demselben Elektrogeschäft, dessen gelb hinterleuchtetes Schild grell über meinem Kopf flimmerte. Schon drehten sich meine Augen erneut in meinem Kopf zurück. Wieder schwebte ich in wohltuender Gleichgültigkeit, wenn auch nicht allzu lange. Ich sank nicht mehr so tief, benötigte nicht mehr so viel Zeit zum Auftauchen.

Auch dieses Mal war Noah wieder da und vereitelte mein endgültiges Abdriften durch seine Verzweiflung, seine Angst, sein flehendes Gesicht, das ich so sehr liebte. ... *Mein armer Engel.*

„Emily, sprich mit mir! Du musst es mir zeigen."

Habe ich doch ...

Was wollte er von mir, dass er mich so tief und bedeutungsvoll ansah und den Kopf schüttelte? Ich verstand nicht, was er sagen wollte.

Nein, so funktionierte es nicht ... Wie war das noch? ... Ich musste meine Gedanken mit ihm teilen ... bewusst teilen ... ihn ansprechen ... Ja, direkte Ansprache.

Noah, schau!, rief ich ihm in Gedanken zu und versuchte erneut, die Augen möglichst lange aufzuhalten. *„Zwei Männer"*, ließ ich ihn wissen, während ich ihre Hinterköpfe fixierte und dann weiterhin verbissen aus dem Fenster starrte.

Der Sicherheitsmann ... und ... der Fahrer, der uns zum Kino gebracht hat, denke ich.

Draußen flogen wieder die Häuser an mir vorbei und bewirkten mit ihrem Tempo, dass sich das flaue Gefühl in meinem Magen weiter ausdehnte. Ehe ich dazu kam, mir Sorgen über die zunehmende Übelkeit zu machen, hielt der Wagen abrupt. So ruckartig, dass ich vom Rücksitz rutschte, wie ein Sack Kartoffeln in den Fußraum plumpste und mir den Kopf schmerzhaft an der Tür stieß. Dennoch gab ich keinen Mucks von mir und drehte mich mühevoll auf den Rücken.

Der Fahrer betätigte die Hupe lange und anhaltend, der andere schimpfte wütend auf ihn ein. „Zum Teufel, willst du uns umbringen? Und hör auf zu hupen, verdammt!" Das Knarren seines Ledersitzes ertönte; eine neue Minze-Tabak-Wolke blies mir entgegen, als er sich zu mir umdrehte. Schnell schloss ich meine Augen.

„Scheiße Mann, sie ist vom Rücksitz gefallen. Das meinte Jim mit Sicherheit nicht, als er sagte wir sollten ihr kein einziges Haar krümmen."

„Was kann ich dafür, wenn dieser Idiot direkt vor uns auf die Straße rollt. Als wüsste er nicht einmal, dass es so was wie einen Rückspiegel überhaupt gibt."

„Trotzdem! Hör auf andauernd zu hupen. Der Wagen passt nicht in dieses Viertel. Er ist ohnehin schon auffällig genug, wir brauchen keine zusätzliche Publicity."

„Sei nicht so verflucht nervös!"

„Dann fahr zur Abwechslung mal so, als wäre es dein Job!"

Vielleicht war es ein Adrenalinstoß – ausgelöst durch die plötzliche Bremsung und meinen Sturz –, vielleicht war es die Tatsache, die beiden Männer so aufgebracht miteinander streiten zu hören und dabei zu realisieren – wirklich zu realisieren –, dass es sich bei ihnen um meine Entführer handelte. Dass ich keine Ahnung hatte, was sie mit mir zu tun gedachten, wie gefährlich sie waren, ob sie nur mich hatten oder auch Jane ...

Vielleicht war es die Aussage, die zwischen ihren Worten schwebte, dass sie für einen Dritten arbeiteten, der ihnen offenbar auferlegt hatte, mir nichts anzutun, dessen Erwähnung mich jedoch trotzdem in sofortige Panik versetzte ...

Vielleicht war es die nun rapide nachlassende Wirkung der Betäubung ...

Vermutlich war es jedoch die Kombination all dieser Umstände, die meinen Zustand beinahe schlagartig verbesserte. Es war mir, als hätte jemand meine Wange getätschelt und mich damit aus einer tiefen Ohnmacht zurückgeholt. Ich war noch nicht voll da, aber plötzlich dachte ich wesentlich klarer und schaffte es, trotz meiner aufbrodelnden Angst und der dumpfen Übelkeit meine Sinne zurück auf das Wesentliche zu fokussieren: Noah sehen zu lassen, was ich sah. Es war meine einzige Chance, und vielleicht würde es funktionieren. Wenn es mir nur gelänge, mich ausreichend zu konzentrieren.

Aus dieser Position heraus, rücklings in der Fußkonsole liegend, blickte ich mit überdehntem Kopf steil hinauf, durch das getönte Seitenfenster des Wagens, in den dämmrigen Abendhimmel. Miserable Umstände – aber leider das Einzige, was ich Noah bieten konnte.

An dem Gipfel eines hell verkleideten Hauses, vor dem die Limousine zum Stehen gekommen war, hing das große Schild eines Immobilienmaklers.

Noah, schau! Hilft das?

Es war immer noch schwer, gezielt zu denken und ihn dabei anzusprechen, als stünde er vor mir – nur eben stumm. Da der Wagen aber noch stand, schaffte ich es tatsächlich, dass rot-graue Schild mit der weißen Schrift für einige Sekunden zu fokussieren. Ich versuchte, die riesige Adresse der Homepage zu lesen, schaffte es aber nicht, weil meine Perspektive aus dieser Position zu schlecht war. Vielleicht – *hoffentlich* – hatte Noah mehr Glück.

Mir blieb nicht viel Zeit, bis der Wagen wieder anfuhr und wenige Meter später erst nach rechts und unmittelbar darauf nach links abbog, was meine Übelkeit erneut ankurbelte. Dann verlangsamte der Fahrer unser ohnehin schon gemächliches Tempo, bog noch einmal scharf nach links ab und stoppte schließlich in einer dunklen Halle oder Garage ... was auch immer.

„Also los", brummte der Sicherheitsmann. Die beiden Männer verließen den Wagen; der Klang der zufallenden Autotüren hallte von kahlen Wänden wider. Ich war gezwungen, meine Augen zu schließen – sollten sie doch nicht wissen, dass ich bereits erwacht war. Allerdings gelang es mir nun, als sie die hinteren Türen öffneten um mich zu holen, nicht länger, meine Panik unter Kontrolle zu halten.

„Oh Mann, sie zittert am ganzen Körper", sagte die Stimme, die ich dem Chauffeur der Limousine zuordnete. „Und sie weint."

„Scheiße, Brad, bist du noch nie aus einer Narkose erwacht?", fragte der namenlose Sicherheitsmann. Der Geruch von frischem Männerschweiß mischte sich unter den von Tabak und Minze, als er mich unter den Achseln packte und anhob. „Das Geplärre ist vollkommen normal."

„Meinst du nicht, wir sollten noch mal nachspritzen?"

Nein, bitte nicht!!!!

„Wozu denn? Wir sind doch jetzt da. Jim hat nur gesagt, sie sollte unter keinen Umständen mitkriegen wo wir sie hinbringen", ächzte der Security-Typ, der mich mittlerweile aus dem Wagen gezogen hatte und nun über den unebenen Boden schleifte. Schlaff wie eine Schlenkerpuppe hing ich in seinen Armen. Mir war speiübel, und ich betete nur, dass ich mich nicht würde übergeben müssen.

„Was ist, hilfst du mir, oder stehst du weiter dumm rum?", keuchte der korrupte Sicherheitsmann. Der andere packte meine Beine; gemeinsam schleppten sie mich durch eine kühle große Halle. Ich wusste das, ohne es zu sehen. Der Hall ihrer Stimmen und Schritte ließ auf kahle Wände und hohe Decken schließen.

Dummerweise hatte ich keine Ahnung, ob Noah hören konnte, was ich hörte. Gott, ich wusste ja nicht einmal, ob er mich überhaupt hörte. Geschweige denn, ob es mir bislang gelungen war, ihm ausreichende Hinweise auf meinen momentanen Aufenthaltsort zu geben. Wie sollte er wissen, wo ich mich befand, wenn ich es selbst nicht einmal ahnte? Waren wir Minuten oder Stunden unterwegs gewesen? Ich wusste es nicht.

Was, wenn dieser Immobilienmakler sein Büro am anderen Ende der Stadt hatte? War sein Schild der einzige Hinweis, oder war ich zuvor schon einmal lange genug aus meiner Versenkung aufgetaucht, um Noah brauchbare Eindrücke zuzuspielen? Ich wusste es nicht.

Ich wusste gar nichts. Und plötzlich fühlte ich mich schrecklich allein.

Brennende Tränen bahnten sich ihren Weg durch meine schwachen, geschlossenen Lider und rannen nur so aus den äußeren Augenwinkeln. So sehr ich es zu vermeiden versuchte, entrang sich meiner Kehle dennoch ein halbersticktes Schluchzen, dann ein jämmerliches Wimmern. Die Kälte, die in dieser Halle herrschte, schien den Prozess meines Erwachens zu beschleunigen und war nicht gerade hilfreich, was den einsetzenden Schüttelfrost betraf.

„Die arme Kleine", flüsterte Brad, der Chauffeur, als sie mich auf einer harten Unterlage ablegten, die hölzern unter meinem Gewicht knarrte. Sofort krümmte ich mich, rollte mich wie ein Baby zusammen.

Meine Zähne schlugen schnell und unkontrolliert aufeinander. Es war schrecklich, dem Drang, meine Arme um die angewinkelten Knie schlagen zu wollen, nicht nachgeben zu können; mir war so furchtbar kalt. Außerdem schmerzten meine Handgelenke unter dem Klebeband, mit dem mich die Männer gefesselt hatten.

Es dauerte nicht lange, bis jemand eine Decke über mich legte.

„Was Jim wohl mit dir vorhat?", fragte die hellere der beiden Stimmen dabei dicht über mir. Dieser Chauffeur schien nicht allzu übel zu sein. Der Sicherheitsmann hingegen ...

„Was soll dieses mitleidige Geschwafel, Brad? Das ist nicht unsere Sache. Wir erledigen unseren Job, kriegen die Kohle und hauen ab."

Wieder überrollte mich ein Geruchsschwall Schweiß, Tabak und Minze. Dann hörte ich ein reißendes Geräusch, bevor raue

Hände meinen Kopf drehten, festhielten und einen breiten Streifen Klebeband über meinen Mund klebten.

„Muss das wirklich sein?", fragte der Fahrer.

„Klar, sie wird wach. *Du* wolltest den Elektroschocker doch nicht benutzen, oder? Willst du vielleicht, dass sie hier alles zusammenbrüllt?"

„Nein."

„Komm schon, Brad, reiß dich am Riemen! Wenn alles gut läuft, haben wir morgen um die Zeit schon längst ausgesorgt. Was Jim macht, was er mit der Kleinen vorhat, interessiert mich einen Scheißdreck", erklärte der Sicherheitsmann in einem Ton, der so eiskalt war, dass er meinen Schüttelfrost noch zusätzlich verstärkte. „Du kanntest die Bedingungen, also krieg jetzt bloß keinen Moralischen, hörst du? Ruf lieber Jim an. Der sitzt mit Sicherheit schon auf heißen Kohlen."

Der Fahrer atmete hörbar tief durch; er schien sich einen Ruck zu geben. „Okay", sagte er schließlich, räusperte sich kurz und entfernte sich dann einige Meter weit. Ich lauschte angespannt, konnte jedoch nicht mal Fetzen des Telefonats hören.

Auch der Sicherheitsmann richtete sich ächzend auf und verließ die Halle. Seine schweren Schritte entfernten sich mit jedem weiteren ein wenig mehr.

Endlich wagte ich es, den Kopf so weit wie möglich abzuwenden und die Augen zu öffnen. Das Bild, das sich mir bot, entsprach dem, was sich meine anderen Sinne bereits zurechtgebastelt hatten: Hohe unverputzte Decken, dicke Belüftungsrohre, kahle Wände, deren stellenweise abbröckelnder Putz das darunterliegende Mauerwerk preisgab. Die Fenster lagen sehr hoch, eines am anderen, und waren winzig klein.

Die Bilder verschwammen längst nicht mehr so stark vor meinen Augen wie noch Minuten zuvor, und so sah ich sogar, dass viele der milchig-staubigen Fensterscheiben gesprungen oder zerbrochen waren.

Eine Lagerhalle, Noah.

Plötzlich durchzuckte es mich, dass der Kontakt zu ihm, falls ich ihn überhaupt zustande gebracht hatte, inzwischen mit Sicherheit

mehrfach unterbrochen worden war. Aber ich hatte Erinnerungs-
fetzen, die ich ihm geben konnte.

Der Gedanke an Noah ließ mich beinahe verzweifeln. Wie
mochte er sich fühlen? Wo war er? War er überhaupt in der Lage,
mich auf diese Distanz zu hören?

So viele unbeantwortete Fragen, die meine Panik weiter schürten.
Und nur eine Sache, die inmitten all dieser Ungewissheiten für
mich feststand: Noah wusste inzwischen, was geschehen war. Er
wusste, dass sie mich entführt hatten und war versessen darauf,
mich möglichst schnell zu finden. Ich konnte ihn vor mir sehen,
wie er seine Haare raufte und büschelweise an ihnen riss. Jede
Sekunde, die ohne Kontakt zu mir verstrich, ließ ihn vermutlich
halb wahnsinnig werden.

Also los!

Da ich nicht wusste, wie weit er das Geschehen verfolgt hatte,
schien es mir die beste Lösung zu sein, meine Augen wieder zu
schließen und mich ganz und gar darauf zu konzentrieren, ihm
einfach alles Wesentliche noch einmal mitzuteilen – selbst wenn
dieses Vorgehen einige Wiederholungen mit sich brachte. Die
Bilder konnte ich aus meinen Erinnerungen laden, wie damals,
als ich ihm unser Haus in Manchester gezeigt hatte.

Während mein Körper also nach wie vor teils schlaff und
schwer, dann wieder zitternd und verkrampft auf diesem Unter-
bau aus Holzkisten lag und den Schock und die Betäubung auf
seine Weise verarbeitete, lief mein Verstand schon wieder auf
Hochtouren.

*„Noah, ich bin wach. Gott, ich hoffe so sehr, dass du mich
hörst. Bitte, bitte, hör mich! ... Also ...“*

XXXIII.

Emily wehrte sich, es konnte nicht anders sein. Ihr Unterbewusstsein wehrte sich gegen diese unfreiwillige Betäubung, kämpfte unbeugsam dagegen an. Immer wieder empfing ich winzige Gedankensequenzen ... neblig, verschwommen und viel zu kurz, als dass ich sie hätte fassen können. Es machte mich verrückt, nicht zu wissen wo sie war.

Seit der Party bei uns zu Hause war es das erste Mal überhaupt, dass ich keine Ahnung hatte, wo Emily war. Selbst davor schon, in der Schule, hatte ich stets nach ihr Ausschau gehalten, sie immerzu geortet. So still und unscheinbar sie auch gewesen sein mochte, sie hatte dennoch vom ersten Tag an meine Neugier geweckt.

Mittlerweile saß ich in einem der gelben Taxis und fuhr durch den Midtown-Tunnel, den Emily vor exakt 24 Minuten passiert hatte.

24 Minuten, bei einem Tempo wie diesem, das ergab einen möglichen Radius von ... Nein, so kam ich nicht weiter!

Ich wusste schließlich nicht einmal, ob sie inzwischen angekommen waren oder ob sie noch immer fuhren.

Der ahnungslose Taxifahrer pfiff vor sich hin und plauderte von Zeit zu Zeit mit seinem mexikanischen Akzent auf mich ein. Sinnfreies Geplänkel, auf das ich nicht ein einziges Mal einging, was ihn auch nicht weiter zu stören schien. Er hatte nur ein wenig verhalten geschaut, als ich mit einem „Durch den Midtown–Tunnel!" zu ihm eingestiegen war.

„Okay. ... Und wie lautet ihr Ziel?"

„Ähm ... Fahren Sie durch den Tunnel, dahinter muss ich mich umsehen."

„Okaaayyy?!?"

Seitdem quasselte er ununterbrochen davon, wie er sich gefühlt hatte, als er vor fünfzehn Jahren das erste Mal nach New York gekommen war. Dass er sich die Straßenbezeichnungen damals auch nicht hätte merken können. Tja, und jetzt wäre er schon seit sechs Jahren Taxifahrer ... und so weiter.

Er war freundlich, sicher, aber diese Art von Smalltalk war das Letzte, was ich in diesen Minuten brauchte. Also blendete ich ihn aus und lehnte meine Schläfe gegen das kühle Seitenfenster, bis wir den Tunnel passiert hatten. Keine weiteren Bilder, keine Geräusche, keine Gefühlsregungen erreichten mich. Ich war blind, taub, gefühllos – genau wie Em selbst, vermutlich.

„Also, wohin? Abfahrt oder Interstate?", fragte der Mexikaner schließlich. Verdutzt sah ich mich um; der Tunnel lag hinter uns.

„Nein, bitte fahren Sie ab und lassen mich raus."

„Aber ... wo wollen Sie denn hin? Ich kann Sie doch fahren."

„Nein, ich gehe zu Fuß weiter, danke."

Er zuckte mit den Schultern, nahm die Ausfahrt und fuhr gerade so weit, bis wir eine Straße mit Bürgersteig erreichten. Wir hielten am Rande eines Industriegebiets, wie es schien – umgeben von Firmen und Fabriken. Der Verkehr hier war sehr überschaubar, die Bürgersteige menschenleer und verschmutzt. Der kräftige Wind blies Plastiktüten, Getränkedosen und Pappstücke von einer auf die andere Straßenseite. Eine wahrhaft trostlose Gegend.

Gerade als ich dem Fahrer eine 50-Dollar-Note gereicht hatte und ihm sein Trinkgeld zusprechen wollte, durchzuckte mich ein neuer von Emilys Gedanken. „Noah, ich ..."

Nur das. Kaum mehr als mein Name, aber immerhin – es war ein Anfang.

„Behalten Sie den Rest!", rief ich, warf die Autotür vor dem erstaunten Gesicht des Taxifahrers zu und wandte mich ab.

„Nicht wieder einschlafen, bitte", wisperte ich. „Em, bitte, bitte ... zeig es mir! Zeig mir, was du siehst, Baby! Ich finde dich."

Und, als hätte sie mich gehört, erreichten mich nur Sekunden später neue Eindrücke.

„Zwei Männer. ... Der Sicherheitsmann ... und ... der Fahrer, der uns zum Kino gebracht hat, denke ich", erklärte sie mir schwach und brachte damit eine neue Welle der Wut ins Rollen. „Dieser heuchlerische Bastard!", entfuhr es mir auf offener Straße, während ich krampfhaft versuchte, etwas zu erkennen. Allerdings flimmerte Emilys Sicht so stark, dass die Bilder wie die Aufnahmen einer uralten Super-8-Kamera wirkten – nur mit

452

eingeschränktem Sichtfenster ... in extrem schlechten Lichtver-
hältnissen.

Ich erkannte so gut wie nichts, so sehr ich mich auch bemühte.
Mit einem starren Blick, der mir vermutlich einen irren Gesichts-
ausdruck verlieh, stand ich am Straßenrand und raufte mir mit
beiden Händen die Haare. Die Sekunden verstrichen stumm und
ließen mich in meiner steigenden Verzweiflung versinken.

Nie zuvor war mir mein Herzschlag so zuwider gewesen wie in
diesem Moment. Emily strengte sich unglaublich an, das spürte
ich. Und sie tat mir so leid, dass mein Herz sich eigentlich
schmerzhaft hätte zusammenziehen und aus meiner Brust springen
müssen. Tat es aber nicht. Es klopfte unbeirrt weiter, so sehr ich
auch innerlich zusammenbrach. Hinter meinen Augen brannten
Tränen, die ich mir nicht zu vergießen gestattete.

„Wage es nicht zu heulen, bevor du sie in deinen Armen hältst!",
gebot ich mir laut und strengte mich daraufhin noch stärker an,
brauchbare Hinweise aus Emilys Kopf zu picken. Den Gedanken, ob
es überhaupt jemals wieder dazu kommen könnte, sie in meinen
Armen zu halten, verbannte ich beim ersten Aufflackern. Wenig
später brachen alle Bilder und Geräusche ab und wichen tiefer
Dunkelheit und Stille. Em war mir entglitten – und ich fühlte mich so
einsam wie nie zuvor. Mein Atem ging flach und schnell. Ich rannte
auf dem Bürgersteig auf und ab, wusste nicht wohin ... aber stehen
zu bleiben erschien mir als die schlimmste aller Alternativen.

„Noah, ruhig!", meldete sich Michael wieder. „Geduld! Hast
du nicht gemerkt, dass sie dieses Mal schon viel länger durchge-
halten hat? Sie kommt zu sich."

Ich wollte ihn anbrüllen, ihm die Schuld für meine Verzweif-
lung geben und ihn am liebsten so lange schütteln, bis er sich für
alle Zeiten aus meiner Existenz raushalten würde. Aber dann
wurde mir klar, dass das, was hier gerade geschah, nicht Michaels
Schuld war. Und dass er der einzige Freund war, der mir hier –
inmitten dieser fremden Stadt und dieser alles entscheidenden
Situation – geblieben war. Michael bildete die einzige vertraute
Komponente, die einzige Zuversicht, den einzigen Hoffnungs-
schimmer in dieser anbrechenden Nacht.

Die plötzliche Erkenntnis hielt mich davon ab, an Ort und Stelle die Nerven zu verlieren und durchzudrehen. Stattdessen übte ich mich im Flehen: „Bitte, Michael, hilf mir! Ich weiß nicht weiter. Siehst du denn nicht, dass ich scheitern werde? Wenn sie ihr etwas antun, sie berühren ... Michael, ich schwöre ... Sie könnten das genau jetzt tun, und ich wäre nicht einmal in ihrer Nähe."

„Nein, Noah, du scheiterst nicht. Im Gegenteil. Du machst das ganz fantastisch. Und wenn Emily dich jetzt bräuchte, wärst du da, dessen bin ich mir sicher. Aber es ist noch nicht an der Zeit."

„Wie meinst du das, ich wäre da? Ich weiß doch nicht einmal, wo sie ist."

„Das spielt keine Rolle", beharrte er. „Eure Verbindung steht. Und keine war jemals stabiler. Ihr ... habt etwas ganz Besonderes, Emily und du."

Ich kam nicht dazu, sein Statement zu hinterfragen. Es war Ems Stimme, die mich davon abhielt.

„Noah, schau! Hilft das?", fragte sie leise, unglaublich schwach. Sofort blieb ich wie angewurzelt stehen; Michael verschwand aus meinem Bewusstsein.

„Was, Süße, was? Zeig es mir!"

Die Bilder flackerten wieder, aber längst nicht mehr so stark wie die vorangegangenen. Dafür wirkten diese unmöglich verzerrt. Ich brauchte ein paar Sekunden, um zu verstehen, dass Emily noch tiefer lag als zuvor. Sie sah nun senkrecht nach oben – aus dem Seitenfenster des Wagens – auf ein hell verkleidetes Haus. Das Auto stand, vielleicht an einer Ampel, denn der Motor vibrierte und surrte leicht unter ihrem schlaffen Körper, während ihr Blick auf das Haus sekundenlang unverändert blieb. Wie tapfer sie war. Wie schwach ich mich gegen sie fühlte.

Im Hintergrund hörte ich zwei dumpfe Stimmen, konnte aber nicht herausfiltern, worüber die Männer so aufgeregt diskutierten. Dort lag Emilys Fokus also nicht; sie wollte mir dieses Haus zeigen.

Aber ... „Was, Baby? Was meinst du?"

Und dann sah ich es, das Schild am Giebel des Hauses. Die weiße Schrift konnte ich nicht lesen, die Telefonnummer, die darunter stand, hingegen schon – bis auf die letzte Zahl, die vom Holm des Seitenfensters verdeckt wurde. Der Wagen fuhr erneut an und zog Ems Konzentration mit sich. Sofort brach der Kontakt ab. Dieses Mal zögerte ich keine Sekunde; endlich konnte ich etwas tun. Also griff ich nach meinem Handy und wählte die Nummer des Werbeschildes.

Als letzte Zahl probierte ich die 0: Kein Anschluss unter dieser Nummer. Also die 1: Nach dem fünften Freizeichen meldete sich eine alte Frau mit gebrechlicher Stimme, die ich schnell weg- drückte und mich in Gedanken bei ihr entschuldigte.

Die 2: Ein etwa dreijähriges Kleinkind.

Die 3: Besetzt.

Die 4: Ewiges Rufen, das meine Geduld irgendwann überstra- pazierte und mich auflegen ließ ...

Natürlich war es die gottverdammte 9, die zur Vervollständigung dieser scheiß Rufnummer fehlte!!!

„Noah, dieses ewige Fluchen ...“

„Michael, ernsthaft? Jetzt?!“

„Schon gut, ich bin still.“

„Danke!“

Die 9: Das Freizeichen erklang nur einmal, dann meldete sich eine freundliche Frauenstimme: „Brooklyn Immobilien, hallo!“

„Ha, dem Himmel sei Dank! ... Ähm ...“

In diesem Moment wurde mir bewusst, dass ich nicht einmal den blassesten Schimmer hatte, was ich ihr erzählen sollte.

„... Ehrlich gesagt habe ich nicht die leiseste Ahnung, wie ich Sie dazu bringen soll, mir zu helfen“, hörte ich mich auch schon sagen.

„Nun, teilen Sie mir doch einfach mit, welche Immobilie Ihr Interesse geweckt hat, und ich sehe für Sie nach, was sich tun lässt“, schlug die Frau am anderen Ende der Leitung vor.

„Tja, wenn ich das wüsste.“

„Wie meinen Sie das?“ Meine Idee kam mit ihrem verständnis- losen Ton.

„Haben Sie sehr viele Immobilien im Angebot?“

„Das ist eine ungewöhnliche Frage. Etwa 80, warum?“

„Weil ich Ihnen weder die Straße, noch den Stadtteil nennen kann", gestand ich. „Ich bin fremd hier, erst gestern angekommen. Vorhin fuhr ich mit einem Taxi durch die Straßen, und Ihre Nummer war leider alles, was ich mir auf die Schnelle merken konnte. Ich würde Ihnen das Haus aber gerne beschreiben."

Sie lachte, schien mir die haarsträubende Story tatsächlich abzukaufen. „Okay, ich versuche mein Bestes."

„Wirklich? Das ist toll, danke! Also, das Haus war mit hellen Tafeln verkleidet, zumindest die oberen beiden Stockwerke. Darunter ... rötliche Backsteine."

„Hm, das ist nicht sehr aussagekräftig", befand die Dame.

„Ihr Schild hing am Giebel."

„Das tun sie immer."

„Oh! Okay, warten Sie. Das Dach hatte eine eigenartige Form. Wie ... ja, so ähnlich wie die Zinnen einer Burg. Hoch, runter, hoch ... Wissen Sie, was ich meine?"

Sie räusperte sich. „Nun, ich denke schon, aber so genau ..." Sie seufzte. „Einen Moment bitte, ich hole den Katalog."

Mehrere Sekunden verstrichen still, dann war sie zurück. „So, mal sehen. ... Überlegen Sie ruhig weiter, ob Ihnen sonst noch was ins Auge gestochen ist, während ich mir die Exposés ansehe. Ein paar zusätzliche Merkmale könnten nicht schaden."

„Okay." Ich hörte, wie sie blätterte. Nie würde sie erahnen können, wie dankbar ich für ihre Geduld war. Schnell schloss ich meine Augen und rief Emilys Bild des Hauses noch einmal ab. „Die Balkone", sagte ich schließlich.

„Was war damit?"

„Sie lagen nicht übereinander, sondern schräg versetzt zueinander", erklärte ich. „Also, der des zweiten Obergeschosses war rechts, der untere weiter links. Sie waren durch eine Treppe verbunden. Die Geländer hatten diese altmodisch gedrehten, gusseisernen Stäbe."

„Wow! Dafür, dass Sie nur kurz mit einem Taxi an dem Objekt vorbeigefahren sind und sich nicht mal die Adresse merken konnten, erinnern Sie sich aber sonst an ziemlich viele Details. Was hat Ihnen denn so gefallen, dass es unbedingt diese Immobilie sein soll?"

„Ähm, die Lage?" Nur als Frage getarnt kam diese Lüge über meine Lippen. Überhaupt: Warum lässt du mich lügen, Mike?

„Mache ich nicht. Alle deine Aussagen waren wahr, stell dir vor. Dass du fremd in New York bist und die Stadt im Taxi durchkreuzt hast; dass du nur die Telefonnummer der Maklerin, nicht aber die Adresse der Immobilie kennst. Alles wahr. ... Nur der Kontext ... nun ja."

Die Maklerin schwieg für einige Sekunden. Als sie weitersprach, hörte ich das ungläubige Lächeln in ihrer Stimme. „Die Lage?", hakte sie nach, fuhr aber Gott sei Dank auch ohne Reaktion von mir fort. „Nun, ich denke, ich weiß jetzt, welches Haus Sie so beeindruckt hat, Sir. Könnte es in der Bushwick Avenue gewesen sein?"

„Wie? Bushwick?"

„Ja, genau, 27 Bushwick Avenue. Ihre Beschreibung trifft eigentlich nur auf dieses Objekt zu. Obwohl, die Lage ... Wir haben bessere Adressen, wissen Sie?"

Ich atmete tief durch. 27 Bushwick Avenue, so hieß mein nächstes Etappenziel. „Gute Frau, diese Adresse ist Gold für mich wert, glauben Sie mir. Ich danke Ihnen."

„Sir ...", war das Letzte, was ich hörte, bevor ich auflegte.

In Windeseile tippte ich die Adresse in mein Smartphone ein. Meine Finger glitten so schnell über die Tasten auf dem Display, dass ein normaler Mensch die Bewegungen kaum hätte erfassen können. Mit 11,4 Meilen berechnete der Routenplaner die Entfernung, 23 Minuten Fahrtzeit.

Bingo, das kam exakt hin.

Wieder prägte ich mir den Weg ein, wieder spulte sich die Strecke vor meinem geistigen Auge ab, wieder rannte ich wie ferngesteuert los. Es war nach wie vor zu hell, als dass ich von meiner Fähigkeit, mich in Lichtgeschwindigkeit zu bewegen, hätte Gebrauch machen können. Allerdings verschlechterten sich die Lichtverhältnisse innerhalb der folgenden Minuten rapide.

So schnell ich konnte, rannte ich durch die tristen Straßen. Rennen war gut, es verschaffte mir einen klaren Kopf und das Gefühl, nicht tatenlos abzuwarten. Und manchmal, nur manchmal, hatte mein störrischer Herzschlag auch etwas Gutes für sich.

Körperlich zu ermüden war mir praktisch unmöglich. Nur meine Beine schmerzten mit der Zeit. Aber auch das war ein gutes Zeichen, kam einer Bestätigung gleich. Ich bewegte mich ... und zwar in die richtige Richtung – Emily entgegen. Beobachtete, wie sich die Gegend um mich herum veränderte, ließ das Gewerbegebiet hinter mir zurück und lief durch gepflegtere Straßen eines engbebauten Vorstadtgebiets.

Ich rannte noch nicht lange, als mich neue Bilder von Emily erreichten. Und in diesem Moment geschah etwas Eigenartiges: Eigentlich hätte ich mich auf den mir fremden Weg konzentrieren müssen, was ich jedoch nicht länger tat, sobald ich durch Ems Augen sah. Vermutlich hätte ich meinen Lauf unterbrochen oder zumindest verlangsamt, wenn mein Körper nicht beschlossen hätte ... ja, in gewisser Weise auf Autopilot umzuschalten und beinahe mechanisch weiterzulaufen. Ich verschwendete keinen bewussten Gedanken mehr an das Hier und Jetzt, lief aber dennoch in ungebrochen rasantem Tempo weiter.

„Noah ..." Emilys Bilder flimmerten längst nicht mehr so stark wie zuvor, wirkten aber seltsam verschwommen. Und als ich ihre Gefühle empfing, die wie immer etwas zeitverzögert aufschlossen, wusste ich auch, warum: Emily weinte. Sofort stieg Wut in mir auf.

„Was ist passiert, Süße? Sag es mir!"

Ich hörte ihr leises, unterdrücktes Schluchzen und fühlte ihre Panik, die sie – schwach, wie sie war – kaum unterdrücken konnte. Sie lag nicht mehr in dem Wagen, sondern in einer riesigen leeren Fabrikhalle, Lagerhalle ... was auch immer. Rote Backsteinwände unter schmutzigem, bröckelnden Putz, rostige Rohre, eine hohe Decke, kleine Fenster, die zu hoch und viel zu verschmutzt waren, als dass Emily hätte hindurchblicken können.

„Eine Lagerhalle, Noah", erklärte sie. Der Klang ihrer imaginären Stimme und die damit verbundene Erkenntnis ließen mich inmitten meines ungebremsten Laufes erzittern. Emily setzte all ihre Hoffnungen auf mich, rief nach mir und bat mich um Hilfe. Sie brauchte mich.

„Ich weiß, Em, ich weiß. Nicht mehr lange, dann bin ich da, versprochen." Ihre Bilder wichen erneut tiefer Dunkelheit. Ich

fürchtete, sie wäre mir wieder entglitten, als ich ihre Stimme noch einmal hörte: „Noah, ich bin wach. Gott, ich hoffe so sehr, dass du mich hörst. Bitte, bitte, hör mich!"

„Tue ich! Ich höre dich. Erzähl es mir, Em!"

Himmel, sie derart verzweifelt zu hören – sie, die sonst immer einen klaren Kopf behielt –, schmerzte so sehr. Gott sei Dank ließ sie sich durch ihre Zweifel nicht von ihren Plänen abbringen. „Also ..."

Und dann entfaltete sie all ihre Erinnerungen und rief die entsprechenden Bilder aus ihrem Gedächtnis ab.

Im Prinzip gewann ich keine neuen Erkenntnisse: Unser Chauffeur und der Sicherheitsmann hatten sie betäubt und in eine leerstehende Lagerhalle verschleppt. Sie schienen die Lösegeldübergabe schnell hinter sich bringen zu wollen, das hatte Emily aus ihrem Gespräch herausgehört. Sie konzentrierte sich versessen darauf, alle Erinnerungen mit mir zu teilen, und war dabei so detailgenau, dass sie die folgenden Minuten mit ihren Beschreibungen füllte. Trotz der schrecklichen Situation, war es bis zu einem gewissen Grad beruhigend, in Emilys Kopf zu stecken. Denn so waren wir zumindest miteinander verbunden – und ich wusste, dass ihr keiner der beiden Bastarde zu nahe kam.

Eine Neuigkeit brachten Emilys Überlegungen allerdings schon mit sich. Sie verbarg sich in einem ihrer letzten Sätze und versetzte mich von einer Sekunde auf die andere in tiefe Sorge.

„Der Sicherheitsmann hat einen Dritten angerufen, Noah. ... Mist, ich habe seinen Namen vergessen. ... Ben? ... Tim? Nein, das war es nicht. Es gibt jedenfalls noch jemanden, und der ist der Anführer dieser gesamten Entführung. Er hat den anderen befohlen, mir nichts anzutun und ... bislang halten sie sich an das, was er ihnen aufgetragen hat."

Nun, das war beruhigend. Trotzdem stellte der Dritte eine gesichtslose Gefahr dar, die ich nicht einzuschätzen vermochte.

Warum hatte er beispielsweise eine so öffentliche Veranstaltung zur Umsetzung seiner Pläne gewählt? Wenn es ihm um Geld gegangen wäre, hätte das keinen Sinn ergeben. An jedem beliebigen Schultag in L.A. hätte er Emily leichter abfangen und entführen können. Wenn es ihm jedoch nicht nur um Geld ging, was wollte er dann?

Mein Handy klingelte. Ohne meinen Lauf zu unterbrechen oder Emilys Gedanken auszublenden, nahm ich ab.

„Noah, wo bist du?" Es war Adrian. Er sprach nicht, er zischte seine Frage.

„Brooklyn. Was gibt's?"

„Hier geht immer noch alles drunter und drüber. Mittlerweile sind zwei Typen vom FBI aufgekreuzt und nehmen alles wieder von vorne auf. Sie reden mit David und Jason. Uns haben sie nur sehr kurz befragt. ... Weißt du etwas Neues?"

„Ähm, ja."

„Und was?"

„Adrian ..."

„Ich mache, was du mir sagst, Noah. Wenn ich es für mich behalten soll ... Ich schwöre, nichts zu hinterfragen – weder deine Informationen, noch deine Entscheidung, ob du die anderen daran teilhaben lassen willst oder nicht. Nur sag mir bitte was du weißt. Bitte!"

Es gab absolut nichts, was ich dagegen hätte einwenden können. Wieder einmal merkte ich, wie uneingeschränkt ich Adrian vertraute – trotz all der schwierigen Jahre, die hinter uns lagen – oder vielleicht gerade deshalb. Weil wir diese Zeit überstanden und hinter uns gebracht hatten.

„Sie ist hier irgendwo in der Gegend, in einer alten Lagerhalle. Der Typ vom Sicherheitsteam ist nicht allein. Der Chauffeur, der Emily und mich zum Kino gefahren hat, ist sein Komplize. Vermutlich einer von mindestens zweien, denn irgendwer muss Jane im Hotel betäubt haben, nicht wahr?"

„Richtig", befand Adrian.

„Und ich weiß, dass es noch einen anderen gibt, der in der Hierarchie ganz oben steht."

„Okay. ... Du weißt auch, dass du mir das alles irgendwann erklären musst, oder?"

„Sicher."

Nur werde ich dann nicht mehr da sein, Bruder. Emily wird da sein, sie wird leben. Ich hingegen ...

„Gut. Also, sollen die anderen davon erfahren, oder willst du weiter dein Mission Impossible-Ding durchziehen?"

Ich überlegte. Tja, was wollte ich? Blitzartig fasste ich zusammen: Sie hatten Emily. Ein unüberlegter Schritt könnte sie in ernsthafte Gefahr bringen. Immer wieder hatte ich Em aus Situationen gerettet, deren Gefahren ich überhaupt erst heraufbeschworen hatte. Ein ums andere Mal hatte ich sie aus selbstentfachten Feuern gezogen.

„Ich weiß es nicht", sagte ich darum ehrlich – die Worte kamen holprig vom Laufen, mein Atem ging flach. Adrian hingegen schöpfte die Luft extratief aus seinen Lungen. „Sag es mir, wenn du dich entschieden hast, okay?"

„Ja. Aber bis dahin ..."

„Schon klar, sage ich kein Wort. ... Noah?"

„Hm?"

„Pass auf dich auf!"

„Okay. Bis dann!" Damit legte ich auf. Sofort rückten Emilys Gedanken wieder in den Vordergrund. Kein einziger war mir in der Zwischenzeit entgangen. Ich war ein Musterbeispiel für Multitasking-Fähigkeiten, so viel stand fest.

Inzwischen hatte sich der vor wenigen Minuten noch dämmrige Himmel über mir mit tiefem Schwarz vollgesogen, wie ein Löschblatt mit Tinte. Nur die Wolken setzten sich in einem nebligen Grau ab. Nun, zumindest wusste ich, dass es für Menschenaugen so aussah. Für mich waren sie ockerfarben und der Himmel rostbraun.

Ich lief an einem Spielplatz vorbei; die metallenen Ketten der Schaukeln quietschten in ihren Ösen. Das Geräusch ließ mich innehalten und aufhorchen. Dass es so laut durch die einsetzende Nacht hallte, lag an der rundum herrschenden Stille. Die Straßen wirkten wie ausgestorben, sie waren menschenleer. Nur dann und wann fuhr ein Auto an mir vorbei.

Ich begab mich unter die schützenden Äste des Laubbaumes, der inmitten der Spielgeräte aus dem Boden rankte. Konzentriert kniff ich die Augen zusammen und suchte nach einem ansprechenden Ziel. In etwa hundert Metern Entfernung standen einige

Müllcontainer an der Straße. Den vordersten fixierte ich, schloss die Augen und stellte mir vor, ich könnte in seinem Windschatten auftauchen … was den Bruchteil einer Sekunde später auch geschah.

Von meinem Versteck aus erspähte ich einen Mauervorsprung, der mein nächstes Ziel darstellte. Und so hangelte ich mich weiter, über nur zwanzig Stationen und geschätzte anderthalb Minuten, bis ich unmittelbar vor dem hell verkleideten Haus stand, an dessen Giebel das Schild des Immobilienmaklerbüros prangte. 27 Bushwick Avenue.

Für den Bruchteil einer Sekunde überkam mich ein euphorisches Gefühl. Nun konnte es nicht mehr weit sein, auch wenn mir von hier aus jede weitere Wegbeschreibung fehlte. Aber von der Vision dieses Schildes bis zur nächsten, in der Emily bereits in der großen Halle gelegen hatte, waren nur wenige Minuten vergangen. Sieben, acht höchstens.

Also musste sie sich im näheren Umkreis von etwa ein, zwei Meilen befinden. Wenn überhaupt.

Em war immer noch präsent. Ihre Furcht und die Kälte, die sich ihres viel zu dünn bekleideten Körpers bemächtigt hatten, ebenso wie das Kribbeln ihrer tauben Finger. Ich spürte alles, worauf sie ihren Fokus legte und was sie mit mir teilen wollte. Besonders laut waren die Gedanken, die um ihre Situation kreisten und von Zeit zu Zeit immer wieder die ängstliche Frage aufwarfen, ob ich sie überhaupt hören konnte.

„Ich höre dich, Emily", versicherte ich ihr. „Ich höre alles. Und ich bin so nah. Spürst du mich denn nicht?"

Nun, die traurige Wahrheit war, dass ich sie auch nicht spürte – zumindest nicht, wo sie war. Ob nah oder fern, ihre Gedanken waren immer gleich laut. Und da ich nicht wusste, wohin ich laufen sollte – wo diese abgewrackte Halle stand, in die sie mein Mädchen verschleppt hatten –, brachte mir auch das 'Beamen' momentan nichts. Obwohl …

Ich sah an der Hauswand des leerstehenden Hauses empor. Weit und breit gab es hier keine Straßenlaterne, es war sehr dunkel. Und menschenleer, nach wie vor. Ich verhielt mich reglos, bis die Ampel an der nahen Kreuzung auf Grün umschaltete und das einzige wartende Auto nach rechts abbog. Dann fixierte ich den flachen Giebel mit dem markanten Zinnenschnitt über mir.

Ein leichter, kühler Windstoß – schon stand ich auf dem Dach und hockte mich schnell hin. Von hier aus konnte ich die umliegenden Häuser überschauen, aber die geringe Höhe ermöglichte mir noch lange keinen Panoramablick. Etwa sechzig Meter entfernt befand sich auf der gegenüberliegenden Straßenseite ein hohes und sehr breites Haus. Ich zählte sechs Stockwerke. Kein Vergleich zu den Wolkenkratzern Manhattans, aber hier draußen schien es weit und breit das höchste Gebäude zu sein. Und offenbar ein öffentliches, denn die Räume waren unbeleuchtet. Sehr gut.

Wieder fixierte ich das flache Dach, wieder landete ich sanft und nahezu lautlos darauf. Von hier oben konnte ich tatsächlich sehr weit schauen.

Den Blick zunächst nach rechts in die Ferne gerichtet, arbeitete ich mich immer weiter auf die linke Seite. Ich erspähte unzählige Reihenhäuser, einen Schulkomplex, einige Supermärkte, bis ... Oh Mann!

Nur zirka hundert Meter vor dem Gebäude, auf dessen Dach ich mich befand, erstreckte sich ein ganzes Meer aneinandergrenzender Backsteingebäude. Vermutlich ein altes Fabrikgelände mit angeschlossenen Lagerhallen.

Schnell fixierte ich ein neues Dach, das zwar nicht ganz so hoch, dafür aber wesentlich näher dran war, und landete darauf. Von hier aus konnte ich die ersten Lagerhallen betrachten. So gut wie alle wirkten verlassen, wiesen zerbrochene Fensterscheiben auf und befanden sich in einem hoffnungslos heruntergekommenen Zustand. Nur sehr vereinzelt hingen vergilbte Schilder ehemaliger Werkstätten und Autolackiererereien an den rötlich-schmutzigen, graffitiübersäten Fassaden. Für mich bestand kein Zweifel: Irgendwo da unten war meine Emily. ... Nur wo?

XXXIV.

„Teddy hat alles in die Wege geleitet." Es war die raue Stimme des Sicherheitsmannes, die mich aufschrecken ließ.

Die riesige Halle lag in Dunkelheit, nur in einer hinteren Ecke, nicht weit von meinem Platz entfernt, fiel schwaches Licht durch die Spalten einer seltsam löchrigen Wand. Ich kniff meine ohnehin verquollenen Augen zusammen und erkannte, dass sie aus aufeinandergestapelten Holzkisten bestand. Das schwache Flackern ließ auf eine Taschenlampe schließen.

Ich war eingenickt, gegen meinen Willen und mein Bestreben, Noah für keine weitere Sekunde im Unklaren zu lassen. Nun starrte ich, wütend auf mich selbst, mit weit aufgerissenen Augen auf das zuckende Licht.

Noah, es tut mir leid. Ich bin eingeschlafen.

„Hm, und wann geht es weiter?", fragte der Chauffeur. Seine Stimme klang so viel weicher und leiser als die des Sicherheitsmannes, beinahe ängstlich.

„In vier, fünf Stunden, denke ich", erwiderte der nach wie vor Namenlose. „Rossberg sagte, sie würden das Geld noch vor Anbruch des Morgens zusammenkratzen."

Bei der Erwähnung meines Vaters verkrampfte sich mein Magen.

„Ja, aber nur dadurch, dass die Cops mit an Bord sind", bemerkte der Fahrer düster.

Der Sicherheitsmann gähnte lautstark. „Du machst mich verrückt, Brad. ... Wirklich, du wusstest doch, worauf du dich einlässt, oder? Es war von Anfang an klar, dass das hier keine *Wehe-ihr-schaltet-die-Bullen-ein*-Entführung wird. Trotzdem sind wir sicher. Jim hat das ganze Ding so lückenlos und standfest geplant, dass uns überhaupt nichts passieren kann. All seine Statisten funktionieren – genauso wie wir –, und er hat sie so breit gestreut. Die Cops haben die Limousine unter der Brücke gefunden und sind gerade damit beschäftigt, neue Beweisstücke und Spuren zu sichern, die sie – wenn überhaupt – in eine falsche Richtung lenken werden. Bevor die auch nur den leisesten Peil haben wo wir uns aufhalten, ist längst der Moment der Geldübergabe gekommen. Und der ist nur noch wenige Stunden entfernt. Also schlaf endlich! ... Und tu mir den Gefallen und behalt gefälligst die Nerven, ja?"

Nun, die Nerven des Chauffeurs schienen tatsächlich blank zu liegen, denn im nächsten Moment sprang er offenbar auf. Eine Holzkiste ächzte lautstark über den Betonboden. „Ich habe einfach Angst, dass etwas schief läuft. Dass wir irgendwas übersehen haben. Kannst du das nicht verstehen? ... Wo holen wir die Kohle überhaupt ab?"

Unbeeindruckt vom Gefühlsausbruch seines Komplizen, gähnte der Sicherheitsmann erneut, bevor er sich eine Antwort abrang. „Jim kommt später und teilt uns Ort und Zeit mit. Im Prinzip ist das doch auch vollkommen egal. Die Bullen werden so oder so Abstand halten und uns aus der Ferne beobachten, weil sie die Kleine nicht gefährden wollen. Jim wird derweil bei ihr sein und genau zum Zeitpunkt der Übergabe mit einem gezielten Anruf dafür sorgen, dass uns die Cops vom Leib bleiben, bis wir ausreichend Vorsprung haben. Teddy übernimmt die Kohle und händigt uns die neuen Pässe aus. ... Es wird funktionieren, Brad. Einfach deshalb, weil es Rossberg nicht um die Kohle geht, sondern nur um seine Tochter. Das, was für uns ein Vermögen darstellt, ist für den doch nur ein Fliegenschiss. Und sobald die merken, dass wir nur die Handlanger des eigentlichen Drahtziehers sind, werden sie ihren Fokus automatisch auf Jim richten. Mit seinem unverschlüsselten Anruf und der Botschaft der Kleinen wird er ihnen einen Köder zuwerfen, den sie sich nicht entgehen lassen können."

„Wird Jim die Verbindung so lange halten, bis sie den Anruf sicher nachverfolgt und seinen Standort ausgemacht haben?", hakte der Fahrer unsicher nach.

„So lautet der Plan, ja", erwiderte der Sicherheitsmann in nüchternem Ton, bevor er beschloss, dass der andere seine Nerven genug strapaziert hatte: „Scheiße, hast du deine Hausaufgaben nicht gemacht, oder was? Das ganze Ding ist geplant wie ein gottverdammtes Filmskript."

„Schon", gab der Fahrer zu. „Aber warum tut Jim das? Warum lockt er die Bullen und den Regisseur auf direktem Wege zu sich? Das habe ich bis jetzt nicht verstanden."

„Was weiß ich! Ist auch nicht unsere Sache. Er hasst Rossberg aus tiefstem Herzen, das hat er doch mal angedeutet. Vermutlich hat er noch eine persönliche Rechnung mit ihm offen. Ist mir auch egal."

Schweigen machte sich breit und schnürte mir die Luft zum Atmen ab. Die Erkenntnis war furchterregend und sehr bedrohlich; sie ließ mich erneut erzittern: Dieser Jim wollte kein Geld. Vermutlich wollte er nicht einmal unerkannt bleiben. Er wollte meinen Dad treffen, so schmerzhaft und effektvoll wie nur irgend möglich, das war sein einziges Ziel. Rache. Die beiden Männer hinter der provisorischen Wand waren lediglich seine Gehilfen, Marionetten. Und ich ... ich war der Pfeil, mit dem er plante, das Herz meines Vaters zu durchbohren.

„Du meinst, er wollte die Kleine, um diese Rechnung zu begleichen?" Die ängstliche Frage des Chauffeurs ließ mich den Atem anhalten und brachte sogar den sonst so redegewandten Sicherheitsmann für einige Sekunden zum Stocken.

„Vermutlich, ja. ... Und jetzt lass uns endlich schlafen, bis Jim anruft. Morgen wird ein langer Tag."

Ich hörte ein Schnauben und kurz darauf das erneute Aufächzen der Holzkisten. Vermutlich hatte der Fahrer eingelenkt und sich wieder hingelegt. Der flackernde Schein erlosch, dann wurde es für eine unmessbare Ewigkeit still. Minuten oder Stunden, in denen ich in Gedanken immer wieder das Gespräch zwischen den beiden Männern Revue passieren ließ, damit Noah alles erfuhr, was ich mittlerweile wusste. Falls er mich überhaupt hörte. Denn langsam, aber sicher bezweifelte ich das stark. Ich fühlte mich so allein, so hilflos und ausgeliefert ohne seine Nähe.

Die vorangegangene Nacht, die wir gemeinsam in meinem luxuriösen Hotelzimmer verbracht hatten, Noahs atemberaubendes Liebesgeständnis unter den zarten Klängen unseres Liedes, der warme Schimmer seiner unbeschreiblichen Augen, seine Liebkosungen, die Geborgenheit, die mich in seinen Armen umfangen hatte ...

All das schien in der Kälte dieser schrecklichen Nacht Lichtjahre entfernt zu sein. Hier lag ich allein, konnte mich nicht einmal bewegen oder sprechen, und von Noah war weit und breit keine Spur. Seine Stimme, sanft und liebevoll, hätte Wunder bewirkt, mich mühelos beruhigt und getröstet. Doch alles, was ich hier hörte, war das Schnarchen der Männer, die mich an diesen trostlosen Ort verschleppt hatten. Sekunden, Minuten, ja, mehrere Stunden vergingen, ohne dass der Schlaf kam und mich zumindest für einige Zeit erlöste.

Irgendwann hallte ein hölzernes Knarren durch die Halle, zerfetzte meine Gedanken und ließ mich erneut zusammenfahren. Mit angstgeweiteten Augen starrte ich in Richtung der Lärmquelle.

Es war der Sicherheitsmann, der sich von seinem Schlaflager erhoben hatte. „Verflucht! Einen Scheißbrand habe ich", murmelte er und knipste seine Taschenlampe an. Die leuchtete zunächst nur sehr schwach auf. Der bullige Mann trat hinter der Holzkistenwand hervor und ließ das Licht wirr durch die Halle schweifen. Schnell schloss ich die Augen, sah jedoch in letzter Sekunde noch die angebrochene Wasserflasche, die auf dem Betonboden zu meinen Füßen stand. Schon kam der Mann mit schweren Schritten näher, bis mich sein unverkennbarer Geruch erreichte, sich wie eine Schlaufe um meinen Magen legte und ihn einquetschte. Ich hörte das Zischen der Wasserflasche, sowie jeden einzelnen Schluck, als mein Entführer in gierigen Zügen trank.

Mit einem widerwärtigen Rülpser stellte er die Flasche schließlich zurück. Ich hoffte, dass er sich abwenden und wieder gehen würde. Umso schockierter war ich, seinen Atem Sekunden später dicht über meinem Ohr zu spüren – unmittelbar bevor er mir mit der Taschenlampe ins Gesicht leuchtete. „Ich weiß, dass du nicht schläfst, Püppchen. Keiner kann so lange am Stück pennen wie du. Nicht mal nach der kleinen Betäubung, die ich dir verabreicht habe."

Ich weigerte mich, die Augen zu öffnen oder unter meinem verklebten Mund einen erstickten Laut von mir zu geben. Doch die Panik ließ meine geschlossenen Lider verräterisch zucken, was ihm ein fieses Lachen entlockte.

„Du bist sehr niedlich, Emily Rossberg", wisperte er hämisch. Ich spürte seinen Blick, der eine brennende Spur auf meiner Haut hinterließ. Er musterte mich intensiv. „Als ob es dir helfen würde, dich schlafend zu stellen. ... Genau genommen hat Jim nur gesagt, wir sollen dich nicht verletzen. Vermutlich hätte er nicht einmal was dagegen, wenn wir zuvor noch ein wenig Spaß mit dir hätten."

Diese wenigen Worte und seine Nähe, dieser Geruch und die raue Stimme in meinem Ohr – mehr war nicht nötig, um auch noch den letzten Funken meiner mühevoll am Glimmen gehaltenen Fassung auszulöschen. Tränen stiegen mir in die Augen und liefen über. Rannen ungehindert über meine Wangen, als eine enorme Panikwelle über mir zusammenschwappte und auf mich niederging. *„Noah!"*

Alles in mir schrie nach ihm und rief – nein, *flehte* um Hilfe, doch äußerlich blieb ich regungslos und still, in einer Art Schockstarre, liegen. Denn plötzlich waren sie wieder auf mir, diese rauen Hände, die mich Stunden zuvor betäubt, gefesselt und mir den Mund verklebt hatten. Ich spürte sie auf meinem Oberschenkel, als der Mistkerl im fahlen Licht seiner beiseitegelegten Taschenlampe nach dem Saum meines Kleides tastete und ihn hochschob.

Nein, bitte nicht! Bitte, bitte, alles, nur nicht das! ... Noah!!

XXXV.

Ich hörte seine raue Stimme, seine eindeutigen Worte ... Emilys Hilferuf, ihre erstickten Schluchzer.

Ich spürte seinen heißen Atem, seine schwielige Hand an ihrem Oberschenkel, die andere auf ihrer Wange ... Emilys Schockstarre, ihre überschwappende Panik.

„Nein!", rief ich laut aus, schlug mir jedoch sofort die Hand über den Mund und zog dann faustweise an meinen Haaren.

Denke, Noah, denke! Schnell, verdammt!

Ich stand auf dem Bürgersteig neben einem dieser Backsteingebäude und hatte keine Ahnung, ob sich Emily unmittelbar hinter diesem Gemäuer oder einem der anderen befand. Ich ahnte lediglich, dass sie irgendwo in diesem heruntergekommenen Gebäudekomplex aneinandergereihter Lagerhallen steckte ... Und diese Information musste ausreichen. Panisch fixierte ich das Dach über mir und landete gewohnt sanft und lautlos darauf. Sofort richtete ich mich auf, tauchte hinter der kleinen Brüstung auf, und trampelte aus einer Art Intuition heraus so laut ich nur konnte über die flachen Dächer. Ich lief immer weiter, übersprang die kleinen gemauerten Begrenzungen zwischen den Dächern wie Hürden in einem Lauf und trat immer wieder so heftig auf, wie ich nur konnte. Emily entließ ich dabei nicht für den Bruchteil einer Sekunde aus meinem Bewusstsein.

Der Bastard war inzwischen dabei, ihr Kleid hochzuschieben. Ich schrie ihn im Geist an, so laut ich nur konnte: Du nimmst deine widerwärtigen Finger von ihr, sofort! Wage es ja nicht, sie anzufassen! Ich schwöre, wenn du sie berührst ...

In meiner Verzweiflung trat ich mit voller Kraft gegen ein rostiges Metallfass, das mitten auf dem letzten Dach des Gebäudekomplexes stand. Das blecherne Scheppern hallte doppelt laut in meinem Kopf wider. Ehe ich begriff, warum, spürte ich, dass Emily zusammenfuhr.

„Was ...?", fragte der Sicherheitsmann und ließ von ihr ab. Er erhob sich, und sobald er einige Meter zurückgestrauchelt war, atmete Emily tief durch.

„War das auf unserem Dach?", fragte nun auch der Chauffeur, den das laute Scheppern offenbar geweckt hatte.

„Wahrscheinlich nur der Wind", mutmaßte der Sicherheitsmann, klang aber nach wie vor ein wenig irritiert. „Kann ja nicht anders sein", fügte er nach einer Weile hinzu, als wollte er sich selbst beruhigen.

„Warum schläfst du nicht? Und ... was machst du bei der Kleinen? ... Warum sieht sie so panisch aus, Paul?", hakte der Fahrer nach; sein Tonfall wurde von Frage zu Frage skeptischer und lauter.

„Scheiße, Brad, ich hatte nur Durst. Seit wann bin ich dir Rechenschaft schuldig?"

Ich hörte die Stimmen der beiden, als hätte man sie mit einem leisen Echo unterlegt. Der Anflug eines triumphalen Gefühls überkam mich, als ich realisierte, dass die Männer unter mir waren. Direkt unter mir. Ich konnte sie durch die Decke der Lagerhalle hören – und der Widerhall, den ich vernahm, entsprang Emilys Gedanken. Sie war hier, so nah.

Die Euphorie, mein Mädchen endlich gefunden zu haben, mischte sich mit der Erleichterung, dass dieser Mistkerl von Sicherheitsmann seinen perversen Plan hatte fallenlassen müssen. Emily war nichts geschehen – und das würde sich nun, wo ich endlich bei ihr war, auch nicht mehr ändern. Niemand würde ihr etwas antun; alles würde gut werden, dessen war ich mir für die Länge eines sehr überfälligen, tiefen Atemzugs sicher.

Doch dann bog ein einsamer Wagen in die lange Straße ein und verlangsamte seine Fahrt zunehmend, je näher er dem alten Gebäude kam, auf dessen Dach ich mich beim ersten Aufblitzen der Scheinwerfer schnell niedergekauert hatte. Der starke, kühle Nachtwind ließ das Metallfass, das ich umgestoßen hatte, auf dem Dach hin und her rollen; rostig-ölige Flüssigkeit suppte bei jeder Umdrehung aus der kleinen Öffnung und bildete eine stinkende Pfütze auf dem Beton.

Unter mir klingelte ein Handy, nur ein Mal.

„Jim ist da. Öffne das Tor!", schnauzte der Sicherheitsmann seinen Komplizen an, der sich postwendend in Bewegung setzte, die Halle verließ und das blickdichte, hohe Metalltor zum Hof *der Lagerhalle öffnete. Die Scharniere quietschten ohrenbetäubend durch die Stille der Nacht, sie brüllten förmlich nach Öl.*

Über die gemauerte Begrenzung des Flachdaches hinweg, lugte ich vorsichtig nach unten in den Hof. Ein dunkler Kombi fuhr durch das Tor, der Chauffeur öffnete die Fahrertür. „Jim, hi!", begrüßte er den vermeintlichen Drahtzieher der Entführung mit deutlichem Respekt in Stimme und Haltung.

Dann, endlich, stieg er aus, dieser mysteriöse Jim ... und gab eine ganz und gar nicht mysteriöse Figur ab. Er war nicht sehr groß, hatte einen leichten Bauchansatz und trug Vollbart. Der erste Eindruck, den ich von ihm gewann, war alles andere als angsteinflößend. In seinem Anzug und dem blütenweißen Hemd, das in meinen Augen förmlich durch die Nacht strahlte, wirkte er wie der nette, seriöse Banker von nebenan. Abgesehen davon, konnte ich mich des Eindrucks nicht verwehren, ihn irgendwo schon einmal gesehen zu haben ...

„Brad!", begrüßte er seinen Mann und klopfte ihm wohlwollend auf die Schulter. „Gut gemacht, Junge! Sehr gut. In einer halben Stunde bekommst du deine Belohnung. Dann hast du für alle Zeiten ausgesorgt. Und jetzt bring mich zu Daves Mädchen."

Brad nickte hastig und setzte sich stumm in Bewegung, während Jims Worte bei mir nachwirkten. Etwas an der Art, wie er Daves Mädchen gesagt hatte, störte mich ganz ungemein. Er sagte es so, als würden er und Emilys Dad sich kennen. Ja, beinahe so, als wären sie Freunde. Abgesehen davon sprach er mit einem starken englischen Akzent. Ähnlich wie Em und ihre Familie.

Der Sicherheitsmann, den ich nur über Emilys Gedankenfetzen wahrnahm, zerrte derweil an ihr herum und setzte sie aufrecht auf ihre Holzkiste. Grob fegte er die einzelnen Haarsträhnen, die sich aus ihrer eleganten Frisur gelöst hatten, aus ihrem Gesicht und streifte sie hinter ihre Ohren zurück, als wollte er Jim auf den ersten Blick beweisen, dass sich Emily in einem tadellosen Zustand befand. Einwandfreie Ware, ordnungsgemäß übergeben. Dieser Typ widerte mich zunehmend an.

Em weinte. Still und erschöpft gewährte sie dem Fluss ihrer Tränen freien Lauf. Ungehindert lief das warme, salzige Nass aus

471

ihren Augen. Sie zitterte, ihre Beine schmerzten, und in ihren Handgelenken, die unter den Fesseln eingeschlafen waren, prickelte es wie durch tausend kleine Nadelstiche. All das fühlte ich mit ihr, ebenso wie ihre Verzweiflung und Hilflosigkeit. Allerdings wurden die Eindrücke immer wieder unterbrochen, wie die Geräusche einer instabilen Telefonverbindung. Mein armes Mädchen war so erschöpft. Em wollte mich zwar eindeutig teilhaben lassen, schaffte es aber kaum noch, ihre Gedanken ausreichend zu bündeln und zu fokussieren.

Jim lief neben Brad her; mit großen Schritten näherte er sich Emily und dem Sicherheitsmann, der den Weg mit seiner Taschenlampe ausleuchtete. Sobald sie die Halle betraten, sah ich die beiden Männer nur noch als schwarze Silhouetten – durch Emilys schwimmende Augen, mit denen sie vergeblich versuchte, in dem fahlen Licht mehr als nur das zu erkennen. Noch einmal rief sie nach mir und flehte mich an, ihr doch endlich zu helfen. Es brachte mich beinahe um den Verstand, dass sie meine Nähe nicht spürte. Andererseits stellte ihre direkte Ansprache zumindest kurzfristig eine ununterbrochene Verbindung zwischen uns sicher.

Als sich in der schwarzen, tränenertränkten Silhouette des unscheinbaren Mannes vage Konturen abzeichneten und seinem Gesicht erste Züge verliehen, hielt Em plötzlich die Luft an, vergaß für einen Augenblick zu weinen und gab ein erstes, halbersticktes Geräusch von sich. Im selben Moment riss unsere Verbindung ab ...

„Zieh ihr das Klebeband ab, Paul!", befahl Jim, ohne den Sicherheitsmann zuvor zu begrüßen. Ich hörte seine Stimme nun nur noch sehr leise, aber Gott sei Dank hatte Emily sich von ihrem ersten Schock erholt und bezog mich nur einen Wimpernschlag später schon wieder mit ein.

„Sie wird nicht schreien, dafür ist sie zu clever", fügte Jim unter einem fiesen Grinsen hinzu und entsicherte im selben Moment eine Pistole, die er bis dahin hinter seinem Oberschenkel versteckt gehalten hatte. Der bullige Paul lachte hämisch, während er mit einem einzigen Ruck das Klebeband von Emilys Mund zog. Ein scharfer Schmerz durchzuckte sie, beinahe so, wie durch einen Schnitt. Die weiche Haut ihrer Lippen gab nach und riss an

mehreren Stellen zugleich ein. Reflexartig fuhr sie mit der Zunge über ihre Unterlippe ... und schmeckte Blut.

Meine Hände ballten sich zu Fäusten; ich kniff Mund und Augen fest zusammen, um vor Wut und Verzweiflung nicht laut loszuschreien.

„Du?", presste Emily hervor, die schockgeweiteten Augen auf Jim gerichtet.

Was, du kennst ihn, Baby?

Jim lachte. „Ja, ich. Wetten, dein Vater wird ähnlich ungläubig schauen wie du? Zu schade, dass ich sein Gesicht nicht sehen kann, wenn ich ihn nachher anrufe."

„Aber du ... du bist ...", stammelte Emily und ließ den Satz unvollendet verhallen. Sie war so verdutzt, dass sie unseren Kontakt erneut fallenließ. Sofort brachen sämtliche Bilder und Stimmen weg. Schnell legte ich mich flach auf das Dach und presste mein Ohr auf den kalten Beton, um nichts zu verpassen. Jim lachte schallend, er schien sich königlich zu amüsieren.

„Was? ... Was bin ich, hm? Ein Freund, ein Kollege, eine unverzichtbare Hilfe? Der treue Kameramann, der es nach kaum mehr als sechzehn Jahren Zusammenarbeit mit deinem Vater geschafft hat, sich unter ihm zum Regieassistenten hochzuarbeiten? Was, oder besser, wer bin ich genau, kleine Emily? ... Wie auch immer, ich bin jedenfalls nicht der, für den mich dein Vater hält. Denn ich bin nicht der unscheinbare Mann, der weiterhin und für alle Zeiten in seinem Schatten stehen und dort verharren wird."

Was, ein Kollege? ... Em, bitte, sprich mit mir!

Nun, zumindest hatte sie sich während Jims kurzem Monolog so weit gefasst, dass sie mich wieder teilhaben ließ. „Noah, schau!"

Und so sah ich, wie gebieterisch Jim im nächsten Moment seine Hand hob, als Emily etwas erwidern wollte. Er schüttelte den Kopf, sein Lächeln verzog sich nur leicht, verlor dabei jedoch jeglichen Ansatz von Wärme. Seine Augen blitzten eiskalt und sehr, sehr düster auf.

Und plötzlich wusste ich als Einziger, was weder Emily, noch Paul oder Brad ... ja, nicht einmal Jim selbst, ahnten. Schlagartig wurde mir klar, welche Macht sich seiner bemächtigt hatte, gegen wen ich hier kämpfen sollte. Nie zuvor war ich einem finstereren Blick als Jims begegnet. Nicht einmal Doug hatte mich dermaßen hasserfüllt angeschaut. Es wunderte mich zutiefst, wie tapfer Emily dieser Intensität trotzte, ohne ihr auszuweichen.

„Es ist an der Zeit, deinem Vater eine Lektion zu erteilen und der Welt zu zeigen, wer von uns beiden der eigentlich große Regisseur ist", erklärte Jim. „Und auf diese Weise wird mein Name endlich gleichwertig zu seinem genannt werden – ganz automatisch. Denn wann immer die Sprache zukünftig auf den großen David Rossberg kommt, wird mein Gesicht und mein Name mit ihm, mit seinen Werken und seinem Schicksal verknüpft sein. Unabwendbar. So, wie es von Anfang an hätte sein sollen. Aber die Realität sieht anders aus, nicht wahr? Er flaniert über den Roten Teppich, sein Name steht auf den Filmplakaten, er ist im Four Seasons untergebracht. Und ich ... "

Der trübe Schleier, der sich nun über Jims Blick legte und ihn erneut den Kopf schütteln ließ, jagte mir eine Höllenangst ein. Buchstäblich.

„Aber ab dem heutigen Tag wird sich alles ändern", fuhr Jim fort. „Ich werde in gewisser Weise mit Dave verschmelzen. Und du, kleine Emily, wirst mir dabei behilflich sein. ... Paul, Klebeband!"

Sofort trat der stämmige Sicherheitsmann zurück in Emilys Sichtfeld, das nun von neuen Tränen geschwemmt wurde. Sie erzitterte am ganzen Leib, als ihr dieser Paul erneut den Mund verklebte.

„Noah, bitte!", flehte sie stumm. „Wo bist du? Dieser Irre ... ich weiß nicht, was er vorhat. Aber ... es geht ihm nicht um das Lösegeld, Noah. Es ist ... eine Art privater Rachefeldzug. Er will öffentliche Aufmerksamkeit und vor allem Ruhm, egal welcher Art. Die Menschen sollen endlich erfahren, wer er ist."

Ja, all das hatte ich auch genauso verstanden. Und die Erkenntnis hatte mich in eine Art Schockstarre versetzt, aus der ich mich erst in diesen Sekunden wieder befreien konnte. Ich wollte Emily in meine Arme schließen und ihr versichern, alles würde gut werden. Aber Fakt war, dass ich noch immer auf diesem verdammten Dach hockte, während sie unmittelbar vor Jims gezückter Waffe stand.

Während ich mich über das Dach beugte und den schmalen Hinterhof der Lagerhalle anpeilte, blitzschnell dort auftauchte und verzweifelt nach einem Zugang auf dieser Seite des Gebäudes suchte, den es nicht gab, hörte ich, dass Jim die beiden Männer anwies, sein Auto zu nehmen. Vermutlich, um zu dem vereinbarten Ort der Lösegeldübergabe aufzubrechen. Mein Fokus lag nicht mehr auf den beiden, sie waren nichts weiter als Jims Handlanger gewesen. In Bezug auf Emilys Sicherheit spielten sie keine weitere Rolle.

Zurück auf dem Dach, hörte ich im Innenhof den Motor des Wagens starten; kurz darauf passierte er erneut das metallene Tor, das Jim hinter den Männern schloss aber nicht verriegelte. Er schien sich seiner Sache sehr sicher zu sein. Nun war er allein mit Em und konnte seinem eigentlichen Plan nachgehen – wie auch immer der aussah.

Emily, die allein auf ihrem Lager zurückgeblieben war, nutzte die Zeit, um ihren Gefühlen freien Lauf zu lassen. Sie schluchzte unter dem breiten Klebeband und unternahm zum ersten Mal einen hoffnungslosen Versuch, ihre Handfesseln zu lockern. Sie war so verzweifelt, so aufgelöst, dass ich es kaum noch aushielt, das so hautnah und doch hilflos mitzuerleben.

Jim kam zurück, bedachte sie im Vorbeigehen mit einem flüchtigen Lächeln, das ihr und mir eisige Schauder über die Rücken jagte, und steuerte dann zielsicher auf eine der großen Holzkisten zu, die im hinteren Teil der Halle standen. Emily beobachtete jeden seiner Schritte ängstlich, innerlich bebend. Ihn fürchtete auch sie über alle Maßen, so viel stand fest.

Jim hob den Deckel der Kiste ab und entnahm ihr eine riesige Röhre. Erst durch Emilys Gedanken erkannte ich, worum es sich handelte.

„Ein Spotlight, Noah."

Jim holte auch einen großen Ständer aus derselben Kiste und baute das Teil mit geschickten Handgriffen am entgegengesetzten Ende der Halle auf, unmittelbar neben dem Eingang. Em ließ ihn nicht mal für den Bruchteil einer Sekunde aus den Augen. Beobachtete mit Schrecken, wie routiniert er sich daran begab, die

riesige Leuchte zu verkabeln und auf die Mitte der Halle auszu-
richten. Jim pfiff und schien die Ruhe gepachtet zu haben, wäh-
rend Emily und ich uns voller Furcht fragten, was – in Gottes
Namen – er im Sinn führte.

„Lasst Gott da lieber raus, Junge!"

„Michael, gibt es diese Gegenseite wirklich? Kämpfen wir
nicht nur gegen Jim, sondern gegen ..." Ich wagte es nicht,
weiterzusprechen.

„Dieser Kampf währt schon so lange wie ich denken kann",
erwiderte Michael traurig. Auch wenn ich die großen Zusammen-
hänge noch längst nicht begriff, war mir die Schwere seiner Worte
Bestätigung genug.

Die Kiste war inzwischen leer. Jim öffnete eine zweite und zog
eine dicke, rote Rolle hervor. Emily und ich tappten für einige
Sekunden im Dunkeln, erkannten nicht, was es mit dieser Rolle
auf sich hatte, bis Jim sich erneut dem Eingang näherte und sie
vor der schweren Metalltür ablegte. Dann verpasste er ihr einen
kräftigen Tritt und entrollte somit ... einen roten Teppich, der
dem glich, über den Emilys Vater wenige Stunden zuvor, bei der
Premiere seines Films, geschritten war.

Jim lächelte zufrieden, während Emily – und damit auch mich –
ein frostiges Gefühl packte und durchschüttelte. Als er den Deckel
einer dritten Kiste liftete, traf mich die Erkenntnis wie ein Ham-
merschlag:

Eine Kamera. ... Dieser Mann ist vollkommen durchgedreht. Er
ist verrückt.

„Er inszeniert das ganze Ding, Noah", erreichten mich Emilys
Gedanken nur einen Augenblick später. Ihre imaginäre Stimme
bebte, war kaum mehr als ein banges Flüstern.

Jim zog die große Kamera hervor und begann auch sie zu ver-
kabeln. Dann trug er die leere Kiste neben den Eingang, platzierte
sie vor dem Spotlight und legte die Kamera darauf ab.

Ja, du hast recht, Emily. Er legt sich alles schön säuberlich zurecht. Dieser Mann ist wahnsinnig, ein Psychopath.

Das war der Moment, in dem meine Entscheidung fiel. Spät,
unverzeihlich spät.

Ich brauche Hilfe. ... Verstärkung.

Wie sollte ich – vollkommen unbewaffnet und anatomisch betrachtet nicht gerade der Stärkste – diesem Verstörten gegenübertreten und Emily retten?

Unmöglich! Zwar könnte mir Michael vielleicht auch zu körperlicher Kraft verhelfen ...

„Und ob!"

Dachte ich mir! Aber kugelsicher wird mein Körper deshalb noch lange nicht.

„Ich bedaure, nein."

Jims offensichtlicher Irrsinn machte ihn so gefährlich und absolut unberechenbar. Emily stellte nichts weiter als eine weitere Marionette für ihn dar – wie so viele andere bereits vor ihr.

Nein, die Cops müssen eingeweiht werden, sofort.

Mit zittrigen Händen zückte ich mein Handy, doch dann wurde mir klar, dass ich nicht telefonieren konnte. Einige der kleinen Fensterscheiben waren zersprungen, und es war zumindest nicht ausgeschlossen, dass mich Jim hören würde. Mein Handy hatte ich schon lange, unmittelbar nach Adrians letztem Anruf, lautlos gestellt.

Also eine SMS.

Ja, ich würde Adrian mitteilen, wo ich mich befand. Er konnte die Cops benachrichtigen. Problem Nummer zwei: Ich hatte keine Ahnung, wo ich mich befand. Wie lautet die gottverdammte Adresse?

„Noah ..."

Michael! Lass mich fluchen, zum Henker! Das ist die mit Abstand beschissenste Situation, in der ich mich jemals in meinem verfluchten Leben befunden habe. Scheiße, Mann! Und jetzt raus aus meinem verdammten Kopf!

„Nicht, bevor ich dir die Adresse genannt habe, Hitzkopf!"

Woher auch immer er sie kannte, er sagte sie mir. Wieder ließ ich meine Finger über das Display meines Handys fliegen. Kurz und prägnant schilderte ich Adrian, wer Ems Entführer war und dass er sich mit ihr in der letzten Halle dieser Stichstraße verschanzt hatte.

Gerade hatte ich den Senden-Button gedrückt, da hörte ich Jims Stimme unter mir – mit dem leisen Echo, das Emilys treue Gedanken erzeugten.

„David, hallo! ... Ja, ich bin es, Jim. ... Ja ... Nein, ich weiß, du bist gerade beschäftigt. Lösegeldübergabe, richtig?"

Das fiese Grinsen dehnte sich mit den letzten Worten erneut über sein Gesicht, während er auf Emily zuging, die ängstlich auf ihrer Unterlage zurückwich. Meine Fäuste ballten sich erneut, als ich ihre Panik zu spüren bekam. Jim fackelte nicht lange. Er griff mit seiner freien Hand in ihre hochgesteckten Haare – und zerrte sie kraftvoll zu sich.

„Nun, Dave, ich dachte nur ..."

In diesem Moment löste er das Klebeband über Ems Mund so ruckartig, dass es die ohnehin schon geschundene Haut ihrer Lippen stellenweise mit sich riss. Ihr Schmerz ging mir durch Mark und Bein und entlockte Emily einen spitzen Aufschrei.

„... es würde dich vielleicht interessieren, dass ich deine Kleine habe", beendete Jim seinen Satz mit triumphierender Miene. Das Entsetzen, das in Davids Reaktion – wie auch immer die ausfiel – lag, genoss er offensichtlich in vollen Zügen. Sein Grinsen zog sich nun noch breiter als zuvor; grob stieß er Emily von sich und wandte sich ab.

„David, überleg, was du sagst", forderte er in überheblicher Gelassenheit. „Nicht ich höre, was du sagst, mein Freund. Dieses Mal hörst du genau zu, was ich dir zu sagen habe. Also, hier sind die Regeln: Ihr lasst die Männer gehen. Sie bringen euch sowieso nichts, haben keinen Schimmer, was ich vorhabe. Keiner folgt ihnen, niemand lauert ihnen auf. Stattdessen stattet ihr mir und deiner Kleinen einen Besuch ab. Wie ich vermute, habt ihr den Anruf inzwischen zurückverfolgt, nicht wahr? Nun, dann wisst ihr ja, wo wir stecken. Bring mit, wen du willst, David, aber du gehst voran. Du wirst – so, wie es dir gebührt – der Erste sein, der den Festsaal betritt und über den Roten Teppich schreitet. Also, ich erwarte dich in zehn Minuten, David. Länger braucht ihr nicht, lasst mich nicht warten!"

„Nein, Dad, tu es nicht!", rief Emily voller Panik.

Jims Gesichtszüge entgleisten, als er sich ihr ruckartig zuwandte. Mit nur drei großen Schritten war er wieder bei ihr. „Du hast deine Tochter nicht gut erzogen", zischte er in sein Handy. Seine ohnehin schon schmalen Augen waren nur noch Schlitze. Schlitze, die unter seinen Worten wütend aufblitzten. Sein Unterkiefer schob sich nach vorne, die bärtige Kinnpartie zuckte verbissen. Ehe Emily oder ich es kommen sahen, holte er aus und schlug ihr mit dem Handrücken und einer Wucht, die sie einfach rücklings umknicken ließ, ins Gesicht.

Das klatschende Geräusch und der scharfe Schmerz durchzuckten mich empfindlicher, als hätte er mich selbst geschlagen. Und David, der ebenso Zeuge geworden war wie ich, ging es da offenbar nicht anders.

„Hör auf so jämmerlich nach deiner Tochter zu rufen!", brüllte Jim, der seine Ruhe und die aufgesetzte Gelassenheit von einer auf die andere Sekunde eingebüßt hatte. „Gott, bist du ein kläglicher Verlierer. Und jetzt setz deinen Hintern in Bewegung! Ich. Erwarte. Dich. David."

Damit legte er auf.

Nur eine Sekunde später beugte er sich über Emily. Sein schweißbenetztes Gesicht kam näher und näher, und meine Hände ballten sich unter dem Bild so stark, dass es bis in meine Unterarme hinein schmerzte.

„Danke für die spektakuläre Showeinlage, Kleines. Sehr effektvoll!", wisperte Jim mit einem breiten Grinsen. „Du hast die Rolle, denke ich."

Emily saugte an ihrer blutenden Unterlippe, kämpfte energisch gegen die unkontrollierbaren Schluchzer an, die sie immer wieder sporadisch durchzuckten, und kniff ihre Augen so fest wie nur möglich zusammen. Sie folgte einem Instinkt. Schaltete Sinne aus, die ihr das Ertragen der Situation unmöglich gemacht hätten.

„Noah, du bist nicht da." Ihre mentale Stimme klang in der Dunkelheit wie ein verzweifeltes Gebet. „Ich dachte, du wärst da. Ich dachte, du würdest mich hören. ... Aber mein Dad wusste nichts. Gar nichts. Wie kann das sein? Du hörst mich nicht, oder? ... Gott, du hörst mich nicht."

Ihre Wange brannte, das arme Herz trommelte wild gegen den Brustkorb, der Atem kam und ging – hastig und flach –, ohne wirklich hilfreich zu sein. Emily stand am Rande eines Nervenzusammenbruchs. Wie gut ich dieses Gefühl doch noch kannte.

Dennoch, ihren Zweifeln zum Trotz, hielt sie tapfer den Kontakt, richtete ihre Fragen und Vorwürfe weiterhin direkt an mich. Ich war wie ein Strohhalm in reißenden Fluten, an den sie sich noch immer klammerte. Weit und breit die einzige vage Hoffnung auf Rettung. Wie kam es dann, dass ich mich so unglaublich hilflos fühlte?

XXXVI.

Es dauerte keine acht Minuten, bis vier Polizeiwagen von beiden Seiten in die Straße einbogen. Sie hatten auf Sirenen verzichtet, doch das Blaulicht hatte mir ihre Ankunft schon von weitem angekündigt. Nahezu lautlos verließen die Cops ihre Wagen und tasteten sich, gegen die schäbigen Mauern des Gebäudes gepresst, an das Tor heran.

Das laute Quietschen der Scharniere verkündete ihre Ankunft auch Jim, der sich allerdings nicht auf dieses untrügliche Zeichen verlassen hatte. Als der fünfte und einzige schwarze Wagen das Tor passierte und David zusammen mit zwei weiteren Männern ausstieg, die über ihrer Zivilmontur lediglich schusssichere Westen trugen, stand Jim schon längst inmitten der großen Halle, im hellen Kegel des Spotlights, dessen Standpunkt er zuvor noch einmal so zur Seite hin korrigiert hatte, dass ihn das Licht nicht blendete.

Jim hielt Emily fest umschlossen vor sich, presste ihren Rücken gegen seinen schwammigen Oberkörper und hielt ihr die Pistole an die Schläfe. Ein Zustand, der mich fast verrückt werden ließ. Die Bilder, die mich aus Emilys Kopf erreichten, waren wackelig und verschwommen, teilweise auch abgehackt. Es schien mir so, als sei sie einer Ohnmacht nahe.

Seit dem Mittagessen hatte sie nichts mehr zu sich genommen, weder Nahrung, noch Flüssigkeit. In der Zwischenzeit war sie betäubt worden und stand nun unter einer absoluten Adrenalin-Überdosis. Ja, vermutlich war sie wirklich kurz davor, ihr ohnehin wackeliges Bewusstsein zu verlieren. Und ich, als ihr Beschützer, hätte Emilys Position längst als Startschuss nehmen müssen endlich in Aktion zu treten.

Umso verzweifelter wurde ich von Sekunde zu Sekunde – hatte ich doch immer noch nicht einmal die leiseste Ahnung, wie ich ihr helfen sollte. Ich wusste ja nicht einmal, wie ich zu ihr gelangen könnte.

„Kein Hintereingang und keine Feuerleiter", erklärte einer der Cops im Innenhof seinen Kollegen. Die Uniformierten hatten in

der Zwischenzeit das Gebäude umzingelt, waren aber geschlossen zurückgekehrt, als sie keine weiteren Zugänge gefunden hatten. Nur an der Frontseite, hinter dem Metalltor, gab es ein großes Liefertor und direkt daneben die metallene Eingangstür. Nun standen sämtliche Cops schussbereit vor diesen Zugängen verteilt. Es sah so aus, als wollten sie die Halle stürmen. „Sie haben alles abmontiert. Wir kommen nicht aufs Dach", erklärte der Späher.

Nun, für mich war das gut, aber für die gesamte Situation ...

„So ein Mist! Wie lange hat dieser Kerl das geplant?", zischte ein anderer. „Hoffen wir, dass der Heli bald eintrifft."

Einer der Männer in Zivil hob die Hand, gebot den Männern zu schweigen und flüsterte David, der ebenfalls eine schusssichere Weste trug, noch etwas zu, das ich nicht verstand. Dann gab er einem der uniformierten Cops ein Zeichen und ließ sich von ihm die schwere Tür zur Halle öffnen.

Emilys Herzschlag beschleunigte sich, als sie das metallene Geräusch vernahm. Und als sie ihren Vater sah – nicht mehr als ein vager Umriss im hellen Schein des Spotlights –, sackten ihre Knie weg ... und mit ihr die Bilder.

Oh nein! Ist sie ohnmächtig geworden?

Vermutlich war sie plötzlich schwer in seinen Armen geworden, sodass Jim ihr einen Hieb versetzte. Zumindest dauerte es nur wenige Sekunden – nicht einmal so lange, bis die Männer ein einziges Wort miteinander gewechselt hatten, bis mich neue, flimmernde Bilder erreichten. Die Erkenntnis, dass dies nur möglich war, indem Emily quasi im Erwachen schon wieder gezielt an mich dachte, traf mich tief.

Ich bin so nutzlos, so ... unbrauchbar. Em hätte es nicht schlechter treffen können als mit mir.

„Noah! Ich weiß, dass es das ist, was dir dein Stiefvater über Jahre hinweg eingetrichtert hat, Junge. Aber du bist nichts von alledem. Du bist sehr wohl wichtig und wertvoll für Emily. Denn ohne dich wird sie die kommende Viertelstunde nicht überleben. Du hast es in dir, Noah. Du hast mich. Und nun handle!"

Michaels Worte und seine warme Stimme überschnitten sich mit Jims bizarrer Begrüßung für David: „Oh, der werte Herr

482

Regisseur. Wie dankbar ich doch bin, dass Sie uns die Ehre erweisen. Sehen Sie, alles ist vorbereitet, der Rote Teppich schon ausgerollt. "

Ich spürte seinen feuchten Atem in Emilys Nacken und den Ekel, den sie dabei empfand. Inzwischen hatten sich ihre Augen wieder an die grelle Helligkeit des Scheinwerfers gewöhnt. Nun sah sie ihren Dad durch tränenbenetzte Augen.

David selbst sah aus, als würde er ebenfalls am liebsten losheulen. Sein Blick verschmolz mit dem seiner Tochter und bekannte nichts als Reue und tiefe Sorge. „Was willst du, Jim?", fragte er mit angstgepresster Stimme.

„Dass du die Kamera nimmst, Dave. Lade sie dir auf die Schulter, los!"

David drehte den Kopf nur unwillig, blickte auf die Kamera neben ihm, die auf der Kiste bereitlag, und befolgte Jims Anweisung.

„Schwer, nicht wahr?", fragte der, als David leise ächzte. „Kannst du dir vorstellen, wie schwer dieses Teil wird, wenn du es sechzehn Jahre lang trägst? Sechzehn Jahre, in denen es für dich, Dave, immer weiter bergauf ging. Ich hingegen blieb unten, ganz unten. Als hätte mich das Gerät auf meiner Schulter herabgedrückt, an Ort und Stelle gehalten. Aber heute ... Heute machen wir es andersherum. Schalt sie an!"

David blickte Jim ungläubig an. Für einen Moment sah er so aus, als wollte er etwas erwidern. Doch dann fasste er sich, verkniff sich die Worte und schaltete die Kamera ein. Ein rotes Licht zeigte an, dass sie lief.

„Heute, lieber Kollege ...", fuhr Jim theatralisch fort, „... bin ich *dein Regisseur, und du, David Rossberg, ... du bist* mein *Kameramann, in Ordnung? Ein Drehbuch habe ich schon, weißt du? Ein sehr gutes sogar. Man behauptet doch, das Leben schreibe die besten Drehbücher, nicht wahr? Und jetzt frage ich dich, Dave – als meinen ewig treuen Freund –, wie gefällt dir diese Geschichte? Nehmen wir an, die Tochter eines berühmten Regisseurs wird auf der Weltpremiere des neuesten Films ihres Vaters entführt. Einfach so, aus dem prallgefüllten Kinosaal. Schnell trudeln Lösegeldforderungen ein, und alles sieht nach*

einer ganz gewöhnlichen Entführung aus. Mit dem altbekannten Motiv: das liebe Geld."

In diesem Moment lachte er heiser auf und umfasste Emilys Mitte so fest, dass ihr speiübel wurde. Ich spürte den Lauf der Pistole, den Jim gegen ihre Schläfe presste, während er ... ja, in einem genießerischen Ton fortfuhr: „Doch dann, genau zum Zeitpunkt der Lösegeldübergabe, meldet sich einer der engsten Mitarbeiter bei dem verzweifelten Regisseur. Nein, eigentlich ist er mehr als nur ein Mitarbeiter. Streng genommen ist er ein gleichwertiger Kollege – zumindest, wenn man die gemeinsame Arbeit betrachtet. Außerdem ein treuer Ratgeber und vor allem, so sollte man zumindest meinen, ein Freund."

Dieses letzte Wort betonte er so scharf, dass ich innerlich erbebte – ebenso wie Emily. Dann wurde seine Stimme wieder weicher; ich spürte sein heuchlerisches Lächeln in den Haaren meines Mädchens.

„An dieser Stelle zoomst du ran, in die Nahaufnahme", ordnete er an; sein Wispern war laut genug, um von den kahlen Wänden widerzuhallen und David zu erreichen. Dessen Kinn zuckte, als er den entsprechenden Hebel an der Kamera betätigte.

„Gut! ... Sehr gut", lobte Jim. „Ich sehe, du kannst es noch. Und diese Aufnahme steigert die Dramatik des Augenblicks, findest du nicht auch?" Er zischte so leise, als würde er einen wertvollen Tipp preisgeben.

„So, wo war ich stehengeblieben? Ach ja, der treue Mitarbeiter. Nun, allerdings hat dieser gute Mann nie eine öffentliche Wertschätzung für seine Arbeit und sein Engagement erfahren. Über all die Jahre hinweg nicht, kannst du dir das vorstellen, Dave? Und so blieb ihm leider überhaupt keine andere Wahl, als seinen Freund, den großen Regisseur, etwas drastisch daran zu erinnern, was eigentlich gute Sitte ist. Daran, dass man ehemalige Kollegen nicht einfach auf der Strecke lässt.

Wir haben beide als einfache Kameramänner begonnen, weißt du noch, Dave? Eine Zeit lang hatten wir beide kaum was zu fressen, aber dafür Träume und exzellente Ideen. Nur hattest du die besseren Kontakte. Wäre es da nicht fair gewesen, mir auch *das eine oder andere Projekt zuzuspielen? Zumindest nach einigen Jahren, als du dich fest etabliert hattest? Nein?"*

Jim atmet tief durch. „Nun, spätestens jetzt wird die Welt erfahren, dass ich stets der brillante Kopf hinter deinen Werken war. Denn auch wenn den treuen Assistenten niemand auf diesem scheiß Roten Teppich bemerkt hat, war er gestern Abend mit dabei, nicht wahr? Also konnte er unmöglich in diese dubiose Entführung verwickelt sein. Er saß unter all den anderen Gästen im Kinosaal und sah sich den Film an, dessen Dreharbeiten er selbst von der ersten bis zur letzten Sekunde betreut hatte. Ein weiteres Lebenswerk, für das ein anderer – wie immer der selbstsüchtige Regisseur – ausgezeichnet und gelobt werden würde."

Emilys Dad hielt die Kamera mit bebenden Händen. Fassungslos spähte er hinter dem großen Gerät auf seinen Schultern hervor.

Jim schien das Entsetzen, das in Davids Augen stand, nur noch weiter anzuheizen. „Nun, Dave, das Filmgeschäft ist Trug und Schein, wie du vielleicht weißt", sagte er schulterzuckend. „Nichts ist so, wie es wirkt, richtig? Und fairerweise gehen die begehrtesten Awards immer an den, der die Illusion am realistischsten gestaltet. Also war ich durchaus erfolgreich, oder nicht? Schließlich seid ihr meiner Inszenierung von A bis Z auf den Leim gegangen. Und du hältst den Showdown meines Meisterwerks gerade höchstpersönlich fest, als mein Kameramann." Er brach in schallendes Gelächter aus, das den Irrsinn, der seinen vorangegangenen Monolog beherrscht hatte, nur noch verdeutlichte.

Emily erschrak durch das laute Geräusch unmittelbar hinter ihrem Ohr und wandte in einer Art Reflex ihren Kopf ab. Sofort war die Pistole wieder an ihrer Schläfe und drückte ihn grob zurück in seine Ausgangsposition. Nur für die Länge eines Wimpernschlages hatte Emily über ihre und Jims Schulter nach hinten weggeblickt, auf die provisorische Wand aufeinandergestapelter Holzkisten.

Und in diesem winzigen Moment wünschte ich mir nichts mehr, als diese Wand selbst, mit eigenen Augen, fixieren zu können, um mich unbemerkt hinter sie beamen zu können.

Ein leiser Windzug, der Bruchteil einer Sekunde ... schon stand ich genau dort, wo ich mich hin gewünscht hatte: in einer Ecke der Halle, nur wenige Meter von dem liebenswertesten Schützling entfernt, den die Welt jemals gesehen hatte. Allerdings erschreckte mich diese unerwartete Wendung, die mein Erscheinen darstellte, selbst so sehr, dass ich mich unwillkürlich hinkauerte und meine Knie mit beiden Armen fest umschloss. Michael, wie ...?

„Was, Noah? Du konntest sicherstellen, dass dich niemand sieht, oder?", triumphierte mein Erzengel. Sein sorgloser Ton stand im absoluten Gegensatz zu dem, was ich mit jeder Zelle meines Alibi-Körpers empfand: Anspannung, Schock, Emilys Panik ... und meine eigene.

„Deine Flügel, wenn du so willst, funktionieren auch über die Augen deines Schützlings, ja", erklärte Michael.

Nun, diese Information wäre auch früher schon durchaus brauchbar gewesen, aber ...

Später!!!

„Genau!", stimmte er zu.

Es dauerte noch ein paar Sekunden, bis ich den Schock verwunden hatte, mich endlich vorsichtig aufrichtete und leise an die Holzkistenwand heranschlich. Niemand konnte mich hier sehen, niemand ahnte, dass ich hier hinten steckte. Wie auch, wenn es nur den einen Eingang am entgegengesetzten Ende der Halle gab. Dort, wo Jim alles unter Kontrolle hatte. Es gab keine Hintertür, und die hochgelegenen Fenster waren viel zu klein, als dass man sie für einen Übergriff hätte nutzen können. Jims Leute hatten die Feuerleitern abmontiert, vermutlich um zu vermeiden, dass Schützen auf das Dach gelangten.

Nein, es bestand kein Zweifel: Jims Fokus war nach vorne ausgerichtet, von hinten drohte ihm keine Gefahr – davon war er überzeugt. Und er hatte dieses Ding schließlich akribisch geplant.

Die einzige Überraschung konnte ich ihm bescheren.

Nur ich.

Denn mich sah hier, hinter dieser provisorischen Wand, niemand. Weder er, noch die Cops. Ich fand eine schmale Spalte zwischen den Kisten, durch die ich die Situation weiter beobachten konnte. Es war gut, nicht mehr an Emilys Gedanken gebunden zu sein. So hilfreich die auch gewesen sein mochten, auf diese Art fühlte ich mich wesentlich freier. Besonders, weil sie es zurzeit nicht war. Ganz und gar nicht.

Jim unterbreitete seinem unfreiwilligen Publikum derweil weiter seine Inszenierung, die wie der Auszug eines skurrilen Märchens klang:

„Jedenfalls fragte sich der Assistent des großen Regisseurs eines Tages, wie er es schaffen könnte, endlich aus dessen Schatten zu treten. Einfach, um der Welt zu beweisen, dass mehr in ihm steckte. Und da kam ihm dieser eine Gedanke, wie eine Erleuchtung: Die größten Künstler sind doch immer die, die nicht mehr unter uns weilen, ist es nicht so? Also, David, pass gut auf und verwackle diese Aufnahme nicht. ... Vielleicht zoomst du auf meinen Mund."

Das war kein simpler Vorschlag, sondern ein getarnter Befehl. Und so wartete Jim, bis Emilys Dad reagiert hatte. Die Cops, die links und rechts von David standen, warfen sich derweil einen schnellen aber sehr aufschlussreichen Blick zu, der mir nicht verborgen blieb. Sie hatten keine Macht gegen diesen Mann. Was er plante, zeichnete sich auch für sie immer deutlicher ab und brachte alle Pläne der angerückten Einheit zum Schwanken. Was konnten sie gegen die Logik eines Wahnsinnigen ausrichten?

„Alles gut?", wisperte Jim. „Stimmt die Aufnahme? Los, Dave, komm schon, gib mir das Zeichen."

Emilys Dad, der mit Sicherheit vor Angst kaum noch stehen konnte, dem in dieser Situation aber nichts anderes übrig blieb, als sich auf die Professionalität der hinter ihm stehenden Cops zu verlassen, hob in einer zittrigen Bewegung seinen Daumen.

Ich wählte den Moment, um in die Hocke zu gehen und – ohne bewusst darüber nachzudenken – eine am Boden liegende Eisenstange zu ergreifen. Erst, als ich sie völlig lautlos anhob und fest umklammerte, fiel mir wieder ein, sie bei meinem Erscheinen dort unten liegen gesehen zu haben.

„Noah, Noah!", schrie Emily panisch in ihren Gedanken. Sie litt Todesängste, weinte nun wieder stärker, zitterte am ganzen Leib und schluchzte dabei so laut, wie es ihre schwindende Beherrschung einforderte. Die Anspannung, die in diesen Sekunden in der Halle herrschte, war zum Schneiden dick.

Unter Emilys Verzweiflung spürte ich den dumpfen Schmerz, als Jim ihr den Lauf seiner bereits entsicherten Pistole viel fester als zuvor gegen die Schläfe presste. Im selben Augenblick stellte ich mir vor, wie David ihn auf dem Display der Kamera nun vor sich sah: Nur seinen breiten Mund, der sich zu einem triumphalen Grinsen verzog.

„Ihr seid machtlos", erklärte Jim nahezu genießerisch. „Nicht nur, dass mir das Leben deiner Kleinen egal ist, Dave. Mein eigenes ist es auch. Dies ist der letzte Auftritt meines Lebens und – traurig genug – der einzig entscheidende. Der, für den man mich in Erinnerung behalten wird. Meine eigene Premiere, mein Roter Teppich, mein Filmfestspiel, mein großer Abgang. Und dir, werter David, großer Regisseur ..." Er dehnte diese Worte ins Unerträgliche, „... bleibt nichts anderes übrig als zu filmen, wie ich zuerst deine Tochter und dann mich selbst abknalle. Als Lohn und Dank für die gute Zusammenarbeit, wenn du es so willst."

Im folgenden Augenblick geschahen drei Dinge auf einmal.

„Peng!", machte Jim – vermutlich zur Steigerung der Dramatik, wie er Minuten zuvor noch erklärt hatte – und verzog den Lauf der Pistole, als würde er tatsächlich abdrücken, für einen winzigen Augenblick gen Decke.

„Neiiin!!!", schrie David und ließ die riesige Kamera fallen. Der Knall des Aufpralls schallte durch die Weite der Halle.

Und ich? Ich erhielt einen eindeutigen, unverkennbaren Impuls, der mich endlich handeln ließ. Schlagartig wusste ich, was Michael damit gemeint hatte, dass ich bereit wäre, wenn es soweit war, denn es gab keinen Zweifel in mir: Das war der Moment. Der einzig richtige, der allesentscheidende!

In dem Augenblick, in dem Jim den Lauf seiner Waffe verzog, stieß ich mit meiner linken Hand gegen die aufgetürmten Holzkisten vor mir und schrie aus vollem Halse: „Em, duck dich!

Eine Anweisung, die sie – dem Himmel sei Dank – so prompt befolgte, dass sie wie ein Schweizer Taschenmesser über Jims Arm zusammenklappte. Im selben Moment schleuderte ich mit meiner Rechten und einer Kraft, von der ich bezweifelte, dass sie mir allein entstammte, die Eisenstange nach Jim.

Die nächsten Sekunden erlebte ich in meinem ganz eigenen Film – sie spielten sich tatsächlich wie in Zeitlupe vor mir ab.

Jim schaffte es kaum, mir sein Gesicht mit den schockgeweiteten Augen zuzuwenden, bis ihn die Stange punktgenau zwischen den Brauen traf und ihm eine große, klaffende Platzwunde verpasste. Er feuerte einen Schuss ab, der bröckligen Beton von der Decke regnen ließ, dann noch einen, der eine der kleinen Fensterscheiben durchschoss. Emily entglitt derweil seinem Halt und ging vor seinen Füßen zu Boden.

Schon hagelten etliche Schüsse auf Jim ein, die ihm seinen großen, von langer Hand geplanten Abgang gehörig versauten.

Blut spritzte. Jim fiel – steif wie ein Brett – nach hinten, nahm mit ausgestrecktem Arm die Waffe mit sich und sah mich an. Mich, der ich all seine Pläne in allerletzter Sekunde durchkreuzt und zerstört hatte. Hinter den Kisten, die nun kreuz und quer vor mir verteilt lagen, stand ich schutzlos da und beobachtete seinen Sturz, seinen Niedergang.

Nun, zumindest ließ es sich Jim in diesen letzten Sekunden seines Lebens nicht nehmen, den Pakt, den Michael mir vor so langer Zeit unterbreitet hatte – und den ich nie so wenig gewollt hatte wie in diesem Moment – zu besiegeln.

Er zog ab, ein letztes Mal. Planmäßig nahm ich die Position meines Schützlings ein … und starb an Emilys Stelle.

Der Schuss löste sich und traf meine linke Seite, beinahe punktgenau.

Scharfer Schmerz durchfuhr mich, ich wurde kraftvoll nach hinten geschleudert und brach mit einem erstickten Stöhnen auf dem hölzernen Schlaflager von Jims Komplizen zusammen.

Mein Körper war schwer verwundet, ich konnte kaum noch atmen, aber meine Gedanken blieben klar – und waren so erleichtert, so dankerfüllt, wie nie zuvor.

Em lebt. Ich bin nicht gescheitert. Ich habe sie gerettet.

„Das hast du, Noah. Das hast du", flüsterte Michael voller Stolz.

Ich starrte an das Loch in der unverputzten Decke, das Jim nur Sekunden zuvor dort hineingeschossen hatte. Noch immer rieselte feiner Beton daraus herab.

Für einen Augenblick war es vollkommen still. Dann ertönte ein schrecklicher, markerschütternder Schrei.

„Meine Hände! Schnell, schnell! ... Dad, meine Hände!", rief Em. Ich bezweifelte, dass es tatsächlich David war, aber irgendjemand reagierte. Viel deutlicher als die Stimme des besorgt dreinblickenden Cops, der sich über mich beugte und nach meiner Halsschlagader tastete, oder die seines Kollegen, der per Funk den Notarzt verständigte, hörte ich – dort, wo nach wie vor mein Fokus lag – ein Schnappen, gefolgt von einem reißenden Geräusch. Jemand durchtrennte das Klebeband um Ems Handgelenke.

Sie ist frei. Sie lebt.

Nur wenige Sekunden später schob sich ihr tränenüberströmtes Gesicht vor das des Cops. Einige purpurrote Spritzer hatten ihre Haut besprenkelt und ließen meine seligen Gesichtszüge entgleisen – bevor ich begriff, dass es Jims Blut war, nicht ihr eigenes.

Ihr ist nichts geschehen.

„Nein, Noah! Du hast deine Aufgabe blendend erledigt. Du hast sie gerettet."

Ich lächelte unter Michaels Worten und Ems Berührung.

Sie strich mir die Haare aus der Stirn und küsste meine plötzlich sehr trockenen Lippen. „Noah! Wo um alles in der Welt kommst du her?", rief sie panisch und betastete mit zitternden Fingern meine verletzte Seite. Seltsamerweise verspürte ich keinen Schmerz mehr und fragte mich, ob es nicht eigentlich wehtun müsste. Der Horror, der sich in Emilys Augen widerspiegelte als sie an mir herabblickte, zeigte mir, dass es eigentlich hätte wehtun müssen.

Kein Schmerz ... kein gutes Zeichen, oder?

Michael enthielt sich einer Antwort.

Alles klar!

„Sieh mich an! Noah, bitte, sieh mich an!", flehte Em und drückte mich in aller Vehemenz zurück, als ich Anstalten machte meinen bleischweren Kopf anzuheben und die Verletzung selbst zu begutachten.

Nein, definitiv kein gutes Zeichen.

Sie umschloss mein Gesicht mit ihren Händen, zitterte dabei so sehr. Sogar ihre Augen blickten wirr hin und her, die wunden

Lippen vibrierten. Sie hatte noch längst nicht begriffen, ge-
schweige denn verarbeitet, was hier gerade geschehen war.

Wie auch?

Ich lächelte noch immer – zumindest glaubte ich, es zu tun. Sicher
war ich mir nicht. Ich wusste nur, dass Em nie schöner gewesen
war als in diesem Moment. Trotz ihrer Tränen, ihres Schocks und
des Kummers hatte ich sie nie mit ungetrübteren Gefühlen be-
trachtet. Sie lebte, die Gefahr war bewältigt und überstanden.
Das Loch in der Decke, hoch über unseren Köpfen, war der Be-
weis, dass Jim sie verfehlt hatte. Dass ich zumindest ein Mal, ein
entscheidendes Mal, gut für sie gewesen war.

Dann fiel mir wieder ein, dass es um mich nicht gar so rosig
stand und ihr Anblick der vermutlich letzte war, den mir diese
Welt zu bieten hatte.

Der Gedanke wischte das Lächeln – sollte es jemals erschienen
sein – zuverlässig aus meinem Gesicht.

„Ich liebe dich", ließ ich sie wissen und fuhr mit einem zittrigen
Finger über ihre geschundenen Lippen. „Es tut mir so leid."

Sie schüttelte den Kopf. „Nicht, Noah! Bitte, geh nicht", wisperte
sie mit tränenerstickter Stimme.

Kaum waren diese Worte über ihren Mund geschlüpft, spürte
ich etwas, das mich für Sekunden aus der Bahn warf und mich
zutiefst verwirrte: Mein Herzschlag änderte sich. Das ewig
gleichmäßige, starke Pochen in meiner Brust wurde langsamer ...
und langsamer ... und langsamer ...

Müdigkeit packte mich, ließ mich immer öfter und länger blinzeln
und entzog mir den Boden unter meinem schweren Körper.
Schließlich kam ich nicht länger gegen den Sog an und ergab
mich ihm, wenn auch widerwillig. Ems süßes Gesicht ver-
schwamm vor meinen Augen, ihre sanften Worte und der unver-
wechselbare Duft ihrer Haut rückten weit in den Hintergrund.
Und dann ... versank ich in tiefem Schwarz.

Ja, Schwarz.

Kein Dunkelbraun, kein Mokka, kein nächtlicher Sepia-Ton.
Kein Licht, das mich empfing. Nichts.

Nur mächtiges, unergründliches Schwarz.

XXXVII.

„Noah!" Michael legte mir seine Hand auf die Schulter. *Er stand unmittelbar hinter mir und verstrahlte sein gleißendes Licht, das mich bereits erwartet und die Dunkelheit mühelos vertrieben hatte.*

Die Helligkeit verlor nicht an Intensität, aber ich gewöhnte mich – wie immer – schnell daran. Wir standen nur wenige Meter von dem Geschehen entfernt, das ich gerade eben verlassen hatte. Emily kniete über meinem leblosen Körper, fuhr mir durch die Haare und schluchzte so stark, dass ihr schmächtiger Körper erbebte. Es war schrecklich das mit anzusehen, aber meinen Blick abzuwenden war auch keine akzeptable Alternative. Dies waren die letzten Momente mit ihr, und so sehr die Situation auch an mir zehrte, ich wollte keinen einzigen Augenblick verpassen. Vermutlich war es gut, dass ich weder ihre Stimme, noch ihr Weinen oder diese herzzerreißenden Schluchzer weiterhin hörte. Das wäre zu viel gewesen. Michael scheiterte jetzt schon an mir. Seine Wärme und die Kraft, die mich bei seiner Berührung durchfluteten, bewirkten so gut wie nichts. Ich fühlte mich gebrochen.

Ein gebrochener Engel.

Als ich für die Länge eines Wimpernschlages betrübt an mir herabsah, erkannte ich, dass ich wie Michael war. Eine Lichtgestalt, strahlend. Mein Licht war weiß. Das hinter mir, Michaels Licht, – und das war mir nie zuvor aufgefallen – hatte einen leicht lilafarbenen Stich. Obwohl mich diese Entdeckung verwunderte, wandte ich mich ihm nicht zu, sondern blickte erneut zu Em und meinem sterbenden Körper auf.

Ich hatte mich noch nicht endgültig von meinem Erdendasein gelöst. Mein Herz schlug nach wie vor, wenn auch sehr schwach, aber ich spürte es auf seltsame Weise in meinem Bewusstsein.

Mit einem Mal war es so, als hätte jemand die Pause-Taste eines DVD-Players bedient. Das Bild vor uns blieb stehen, bewegte sich nicht mehr.

„Hast du jetzt die Zeit angehalten, oder was?", fragte ich ungläubig.

„Wenn es das ist, was ich tun muss, um deine Aufmerksamkeit zu bekommen", sagte Michael.

Ich atmete erleichtert auf – froh darüber, dass Emilys Leid für den Moment unterbrochen war.

„Ich möchte dir jemanden vorstellen", sagte Michael.

Schweren Herzens drehte ich mich um ... und erstarrte. Neben ihm stand eine weitere Lichtgestalt, ein anderer Engel. Seine Haare waren kürzer als Michaels und eine Spur dunkler, seine hellbraunen Augen schimmerten – was ich nie für möglich gehalten hätte – noch wärmer als Michaels.

Der lilafarbene Schein, den ich wahrgenommen hatte, ging nicht von Michael allein aus. Sein Licht hatte einen dezent bläulichen Touch, der des anderen Engels war rötlich. Ihr Licht mischte sich; gemeinsam schimmerten sie in diesem sanften Lila.

Ich wusste nicht, wer dieser andere Engel neben Michael war, aber ich war mir sicher, er wäre gekommen um mich abzuholen.

„Du irrst dich, Noah", sagte der Fremde in einer Stimme, die ebenso sanft, aber ein wenig tiefer als Michaels war.

„Was, du auch?", fragte ich.

„Deine Gedanken lesen? Sicher!", bestätigte er mit einem sanften Lächeln.

„Also auch ein Erzengel?", fragte ich erschöpft.

„Nun, darüber spalten sich die Geister", erklärte er. „Ich sage ja, Michael hingegen ..."

Michael lächelte wohlwollend. „Lassen wir das, Chamuel!"

Chamuel?

Was auch immer das für ein Name war, er nickte. „Einverstanden."

„Und ... was ist deine Aufgabe?", fragte ich.

„Ich bin ein Liebesengel", erklärte er und erhaschte meine Aufmerksamkeit mit dieser Aussage unwillkürlich. „Ein Liebesengel?"

Er nickte. „Ich stehe den Menschen bei. Versuche ihre von Natur aus oft kämpferischen Aggressionen in sanfte Kooperation zu verwandeln."

„Dann bist du an einigen Menschen in meinem Leben gescheitert", erklärte ich finster, unfähig meine Verbitterung länger zu

kontrollieren. Meine Dreistigkeit entstammte allein meinem Frust. Erneut, voller Sehnsucht, blickte ich auf das erstarrte Bild hinter mir. Emily, die nach wie vor über meinem Körper hockte, ihre Stirn gegen meine Brust presste und mein Gesicht umfasste. Sie schien um mein Leben zu flehen, sie liebte mich ...

Chamuel legte seine Hand auf meine Schulter, wie Michael es schon so oft zuvor getan hatte. Aber seine Kraft war anders. Wenn Michael mich berührte, fühlte ich mich geborgen, während Chamuels Berührung etwas in mir löste und mich tief durchatmen ließ. Gegen seine Wärme war ich nicht immun, sie erreichte mich sogar in diesem Moment. Er, das erkannte ich sofort, verlieh mir Zuversicht. Ich sah ihn an.

„Ich weiß", sagte er schlicht. „Und ich bin nicht nur an deinem Stiefvater gescheitert, Noah, sondern auch an dir. Meine Aufgabe ist es nicht, die Widersacher eines Menschen zu zerschlagen, aber ich hätte dich besser schützen müssen. Stattdessen habe ich mich in Doug verbissen, wollte ihn bekehren. Aber er hat mich nicht an sich herangelassen, mich förmlich abgeblockt. Du hingegen ..." Er schüttelte den Kopf; sein Blick ließ mich wissen, wie leid es ihm tat, noch bevor er weitersprach.

„Meine Aufgabe wäre es gewesen, dir Mut und Zuversicht zu verleihen, dein Selbstwertgefühl zu stärken und zu festigen. Aber ... du warst zu gebrochen, auch nach deiner Befreiung. Also habe ich dir einen meiner Boten zur Seite gestellt, um dich wieder aufzubauen und dich dem Leben, mit all seinen Chancen, näher zu bringen." Sein Blick trübte sich. „Doch es war zu spät. Kurz darauf hast du beschlossen, dich zu entziehen und deinem Leben ein Ende zu setzen."

Ich hörte ihn fassungslos an. Als Mensch hatte ich die Anwesenheit von Engeln nie gespürt, sondern immer nur als Mythos abgetan.

„Du hast mir einen deiner Boten zur Seite gestellt?", wiederholte ich leise.

Michael nickte. „Ja. Ich hatte ihn gerade erst abgeholt, und er schien ... noch nicht reif zu sein. Hatte ein seltsam einfühlsames Herz für einen Jungen seines Alters, eine unglaubliche Empathie.

Also unterstellte ich ihn Chamuel. Und der wusste sofort, dass er eure Wege zusammenbringen wollte."

"Wessen Wege?", fragte ich.

"Unsere", erklang es hinter mir. So plötzlich, als hätte die alt-bekannte Stimme nur auf ihren Einsatz gewartet. Erschrocken und erstaunt wirbelte ich dermaßen schnell herum, dass sich meine Schwingen ausbreiteten und ich dabei für einen kurzen Moment abhob.

Moment, was? Schwingen???

"Hi!", sagte Adrian. Er stand unmittelbar vor mir. Jawohl, stand. Und er war ebenso hell wie ich, ebenso weiß. Nur kräftiger ... und ein paar Zentimeter größer. Und auch er hatte riesige Schwingen.

"Du?", fragte ich fassungslos und starrte ihn an.

"Ja, ich." Er grinste, schloss die Lücke zwischen uns und zog mich an den Schultern wieder zurück auf den Boden. "Diese Flügel sind ganz schön tückisch am Anfang, hm?"

Ich hatte nicht einmal gemerkt, dass ich noch schwebte. Moment ... Adrian war größer als ich, obwohl *ich schwebte?*

"Glaub mir, ich bin ähnlich überrascht wie du, Noah."

"Dass du größer bist als ich?", fragte ich in meinem Schock.

Michael und Chamuel brachen in leises Gelächter aus, während Adrian nachsichtig den Kopf schüttelte. "Nein ... ähm, eigentlich mehr darüber, dass wir beide *Engel sind."*

"Oh! ... Richtig", entgegnete ich. Etwas anderes fiel mir nicht ein. Die gesamte Situation überforderte mich maßlos. Und dass mein Blick über Adrians Schultern hinweg auf Emilys erstarrte Figur fiel, gestaltete die Angelegenheit nicht gerade leichter.

"Also du kannst meine Gedanken nicht lesen?", schlussfolgerte ich.

"Deswegen haben wir einander nicht gehört", erklärte Adrian, was mir im selben Moment auch wieder einfiel.

"Aber warum?", fragte ich. "Und wie kommt es, dass du ...?"

Auch ohne dass er meine Gedanken lesen konnte, schien er die Fragen hinter meinem erniedrigenden Gestammel richtig zu deuten.

„Wir konnten einander nicht hören, weil wir unterschiedlichen Erzengeln unterstehen", erklärte er. „Und zu deiner Frage, wieso ich auch ein Engel bin ..." Er sah mich fragend an, erwartete offenbar eine Bestätigung. Also nickte ich hastig, nach wie vor um Fassung ringend.

„Ähm, mein Surfunfall ...", begann er und fuhr sich ein wenig unbeholfen über die Stirn.

„... war tödlich?", ergänzte ich.

Er nickte.

„Wie deine Tablettenvergiftung, ja."

Ein Hauch von Trauer streifte seinen Blick, hielt sich aber nicht lange. „Michael empfing mich und ... keine Ahnung, sah mir in die Seele oder so etwas. Ich nenne es Engel-Voodoo, aber die beiden schätzen diese Bezeichnung nicht sonderlich." Er lachte. Sein typisches, unbeschwertes Adrian-Lachen.

Verdammt, mein Bruder ist ein Engel, wie ich.

„Noah, dieses Fluchen", mahnte Michael zum wohl tausendsten Mal.

„'Tschuldigung! Aber ..." Ich blickte an Adrian herab. „Deine Beine."

„Ja, hier – auf dieser Zwischenebene – funktionieren sie."

„Wie in Avatar?", entfuhr es mir. Ich stand eindeutig unter Schock. Positivem Schock, klar, aber ... ja, zweifellos Schock.

Adrian grinste zuerst, dann lachte er los. „Ja, genau, wie in Avatar."

„Was meinst du mit Zwischenebene?"

„Das hier." Er machte eine ausladende Geste. „Eine Ebene, die parallel zur Welt da draußen existiert. Hier sind wir so, wie wir eigentlich sind. Engel. Mit Flügeln, für Menschen nicht wahrnehmbar. Lichtgestalten."

„Oh! ... Und wo bist du jetzt eigentlich? Da draußen?" Ich deutete auf Em und meinen leblosen Körper.

„Ich sitze mit Lucy, Kathy und Tom in der Hotellobby und werde von einem Cop in Zivil vernommen", erklärte er mit einem Schulterzucken. „Aber ... für mich ist das normal, weißt du? Ich bin oft auf diese Weise unterwegs. Es ist meine Art Gabe, mich von *meinem Körper zu lösen und für die Menschen unsichtbar unterwegs zu sein.“*

„Ich kann nur Lichtgeschwindigkeit“, erwiderte ich beeindruckt. Nun war ich derjenige, der sich über die Stirn fuhr.

Adrian lachte. „Tja, es ist ein fairer Ausgleich zu meinem Alltag, findest du nicht?“

„Doch, schon“, gab ich zu. „Also weißt du es schon lange? Dass ich ... auch ein Engel bin?“

Adrian schüttelte den Kopf, seine Augen weiteten sich und ließen mich die tiefe Ehrlichkeit seiner Worte erkennen. „Machst du Witze? Ich habe das erst gestern Nachmittag kapiert, unmittelbar nach Emilys Entführung. Ich habe dich berührt, keine Gedanken empfangen und ... gesehen, dass du etwas sahst. Etwas, das nichts mit der greifbaren Realität einer menschlichen Sicht zu tun hatte. Und plötzlich, als mir der Gedanke kam, du könntest einer von Michaels Engeln sein, Emilys Schutzengel vielleicht, ergab alles einen tieferen Sinn. Diese tiefe Verbindung zwischen euch. Dass du ihre Nähe geduldet hast, ihre Berührung sogar, dass du ihr nicht von der Seite gewichen bist und immer so besorgt aussahst, als würde ihr großes Unheil drohen. Und ... dass wir einander nicht hörten. Weil du Michaels Ausgesandter warst und ich zu Chamuel gehörte.“

„Das wusstest du? Dass sich die Schützlinge unterschiedlicher Erzengel gegenseitig nicht hören können?“, fragte ich beinahe ehrfürchtig.

Wieder lachte er. „Ich habe über ein Jahr und eine Menge Praxis Vorsprung, kleiner Bruder.“ Mit diesen Worten baute er sich extra groß vor mir auf. Und es stimmte. Als Mensch war ich zwar beinahe ein Jahr älter gewesen als er und Lucy, aber er war der ältere und erfahrenere Engel von uns beiden. Groß, breitschultrig und durchaus beeindruckend stand er da, unmittelbar vor mir. Und ich konnte nicht anders, als in diesem Moment auch noch die letzte Distanz zwischen uns zu überbrücken und ihn in meine Arme zu schließen. Adrian zog mich dicht an sich, was aufgrund unserer Schwingen nur ging, indem wir unsere Schultern und Nacken umfassten. Es war ungewohnt, aber es tat gut. Sehr gut.

„Es ist schön, nicht alles zu verlieren", flüsterte ich. Adrian versteifte sich in meiner Umarmung. „Oder ... gehst du wieder zurück und lässt mich hier allein?", fragte ich ängstlich.

„Ich kann dich nicht allein lassen", sagte er.

Ich wich soweit zurück, dass ich ihn ansehen konnte. Er grinste. „Na, du hast es doch gehört. Ich bin der Bote, den Chamuel dir zur Seite gestellt hat."

„Ein Liebesbote?", hakte ich nach.

Er nickte. „Ja, das bin ich wohl. Dachte, ich hätte meine Aufgabe hervorragend erfüllt, als du auf Emily trafst und ihr die Chance gabst, dich näher kennenzulernen. Dass du mittlerweile selbst ein Engel warst ... ihr Schutzengel ... rückt die ganze Angelegenheit im Nachhinein auch für mich in ein vollkommen anderes Licht. Meine Aufgabe war es, dir zu der Liebe zu verhelfen, auf die du so lange hattest verzichten müssen. In jederlei Hinsicht." Sein Blick trübte sich, ähnlich wie Chamuels zuvor. „Ich schätze, ich bin schon gescheitert, als dein Selbstmordversuch gelang", fügte er leise hinzu.

„Adrian war der Erste, der sich damals dafür aussprach, dass dich eure Eltern als Pflegekind aufnehmen sollten", erklärte Chamuel. „Er war auch derjenige, der sich am intensivsten bemühte dich zu integrieren und vor den Angriffen der anderen Schüler zu schützen."

Adrian schüttelte traurig den Kopf. „Nicht intensiv genug." Chamuel legte seine zierliche Hand auf die starke Schulter meines Bruders. „Und er war der Erste, der die starke Verbindung zwischen dir und Emily spürte", fuhr er an mich gewandt fort, bevor er Adrian tief ansah. „Und du! Du irrst dich, Junge."

„Hm?", machte Adrian.

„Du bist nicht gescheitert. Wer sagt denn, dass Engel keine Liebe brauchen? Noah ist zur Schule gegangen, Tag für Tag, und hat seine große Liebe in Emily gefunden. Er hat sich geöffnet und sich seiner Verantwortung gestellt. Dabei hat er gelernt, auf sich selbst zu vertrauen und die Liebe seiner Mitmenschen zuzulassen. Und du hast sehr viel dazu beigetragen."

„Ja, in tausend kleinen Situationen", erinnerte ich mich. „Am Anfang zum Beispiel, als du Emily erklärt hast, warum ich so war

... wie ich nun mal war. Du hast sie ermutigt, das hat sie mir erzählt. Und später ... hast du sie davon abgehalten, mitten in der Nacht nach Hause zu fahren. Stattdessen hast du sie in deinem Zimmer einquartiert und selbst nicht geschlafen, nur damit wir uns am folgenden Morgen hätten aussprechen können."

Die Erkenntnis war hart. Nun sah ich alles wesentlich klarer und die Scham holte mich ein. „Es tut mir leid, ich war wirklich ein Vollidiot, Em hatte recht", fügte ich kleinlaut hinzu.

Er schüttelte den Kopf. „Schon gut."

„Ein Liebesbote", wiederholte ich ungläubig. „Müsstest du nicht eigentlich viel kleiner sein und mit Pfeil und Bogen durch die Gegend flattern?"

Während Adrian lachte, blickte ich erneut über seine breiten Schultern hinweg auf das hoffnungslose Bild, das Michael zum Stillstand gebracht hatte. „Das heißt, du bist nun auch arbeitslos? Ohne mich ... und sie?", fragte ich.

„Ohne eure Verbindung? Ja, ich denke schon."

Ich nickte. „Hm. Dann ... endet es nun für uns beide?"

„Nun, zuerst für dich, befürchte ich. ... Ich folge dann wahrscheinlich sehr bald." Adrian schluckte schwer.

Ich schüttelte vehement den Kopf, als ich seine Wehmut spürte. Hatte es jemals zwei Engel gegeben, die weniger bereit für ihren Eintritt ins Paradies waren als wir?

„Aber was ist mit Mom und Dad und mit Lucy? Das ... können wir ihnen doch nicht antun!", rief ich aus. „Und Emily ..."

Ich sah sie an. Ihre schmächtige Figur, so zerbrechlich, so ... „Sie ist so erschüttert. Sie braucht mich!"

Adrian sah mich fassungslos an, sein Mund stand offen. „Was ist?", fragte ich.

Er schüttelte kaum wahrnehmbar den Kopf. „Schon gut. Es ist nur ... Du hast sie gerade Mom und Dad genannt, Noah. Zum ersten Mal."

Was er sagte, stimmte. Und es machte mich verdammt verlegen. „Noah!"

„Michael, es tut mir leid, ich versuche schon, mich zu kontro..."

Er hob die Hand und ließ mich unter seiner Geste verstummen.

„Noah, ich schätze dein Fluchen wirklich nicht, aber eigentlich wollte ich dich nur etwas fragen."

„Oh! Okay."

Er kam auf mich zu, ohne zu gehen. Plötzlich war er einfach da – so nah wie nie zuvor, unmittelbar vor meinem Gesicht. Sein Blick spiegelte so vieles zugleich wider. Ich las von Güte, Innigkeit, Strenge, Herausforderung ... und einer Unmenge Liebe in seinen hellen Augen.

„Junge, hör tief in dich hinein! Was wünscht du dir am sehnlichsten?", fragte er nach einer Weile.

„Ich will zurück zu Emily ... und zu meiner Familie", erwiderte ich postwendend, ohne jeden Zweifel.

Michael nickte.

„Und du?", fragte Chamuel, an Adrian gewandt.

„Exakt dasselbe. Nur den Namen des Mädchens würde ich gerne austauschen", entgegnete der mit einem vagen Lächeln und rempelte mir dabei sanft gegen die Schulter.

„Ihr seid euch also einig?", fragte Chamuel und sah uns nacheinander tief an.

Wir schenkten uns die Bestätigung, denn dieser Blick war uns beiden bestens bekannt. Chamuel beherrschte ihn ebenso wie Michael; er machte jede Art der Antwort überflüssig.

„Dann habt ihr gewählt", entschied Michael.

„Was? ... Was haben wir gewählt?", fragte ich aufgeregt.

„Euer Paradies", sagte Chamuel fest.

„Für uns ist es durchaus sinnvoll, einige Boten auf der Erde zu haben", fügte Michael hinzu. „Nur eure Gedanken müssen wir noch koppeln. Sonst wird die zukünftige Zusammenarbeit zu schwer für euch."

„Zusammenarbeit?", wisperte ich.

„Zu schwer?" Adrian klang genauso aufgeschmissen wie ich.

„Nun, wie ihr beide zu Recht festgestellt habt, seid ihr zurzeit ziemlich arbeitslos. Und das wird sich ändern. Sehr bald sogar. Wir werden euch neue Aufgaben zuspielen. Und da ihr bereits bewiesen habt ein gutes Team abzugeben, spricht im Prinzip nichts dagegen euch beieinander zu lassen. Ihr ergänzt euch hervorragend."

Chamuel warf Michael einen Blick zu, der beinahe schelmisch wirkte. „Was man nicht von allen Konstellationen behaupten kann."

„Wieso? Das haben wir doch gut hingekriegt", entgegnete Michael mit seinem gewohnt sanften Lächeln.

„Moment!", entfuhr es mir, als mich plötzlich die Hoffnung packte und mir zuflüsterte, alle meine verloren geglaubten Träume könnten nun doch noch wahr werden. Mit einer schmerzhaften Verspätung zwar, die ich jedoch ohne weiteres verzeihen würde, wenn mein Dasein nur von nun an mit Emilys verknüpft wäre.

„Das heißt, ich ... nein, wir ..." Ich wedelte zwischen Adrian und mir hin und her. „... dürfen zurück? Wirklich?"

„Wirklich", bestätigte Michael. Dann legte er mir wieder seine Hand auf die Schulter. „Es war so wichtig für dich, Vertrauen zu finden und die Liebe zu entdecken, Noah. Wahre Liebe in ihren zahlreichen Facetten. Die deiner Eltern, deiner Geschwister, deiner Freunde ... deines Mädchens. Das Leben wertzuschätzen war die größte deiner Herausforderungen. Und ich werde dir nicht all das, was du dir so mühevoll erarbeitet hast, wieder entziehen. Ich bin ein Erzengel, ... verdammt!"

Das Schimpfwort ging ihm merklich schwer von den Lippen. Umso dankbarer war ich ihm. So dankbar, dass ich es nicht einmal in Worte zu fassen vermochte. Beinahe alles, was ich jemals wirklich geliebt und verloren geglaubt hatte, wurde mir in dem Augenblick zurückgegeben, als ich den leicht verstärkten Druck seiner Hand spürte. Und so kam es, dass ich mich zum ersten Mal in meinem Dasein wahrhaft gesegnet fühlte.

Adrian spürte es wohl auch. Das breite Grinsen, das sich über sein Gesicht legte, ließ seine Augen erstrahlen und sprach lauter als tausend erwählte Worte.

Einen Moment lang sah ich ihn an, dann fiel mir etwas ein.

„Michael, ich habe noch eine Bitte", flüsterte ich.

„So?"

Obwohl er meinen Wunsch längst kannte, wartete er ab. Als ich nichts weiter hinzufügte, schüttelte er mit bedauernder Miene den Kopf.

„Ich weiß, dass ich es ihr nicht sagen darf", wandte ich ein, ehe er etwas erwiderte.

„Aber die Wahrheit weiter vor ihr geheim zu halten käme einer Lüge gleich. Und Lügen ..."

„... sind nun mal ein absolutes No-Go", ergänzte Adrian mit einem Schulterzucken.

„Hm ...", machte Chamuel, klopfte mit dem Zeigefinger gegen seine perfekt geschwungenen Lippen und sah Michael belustigt an. „Sag ich doch. Spürst du diese Verbindung? Die beiden sind gut."

Michael verkniff sich sein Lächeln nur mühevoll. In aufgesetzter Strenge blickte er uns an. „Und ihr wisst, dass diese Art zu bitten einer Erpressung gleichkommt, nicht wahr?"

„Wirkt es?", hakte ich hoffnungsvoll nach.

„Seit wann beantwortest du Fragen mit Gegenfragen?", erkundigte sich Michael schmunzelnd.

„Seit Em", erwiderte ich prompt. Stolz erfüllte meine Brust, als ich ihren Namen aussprach. „Also, wirkt es?"

Das Schmunzeln dehnte sich aus. „Ich befürchte schon, ja. Sie ist ein gutes Mädchen, deine Emily. Und wie willst du es ihr sagen, wenn du es nicht sagen kannst? Denn diese Regel darf nicht einmal ich ändern, Noah."

„Ich habe da schon eine Idee", erklärte ich eifrig. Michael und Chamuel kniffen ihre Augen ein wenig zusammen, als sie mein Gedanke erreichte.

„Könnte funktionieren", brummte Chamuel mit seiner tiefen Stimme.

Adrian verdrehte seine Augen. „Das ist so unfair."

„Wird abgestellt, versprochen!", lachte Michael. „Sobald ihr zurück seid, funktioniert eure Verbindung besser als jede andere."

„Hm, ich bin mir nicht sicher, ob das so erstrebenswert ist", gab ich zu bedenken.

Wieder stieß Adrian mit seiner Schulter gegen meine. „Erstrebenswert vielleicht nicht, aber ..."

„Unausweichlich", sagten wir gemeinsam, wie aus einem Mund.

*„Gott, diese Harmonie ist selbst für einen gestandenen Liebes-
engel wie mich zu viel", murmelte Chamuel. „Also los, macht,
dass ihr zurückkommt!"*

*„Und apropos No-Go", fiel es Michael ein, als wir uns gerade
abwenden wollten. Er strich sich eine lange wellige Haarsträhne
aus dem Gesicht und wand sich ein wenig. Hätte ich es nicht
besser gewusst, hätte ich behauptet er wäre verlegen.*

*„Nun, ich mache es zwar nicht gerne, aber diese Regel werden
wir in einem ganz bestimmten Fall aufheben müssen."*

„Der da wäre?", fragte ich neugierig.

*Michael deutete auf die erstarrte Szene vor uns. „Na, wie genau
willst du den Menschen erklären, dass du dich in die Halle gebeamt
hast, wie du es nennst?"*

Oh ja, richtig!

„Also lässt du mich lügen?", hakte ich ungläubig nach.

*„Nein, Noah, ich lasse dich nicht lügen. Das klingt viel zu ge-
nerell. Nur in diesem einen Fall werden wir eine Ausnahme
gestatten. Versuche aber bitte, es so schonend wie möglich hin-
zukriegen, ja? Keine wirren Geschichten, aus denen du nie wieder
rauskommst. Okay?"*

Nun wirkte er beinahe ängstlich. Ich sah ihn herausfordernd an.

*„Noah, ich habe keine Angst. Ich weiß, dass du verantwortungs-
bewusst handeln wirst. Denn wenn du das nicht tust, schicke ich
dir ein paar Racheengel auf den Hals. Und glaub mir, deren
Bekanntschaft willst du nicht machen." Michaels Lächeln blieb
unberührt sanft unter seiner Drohung.*

*Als sich meine Augen in Schock weiteten, brach Chamuel in
lautes Gelächter aus.*

*„Lass uns von hier abhauen", wisperte ich Adrian zu, der mir grin-
send zunickte. Und damit wandten wir uns ab, blickten auf die ge-
stoppte Szene vor uns und beobachteten, wie sie sich wieder in Gang
setzte. Als hätte man ein blockierendes Steinchen zwischen zwei Zahn-
rädern der Lebensuhr entfernt, drehte sich die Zeit nun einfach weiter.*

*Adrian und ich gingen Seite an Seite, Schulter an Schulter,
Flügel an Flügel* – Himmel, Popo und Zwirn, ich habe wirklich
Schwingen! Wie krass ist das bitte? –, *während das Licht unserer*

Erzengel hinter uns immer stärker wurde und uns schließlich von sich stieß.

Nur einen Augenblick später lag ich wieder unter Emilys zittern-den Händen.

„Noah, bitte! Bitte!", flehte sie leise. Tränen quollen zwischen ihren zusammengekniffen Lidern hervor und tropften warm auf meine Wangen herab; ihr Mund zuckte unkontrolliert.

„Em", flüsterte ich. Sofort schossen ihre Augen zu meinen auf.

„Noah?" Eine Sekunde in Fassungslosigkeit, eine weitere der Erkenntnis – dann waren ihre wunden, geschundenen Lippen auf meinen. Sie küsste mich so liebevoll, so stürmisch, als würde ihr Kuss erst wahr machen, was sie ihren Augen und Ohren nicht abkaufte: dass ich tatsächlich noch bei ihr war. Nun, ehrlich gesagt verdankte sie diese Tatsache auch einem standfesten Wunder, aber das konnte sie natürlich nicht ahnen.

„Dein Herz ...", flüsterte sie und legte ihre zierliche Hand be-hutsam auf meine Brust. Irgendwo in der Nähe ertönten die Sire-nen eines Krankenwagens, doch ich legte den Fokus auf das Klopfen in meiner Brust.

Mein Herz beschleunigte seinen Schlag langsam, aber stetig wieder, bis auf die ursprüngliche Sequenz. Die hatte es beinahe schon wieder erreicht, als zwei Sanitäter mit einer Trage, gefolgt von einer Notfallärztin, in die Halle stürmten und eine vollkommen verdutzte, sprachlose Emily von ihrem Dad zur Seite gezogen wurde. Ich sah die unzähligen Fragen in ihren Augen, die Fassungslo-sigkeit. Wer hätte es ihr verübeln können? Schließlich war ich unter ihren Händen gestorben – zumindest um ein Haar – und dann zu neuem Leben erwacht. Und sie hatte alles mitbekommen.

Was jedoch nach wie vor – und das war unfassbar für mich – am deutlichsten aus ihrem Blick sprach, war die tiefe Liebe, die sie für mich empfand. Bedingungslos, stetig, unabwendbar.

Emily mochte sprachlos sein, geschockt und schwach. Doch sie wich keinen Zentimeter von meiner Seite, als man mich auf die Trage hievte und in den Krankenwagen verlud. Unsere Blicke waren bei meinem Erwachen miteinander verschmolzen und lösten sich erst wieder voneinander, als Em auf dem Weg zum Krankenhaus den Kampf gegen ihre Erschöpfung verlor und in meinem Arm einschlief.

Wir hatten kein Wort miteinander gewechselt, sie hatte nicht eine einzige der Fragen, die man ihr stellte, beantwortet. Die Ärzte schoben es auf den Schock, aber ich wusste es besser: Sie schwieg, um mich nicht in Erklärungsnot zu bringen.

Der Tag der Wahrheit nahte ... und er war mehr als nur überfällig.

Doch für diesen Moment, für diesen Abend, wirkten Worte seltsam unangebracht. Trotz all des Schrecklichen, das die vergangenen zwölf Stunden mit sich gebracht hatten, waren wir wieder beieinander. Und niemand – weder auf der Erde, noch im Himmel – versuchte uns zu trennen. Das war neu ... und seltsam ... und sehr, sehr schön.

Ein Gefühl, das sich ohnehin nicht hätte beschreiben lassen, warum also versuchen?

Ein Gefühl, an das ich mich durchaus gewöhnen könnte – ja, wollte.

Und mit diesem Gedanken, der mir ein kurzes Lächeln über die Lippen trieb, und einer ruhig atmenden Emily, die an der heilen Seite meiner Brust lehnte und schlief, ergab auch ich mich meiner Erschöpfung.

XXXVIII.

„Es ist wie ein Wunder", erklärte die Ärztin, die Noahs schmale Narbe betastete. Ungläubig schüttelte sie ihren Kopf. „Dass dein Herz nicht versagt hat war schon ein großes Glück. Aber dass deine Wunden so schnell und ... so unglaublich gut verheilt sind, einschließlich deiner Rippen ... Das ist wirklich ein Phänomen."

Nun, es war nicht das erste Phänomen, das ich an der Seite dieses Jungen erlebte. In unserer ganz eigenen, verschobenen Welt stellte die Tatsache, dass die Ärztin Noahs nackten Oberkörper einfach so berühren konnte, ohne dass er sich merklich verspannte, ein größeres Wunder dar, als diese nach wie vor unerklärten Umstände.

Unter den Worten der verblüfften Frau sah ich ihn mit hochgezogenen Augenbrauen an. Wie immer wich er meinem Blick mit einem sanften Lächeln aus.

Die Ärztin schüttelte noch einmal den Kopf, zuckte dann kurz mit den Schultern und zog Noahs T-Shirt wieder herab. „Alles bestens. Mehr als nur bestens. Wenn du keine Beschwerden hast, Noah ... Ich für meinen Teil brauche keine weitere Kontrollen." Er nickte zufrieden. Und als wäre das ihr Zeichen gewesen, wandte sich die Frau, die über unseren Fall genauestens informiert war, mir zu.

„Und du, Emily? Wie geht es dir? Bist du noch in therapeutischer Behandlung?"

„Ja, zweimal die Woche, mit meinem Dad und meinem Bruder. Aber ... ich habe es gut verarbeitet, denke ich. Meinen Vater hat es härter getroffen. Er ..." Ich zögerte, „Er schläft kaum noch und isst sehr wenig."

„Das ist nur allzu gut verständlich. Ich bin mir sicher, er macht sich große Vorwürfe. Das ist vermutlich immer so, wenn sich der Täter eines Gewaltverbrechens als enger Bekannter oder sogar als Freund herausstellt. Mit der Zeit wird es besser werden, ganz bestimmt. Habt ihr zu Hause Unterstützung?"

Ich nickte. „Ja, unser ehemaliges Kindermädchen aus England ist bei uns eingezogen. Sie ... war der Lockvogel im Hotel und begleitet uns zu jeder zweiten Therapiestunde. Jane ist eine enorme Hilfe. Mit ihr wird mein Dad wieder der Alte werden, das weiß ich."

Noah ergriff meine Hand und drückte sie ermutigend.

Gemeinsam verabschiedeten wir uns und verließen das Krankenhaus.

Die schrecklichste Nacht meines Lebens lag nun beinahe auf den Tag genau einen Monat zurück.

Der Dezember in L.A. war wesentlich milder als der November New Yorks. Was gut war, denn kühler, rauer Wind hatte seit diesem Abend vor einem Monat eine neue Bedeutung für mich bekommen.

Hier hingegen war der Himmel an manchen Tagen – wie an diesem zum Beispiel – noch immer babyblau und wolkenlos.

Noah, der meine Hand hielt und stumm meine Gedanken verfolgte, blickte neben mir in den Himmel hinauf. „Du hast recht", sagte er leise. „Keine einzige Wolke. Der Tag ist perfekt."

Ich lächelte zu ihm empor. Ihn an meiner Seite zu wissen war mein größtes Glück.

„Komm!", sagte er und zupfte an meinen Fingern. „Ich muss dir endlich etwas zeigen." Er zog mich zu seinem Wagen.

„Fahren wir zu mir?", fragte ich, als wir auf *Little Rose* zusteuerten.

„Nein", antwortete er und parkte den Amarok in einer Straßenausbuchtung, zirka eine halbe Meile vor dem Ortseingang. Hier – mitten im Nichts – öffnete er mir die Beifahrertür und reichte mir seine Hand.

„Was hast du vor?", fragte ich, unmittelbar bevor ich die Stelle erkannte. Die bröseligen Bürgersteige grenzten an dichtes Gestrüpp und wilde Büsche. Wieder, wie schon einige Monate zuvor, teilte Noah diese Gewächse mit einer gezielten Handbewegung an exakt der richtigen Stelle. Unmittelbar dahinter tat sich der schmale, steile Weg auf, der zu den Klippen über dem Pazifik führte.

Wir sprachen kaum. Überhaupt hatten Noah und ich in den vergangenen Wochen nur sehr wenig gesprochen. Das lag zum Teil daran, dass wir die Geschehnisse beide auf unsere Weise verarbeiten mussten. Und Noahs Art mit einschneidenden Erlebnissen umzugehen, war nun einmal die stille, introvertierte.

Wenn ich in der Zeit mit ihm etwas gelernt hatte, dann war es, ihn nicht zu hetzen. Unter keinen Umständen. Noah gab das Tempo vor – und das war auch okay so.

Sicher gab es tausend Fragen, die geklärt werden mussten. Die, die mich am brennendsten beschäftigte war: *Wie war er in die Halle gelangt?* Wie aus dem Nichts heraus war er hinter dieser Wand aus übereinander gestapelten Holzkisten aufgetaucht. Wie ... ja, ein Superheld, genau im richtigen Zeitpunkt.

Vor den Cops hatte er später behauptet, er könnte sich an nichts erinnern. Angeblich wusste er nur noch, dass er dem Wagen gefolgt war und sich lange auf dem Dach der Halle aufgehalten hatte, auf das er über die Feuerleiter eines anderen Gebäudes am Anfang der Straße gelangt war. Mithilfe eines Brettes hatte er die Abstände zwischen den Dächern überwunden und irgendwann die Stimmen der Männer unter ihm gehört.

Wie er dann allerdings *in* die Halle gelangt war, *das* konnte er niemandem erklären. Nicht einmal mir.

Die Ärzte schoben Noahs Gedächtnisverlust dem starken Blutverlust und dem Aufprall seines Kopfes auf dem harten Betonboden zu. Obwohl sie keine Hirnschwellung feststellen konnten, befanden sie, dass eine solche Amnesie nichts Außergewöhnliches wäre und geboten den Cops, sich mit Noahs Aussage zu gedulden. Allerdings hatten sie anfangs von ein bis zwei Wochen gesprochen. Mittlerweile waren mehr als vier verstrichen, ohne dass er seine Aussage hätte nachholen können.

Ich ahnte ohnehin, dass er sich erinnerte. Und meine Vermutung hatte sich erst wenige Tage zuvor bestätigt, ohne dass es Noah überhaupt aufgefallen war.

Wir hatten gemeinsam auf seinem Bett gelegen, wie immer miteinander verschlungen und trotzdem nicht nah genug beieinander. Obwohl wir uns förmlich aneinanderpressten und ich mein Tanktop bereitwillig so verrutschen ließ, dass wir möglichst viel

Hautkontakt zueinander hatten, war es nicht genug. Es zu leugnen war sinnlos: Ich brauchte Noahs Nähe, wie die Luft zum Atmen.

Schweigend streichelte er meine Seiten und küsste von Zeit zu Zeit immer wieder meine Stirn.

„Worüber grübelst du?", fragte ich und streichelte zaghaft über die schon verblasste Narbe unter seiner linken Brust, die als einzig sichtbarer Beweis von der Schussverletzung und dem schrecklichen Ereignis zurückgeblieben war.

„Hm, ... über so einiges", brummte Noah.

Ich liebte seine tiefe, träge Stimme. Sie bewies mir immer wieder, wie wohl er sich mittlerweile fühlen konnte. Und, was überhaupt sehr eigenartig war: Seit dem Tag der Entführung wirkte er wesentlich entspannter als zuvor, wohingegen ich noch schwer an den Erlebnissen zu knabbern hatte.

„Was war in dieser Nacht das Schlimmste für dich?", fragte er unwillkürlich.

Ich musste nicht lange überlegen. „Dich zu verlieren. Für einen Moment war ich mir sicher ..."

„Nein!", unterbrach er mich. „Davor. Als ... du noch allein mit den Männern warst."

Wieder benötigte ich kaum mehr als einen Atemzug, um zu meiner Antwort zu finden. „Zu denken, du könntest mich nicht hören. Ich hatte so darauf gehofft, dass du mich hörst."

Er richtete sich ein wenig auf und umschloss meine Handgelenke behutsam mit seinen langen Fingern. Obwohl ich seit dem Übergriff nicht einmal meine Uhr tragen konnte, durfte Noah mich so berühren. Nur er.

„Habe ich auch", flüsterte er. „Ich habe jeden einzelnen Gedanken gehört, Em. Alles!", versicherte er mir unter einem bedeutungsschweren Blick.

Ich reckte mein Kinn und küsste seinen Mundwinkel.

„Ja, jetzt weiß ich das auch. Aber, als so lange keine Reaktion kam, als ich mich so allein fühlte ... und besonders, als Jim meinen Vater anrief und der nicht den blassesten Schimmer hatte, was mit mir geschehen war, ... da war ich beinahe überzeugt davon, du hättest nicht einen meiner Gedanken empfangen. Ich dachte, meine Anstrengungen wären komplett umsonst gewesen."

Er schüttelte den Kopf; seine wunderschönen türkisfarbenen Augen füllten sich mit Tränen, die er heftig zurückblinzelte. „Das war *mein* schlimmster Augenblick in dieser Nacht. Du ... klangst so verzweifelt."

Er schluckte schwer und beugte sich dann über mich, um mich zu küssen. Wie so oft, wenn mir Noahs Lippen um ein Haar die Besinnung raubten, vergaß ich in den folgenden Minuten alle weiteren Fragen und Ungereimtheiten. Doch später, in der Stille der Nacht, als sich Noahs Brustkorb ruhig und gleichmäßig unter meinem Kopf hob und senkte und sein Herz in gewohnter Unbeirrbarkeit schlug, fiel es mir auf: Wenn er sich an meinen ängstlichen Gedanken erinnerte – diesen Gedanken, der mich durchzuckt hatte, unmittelbar nachdem Jim mir die schallende Ohrfeige verpasst hatte, und nur wenige Minuten vor der Ankunft meines Vaters –, warum erinnerte er sich dann nicht daran, wo er sich zu diesem Zeitpunkt aufgehalten hatte ... und wie er in die Halle gelangt war?

Diese neuen Fragen brannten in mir. Sie gesellten sich zu den alten unbeantworteten hinzu und wurden von Tag zu Tag präsenter und drängender. Es war unglaublich schwer, die Antworten nicht zu kennen und vor Noah so zu tun, als wäre dennoch alles in Ordnung. Ich wusste nicht, wie lange ich diesen Zustand noch ertragen würde. Andererseits ... wusste ich genau, wohin mich meine Neugierde beim letzten Mal geführt hatte: an die Grenze unserer Beziehung. Und diese Grenze wollte ich so schnell nicht mehr erreichen, geschweige denn jemals übertreten.

Noah blieb inmitten unseres Laufes stehen und zog mich an sich. „Du bekommst deine Antworten, Em, ich verspreche es!", sagte er, sich meines gedanklichen Ausflugs offenbar bewusst.

Verlegen entzog ich ihm meine Hände und knetete meine Finger. „Aber ... du hast doch gesagt, du könntest mir nichts sagen."

Er lächelte verschmitzt. „Und dabei bleibe ich."

„Der Tag, an dem du aufhörst in Rätseln zu sprechen, Noah Franklin ...", empörte ich mich, was seinem Lächeln jedoch keinen Abbruch tat.

Wenn überhaupt, wurde es nur noch breiter. „Was geschieht dann?", fragte er frech.

Ich zuckte mit den Schultern. „Weiß auch nicht. Hat Kalifornien schon genug Feiertage?"

Er lachte laut auf und zog mich an meiner Hand weiter. Nur wenige Minuten später erreichten wir die Klippen.

„Es ist so schön hier draußen", seufzte ich und sog genießerisch die salzige Luft ein, die der Wind über dem Pazifik aufwirbelte. Wie an unserem ersten Tag hier, versuchte ich lange den Übergang zwischen Himmel und Wasser ausfindig zu machen. Chancenlos.

Und wie an unserem ersten Tag hier, legte Noah wieder von hinten seine Arme um meine Taille und zog mich dicht an sich heran. Raubte mir den Atem mit seiner Nähe und dem unverkennbaren Duft, den er verströmte.

„Was siehst du?", fragte er noch einmal – wie damals, vor etlichen Monaten – und deutete in den Himmel.

„Er ist unendlich blau. Perfekt", wiederholte ich meine exakten Worte von damals. Auch um Noah zu zeigen, wie genau ich mich an diesen besonderen Morgen erinnerte.

Und er, der meine Absicht natürlich durchblickte, ließ sich darauf ein und blies mit seinem Lächeln ein wenig Luft in mein Haar. „Perfektes Blau?"

Oh Noah, wir können dieses Spiel ewig spielen. Ich weiß noch jedes einzelne Wort. „Soweit das Auge reicht, ja."

Das Lächeln in meinem Nacken dehnte sich zu einem Grinsen.

„Ich sehe viel mehr als das", flüsterte er. Und in diesem Moment wurde mir bewusst, dass ich auch diesen Satz schon einmal gehört hatte. Nur, ... warum war ich damals nicht darauf eingegangen? Hatte er versucht mir etwas zu sagen, mir einen Hinweis zu geben?

„Noah ...", sagte ich nun und unterbrach damit unser Spiel. Doch als ich mich ihm zuwenden wollte, verhinderte er das, hielt mich fest in meiner Position und zischte ein leises „Schhhh!" in mein Ohr.

Dann glitten seine Hände an meinen Rippen empor, entzogen sich mir für einen Moment und legten sich schließlich über meine Augen. Blind lauschte ich Noahs warmer Stimme, die auf wundervolle Weise mit dem Rauschen des Pazifiks harmonierte.

„Ich zeige dir jetzt etwas, das noch kein Mensch vor dir gesehen hat", flüsterte er.

Mein Herz setzte aus und verstolperte sich, bevor es in einen neuen, einen schnelleren Rhythmus zurückgaloppierte. Ich schluckte schwer.

„Bereit?", fragte Noah.

Er schien seinen Atem ebenso anzuhalten wie ich. Als es mir auffiel, inhalierte ich noch einmal tief die salzige Luft und nickte dann unter seinen Fingern.

„Michael", flüsterte er, „... Jetzt!" Und damit entzog er mir seine Hände erneut. „Halt die Augen geschlossen, bis ich es dir sage", wisperte er in mein Ohr und legte seine Arme zurück über meine. Gemeinsam umschlangen wir meine Taille.

Ich hörte ... nichts.

Ich roch ... die staubige Luft des Gipfels, das Salz des Pazifiks.

Ich spürte ... eine unbeschreibliche Wärme, die mich langsam, aber sicher erfasste. Sie ging von Noahs Körper aus; zum ersten Mal war er wärmer als ich. Aber seine Wärme hatte nichts mit simpler Körpertemperatur zu tun, das spürte ich genau. Sie ... brachte Kraft mit sich. Kraft, die über meine Haut in mein Inneres floss. „Noah, was ...?"

„Öffne deine Augen!", flüsterte er.

Vorsichtig blinzelte ich gegen die Helligkeit des Himmels an. War er zuvor schon so grell gewesen ... und so unsagbar blau?

Noah hielt mich nach wie vor eng umschlungen; ich blickte auf unsere Arme herab ... und erstarrte. Nicht nur, dass ich jede einzelne Pore meiner und seiner Haut erkannte, jedes Härchen und jedes noch so winzige Muttermal. Da war auch dieses seltsame, türkisfarbene Licht, das aus seinen Hautporen strömte und in meinen versank. Es umgab meinen Körper, umhüllte mich förmlich.

„Nicht erschrecken, bitte", flüsterte Noah ängstlich.

„Vor dir niemals", versicherte ich ihm gebannt.

„Sieh in den Himmel!", forderte er. Wieder gehorchte ich sofort. Zunächst verstand ich nicht, was mir Noah zeigen wollte. Doch als ich mich gerade zu ihm umdrehen wollte, durchzuckte ein Lichtstrahl das makellose Blau. Und kurz darauf – als ich ungläubig die Augen zusammenkniff – ein zweiter. Beinahe wie der Kondensationsstreifen eines Flugzeugs, nur schneller und ... ohne Flugzeug.

Ich sah noch genauer hin, wartete weitere Sekunden, in denen sich meine Sicht schärfte und vertiefte. Und dann, als würde sich mit einem Mal ein 3-D-Bild vor mir auftun, entdeckte ich sie: Blasse Lichtgestalten, die quer über das Firmament zischten und recht geschäftig wirkten. Zuerst nahm ich nur einzelne wahr, sekundenweise, doch je länger ich hinsah, desto mehr wurden es, desto klarer und länger sah ich sie. Der Himmel war übersät von diesen wunderschönen Wesen, die von ihren Erscheinungen her glatt hätten Menschen sein können, wären sie nicht von riesigen Schwingen, die Teil ihrer Gestalten waren, durch die Lüfte getragen worden.

„Engel!", flüsterte ich ehrfürchtig und schloss meine Kinnlade erst, als ich einen sanften Luftzug an meinem Zäpfchen spürte. In diesem Augenblick schoss eines dieser Wesen auf uns zu, wie ein weißer Blitz, und blieb so dicht vor dem Rand unserer Klippe in der Luft stehen, dass ich sein wunderschönes Gesicht in aller Ruhe betrachten konnte.

„Das ist Michael", flüsterte Noah hinter mir; er hielt mich nun bei den Schultern.

Ich konnte nicht sprechen. Ich konnte ja nicht einmal atmen.

Der Engel vor uns hatte das sanfteste Lächeln, das ich jemals gesehen hatte. Seine Anwesenheit allein reichte aus, um mein Herz mit einem Gefühl von Geborgenheit anzureichern und meine Augen mit Tränen des Glücks zu füllen. Sein Mund bewegte sich keinen Millimeter, dennoch sagte Noah: „Michael sagt, er hofft in meinem Namen, dass du ihn nach dem heutigen Tag sehr, sehr lange nicht wiedersiehst."

„Oh!", machte ich und Noah lachte leise auf, als er meine Verwirrung spürte.

„Es mag seltsam klingen, aber ... glaub mir, es ist ein guter Wunsch. Ein sehr guter. ... Danke, Michael."

Der Engel vor uns neigte den Kopf, breitet seine unglaublichen Schwingen weit aus ... und verschwand als der Blitz, als der er nur Sekunden zuvor zu uns herabgestoßen war.

Ich versuchte seinen hellen Glanz zu verfolgen, scheiterte jedoch erbärmlich. Nur ein einziges Blinzeln, ausgelöst durch einen sanften Windstoß, und das Firmament über uns war wieder makellos blau – wenn auch ein wenig blasser als zuvor. Als hätte jemand den Sättigungs-Regler zurückgeschoben.

Die Lichtwesen waren verschwunden. Zumindest ... sah ich sie nicht mehr, so sehr ich mich auch bemühte.

„Wo ...?", fragte ich irritiert und ging einen Schritt weiter auf den Rand der Klippen zu – im Bestreben dem Himmel näher zu kommen und sie noch einmal zu sehen, nur für einen kurzen Moment.

„Eine Minute mit meinen Augen zu sehen. So lautete das Zugeständnis, das mir Michael für dich machte", erklärte Noah, der sofort zu mir aufschloss und seine Arme erneut, fest und beschützend, um mich legte.

„Oh, mein Gott!", hauchte ich und wandte mich ihm zu. Und in diesem Moment, als sein Blick mit meinem verschmolz, fand ich, wonach ich so lange gesucht hatte: Noahs Augen hielten die Antworten auf alle meine Fragen. Wie lange schon? Und wie lange war ich blind dafür gewesen?

„Du bist ein Engel", flüsterte ich.

„Nicht *ein* Engel", erwiderte er mit seinem bezaubernd schüchternen Lächeln.

„Nein", sagte ich bestimmt, denn nun war alles so klar wie nie zuvor. „*Mein* Engel. Mein Schutzengel, nicht wahr?"

Er atmete tief durch, legte den Kopf in den Nacken und nickte dann sichtlich erleichtert. „Danke", flüsterte er, was vermutlich auch Michael galt.

„Du konntest es nicht sagen?", fragte ich.

„Nein. Keiner von uns kann das. Es ... kommt einfach nicht über unsere Lippen, so sehr wir es auch versuchen."

„Keiner von euch?", wiederholte ich mit großen Augen. „Das heißt, du kennst noch mehr, die so sind wie du?"

„Hier unten? Einen, ja."

Ich verkniff mir die Frage, wer es war, zwang mich zur Ruhe und presste meinen Kopf gegen Noahs Brustkorb. Lauschte seinem gleichmäßigen Herzschlag, der wieder einmal nichts mit dem wilden Pochen meines eigenen Herzens gemeinsam hatte, in diesem Moment jedoch – mit meiner neuen Erkenntnis – auch eine andere Bedeutung bekam.

„Mein Körper ...", begann Noah zögerlich, „... sieht zwar aus wie der eines Menschen, aber er funktioniert nicht so."

„Das habe ich bereits gemerkt!", sagte ich lachend. „Ich bin mir sicher, unsere arme Ärztin brütet immer noch über ihren Büchern und sucht nach einem vergleichbaren Fall der Wundheilung."

Ich schmiegte mich so eng an ihn, dass kein Blatt Papier mehr zwischen uns Platz gefunden hätte. So recht konnte ich noch nicht begreifen, was er mir offenbart hatte. Und dabei wusste ich nicht einmal was schwerer wog: *Was* er mir vermittelt hatte, oder die Tatsache, *dass* er es mir endlich gestanden hatte, wenn auch nur indirekt. Beides war gleichermaßen unglaublich.

„Ich musste Michael erst überzeugen", erklärte Noah. „Und die vergangenen Wochen ... Du standst noch so sehr neben dir. Ich wollte dich nicht überfordern."

„Du hörst ihn? Michael, meine ich."

Noah nickte. „Ja, genauso wie dich. Wenn er mit mir spricht, höre ich ihn in meinem Kopf. Und meine Gedanken sind ständig transparent für ihn", erklärte er.

„Oh Gott! Und ich dachte, du hättest mit diesem mysteriösen Michael telefoniert", durchfuhr es mich. „Für mich war er ein dubioser Unbekannter, den ich in meiner Skepsis irgendwo zwischen Drogendealer und Erpresser eingestuft habe – egal, wie gut du über ihn gesprochen hast." Beschämt vergrub ich den Kopf an seiner Brust. „Komme ich jetzt in die Hölle?"

Noah lachte, drehte eine meiner Haarsträhnen um seinen Zeigefinger und nickte mit dem Kinn gen Himmel. „Nein, solange Mike dich abholt, gewiss nicht. Was übrigens auch der einzige

Grund dafür ist, dass er nicht will, dass du ihn allzu bald wiedersiehst."

Mit großen Augen blickte ich zu ihm auf. „Was, er ist ...?"

„... dieses Licht, von dem immer wieder berichtet wird, ja. Er leitet die Seelen sanft ins Jenseits hinüber", erklärte Noah mit einem vorsichtigen Lächeln.

Nicht nur für mich war dieses neue Thema zwischen uns eigenartig. Auch er schien nicht so recht zu wissen, wie viel er mir für den Anfang zumuten konnte. *Nun, ich will alles wissen, Mr Franklin!*

„Wirst du", versprach er und drückte seine Lippen auf meine Stirn. „Wenn auch nicht unbedingt heute."

„Zeigst du mir, wie du in die Halle gelangt bist?"

„Hm, später."

„Was, das darfst du?", fragte ich so erstaunt, dass Noah auflachte.

„Nein, Em, das darf ich normalerweise nicht. Aber, wie schon gesagt: Du genießt jetzt Michaels Vertrauen. Und ich werde mich für dich in neue Verhandlungen stürzen, einverstanden? Also, später."

Sanft lächelte er auf mich herab, die dunklen Brauen weit hochgezogen.

„Okay", sagte ich und streifte mit leicht geteilten Lippen die kleine Senke seines Halses, unmittelbar über dem Kragen seines Shirts. Eine empfindliche Stelle, die ich nicht so zufällig wählte, wie es hoffentlich wirkte. Noahs zittriges Seufzen ließ mich wissen, dass meine Liebkosungen ihre Wirkung auch dieses Mal nicht verfehlten.

Für eine Weile hielten sie ihn davon ab, fortzufahren. Dann räusperte er sich, wich ein wenig zurück und öffnete – offenbar mit einiger Überwindung – seine Augen wieder. „Auf jeden Fall waren die Schlüsse, die du gezogen hast, durchaus legitim. Zumindest für einen Menschen. Michael ist dir mit Sicherheit nicht böse, dass du ihn für einen Drogendealer gehalten hast."

Ich hielt seinem schelmischen Blick nur mit Mühe stand.

Dürfen Engel überhaupt so frech schauen?

„Und ob!" Er lachte; seine türkisblauen Augen schimmerten im Licht der tiefstehenden Sonne. Doch dann, ganz unvermittelt, wurde seine Miene ernster. „Die Geduld, die ich dir so lange abverlangt habe, hätte jedes andere Mädchen hoffnungslos überfordert. Entschuldige bitte, Baby", sagte er und strich dabei mit beiden Daumen über meine Wangen.

Die Tatsache, dass Noah mich tatsächlich *Baby* genannt hatte, stellte eigenartige Dinge mit mir an. Es war, als würde mein Blut brodeln, als würden Millionen und Abermillionen kleiner Bläschen in meinen Adern zerplatzen. Alles prickelte.

„Akzeptiert!", sagte ich endlich, mit einer entwürdigenden Verspätung, die Noah natürlich nicht verborgen blieb und ihm ein verschämtes Lächeln entlockte. Er beugte sich zu mir herab, schob meine Haare mit der Nasenspitze beiseite und kam dabei so nah, dass seine Lippen an meiner Ohrmuschel kitzelten.

„Baby", wisperte er.

Ich versetzte ihm einen leichten Klaps gegen den Brustkorb und reckte mich dann, als er lachend zurückwich, schnell auf die Zehenspitzen um ihn auf den Mund zu küssen. Doch in letzter Sekunde durchfuhr mich ein ängstlicher Gedanke, vereitelte den Kuss und zerriss den perfekten Moment. Warum? Eben weil der so perfekt war und mir dieser Gedanke jedes Mal dann kam, wenn ein Moment mit Noah *besonders* perfekt war.

„Noah?" Ich flüsterte gegen seine Lippen, die nur einen Millimeter über meinen schwebten.

„Hm?", brummte er mit bereits geschlossenen Augen.

„Ich habe so viele Fragen: Wie bist du ein Engel geworden? Seit wann und warum bist du hier unten und nicht dort oben, bei den anderen? Hast du besondere Gaben, außer Gedanken zu lesen? Wer ist der andere Engel von dem du sprachst, und wie, verflixt noch mal, bist du in diese Halle gekommen, um mich so punktgenau zu retten? Diese und ungefähr eine Millionen mehr. ... Alle Antworten haben Zeit, und wenn du sie mir nicht geben kannst, dann komme ich auch damit zurecht. Irgendwie. Nur die eine Frage, die am heftigsten in mir brennt, *musst* du mir einfach beantworten – und zwar bitte sofort."

„Nun?", fragte er mit einem Gesichtsausdruck, der mich ermutigte und zugleich die Hoffnung in mir aufglimmen ließ.

„Du kennst die Frage längst", stellte ich fest.

Seine Augenbrauen hoben sich, ein verräterisches Schmunzeln umspielte seine Mundwinkel. Dennoch blieb er stumm.

Ich verdrehte die Augen. „Wie lange, Noah? Wie viel Zeit bleibt uns noch?"

Langsam, wie in Zeitlupe, beugte er sich zu mir herab, legte mir die wehenden Haare über die Schulter zurück und stupste erneut mit der Nasenspitze gegen meine Ohrmuschel, bevor er flüsterte: „Dein Leben lang, wenn du es so willst."

Mein Kopf wirbelte herum, ich stieß ihn ein wenig zurück. Nur so weit, dass ich ihm fest in die Augen schauen konnte. Meine Finger krallten sich in seinem T-Shirt fest. „Sag mir ..."

Noah nahm meine Hände in seine. „Es ist wahr, Em. Ich bin nicht in der Lage zu lügen. Ich bleibe hier, bei dir."

Den Freudenschrei, den ich über die Küste und den Pazifik sandte, hörte man mit Sicherheit viele, viele Meilen weit. Ich erschrak selbst über meine Lautstärke und schlug mir schnell die Hände vor den Mund, was Noah wiederum ein glückliches Lachen entlockte.

Schon schloss er mich in seine Arme und küsste mich so zärtlich und zugleich bestimmt, dass ich mich prompt ergab und seine himmlischen Lippen einfach nur genoss. Himmlisch, wie wahr!

Dann, wie aus dem Nichts heraus, kreuzte mich ein Gedanke und brachte mich unter seinem Kuss so unwillkürlich und gnadenlos zum Lachen, dass ich in seinen Mund prustete, ehe ich zurückweichen konnte.

Noah hustete. „Em, verda... Herrgott noch mal!", rief er erschreckt und wich ruckartig zurück, um mich anzusehen. Zweifellos hatte ihn mein eigenwilliger Gedanke erreicht. Das Entsetzen stand ihm ins Gesicht geschrieben und verhalf der Komik des Augenblicks zu neuen Dimensionen. In diesem Moment konnte ich mich jedenfalls nicht erklären, unmöglich. Viel zu sehr beschäftigten mich meine Bemühungen nicht an Ort und Stelle zu ersticken. Ich bekam wirklich kaum noch Luft, so sehr musste ich lachen.

„Alles klar?", fragte nun auch Noah besorgt und küsste mich in seiner Hilflosigkeit noch einmal so leidenschaftlich, dass ich das Lachen glattweg vergaß.

„Also?", fragte er, als ich mich endlich einigermaßen beruhigt hatte und mir die Tränen aus den Augenwinkeln wischte. Tadelnd blickte er auf mich herab. „Du denkst an meine Eltern, während wir uns küssen, Emily Rossberg?"

Im Bemühen nicht erneut los zu prusten, entrang sich mir ein eigenartiges Glucksen. „Ja, hast du ... Hast du denn noch nie darüber nachgedacht ..." Ich kicherte wieder, Noahs aufgesetzter Strenge zum Trotz. „... dass du, Noah Franklin, Bestimmung Schutzengel, ausgerechnet in einer Familie gelandet bist, in der die Eltern quasi Maria und Joseph heißen?"

Und damit schüttelte es mich erneut durch.

Noah musterte mich, als hätte ich den Verstand verloren. Erst nach etlichen Sekunden zuckte sein linker Mundwinkel verräterisch. Endlich schenkte er mir dieses einmalige einseitige Lächeln, das nur er so beherrschte, dass sich meine Knie schlagartig in Pudding verwandelten. Wieder umschlang er meine Taille, zog mich eng an sich und gab mir den Halt, den ich dringend benötigte.

Ich war völlig aus der Puste. Das erste Mal seit der Entführung lachte ich so herzhaft; es fühlte sich schon beinahe fremd an. Als hätte ich es um ein Haar verlernt.

Die vergangenen Wochen waren sehr schwer gewesen. Doch nun verschwanden all der Kummer und die schlaflosen Nächte in diesem einen Moment. Als ich mein Ohr zurück an Noahs Brust legte und seinem Herzschlag lauschte, während sich der meine beruhigte, waren sie einfach vergessen.

„Du bist unfassbar, weißt du das?", fragte er zärtlich. „Und absolut unwiderstehlich." Damit legte er einen Finger unter mein Kinn, hob es an und sah mir tief in die Augen.

„Maria und Joseph", wiederholte er kopfschüttelnd. „Und übrigens: Joe heißt Jonathan, nicht Joseph. Es ist nur eine etwas ungewöhnliche Abkürzung", stellte er klar, bevor sich sein Mund erneut auf meinen herabsenkte und seine Zungenspitze sanft über meine Unterlippe glitt.

Meine Hände ruhten schlaff über Noahs fein definierter Brustmuskulatur. Und so wurde ich unmittelbar – gemeinsam mit ihm – Zeuge des Wunders, das sich nun, unter unserem Kuss, ereignete. Sein Herzschlag beschleunigte sich. Zunächst war es kaum merklich – ich glaubte fest, mich zu irren. Doch als ich Noahs Liebkosungen erwiderte und durch unsere geöffneten Lippen in seinen Mund seufzte, tat sein Herz einen deutlichen Sprung ... und raste dann förmlich unter meiner Hand weiter. Irritiert blickte ich auf und sah direkt in sein gerötetes Gesicht. Jawohl, *gerötetes* Gesicht.

„Was ...?" Noah selbst wirkte beinahe erschrocken, als er so auf mich herabsah. Erst Sekunden später sog er seine Unterlippe zwischen die Zahnreihen und kaute verlegen darauf herum, während sich das Rot seiner Wangen zusehends vertiefte. Mein Noah errötete tatsächlich in Scham. Und das war das mit Abstand Bezauberndste, was ich je in meinem Leben gesehen hatte.

„Michael", wisperte er, als wäre der Name allein schon Erklärung genug.

„Was sagt er?", fragte ich und schloss die kleine Distanz zwischen uns wieder.

Noah schmiegte seinen Kopf in den Übergang zwischen meinem Hals und meiner Schulter. Sein Gesicht glühte. „Wörtlich?", flüsterte er gegen mein Schlüsselbein. Offenbar fiel es ihm plötzlich sehr schwer mir in die Augen zu blicken.

Mein Nicken erwiderte er mit einem tiefen Seufzer und einem unverständlichen Murmeln. Dann atmete er tief durch, legte eine Hand zwischen meine Schulterblätter und ließ sie langsam – ja, regelrecht zaghaft – bis zu meinem Kreuz herabgleiten. „Nun, Michael sagte ..."

Mit seiner freien Hand ergriff er meine rechte, legte sie zurück über sein wild pochendes Herz und presste sie mit sanftem Druck gegen seine Brust. „Das ist mein Geschenk an euch", wisperte er mir Michaels Worte ins Ohr, zog mich an sich heran ... und schob mir gleichzeitig seine Hüften entgegen.

„Oh, mein ..." *Gott. im. Himmel!*

„Ganz genau der", flüsterte Noah.

Danksagung

Ein Buch herzustellen erfordert so viel mehr als das Ausarbeiten und Aufschreiben einer Geschichte. Jedes Werk hat viele Schöpfer, jeder noch so fiktive Charakter seine Paten. So auch Emily und Noah, deren Story es ohne die Hilfe folgender Personen niemals zwischen zwei Buchdeckel geschafft hätte. Diesen Menschen gebührt mein voller Dank:

Meinem Mann Oliver und meinen großartigen Kindern Mariella und Giuliano.

Tunnelblick, dümmliches Grinsen im Gesicht, imaginäre Freunde, Selbstgespräche. So tickt sie, eure Ehefrau und Mutter. Mit einer Nachsichtigkeit, die ihresgleichen sucht, nehmt ihr all das klaglos hin. Und in einem flüchtigen Moment des Auftauchens – gerade wenn ich mir selbst mal wieder schrecklich seltsam vorkomme – lausche ich verwundert deinen Worten, Marielli. Mit Stolz in der Stimme erklärst du deiner Freundin, dass du Bücher deswegen so gerne magst, weil „die Mama doch auch eine Buchschreiberin" ist. Ihr Süßen, Eure Liebe und Unterstützung sind Balsam für meine Seele.

Meiner Schwester Regina und der lieben Sandra Budde.

Ohne euch hätte ich diese Geschichte unvollendet zur Seite gelegt, obwohl doch eigentlich mein Herz daran hing. Ich bin so froh, dass ihr das nicht zugelassen und mich zum Weiterschreiben gedrängt habt. Sandra, nie werde ich deinen Kommentar vergessen: ... Ahhh, mit meinem Dokument stimmt etwas nicht, es ist an dieser Stelle einfach zu Ende. Aber das geht doch nicht, ich will mehr!!!

Diese Worte haben mich damals überzeugt, auf mein Herz zu hören und allen Zweifeln zum Trotz einfach weiterzuschreiben.

Meiner treuen 'Buchmesse-Schwester' Marita und meinen lieben Eltern.

Eure Unterstützung und Teilnahme verleihen mir stets neue Kraft.

Meinen Testleserinnen Beate Döring, Manuela John und Ramona Junghans.

Der Austausch mit euch und eure Ehrlichkeit waren so wertvoll für mich. Beate, dein 'Baby' fliegt endlich in die große weite Welt hinaus.

Der lieben Andrea Wölk.

Es war fantastisch, in dir eine Verlegerin gefunden zu haben, die sich spürbar in Noahs und Emilys Geschichte verliebt hatte.

Dem einzigartigen Crossvalley Smith (http://www.crossvalley-design.de).

Ich frage mich bis jetzt, wie du es – auf der Basis einer so kurzen Beschreibung – geschafft hast, Noah förmlich aus meinem Kopf zu pflücken und so treffend zu portraitieren. Einfach nur toll!

Andrea Reichart.

Ich habe lange daran gehobelt, gefeilt und schließlich geschliffen. Polieren konnte ich diese Geschichte jedoch nur mit deiner Hilfe. ... September ... Oktober ... November ...
Die Zusammenarbeit mit dir war klasse!

Meinen Lesern. Denn was bedeutet ein geschriebenes Wort, wenn es nicht das Interesse eines lesenden Auges erhascht?

DANKE!

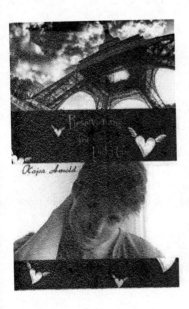

Kajsa Arnold
Reservierung for Lucky One
ISBN 978-3-943697-94-0

Im Buchhandel erhältlich!

Infos unter:

www.oldigor.de

Mina Kamp
Cherryblossom
Die Zeitwandler
ISBN 978-3-943697-13-1

Ebenfalls
im Buchhandel erhältlich!

Infos unter:

www.oldigor.de